[원서 2판]

환경심리학 입문

Linda Steg · Judith I. M. de Groot 공저 | 윤상연 · 이하연 · 류승아 공역

학지사

Environmental Psychology: An Introduction, 2nd Edition
by Linda Steg and Judith I. M. de Groot

역자 서문

환경심리학에 실질적인 관심을 가지게 된 것은 경상남도 진주에서 심리학 교수 생활을 시작하면서부터이다. 당시 학과에 개설되어 있던 환경심리학 수업을 실제로 강의할지 말지를 고민하다가 내 전공분야가 아닌 환경심리학을 강의하기로 결정한 데는 크게 두 가지 생각이 영향을 미쳤다. 환경심리학이 내가 자리 잡은 지역사회에 기여할 수 있는 현실적인 심리학 분야라는 것, 그리고 지역을 불문하고 갈수록 환경문제로 인한 걱정이 커지고 있다는 것이었다. 이러한 이유들이 당시 상황에서는 중요하게 느껴졌기 때문에 덜컥 환경심리학 강의를 하기로 결정하고 말았다.

환경심리학을 강의해야 할 외적인 이유 이외에도, 개인적으로 환경심리학에 대한 관심이 컸던 이유는 인적 · 사회적 환경 이외의 물리적 환경이 개인에게 미치는 영향에 관심이 컸기 때문이다. 범죄심리학을 주로 강의하는 내 입장에서는 환경의 영향에 관심이 많았는데, 환경심리학이 이에 대한 많은 의문을 해소해 줄 것으로 예상했다. 이런 여러 가지 이유로 환경심리학 강의를 하기로 결정은 했지만, 현실은 그다지 녹록지 않았다.

가장 먼저 맞닥뜨린 장벽은 교재였다. 많은 사람이 관심을 가지는 환경심리학이라면 좋은 교재가 있을 거라고 예상했으나 현실은 그렇지 않았다. 강의를 앞두고 여러 교재를 확인했는데 번역서나 저서를 포함하여 최근에 출간된 교재가 없었다. 겨우 발견한 교재들 역시 너무 오래된 주제들을 담고 있거나 심리학적인 관점에서 작성되기보다는 건축학 및 사회복지학 분야의 교재가 대부분이었다. 심리학 분야 저서의 경우에도 산업심리학적인 관점에서 작성되어 있어 환경심리학의 기초 교재로는 적합한 것이 없었다.

개강을 앞두고 오랜 기간 탐색한 끝에 최종적으로 낙점한 교재가 바로 Linda Steg 교수 등이 편집한 『환경심리학 입문(Environmental Psychology: An Introduction, 2nd Edition)』이었다. 이 교재를 구매해서 처음 책을 손에 쥐었을 때 얼마나 기뻤는지 모른다. 이 교재를 선택한 이유는 환경심리학의 핵심 주제들을 잘 다루고 있었기 때문인데, 환경심리학의 역사와 기초는 물론, 환경 선진국들이 모여 있는 북유럽을 중심으로 하는 환경심리학의 최신 주제들을 골고루 다루고 있었다. 그리고 다른 교재들과는 달리 심리학의 관점이 매우 잘 반영되어 있었다(정확하게는 사회심리학이 잘 적용되어 있었다). 우리 주변의 환경 문제를 통해 심리학에 관한 기초 지식을 습득하기에도 좋은 교재가 되겠다는 확신이 들었다.

좋은 교재를 선택한 이후에도 여전히 난관은 존재했다. 외국 서적을 그대로 사용할 수는 없어서 환경심리학을 강의한 첫 학기에는 밤을 새우다시피 하며 새벽까지 번역한 강의자료를 업로드하고 오전 강의를 하러 갔다. 힘든 시간이었지만 환경심리학을 만나는 즐거움으로 이를 이겨 내며 용케 잘 버텼던 것 같다. 다만, 한 가지 아쉬웠던 것은 혼자서 모든 내용을 강의하기는 벅찼고, 결국 책의 1부를 번역하는 것으로 만족해야 했다는 점이다. 이 아쉬움은 일 년 뒤에 같은 환경심리학 강의를 할 때도 여전히 남았다.

하지만 혼자 죽으란 법은 없는 모양이다. 환경심리학에 관심을 가질 만한 분들을 만나게 되는 자리마다 이 책을 소개했더니 실제로 관심을 가지는 분들이 계셨다. 이전부터 알고 지냈고(내가 박사과정에 있을 때 공동체심리학을 강의해 주셨다) 나에게 학자로서 좋은 귀감이 되어 주셨던 경남대학교 류승아 교수님이 공동 번역 요청을 흔쾌히 수락해 주셨다. 그리고 마침 우리 학교에 새롭게 부임한 이하연 교수님도 사회심리학을 전공하셨고, 지역사회에서 심리학자로서의 역할을 고민하고 있던 터라 역시 공동 번역 요청을 흔쾌히 수락하셨다.

두 분은 실천적인 심리학에 관심이 많은 분이었기 때문에 환경심리학의 중요한 주제를 구성하고 있는 제2부 '환경행동에 영향을 미치는 요인', 그리고 제3부 '친환경행동 장려하기'라는 두 주제에 너무 잘 부합하는 분들이라고 생각했다. 덕분에 번역을 하는 동안 자연스럽게 의견이 잘 모아졌고, 순조롭게 번역 과정이 진행될 수 있었다. 이 지면을 빌려 쉽지 않은 시간을 함께해 주고 모든 것을 포용해 주신 두 분께 감사드린다. 또한 이 책의 완성도를 높일 수 있도록 원고를 꼼꼼히 검토해 준 김단희, 박희진, 김송화 세 학생에 대한 감사도 전한다.

『환경심리학 입문』은 인간과 환경 간의 상호작용에 대한 개요를 제공한다. 이 책은 환경이 인간의 경험, 행동, 웰빙에 미치는 영향을 조사하고, 환경행동에 영향을 미치는 요인과 친환경행동을 장려하는 방법을 탐구한다. 그리고 이러한 주제들에 대한 관련 이론과 연구의 최신 검토 결과를 제공한다.

국제적으로 저명한 전문가들이 참여하여 다양한 주제를 다루고 있으며, 환경심리학의 주요 연구 방법, 환경 스트레스의 영향, 자연환경 경험의 감정적 영향과 의미, 건축의 미적 평가, 환경행동 측정 방법, 환경행동을 설명하는 인지적 · 감정적 · 사회적 요인, 친환경 요인을 촉진하는 전략의 효과와 수용성 등을 포함하고 있다. 이 책은 다음과 같은 점들을 그 특징으로 한다.

- 인간의 웰빙을 위협거나 촉진하는 환경 요인 논의
- 환경 조건에 영향을 주는 행동을 결정하는 다양한 요인 탐구
- 친환경행동을 장려하는 접근 방식의 효과와 수용성 논의
- 세계 여러 지역에서 수행된 연구 결과 제시
- 저명한 전문가들의 기고 포함

이 책이 다양한 형태의 환경영향에 관심이 있는 분들에게 좋은 지침서가 될 거라는 사실은 의심의 여지가 없지만 이 책의 존재만으로 또는 책을 읽는 것만으로 환경행동이 저절로 촉진되지는 않는다. 지역사회에서도 이런 분들을 만나는데 이 책이 이분들의 역할에 좋은 윤활유가 되기를 바란다. 특히 뜻이 있는 주민과 환경 활동가들에게 경험적인 지식과 전략을 제공할 것이라는 점은 믿어 의심치 않는다.

2025년 6월

역자 일동

차례

제1장

환경심리학: 역사, 범위, 방법

Linda Steg
University of Groningen, The Netherlands
Agnes E. van den Berg
University of Groningen, The Netherlands
Judith I. M. de Groot
University of Groningen, The Netherlands

1.1 도입

이 책은 **환경심리학**(Environmental Psychology)을 소개하는 것을 목표로 한다. 우리는 환경심리학을 개인과 인공 및 자연 환경 사이의 상호작용을 연구하는 학문으로 정의한다. 즉, 환경심리학은 환경이 인간의 경험, 행동 및 웰빙에 미치는 영향뿐만 아니라 환경에 대한 개인의 영향, 다시 말해 환경행동에 영향을 미치는 요인과 친환경행동을 장려하는 방법을 연구한다. 이 책의 2판은 이러한 주제들에 대한 이론과 연구의 최신 개요를 제공한다.

이 도입의 장에서는 먼저 환경심리학 분야의 역사를 간략하게 살펴본 후, 이 분야의 특징과 연구에 사용되는 주요 방법들을 설명한다. 그리고 마지막으로, 책의 개요와 이 책의 근거를 제시한다.

1.2 환경심리학의 역사

환경심리학은 1960년대부터 심리학의 한 분야로 인식되기 시작했는데, 당시에는 비교적 신생 분야로 분류되었다(Altman, 1975; Proshansky et al., 1976; Stokols, 1977, 1978). Hellpach는 20세기 들어 처음 '환경심리학'이라는 용어를 사용한 학자 중 한 명이다(Pol, 2006). Hellpach(1911)의 연구 분야는 색깔, 형태, 해와 달, 극한 환경 등 이전과는 다른, 환경 자극이 인간 활동에 미치는 영향에 관한 것이었다. 후기 연구에서는 혼잡, 과잉자극, 상이한 환경 유형(자연적 · 사회적 · 역사–문화적 환경) 등 도시 현상에 대해 연구가 수행되었다(Pol, 2006). Hellpach의 주제는 1960년대부터 환경심리학 분야에서 다루어져 온 전형적인 주제이지만, 인간–환경 상호작용에 대한 체계적인 연구의 독립된 분야라고 말하기에는 여전히 이른 시기였다.

Brunswik(1903~1955)과 Lewin(1890~1947)은 '환경심리학의 창시자(founding father)'로 평가받고 있다(Gifford, 2007). 하지만 흥미롭게도 둘 중 누구도 오늘날 환경심리학으

글상자 1.1 환경심리학 분야의 창시자

Egon Brunswik(1903~1955)은 심리학이 생명체 자체에만 주목하는 것만큼 생명체의 환경적 특성에도 주목해야 한다고 주장한 최초의 심리학자 중 한 명이다. 그는 물리적 환경이 사람들의 인식 외부에서 심리적 과정에 영향을 미친다고 믿었다. Brunswik은 우리가 이해하려는 사람의 모든 환경적 측면을 포함하는 연구를 강력히 지지했으며, 당시 심리학 연구에서 더 일반적이었던 단편적이고 인위적인 환경을 지양했다.

Kurt Lewin(1890~1947)도 마찬가지로 연구가 현실 세계의 사회적 문제에 의해 촉발되어야 한다고 주장했다. 그는 이론을 실제에 적용하는 비환원주의적이고 문제 중심적인 접근법을 포함하는 '사회적 행동 연구(social action research)'라는 용어를 도입했으며, 이를 통해 사회적 문제를 해결하기 위한 연구 방법을 발견하는 것이 중요하다고 강조했다(Benjamin, 2007). 또한 Brunswik과 마찬가지로 Lewin 역시 환경을 행동의 주요 결정 요인으로 개념화했다. 그는 행동이 개인과 환경의 함수라고 주장했다(Lewin, 1951). Lewin은 주로 물리적 환경보다는 사회적 또는 대인적 영향에 중점을 두었지만(Wohlwill, 1970), 그의 아이디어를 계속 확장한 다양한 학생에게 영감을 주었다. 이 학생들 중에는 환경심리학의 선구자로 간주되는 Barker와 Bronfenbrenner가 포함된다.

로 분류되는 경험적 연구는 하지 않았다. 그들의 아이디어(물리적 환경과 심리적 과정의 상호작용)와 인공 환경이 아닌 현실 세팅에서 인간의 행동에 관한 연구는 인간–환경의 상호작용에 관한 이후의 연구에 영향을 미치고 있다(〈글상자 1.1〉 참조).

1.2.1 '건축' 심리학의 지향

1940년대 후반과 1950년대에는 일상적인 물리적 환경이 미치는 심리학적 과정에 관한 체계적인 연구들이 서서히 증가하기 시작했다. 선구적 연구들에서는 업무 성과에 영향을 미치는 인적 요소(Mayo, 1933), 집안 조명(Chapman & Thomas, 1944), 자연 세팅에서 아이들의 행동(Barker & Wright, 1955) 등을 연구했다. 1950년대 후반과 1960년대 초반, 인간–환경 상호작용이 서서히 이 분야에서 보편적으로 받아들여지기 시작했다. 연구자들은 환경이 사람들의 지각과 행동에 미치는 영향에 초점을 뒀던 이전의 연구들과 차별화하기 위해 이를 '건축 심리학(architectural psychology)'으로 명명했다(Canter, 1970; Pol, 2007; Winkel, Sagert, & Evans, 2009).

환경심리학의 초기에는 많은 관심이 인공적인 물리적 환경(건축물, 기술 및 공학) 및 (그것이) 인간 행동과 웰빙에 미치는 영향에 집중되었다(Bonnes & Bonaiuto, 2002). 인공적인 환경에 초점을 맞춘 것은 당시의 정치적 · 사회적 맥락의 영향을 받은 것이었다. 즉, 현대 건축은 일반 대중에게 주거와 시설을 제공해야 하는 세계대전 이후의 도전을 보여 주는 것이다(Pol, 2006). 잠재적인 이용자에게 최적화된 집, 사무실, 병원 설계는 물론, 환경적인 스트레스원(예: 극한의 온도, 습도, 혼잡)이 성과와 웰빙에 미치는 영향과 같은 질문들이 많은 환경심리학 연구의 초점이었다(Wohlwill, 1970). 그 결과로, 행동적 기능을 촉진하는 건물을 설계하는 연구로서의 환경심리학이 공식적으로 탄생했다.

1.2.2 녹색 심리학의 지향

환경심리학의 빠른 성장에서 두 번째 시기는 1960년대 후반에 시작되었으며, 그 계기는 환경문제의 자각이었다. 그 결과, **지속가능성**(sustainability) 이슈에 관한 연구, 즉 건강하고 지속가능한 환경을 만드는 환경행동을 설명하고 변화시키는 연구들로 이어졌다. 초기 연구는 대기오염(De Groot, 1967; Lindvall, 1970), 도시소음(Griffiths & Langdon, 1968), 환경의 질 평가(Appleyard & Craik, 1974; Craik & Mckechnie, 1974)로 시작되었고, 1970년대에는 연구주제가 확장되어 에너지 공급과 수요(Zube et al., 1975), 성장하는 (에너지) 기술과 관련한 위험 지각과 위험 측정(Fischhoff et al., 1978) 등의 연구가 이루어졌다. 1980년대에는 소비자 태도와 행동 간의 관계와 같은 (환경) 보존 운동을 촉발하는 노력에 초점을 맞추는 연구가 진행되었다(Cone & Hayes, 1980; Stern & Gardner, 1981).

1.3 최근 환경심리학 분야의 범위와 특징

21세기 초부터 기후 변화, 오염, 산림 파괴와 같은 환경문제가 전 세계 사람들의 건강, 경제적 전망, 식수 공급을 위협하는 주요 도전 과제라는 것이 분명해졌다(IPCC, 2013). 또한 인간의 행동이 이러한 환경문제의 주요 원인 중 하나라는 점도 일반적으로 받아들여지고 있다. 환경심리학에서 지속되고 증가하는 관심사는 인간의 웰빙과 삶의 질을 유지하면서도, 환경문제를 극복하기 위해 사람들의 행동을 변화시키는 방법을 찾는 것이다. 이를 위해 환경뿐만 아니라 사회적·경제적 측면을 포괄하는 광의의 지속가능성 개념이 널리 적용되고 있다(World Commission on Environment and Development, 1987). 이 광의의 개념은 환경심리학 연구의 중심 지도 원칙이자 통합 원칙으로 자리 잡고 있다(Giuliani & Scopelliti 2009). 실제로 지난 수십 년간 환경심리학 분야가 점차 '지속가능성의 심리학(psychology of sustainability)'으로 진화해 왔다고 제안되고 있다(Gifford, 2007).

다음은 오늘날 환경심리학을 특징짓는 네 가지 특성인 인간-환경의 상호작용적 관점, 다학제적 접근, 응용적 초점, 방법의 다양성에 관한 논의이다.

1.3.1 상호작용적 접근

환경심리학의 정의에서 지적된 바와 같이, 환경심리학은 인간과 환경(인공 및 자연) 간의 상호작용에 지대한 관심을 가지고 있으며, 명시적으로 환경이 행동에 미치는 영향뿐만 아니라 행동이 낳는 환경 변화도 고려한다. 예를 들어, 아동기에 자연을 경험하는 것과 같은 환경 조건은 자연과의 연결감이나 자연보존을 위한 방안의 지지 여부에 영향을 미칠 수 있다. 반대로, 사람들의 자연보존 지지는 생물다양성과 같은 환경 조건에 영향을 미칠 수 있다. 또 다른 예로, 공공 및 사적 교통을 위한 가용 인프라가 차량 이용 수준에 영향을 미칠 수 있으며, 차량 이용 수준은 대기오염과 지구 온난화와 같은 환경문제의 심각성에 영향을 미칠 수 있다. 따라서 인간과 환경은 상호작용하는 동적 관계에 있다.

인간과 환경 간의 상호 관계는 이 책의 구조를 위한 출발점이 된다. 제1부에서는 환경 조건이 인간에게 미치는 부정적 · 긍정적 영향을 논의하며, 인간의 건강과 웰빙에 대한 환경적 영향을 중심으로 다룬다. 제2부에서는 인간의 행동이 환경의 질에 미치는 부정적 · 긍정적 영향 요인을 논의하며, 친환경행동에 중점을 둔다. 제3부에서는 지속가능한 환경 조성을 위한 친환경행동을 장려하는 현실적인 전략의 성과와 수용성에 영향을 미치는 요인들을 논의한다.

1.3.2 학제 간 협력

다수의 환경심리학자는 다학제적인 환경에서 일하고, 다른 분야의 학자들과 밀접하게 협력한다. 각각의 분야는 연구 중인 현상에 대해 다른 관점을 제공하지만, 이를 결합하면 문제에 대한 종합적인 그림을 제공할 수 있다. 역사적 개요에서 설명한 바와 같이, 학제 간 협력은 주로 세 가지 영역에서 이루어졌다. 첫째, 환경심리학은 항상 건축학 및 지리학 분야와 긴밀히 협력하여 인간-환경 관계를 구성하는 물리적-공간적 요소의 정확한 묘사를 위해 노력해 왔다(제1부 참조). 둘째, 환경심리학의 이론적 및 방법론적 발전은 사회심리학과 인지심리학의 강한 영향을 받았다(제2부 참조). 셋째, 친환경행동을 연구하고 장려할 때(제3부 참조), 환경심리학자들은 환경 과학자 등과 협력하여 다양한 행동의 환경적 영향을 올바르게 평가하려고 노력해 왔다.

1.3.3 문제 중심 접근

환경심리학자는 단순히 과학적 호기심으로 특정 현상을 연구하지 않고, 현실의 삶에 존재하는 문제의 해결에 기여하기 위해 연구를 수행한다. 하지만 이것이 환경심리학자들이 이론에 관심이 없다는 것을 의미하지 않는다. 이 책에서 증명되었듯이, 인간-환경 상호작용을 이해하고 설명하며 예측하기 위해 이론을 구축하고 검증하는 데 많은 관심을 기울이고 있다. 그러나 환경심리학에서 이론 개발의 중요한 목표는 실제 문제에 대한 가장 효과적인 해결책을 찾는 데 있다.

환경심리학은 집 주변과 이웃부터 도시, 자연보호구역, 국가, 전 지구에 이르기까지 다양한 규모 수준에서 인간-환경 상호작용을 연구한다. 연구되는 문제와 관련된 해결책은 그 규모에 따라 차이가 있다. 예를 들어, 소규모 지역 수준에서는 쓰레기 투기 문제와 재활용과 같은 해결책이 연구의 초점이 될 수 있다. 대규모 지역 및 국가 수준에서는 생물종 감소의 문제와 생태 복원과 같은 해결책이 연구될 수 있다. 전 세계적으로는 기후 위기 및 기후 변화의 문제와 새로운 대응 기술 도입과 같은 해결책이 관심의 대상이다. 환경심리학은 지역에서 전 세계에 이르기까지 모든 규모의 문제에 관심을 갖고 있다.

1.3.4 방법의 다양성

환경심리학은 다른 심리학 분야와 대체로 동일한 **양적 방법**(quantitative method) 및 **질적 방법**(qualitative method)을 사용한다. 그러나 다른 심리학 분야에서는 한 가지 주된 연구 방법을 사용하는 경우가 많지만 환경심리학은 다양한 방법을 사용하는 것이 특징이다(개요는 1.4절 참조). 각 연구 방법에는 강점과 약점이 있다(〈표 1-1〉 참조). 방법을 선택할 때는 일반적으로 내적 타당도 및 외적 타당도 간의 균형을 고려해야 한다. 내적 타당도(internal validity)는 인과관계를 확립할 수 있는 정도를 반영한다. 외적 타당도(external validity)는 연구 결과를 다른 인구나 설정에 일반화할 수 있는 정도를 반영한다. 특정 응용문제를 해결하기 위한 개입을 설계하는 것이 목표라면, 외적 타당도가 낮은 결과는 문제가 될 수 있다. 그러나 이론을 검증하는 것이 연구의 목적이라면, 주된 관심사는 높은 내적 타당도를 확보하는 것이기 때문에 외적 타당도는 덜 중요할 수 있다. 이상적으로, 환경심리학자들은 다양한 연구 설계를 사용하여 동일한 현상의 결과를 재현하려고 한다. 이 경우, 한 연구 설계의 약점이 다른 설계의 강점에 의해 보완되어 내적 타당도와 외적 타당도를 최적화할 수 있다.

1.4 환경심리학의 주요 연구 방법

환경 연구에서 사용되는 주요 연구 방법에는 설문 연구, 연구실 실험, 시뮬레이션 연구, 현장 연구, 사례 연구가 포함된다. 다음에서는 각 방법에 대해 간략하게 설명할 것이다. 먼저, 특정 환경 설정과 무관하게 사용할 수 있는 방법을 논의한 후, 인위적인 세팅에서 사용되는 방법에 대해 논의한다. 마지막으로, 실제 환경에서 사용되는 방법을 다룬다. 각 방법의 주요 강점과 약점은 〈표 1-1〉에 요약되어 있다.

표 1-1 환경심리학 분야에서의 주요 연구 방법 요약

세팅	방법	강점	약점	활용
환경 독립적 세팅	설문 연구	• 높은 외적 타당도 • 대규모 연구에서 비용 대비 고효율	• 변인 조작 불가 • 인과적 추론 불가	• 지각, 믿음, 행동 기술 • 변인들 간 상관 연구
인위적 세팅	연구실 실험	• 높은 내적 타당도 • 변인 통제	• 낮은 외적 타당도 • 인위성	• 이론 또는 가설의 검증 • 인과관계 확인
	시뮬레이션 연구	• 외적/내적 타당도 균형 • 현실적 시각화	• 진보된 기술 및 도구 필요 • 종종 '허구'로 인식	• 복잡한 인간-환경 • 역학 연구 • 미래 변화에 대한 시각화 및 평가
	현장 연구	• 외적/내적 타당도 균형 • 반복 수행 가능성	• 제한된 실험적 통제 • 데이터 수집 시간 소요	• 최신 실태 연구 • 개입 평가
현실 세팅	사례 연구	• 높은 외적 타당도 • 풍부한 데이터	• 낮은 내적 타당도 • 시간 소요 • 제한된 일반화 가능성	• 기술 • 탐색 • 가설 개발

1.4.1 설문 연구

설문 연구는 행동을 기술하거나 다양한 이슈에 대한 사람들의 지각, 의견, 태도와 신념을 수집하기 위해 활용된다. 예를 들어, 사람들이 쓰레기를 얼마나 자주 버리는지와 그들이 거주하는 지역의 쓰레기통 수에 얼마나 만족하는지 물어봄으로써 두 변수 간의 관계를 확립할 수 있다. 그러나 일반적으로 인과관계를 확립할 수 없기 때문에 내적 타당도가 약화된다. 첫째, 설문 연구로는 제3의 변인이 관계에 영향을 미쳤을 가능성을 배제하지 못한다. 예를 들어, 쓰레기통이 많이 설치된 지역에는 특정 집단의 주민들(예: 고학력자)이 거주할 수 있으며, 이는 쓰레기통이 적은 지역에 거주하는 집단과 체계적으로 다를 수 있다. 둘째, 관계의 방향이 명확하지 않다. 즉, 주민들이 특정 지역에 투기를 더 많이 하기 때문에 자치단체가 쓰레기통을 더 많이 비치하는지, 아니면 이용할 쓰레기통이 없어서 주민들이 투기를 하는지 알 수 없다는 것이다.

환경심리학에서 설문 연구는 여러 가지 이유로 인기가 있다. 첫째, 환경 조건을 조작하는 것(실험 연구에서처럼)은 종종 비윤리적이거나 불가능하다. 예를 들어, 교통 요금이

차량 이용에 미치는 영향을 연구할 때, 한 지역의 기름값을 두 배로 올리고 다른 지역은 그대로 두는 것은 대부분 실행 가능하지 않다. 게다가 설문 연구의 외적 타당도는 높은 경향이 있으며, 이는 환경문제에 관한 연구에서 중요한 요소로 간주된다. 마지막으로, 설문 연구는 비교적 저비용으로 연구에 적용할 수 있다.

1.4.2 연구실 실험

연구실 실험 연구는 통제되고, 가장 인위적이며, 연구를 위해 조성된 환경에서 수행된다. 연구실 실험 연구는 두 가지 기본적인 특징으로 인해 변인 간 인과관계의 확립이 가능한 연구 방법이다. 예를 들어, 연구자가 변인 X(독립 변인, 예: 쓰레기통 유무)가 변인 Y(종속 변인, 예: 쓰레기 투기)에 영향을 미치는지 조사하고 싶다고 가정해 보자. 독립 변인은 조작되지만 다른 모든 변인이 동일해야만, 결과의 차이가 조작에 의한 조건의 차이 때문이라고 합리적인 확신을 가지고 결론지을 수 있다. 즉, 예시에서 쓰레기통이 있는 경우와 없는 경우 사람들이 쓰레기를 버리는 양에 차이가 있다면, 쓰레기통 유무라는 쓰레기 투기의 원인 중 하나가 확인된 것이다. 이러한 특징 때문에 연구실 실험의 내적 타당성은 높다.

무선 할당은 실험의 모든 참가자가 각 실험 조건에 배치될 동등한 기회를 가진다는 것을 의미한다. 무선 할당은 실험 집단 간의 차이가 사회 인구통계학적 차이 또는 성격 유형과 같은 개인의 혼재 요인에 의해 발생할 가능성을 최소화한다. 예를 들어, 쓰레기통이 있는 조건에 남성 참가자만 할당되고 쓰레기통이 없는 조건에 여성 참가자만 할당된다면, 조건 간의 차이는 쓰레기통 유무가 아닌 성별에 의해 발생할 수 있다.

실험 조건의 강한 통제는 일반적으로 인위적인 상황을 만든다. 따라서 진정한 실험은 종종 외적 타당도가 낮으며, 따라서 결과를 실제 현실 상황에 쉽게 일반화할 수 없다.

1.4.3 컴퓨터 시뮬레이션 연구

때때로 실제 개인이나 현실적인 환경 자극으로 연구를 수행하는 것이 불가능할 때가 있다. 예를 들어, 수천 명의 사람이 관련된 복잡한 시스템을 연구하거나 사람들이 미래의 환경 시나리오를 어떻게 평가하는지 연구하는 경우가 그 예이다. 이러한 이유로 환경심리학자들은 점점 더 환경 시뮬레이션 사용을 늘리고 있다. 이 유형의 연구에서는 환경과 인간의 다양한 측면들이 최대한 정확하고 현실적으로 묘사된다. 시뮬레이션에는 컴퓨터로 생성된 몰입형 가상 환경이 포함될 수 있으며, 이는 참가자에게 특정 환경이나 사건을 경험하는 것이 어떤 느낌일지에 대한 현실적인 인상을 제공하고(예: De Kort et al., 2003; 또한 28장 참조), 지리 정보 시스템에서 데이터의 3D 시각화(5장 참조) 또는 토지 사용이나 자원 사용에 대한 에이전트 기반 모델(31장 참조) 등이 있다. 일반적으로 시뮬레이션은 환경에 대한 어느 정도의 통제를 가능케 하여 내적 타당도를 높이는 동시에 외적 타당도도 크게 훼손하지 않는다.

1.4.4 현장 연구

높은 외적 타당도를 유지하면서도 내적 타당도를 크게 훼손하지 않기 위해 많은 환경심리학자는 현장 연구와 실험 방법을 사용한다. 현장 실험은 실제 생활 환경에서 수행되기 때문에 외적 타당도가 상대적으로 높다. 또한 실험자가 독립 변인을 체계적으로 조작(예: 환경에서 쓰레기통을 배치하거나 제거)하고, 참가자를 다양한 연구 조건에 무작위로 배정하려고 시도함으로써 내적 타당도도 상대적으로 높다. 이를 통해 연구자는 조건 간의 차이가 조작에 기인한 것임을 합리적으로 확신할 수 있으며(예를 들어, 개인차 등으로 인한 것이 아님), 내적 타당도를 확보할 수 있다. 그럼에도 불구하고 현장 실험은 실제 환경에서 이루어지기 때문에 변화하는 날씨 조건이나 예상치 못한 방해 요인과 같은 혼재 변인을 통제하기 어렵다. 또한 대부분의 경우에 무선 할당이 불가능하다.

1.4.5 사례 연구

사례 연구는 특정 상황에 대한 심층 연구로 통한다. 이는 매우 광범위한 연구주제를 하나의 사례, 즉 사람, 환경, 상황 또는 사건으로 좁히는 데 사용되는 방법이다. 예를 들어, 도시 환경의 질에 관한 폭넓은 주제와 관련하여 최근 자치단체가 쓰레기 투기를 막기 위해 쓰레기통을 설치한 특정 지역을 대상으로 하는 연구 수행이 가능하다. 제한된 수의 변인을 연구하기 위해 엄격한 프로토콜과 폐쇄형 질문을 사용하는 대신, 사례 연구 방법은 단일 상황이나 사건, 즉 사례에 대한 탐색적이고 질적인 검토를 포함한다. 질적 연구는 데이터로서 단어나 기타 비수치적인 지표(예: 이미지나 그림)를 사용한다. 사례 연구 및 기타 유형의 질적 연구의 주요 목적은 개인이나 집단이 현상에 부여하는 의미를 탐구하고 이해하는 것이다. 사례 연구에서 사람이나 사건은 자연적으로 발생하는 환경, 즉 가정, 놀이터, 대학, 길거리와 같은 환경 내의 자체 맥락에서 연구된다. 이러한 환경은 사회적 · 물리적 · 역사적 · 문화적 맥락과의 상호작용에 의해 조건이 지속적으로 영향을 받아 지속적인 변화 과정을 일으키는 '열린 체계(open system)'이다. 여기에는 민족지학, 근거이론 및 현상학이 포함된다(Wolcott, 2001 참조). 현상의 해석에는 하나의 객관적 진실이 존재하지 않는다(Willig, 2001).

사례 연구에서는 여러 가지 다양한 전략을 사용할 수 있다. 사례 연구와 같은 질적 연구 방법은 학술지에서 중요성이 커지고 있는 반면, 환경심리학에서는 여전히 단어보다 숫자를 데이터로 사용하는 양적 연구 방법이 주류를 이루고 있다. 이 책도 주로 양적 연구에 의존하고 있다.

1.5 요약

이 책은 학생, 전문가 및 일반 독자들에게 현대 환경심리학의 주요 주제를 소개하는 것을 목표로 한다. 이 책은 세 부분으로 구성되어 있다. 1장에서의 일반적인 소개 후, 제1부(2장에서 15장까지)는 환경 조건이 경험, 웰빙, 행동에 미치는 긍정적 및 부정적 영향과 환경 변화를 통해 웰빙을 촉진하는 방법에 대한 연구 개요를 제공한다. 주요 주제로는 위험 지각, 환경 스트레스원, 자연 경험, 자연의 건강 효과, 건축, 도시 환경의 질, 환경 조건이 삶의 질에 미치는 효과 등이 포함된다. 또한 이번 2판에서는 기후 변화의 위험, 그리고 아동에게 있어 자연의 중요성이라는 주제를 다루는 두 개의 새로운 장이 추가되었다.

제2부(16장에서 25장까지)는 환경행동을 이해하는 데 중점을 둔다. 환경행동을 측정하는 다양한 방법과 이 행동에 영향을 미치는 요소(예: 가치와 규범)에 대해 논의한다. 특히 이번 2판에서는 새로 추가된 19장에서 사람들이 친환경행동에 참여하는 데 있어 감정이 중요한 역할을 할 수 있음을 다루고 있고, 20장에서는 환경행동의 상징적 측면을 논의한다. 또한 새로 추가된 23장은 집단에 대한 소속감 및 이 소속감과 관련된 집단 과정이 환경행동에 미치는 영향을 검토한다. 제2부의 장들은 규범 이론(norm theory), 가치 이론(value theory), 감정 이론(theory of affect), 사회딜레마 이론(social dilemma theory), 사회정체성 이론(social identity theory), 계획된 행동 이론(the theory of planned behaviour), 규범 활성화 이론(norm activation theory), 환경주의의 가치−신념−규범 이론(value-belief-norm theory of environmentalism), 습관 이론(habit theory) 등 환경행동을 설명하는 다양한 이론을 제시한다. 또한 인간과 환경 간의 상호작용을 연구하는 라틴 아메리카의 시각도 제공한다.

제3부(26장에서 32장까지)는 정보 전략, 인센티브 변화, 기술 혁신을 통해 친환경행동과 웰빙을 촉진하는 방법에 대해 논의한다. 또한 정책의 수용성에 영향을 미치는 요인, 변화의 과정, 행동 변화의 사회적 시뮬레이션에 대해 논의한다. 특히 개발도상국에서 친환경행동을 장려하는 데 특별한 주의를 기울인다.

이 책의 마지막 장에서는 몇 가지 일반적인 결론을 도출하고, 동향을 확인하며, 미래 연구를 위한 실행 가능한 방안을 제안할 것이다.

용어사전

내적 타당도(internal validity): 관찰된 효과가 독립 변인에 의해 발생했다고 결론지을 수 있는 정도

양적 방법(quantitative method): 숫자 형태의 데이터를 사용하는 분석 방법

외적 타당도(external validity): 연구 결과를 다른 인구(인구 타당성)나 세팅(생태학적 타당성)에 일반화(적용)할 수 있는 정도. 외적 타당도는 일반화 가능성이라고도 함

지속가능성(sustainability): 현재의 요구를 충족시키면서도 미래 세대가 그들 자신의 요구를 충족시킬 수 있도록 하는 속도와 방식으로, 자원을 사용하고 개발하고 보호하여 환경·사회·경제의 질 간 최적의 균형을 이루는 것

질적 방법(qualitative method): 단어나 기타 비수치적 지표(예: 이미지, 그림) 형태의 데이터를 사용하는 분석 방법

환경심리학(environmental psychology): 개인과 인공 및 자연 환경 간의 상호작용을 연구하는 심리학의 하위 분야

읽을거리

Bechtel, R.B., and Churchman, A. (2002). *Handbook of Environmental Psychology*. New York, NY: Wiley.

Bell, P.A., Green, T.C., Fisher, J.D., and Baum, A. (2001). *Environmental Psychology, 5e*. Belmont, CA: Wadsworth/Thomson Learning.

Fleury-Bahi, G., Pol, E., and Navarro, O. (2017). *Handbook of Environmental Psychology and Quality of Life Research*. Cham: Springer.

Gifford, R. (2007). *Environmental Psychology: Principles and Practice*. Colville, WA: Optimal books.

Nickerson, R.S. (2003). *Psychology and Environmental Change*. Mahwah, NJ: Erlbaum.

복습문제

1. 환경심리학이란 무엇일까? 간단한 정의를 내려보자.
2. 환경심리학의 네 가지 주요 특징을 설명해 보자.
3. 환경심리학 연구의 지도 원칙이자 통합 원칙으로 점점 더 중요해진 개념은 무엇일까? 이 개념을 정의해 보자.
4. 환경심리학자들이 연구하는 문제의 예를 세 가지 들어 보자.
5. 왜 환경심리학자들은 다양한 연구 방법을 사용할까?

제1부

인간 행동과 웰빙에 대한 환경적 영향

제2장

환경위험 지각

Gisela Böhm
University of Bergen, Norway
Carmen Tanner
University of Zürich, Switzerland

2.1 도입

환경 변화와 오염은 물론 다양한 인간의 활동과 기술은 인간과 자연 모두에 해롭고 오래 지속되는 결과를 낳을 가능성을 내포하고 있다. 사람들이 이러한 **위험**(risk)을 어떻게 지각하는지는 중요한 문제이다. **위험 지각**(risk perception)은 특정 위험에 대처하기 위한 행동을 촉진하거나 억제할 수 있다. 이 장에서는 일반적인 위험 지각과 특히 환경위험 지각을 설명하기 위해 제안된 여러 요인을 다룰 것이다. 첫째, 우리는 **방략**(heuristics)과 **편향**(bias)에 대해 논의할 것이다. 이 영역에서는 주관적인 위험 판단이 인지적 편향에 취약하다는 점을 강조해 왔다. 둘째, 위험 지각의 기본이 되는 위험의 주요 특성을 식별하려고 하는 심리 측정 모델을 제시할 것이다. 셋째, 위험 지각에 영향을 미치는 개인의 특성, 특히 가치와 도덕적 차원에 대해 설명할 것이다. 마지막으로, 위험 지각의 결과로 발생하기도 하고, 위험 지각에 영향을 미치기도 하는 정서에 대해 논의할 것이다.

2.2 환경위험이란 무엇인가

일반적으로, 위험은 인간의 가치에 영향을 미치는, 불확실하고 부정적 결과를 낳을 수 있는 상황, 사건, 또는 활동을 의미한다. 따라서 위험은 위험원(상황, 사건, 활동 등)과 불확실한 부정적 결과 사이의 인과적 연쇄를 내포한다. 위험의 두 가지 본질적 요소는 부정적 결과(또는 손실)의 심각성과 불확실성이며, 결과를 부정적인 것으로 규정하는 것에서 인간의 가치를 포함하게 된다. Slovic(1999, p. 689)에 따르면 "위험(danger)은 실재하지만, 위험성(risk)[1]은 사회적으로 구성되는 것"으로, 서로 구분된다.

환경위험은 여러 면에서 다른 위험과 다르다. 기후 변화를 사례로 설명하면 다음과 같다. 첫째, 환경위험은 높은 수준의 복잡성과 불확실성으로 특징지어지며, 복잡한 인과관계와 여러 결과를 수반한다. 따라서 환경위험은 고도의 복잡성과 불확실성이라는 특성을 가지고 있으며, 복잡한 인과관계와 다채로운 결과를 수반한다. 결과적으로, 환경에 대한 위험(예: 인류가 배출하는 이산화탄소로 인한 해양 산성화)과 환경에 의한 위험(예: 홍수로 인한 거주지 파괴)을 포함한다. 둘째, 환경위험은 종종 단일 활동보다는 다수 개인의 집합적 행동(예: 화석 연료 사용)에서 발생한다. 따라서 완화 조치를 쉽게 취할 수 없는데, 이는 다수의 행동을 동시에 요구하기 때문이다. 셋째, 환경위험의 결과는 일시적으로 지연되어 나타나는 경우가 많고, 지리적으로 떨어져서 발생하기 때문에, 위험에 기여하는 사람들(예: 산업 국가)과 그 결과로 고통받는 사람들(예: 개도국, 미래 세대)이 다를 수 있다. 이 때문에 환경위험은 종종 윤리적 문제를 제기한다.

2.3 주관적 위험 판단

'위험 지각'은 사람들이 어떤 상황, 사건, 활동, 또는 기술과 관계된 위험에 대해 내리는 주관적 판단을 의미한다. 지금까지 주관적인 위험 판단을 평가하는 다양한 기술이 연

1) 역자 주: danger와 risk 모두 위험으로 번역되지만, 'danger'는 잠재적인 해로운 상태나 요소를 의미하는 반면, 'risk'는 그로 인해 실제로 해로운 결과가 발생할 가능성이라는 차이가 있다. 두 단어의 차이를 부각하기 위해 여기서는 risk를 위험성으로 번역하였으나, 이 책 전체에서 위험으로 번역하였다.

구되고 개발되어 왔다. 첫째, 연구 참가자들에게 점수를 매기거나 순위를 매기는 방식으로 전반적인 위험성에 대해 또는 그들이 경험한 염려, 걱정, 또는 위협에 대해 전반적으로 판단하게 한다. 둘째, 위험을 감소시키기 위해 돈을 얼마나 '기꺼이 지불할 것인지(Willing To Pay: WTP)' 또는 특정 위험을 견디기 위해서 얼마나 '기꺼이 받아들일 것인지(Willing To Accept: WTA)'를 평가하게 하는 것이다. 셋째, 응답자들에게 주어진 결과의 주관적 가능성을 판단하게 하는(예: 석면에 노출되었을 때 폐암으로 사망할 가능성) 것이다.

2.3.1 위험 판단에서의 방략과 편향

주관적인 위험 판단에서 신중한 분석에 기초하는 경우는 드물다. 대신, 사람들은 판단을 내릴 때 종종 단순하고 직관적인 규칙인 방략을 사용한다. 방략은 전통적으로 주관적인 확률 추정 분야에서 연구되어 왔다. 방략은 종종 타당한 결과를 도출하지만, 편향된 위험 평가를 초래할 수도 있다.

편향된 위험 평가의 중요한 예는 사람들이 다양한 위험의 빈도를 판단할 때 소수의 사례를 과대평가하고 다수의 사례를 과소평가하는 경향이 있다는 것이다(Lichtenstein et al., 1978). 두 가지 주요 방략은 가용성 방략과 기준점-조정 방략이다(Tversky & Kahneman, 1974). 가용성 방략은 사람들이 유사한 사건의 예를 쉽게 떠올릴 수 있을 때 그 사건의 발생 확률을 과대평가하는 경향이 있다는 것을 의미한다. 예를 들어, 길가에서 다 부서진 차를 보게 되면 차량 사고의 주관적 가능성 인식은 증가한다. 환경위험의 맥락에서 **가용성 방략**(availability heuristic)을 뒷받침하는 증거는 사람들이 평소보다 더 덥게 느껴지는 날에 지구 온난화를 더 믿었고, 더 큰 관심을 가졌던 연구 결과에 의해 제시된다(Li et al., 2011). 명백하게, 언론보도는 사고와 사건이 얼마나 잘 떠오르는지, 그리고 사건이 얼마나 위험하게 지각되는지에 영향을 미칠 수 있다(Mazur, 2006).

기준점-조정 방략(anchoring-and-adjustment heuristic)에 따르면, 사람들은 종종 상황상 뚜렷한 기준점으로부터 출발하여, 최종적인 판단을 할 때는 처음의 추정을 조정하는 경향이 있다. 대부분의 경우 추가적인 조정은 충분하지 않고, 최종적인 추정은 기준점(anchor)에 치우치게 된다. 예를 들어, UN에 가입한 아프리카 국가들의 비율을 추측해 보라고 요구를 받았을 때, 참가자들 앞에 놓인 운명의 수레바퀴(wheel of fortune)의 의미 없는 숫자에 강하게 영향을 받았다. 운명의 수레바퀴가 10이라는 숫자를 가리키는 경우에 비해 65라는 숫자를 가리키고 있는 경우 가입국 수를 거의 두 배로 측정하는 참가자가 25%에서 45%에 달했다(Tversky & Kahneman, 1974). 마찬가지로, 낮은 초기 기준점(1°F)에 비해 높은 초기 기준점(10°F)에 노출된 사람들은 지구 기온의 증가를 더 높게 추정했다. 지구 온난화에 대해 더 믿었고, 온난화를 줄이기 위해 기꺼이 돈을 지불할 의사(WTP)가 더 컸다(Joireman et al., 2010).

또 하나 널리 퍼진 연구 결과는 자신이 타인에 비해 부정적인 사건을 겪기보다 긍정적인 사건을 경험할 가능성이 크다고 믿는 사람들의 경향이다. 이 인지적 편향은 **비현실적 낙관주의**[unrealistic optimism 또는 **낙관주의 편향**(optimism bias; Weinstein, 1980)]로 알려져 있으며, 환경적 또는 기술적 위험을 포함한 다양한 분야에서 발견되었다. 예를 들어, 사람들은 기후 변화, 이동전화, 방사성 폐기물, 유전자 조작 식품 등의 위험에 대해서 타인에 비해 자신은 더 적은 피해를 겪을 것으로 생각하는 경향이 있다(Costa-Font et al., 2009). 비현실적 낙관주의는 중요한 의미를 가지는데, 사람들이 자신의 위험을 자각하지 못하는 경우 예방적인 행위를 못하기 때문이다(Weinstein et al., 1990).

위험 평가에 강력한 영향을 미치는 요인은 문제에 대한 틀짓기(framing)이다. **틀효과**(framing effect)는 동일한 문제에 대한 다른 기술(description)만으로 사람들의 결정을 바꿀 수 있다는 발견을 의미한다(Tversky & Kahneman, 1981). 결과를 손실로 표현하는지 이득으로 표현하는지와 같은 단어의 변화만으로도 다른 선택을 유발할 수 있다. 예를 들어, 사람들은 환경문제들(예: 강의 수질, 공기의 질)에 대해서 현재 상태를 개선(이득 창출)하는 기회가 주어졌을 때보다 이전에 더 나은 상태를 회복(손실 제거)할 기회를 더 중요하다고 여겼다(Gregory et al., 1993; 〈글상자 2.1〉 참조).

글상자 2.1 틀짓기와 환경 의사결정

Hardisty 등(2010, 연구 2)은 실험을 통해 틀짓기가 환경 의사결정에 어떻게 영향을 미치는지, 그리고 이 과정이 정치적 소속(민주당원, 무소속, 공화당원)과 같은 개인차에 영향을 받는지 입증했다. 참가자들은 두 항공권 중 하나를 선택하도록 요청받았다. 두 항공권은 동일했지만, '친환경' 옵션은 탄소 요금을 포함하고 있어 더 비쌌다. 이 요금은 부정적으로(세금) 또는 긍정적으로(상쇄) 규정되었다. 예상대로, 요금이 (환경오염의) 상쇄로 틀이 지어졌을 때 친환경 옵션이 더 자주 선택되었다. 놀랍게도 이 효과는 정치적 성향에 따라 달라졌다. 특히 세금으로 틀이 지어졌을 때, 친환경 옵션에 대한 선호도는 민주당원, 무소속, 공화당원 순으로 감소했으며, 이는 공화당원의 세금에 대한 반감을 반영하는 것으로 보인다.

틀짓기는 중립적인 결과일 수도 있는 대상에 대한 사람들의 참조점(reference point), 즉 무손실(결과가 손실로 표현될 때) 대 무이득(결과가 이득으로 표현될 때)의 관점을 변화시킨다. 틀효과에 대한 일반적인 설명 중 하나는 동일한 수준의 이득이 환영받는 것에 비해 손실은 주관적으로 더 막대한 피해를 주는 것으로 경험되기 때문이라는 것이다[손실 회피(loss aversion); Tversky & Kahneman, 1981].

방략에 관한 연구는 전통적으로 인지적 과정에 크게 의존했지만, 갈수록 위험 평가와 의사결정에서 정서의 중요성을 강조했다(Pfister & Böhm, 2008). **감정 방략**(affect heuristic; Finucane et al., 2000)은 감정 상태가 위험 판단에 중요한 정보 입력으로 작용한다고 제안한다. 개인이 어떤 활동에 대해 긍정적으로 느끼면, 그 활동의 위험은 작고 이익이 크다고 판단하는 경향이 있다. 반대로, 활동에 대해 부정적으로 느끼면, 위험은 크고 이익이 작다고 판단하는 경향이 있다. 결과적으로, 지각된 위험과 이익이 반대로 연관된다. 그러나 현실에서는 높은 위험은 큰 이익을 보장하는 경우에만 선택되기 때문에 위험과 이익은 강력한 정적인 상관을 가지고 있는 경우가 많다.

2.3.2 환경위험의 시점 할인

시점 할인(temporal discounting)은 먼 미래의 결과는 즉시 일어날 결과에 대해서 주관적으로 덜 명확하게 인식되는 심리적 현상을 의미한다. 환경위험 지각에 적용해 보면, 이 경향성은 환경위험의 경우 그 결과가 늦게 나타날수록 덜 심각하게 지각될 것임을 시사한다. 그러나 환경위험 평가에서 시점 할인을 살펴본 연구들에서는 아직 이를 입증할 증거가 부족하다(Böhm & Pfister, 2005; Gattig & Hendrickx, 2007). 예를 들어, 사람들은 기름 유출이 한 달 후, 일 년 후, 10년 후에 발생하더라도 똑같이 위험하다고 인식한다(Böhm & Pfister, 2005). 이러한 놀라운 발견에 대한 한 가지 설명은 환경위험이 도덕적 가치를 건드리기 때문에 시간적 관점에 개의치 않게 만든다는 것이다(Böhm & Pfister, 2005; Gattig & Hendrickx, 2007).

2.3.3 심리 측정 패러다임

위험 지각을 연구하는 확립된 접근 방식 중 하나는 **심리 측정 패러다임**(psychometric paradigm)이다(Slovic, 1987). 이 접근법의 목표는 다양한 위험 사건, 활동 또는 기술의 '인지적 지도(cognitive map)', 그리고 그 기저에 있는, 개인이 특정 대상에 대해서 더 또는 덜 위험하게 지각하는 심리학적 차원을 밝히는 것이다.

다양한 연구에서 요인 분석을 통해 반복적으로 두 가지 차원이 나타났으며, 이는 지각된 위험의 인지적 지도의 기본 차원을 구성한다. 그 두 가지는 **공포스러운 위험**(dread risk)과 **미지의 위험**(unknown risk)이다. 공포스러운 위험은 위험이 얼마나 끔찍하거나 심각하고 재앙적인 결과를 초래하는지의 정도를 설명한다. 미지의 위험은 위험이 얼마나 새롭고, 낯설며, 관찰할 수 없거나, 지연된 효과를 미치는지의 정도를 설명한다(〈글상자 2.2〉 참조).

글상자 2.2 환경위험에 대한 심리 측정 연구

McDaniels와 동료들(1995)은 환경위험 지각 연구에 심리 측정 패러다임을 최초로 적용했다. 그들은 한 대규모 설문 조사 연구에서 응답자들에게 자연재해, 기술, 인간 활동 등과 관련된 65가지 위험을 31개의 척도로 평가하도록 요청하였다(McDaniels et al., 1995). 이러한 평가 척도는 이후 요인 분석을 통해 환경위험 지각의 다섯 가지 기본 차원으로 집계되었다. 종에 대한 영향(예: 동물 종의 멸종), 인간의 혜택(예: 사회에 대한 혜택), 인간에 대한 영향(예: 영향을 받은 사람 수), 회피 가능성(예: 위험의 통제 가능성), 그리고 지식(예: 영향의 이해 가능성)이다. 이전의 위험 지각 연구와 비교했을 때, 보통 두 가지 차원(즉, 공포스러운 위험과 미지의 위험)만 도출된 것과 달리, 이 연구는 환경위험 지각의 더 큰 복잡성을 보여 준다. 흥미로운 차이점 중 하나는 사람들이 인간에 대한 영향과 다른 종에 대한 영향을 명확하게 구별한다는 것이다. 후속 연구에서는 전문가와 일반인의 위험 지각을 비교했으며, 전문가들이 일반적으로 제시된 위험에 대해(인간과 생물종 모두에 대해) 더 낮은 평가를 부여한다는 것을 보여 주었다(Lazo et al., 2000).

2.4 위험, 가치, 도덕성

위험 지각은 또한 **가치**(value)와 도덕적 입장에 의해 영향을 받을 수 있다(또한 17장 참조). 예를 들어, 전통적인 가치(가족애, 애국심, 안정성)가 낮은 사람과 이타심(타인과 다른 종의 복지에 대한 관심)이 높은 사람은 전 지구적인 환경위험(오존층 파괴, 지구 온난화)에 대해서 더 심각하게 지각하는 경향이 있다(Whitfield et al., 2009). 마찬가지로, 자연이 자체적인 권리가 있다고 인정하는 사람(생물권의 가치 지향)은 환경문제에 대해 인식 수준이 높았으나, 강한 자기중심적 가치를 가진 사람은 환경문제에 대한 인식 수준이 낮았다(Steg et al., 2005).

2.4.1 가치

환경 윤리에서 지배적인 견해는 환경의 일부 측면(예: 멸종 위기종, 풍경)이 고유한 가치를 지니고 있으며, 비인간 세계는 '그 자체로서' 가치를 인정받고 존중받아야 한다는 것이다(Taylor, 1981; 또한 17장 참조). 환경 경제학의 제안과는 달리, 사람들은 서로 다른 가치들 간의 교환을 매우 꺼리는 경향이 있다. 예를 들어, 다수가 자연이나 멸종 위기종을 돈과 맞바꾸는 것은 도덕적으로 잘못되었다고 생각한다. 사람들은 이러한 존재나 가치(예: 인간이나 동물의 생명, 사람의 손길이 닿지 않은 자연, 인간의 존엄성)를 절대적인 것으로 여기며, 특히 경제적 가치와는 절대로 맞바꾸지 않아야 한다고 생각한다. 심리학 이론에서는 이러한 현상을 불가침의 또는 신성한 가치(protected or sacred value)라고 부른다(Baron & Spranca, 1997; Tetlock et al., 2000). 연구들에 따르면, 사람들에게 이러한 가치를 거래하도록 강요하거나 그들이 불가침적으로 생각하는 것들에 '값을 매기라'고 요청하는 것(예: 사람들에게 얼마를 주면 특정 종들을 멸종시키는 것을 눈감아 줄 수 있는지 응답하도록 함)은 강한 부정적 감정 반응(예: 분노)과 교환에 대한 저항을 불러일으킬 수 있다(Hanselmann & Tanner, 2008; Tetlock et al., 2000). 불가침의 가치를 가진 개인들은 기후변화를 감소시킬 수 있는 이점에도 불구하고 시장 논리에 기초한 접근이라는 이유로 탄소배출권의 거래를 거부할 가능성이 더 크다(Sacchi et al., 2014). 게다가 신성한 가치는 환경위험 지각에 영향을 미치는 것으로 보인다. 예를 들어, 인도의 갠지스강에 대한 신성한 믿음을 가지고 있는 사람들은 이 강이 오염되었다고 생각하지 않는 경향이 있다(Sachdeva, 2016).

2.4.2 도덕성과 윤리

도덕적 고려 역시 위험 평가에서 중요한 역할을 한다(Böhm & Pfister, 2005; Pfister & Böhm, 2001). 도덕 철학은 보통 결과론적 원칙(consequentialist principle)과 의무론적 원칙(deontological principle)을 대비시킨다. 의무론적 원칙의 독특한 사고는 초점이 행위에 내재된 옳고 그름 그 자체에 있다고 보는 것이다. 의무론적 원칙은 결과에 상관없이 도덕적으로 위임된 행위나 금지(예: 약속을 지킬 의무, 자연을 해치지 않을 의무)를 의미한다. 반면, 결과론적 원칙은 결과의 크기와 가능성의 관점에서 도덕적인 옳고 그름에 대한 결론을 내린다. 결과론적 원칙의 목표는 이익을 극대화하고 불이익을 최소화하는 것이다.

의무론적 사고가 결과보다는 행위의 본질적인 옳고 그름에 더 초점을 두는 것과 마찬가지로, 연구들을 통해 의무론적 입장을 지지하는 사람들이 결과보다는 행위와 무시(즉, 행동하지 않음)에서 비롯되는 손익에 더 큰 주의를 기울인다는 것을 확인했다(〈글상자 2.3〉 참조). 이러한 결과는 환경위험 의사소통에 대한 통찰을 제공하는데, 결과에 관한 정보가 모든 개인에게 동일한 의미가 있는 것은 아니라는 것을 시사한다.

글상자 2.3 의무론적 추론, 불가침의 가치, 그리고 환경 의사결정

Tanner와 동료들은 환경 의사결정 과제에서 의무론적 추론(2.4 참조)과 불가침적 가치의 역할을 지지하는 증거를 발견했다(Tanner & Medin, 2004; Tanner et al., 2008). 참가자들은 여러 시나리오를 제공받았으며, 각 시나리오에는 행위와 무시 중 하나를 선택하는 상황이 포함되어 있었다(예: 오염된 물을 마신 아이들에게 백신을 접종시키는 것과 접종시키지 않는 것). 결과는 위험과 확실(안전), 손실과 이득의 프레임에 따라 달라졌다(2.1 참조). 참가자들이 자연, 인간, 동물의 생명을 보호된 가치로 취급하는 정도와 의무론적 또는 결과론적 초점을 더 두는 정도에 따라 평가되었다.

결과는 불가침의 가치가 의무론적 성향과 강하게 연관되어 있으며, 무시하기보다 행위에 대한 선호가 더 강하다는 것을 보여 주었다. 가장 흥미로운 점은, 불가침의 가치와 의무론적 성향을 더 강하게 지지하는 참가자들이 틀효과에 면역이 있었다는 것이다. 명백히, 강한 불가침의 가치는 사람들이 결과의 틀보다 환경적 행위에 대한 의무에 집중하게 만든다. 반면, 결과론적 성향이 높은 참가자들은 결과를 이득이나 손실로 틀짓는 것에 민감했다.

2.5 환경위험에 대한 감정적 반응

감정은 위험 지각에 영향을 미친다. 활동에 대해서 부정적인 감정을 느낄 때 우리는 위험을 더 높게 평가하지만, 긍정적인 감정을 느낄 때는 위험을 더 낮게 평가한다(2.3.1의 감정 방략 참조). 그러나 위험에 대한 감정가에는 정서 이상의 무언가가 존재한다. 평가 이

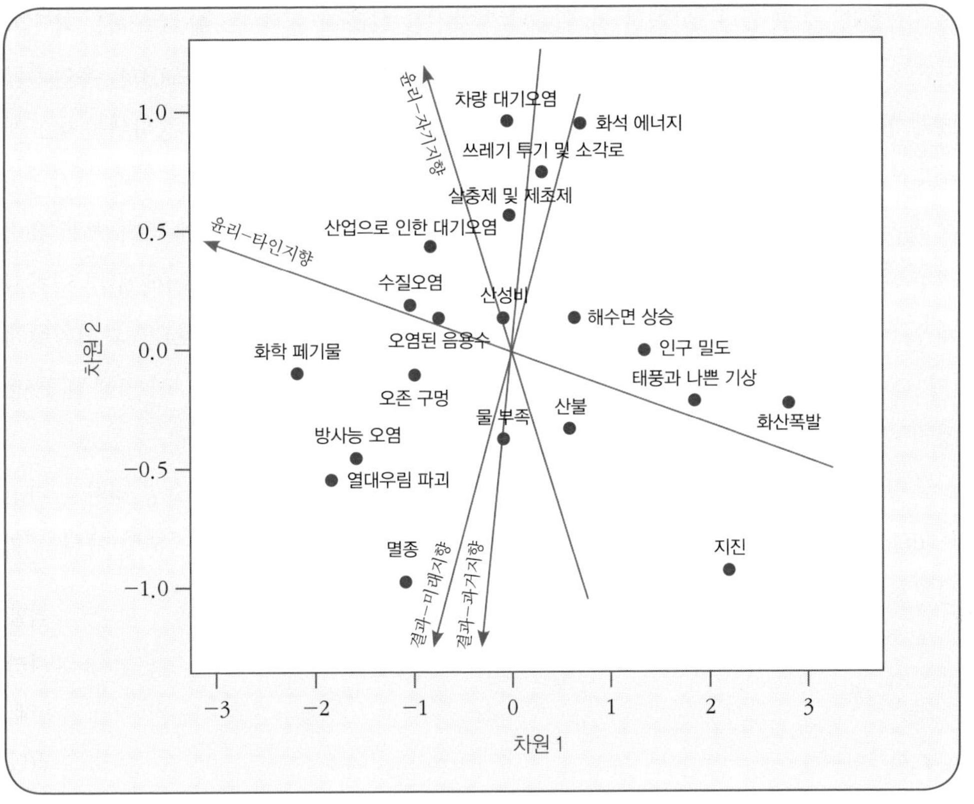

[그림 2-1] 환경위험에 대한 감정적 반응. 위험에 대한 감정적 반응을 바탕으로 한 다차원적 척도의 표시. 구성에 맞게 조정된 벡터는 감정 유형을 구성한다.

출처: Elsevier의 허가를 받아 Böhm(2003)에서 재인쇄.

론(appraisal theory)들에 따르면, 똑같은 '감정가(valence)'를 가진 경우라고 하더라도 상이한 특정 감정은 지각된 위험에 대해 차별적인 영향을 미친다(Keller et al., 2012). 예를 들어, 둘 다 부정적인 감정이지만, 공포는 위험 지각을 증가시키고 분노는 위험 지각을 감소시킨다(Lerner & Keltner, 2001). 공포와 분노는 사건의 평가에 있어 다른 경향성과 연결되어 있다. 특히 공포는 상황을 불확실하고 통제 불가능한 것으로 평가하는 것과 연관되어 있어서, 사건을 더 위험하게 지각하도록 만든다. 반대로, 분노는 사람들이 사건을 고도로 확실하고 통제 가능한 것으로 지각하게 하여, 덜 위험한 것으로 지각하도록 만든다.

정서는 지각된 위험에 대한 반응으로도 발생할 수 있다(Böhm & Pfister, 2015). 사람들이 위험의 결과에 집중할 때, 그들은 결과 기반 정서를 경험한다. 이 정서들은 미래지향적(예: 피해를 예상함으로써 발생하는 공포)일 수도 있고 과거지향적(예: 손실의 경험으로 촉발된 슬픔)일 수도 있다. 이러한 정서는 자기 자신을 향하거나(비난을 할 때 느끼는 죄책감) 다른 사람들을 향할 수 있다(다른 사람을 비난할 때 느끼는 분노). Böhm(2003)은 응답자들에게 환경위험 목록에 대해 이러한 네 가지 정서 유형을 얼마나 강하게 경험했는지 표시하도록 요청했다. 위험의 정서적 프로필은 [그림 2-1]에 나와 있다. 윤리 기반 자기지향적 정서(예: 죄책감)는 차량 이용과 같은 개인 행동에 대해 특히 강력하게 나타난다. 윤리 기반 타인지향적 정서(예: 분노)는 책임을 한 명의 행위자(예: 화학 폐기물)에게 더 명확하게 돌릴 수 있을 때 경험된다. 생물종의 멸종은 주로 미래지향적(예: 공포) 및 과거지향적(예: 슬픔) 결과 기반 정서를 유발한다(또한 제9장 참조). 자연적 위험(예: 지진)에 대한 감정적 반응은 일반적으로 인간이 야기한 위험에 대한 반응보다 약하다.

긍정적 정서도 사람들이 환경위험을 인식하고 반응하는 방식에서 중요한 영향을 미친다(Böhm & Pfister, 2015). 예를 들어, 기후 변화 정책에 대한 지지는 걱정뿐만 아니라 희망과도 강하게 연관되어 있음이 확인되었다(Smith & Leiserowitz, 2014).

2.6 요약

사람들이 환경위험을 어떻게 지각하는지를 조사하는 것은 이러한 위험에 대한 그들의 반응을 이해하는 데 중요하다. 이 장의 목적은 연구와 이론에서 환경위험 지각의 결정요인으로 제안된 주요 요소들에 대한 개요를 제공하는 것이다. 물론, 이 요소들의 목록이 완전하지는 않다. 과거의 연구는 인지적 접근과 위험이 어떻게 지각되는지에 대한 질문에 지배되었지만, 현재의 연구는 위험 지각을 이해하는 데 있어 정서의 역할을 더 강조하고 있다. 또한 위험 평가에서 가치와 윤리적 차원의 역할에 대해서도 더 많이 강조하고 있다. 다양한 환경위험이나 새로운 기술들이 지구와 우리의 웰빙에 상당한 영향을 미칠 것으로 예상됨에 따라, 윤리적 도전에 대한 논의는 미래에 더 큰 중요성을 가질 것으로 예상된다.

용어사전

가용성 방략(availability heuristic): 사건의 관련 사례를 기억에서 쉽게 구성하거나 회상할 수 있는 정도에 따라 판단(예: 사건의 확률에 관한 판단)을 내리는 경향

가치(value): 상황을 초월한 바람직한 목표로, 중요성의 정도가 다르며, 개인 또는 다른 사회적 존재의 삶에서 지침 원칙으로 작용

감정 방략(affect heuristic): 자신의 감정 상태를 바탕으로 위험과 이익을 판단하는 경향

결과론적 원칙(consequentialist principle): 도덕 철학의 관점으로, 행동의 도덕성은 그 결과에 따라 결정됨

공포스러운 위험(dread risk): 위험이 주관적으로 두려움으로 경험되는 정도. 심리 측정 패러다임에서 식별된 위험 지각의 기본 차원 중 하나('미지의 위험' 참조)

기준점-조정 방략(anchoring-and-adjustment heuristic): 기준점에 의해 추정이 편향되는 경향

미지의 위험(unknown risk): 위험이 주관적으로 새롭거나 낯설게 경험되는 정도. 심리 측정 패러다임에서 식별된 위험 지각의 기본 차원 중 하나('공포스러운 위험' 참조)

방략(heuristic): 명시적이고 정교한 추론이 필요 없는 간단한 판단 규칙

불가침의 또는 신성한 가치(protected or sacred values): 절대적이고 거래할 수 없는 것으로 여겨지는 가치

비현실적 낙관주의(unrealistic optimism) 또는 **낙관주의 편향**(optimism bias): 자신이 유사한 다른 사람들보다 긍정적인 사건을 더 많이 경험하고, 부정적인 사건을 덜 경험할 것이라고 믿는 경향

손실 회피(loss aversion): 이익을 얻는 것보다 손실을 피하는 것을 선호하는 경향

시점 할인(temporal discounting): 즉각적인 결과에 비해 지연된 결과를 덜 가치 있게 여기는 경향

심리 측정 패러다임(psychometric paradigm): 위험 판단의 심리적 차원을 식별하는 것을 목표로 하는 위험 지각 연구 접근법

위험(risk): 상황, 사건, 활동이 부정적인 결과를 초래할 가능성

위험 지각(risk perception): 특정 활동, 사건, 기술과 관련된 위험에 대한 사람들의 주관적인 판단

의무론적 원칙(deontological principle): 도덕 철학의 관점으로, 행동의 본질적인 옳고 그름(도덕적 의무)에 초점을 맞춤

틀효과(framing effect): 구조적으로 동일한 문제에 대한 다른 방식의 설명이 사람들의 결정을 바꿀 수 있다는 발견

편향(bias): 판단이 한 방향으로 체계적으로 왜곡되는 경우(예: 규범적 기준에서 벗어나는 경우)

읽을거리

Bernstein, P.L. (1996). *Against the Gods: The Remarkable Story of Risk*. New York, NY: Wiley.

Böhm, G., Nerb, J., McDaniels, T., and Spada, H. (Eds.). (2001). Environmental risks: perception, evaluation, and management [special issue]. *Research in Social Problems and Public Policy, 9*, xi-xx.

Breakwell, G.M. (2007). *The Psychology of Risk*. New York, NY: Cambridge University Press.

Slovic, P. (ed.). (2000). *The Perception of Risk*. London: Earthscan.

Slovic, P. (ed.). (2010). *The Feeling of Risk. New Perspectives on Risk Perception*. London: Earthscan.

복습문제

1. 환경위험은 다른 유형의 위험과 다를까? 만약 다르다면 어떤 방식으로 다를까?
2. 사람들이 위험 판단을 도출하기 위해 사용하는 방략은 무엇일까? 각 방략에 대한 예시를 하나씩 들어 보자.
3. 심리 측정 패러다임을 설명해 보자. 지각된 위험을 특징짓는 것으로 일반적으로 발견된 차원은 무엇일까?
4. 불가침의 가치와 의무론적 추론이란 무엇을 의미할까?
5. 정서가 위험 지각에 어떻게 영향을 미칠 수 있을까?

제 3 장

기후 변화: 독특한 환경문제

Janet K. Swim
Pennsylvania State University, USA
Lorraine Whitmarsh
Cardiff University, UK

3.1 도입

기후는 항상 변화해 왔지만, 1970년대 이후로 물리학자들은 **인간이 유발한 기후 변화**(anthropogenic climate change)와 그로 인한 인간, 동물, 생태계에 대한 영향에 대해 우려를 표명해 왔다. **기후 변화**의 영향에는 생태계와 인간 시스템의 불안정화, 변화 속도가 인간 및 다른 종들이 적응할 수 있는 능력을 초과하여 발생하는 이주, 질병, 사망, 멸종 등이 포함된다(IPCC, 2013). 이러한 영향은 비산업화된 국가와 가난한 계층에 불균형적으로 영향을 미치기 때문에 윤리적 문제를 야기하며, 기후 변화를 일으키는 책임은 더 많은 '열을 가두는 가스(heat-trapping gas)[1]'를 배출하는 산업화된 국가에 있다.

인간이 유발한 기후 변화와 관련된 몇 가지 독특한 특징으로 인해 심리학자들이 환경문제에 대해 사고하는 방식을 확장할 필요성이 제기된다. 기후 변화는 전 지구적이며,

1) 역자 주: 열을 가두는 가스(예: 온실가스)

지역에 미치는 영향이 다양하다. 이는 수질오염이나 소음 공해와 같은 다수의 환경문제들이 상대적으로 더 국지적 특성을 가지는 것과 대비된다. 기후 변화는 서로 연결된 지구물리학적 · 생물학적 · 인간적 결과를 유발하며, 지구상의 위치와 대상의 취약성에 따라 그 효과가 다르다. 또한 이 문제는 성장과 소비에 의존하는 경제적 · 정치적 시스템이나 다수의 생활 방식과 가치관에 독특한 도전을 야기한다. 이는 산업화된 국가의 개인들이 하는 거의 모든 일이 직간접적으로 열을 가두는 가스를 배출하기 때문이다. 이 문제를 해결하기 위해서는 상당한 경제적, 정치적, 생활 방식의 변화가 필요하다.

마지막으로, 개인의 결정(예: 차량을 이용할 것인지, 육식을 할 것인지)과 기후에 미치는 영향 사이의 인과관계는 명확하지 않다. 복잡하고 분산되며, 동떨어지고 윤리적이며 정치적인, 기후 변화의 특성으로 인해 대중이 기후 변화를 이해하는 데 어려움을 겪는다. 또한 기후 변화가 위험인지 여부에 대한 평가, 결과적으로 대중이 이 문제에 어떻게 대응하는지에 대한 평가에도 영향을 미친다. 우리는 다음에서 이러한 문제들 각각에 대해 자세히 설명한다.

3.2 기후 변화에 대한 대중의 이해

1980년대에 처음으로 대중의 의식에 들어온 기후 변화에 대한 인식과 이해는 현재까지 증가해 왔다(Capstick et al., 2015). 초기 평가에서는 사람들이 기후 변화를 날씨(weather), 대기오염, 오존층 파괴와 혼동한다는 것이 밝혀졌다(예: Kempton, 1991). 최근에는 오존층의 구멍과 기후 변화를 잘못 연관 짓는 일이 줄어들고, 화석 연료와 기후 변화 간의 인과관계에 대한 인식이 증가했다(Capstick et al., 2015). 개인의 에너지 사용이 기후 변화에 미치는 역할에 대한 지식이 향상된 것은 기후 변화 대응의 장애물을 제거할 수 있어 잠재적으로 도움이 될 수 있다(Geiger et al., 2017).

그럼에도 불구하고, 기후 변화에 대한 대중의 이해에는 여전히 간극이 있다. 예를 들어, 대중은 탄소 순환에 대한 이해가 부족하여 인간이 탄소 순환에 미치는 변화가 기후 변화와 해양 산성화(ocean acidification)를 모두 유발하고 있다는 것을 잘 모르고 있다(Capstick et al., 2016). 또한 문제의 원인으로 자신의 에너지 사용보다는 타인의 에너지 사용을 지적하는 경향이 남아 있으며, 이는 인식 부족이나 동기화된 추론 때문일 수 있다(참조; Whitmarsh, 2011).

일부에게는 지식의 간극이 지식 부족보다는 기후 과학을 받아들이려는 의지 부족에 기인한다. 기후 변화의 실태와 심각성에 대한 과학적 합의가 증가했음에도 불구하고(IPCC, 2013), 일부 산업화된 국가의 일부 대중 중에는 여전히 불확실한 문제로 치부하거나 심지어 부정하는 사람들도 존재한다(Capstick et al., 2015). 기후 변화의 심각성을 인정하는 것은 당파적 정치 노선에 따라 점점 더 양극화되고 있다. 기후 변화에 대한 믿음의 가장 강력한 예측 변수 중 하나는 사람들이 기후 변화를 인정하는 정당에 소속되었는지, 아니면 부정하는 정당에 소속되었는지이다(Hornsey et al., 2016). 기후 변화에 대해 더 많은 정보를 제공하는 것은 기후 변화를 완전히 무시하는 사람들에게는 그다지 효과적이지 않다. 예를 들어, 일반적으로 과학적 지식이 있는 보수주의자들은 과학적 지식이 적은 보수주의자들보다 기후 과학자들의 기후 변화에 관한 견해를 더 잘 이해하지만, 이를 거부할 가능성 역시 더 크다(Kahan et al., 2012). 정보가 평가되는 이념적 필터와 일관되게, 기후 변화 정책의 효과성에 대한 정보를 제공해도 이러한 정책에 대한 지지는 변하지 않고(Rhodes et al., 2014), 오히려 기존 의견을 강화한다(Corner et al., 2012). 따라서 "기후 변화에 관한 교육 내용보다, 어떻게, 누구로부터 배우는지, 즉 정보의 출처 및 그 정보를 어떻게 평가하는지에 따라 대중의 이해도에 큰 차이가 발생한다."(Clayton et al., 2015, p. 640)

3.3 기후 변화의 위험 평가

사람들이 기후 변화를 얼마나 이해하는지는 기후 변화가 수반하는 위험에 대한 지각에도 반영된다. 기후 변화로 인해 지각된 위험은 행동적 반응에 영향을 미친다(McDonald, 2016). 일부 집단, 특히 가장 취약한 계층에게 기후 변화는 사람과 생물권에 임박한 위험으로, 그 영향을 완화하고 대비하기 위해 즉각적인 조치가 필요하다. 다른 집단에게, 기후 변화는 인류에 대한 다른 더 명확하게 정의된 위협이나 즉각적인 개인 일상 사건들보다 덜 중요한 먼 미래의 위험으로 인식되므로, 이 집단은 자원과 개인적인 관심을 이러한 다른 문제에 집중해야 한다고 생각한다. 또 다른 집단에게, 인류가 초래한 기후 변화는 좌파 정치를 확산하기 위해 이를 활용하는 단체들에 의해 조작된 사기로 인식된다. 나중에 논의하겠지만, 이 견해는 이념에 뿌리를 두고 특정 우파 조직과 기득권에 의해 적극적으로 홍보된다. 이러한 집단에게 이 '사기'는 폭로되어야 하며, 이를 홍보하는 집단은 제대로 된 교육을 시키거나 대항해야 할 대상이다. 이런 다양한 믿음은 서로 다른 기후 변화 의견 집단이나 세부 유형에 반영된다(〈글상자 3.1〉 및 [그림 3-1] 참조).

기후 변화로부터 인식된 위험은 피해 가능성에 대한 평가 및 문제의 심각성 평가를 모두 포함한다(2장 참조). 객관적 추론, 그리고 정보 처리와 사용이 자신의 목표와 신념을 지지하도록 편향되는 **동기화된 추론**(motivated reasoning) 모두 이러한 평가에 영향을 미칠 수 있다. 위험 평가를 이해하는 유용한 방법은 긴급 대응의 비유를 사용하는 것이다. 즉, 개인은 ① 문제를 감지하고, ② 문제를 긴급 상황이나 위협으로 해석하며, ③ 문제를 해결하기 위한 행동에 대한 책임을 받아들이고 행동을 취해야 한다(Frantz & Mayer, 2009).

글상자 3.1 기후 변화 신념의 유형론

기후 변화에 대한 견해는 통계적으로 군집화되거나 '세분화'되어 대중을 식별 가능한 의견 집단으로 나눈다(Roser-Renouf et al., 2015). 미국에서 확인된 '여섯 개의 집단(Six Americas)'은 '경계하는 집단'(미국 인구의 17%), '우려하는 집단'(28%), '조심하는 집단'(27%), '무관심한 집단'(7%), '의심하는 집단'(11%), 그리고 '부정하는 집단'(10%)이다. [그림 3-1]에 나타난 것처럼, 이러한 집단의 구성원은 기후 변화 정책을 지지하는 것과 관련이 있다(Swim & Geiger, 2017).

지난 10년 동안 각 집단의 크기는 기본적으로 안정적이었다. 호주와 독일에서도 유사한 집단들이 보고되었지만, 독일은 기후 변화가 그다지 정치화되어 있지 않기 때문에 '부정하는 집단'이 없을 수도 있다(Metag et al., 2015; Morrison et al., 2013). 반면, 인도는 다른 세부 분류를 가지고 있다. 즉, '잘 알고 있는 집단' '경험이 있는 집단' '미결정 집단' '무관심한 집단' '냉담한 집단' 그리고 '참여하지 않는 집단'으로 구분된다(Leiserowitz et al., 2013).

다양한 기후 변화 의견 집단의 구분은 이러한 집단에 부합하는 메시지를 제공해야 함을 시사한다(26장 참조). 예를 들어, '경계하는 집단'에게는 그들의 우려를 표출할 방법을 제공하고, '조심하는 집단' '의심하는 집단' '무관심한 집단'에게는 기후 변화의 위험성에 대한 인식을 높이며, '부정하는 집단'에게는 이념적으로 덜 위협적인 방식으로 문제를 재구성할 수 있다('동기화된 추론'에 관한 논의 참조).

더 부정적인 속성은 '경계하는 집단'과 '부정하는 집단'에 더 많이 관련되는데, 이는 상대적으로 극단적인 견해가 비정상적으로 보이기 때문일 수 있다(Swim & Geiger, 2018). 그러나 이러한 부정적인 인상은 자신의 견해가 집단의 의견과 일치할수록 줄어든다(Swim & Geiger, 2018). 사람들이 부정적으로 인식하는 집단에 대해서는 부정적으로 반응하기 때문에 이러한 인상은 잠재적으로 중요하다(Swim & Geiger, 2018).

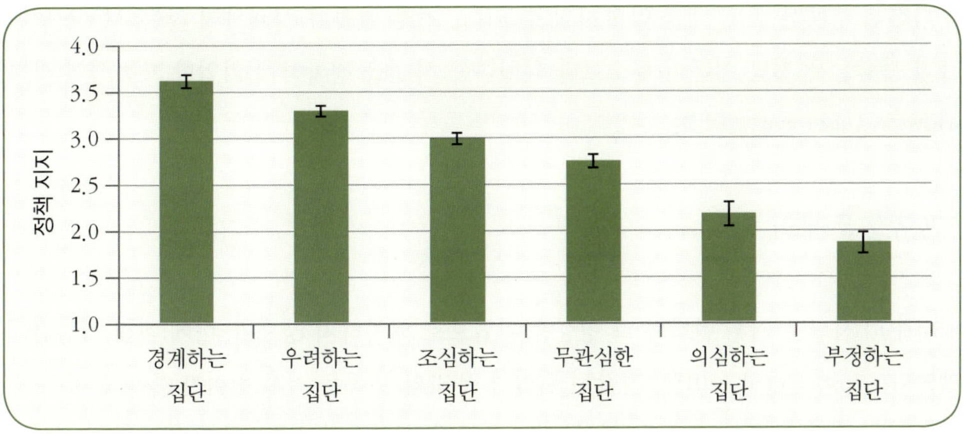

[그림 3-1] 기후 변화 조치에 대한 정책 지지 여부를 기준으로 대중을 식별 가능한 의견 집단으로 군집화함 (〈글상자 3.1〉 참조).

3.3.1 문제의 감지

기후 변화와 인간의 심리적 과정의 다양한 특징들이 기후 변화를 감지하기 어렵게 만든다(Geiger et al., 2017). 인류가 초래한 기후 변화의 특성은 눈에 보이지 않으며, 대신 복잡한 과학적 방법과 모델을 통해 드러난다. 또한 기후 변화는 날씨에 미치는 영향을 넘어 식량 부족, 이주, 트라우마와 같은 덜 명백한 효과로까지 이어진다(Clayton et al., 2014). 기후 변화에 대한 일반적인 해석도 효과를 좁게 정의하는 특성이 있어, 기후 변화를 감지하기 어렵게 만든다(Geiger et al., 2017; Smith & Leiserowitz, 2012). 예를 들어, 공기 중의 수분 증가로 인한 폭설은 기후 변화가 온난화를 유발한다(예: 빙하가 녹는 것)는 인식에 배치되며, 질병을 옮기는 곤충의 이동으로 인한 질병 확산 증가는 기후 변화가 추운 지역에 사는 포유류(예: 북극곰)와 관련이 있다는 생각에 반한다. 따라서 문제가 감지되더라도, 사람들은 그 문제가 인간이 유발한 기후 변화의 결과인지 알기 어렵다.

기후 변화의 영향에 충분한 주의를 기울이지 못하는 것도 기후 변화를 감지하기 어렵게 만든다. 기후가 조절되는 공간에서 많은 시간을 보내고 자연과 물리적으로 분리된 산업화된 지역에 사는 사람들은 기후 변화를 눈치채지 못한다(Reser et al., 2014). 사람들은 일반적으로 한두 계절 동안의 단기적인 날씨 패턴에 주목하며, 장기적인 기후 변화를 놓치게 된다(Howe & Leiserowitz, 2013). **가용성 방략**(availability heuristic)으로 인해, 기후 변화는 직접적이고 규칙적인 경험이나 일정한 언론의 표제 사건보다 덜 두드러져 보인다.

동기화된 추론은 이 문제를 악화시킬 수 있다. 기후 변화가 실재하지 않는다는 신념을 가진 사람들은 지난 여름이 평소보다 더웠다는 사실을 정확하게 기억할 가능성이 작다(Howe & Leiserowitz, 2013).

3.3.2 문제의 해석

다수의 사람은 기후 변화와 그 영향을 위협으로 해석하지 않으며, 이에 대해 걱정하지 않는다(Capstick et al., 2015). 지각된 위협과 우려의 부족은 기후 변화가 특정 문제의 원인인지에 대한 모호성, 정보적 맥락, 문제로부터의 심리적 거리, 위협 수용을 감소시키는 동기화된 추론, 강렬한 감정에 대처하는 방식 등으로 설명될 수 있다. 다음에서 각각을 설명한다.

기후 변화의 원인과 효과에 대한 **인과적 모호성**(attributional ambiguity)은 기후 변화의 영향에 대한 불확실성과 잠재적인 의심을 증가시킨다(Swim & Bloodhart, 2018). 인과적 모호성은 여러 가지 타당한 대안적 설명이 있어 어떤 설명이 가장 타당한지 알기 어려운 경우에 발생한다. 환경적 또는 사회적(예: 이주, 건강) 문제는 여러 요인에 의해 결정된다. 예를 들어, 대규모 산불은 산림 관리의 부실과 가뭄으로 인한 기후 변화로 인한 산림의 취약성 증가, 그리고 겨울이 더 추웠다면 죽었을, 나무를 파먹는 곤충의 생존 증가로 인해 발생한다. 이는 대부분의 대중이 기후 변화가 특정 문제에 미치는 상대적인 기여에 대해 어느 정도 걱정해야 하는지 알기 어렵게 만든다.

일부 사람들은 기후 변화에 대응하는 정부 정책을 원치 않는 석유 회사와 정치 집단이 의도적으로 인간이 기후 변화의 원인이라는 인식이 불확실하다는 여론을 조성했다고 주장한다(Oreskes & Conway, 2010). 인간이 원인이라는 사실을 인정하지 않으면 사람들은 그것을 일으킨 책임을 느끼지 않거나 해결하려 하지 않을 것이기 때문이다. 그들이 불확실성을 조성하는 주요한 방법 중 하나는 기후 변화의 자연적 원인을 강조함으로써 기후 변화의 원인에 대한 인과적 모호성을 형성하는 것이다. 또한 그들은 역사적으로 특정 기간이 따뜻했다고 지적하면서 현재의 온난화 추세의 독특한 특성을 무시하는 등 다양한 방법으로 '사실'을 왜곡하고 있다(Lewandowsky et al., 2013). 더 나아가, 이러한 집단들은 과학자들을 정보 출처로 이용하여 불확실성을 조성하고, 이견이 있다는 환상을 조성하며, 인류가 초래한 기후 변화에 대한 과학적 합의가 없는 것처럼 대중의 인상을 조성하고 있다. 뉴스 매체 역시 이러한 혼란 조장에 기여했는데, 뉴스미디어에서 두 가지 상반된 견해를 제시함으로써 사람들이 두 견해가 동등한 수준의 타당성을 가진 것으로 인식하도록 만드는 **거짓 균형**(false balance) 방식을 사용하였다(Boykoff & Boykoff, 2004). 더 정확한 균형은 최근 기후 변화를 인간에게 귀속시키는 과학의 타당성에 대한 상반된 견해가 아니라, 특정 정책이 기후 변화를 효과적으로 해결할 수 있는지에 대한 상반된 견해를 제시하는 것이다.

기후 변화의 영향과 자신 사이의 **심리적 거리**(psychological distance; Trope & Liberman, 2010)는 지각된 위협과 우려에 영향을 미칠 수 있다(McDonald, 2016). 기후 변화가 수년 후에 발생할 것이라고 인식하거나(시간적 거리; 2장 참조), 먼 장소에서 발생하거나(지리적 거리), 자신과 다른 사람들에게 영향을 미친다고 인식하면(사회적 거리) 기후 변화로 인한 위협을 덜 느낄 수 있다. 기후 변화의 부정적인 결과가 다른 장소, 다른 시기에 더 많이 발생할 것이라고 믿는 **낙관주의 편향**(optimism bias)은 위험 지각 수준을 낮출 수 있다. 기후 변화를 개인적으로 경험할 때 심리적 거리는 줄어들지만, 이 경험은 기존 신념의 필터를 통해 해석된다. 예를 들어, 홍수나 폭염의 경험은 특히 이미 기후 변화를 믿는 사람들에게 기후 변화의 증거로 보일 것이다(Clayton et al., 2015).

이처럼 동기화된 추론은 기후 변화의 위협 인식뿐만 아니라 문제를 감지하는 데에도 영향을 미친다. 예를 들어, 미국인이 미국 내의 과도한 에너지 사용에 대해 알게 되더라도, 그들은 기후 변화를 자연적 원인으로 돌릴 가능성이 더 크며, 이는 기후 변화에 대한 우려와 정책 지지에 영향을 미친다(Mo Jang, 2013). 이는 내집단의 긍정적 평가에 대한 위협이 기후 변화 위험 지각을 감소시킨다는 것을 시사한다. 더 나아가, 이념적 신념은 기후 변화의 위협 지각에 영향을 미칠 수 있다. 예를 들어, 보수주의자들은 정부 규제가 포함된 해결책보다는 시장 기반 해결책이 제안될 때 기후 변화가 문제라고 응답할 가능성이 더 작다(Campbell & Kay, 2014). 문제 자체에 대한 평가보다는 해결책에 대한 반감으로 인해 문제를 경시하는 경향을 **해결책 회피**(solution aversion)라고 한다.

처음에는 위험을 느끼더라도 심리적 대처 반응(psychological coping response)이 이러한 감정을 감소시킬 수 있다(2장 참조). 기후 변화의 결과는 혐오감을 불러일으켜 주제를 회피하게 만든다(Norgaard, 2011). 행동을 취하는 데 있어 공포 소구(fear appeal)의 영향을 연구한 결과, 사람들이 위험을 줄일 가능성이 없다고 느끼는 경우 심각성에 대처하기 위해 지각된 위협을 줄이는 것으로 나타났다(O'Neill & Nicholson-Cole, 2009). 이는 효과적인 해결책이 없다면 기후 변화에 대한 우려가 오히려 감소할 것임을 시사한다. 따라서 기후 변화의 심각성을 전달할 때 기후 변화의 위험을 줄이기 위한 해결책과 함께 전달하는 것이 중요하다.

3.3.3 책임 수용 및 행동

기후 변화로부터 지각된 위협이 행동으로 이어지지 않을 수 있는 이유는 이 책의 제2부에서 설명한 바와 같이, 사람들이 위협에 대해 개인적인 책임을 지지 않기 때문이다(예: 가치-신념-규범 이론; 22장 참조). 이 모델에 따르면, 개인적 및 집단적 책임을 수용하는 것이 기후 변화를 해결하기 위한 행동의 전제 조건이다. 더 나아가, 책임도 기후 변화를 해결하는 데 필요한 개인 및 집단 행동을 위한 기회를 제공하는 개인 및 지역사회 자원과 결합되어야 한다.

기후 변화의 해결책은 첫째, 대기 중의 '열을 가두는 가스'(예: 에너지 사용과 식품 선택 변화; 제2부 참조)를 줄여 기후 변화를 늦추고 궁극적으로 중단시키는 것[**완화**(mitigation)], 둘째, 불가피한 영향에 대비하고 준비하는 것[**적응**(adaptation)]을 포함한다. 이는 **취약성**(vulnerability)을 줄이는 것(예: 섬나라에서 대피)과 **회복탄력성**(resilience)을 증가시키는 것(예: 생물다양성은 숲을 강화하여 숲과 서식 생물이 기후 변화의 영향에 더 잘 견딜 수 있게 함; IPCC, 2013)을 포함한다. 우리는 완화만으로는 다가오는 변화를 막을 수 없는 시점에 도달해 있어, 적응이 매우 중요하다. 회복탄력성은 심리적으로뿐만 아니라 물리적 · 사회적 · 경제적으로도 가능하다. 예를 들어, 사람들이 극한 날씨와 같은 비상 상황에서 어떻게 행동해야 할지를 더 잘 알면 회복탄력성이 커질 수 있다.

현재의 영향과 미래의 지구 변화는 인간보다 동물에게 더 큰 영향을 줄 가능성이 있으며, 인간들에게 영향을 미칠 때 주로 가난한 사람들, 노인, 여성과 같은 집단에 가장 많이 영향을 미치기 때문에 적응과 완화는 사회정의[또는 '**환경정의**(environmental justice)'] 문제이기도 하다. 심리학 연구에 따르면, 외집단에 대한 편견은 기후 변화를 해결하기 위한 행동 의지를 저해할 수 있다. 예를 들어, 외집단 구성원에게 가해지는 피해에 대해서는 우려를 덜할 수 있다(Swim & Bloodhart, 2018; 또한 23장 참조). 또한 기후 변화에 대한 완화와 적응은 지리적 차이에 따라 다른 방식으로 생계와 생활 방식을 변화시키는 것(예: 한 지역에서 더 많은 가뭄 내성 작물을 포함하는 식단으로 변경하는 것)을 필요로 한다. 따라서 대응 방안을 개발할 때 지역적 · 문화적 정체성을 고려하는 것이 중요하다(Clayton et al., 2015).

3.4 요약

이 장에서는 환경심리학자들이 연구한 다른 환경문제들과 비교하여 기후 변화와 관련된 독특한 심리적 측면을 강조했다. 기후 변화는 전 지구적이고, 다면적이며, 감지하기 어렵고, 원인이 모호하다. 과학적 연구는 탄탄하지만, 대중의 이해와 관심은 다양하다(예: 태도 유형 및 정치적 이념에 따라). 동기화된 추론, 방략, 인과적 모호성, 심리적 거리, 정보적 맥락(예: 언론의 편향, 정치적 논쟁) 및 사회적 구조(예: 탄소 저감 선택의 기회 제한) 등을 포함하는 다양한 심리적 과정이 문제의 감지, 우려 및 위협 지각, 그리고 문제에 대한 책임감과 대응에 영향을 미치고, 종종 제한하기도 한다. 심리학 연구는 기후 변화를 완화하고 적응하는 방법을 제안하고, 환경정의에 주목하는 방법을 제시할 수 있다.

용어사전

가용성 방략(availability heuristic): 위험(또는 사람, 물건 등)을 평가할 때 최근이나 빈번한 경험에 기반하여 즉시 떠오르는 예시에 의존하는 인지적 지름길

거짓 균형(false balance): 미디어에서 두 가지 상반된 견해를 제시함으로써 두 견해가 동등한 수준의 타당성을 가진 것으로 인식하도록 만드는 방식

기후 변화(climate change): 자연적 또는 인간적 원인으로 인해 장기적으로(수십 년 이상) 평균 온도와 날씨 패턴의 변화. 기후는 날씨와 구별됨

낙관주의 편향(optimism bias): 정보가 긍정적 관점을 정당화하지 않더라도 자기 또는 내집단의 미래를 긍정적으로 보는 경향

날씨(weather): 온도, 습도, 바람 등의 평균과 변동성의 단기적, 종종 일일 또는 주간 변화

동기화된 추론(motivated reasoning): 정보 평가가 자신의 목표나 신념과 일치하도록 편향되는 경향

심리적 거리(psychological distance): 시간, 지리적 차이, 사건을 겪는 다른 사람들과의 유사성, 가능성 등으로 인해 자신과 사건 사이의 인식된 거리. 이 네 가지 공간적 · 시간적 · 사회적 · 가설적 거리 차원이 구성 수준 이론의 기초를 이룸(Trope & Liberman, 2010).

완화(mitigation): 기후 변화와 해양 산성화를 늦추기 위해 대기 중의 열을 가두는(즉, 온실)

가스의 양을 줄이는 것

인간이 유발한 기후 변화(anthropogenic climate change): 화석 연료의 연소와 토지 이용 변화로 인해 대기 중 열을 가두는 가스가 증가하여 발생하는 인간이 유발한 기후 변화

인과적 모호성(attributional ambiguity): 행동이나 결과를 설명하는 데 여러 가능한 대안적 설명이 있어 어떤 설명이 가장 타당한지 알기 어려운 상황

적응(adaptation): 기후 변화에 대비하고 준비하는 것

취약성(vulnerability): 부정적인 경험에 대한 위험 정도

해결책 회피(solution aversion): 해결책이 매력적이지 않을 때 문제를 경시하는 경향. 이는 동기화된 추론의 한 형태

해양 산성화(ocean acidification): 대기 중 이산화탄소(CO_2)의 증가로 인해 해양의 알칼리성(pH)이 감소하는 현상. 이산화탄소는 물과 결합하여 탄산을 형성

환경정의(environmental justice): 미래 세대, 자연, 환경에 부정적인 영향을 미치지 않도록 사람들에게 영향을 미치는 정책

회복탄력성(resilience): 부정적인 경험에 대처하는 데 도움이 되는 자원(심리적 자원을 포함)을 가짐

읽을거리

Capstick, S., Whitmarsh, L., Poortinga, W. et al. (2015). International trends in public perceptions of climate change over the past quarter century. *Wiley Interdisciplinary Reviews: Climate Change 6* (1): 35-61.

Clayton, S., Devine-Wright, P., Stern, P. et al., (2015). Psychological research and global Climate Change. *Nature Climate Change* 5(7): 640-646.

Geiger, N., Middlewood, B.L., and Swim, J.K. (2017). *Psychological, Social, and Cultural Barriers to Communicating About Climate Change.* Oxford Research Encyclopedia.

Swim, J.K., Clayton, S., and Howard, G.S. (2011). Human behavioral contributions to climate change: psychological and contextual drivers. *American Psychologist 66*(4): 251-264. doi: 10.1037/a0023472.

복습문제

1. 왜 기후 변화에 대한 정보를 더 많이 제공하는 것이 기후 변화에 대한 믿음을 변화시키는 데 반드시 효과적이지 않을까?
2. 위험 평가를 이해하는 유용한 방법은 응급 대응의 비유를 사용하는 것이다. 이 비유의 세 가지 부분을 이름 짓고 설명해 보자.
3. 많은 사람이 기후 변화와 그 영향을 위협으로 해석하지 않으며 걱정하지 않는다. 이것이 발생하는 세 가지 심리적 설명을 제시해 보자.

제4장

환경 스트레스

Elena Bilotta
Sapienza University of Rome, Italy
Uchita Vaid
Cornell University, USA
Gary W. Evans
Cornell University, USA

4.1 도입

인간과 환경의 상호작용은 다양한 형태로 나타나며, 그 결과도 여러 가지로 달라진다. 인간이 생존할 수 있는 능력을 고려할 때, 이러한 상호작용은 대체로 긍정적인 결과를 낳는다. 그러나 환경에 대한 도전과 요구에 대한 성공적 적응에는 대가가 따른다. 최적의 환경 조건이 아닐 경우, 개인의 능력을 초과하는 부담이 발생할 수 있다. 이러한 환경적 요구와 인간의 대응 능력 간의 불균형을 **스트레스**(stress)라고 한다(McGrath, 1970; Evans & Cohen, 2004). 스트레스는 면역 체계의 변화(Sagerstrom & Miller, 2004), 심혈관 반응의 증가(Steptoe & Kivimäki, 2013), 염증 반응의 변화(Miller et al., 2002)를 통해 건강 악화와 견고하게 확립된 연관성을 가진다. 또한 스트레스는 정신 건강 악화와 같은 심리적 문제와도 일관되게 관련성이 확인되었다(Staufenbiel et al., 2013). 그러나 스트레스원(stressor)은 상이하며, 모든 스트레스원으로 인한 효과가 신체적 · 심리적 웰빙에 해로운 것은 아니다.

환경적 스트레스원(environmental stressor; 예: 소음, 혼잡, 오염)은 급성(예: 터널에 갇혔을 때의 오염 수준) 또는 만성(예: 정체가 심한 고속도로 근처에 거주)으로 구분되고, 만성 환경적 스트레스원은 인간에게 더 중대한 영향을 미친다. 예를 들어, 만성 스트레스원과 면역 반응 손상 간의 연관성은 신뢰할 수 있는 반면, 급성 스트레스원은 거의 영향을 미치지 않는 것으로 보인다(Sagerstrom & Miller, 2004). 환경적 스트레스원은 종종 만성적인데, 이는 개인이 회피하거나 제거할 가능성이 작기 때문이다. 예를 들어, 공항 근처에 사는 주민들은 이사할 여력이 없을 수 있다. 이 장에서는 먼저 일반적인 스트레스 모델에 대한 간단한 요약을 제공한 후, 다섯 가지 환경적 스트레스원의 효과에 대한 실증적 증거에 관해 논의한다.

4.2 스트레스의 개념화

스트레스 연구는 Cannon(1932)과 Selye(1956)의 초기 연구에 많은 영향을 받았다. Cannon은 동물과 인간이 위험한 상황에 어떻게 반응하는지를 연구했다. 그는 동물과 인간이 비상 상황에 직면했을 때 적응적인 '싸움-도주(fight-or-flight)' 반응을 보인다는 것을 발견했다. 또한 이러한 싸움-도주 반응이 **교감신경-부신수질 시스템**(Sympathetic-Adrenal Medullary system: SAM system)의 활성화를 포함한다는 것을 보여 주었다. 긴급 상황에서 이 생리적 시스템이 아드레날린 분비를 조절하여 혈압, 혈액 응고, 심박수 및 혈당 수치를 빠르게 증가시키고 소화 속도를 감소시키며 근육에 에너지를 우선적으로 배분한다. 중요한 것은, 비상 상황이 지나면 이 시스템이 원래의 상태로 돌아가는데, Cannon은 이 과정을 **항상성**(homeostasis)이라고 불렀다. Cannon이 급성 위협에 대한 반응에 관심이 있었다면, Selye는 만성적 도전에 대한 신체의 적응에 더 관심이 있었다. Selye는 스트레스에 대한 세 단계의 반응 패턴을 제안했으며 이를 **일반 적응 증후군**(General Adaptation Syndrome: GAS)이라고 불렀다. GAS가 거치는 세 단계는 Cannon의 싸움-도주 반응과 유사한 경고 단계(alarm stage), 신체가 새로운 요구에 대처하거나 적응하려는 저항 단계(resistance stage), 신체 자원이 고갈되고 시스템 손상이 발생할 수 있는 소진 단계(exhaustion stage)이다.

심리적 스트레스 모델은 생물학적 모델과 독립적으로 발전하여 심리적 요인이 스트레스 반응에 미치는 영향을 중점적으로 다루었다. 이들 모델 중 가장 잘 알려진 것은 교환 모델(transactional model)이다(Lazarus, 1966; Lazarus & Folkman, 1987). 이 모델에 따르면 스트레스는 개인과 환경 간의 상호작용 결과이다. 스트레스는 사건의 발생뿐만 아니라, 사건에 대한 사람들의 **인지적 평가**(cognitive appraisal)와 그 사건에 대한 **대처**(coping) 전략에 의해서도 발생하며, 이들 모두가 스트레스 수준에 영향을 미친다.

최근에는 **신항상성 부하** 이론(allostatic load theory; McEwen, 1998)이 스트레스를 변화에 의한 **신항상성**(allostasis) 또는 안정성을 달성하기 위한 신체의 지속적인 노력으로 보는 역동적인 관점을 제안했다. 이 이론에 따르면 이상적인 신체 기능 상태는 하나가 아니며, 사람이 스트레스원에 직면할 때마다 새로운 균형을 찾아 그 상황에서 기능할 수 있도록 하기 위해 생리적 스트레스 시스템이 활성화된다. 이러한 신항상성 과정은 개인에게 중요한 이점을 제공하지만 대가가 따르기도 한다. 기저선 기능의 조정이 요구되는 스트레스가 심한 조건에 장시간 노출되면 신체는 누적된 마모(기능 손상)를 겪을 수 있다. 일반적으로, 스트레스 연구의 지배적인 개념적 틀은 안정성(항상성)에서 적응적 변화(신항상성)로 이동했다(Ganzel et al., 2010).

4.3 환경적 스트레스의 영향

사람들은 일상생활에서, 특히 대도시에서 다양한 환경적 스트레스원에 직면한다. 이 절에서는 가장 보편적이고 널리 연구된 다섯 가지 환경적 스트레스원인 소음, 혼잡, 열악한 주거 환경, 열악한 이웃 환경, 그리고 교통 혼잡에 대해 검토한다.

4.3.1 소음

소음(noise)은 원치 않는 소리로 정의되며, 일반적으로 강도(예: 데시벨), 빈도(예: 진동수), 주기(지속적 또는 간헐적), 그리고 지속 시간(급성 또는 만성)으로 그 성격이 규정된다. 소음 유발에 소리는 꼭 필요하지만 소리가 꼭 커야 소음이 되는 것은 아니다. 소리의 심리적 요소(즉, 원치 않는)와 물리적 요소(즉, 강도)는 소음의 지각에 핵심적인 역할을 한다. 소리의 성격을 규정하는 다른 중요한 요소에는 예측 가능성과 소리의 원천에 대한 개인의 통제 수준이 포함된다(Evans & Cohen, 1987). 강하고 예측할 수 없으며 통제할 수 없는 소음은 짜증이나 **불쾌감**(annoyance)과 같은 부정적인 감정을 유발할 수 있다(Klatte et al., 2016).

만성 소음은 생리적 스트레스를 유발하며(Evans, 2001; Van Kempen & Babisch, 2012), 성인(Babisch & Kim, 2011)과 아동(Van Kempen et al., 2010)에게서 뚜렷하게 혈압을 증가시키고, 심혈관 약물 처방 증가, 심장병 및 뇌졸중 증가를 초래할 수 있다(Münzel et al., 2014). 공항 근처의 학교에 다니는 아이들은 조용한 지역에 사는 아이들에 비해, 시간이 지남에 따라 노르아드레날린과 다른 스트레스 호르몬, 그리고 높은 평상시 혈압을 보였다(Evans et al., 1998a). 소음과 생리적 스트레스에 관한 추가 증거는 작업 현장에서도 확인된다. 특히 시끄러운 장소에서 오랜 기간 일해 온 사람들은 더 높은 혈압을 보인다(Tomei et al., 2010).

만성 소음은 심리 및 행동 수준에서도 부정적인 영향을 미친다. 이는 수행 능력에 영향을 미치고(〈글상자 4.1〉 참조), 주의 할당 능력을 변화시켜 드물게 발생하는 신호의 탐지를 방해하고(Evans & Hygge, 2007), 기억을 손상시킬 수 있다(Van Kempen et al., 2006).

글상자 4.1 소음이 독서에 미치는 영향

뉴욕의 한 시립 초등학교에서 아이들의 읽기 능력을 비교한 연구가 있었다. 학교 건물의 한쪽은 시끄러운 고가 열차 선로 옆에 있었고, 다른 한쪽은 소음이 차단되어 있었다(Bronzaft, 1981). 건물의 시끄러운 쪽 교실에 있는 초등학생들은 조용한 쪽 교실에 있는 아이들보다 읽기 능력이 낮았다. 이 증거는 강력한데, 이는 아이들이 어느 교실에 배정될지 선택할 수 없는 무선 배치에 가까운 조건이었기 때문이다. 후속 연구에서 Bronzaft는 학교에서 이루어진 소음 감소 작업으로 인해 자연스럽게 발생한 실험 조건을 활용했다. 작업이 완료된 후에는 교실 위치에 따른 읽기 능력 차이는 더 이상 확인되지 않았다.

소음은 또한 동기에도 영향을 미친다. 더 시끄러운 교실에 있는 아이들은 성취동기가 낮은 것으로 보고되었다(Gilavand & Jamshidnezhad, 2016). 실험실에서 소음에 노출된 개인이 소음이 제거된 후 수행된 동기 부여 과제에서 수행 지속성이 낮다는 사실은 오래전부터 확인되었다(Glass & Singer, 1972). 이러한 효과가 스트레스원이 제거된 후에도 관찰되었기 때문에, 이러한 동기 부여 효과는 소음에 노출된 환경에서 작업하는 데 따른 부담으로 인한 **후속 효과**(aftereffect)로 해석되었다. 개인이 실제로 소음을 통제할 수 있었던 경우에는 이 효과가 완화되었다. 혼잡과 교통 혼잡 같은 다른 통제할 수 없는 환경적 스트레스원에 노출된 경우에도 유사한 동기 부족 상태가 발생한다(Evans & Stecker, 2004).

4.3.2 혼잡

혼잡(crowding)은 환경 내에 있는 사람의 수가 개인의 선호 수준을 초과한다고 인식할 때 발생하는 심리적 상태이다(Stokols, 1972). 같은 밀도 수준이라도 개인차(예: 문화, 성격, 젠더, 나이)나 상황 요인(예: 지속 기간, 활동, 사적 대 공적 공간)에 따라 더 혼잡하게 느껴질 수 있다(Stokols, 1972). 혼잡은 사회적 상호작용을 조절하기 어렵게 만들고, 행동 선택을 제한하며, **사적 공간**(personal space)의 침해를 초래한다.

실험실 연구에 따르면, 혼잡은 생리적 스트레스를 증가시키며, 사람들이 혼잡을 경험하는 시간이 길어질수록 그 정도가 커진다(Evans, 2006). 예를 들어, 혼잡은 피부 전도, 혈압, 스트레스 호르몬을 증가시킨다(Evans, 2001). 연구들은 가정 내 혼잡이 만성 스트레스의 중요한 원인임을 보여 준다(Riva et al., 2014). 혼잡한 집에 살 경우 아이들의 여러 복지 측면에 부정적인 영향을 미치며, 이는 여러 사회경제적 지위(socioeconomic status: SES) 차원을 통제한 후에도 마찬가지이다. 가정 내 혼잡은 학업 성취, 외부 행동 문제, 아이들의 신체 건강에 유의미한 악영향을 미친다(Solari & Mare, 2012).

사람들이 혼잡함을 느낄 때는 심리적 스트레스도 경험한다. 그들은 부정적 감정, 긴장, 불안을 보이고, 꼼지락거리거나 물건을 반복적으로 만지는 등의 비언어적 초조 증상을 보인다(Evans & Cohen, 1987). 혼잡은 일관되게 **사회적 철수**(social withdrawal)와 연관되어 있으며, 이는 눈 맞춤, 대인 간 거리 유지, 대화 시도 등의 감소를 특징으로 하는 대처 기제이다(〈글상자 4.2〉). 사회적 철수는 정신 건강을 위한 보호 요인인 사회적 지지 관계의 발전 및 유지에 장애가 될 수 있다. 혼잡 연구들에 따르면, 사회적 철회와 사회적 지지는 다소 부족한 환경 조건에 대한 인간 반응의 한 가지 흥미로운 특징을 강조한다. 인간은 적응적이지만, 이러한 적응에는 대가가 따른다는 것이다(McEwen, 2002). 예를 들어, 사회적 철수를 통해 혼잡에 대처하는 경우, 그들은 의도치 않게 사회적 지지를 훼손시키고, 이는 다른 스트레스원에 대처할 자원을 감소시킨 결과 정신 건강의 위험을 증가시킬 수 있다(Evans & Cohen, 2004).

젠더는 혼잡 스트레스원의 영향을 조절할 수 있다. 일반적으로, 남성은 여성보다 혼잡에 더 강한 생리적 반응, 즉 혈압 상승과 같은 반응을 보인다(Evans et al., 1998b). 또한 혼잡한 가정에 사는 여성은 우울해질 가능성이 큰 반면, 남성은 더 높은 수준의 철수를 보고하며, 일부 남성은 공격성과 철수 모두로 반응하기도 한다(Regoeczi, 2008). 가설적으로, 혼잡에 대한 반응에서의 성차는 남성이 여성보다 더 큰 사적 공간을 보유하고 있기 때문일 수도 있고, 남성이 여성보다 친화적 경향이 적어서 혼잡에 대한 인내심이 부족하기 때문일 수도 있다.

글상자 4.2 사회적 철수에 대한 혼잡의 영향

연속적인 연구들을 통해 Baum과 Valins(1977)는 서로 다른 유형의 기숙사에 사는 학생들을 조사했다. 한 대학의 신입생들이 기숙사 사무실에 의해 두 가지 유형의 방 중 하나에 무작위로 배정되었다. 한 가지 유형에서는 36명의 학생이 라운지와 욕실을 공유하는 긴 복도의 양쪽에 위치한 방에 배정되었고, 다른 한 가지 유형에서는 6명의 학생이 라운지와 욕실을 공유하는 스위트룸형 방에 배정되었다. 두 기숙사 모두 1인당 비슷한 면적을 제공했음에도 불구하고, 시간이 지남에 따라 스위트룸에 사는 학생들은 복도형 공간에 사는 학생들보다 덜 혼잡하다고 느끼고 사람들과 더 잘 어울렸다. 그들은 더 많은 기숙사 거주자를 알고 있었고, 사회적 상호작용을 조절할 수 있다고 더 강하게 느꼈으며, 기숙사 내에서 더 많은 사회적 결속을 경험했다. 이는 복도형 기숙사의 학생들이 경험한 것과 뚜렷한 대조를 이루었다. 게다가 복도형 거주자들은 사회적 분위기를 더 부정적으로 평가했을 뿐만 아니라, 그들의 행동도 그에 따라 변했다. 예를 들어, 실험실의 비좁지 않은 대기실에 배치되었을 때, 복도형에서 온 학생들은 스위트룸을 이용하는 학생들보다 방 안의 다른 사람과 더 멀리 떨어져 앉았고, 그 사람을 쳐다보는 빈도도 낮았다. 혼잡한 조건에서 생활하는 학생들은 사회적으로 철수함으로써 대처하는 법을 배웠다. 이러한 적응은 혼잡하지 않은 조건에서도 영향을 미쳤다. 일반적으로, 이러한 결과는 혼잡, 그리고 혼잡의 부정적인 영향을 방지하기 위한 건축과 설계의 중요성을 보여 준다(또한 11장 참조).

4.3.3 열악한 주거 환경

미국 동부 시골 지역의 저소득 및 중산층 가정 아이들을 대상으로 한 연구에서, 열악한 주거 환경(즉, 주택의 질이 낮고, 높은 밀도와 소음이 있는 집에 거주하는 경우)에 사는 아이들은 가구의 사회경제적 지위, 나이 또는 성별과 무관하게 더 높은 수준의 스트레스 호르몬을 보였다(Evans & Marcynyszyn, 2004). 이 연구에서는 훈련된 평가자가 거주지를 걸어 다니며 주거 상태를 평가했고, 소음은 데시벨 측정기로 측정되었으며, 혼잡도는 방별 인원수로 측정되었다. 청소년(Evans et al., 1998a, b)과 성인(Schaeffer et al., 1988)을 대상으로 한 연구에서도 유사한 주거 환경의 스트레스 생리 지표에 대한 효과가 발견되었다.

열악한 주거의 질은 주관적 스트레스(Gillis, 1997)와 불안 증상(Hiscock et al., 2003), 우울증(Shenassa et al., 2007)과 같은 정신 건강 문제와도 관련된다. 한 종단 연구는 열악한 주거의 질이 아동과 청소년의 발달에 영향을 미치며, 정서 및 행동 기능 저하, 인지 능력 저하와 연관이 있음을 보여 주었다(Coley et al., 2013). 또한 더 나은 집으로 이사하거나 집을 리모델링한 거주자들 사이에서, 주거 환경의 개선은 행복 및 삶의 만족도와 관련이 있음이 확인되었다(Thomson et al., 2013; 10장 및 11장 참조).

4.3.4 열악한 이웃 환경

만성 스트레스를 유발할 수 있는 동네의 두드러진 물리적 특성으로는 주민센터와 소매 서비스의 질, 여가 활동의 기회, 도로 교통, 대중교통의 접근성, 열악한 관리 또는 시각적 감시(CCTV 등), 거주자 불안정(즉, 지역 주민의 교체), 교육과 헬스 시설의 상태, 소음, 혼잡, 독성 노출(11장 참조) 등이 있었다. 예를 들어, 도시의 지역환경이 물리적으로 열악한 경우, 아동은 심리적인 스트레스가 컸다(Gifford & Lacombe, 2006). 성인들에게서도 횡단 연구(Jones-Rounds et al., 2014)와 종단 연구(Jokela, 2015)를 통해 유사한 결과를 확인하였다. 지역환경의 질은 관상 심장질환의 위험 및 유병률(prevalence)과도 관련되어 있다(Unger et al., 2014). 북미의 도시들에서 실시된 두 개의 연구에서 시끄럽고, 더러우며, 범죄가 빈발하는 것으로 인식되는 환경에서 거주하는 경우 자기 보고된 신체 건강이 더 나빴다(Hale et al., 2010, 2013). 또한 낮은 사회경제적 지위(SES)를 가진 주민들은 다양한 측면에서 더 열악한 물리적 환경에 놓여 있다는 간접적인 증거도 있다. 무선적으로 이루어진 거주의 이동성 실험에서 매우 가난한 동네에서 덜 가난한 동네로 이사하는 경우 성인의 신체적 · 정신적 건강, 그리고 주관적 웰빙에 있어 장기적인 개선이 확인되었다(Ludwig et al., 2012). 낮은 SES의 동네 주민은 풍족한 동네에 사는 주민들에 비해 통상적으로 많은 환경적 스트레스원을 이겨 내야 하기 때문에(Evans, 2004), 열악한 지역의 주민들에게서 관찰되는 상승된 생리적 스트레스 중 일부는 아마도, 최소한 부분적으로는, 환경적 스트레스원에 노출되었기 때문으로 가정하는 것이 합리적이다.

4.3.5 교통 혼잡

높은 수준의 교통 혼잡은 생리적 스트레스와 부정적 감정을 유발할 수 있다(Kozlowsky

et al., 1995). 매주 3회 이상 교통 혼잡을 겪는 근로자들은 교통 혼잡을 드물게 겪는 사람들보다 스트레스 수준이 유의미하게 높은 것으로 보고되었다(Haider et al., 2013). 자동차 통근자를 대상으로 한 연구에서는 교통 혼잡 수준이 생리적 스트레스, 부정적 감정, 그리고 작업 동기 저하와 연관이 있음이 확인되었다(Novaco et al., 1991). 이 연구에서는 더 힘들게 통근을 하면, 운전자는 집에 와서 가족들과 더 부정적인 사회적 상호작용을 한다는 결과도 확인되었다. 이는 한 가지 세팅에서의 조건이 다른 세팅에서의 개인의 웰빙에 영향을 미치는 환경적 스트레스원에 의해 유발되며, **누적 피로**(cumulative fatigue)의 한 유형이자, **확장 효과**(spillover effect)의 한 사례이다(Evans and Cohen, 2004). 확장 효과의 다른 한 가지 사례는 높은 통근 스트레스의 결과로 발생하는 직장에서의 공격성과 잦은 결근이다(Hennessy, 2008). 교통과 관련된 스트레스에 관한 연구는 점점 심리적이면서도 사회적 입장과 관련된 것이 되어 가고 있다. 왜냐하면 대부분의 국가에서 통근 시간이 증가하고 있기 때문이다. 미국의 경우 사람들이 하루 평균 50분을 통근에 할애하고 있다. 그리고 편도로 두 시간이 넘는 통근 방식이 증가하고 있다. 현재 보통의 미국인들은 연간 휴일보다 더 많은 시간을 통근에 할애하고 있는 것이다.

4.4 요약

사람들은 매일 많은 환경적 스트레스원에 직면해야 한다. 이 장에서는 소음, 혼잡, 주거 및 이웃 환경의 질, 교통 혼잡이 스트레스에 미치는 영향에 대한 몇 가지 증거를 제시했다. 이러한 환경적 스트레스원에 만성적으로 노출되면 아드레날린, 코르티솔, 혈압과 같은 생리적 스트레스 지표뿐만 아니라 부정적 감정과 불쾌감 같은 심리적 스트레스 지표가 상승한다. 소음, 혼잡, 교통 혼잡 속에서 생활하거나 일하는 사람들은 동기 결핍 증상도 보인다. 최적이 아닌 물리적 조건이 사람들에게 주는 스트레스 영향은 물리적 요소(예: 소음 강도, 밀도)와 환경적 스트레스원에 대한 통제와 같은 심리적 변수가 함께 작용한 결과이다. 또한 스트레스원은 스트레스의 원인이 제거된 후에도 지속되는 일련의 부정적 후속 효과를 가질 수 있다. 만성적인 환경적 스트레스원이 인간의 건강과 웰빙에 어떻게 영향을 미치는지 더 잘 이해하기 위해서는 최적이 아닌 환경의 물리적 특성과 더불어 그것이 포함된 사회문화적 맥락, 그리고 사람들이 그 상황을 어떻게 평가하고 대처하는지도 함께 연구할 필요가 있다.

용어사전

교감신경-부신수질 시스템(Sympathetic-Adrenal Medullary system: SAM system): 부신수질에서 에피네프린과 노르에피네프린의 방출을 조절하는 교감신경계 또는 자율신경계의 일부. SAM 시스템은 주로 스트레스에 대한 신체의 '싸움-도주' 반응을 매개하는 것으로 알려져 있음

누적 피로(cumulative fatigue): 환경적 스트레스원에 대처하기 위해 에너지를 소비하면서 쌓이는 피로

대처(coping): 사람들이 스트레스에 대처하기 위해 사용하는 생각과 행동의 패턴

불쾌감(annoyance): 소음, 오염, 교통 혼잡과 같은 환경적 스트레스원과 관련된 부정적인 감정과 과민성

사적 공간(personal space): 낯선 사람이 들어오면 불편함을 느끼게 하는 각 사람을 둘러싼 영역

사회적 철수(social withdrawal): 사회적 상호작용에 참여할 기회를 스스로 회피하는 것

소음(noise): 원하지 않는 소리로, 일반적으로 데시벨로 측정되는 소리의 강도

스트레스(stress): 환경적 요구와 개인의 대응 능력 간의 불균형에 대한 인간의 반응. 이러한 반응에는 생리적 반응, 부정적 감정, 신경 과민의 관찰 신호, 복잡한 과제 수행 및 동기 부여가 포함될 수 있음

신항상성(allostasis): 생리적 및/또는 행동적 변화를 통해 시스템의 안정성을 달성하는 과정

신항상성 부하(allostatic load): 반복적이거나 만성적인 스트레스원에 대한 적응으로 인해 발생하는 장기적인 생리적 비용이며, 신체의 일반적인 마모와 관련된 지표

인지적 평가(cognitive appraisal): 상황이나 사건에 대한 인지적 해석

일반 적응 증후군(General Adaptation Syndrome: GAS): 호르몬 매개체에 의해 촉발되는 스트레스에 대한 반응 증후군

항상성(homeostasis): 시스템이 내부의 안정성을 유지하려는 경향

혼잡(crowding): 환경에 있는 사람의 수가 선호되거나 원하는 수준을 초과한다고 주관적으로 평가되는 상태. 이는 밀도, 즉 사람 수와 환경 크기 간의 객관적인 비율과는 다름

확장 효과(spillover effect): 한 환경에서의 환경적 스트레스원에 대한 노출로 인해 발생하는 부정적 감정, 긴장된 대인관계 또는 피로가 다른 환경으로 이어지는 현상

환경적 스트레스원(environmental stressor): 스트레스를 유발하는 환경의 물리적 특성

후속 효과(aftereffect): 환경 스트레스원이 더 이상 존재하지 않더라도 지속되는 부정적 감정, 동기 결핍 또는 피로

읽을거리

Cohen, S., Evans, G.W., Stokols, D., and Krantz, D.S. (1986). *Behavior, Health, and Environmental Stress*. New York, NY: Plenum.

Evans, G.W. (2001). Environmental stress and health. In: *Handbook of Health Psychology*(A. Baum, T. Revenson, & J. E. Singer), 365-385. Hillsdale, NJ: Erlbaum.

Halpern, D. (1995). *Mental Health and the built environment*. London: Taylor & Francis.

Lopez, R. (2012). *The Built Environment and Public Health*. San Francisco: Jossey-Bass.

복습문제

1. 스트레스의 일반적인 지표들을 나열해 보자.
2. 스트레스 반응의 적응 기능은 무엇일까? 답변을 스트레스원의 단기 및 장기적인 영향과 연관지어 설명해 보자.
3. 소리가 소음으로 변하게 하는 요인은 무엇일까? 생리적 요인과 심리적 요인을 각각 하나씩 언급해 보자.
4. 주거 환경의 질이 낮을 때 관련된 두 가지 정신 건강 문제를 언급해 보자.
5. 확장 효과의 예를 설명해 보자. 이 현상이 스트레스원에 대처하는 것과 어떻게 연관될 수 있는지 설명해 보자.

경관의 아름다움:
시각적 경관 평가와 인간의 경관 지각

Mari S. Tveit
Norwegian University of Life Sciences, Norway
Åsa Ode Sang
Swedish University of Agricultural Sciences, Sweden
Caroline M. Hagerhall
Swedish University of Agricultural Sciences, Sweden

5.1 도입

경관은 사람들에게 중요하다. 경관은 일상적인 삶의 배경을 자연환경과 인간 활동 간 상호작용의 역동적인 표현으로 만들어 준다(Antrop, 1998; Council of Europe, 2000). 사람들에게 그들이 가장 좋아하는 경관을 묘사해 보라고 하거나 잃어버린 경관에 대해 이야기해 달라고 요청하면, 모든 사람에게는 얘깃거리가 있고 경관은 강한 감정을 불러일으킬 수 있다는 것을 알게 될 것이다. 경관은 사람들의 정체성과 웰빙에 중요하며, 경관에 노출되는 것은 스트레스가 많거나 도전적인 상황에서 회복하는 데 도움을 줄 수 있다(Velarde et al., 2007; 또한 6장 및 7장 참조).

유럽 경관 협약(the European Landscape Convention)은 **경관**(landscape)을 "자연 및/또는 인간 요인의 작용과 상호작용의 결과로 사람들이 지각하는 지역"으로 정의한다(Council of Europe, 2000). 인간의 **지각**(perception)은 경관의 정의에서 핵심적이다. 이 협약은 비범한 경관과 일상적인 경관 모두에서 경관 보호, 관리 및 계획을 촉진하는 것을 목표로 하고 있다. 그것은 사람들의 경관 지각뿐만 아니라 **경관 선호도**(landscape preference)와 **경관**

의 아름다움(scenic beauty) 평가를 정책 및 계획에 포함한다.

도시화의 진행, 그리고 농업 활동과 정책에서의 변화는 유럽의 경관을 극적으로 변화시켰다. 도시 인근의 생산성이 높은 지역이 광범위해진 반면, 주변부와 생산성이 낮은 지역에서는 방치와 재식림이 나타나고 있다(Antrop, 2004; Gómez-Limón & Lucío, 1999; Jongman, 2002). 이러한 발전의 결과로, 정책과 기획 분야에서 시각적 경관에 대한 관심은 지난 수십 년에 걸쳐 더 증가해 왔고, 사람들의 경관 지각과 관련된 과학적 연구에 대한 관심을 급격히 증가시켰다.

다음 내용들에서는 경관의 시각적 질을 연구하는 다양한 접근법을 논의하고, 이어서 경관 선호도가 타고난 것인지 학습된 것인지 설명하는 이론들의 개요를 제공한다. 그런 다음, 경관의 아름다움을 측정하고 매핑(지도에 표시) 방법과 이 분야의 방법론적 발전을 소개한다.

5.2 시각적 질의 평가

시각적 경관의 질을 연구하는 데에는 여러 가지 접근법이 있다(Daniel, 2001). Lothian (1999)은 두 가지 방법을 제안했는데, 시각적 질을 경관에 내재된 것으로 보는 **객관적인 접근**(objectivist approach), 그리고 시각적 질을 관찰자가 구성하는 것으로 보는 **주관적인 접근**(subjectivist approach)이 있다. 이 구분은 '미(美)는 대상에 있는가' 또는 '수용자의 눈에 있는가'라는 미학 분야 철학에서의 오랜 논쟁과 일치한다(Meinig, 1979).

환경 관리를 위한 경관 미학의 실무는 상당 부분 객관적인 접근에 의존하는데, 이 접근 방식은 형식적인 지식에 기반해서 전문가에 의해서 평가되어 왔다. 반면, 시각적 경관의 질에 관한 연구는 주관적인 접근에 상당 부분 의존해 왔으며, 이 접근 방식은 일반인들의 지각과 선호로부터 도출된다.

주관적인 접근 내에서는, 경관의 측정 가능한 물리적 특징을 선호의 요인으로 간주하는 **실증주의 모델**(positivistic model)과 인간-환경 상호작용의 근본적인 의미를 이해하기 위한 방법으로 개인의 경험에 초점을 맞추는 **현상학적 모델**(phenomenological model)로 구분하는 것이 가능하다(Ohta, 2001; Thwaites & Simkins, 2007). 실증주의적 접근과 현상학적 접근 모두 경관의 질이 경관 자체와 관찰자 양쪽 모두에서 비롯된다는 것을 일반적으로 인정한다. 그러나 이 접근법들은 이 두 구성 요소(경관 vs. 관찰자)에 부여하는 상대적 중요성에서 차이가 있다. Daniel과 Vining(1983)은 시각적 경관의 질을 연구하는 다양한 접근법을 객관주의에서 주관주의까지의 차원에 배치할 수 있는 다섯 가지 '모델'로 요약했다(〈글상자 5.1〉 참조).

글상자 5.1 시각적 경관의 질에 관한 다섯 가지 모델

Daniel과 Vining(1983)은 시각적 경관의 질을 연구하는 다섯 가지 접근법 또는 '모델'을 분류했으며, 이는 객관주의에서 주관주의까지의 차원에 배치될 수 있다.

1. **생태학적 모델**(ecological model): 객관주의 접근으로, 경관의 질을 관찰자와 무관하게 정의하며, 경관 내 생태학적 또는 생물학적 특징에 의해 전적으로 결정된다. 이 모델에서는 관찰자를 경관의 이용자이자 잠재적 방해 요소로 본다.
2. **형식적 미학 모델**(formal aesthetic model): 역시 객관주의 접근으로, 경관을 형태, 선, 통일성, 다양성 등과 같은 형식적 속성으로 특징지으며, 이러한 속성은 경관의 내재적 특성으로 적절히 훈련된 개인(예: 조경사)에 의해 평가될 수 있다고 본다.
3. **정신물리학적 모델**(psychophysical model): 객관주의와 주관주의 접근 사이에 위치하며, 사진이나 지리적 정보에서 가져온 장면에 대한 측정된 물리적 특성과 경관 선호도 간의 일반적 관계를 구축하는 것을 목표로 한다.
4. **심리학적 모델**(psychological model): 주관주의 접근으로, 복잡성(complexity), 신비함(mystery), 명확성(legibility) 등 인간의 판단에 의존하여 경관을 주관적으로 특징지으며, 이러한 판단은 경관 경험의 인지적·정서적·평가적 차원 배열과 관련된다.
5. **현상학적 모델**(phenomenological model): 가장 주관주의적인 모델로, 각 개인이 경관과 조우했을 때 경관 속성에 개인적 관련성을 부여하는 방식에 초점을 맞춘다.

각 접근법의 강점과 약점을 검토한 후, Daniel과 Vining(1983)은 정신물리학적 접근과 심리학적 접근을 신중하게 융합하는 것이 "신뢰도, 타당도, 유용성이 뛰어난 경관의 질 평가 시스템의 기초를 제공할 수 있다"고 결론지었다(p. 80).

5.3 선천적 또는 후천적 경관 선호도를 설명하는 이론

진화론적 이론(evolutionary theory)은 경관 선호도를 인간 진화의 결과로 설명하며, 오늘날의 경관 선호도는 초기 인류의 생존을 촉진한 경관 특성에 대한 선호의 타고난 반영으로 본다. 첫째, **생명애**(biophilia) 가설(Wilson, 1984)은 인간이 '생명, 그리고 생명과 유사한 과정에 대한 타고난 친화력'을 가지고 있으며, 이는 동물, 식물, 경관과의 접촉을 추구하게 만든다고 주장한다. 생명애 가설은 종의 다양성과 경관 유형이 최적의 인간 기능에 연결된다고 보지만, 어떤 종이나 경관 유형이 인간의 생명애적 필요를 가장 잘 충족시키는지는 명시하지 않는다. 두 번째 진화론적 이론은 적합한 서식지를 찾기 위한 결과로 환경 선호도를 설명한다(Orians, 1980). 이 **서식지**(habitat) 이론은 인간이 사바나와 같은 환경에 대한 타고난 선호를 가지고 있다고 주장하는데, 이는 우리 조상에게 적합한 서식지였기 때문이다. 세 번째 진화론적 이론은 Appleton(1975)의 조망-피난(prospect-refuge) 이론으로, 초기 인류가 포식자인 동시에 피식자(먹이)가 되었던 상황, 즉 시야를 확보(**조망**, prospect)하는 동시에 눈에 띄지 않아야(**피난**, refuge) 했다는 점에 초점을 둔다. Appleton에 따르면, 경관에 있어서 조망과 피난을 모두 확보하면 원시 공동체에서의 생존에 유리했는데, 현재의 경관 선호도에 있어서도 여전히 반영되고 있다고 한다. 마지막으로, Kaplan 부부가 개발한 선호 매트릭스는 경관 선호도를 설명하는 심리학적 이론으로서 가장 많이 인용되고 있다(Kaplan & Kaplan, 1989). 조망-피난 이론의 통찰에 기반하여, 이 이론은 경관 선호도에 영향을 미치는 두 가지 기본적인 인간의 요구, 즉 탐구와 이해의 요구를 명시한다(〈글상자 5.2〉 및 〈표 5-1〉 참조).

글상자 5.2 선호 매트릭스

사냥과 채집에 의존했던 전인류(prehumen)에게 영역에 대한 공간적 이해뿐 아니라 새로운 영역에 대해 탐구하는 능력은 매우 중요했을 것이다. 이러한 통찰에 기초하여, Kaplan과 Kaplan(1989)은 이해와 탐구를 돕는 시각적 정보가 인간의 선호를 조성하는 데 매우 중요한 역할을 해 왔다고 제안하였다. 왜냐하면 그러한 경관에 대한 선호는 자연 선택에 있어서 선호되어 왔을 것이기 때문이다.

선호 매트릭스는 정보를 추출해 내기 위해 필요한 두 가지 다른 수준의 직관성 또는 추론 수준

(2차원 vs. 3차원 공간)을 가진 이 두 가지 정보적 욕구를 조합한다. 〈표 5-1〉에서 묘사된 것처럼 그 결과로 제시된 매트릭스에서는 경관 선호도를 예견하는 네 가지 경관 특성을 확인할 수 있다.

- **일관성**(coherence): 환경의 요소들이 어떻게 어울리는지 직관적인 이해
- **복잡성**(complexity): 직관적으로 탐색될 수 있는 시각적인 풍부함
- **명확성**(legibility): 전방에 무엇이 있으며, 당신이 어떻게 길을 잃지 않고 찾아갈 수 있는지에 대한 이해
- **신비함**(mystery): 풍경으로 더 나아가면 탐험할 새로운 것들에 대한 약속

선호 연구에 대한 검토에서, Kaplan 등(1989)은 신비함이 경관 선호도에서 가장 일관성 있는 예측 요인이라는 점을 발견했다.

표 5-1 선호 매트릭스

		정보적 욕구	
		이해(understanding)	탐구(exploration)
해석 수준	직관적인(2차원)	일관성(coherence)	복잡성(complexity)
	추론된(3차원)	명확성(legibility)	신비함(mystery)

진화론적 접근과 대조적으로, **문화 이론**(cultural theory)은 선호도를 사회적 · 문화적 · 개인적 특성에 의해 학습되고 형성된 것으로 설명한다. 이러한 이론들은 즉각적인 정서적 반응보다는 경관이 개인에게 제공하는 기능에 대한 인지적 평가를 강조한다(Bell, 1999). 자주 인용되는 문화 이론에는 **장소애**(topophilia)와 **생태 미학**(echological aesthetic)이 포함된다. 첫째, 장소애는 인간이 잘 아는 것과 유대감을 형성하는 경향이 있음을 암시하며, 이는 친숙함과 경험이 경관 선호도의 중요한 요인임을 의미한다(Tuan, 1974). 둘째, 생태 미학은 경관의 생태적 기능에 대한 지식이 그에 대한 선호로 이어지며, 지식이 선호의 중요한 요인이 된다고 주장한다(Carlson, 2009; Gobster, 1999; Nassauer, 1992; 또한 8장 참조). 다른 문화 이론에는 장소의 의식 또는 정신, 즉 **고장의 수호신**(genius loci) 이론이 있으며, 이는 경관의 독특성이나 시각적으로 눈에 띄는 특징을 강조한다(Bell, 1999; Norberg-Schulz, 1980). **경관 유산 접근법**(landscape heritage approach)은 문화유산의 시각적 기호(visual sign)를 강조하며(예: Fairclough et al., 1999 등), **보살핌의 미학**(aesthetics of care)은 경관이 관리되고 있다는 표시의 중요성을 강조한다(Nassauer, 1995, 1997).

진화론적 이론과 일관하게, 경험적 연구는 경관 선호도에 있어 높은 보편성을 보여 주었다(Bell, 1999, p.82; Kaplan & Kaplan, 1989; Ulrich, 1986; Van den Berg & Koole, 2006). 그러나 이러한 진화론 기반 선호도는 문화적 영향과 경험에 의해 수정되고 형성되어, 집단과 하위문화 간의 선호도 평가에 차이를 초래한다(Tveit, 2009; Van den Berg et al., 1998; 또한 8장 참조). 물과 같은 일부 경관 요소는 비교적 보편적으로 선호되는 반면, 개방성 같은 다른 측면은 관찰자 특성에 따라 다르게 평가된다(Sevenant & Antrop, 2010; Tveit et al., 2006). 이러한 발견은 진화론적 · 문화적 · 개인적 기반을 결합한 통합 이론을 개발하는 것이 중요함을 강조한다(Bell, 1999; Bourassa, 1991).

5.4 경관의 아름다움 측정 및 매핑

경관의 아름다움과 질을 평가하기 위한 여러 방법과 프레임워크가 개발되어 의사결정 지원과 경관 모니터링을 위한 도구를 제공하고 있다(Tveit et al., 2006; Ode et al., 2008 참조). 이러한 방법과 프레임워크는 명확하고, 재현 가능하며, 다양한 경관에 적용 가능해야 한다(Ode et al., 2008; Tveit et al., 2006). 이 방법들 중 일부는 앞서 설명되었던 지각에 기초한 모델과의 관련성은 약한 대신 전문성에 기초하고 있다. 그러나 다른 방법들은 명백하게 사람들의 선호를 출발점으로 삼고 있다. 우리는 후자의 모델 중 일부를 간단히 논의할 것이다.

경관의 미적 측정 방법(scenic beauty estimation(SBE) method)은 미국 산림청에서 개발된 정신물리학적 방법이다(Daniel & Boster, 1976). SBE 방법은 다양한 자연 장면(이미지)의 미적 판단을 측정한다. 이러한 판단은 회귀 분석을 통해 측정 가능한 경관 특성과 통계적으로 연결된다. 측정 가능한 경관의 특성과 지각된 경관의 아름다움 간의 관계는 경관의 아름다움에 영향을 줄 수 있는 경관 관리의 대안적 방식들을 예측하거나 평가하는 데 활용된다. SBE 방법은 주로 산림에 적용되었다. 예를 들어, Buhyoff 등(1986)은 이 방법을 사용하여 미국 남부 소나무 숲의 경관의 아름다움을 예측했다. 그 결과, 나무의 나이나 크기와 관련된 물리적 변수가, 예를 들어 주된 숲의 나이와 일정 구역 내 모든 나무의 평균 흉고(가슴 높이) 직경이 일반 대중의 경관의 질 평가와 긍정적으로 연관되어 있음을 보여 주었다. 아름다움 평가에서 변량의 50%는 나무의 나이 및 크기 변인에 의해서 설명되었다.

더 최근의 방법으로 **VisuLands 프레임워크**(VisuLands framework)가 있다(Tveit et al., 2006; Ode et al., 2008 참조). 이 프레임워크는 경관 인식 및 선호 이론과 시각적 지표를 연결한다. 자연스러움(naturalness), **관리**(stewardship), **방해**(disturbance), **역사성**(historicity), **시각적 척도**(visual scale), **이미지화 가능성**(imageability), **일시성**(ephemera), 일관성(coherence), 복잡성(complexity)의 아홉 가지 주요 시각적 경관 측면을 식별한다(후자의 두 측면 정의는 〈글상자 5.2〉 참조). 각 측면에 대해, 시각적 풍경에서 각각의 표현에 기여하는 경관의 속성과 요소가 확인되고 있을 뿐만 아니라 최근에는 평가를 위한 시각적 지표로 활용되고 있다. VisuLands 프레임워크는 시각적 경관의 묘사와 사진, 토지 자료(land cover data), 항공 사진, 현장 관찰 등 데이터 자료를 활용하여 경관 변화의 시각적 효과의 평가를 통해 포괄적인 접근을 제공한다(Ode et al., 2010). 연구에 따르면 아홉 가지 주요 측면과 경관 선호도 간의 강한 관계가 확인되었지만, 이들의 상대적 중요성과 해석은 집단에 따라 다를 수 있다(Ode et al., 2008; Ode Sang & Tveit, 2013). 예를 들어, 방해는 일반적으로 부정적인 것으로 지각된다. 그러나 변화가 방해로 지각될 때의 역치(threshold)는 기대, 배경, 동기에 따라 다를 수 있다(Shang & Bishop, 2000; Sheppard & Picard, 2006).

5.5 방법론적 발전

경관 선호도 연구의 대부분은 선호 평가를 위해 시각적 자극으로 사진을 주로 사용한다. 현장에서의 조사는 시간이 소요되기 때문에 사진은 실제 경관에 대한 효과적이면서도 타당한 대안이 될 수 있다는 것이 확인되었다(Danieal & Meitner, 2001; Palmer & Hoffman, 2001). 최근의 발전상은 경관 선호도 조사와 시나리오 평가에서 컴퓨터 **시각화**(visualization) 및 **가상 환경**(virtual environment)을 포함한다(Bishop & Rohrmann, 2003; Bishop et al., 2001; Ode et al., 2009). 연구들에 따르면, 현실적인 시각화 작업이 사진을 대체할 수 있지만, 다른 형태의 자극들을 섞는 방식은 피해야 한다는 사실을 확인하였다(Pihel et al., 2014). 컴퓨터 기반 시각화와 가상 환경을 사용하게 되면서, 환경 요소를 높은 수준으로 조절할 수 있게 되었으며, 환경을 구성하는 다른 측면들에 대한 체계적인 검증이 가능해졌다(Ode Sang et al., 2014).

컴퓨터 성능이 괄목할 만큼 향상되고 고해상도의 지리적 데이터에의 접근성이 개선되면서 경관 평가에서 지리적 정보 시스템(Geographical Information System)의 사용이 증가하였다. 최근의 발전 내용은 지도 기반 데이터를 3차원 지형에 투영할 수 있는 기술, 즉 경관의 특정 지점으로부터 가시 영역의 파노라마 장면을 만들어 냈다. 이를 **뷰셰드**(viewsheds)라고 부르는데, 시각적 위상(topology)에 기초한 지표 개발을 가능케 하였다(예: Sang et al., 2015).

시선 추적(eye tracking)은 경관 연구에서 더 최신의 접근으로(Dupont et al., 2013; Ode Sang et al., 2016), 관찰자의 이미지 탐색을 포착한다. 이미지의 특정 부위에 대한 고정 순서와 시간을 포함한 눈의 움직임은 스크린상의 경관 이미지를 응답자가 평가하는 동안 기록된다. 이 방법은 응답자가 평가의 기초로 삼는 특징에 관한 직접적인 정보를 제공한다. 즉, 동공의 크기는 휴식과 각성 반응의 지표를 제공하는데, 이로부터 경관 요소의 **회복 잠재력**(restorative potential)에 관한 정보를 얻을 수 있다. 시선 추적으로부터 얻은 정보는 선호 조사의 결과 해석을 강화할 수 있고, 더 암묵적이고, 자동적인 측정에 의해 보완할 수 있으며, 이렇게 얻어진 경관 요소들은 지각과 선호에 있어서 중요한 의미를 가진다(Ode Sang et al., 2016).

5.6 요약

사람들의 경관 지각은 경관 보호, 관리 및 계획을 촉진하는 것을 목표로 하는 유럽 경관 협약의 핵심이다. 이 장에서는 경관 지각과 선호도의 주요 접근법 및 이론을 제시했다. 경관의 질을 경관 자체에 내재된 것으로 해석하는 객관적인 접근과 관찰자의 눈에 있다고 해석하는 주관적인 접근 간의 구분이 가능하다. 시각적 경관의 질을 연구하기 위한 다양한 모델이 객관적인 접근에서 주관적인 접근까지 제시되었으며, 경관 선호도를 타고난 것 또는 학습된 것으로 설명하는 진화론적 이론 및 문화 이론도 함께 소개되었다. 또한 이 장에서는 경관의 아름다움을 측정하고 매핑하는 방법과 최근의 방법론적 발전에 대한 개요를 제공한다. 이 장은 유럽 경관 협약의 요구에 따라 사람들의 경관 지각에 대한 지식을 계획 및 정책에 통합하는 도전 과제를 해결하기 위해 상당하고 증가하는 지식 기반이 있음을 보여 준다.

용어사전

VisuLands 프레임워크(VisuLands framework): 자연성, 관리, 교란, 역사성, 시각적 규모, 이미지성, 일시성, 일관성, 복잡성의 아홉 가지 시각적 경관 특성으로부터 시각적 경관의 질을 예측하는 의사결정 지원 모델

가상 환경(virtual environment): 현실 세계의 장소에서 물리적 존재를 시뮬레이션할 수 있는 컴퓨터 시뮬레이션 환경

객관주의 접근(objectivist approach): 경관의 아름다움을 경관 자체에 내재된 것으로 보는 시각적 경관의 질 연구 접근법

경관(landscape): 자연 및/또는 인간 요인의 작용과 상호작용의 결과로 사람들이 지각하는 지역

경관 선호도(landscape preference): 경관에 대한 호감의 정도

경관 유산 접근법(landscape heritage approach): 고고학적 유적, 고대 도시, 무덤, 성지 등 문화유산의 시각적 기호의 중요성을 강조하는 시각적 경관의 질 연구의 문화적 접근법

경관의 미적 측정 방법(scenic beauty estimation method): 미국 산림청에서 정부 기관을 위한 의사결정 지원 도구로 개발한 경관의 아름다움과 질 평가를 위한 정신물리학적 방법

경관의 아름다움(scenic beauty): 시각적 경관을 통해 얻는 미적 경험

고장의 수호신(genius loci): 장소의 독특한 분위기 또는 '장소의 정신'

관리(stewardship): 적극적이고 세심한 관리로 자연과 경관에 대한 인간의 돌봄으로 인식됨

문화 이론(cultural theory): 인간 본성을 사회적 및 문화적 영향의 결과로 보는 이론

방해(disturbance): 맥락적 적합성과 일관성의 부족

보살핌의 미학(aesthetics of care): 경관이 관리되고 있다는 표시의 중요성을 강조하는 시각적 경관의 질 연구 접근법으로, 울타리, 깎인 가장자리, 깔끔한 식재 등을 포함

뷰셰드(viewshed): 고정된 관점에서 인간의 눈에 보이는 영역

생명애(biophilia): 자연 및 다른 생명 형태와의 연결을 추구하는 인간의 타고난 경향

생태 미학(ecological aesthetic): 사람들이 생태계에 대해 더 많이 배울수록 그것들을 더 많이 감사하게 될 것이라고 가정하는 경관 미학 접근법

서식지(habitat): 동물, 식물 또는 다른 유기체의 자연적 서식지 또는 환경

시각적 척도(visual scale): 개방성의 정도, 지각 단위의 크기

시각화(visualization): 경관 속성, 공간적 패턴, 사람들에게의 중요성을 체계적으로 설명하는

과정

시선 추적(eye tracking): 시선의 위치나 머리에 대한 눈의 움직임을 측정하는 것

실증주의 모델(positivistic model): 경관의 측정 가능한 물리적 특징을 선호의 요인으로 간주하는 모델

역사성(historicity): 역사적 연속성과 역사적 풍부함, 다양한 시간층, 문화적 요소의 양과 다양성

이미지화 가능성(imageability): 경관을 구별 가능하고 기억에 남게 하며 강한 시각적 인상을 만드는 경관 또는 경관 요소

일시성(ephemera): 계절과 날씨에 따른 변화

장소애(topophilia): 인간과 장소 간의 정서적 연결을 설명하는 용어

조망(prospect): 특정 방향이나 지역에 대한 조망(직접 조망) 또는 경관에서 더 멀리 떨어진 지점에 도달할 수 있다면 얻을 수 있는 조망(간접 조망)의 약속

주관주의 접근(subjectivist approach): 경관의 아름다움을 관찰자의 구성물로 보는 시각적 경관의 질 연구 접근법

지각(perception): 개인이 정보를 받아들이고 선택하며 조직하고 해석하여 세계의 의미 있는 그림을 만드는 과정

진화론적 이론(evolutionary theory): 인간 본성을 조상 환경의 반복적인 문제에 대한 진화된 심리적 적응의 보편적 집합으로 보는 이론

피난(refuge): 피난처나 숨을 곳으로 기능하는 장소

현상학적 모델(phenomenological model): 인간-환경 상호작용의 근본적인 의미를 이해하기 위해 개인의 경관 경험에 초점을 맞추는 모델

회복 잠재력(restorative potential): 스트레스, 정신적 피로 또는 다른 부정적인 조건으로부터 회복을 촉진하는 경관이나 다른 환경의 능력

읽을거리

Altman, I., and Wohlwill, J.F. (1983). Behavior and the natural environment. In: *Human Behavior and Environment: Advances in Theory and Research*. New York, NY: Plenum Press.

Kaplan, R., and Kaplan, S. (1989). *The Experience of Nature: A Psychological Perspective*. Cambridge: Cambridge University Press.

Wolfe, J.M., Kluender, K.R., Levi, D.M. et al. (2015). *Sensation & perception*. Sunderland, MA: Sinauer Associates Inc.

복습문제

1. 시각적 경관의 질 평가에서 객관적인 접근과 주관적인 접근의 주요 차이점은 무엇일까?
2. Daniel과 Vining(1983)이 구분한 시각적 질의 다섯 가지 모델을 나열해 보자.
3. Kaplan 부부(1989)의 선호 매트릭스는 사람들이 경관 선호도를 결정하는 두 가지 기본 정보적 욕구와 이 욕구를 충족시키는 네 가지 특성을 구분한다. 이러한 욕구와 특성을 설명해 보자.
4. VisuLands 프레임워크에 따를 때 시각적 경관의 아홉 가지 핵심 측면은 무엇일까?

제6장

자연의 건강상 혜택

Agnes E. van den Berg
University of Groningen, The Netherlands
Yannick Joye
University of Groningen, The Netherlands
Sjerp de Vries
Wageningen University and Research, The Netherlands

6.1 도입

자연과의 접촉이 건강과 웰빙을 증진할 수 있다는 생각은 서구뿐만 아니라 비서구 문화에서도 오랜 역사를 가지고 있다(〈글상자 6.1〉 참조). 이 생각은 오늘날에도 여전히 유효하다. 예를 들어, 2012년 네덜란드를 대표하는 표본 중 응답자의 96%가 '자연을 방문하면 건강한 느낌이 든다'는 주장에 동의했다고 밝혔다(Van den Berg, 2012). 사람들은 자연이 건강에 좋다고 믿을 뿐만 아니라, 이러한 믿음에 따라 행동한다. 자연의 치유력을 활용하려는 구상은 이미 과거에 출현했고, 다수의 국가에서 번창하고 있다(Allen & Balfour, 2014; Barton et al., 2016). 잘 알려진 예는 영국의 '그린짐(green gym)', 덴마크의 아웃도어 교육 프로그램 '우데스콜레(udeskole)', 치유를 목적으로 자연을 방문하는 활동을 의미하는 일본의 유명한 실천활동인 '산림욕(shinrin-yoku)' 등이 있다.

자연과의 접촉이 건강에 좋다는 생각은 직관적으로 타당해 보여서 오랫동안 사람들은 자연이 건강과 웰빙에 기여하는 바를 입증하거나 수치화할 필요성을 느끼지 못했다. 그러나 최근 서양 국가의 공중 보건 증진(public health promotion) 분야가 발전한 결과, 자연과 건강의 관계에 관한 과학적 연구에 대한 관심과 수요가 증가하였다. **스트레스**(stress) 증가와 좌식 생활 방식으로 인해 서구 세계 전역에서 심혈관 질환, 제2형 당뇨병 및 호흡기 질환의 수준이 급격히 증가하고 있다. 상식적으로 자연환경은 활동적이고 스트레스 없는 생활 방식을 지원함으로써 이 건강 위기를 극복하는 데 도움이 될 수 있다고 제안한다. 그러나 실제로도 효과가 있을까? 만약 효과가 있다면, 어떤 크기와 유형의 자연이 얼마나 필요할까? 그리고 확실한 건강상의 혜택을 어디서 얻을 수 있을까? 그리고 누구를 위해 필요할까? 이러한 질문에 답하기 위해 환경심리학자들은 자연과 건강의 관계 및 이러한 관계의 기저에 있는 가능한 메커니즘에 관한 과학적 증거를 수집하기 시작했다. 이 장에서는 건강과 자연의 개념에 대한 간단한 소개로부터 이 연구 분야를 개관할 것이다.

글상자 6.1 역사적 배경

자연의 건강 증진 기능에 관한 가장 초기의 언급 중 하나는 고대 수메르의 점토판에서 발견되며, 그곳에서는 '인간이 질병에 영향을 받지 않는' 장소로 딜문(Dilmun)의 낙원 같은 정원을 묘사하고 있다. 히포크라테스(BC 460~370년)에게서 기원한 그리스의 "공기, 물, 장소(Air, Waters, and Places)"라는 단어들은 건강을 위해 기후, 수질, 그리고 아름다운 환경의 중요성을 강조한다. 이후의 시대에는 중세 회랑 정원, 낭만적이고 고풍스러운 풍경, 빅토리아 시대의 도시공원 등이 자연의 신체적 및 감정적 혜택과 관련하여 역사적 문헌에서 언급되었다. 예를 들어, 18세기 초, 영국 총리 William Pitt는 런던 소재 공원의 건강 기능을 "런던의 허파"로 적절하게 표현했다.

6.2 건강이란 무엇이며, 어떻게 측정할 수 있는가

세계보건기구(WHO)가 1948년에 공식화한 **건강**(health)의 정의는 "질병이나 허약함의 부재만이 아니라 신체적 · 정신적 · 사회적 웰빙의 완전한 상태"라고 설명한다. 당시 이러한 정의가 공식화된 것은 획기적이었는데, 왜냐하면 질병을 야기하는 요소(**질병근원론**, pathogenesis)에 초점을 두는 대신, 건강과 웰빙을 지원하는 요소(**건강근원론**, salutogenesis)에 초점을 두었기 때문이다. 그러나 WHO의 정의는 측정할 수 없고, 달성할 수 없다는 이유로 많은 비판을 받아 왔다. 실제로 완전한 건강에 대한 요구는 대부분의 사람들을 대부분의 시간 동안 건강하지 못한 상태에 머무르게 만든다. 이러한 한계를 극복하기 위해 새로운 역동적 건강 개념이 도입되었는데, 건강을 "사회적 · 육체적 · 정서적 도전에 직면해서, 적응하고 자기관리를 하는 능력"으로 정의하였다(Huber et al., 2011). 이 개념은 긍정적이면서도 현실적이고 측정 가능한 건강의 관점을 제공하며, 따라서 자연의 건강상 혜택을 연구하는 데 적합한 출발점을 제공한다.

개인이나 집단의 건강 상태는 **건강 지표**(health indicator)를 통해 측정할 수 있으며, 임상 건강 지표와 공중 보건 지표로 구분할 수 있다. **임상 건강 지표**(clinical health indicator)는 증상의 심각성, 사망, 입원 기간, 약물 사용, 불편(고통, 메스꺼움), 환자의 만족도 등 환자의 기능성과 관련된 객관적 · 주관적 측정치를 포함한다. **공중 보건 지표**(public health indicator)는 전체 인구의 건강 상태에 대한 지표이다. **사망률**(mortality rate) 및 기대수명 등 출생과 사망 통계의 측정치, 질병과 **질환**[illness의 유병률과 발생 건수(소위 **질병률**(morbidity rate)]의 측정치, 자기 보고에 의한 전반적 · 정신적 · 육체적 건강의 측정치, 건강과 관련된 삶의 질의 측정치를 포함한다. 주요 건강 지표 외에도 흡연, 비활동, 스트레스와 같은 **건강 위험 요인**(health risk factor)을 구분할 수 있으며, 이는 미래의 질병 발생 확률 증가와 관련이 있다.

6.3 자연이란 무엇이며, 어떻게 측정할 수 있는가

환경심리학에서 **자연**(nature)이라는 용어는 일반적으로 자연환경과 그 환경의 특징, 예를 들어 각각의 나무나 식물과 같은 것들을 나타내는 데 사용된다. 시각적 경험은 인간과 자연의 상호작용에서 중요한 역할을 하기 때문에, 사진, 영화, 비디오, 가상 자연과 같은 자연의 환경과 특징의 표현도 자연의 개념에 포함된다. **자연환경**(natural environment)이라는 용어는 초목과 다른 자연 요소(예: 물)가 주로 존재하는 모든 종류의 환경, 장소 또는 세팅을 포함하도록 폭넓게 정의된다. 그러나 세팅의 개발 정도와 크기에 따라 다른 용어가 사용되는 경향이 있다. 5장에서 논의된 바와 같이, **경관**(landscape)이라는 용어도 종종 시골에 위치하며, 인간과 자연 요인의 상호작용 결과에 해당하는 지역에 대해 사용된다. **자연 지역**(nature area)은 더 큰 규모의 자연 세팅을 설명하기 위해 사용되는데, 이러한 세팅은 설계나 계획에 의한 것이 아니라 자연적인 성장을 통해 발전한 것이다. 마지막으로, **녹지**(green space)는 정책 수립자들이 주로 공원, 가로수, 정원과 같이 도시 지역 내외의 자연을 지칭할 때 사용하는 용어이다.

특정 지역이나 장소에서 녹지의 존재, 총량 또는 질의 측정은 보통 **녹지 지표**(green space indicator)로 불린다. 건강 지표와 마찬가지로, 녹지 지표는 객관적이거나 주관적인 방식으로 평가될 수 있다. 객관적인 녹지 지표(예: 초목이나 물로 덮인 영역의 비율)는 지도, 사진, 또는 토지용도 데이터베이스에 의해, 또는 체계적인 현장 관찰을 통해 계산이 가능하다. 주관적인(또는 지각된) 지표는 자신이 살고 있는 환경에 있는 녹지의 총량, 그리고/또는 질에 대한 응답자의 설명에 의해서 도출된다.

6.4 자연과 임상적 건강

1984년, Roger Ulrich는 권위 있는 학술지 『Science』에 자연 노출이 인간 건강을 개선할 수도 있다는 실증적 증거를 처음으로 제공한 연구를 발표했다(Ulrich, 1984). 담낭 수술 후 회복 중인 환자의 병원 기록을 이용하여 분석한 결과, 방 안에서 나무가 있는 자연지역을 내려다본 환자들은 벽돌벽 조망의 환자들에 비해 수술 후 병원 체류 기간이 다소 짧았고, 간호사의 노트에서 부정적인 평가를 덜 받았으며, 효과가 강력한 진통제의 복용량이 적었다. 이러한 결과는 특히 수술 후 2~5일, 어느 정도 회복되어 주변 환경을 알아차릴 수 있게 되었지만 여전히 고통을 느끼는 상황에서 나타났다.

Ulrich의 병원 파일 연구의 결과는 한국의 병원에서 일련의 임상 실험 형태로 재현되었다. 환자들은 수술 후 화분에 담긴 식물의 유무에 차이가 있는 방에 배치되었다(Park, 2006). 이 실험의 결과가 제시하는 것은 식물이 있는 방의 환자는 병원 체류 기간이 더 짧았고, 수술 후 진통제 섭취가 더 적었다는 것이다. 그러나 Ulrich의 병원 파일 연구에서와는 달리, 한국 연구에서의 환자들은 식물의 존재 이외에는 정확하게 유사한 방에 무선적으로(즉, 우연히) 할당되었다. 두 가지 형태의 방에서 회복된 집단들 간에 나타난 건강상의 차이는 명백하게 식물의 존재에 원인을 돌릴 수 있다.

병원 밖의 환경에서는, 상당수의 연구에서 치유농업(care farming), 원예 치료(horticultural therapy), 녹색 운동 프로그램(green exercise program) 등 **녹색 치유**(green care) 또는 자연기반 치료법이 건강에 미치는 긍정적인 영향이 보고되었다(Bragg & Atkins, 2016). 불행히도 이 연구는 전형적으로, 비자연 환경에서 동일한 치료를 받는 통제집단을 포함하는 데 실패했다. 이로 인해 어떤 건강상의 혜택이 자연환경에 의해서 발생한 것인지, 아니면 구조, 직원 이용, 그리고 프로그램 활동 등 다른 요인에 의한 것인지 결론 내리기는 어려

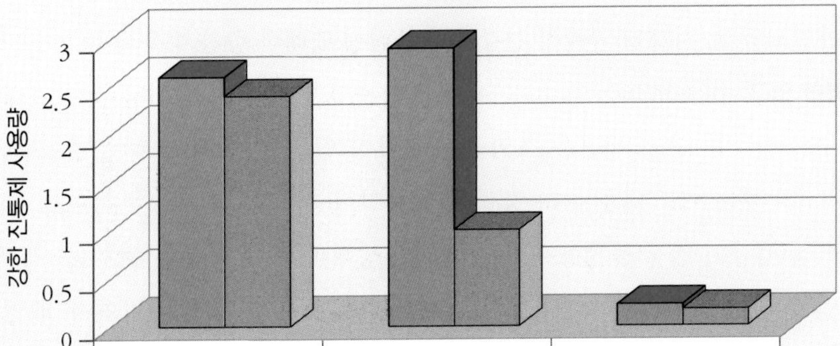

	0~1일차	2~5일차	6~7일차
■ 벽돌벽 조망	2.6	2.9	0.22
□ 나무 조망	2.4	1	0.17

[그림 6-1] 담낭 수술 후 자연 또는 벽돌 조망의 방에서 회복한 환자들의 진통제 사용량
출처: Ulrich(1984)에서 수정.

웠다. 그럼에도 불구하고, 녹색 치유에 관한 연구는 자연과 건강 간 관계에 대해 대부분의 결정적 증거를 제공했다.

6.5 녹지와 공중 보건

최근의 한 연구는 생활 환경에서 녹지에 대한 접근성과 공중 보건 간의 관계를 조사했다. 이 연구는 대규모 인구를 대상으로 조사하여 녹지가 많은 지역에 사는 사람들의 건강 및 웰빙을 녹지가 적은 지역에 사는 사람들의 건강 및 웰빙과 비교했다(Van den Berg et al., 2015). 매력적이고 자연적인 주변 환경은 더 부유하고 건강한 사람들을 끌어들이는 경향이 있기 때문에 사회경제적인 배경 변인의 혼입 효과를 통제하기 위해서 발전된 통계 기법이 사용되고 있다. 1만 명 이상의 네덜란드 주민들을 대상으로 한 선구적 연구(De Vries et al., 2003)에서 집 주변 1~3km 반경에 녹지의 비율이 높은 주민들은 집 주변에 녹지의 비율이 낮은 주민들에 비해 더 나은 전반적·정신적 건강을, 그리고 더 낮은 건강에 대한 불평을 보고했다. 이 결과는 다수의 국가에서 다른 인구, 건강 측정치, 그리고 녹지 지표에 대해 재현되었다. 이 연구들을 검토한 결과, 녹지의 양과 지각된 정신 건강 및 모든 원인으로 발생하는 사망 간에는 정적(positive) 관련성이 있다는 강력한 증거가 확인되었고, 지각된 전반적 건강과의 관련성에 대한 중간 수준의 증거가 확인되었다.

역학 연구(epidemiological study)에서는 일관성 있게 녹지와 건강 간의 관계가 집 안이나 주변에서 더 많은 시간을 소비하는 경향이 있는 집단(예: 고령자, 전업주부, 사회경제적 지위가 낮은 사람)에게서 더 강력하다는 점이 지적되었다. 결론적으로, 다른 사회경제적 집단 간의 건강 불평등은 녹지의 가용성에 의해서 줄어들 수 있다. 실제로 영국의 한 연구에서는 가난한 사람과 부유한 사람 간의 사망률 차이가 거의 두 배였으며, 메마른 주변 환경과 비교했을 때 녹색 환경이 풍부한 경우에는 사망률이 낮았다(Mitchell & Popham, 2008). 따라서 녹지에의 접근성은 낮은 수입으로 인해 건강이 나빠지는 결과로부터 사람들을 보호할 수 있을 것으로 추정된다.

녹지와 건강 간의 관계에 관한 연구는 대부분 생활 환경 내부에 존재하는 녹지의 존재와 양에 관해서 초점을 맞춰 왔으나, 녹지의 질 역시 중요하다는 인식 역시 증가하고 있다(Van Dillen et al., 2011). 양보다 질이 중요하다는 것은 네덜란드의 두 마을에서 진행된 연구에서 증명되었다(Zhang et al., 2015). 두 마을은 녹지의 질, 특히 접근성과 활용도에서 차이가 있었지만, 녹지의 양과 사회인구학적 구성은 일치하였다. 녹지 양의 유사성에도 불구하고, 접근성과 활용도가 더 높은 녹지를 보유한 마을의 주민들은 더 나은 정신적 건강, 그리고 녹지 환경에 대해 더 높은 애착을 보였다.

6.6 자연과 건강을 연결하는 메커니즘

자연과 건강의 긍정적인 관계를 어떻게 설명할 수 있을까?

우리는 다음의 네 가지 주요 메커니즘(Hartig et al., 2014), 즉 ① **공기의 질**(air quality) 개선, ② **신체 활동**(physical activity) 자극, ③ **사회적 결속**(social cohesion)의 촉진, ④ **스트레스 감소**([그림 6-2])에 관해 논의할 것이다.

이상의 내용들은 완전한 것이 아니며, 자연이 직간접적으로 건강에 영향을 미칠 수 있는 여러 가지 그럴듯한 경로들이 있으며, 여기에는 소음 완충, 비타민D를 생성하는 자외선에의 노출, 자연과의 연결 강화, 또는 영적 경험의 촉진 등이 포함된다(Cleary et al., 2017; Kuo, 2015). 그러나 가장 폭넓게 연구되는 메커니즘인 공기의 질, 신체 활동, 사회적 결속, 그리고 스트레스 감소에 초점을 맞춘다.

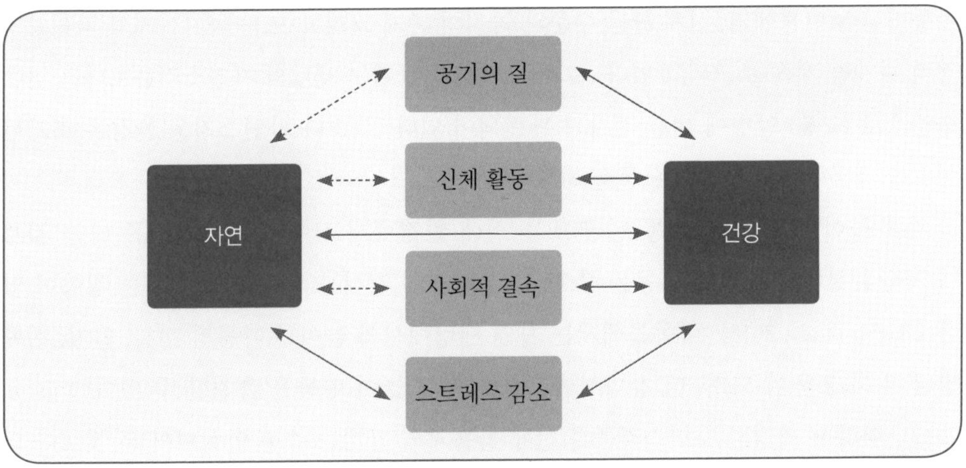

[그림 6-2] 자연, 건강 및 기저 메커니즘 간의 관계를 도식적으로 표현한 것이다. 실선은 확립된 관계를 나타내고, 점선은 약하거나 일관되지 않은 관계를 나타낸다.

6.6.1 공기의 질

식물과 나무는 공기 중 오염 물질을 제거하고 그늘을 제공하며, 습도를 높여 열을 줄이는 능력으로 잘 알려져 있다(Zupancic et al., 2015). 또한 식물과 나무는 해로운 곤충, 곰팡이, 박테리아의 공격으로부터 보호하기 위해 **피톤치드**(phytoncide)라고 알려진 에센셜 오일을 방출한다. 초기 연구 결과에 따르면, 피톤치드 및 자연에서 발견되는 **음이온**(negative air ion)과 같은 물질을 흡입하는 것이 인간의 생리 및 정신 건강에 유익한 효과를 줄 수 있다고 확인되었다(Craig et al., 2016). 그러나 식물과 나무는 꽃가루를 방출하거나 도시 지역에서 공기 흐름을 방해하여 먼지가 '갇히게' 함으로써 공기 질에 부정적인 영향을 미칠 수도 있다(Vos et al., 2013). 따라서 식물과 나무는 공기 질에 긍정적이거나 부정적인 영향을 모두 미칠 수 있으며, 전체적인 건강 효과가 유리한지 여부는 특정 지역 상황에 따라 달라질 수 있다.

6.6.2 신체 활동

한 유명한 담화에서, '건강한 자연' 개념은 '신체적으로 활동적인' 것과 밀접하게 관련되어 있다. 따라서 역학 연구들에서 자연과 신체 활동 수준 간의 정적인 관계를 검증하는 데 실패해 왔다는 사실은 놀라움으로 다가온다(예: Maas et al., 2008). 일부 집단, 특히 아동이나 노인들에게, 신체 활동 수준과 녹지의 존재 그리고/또는 녹지까지의 거리와의 정적 관계는 계속 보고되고 있다. 그러나 이러한 관계는 세팅의 자연스러움보다는 높은 수준으로 (교통) 안전에 대한 지각과 관련되어 있다. 그러나 자연스러운 환경은 추가된 이익을 제공함으로써 신체 활동을 지원한다.

예를 들어, 사람들은 보통 인공 또는 실내 환경에서 산책이나 자전거를 타는 것보다 자연환경에서 동일한 활동을 할 때 더 긍정적인 정서를 느끼고 덜 지치는 경향이 있다(Bowler et al., 2010). 아동들에게는 자연 세팅에서의 놀이가 아동의 정서, 인지, 신체 발달에 더 도움이 되며, 더 창의적이고 탐험적인 놀이 행동을 촉진할 수 있다(Wilson, 2012). 따라서 세팅의 자연스러움과 신체 활동과의 관계는 종종 인식되어 온 것보다 더 복잡하고, 활동의 유형과 인구의 하위 집단에 따라 다를 수 있다.

6.6.3 사회적 결속

공원 및 다른 녹지는 만남과 사교를 할 수 있는 매력적인 장소를 제공함으로써 이웃 주민들과의 사회적인 접촉과 결속(또는 유대감)을 증진시킬 수 있다(Coley et al., 1997; De Vries et al., 2013). 특히 공동체와 주말농장은 사회적 접촉을 증진시키고, 외로운 감정을 감소시키는 데 효과적임이 밝혀졌다(Van den Berg et al., 2010). 그러나 밀집된 도시 지역에서 담으로 에워싸인 녹지는, 특히 제대로 관리되지 않았을 때 사람들로 하여금 안전하지 않다는 느낌을 줌으로써 사회적 결속을 감소시킬 수 있다(Kaźmierczak, 2013).

6.6.4 스트레스 감소

자연과 녹지는 스트레스 감소 자산으로서의 가치가 높다. 많은 사람이 개인적인 경험으로부터 알고 있듯이, 자연의 소리를 듣고 광경을 보면 사람들은 거의 즉각적으로 이완된 느낌을 받고, 정신적 · 육체적 긴장을 누그러뜨릴 수 있다. 자연의 스트레스 완화 능력은 인간이 자연환경에서 진화하면서 생긴 뇌의 본능적인 반응일 수 있다고 제안되었다(Ulrich, 1999; 또한 5장 참조). 자연의 스트레스 완화 특성은 다수의 실험적 연구들에 의해서 뒷받침되었으며, 이 연구들에서는 대부분의 인공 환경에 비해 자연환경이 육체적 · 정신적 스트레스 증상으로부터 빠르고 더 완전한 회복을 증진시킨다는 사실을 확인하였다(Collado et al., 2017). 역학 연구들에 따르면, 생활 환경에서 녹지와 건강 간의 관계는 높은 수준으로 나타나며, 녹색이 풍부한 지역 주민들의 스트레스 수준이 더 낮은 것으로 설명될 수 있다(De Vries et al., 2013).

창문으로 자연을 내다보거나 언덕이나 자연 비디오를 보는 것만으로도, 정신적·육체적 스트레스 수준을 눈에 띄게 감소시킬 수 있다. 이러한 발견은 시지각 시스템이 자연의 스트레스 완화 자산으로서 중요한 역할을 한다는 것을 제안한다. 요약하면, 자연의 건강상 혜택은 여러 경로를 통해 조절될 가능성이 있지만, 스트레스 감소의 심리학적 매커니즘은 가장 강력하고, 가장 분명한 지지를 받아 왔다. 자연–건강의 관계에 내재된 매커니즘으로서 공기의 질, 신체 활동, 사회적 결속에 관한 경험적인 증거는 더 혼재되고 결론이 내려지지 않은 상태이다. 스트레스 감소 메커니즘의 세부 사항은 7장에서 논의된다.

6.7 요약

이 장에서는 자연과의 접촉이 사람들의 건강과 웰빙을 증진할 수 있다는 오랜 기간 공유되어 온 전통적인 인식을 검증하기 위한 실증 연구를 개관했다. 우리는 잘 통제된 연구를 통해 자연과 임상 및 공중 보건 지표 간의 정적인 관계에 관한 확인된 증거가 증가하고 있음을 보여 주었다. 그러나 이러한 관계의 인과적 성격은 더 확립될 필요가 있다. 자연과 건강 간의 관계를 설명할 수 있는 네 가지 메커니즘, 즉 ① 공기의 질, ② 신체 활동, ③ 사회적 결속, ④ 스트레스 감소에 대해 논의했다. 이 메커니즘 중에서 스트레스 감소는 자연의 건강상 혜택으로 가는 가장 명확하게 확립된 경로로 보인다. 일반적으로, 이 장에서 논의된 과학적 연구와 통찰은 정책과 실무에서 자연의 건강상 혜택을 공식적으로 수용하고 더 잘 활용하기 위한 과학적 기반을 제공한다.

용어사전

건강(health): 질병이나 허약함이 없는 웰빙 상태

건강근원론(salutogenesis): 인간의 건강과 웰빙을 지원하는 요소에 중점을 두는 건강 접근 방식

건강 위험 요인(health risk factor): 미래의 질병 발생 확률이 증가하는 것과 관련된 행동 또는 기타 특성

건강 지표(health indicator): 개인이나 집단의 건강 상태를 측정한 것

경관(landscape): 사람들에게 자각되듯이, 자연과 인간 요인의 작용과 상호작용의 결과에 해당하는 지역

공중 보건 증진(public health promotion): 교육, 건강한 생활 방식의 증진, 질병 및 상해 예방을 위한 연구를 통해 공동체의 건강을 보호하고 향상하는 과학

공중 보건 지표(public health indicator): 질병의 유병률 및 발병률 또는 자기 보고된 건강 측정치에 기반한 측정과 같은 인구의 건강 상태를 객관적 및 주관적으로 측정한 것

공기의 질(air quality): 인간이나 다른 종의 요구 사항에 대한 공기의 상태를 측정한 것

녹색 치유(green care): 자연의 요소를 사용하여 건강을 증진하는 예방 및 치료적 개입을 포괄하는 용어

녹지(green space): 정책 수립자들이 주로 도시 지역 내외의 자연을 지칭할 때 사용하는 용어

녹지 지표(green space indicator): 녹지의 존재, 양 또는 질을 측정한 것

사망률(mortality): 일반적으로 또는 특정 원인으로 인한 인구의 사망자 수로, 보통 연간 천 명당 사망자 수로 표현됨

사회적 결속(social cohesion): 공동체의 구성원이 공동체와 다른 구성원에게 얼마나 헌신을 느끼는지를 나타내는 정도

스트레스(stress): 유기체의 완전성에 대한 실제의 또는 인식된 위협 또는 도전으로, 종종 두려움이나 불안이 동반됨

신체 활동(physical activity): 골격근에 의해 생성되어 몸을 평소보다 더 많이 움직이게 하는 모든 움직임

역학 연구(epidemiological study): 건강 관련 상태나 사건의 분포 및 결정 요인에 대한 연구

음이온(negative air ion): 우주선, 번개, 폭포, 비 또는 바람에 의해 자연적으로 형성된 공기 중의 음 전기를 띤 입자

임상 건강 지표(clinical health indicator): 환자의 기능을 객관적 및 주관적으로 측정한 것

자연(nature): 숲과 같은 자연 지역뿐만 아니라 농업 경관, 도시 녹지, 나무와 호수와 같은 자연 요소 및 특징을 포괄하는 광범위한 개념

자연 지역(nature area): 설계나 계획이 아니라 자연적인 성장을 통해 개발되어, 대규모로 종종 외딴 곳에 위치한 자연 세팅

자연환경(natural environment): 식생 및 기타 자연 요소가 주로 존재하는 모든 종류의 환경, 장소 또는 세팅

질환(illness): 질병이나 아픔과 별개로 또는 함께 발생할 수 있는 '불건강'의 주관적 상태

질병근원론(pathogenesis): 질병을 야기하는 요소의 식별 및 제거에 중점을 두는 건강 접근 방식

질병률(morbidity): 주어진 시간 동안 질병을 앓고 있는 개인의 수(유병률) 또는 단위 시간당 새로 나타나는 질병 사례 수(발병률)

피톤치드(phytoncide): 곤충, 곰팡이, 박테리아의 해로운 공격으로부터 보호하기 위해 나무가 방출하는 에센셜 오일

읽을거리

Barton, J., Bragg, R., Wood, C., and Pretty, J. (2016). *Green exercise: Linking Nature, Health and Well-Being.* London/New York: Routledge.

Nilsson, K., Sangster, M., Gallis, C. et al. (2010). *Forests, Trees and Human Health and Well-Being.* Dordrecht: Springer Science Business and Media.

Van den Bosch, M. and Bird, W. (2017). *The Oxford Textbook of Nature and Public Health.* Oxford: Oxford University Press.

복습문제

1. 자연과 건강 간의 관계를 실증적으로 검증하는 것이 왜 중요할까?
2. 건강에 대한 생의학적/질병근원론적 접근과 생물심리사회적/건강근원론적 접근의 주요 차이점은 무엇일까?
3. 건강 불평등이란 무엇이며, 생활 환경의 녹지가 이러한 불평등을 어떻게 줄일 수 있을까?
4. 자연과 건강 간의 긍정적인 관계는 어떻게 설명될 수 있을까? 자연의 건강상 혜택을 설명하는 데 일반적으로 사용되는 메커니즘을 설명해 보자.
5. 자연과 신체 활동 간의 관계에 대해 알려진 것은 무엇일까?

제7장

회복적 환경

Yannick Joye
University of Groningen, The Netherlands
Agnes E. van den Berg
University of Groningen, The Netherlands

7.1 도입

여러분이라면 잔뜩 스트레스 받고 걱정이 가득한 친구에서 무엇을 추천할 것인가? 수면, 유쾌한 영화 관람, 숲속 산책? 현대 서구 사회에서는 스트레스와 피로감으로부터 이완을 얻기 위해 자연을 찾는 것이 아마도 가장 널리 사용되는 방법일 것이다. 150년 전에 미국의 풍경 건축가 Frederik Law Olmsted는 이미 "경관은 이완, 그리고 도시 생활의 압박, 소음, 그리고 인공적인 주변 환경에 의해 긴장된 기능을 '누그러뜨리는' 무의식적 과정을 통해 작용한다."(Beveridge, 1977, p. 40)라고 주장한 바 있다. 이러한 분석은 충격적일 만큼 현대적이며, 소위 자연의 '회복적' 또는 스트레스를 덜어 주는 효과에 관한 최근의 이론적 공식의 초기 버전으로 보인다.

7.2 회복적 환경 연구

회복(restoration)이라는 단어는 환경심리학 내에서 특정 환경 및 환경적 구성, 즉 **회복적 환경**(restorative environment)에 의해 촉발되는 심리학, 그리고/또는 생리적 회복과정을 의미하는 포괄적 단어이다. 상당수의 실험을 통해서 자연환경이 도시나 인공 환경에 비해 더 회복적이라는 사실이 확인된다(〈글상자 7.1〉 참조). 회복적 자연환경에의 노출은 웰빙 또는 질병과 질환에 대한 예방에 도움이 될 수도 있다. 따라서 회복적 환경은 자연의 건강상 혜택 연구에서 주요 주제이다(6장 참조).

글상자 7.1 회복적 환경 연구의 실험적 패러다임

자연환경과 도시 환경의 회복 효과는 일반적으로 실험적 패러다임에서 연구된다. 이 패러다임에서, 건강한 자원자들은 먼저 스트레스나 피로 유도 처치를 받는다(예: 공포 영화 시청, 정신적으로 피로한 과제 수행). 다음으로, 자원자들은 자연 또는 가상 환경에 무작위로 노출된다. 스트레스 그리고/또는 정신적 피로는 실험 시작 시점(Time 1), 스트레스 유도 후(Time 2), 자연 또는 인공 환경에 노출된 후(Time 3) 등 최소 세 시점에서 측정된다. Time 1에서 Time 2로의 변화는 스트레스 유도의 효과를 나타내고, Time 2에서 Time 3으로의 변화는 환경의 회복 효과를 나타낸다. 회복적 환경 연구에서 사용되는 주요 종속 측정 범주는 다음과 같다.

- 감정 측정치(예: 현재 당신은 행복/슬픔/스트레스를 얼마나 느끼나요?)
- 인지 측정치[예: **주의**(attention) 및 기억 과제]
- 생리학적 측정치(예: 심장 박동수, 혈압, 피부 전도도, 코르티솔 수준)

이 실험들을 통해 스트레스 받고 피곤한 개인은 자연적 요소들이 주를 이루는 경관에 노출되는 경우, 인공 환경이 주를 이루는 경관에 노출된 경우에 비해 더 긍정적인 기분 변화가 발생하고, 주의 과제에서 더 나은 수행을 하고, 생리적 스트레스 회복을 특징으로 하는 더 뚜렷한 변화를 보인다. 이러한 회복적 효과는 숲, 시골 풍경, 해변의 파도, 골프 코스 등 모든 종류의 자연환경에서 확인된다(Velarde et al., 2007).

회복적 환경에 관한 연구는 주로 두 개의 이론적 설명에 의해서 주도되어 왔으며, 각각은 회복의 구성 개념에 대한 해석을 달리한다. **스트레스 회복 이론**(Stress Recovery Theory: SRT; Ulrich, 1983; Ulrich et al., 1991)은 개인이 웰빙이 어렵거나 위협받는 상황에 직면했을 때 발생하는 **스트레스**(stress)로부터의 회복에 관심을 가진다. **주의 회복 이론**(Attention Restorative Theory: ART; Kaplan & Kaplan, 1989; Kaplan, 1995)은 까다로운 과제에의 참여가 길어졌을 때 발생하는 주의 피로로부터 회복에 초점을 맞춘다. SRT와 ART의 호환 가능성에 대한 논의가 있어 왔지만(Ulrich et al., 1991; Kaplan, 1995), 일반적으로 두 이론은 회복 과정의 다른 측면에 초점을 두는 보완적인 관점으로 인식된다(Hartig et al., 2003a). 이어지는 내용들에서 두 가지 이론을 더 상세히 설명하겠다.

7.2.1 스트레스 회복 이론

Roger Ulrich는 1983년의 논문 '자연환경에 대한 미적·감정적 반응(Aesthetic and Affective Response to Natural Environment)'에서 SRT의 토대를 마련했다. Zajonc(1980)의 연구를 기초로, 그는 환경에 대한 사람들의 초기 반응이 일반적인 감정(즉, 좋다, 싫다) 중 하나이며, 환경에 대한 의식적인 인지 또는 정보 처리 과정 없이 나타난다고 주장했다. 초기의 긍정적인 **감정적**(affective) 반응은 특별한 환경 특징 또는 **선호**(preferenda)가 환경 속에 존재할 때 나타난다. 이러한 특징에는 자연적인 내용물(예: 초목)뿐만 아니라 복잡성, 구조적 특징 전체(예: 대칭성), 깊이/공간적 단서, 평평한 바닥 표면의 조직, 구부러진 전망(예: 구불구불한 샛길), 위험의 부재 등 더 구조적인 특징들의 존재를 포함한다.

이러한 특징들에 대한 즉각적이고 긍정적인 감정적 반응은 회복 과정을 불러일으키는데, 그 특징들이 좋은 감정은 물론 **각성**(arousal), 그리고 두려움 등 부정적 감정 수준의 감소를 동반함으로써 스트레스로부터 숨 돌리게 해 주기 때문이다. 만약 그 장면이 충분한 관심을 끈다면, 그 환경에 대해 더 강도 높은 **인지적**(cognitive) 정보 처리 과정이 발생할 수 있으며, 기억이나 다른 의식적 사고를 동반할 수 있다. 그러나 SRT에 따르면, 더 의도적인 회복 경험은 드물고, 대부분의 자연환경과의 접촉은 초기 감정적 반응에 의해 지배되고, 기초적인 지각만 관여한다.

7.2.2 주의 회복 이론

SRT는 신속한 감정 기반 과정으로서 회복에 주로 관심을 기울이는 반면, ART는 회복에 있어서 다소 느리고 인지적인 기제의 중요성을 강조한다. ART는 1989년 Kaplan 부부가 『자연 경험(Experience of Nature)』이라는 책에서 처음 총체적인 설명을 한 바 있다. 이 책에서 Kaplan 부부는 자연과 사람의 관계에 관한 그들의 장기적인 연구 결과를 폭넓게 개관하여, 회복 경험뿐만 아니라 지각적 및 시각적 선호를 다루었다. 후자의 내용과 관련하여 Kaplan 부부(1989)는 '선호 매트릭스'로 잘 알려져 있는데, 이는 사람들의 경관 선호도를 예측할 수 있는 프레임워크이다. 선호 매트릭스가 종종 ART와 혼동되곤 하는데, 두 모델 모두 네 가지 요소로 구성되어 있고, 동일한 연구자에 의해 개발되었기 때문이다. 그러나 선호 매트릭스와 ART는 상이한 모델로 구분될 필요가 있고, 각 모델은 사람-자연 관계의 다른 측면에 대해 초점을 맞춘다.

ART의 핵심적인 가정은 사람들이 관심이 없는 대상에 대한 주의를 집중시키는 능력을 제한적으로만 가지고 있다는 것이다. 경쟁적인 자극을 제한하고 차단하기 위해 필요한 인지적인 기제는 **중앙 집행기능**(central executive)으로 불리는데, 이 기제는 장기간 또는 강도 높게 사용했을 때 고갈된다(Kaplan & Berman, 2010). 중앙 집행기능이 고갈되면 **지향적 주의 피로**(Directed Attentional Fatigue: DAF)를 겪을 수 있다. ART에 따르면, 인간-환경 관계가 네 가지로 유형화될 때 환경에 대한 DAF를 계산할 수 있을 것으로 추측된다. 인지적 노력 없이도 자동적으로 주의를 끌 수 있는 **매료**(fascination) 또는 환경 능력, 범위(extent) 또는 연결성에 대한 인식, 매일매일의 귀찮은 일과 의무로부터 **탈출**(being away), 개인의 경향성과 환경 특성 간의 어울림인 **적합성**(compatibility)이 여기에 해당한다(또한 〈글상자 7.2〉 참조). 이 네 가지 상태의 조합은 자연환경과 인간의 상호작용에서 가장 전형적이기 때문에 인공적인 세팅에 비해 자연환경에서의 DAF의 계산이 훨씬 효과적인 경향이 있다. 그러나 교회(Herzog et al., 2010) 또는 박물관(Kaplan et al., 1993) 역시 다수의 회복적 특성을 가지고 있어 회복적 환경으로서 기능할 수 있으며, 특히 이러한 세팅에 대해서 편안하게 느끼는 익숙한 방문자에게 효과가 있다.

글상자 7.2 지각된 회복수준

환경에의 노출 이후 사람들의 회복 상태의 실제 변화 측정(〈글상자 7.1〉 참조)에 이어, 연구의 두 번째 경향은 환경에 대한 지각된 회복 잠재력 측정에 초점을 두었다. 이러한 연구들 대부분은 지각된 회복 척도(Perceived Restorativeness Scale: PRS; Hartig et al., 1996, 1997) 또는 이 척도의 몇 가지 변형된 형태를 사용해 왔다. PRS는 ART에서 기술하고 있는 네 가지 회복적 특성을 포함하는 진술들로 구성되어 있으며, 각 진술에 대해 응답자는 주어진 환경으로부터 경험한 것과 부합하는 정도를 리커트 타입의 척도('전혀 그렇지 않다'부터 '완전히'까지)상에 표시하도록 되어 있다. 예시 문항은 다음과 같다.

- 나의 주의는 여러 가지 흥미로운 것들에 이끌린다(매료).
- 많은 일이 일어나고 있다(범위/연결성).
- 여기에서 시간을 보내면 매일의 일상으로부터 휴식을 얻는다(탈출).
- 여기에서 내가 좋아하는 일을 할 수 있다(적합성).

지각된 회복수준은 자연스러움의 수준에 따라 증가한다는 사실이 반복적으로 확인되고 있다(Carrus et al., 2013; Herzog et al., 2003; Hipp et al., 2016; Laumann et al., 2001). 척도는 경관 설계(Tenngart Ivarsson & Hagerhall, 2008) 및 동물원의 매력(Pals et al., 2009)의 회복성을 평가하기 위해 성공적으로 사용되고 있다.

7.3 회복적 자연 경험의 진화적 기원

회복적인 반응은 종종 자연 세계에서 인간 진화의 유산으로 해석된다. 특히 어떤 자연적 특징(예: 파릇파릇한 초목)과 특별한 자연 경관(예: 사바나)은 선사 인류에게 자원상의 기회와 안전(예: 피난처로서 나무들)을 제공했고, 그 결과 인간의 생존을 증진시켰다(Ulrich, 1983; Ulrich et al., 1991). 결과적으로, 인류는 그러한 요소들에 대해서 긍정적인 감정 반응을 보이도록 생물학적으로 준비된 상태(생물학적 준비성, readiness)로 발달해 왔을 수 있다(Ulrich, 1999; 또한 5장 참조).

회복적 환경 연구 분야에서 널리 받아들여지고 있지만, 이러한 진화론적 주장은 여전히 의문으로 남아 있다(Joye & De Block, 2011; Joye & Van den Berg, 2011). 경험적인 비판에서는 회복에 관해 실제로 존재하는 몇몇 연구들은 서구 대학생만을 대상으로 수행되었다고 지적한다. 이러한 한정된 집단으로부터 얻은 결과는 회복 이론의 기저에 있는 진화론적 · 보편주의적 가정을 정당화하기 어렵다. 더 개념적인 문제는 인류가 진화의 역사를 거치며 항상 거의 초목이 있는 환경에서 살아왔다는 것이다. 이는 녹색 공간이 항상 누구에게나 이용 가능했음을 의미하므로, 회복 이론이 암시하듯이 이러한 요소에 대한 선호가 진화할 수 있도록 하는 선택 압력이 왜 있었는지 불분명하다.

7.4 최근 이론적 및 실증적 발전

이 절에서는 회복적 환경 경험의 조건과 메커니즘을 더 잘 설명하는 데 중점을 둔 최근 이론적 및 실증적 접근법 세 가지를 논의할 것이다.

7.4.1 지각적 유창성 설명

지각적 유창성 설명(Perceptual Fluency Account: PFA)은 **지각적 유창성** 현상에 기초하고 있으며, SRT와 ART 양자의 통합을 목표로 한다(Joye et al., 2016). PFA의 중심 가정은 자연환경이 도시 세팅보다 더 자연스럽게 정보 처리가 진행되며, 이러한 유창성의 차이로 인해 회복적 잠재력의 차이를 보인다. 자연적 자극과 장면에 대한 더 능숙한 지각 과정이 발생한다고 여겨지는 이유는, 시각적인 정보의 지각이 인공적인 환경보다 자연적인 장면에서 시각적인 뇌가 구조화된 방식에 더 맞춰져 있기 때문이다. 특히 자연적인 장면의 소위 **프랙탈**(fractal, 차원분열도형) 또는 자기 유사 패턴으로 인해 자연적인 장면은 도시 장면에 비해서 훨씬 반복적인 정보들을 포함하기 때문에, 도시에 비해서 자연에서 더 능숙하게 정보를 처리하게 된다([그림 7-1] 참조). 프랙탈이 자연의 회복적 효과에 포함된다는 관념은 점차 참가자들이 프랙탈 특징이 다른 실제 또는 CG 자극에 노출된 실험적 연구들에 의해서 뒷받침되고 있다(Talyor & Spehar, 2016; Van den Berg et al., 2016a). 이 연구에 따르면, 비수면 이완 상태의 지표인 알파파가 기록된 뇌전도(electroencephalogram: EEG)가 인공적인(정확한) 프랙탈을 보는 동안에 비해 자연적인(통계적인) 프랙탈을 보는 동안 더 커지는 경향이 나타난다(Hägerhäll et al., 2015).

7.4.2 자연과의 연결성

최근 사람들이 자연 세계에 속해 있다고 느낌으로써 삶에 있어서 목적의식과 자기정체성을 획득하는 것을 관찰하게 되면서 회복에 대한 최근의 이론적 접근 방식이 시작되었다. 이에 기초하여 정서적으로 자연에 연결되어 있다고 느끼는 것이 자연의 이로운 효과에 내재한 중요한 한 가지 기제로 예견되고 있다. 이러한 접근법에서 개인이 자연과 어떻게 연결되어 있다고 느끼는지를 측정하는 여러 가지 도구들이 개발되어 왔으며, 여

[그림 7-1] 자연에서의 프랙탈 패턴

출처: Darren Kuropatwa의 사진(2008).

기에는 자연 연결성 척도(connectedness to nature scale; Mayer & Frantz, 2004), 자연 관련성 척도(nature relatedness scale; Zelenski & Nisbet, 2014) 등이 있다. 연구들에 따르면, 자연에 더 연결되어 있는 개인들은 심리적 · 정서적 · 사회적 측면에서 더 높은 웰빙 수준을 보고하였다(Olivos & Clayton, 2017). 또한 자연과의 연결성이 일시적으로 증가하면 자연 노출의 회복 효과를 부분적으로 설명할 수 있었다(Mayer et al., 2009). 이러한 결과들은 자연 세계에 속해 있다는 경험적 느낌이 회복적 환경 경험에 있어서 일정한 역할을 하며, 무의식적이고 자동적인 정보 처리 과정으로 이뤄진다는 것을 제안하였다.

7.4.3 미세 회복적 경험과 회복 효과

창밖에서, 책 속에서, TV에서 또는 그림에서 자연을 보는 것과 같이 자연과의 짧은 감각적 접촉의 결과로 발생하는 **미세 회복적 경험**(micro-restorative experience)에 초점을 맞춘다(Kaplan, 2001). 장시간 축적되면, 그러한 미세 회복적 경험은 분명하게 사람들의 웰빙을 개선할 수도 있고, 스트레스가 강한 사건의 부정적인 영향으로부터 완충 효과를 제공할 수 있다. 초등학교 선생님들의 자연 기반 대처 전략 연구에 따르면, 미세 회복적 경험은 특히 스트레스 수준이 낮을 때 효과적이다(Gulwadi, 2006). (과밀 학급에서, 열악한 근로 조건에서 가르쳐야 하는 등) 빈번하게 직업적 스트레스로 고통받는 선생님들은 실제로 바깥으로 나가서 자연 속에 있는 것(숲에서 산책하는 등)을 선호했다. 반면, 직업적 스트레스가 낮은 선생님들은 새 소리를 듣는 것과 같이 주변 자연에서 간단한 감각적 상호작용으로도 충분한 가치가 있음이 확인되었다. 마찬가지로, 자연에의 노출은 회복 효과뿐만 아니라 스트레스를 받지 않거나 피곤하지 않은 사람에게는 **향상 효과**(instorative effect)를 보일 수 있다는 증거가 늘어나고 있다(Hartig, 2007). 건강하고 스트레스가 없는 개인들을 대상으로 하는 연구들에서는 자연에의 짧은 시간 노출이 특히 사람들의 기분과 충동조절 능력을 개선시키고(Beute & de Kort, 2014) 주관적인 '생명력(vitality)' 또는 에너지 수준을 증가시킬 수도 있다는 결과를 보이고 있다(Ryan et al., 2010).

7.5 응용 및 함의

회복적 환경 연구로부터 얻은 결과들은 자연과 인공 환경의 설계와 관리를 안내하기 위해서 점점 더 활용되고 있다. 회복을 강조할 경우, 회복적 설계 측정은 스트레스와 주의 피로가 비교적 급성이고 그러한 상황이 치유나 발달적인 과정을 방해하는 상황에서 가장 적합한 것으로 보인다. 이것은 회복적 요소가 건강관리 세팅에서의 소위 **근거 기반 설계**(Evidence-Based Design: EBD)의 본질적 부분이 된 이유 중 하나이다(Ulrich et al, 2008; 또한 11장 참조). 그러나 도시 생활의 특정 측면들은 확실하고 만성적인 스트레스 자원을 구성하기 때문에, 자연 기반 또는 **생명애 설계**(biophilic design)는 점차 전체 도시 환경의 규모에서 시행되고 있다(Kellert et al., 2011; Van den Berg et al., 2007a). 특히 자연의 미세 회복 및 향상 효과는 스트레스 없는 개인에게서조차 녹색 개입이 활력을 불어넣어 주는 역할을 하고 환경적 맥락의 매력을 향상시킬 수도 있다는 것을 보여 준다.

회복적 설계 측정의 적용에 있어 한 가지 한계는 자연에의 노출의 적정량과 관련이 있다. 대규모 조사에 근거할 때 영국의 연구자들은 고혈압과 우울증을 가진 인구 중하위 계층에 대해 한 주간 최소 역치에 해당하는 녹지를 30분간 방문하도록 권유해 왔다(Shanahan et al., 2016). 주변 녹지가 차지하는 양은 회복적인 결과와 관련이 없는 것으로 확인되었으며, 이는 녹지를 양적으로 확대하는 대신, 접근성을 높이고 이용 가능하도록 설계되어야 한다는 점을 제안하였다. 그러나 이러한 지침이 다른 문화적 · 지리적 맥락에서도 적용 가능한지 결론을 내리기 위해서는 더 많은 연구가 필요하다.

자연 기반 개입과 관련된 다른 질문은 자연의 어떤 양상들이 실행될 필요가 있는가이다. 연구들에 따르면, 실제 자연에의 노출뿐만 아니라 시각적 시뮬레이션(예: 비디오, 그림), 그리고 후각적(냄새) 또는 청각적 요소들도 회복적인 효과를 보일 수 있다(Annerstedt et al., 2013; Kjellgren & Buhrkall, 2010; Wooller et al., 2016). 회복적인 반응은 다양한 수준의 자연 장면에서 나타나는 패턴의 분열적 반복과 같은 자연의 기하학적인 유형물에까지 확장될 수 있다. 이는 회복적 설계 측정의 가능한 범위를 실제 자연에서부터 자연의 모사 및 건축물에서 자연의 프랙탈 기하학에까지 확장할 수 있다(Joye, 2007).

7.6 요약

자연과의 접촉이 스트레스와 정신적 피로로부터 회복을 제공할 수 있다는 실증적 증거가 증가하고 있다. 자연의 회복 효과에 대한 두 가지 이론적 관점, 즉 스트레스 회복 이론(SRT)과 주의 회복 이론(ART)이 회복적 환경 연구의 주된 연구주제를 형성해 왔다. 두 관점 모두에서 회복 반응이 자연환경에서 인간 진화의 오래된 유물이라고 일반적으로 가정하지만, 이 견해는 비판받고 있다. 최근 몇 년간 '유창성' '자연과의 연결성' '미세 회복적 경험'과 같은 개념을 활용한 이론적 발전이 회복적 경험에 대한 이해를 심화시키고 있다. 자연의 회복 효과에 대한 실증적 증거는 점점 더 의료, 그리고 도시 및 조경 계획에 적용되고 있지만, 이러한 응용을 최적화하기 위해서는 추가 연구가 필요하다.

용어사전

각성(arousal): 심리적 및/또는 생리적 활성화의 일반적인 상태

감정적(affective): 감정과 정서를 포함하는 반응과 메커니즘을 지칭

근거 기반 설계(Evidence-Based Design: EBD): 설계 조치의 효과에 대한 최상의 증거를 기반으로 건물을 설계하는 접근법

매료(fascination): ART에서 설명하는 회복적 환경의 특성으로, 인지적 노력을 들이지 않고도 주의를 자동으로 끌어 중앙 집행의 요구를 완화하고 지향적 주의의 재충전에 여지를 남김

미세 회복적 경험(micro-restorative experiences): 자연과의 짧은 감각적 상호작용으로, 웰빙의 감각을 촉진함

범위(extent): ART에서 설명하는 회복적 환경의 특성으로, 범위와 일관성의 함수이다. 범위는 환경의 규모를 나타내며, 즉각적인 주변 및 보이지 않거나 상상된 영역을 포함함. 일관성은 환경 내의 인지된 특징이나 요소 간의 관련성 정도와 이러한 요소들이 전체에 기여하는 바를 의미

생명애 설계(biophilic design): 자연과의 연결이 회복적이라는 전제하에 자연의 형태, 구조, 과정을 건축 설계에 통합하는 설계 접근법으로, 인간이 자연환경에서 오랜 시간을 보낸 것을 모방하기 때문임

선호(preferenda): 기본적인 감각 정보를 바탕으로 매우 빠르게 평가되는 세팅이나 물체의 특징들

스트레스(stress): 유기체의 완전성에 대한 실제의 또는 인지된 위협이나 도전으로, 종종 두려움이나 불안이 동반됨

스트레스 회복 이론(Stress Recovery Theory: SRT): 회복적 환경에 관한 주요 이론 중 하나로, 회복은 스트레스로부터의 회복을 의미한다고 설명함

인지적(cognitive): 믿음, 생각, 아이디어, 판단, 지각 및 기타 '고차원' 정신 과정을 포함하는 반응과 메커니즘을 지칭

주의(attention): 환경의 특정 측면에 집중하면서 다른 것들은 무시하는 인지적 과정

주의 회복 이론(Attention Restoration Theory: ART): 회복적 환경에 관한 주요 이론 중 하나로, 회복은 주의 자원의 재충전을 의미한다고 설명함

중앙 집행기능(central executive): 인지 과정을 제어하고 조절하는 전두엽과 관련된 뇌 시스템

지각적 유창성(perceptual fluency): 특정 자극이 시각적으로 처리되는 용이함에 대한 주관적 경험

지향적 주의 피로(Directed Attentional Fatigue: DAF): 중앙 집행 뇌 시스템의 일부가 피로해질 때 발생하는 신경학적 증상으로, '정신적 피로'라고도 함

탈출(being away): ART에서 설명하는 회복적 환경의 특성으로, 일상의 번거로움과 과도한 주의 집중을 요구하는 의무로부터 자유로운 환경

프랙탈(fractal): 부분들이 전체의 축소판인 거칠거나 분열된 기하학적 형태이다. 대부분의 자연 구조는 프랙탈 형태

향상 효과(instorative effect): 특정 환경 및 환경 구성에 의해 촉발되는 심리적 그리고/또는 생리적 기능의 향상임

호환성(compatibility): ART에서 설명하는 회복적 환경의 특성으로, 개인의 성향과 환경의 특성 간에 좋은 적합성을 나타내어 주의 자원을 행동 방식에 대한 의문을 제기하는 데 쓸 필요가 없도록 함

회복(restoration): 스트레스와 정신적 피로로부터의 심리적 및 생리적 회복 과정

회복적 환경(restorative environment): 스트레스, 정신적 피로 또는 기타 불리한 조건으로부터 회복을 촉진하는 환경

읽을거리

Berto, R. (2014). The role of nature in coping with psycho-physiological stress: a literature review on restorativeness. *Behavioral Sciences 4* (4): 394-409.

Collado, S., Staats, H., Corraliza, J. A., and Hartig, T. (2017). Restorative environments and health. In: *Handbook of Environmental Psychology and Quality of Life Research*(ed. G.

Fleury-Bahi, E. Pol, and O. Navarro), 127-148. Cham: Springer.

Von Lindern, E., Lymeus, F., and Hartig, T. (2017). The restorative environment: A complementary concept for salutogenesis studies. In: *The Handbook of Salutogenesis*(ed. M. B. Mittelmark, S. Sagy, M. Ericksson, et al.), 181-195. Cham: Springer.

복습문제

1. 회복적 환경이란 무엇이며, 환경의 회복력을 어떻게 측정할 수 있을까?
2. ART(주의 회복 이론)에서 중심이 되는 인간-환경 상호작용의 네 가지 회복적 특성을 설명해 보자.
3. 자연환경이 인공 환경보다 더 회복적인 경향이 있는 이유를 설명해 보자.
4. 자연의 회복 효과와 자연의 건강상 혜택 간의 관계는 무엇일까?
5. 도시 설계에서 자연의 모방이나 자연의 기하학적 특성 사용이 실제 자연과의 회복적 경험을 어느 정도 보상할 수 있을까?

제8장

자연과 경관에 대한 양가감정

Agnes E. van den Berg
University of Groningen, The Netherlands
Cecil C. Konijnendijk
University of British Columbia, Canada

8.1 도입

앞의 장들은 **자연**(nature)과 **경관**(landscape)이 일반적으로 아름답고 이롭다는 증거로 볼 수 있다. 이러한 증거들은 강력하고 매력적이지만, 자연에 대한 사람들의 반응이 항상 긍정적이지 않다고 믿을 만한 이유가 존재한다. 최소한 몇 가지 자연 경관은 긍정적인 동시에 부정적인 느낌과 생각을 야기한다. 이러한 **양가감정**(ambivalence)은 인간의 영향이 적은 야생의 길들지 않은 경관에 대해서 가장 명확하게 나타난다. 지금부터는 간단한 역사적 개요를 제공하는 것으로 시작할 것이다. 그런 다음, 자연과 자연경관에 대한 양가감정에 관한 현대의 실증적 연구와 이론을 검토한다. 마지막으로, 이 양가감정을 정책, 계획, 설계에서 어떻게 처리할 수 있는지에 대해 제안할 것이다.

8.2 역사적 개관

역사적으로, 자연에 대한 양가감정은 **미개척지**(야생, wilderness) 개념과 밀접한 관계가 있다. 미개척지는 다양한 방식으로 정의되지만, 일반적으로 인간의 손이 닿지 않는(또는 관리되지 않는) 자연 지역을 뜻하는 용어로 쓰인다(Cronon, 1996). 서구 역사에서 대부분의 기간 동안 미개척지는 공포와 회피의 장소로 인식되었다. 미개척지는 버려지고, 야만적이고, 황량하고, 메마른 것과 연관되어 있고, "도덕적 혼란과 절망 속에서 너무나 쉽게 자신을 잃어버리게 되는" 문명의 경계에 있는 장소를 연상시킨다(Cronon, 1996, p. 8). 심지어 중세 이후에도 유럽인들은 미개척지를 너무나 싫어한 나머지, 여행자들이 때때로 야성 그대로의 산이나 숲의 공포에 직면하지 않기 위해서 눈을 가려 달라고 요구한 기록이 존재한다(Nash, 1982).

유럽의 계몽은 미개척지에 대한 부정적인 인식에 첫 번째 변화를 가져왔다. 부분적으로, 과학적인 발견에 힘입어 자연현상이 일부 집단(가장 지적이고 부유한 도시 주민)에게는 복잡하고 경이로운 신의 의지 표명으로 여겨졌다. 그러나 인구의 대부분을 차지하던 가난한 시골 주민들은 야성 그대로의 미개척지의 위험을 여전히 직면해야 했다. 이는 북아메리카의 개척자들의 사례에서도 마찬가지였으며, 너무 인접해 있었기 때문에 그들은 미개척지에 감사의 마음을 갖기는 어려웠다. 그러나 낭만주의 시대 동안 미개척지는 신성한 것으로 변모했고, 낭만주의를 창조하고 이상화한 문화의 가장 심층적인 핵심 가치와 연결되었다(Cronon, 1996). 미개척지는 **숭고한 것**(sublime), 즉 공포의 요소가 뒤섞인 경외 및 숭배 감정의 개념을 진화시키는 데 영감을 제공한다(Burke, 1757). 미국에서는 미개척지가 국가적 자존심의 근원이 되기도 한다. 즉, 야생국가공원이 국가 상태를 상징하는 문화적-역사적 기념물의 부족을 메꾸고 있다.

20세기 후반부터 서구 국가들에서의 지배적인 경향은 **생명애**(biophilia) 또는 자연 사랑으로 향했다(Wilson, 1984; 또한 5장 참조). 그러나 미개척지를 쓸모없고, 안전하지 않고, 정돈되지 않은 것으로 보는 부정적인 인식은 사라지지 않았고, 자연에 비해 사람들의 미약함이 강조되는 특별한 맥락과 상황에서 빠르게 재발현되기도 했다. 반대로, 인간에 의해 강력하게 통제되어 고도로 관리된 자연적인 세팅 역시 부정적인 생각과 느낌을 불러일으킬 수 있다. 이러한 세팅은 종종 지나치게 형식적이고, 과도하게 정돈되어서, 결국 자연스럽지 못했다(Özgüner & Kendle, 2006). 일반적으로, 관리가 전혀 안 되거나 반대로 관리가 된 자연 세팅은 양가적 · 긍정적 · 부정적 의미들이 주입되어 있어서, 이러한 세팅에 대한 정서적 · 인지적 반응에 있어 개인 간 또는 개인 내적으로도 중요한 편차가 발생한다.

8.3 자연환경 경험의 감정적 영향과 의미

네덜란드 학생들을 대상으로 한 연구에서 미개척 자연에 대한 양가적인 의미의 실증적 증거를 찾을 수 있다(Koole & Van den Berg, 2005). 무엇보다 참가자들은 그들이 관리된 자연환경에 있을 때에 비해서 미개척 환경에 있을 때 죽음과 자유를 포함해서 다양한 지정 주제에 대해서 얼마나 자주 생각하는 경향이 있는지 보고하도록 요청받았다. 죽음에 대해서는 76.7%의 참가자가, 자유에 대해서는 81.1%의 참가자가 관리된 자연에서보다 야생에서 더 많이 생각하는 경향을 보고하였다. 미개척지와 죽음이나 자유에 관한 생각 간의 이러한 이중적인 관계는 미개척지가 양가적인 의미를 담고 있다는 아이디어에 부합한다.

미개척 자연은 양가적인 의미와 연관되어 있을 뿐 아니라 양가적인 정서 반응을 불러일으킬 수도 있다. 야외 미개척지와 생존 프로그램에 대한 평가 결과에 따르면 미개척지에 머무는 것은 강한 공포와 기타 부정 정서뿐만 아니라 강한 긍정 정서를 유발할 수 있다(Bixler & Floyd, 1997; Kaplan & Talbot, 1983). 미개척지에 대한 공포 반응은 일반적으로 **생명공포**(biophobia) 또는 진화 과정에서 인류를 위협했던 자연물이나 상황에 대한 공포를 빠르게 학습하고 유지하는 생물학적인 준비성에 의해 도출되는 것으로 보인다(Seligman, 1971; Ulrich, 1993a). 이러한 가정은 총기 및 기타 인공 자극에 대한 공포에 비해 뱀이나 기타 자연적인 자극에 대한 공포를 인간이 더 빠르게 학습하는 것을 보여 준 연구실 실험을 통해서 뒷받침된다(Öhman & Mineka, 2003). 강한 공포 이외에, 야생 프로그램 참가자들은 이러한 공포를 뛰어넘는 심리적 에너지, 높은 자신감, 경외감과 놀라움의 증가를 포함하는 강한 긍정 정서를 보고하였다(Ewert, 1986; Kaplan & Talbot, 1983). 이렇게 뒤섞인 정서는 소위 숭고함이나 인상적인 자연 경험을 연상시킨다.

자연에 대한 사람들의 개인적인 경험을 질적으로 분석함으로써 사람들에게 공포와 매혹을 불러일으키는 네 가지 군집을 확인하였다. 여기에는 ① 야생동물과 가까이 접촉, ② 자연의 힘(예: 폭풍 또는 지진)에 직면, ③ 압도적인 상황(예: 숲의 위대함에 겁먹음), ④ 방향을 잃은 상황(예: 숲에서 길을 잃음)이 포함된다(Van den Berg & Ter Heijne, 2005). 대부분의 참가자들은 이러한 상황에 놓였을 때 공포와 매료를 동시에 느꼈다고 보고하였다. 그러나 반응은 성별과 감각 추구 측면에서 상당한 개인차가 있었다. 즉, 여성은 주로 공포로 반응하는 반면, 감각 추구자는 주로 매료로 반응하였다.

관리하지 않은 미개척 자연뿐만 아니라 더 흔한 도시 녹지와 요소(예: 나무)는 고도로 양가적인 의미 및 정서와 연합되어 있는 경향이 있다(Bonnes et al., 2011; Camacho-Cervantes et al., 2014). 이러한 공간과 요소는 아름다움, 회복, 그리고 산소 공급과 연합되어 있는 동시에 범죄, 사건, 그리고 사회적 안전 부족과도 연합되어 있다. 특히 잠재적인 공격자에게 숨을 장소를 제공하는 높은 수준의 빽빽한 하층 초목의 존재는 도시공원에서 범죄에 대한 공포와 안전하지 못하다는 느낌(소위 '이방인의 위험성')과 연관되어 있다(Jorgensen et al., 2002; Jansson et al., 2013). 도시공원에서 안전하지 않다는 느낌은 여성, 그리고 수입이 낮은 집단과 소수 민족 공동체의 구성원들에게 가장 높게 나타났다(Sreetheran & Van den Bosch, 2014; 또한 5장 참조).

8.4 자연에 대한 관점과 경관 선호

자연에 대한 양가감정을 다루는 다른 영역으로 인간과 자연의 관계에 관한 인지적 표상에 관한 연구들이 있다. 이 연구들 중 많은 경우는 인간이 자연 위에 서 있는지 여부[인

글상자 8.1 인간-자연에 대한 관점

- **주인**(master): 인간이 자연 위에 서 있고, 자연에 대해서 인간이 원하는 대로 할 수 있음. 경제적 성장과 기술은 환경문제의 해결을 위해 기대되는 방식임
- **관리인/보호자**(steward/guardian): 인간은 신 그리고/또는 미래 세대를 대신해서 자연을 보호할 책임이 있음
- **동반자**(partner): 인간과 자연은 동등한 가치가 있음. 양자 모두 자기 지위를 가지고 있고, 상호적인 발전의 역동적 과정 속에서 함께 역할을 수행함
- **참가자**(participant): 인간은 자연의 일부이며, 생물학적으로뿐만 아니라 심리적인 수준에서도 그러함. 자연에 대한 기술적인 개입은 허용되지 않음

간중심적 관점(anthropocentric view)] 또는 자연의 일부이거나 심지어 부수적인 존재인지 여부[생태중심적 관점(ecocentric view)]와 같은 오랜 철학적 주제에 관한 것들이다(Flint et al., 2013; Zweers, 2000). 인간과 자연의 관계에 관한 네 가지 기초적인 관점은 인간중심적 관점부터 생태중심적 관점까지 확립되어 있는데, 인간의 지위를 ① 주인, ② 관리인(보호자), ③ 동반자, ④ 참가자 등 네 가지로 구분한다(De Groot, 2010; De Groot & Van den Born, 2003; Keulartz et al., 2004; 또한 〈글상자 8.1〉 참조).

대규모 조사를 통해서 대부분의 사람들이 생태중심적 관점을 지지한다는 것이 밝혀졌다(De Groot & De Groot, 2009; Farjon et al., 2016; Hunka et al., 2009). 흥미로운 부분은 응답자들이 종종 동시에 한 개 이상의 관점에 동의하는데, 이는 많은 사람이 자연에 관한 자신의 관점에서 어느 정도 양가감정을 나타낸다는 것을 암시한다. 이러한 인식은 사람들의 인간과 자연의 관계에 관한 자발적인 설명이 종종 (상반된) 생태중심적, 그리고 인간중심적 요소의 혼합을 포함한다는 것을 보여 주는 질적 연구에 의해서 확증되었다(Van den Born, 2008).

인간과 자연의 관계에 관한 사람들의 관점은 자연 이미지(image of nature), 그리고 미적인 경관 선호와 밀접하게 관련되어 있다(Buijs, 2009; De Groot & Van den Born, 2003). 인간중심적 관점은 기능적인 자연 인식과 연결되어 있어서, 인간에게 유용하게 잘 관리된 세팅이 아름답고 훌륭한 자연의 사례로 평가된다. 생태중심적 관점은 미개척지 이미지와 연결되어 있어서 인간의 손이 닿지 않은 자연스러운 세팅이 훨씬 선호되고, 아름답고 훌륭한 자연의 사례로 평가된다.

다수의 연구들에서 자연에 대한 관점, 자연 이미지, 경관 선호의 개인차를 조사해 왔다(Özgüner & Kendle, 2006; Sklenicka & Molnarova, 2010; Van den Berg & Koole, 2006). 이 연구들을 통해 사람들의 자연에 대한 관점, 자연 이미지, 경관 선호에 의해 측정되는 인간중심주의는 낮은 수입 및 교육수준, 노인, 이민자, 그리고 경관과 기능적으로 관련되어 있는 농부, 사냥꾼, 조류 관찰자 집단에게서 가장 높게 나타난다. 예를 들어, 네덜란드의 한 연구에 따르면, 1세대, 그리고 2세대 이민자의 44%(대부분 튀르키예 또는 모로코로부터)가 기능적인 자연 이미지를 가지고 있는 것으로 나타났고, 반면 토박이 네덜란드 응답자 중 15%만이 이러한 이미지를 가지고 있었다(Büijs et al., 2009).

8.5 생물다양성의 역할

야생의 자연 지역은 생물종과 기타 **생물다양성**(biodiversity) 지표가 풍부한 경향이 있다. 그러나 높은 수준의 생물다양성은 더 관리된 지역에서도 나타날 수 있다. 예를 들어, 도시 공원은 도시 경관에서 풍부한 생물종의 '핫 스팟'을 구성하는 것으로 확인되어 왔다(Alvey, 2006; Nielsen et al., 2014). 일반적으로, 생물다양성은 외견상 관리 여부와는 독립적인 생태계의 건강과 회복탄력성 지표를 제공하는 자연 지역의 차별적인 요소를 구성한다. 경관 유형과는 독립적인 연구에서 높은 수준의 생물다양성이 가장 긍정적으로 평가되었다(Botzat et al., 2016; Carrus et al., 2015). 부정적인 평가는 드물었고, 보통 긍정적인 결과와 혼합되어 있었다. 예를 들어, 파리의 작은 도시 정원에서의 한 연구에서는 방문객들이 정원의 곤충 다양성은 싫어한 반면, 식물 다양성은 좋아하는 것으로 확인되었다(Shwartz et al., 2014). 따라서 생물다양성은 자연에 대한 양가적 반응에서 중요한 역할을 하는 것으로 보이지는 않고, 야생의 개념과는 별도로 고려되는 것이 분명하다.

8.6 실존적 동기의 관점

앞서 살펴본 바와 같이 자연은 긍정적인 느낌과 부정적인 느낌과 사고를 모두 불러일으키는데, 이러한 양가감정의 심층적인 원인은 무엇일까? **실존적–동기적 설명**(existential-motivational account)에 따르면, 자연에 대한 양가감정은 유한성에 대하여 사람의 내면 깊숙이 자리한 실존적 관심에 뿌리를 두고 있다(Koole & Van den Berg, 2004). 자연, 특히 미개척지(야생)는 통제 불가능성, 그리고 죽음과 밀접하게 관련되어 있다(Koole & Van den Berg, 2005). 실제로 다수의 아이들은 동물이 죽는 과정을 관찰함으로써 처음으로 죽음을 알게 된다. 공포 관리 이론에 관한 연구들은 사람들이 자신의 죽음이 궁극적으로 통제할 수 없고 피할 수 없다는 깨달음에서 오는 실존적 불안으로부터 자신을 지키려고 하는 기본적인 심리적 욕구를 가지고 있다는 사실을 확인해 왔다(Greenberg et al., 1997). 자연과 죽음의 밀접한 관련성 때문에, 공포의 관리 과정에서 종종 사람들로 하여금 (야생의) 자연으로부터 거리를 두려고 할 수 있다. 예를 들어, 실험 상황에서 죽음이 상기된 개인들은 특히 인간이 동물과는 구분된다는 신념을 지지하고, 동물을 역겨워한다고 보고

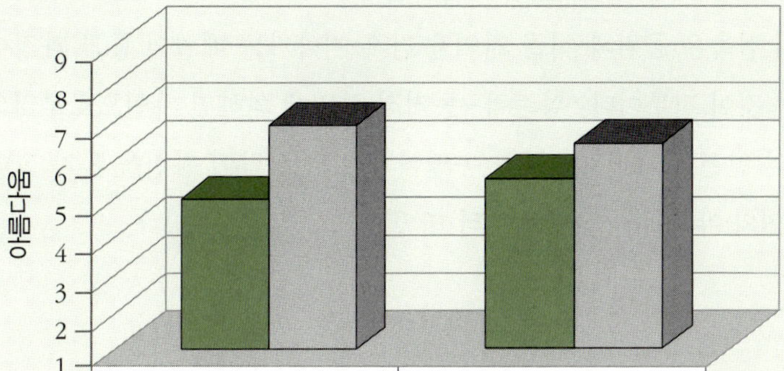

	통제 조건	죽음 처치
■ 관리된 자연	4.95	5.49
□ 야생의 자연	6.90	6.44

[그림 8-1] 48명의 대학생을 대상으로 한 실험에서 통제집단에 비해서 죽음(유한성)을 떠올리도록 한 참가자들은 관리된 자연에 비해 야생에 대한 미적 선호를 약화시킨 것을 확인한다.
출처: Koole 및 Van den Berg(2005; 연구 2)에서 수정.

하는 경향이 있다(Goldenberg et al., 2001). 추가적인 실험실 연구에서는 관리된 환경에 비해 야생에 대한 시각적 선호는 생명의 유한성을 상기시켰을 때 약화될 수 있음을 확인하였다(Koole & Van den Berg, 2005; [그림 8-1] 참조).

실존적-동기적 설명이 주는 중요한 함의는 야생의 자연에 대한 부정적인 반응이 자연의 생태적 중요성과 **내재적 가치**(intrinsic value)에 관한 무지나 지식의 부족에서 도출되는 것은 아니라는 것이다. 그 결과, 농부, 사냥꾼, 조류 관찰자, 그리고 자연과 생태계에 대한 깊고 넓은 지식을 갖춘 기타 집단에게서 야생의 자연에 대한 부정적인 반응이 종종 발견되곤 한다. 지식의 부족이 아니라, 자연과 야생에 대해 부정적인 느낌과 인간중심적인 생각을 보이는 개인의 공통적인 특성은 그들이 자연에 상존하는 죽음을 상기시킴으로써 깨어나는 실존적 불안으로부터 자신을 보호하지 못한다는 것이다. 감소된 보호는 생존을 위한 자연에의 직접적 의존(예: 농부)에 의해, 삶에 있어 취약하거나 불확실한 지위(예: 저소득자, 고령자)에 의해, 또는 구조와 안정성에 대한 욕구와 관련된 성격특성(예: 감각 추구 성향이 낮은 사람)에 의해 야기될 수 있다.

자연에 대한 양가감정에 대한 실존적 동기의 관점은, 서구사회에서 자연에 대한 긍정적인 생태중심적 관점에 대한 역사적 트렌드가 자연으로부터의 분리와 소외가 커지고 있는 것으로 보이는 관찰 결과와 일치한다(Cronon, 1996). 실제로 다수의 도시인에게서 자연과의 접촉은 공원과 시골 지역을 간혹 지나가는 매일의 통근 과정에서 차창 밖으로 내다보는 것이 전부이다. 실존적-동기적 설명에 의하면 자연으로부터의 소외와 생태중심성 간의 연결은 자연으로부터 동떨어져 있는 사람이 자신을 문자 그대로 또는 심리적으로 '자연의 야만적인 실체'로부터 더 떨어뜨려 놓을 수 있다.

8.7 현실적 함의

이 장에서 논의된 연구와 이론은 여러 분야에서 중요한 함의를 가진다. 예를 들어, 환경 교육의 영역에서는 야외 교육 프로그램이 참가자의 자신감과 안전감 강화에 초점을 뒀을 때 더 효과가 있을 것이다. 실제로 환경 교육 프로그램 평가에서 일관되게 가장 효과적인 프로그램은 학생들이 실생활 기술을 체득하고 자신감을 증진시키기 위해 체험학습을 사용하고 있다는 결과를 보이고 있다(Wheeler et al., 2007).

자연정책과 관리 영역의 연구는 특히 생태적인 회복 또는 '재야생화' 프로그램과 관련되어 있는데, 이러한 프로그램은 다수 국가에서 시골뿐만 아니라 도시 지역에서도 최근에 개발되거나 적용되고 있다. 이러한 프로그램들은 ① 회복, ② 야생동물 및 저하, 침식, 파괴 등을 겪는 장소의 고유식생 보호, 그리고 ③ 이러한 장소들 간의 연결성을 제공하는 것으로 목표로 한다. 그러한 프로그램이 서구 국가 대부분 인구에 의해서 지지를 받겠지만, 몇몇 집단은 더 비판적이고 부정적인 관점을 가지고 있다(Van den Berg et al., 1998). 이 장에서 논의된 연구와 이론은 이들 관점이 인간의 내면 깊숙이 자리한 실존적 관심에 그 뿌리를 두고 있으며, 너무 쉽게 무지와 '변화에 대한 저항'의 결과로 평가절하되어서는 안 된다는 점을 제안하였다.

일반적으로, 이 장으로부터 도출될 수 있는 중요한 지침은 자연 교육과 관리 전략이 사람들의 욕구와 실존적 안전과 부합하고 일치하여야 한다는 것이다. **참여적 계획수립**(participatory planning)의 궤적은 사용자 집단의 욕구와 관심을 확인하기 위한 도구로 널리 활용되었다. 이 장에서 제시된 지식은 자연에 대한 사람들의 양가감정 뒤에 숨은 심층적 원인에 대한 통찰을 제공함으로써 참여적인 논의에 기여할 수 있으며, 이 통찰은 자신과 타인의 위치와 자연에 관한 아이디어의 이해를 촉진할 수 있다.

8.8 요약

이 장에서는 자연, 특히 미개척 자연이 긍정적이고 부정적인 감정과 생각을 모두 불러일으킬 수 있다는 오랜 인식을 실증적으로 지지하는 환경심리학 연구를 검토했다. 우리는 자연에 대한 이러한 양가감정이 실존적–동기적 설명과 부합한다고 주장했다. 이 관점은 자연과 죽음 사이의 본질적인 연결로 인해 자연이 인간의 존재적 불안정을 상기시킨다는 것이다. 이 장의 주요 교훈은 자연 및 경관에 대한 양가감정이 깊이 자리 잡은 동기적 우려의 결과이며, 따라서 자연 교육, 관리, 공간 계획에서 이를 진지하게 받아들이고 적절한 방식으로 다루어야 한다는 것이다.

용어사전

경관(landscape): 자연 및/또는 인간 요인의 작용과 상호작용의 결과로서 사람들이 지각하는 지역

내재적 가치(intrinsic value): 경관이 인간에게 주는 용도나 기능과 상관없이 그 자체로 가지는 가치

미개척지/야생(wilderness): 인간의 손이 닿지 않거나 관리되지 않은 토지의 영역

생명공포(biophobia): 인간 생존에 위협을 가해 온 자연 자극에 대한 두려운 반응을 빠르게 배우고 천천히 잊는 인간의 타고난 경향

생명애(biophilia): 자연 및 다른 생명 형태와의 연결을 추구하는 인간의 타고난 경향

생물다양성(biodiversity): 종 내, 종 간, 그리고 생태계 간의 변이성

생태중심적 관점(ecocentric view): 인간과 자연 사이에 존재론적 분리가 없다는 관점으로, 자연이 인간에게 (직접적인) 용도가 없더라도 그 자체로 가치 있다고 평가하는 것

숭고한 것(sublime): 경외감과 존경심, 때로는 두려움의 요소가 섞인 감각

실존적–동기적 설명(existential-motivational account): 자연 속에 존재하는 죽음의 상기로 인해 발생하는 불안으로부터 자신을 보호하려는 인간의 필요로 인해 야생과 자연에 대한 부정적인 반응을 설명하는 심리학 이론

양가감정(ambivalence): 사랑과 증오와 같은 상반되는 태도, 생각, 또는 감정이 어떤 대상(예:

경관), 개념(예: 자연), 또는 사람에 대해 공존하는 것

인간중심적 관점(anthropocentric view): 인간이 자연 위에 서 있다는 관점으로, 자연을 인간적 또는 기능적 관점에서 평가하게 되는 것

자연(nature): 숲과 같은 자연 지역뿐만 아니라 농업 경관, 도시 녹지, 나무와 호수와 같은 자연 요소 및 특징을 포괄하는 광범위한 개념

자연 이미지(image of nature): 자연이 무엇인지에 대한 인간의 인지적 개념

참여적 계획수립(participatory planning): 공간 계획의 전략적 및 관리적 과정에 도시 또는 농촌 공동체를 참여시키는 것을 강조하는 패러다임

읽을거리

Jorgensen, A. and Tylecote, M. (2007). Ambivalent landscapes-wilderness in the urban interstices. *Landscape Research 32* (4): 443-462.

Konijnendijk, C.C. (2008). *The Forest and The City: The Cultural Landscape of Urban Woodland.* London: Springer.

Nassauer, J.I. (1995). Messy ecosystems, orderly frames. *Landscape Journal 14* (2): 161-170.

복습문제

1. 실증 연구에서 확인된 인간과 자연의 관계에 대한 네 가지 관점을 설명해 보자.
2. 일반적으로 어떤 두 가지 유형의 경관이 양가감정(긍정적 및 부정적) 반응을 불러일으킬까?
3. 자연에 대한 감정적 및 인지적 반응에서 양가감정은 어떻게 설명될 수 있을까?

제9장

야생동물의 인간적 차원

Maarten H. Jacobs
Wageningen University, The Nether lands
Jerry J. Vaske
Colorado State University, USA
Tera L. Teel
Colorado State University, USA
Michael S. Manfredo
Colorado State University, USA

9.1 도입

숲속을 걷다가 사슴과 마주치는 상상을 해 보자. 이 순간은 특별해서, 아마도 여행의 하이라이트로 기억될 수 있을 것이다. 인간은 **야생동물**(wildlife)에 강하게 끌리는 경향이 있다. 야생동물을 이용한 관광과 레크레이션 활동은 점점 인기를 얻고 있으며(Newsome & Rodger, 2013), 야생동물 TV 다큐멘터리는 많은 시청자를 유인한다(Jacobs, 2009). 그러나 뱀에 대한 공포증에서 볼 수 있는 것 같이 야생동물과의 부정적인 관계도 흔하다(Öhman & Mineka, 2003). 일반적으로, 인간과 야생동물 간의 관계는 복잡한데, 이는 자연환경에서의 인간 진화와 밀접하게 연관되어 있으며, 사회화와 과거 개인 경험의 발현이기도 하다. 인간의 두뇌는 부분적으로 야생동물과 관련된 도전에 대응하기 위해 진화했기 때문에, 인간의 사고 · 감정 · 행동에 관한 연구는 인간 마음의 일반적인 작동 방식에 대한 통찰을 제공한다. 야생동물의 인간적 차원에 관한 연구는 포식자의 재도입이나 인간에게 해를 끼치거나 농작물에 피해를 주는 종의 박멸과 같은 야생동물 관련 문제에 대한 현재의 의견과 공적 논의를 이해하는 데 도움을 주기 때문에 실질적인 관련성도 있다.

이 장에서는 먼저 야생동물에 대한 **태도**(attitude)의 기술적 유형론을 간략히 논의하는데, 이는 야생동물의 인간적 차원에 관한 연구의 초기 개척 시기에 상당한 영향을 미쳤다(Kellert, 1976). 다음 절에서는 **인지 계층 구조**(cognitive hierarchy)에 따라 인간과 야생동물의 관계를 이해하는 최근의 이론 기반 접근 방식을 설명한다. 이 이론적 틀은 인간 행동의 기초를 형성하는 다양한 사고 과정을 구분한다(Manfredo et al., 2009; Teel & Manfredo, 2010). 인간적 차원 연구는 주로 인지적 측면에 초점을 맞추었지만, 감정적 요인의 중요성을 강조하는 새로운 길이 열리고 있으며, 이는 마지막 절에서 탐구될 것이다. 어느 정도까지는, 이 장에서 논의된 연구와 이론은 인간과 자연의 관계에 대한 사람들의 반응과 관점을 중심으로 하는, 더 넓은 연구 영역과 중첩된다(6~8장 및 17장 참조). 그러나 야생동물의 인간적 차원에 관한 연구는 점점 자체적인 전문가 네트워크와 문헌을 생성하며 독립적인 연구 분야가 되었다.

9.2 초기 연구: 야생동물에 대한 태도

Kellert(1976)는 야생동물에 대한 태도의 유형론을 제시했으며, 이는 널리 주목받았다.

글상자 9.1 야생동물에 대한 태도의 유형론

Kellert(1976, 1996)는 야생동물에 대한 아홉 가지 기본 태도로 구성된 유형론을 개발했으며, 이를 '야생동물의 가치'라고도 한다.

- **공리주의적**(utilitarian) **태도**: 자연의 실용적이고 물질적인 착취
- **자연주의적**(naturalistic) **태도**: 자연의 직접적인 경험과 탐험
- **생태과학적**(ecologistic-scientific) **태도**: 자연의 구조, 기능, 관계에 관한 체계적인 연구
- **심미적**(aesthetic) **태도**: 자연의 물리적 매력과 아름다움
- **상징적**(symbolic) **태도**: 언어와 사고를 위해 자연을 사용하는 것
- **인간주의적**(humanistic) **태도**: 자연의 측면에 대한 강한 감정적 애착과 '사랑'
- **도덕주의적**(moralistic) **태도**: 자연에 대한 영적 경외감과 윤리적 관심
- **지배주의적**(dominionistic) **태도**: 자연에 대한 숙달, 물리적 통제, 지배
- **부정주의적**(negativistic) **태도**: 자연에 대한 두려움, 혐오, 소외

개인 인터뷰와 대규모 설문 조사를 기반으로 Kellert는 야생동물에 대한 아홉 가지 기본 태도[또한 이러한 태도를 **가치**(value)라고도 함]를 구분했다(〈글상자 9.1〉).

Kellert의 유형론은 주로 다양한 부류에 속하는 사람들의 태도를 설명하는 데 적용되었다. 예를 들어, 미국의 대규모 설문 조사에서는 여성들이 남성보다 인간주의적 · 도덕주의적 · 부정주의적 태도에서 더 높은 점수를 받았으며, 남성은 공리주의적 · 지배주의적 · 자연주의적 · 생태과학적 태도에서 더 높은 점수를 받았다(Kellert & Berry, 1987). 추가 연구에서는 포식자에 대한 긍정적인 반응이 자연주의적 · 도덕주의적 · 생태과학적 태도와 정적(+)으로 관련되어 있으며, 부정주의적 및 공리주의적 태도와는 부적(−)으로 관련되어 있음을 보여 주었다(Kellert, 1985).

Kellert는 야생동물 및 야생동물 관련 문제에 대한 대중의 다양한 반응을 드러내어 인간과 야생동물 간의 관계 연구를 개척하였다. 그러나 이론적으로 그의 작업은 명확한 개념적 기초에 의해 뒷받침되지 않으며, 측정 도구의 신뢰성과 타당성에 대해 확실한 근거가 부족하다.

9.3 인지 계층 구조

사회심리학의 통찰(Homer & Kahle, 1988)을 바탕으로, Manfredo와 동료들(Fulton et al., 1996; Manfredo, 2008; Teel & Manfredo, 2010; Whittaker et al., 2006)은 '인지 계층 구조'라고 불리는 야생동물에 대한 인간의 사고와 행동을 연구하기 위한 이론을 개발했다. 이 이론은 개인의 행동이 가치, **가치 지향**(value orientation), 태도와 **규범**(norm), 행동 의도를 포함하여 상호 관련된 **인지**(cognition)의 계층 구조에 의해 유도된다고 강조한다. 이 계층 구조에서, 가치는 가장 추상적인 인지이고, 행동 의도는 가장 구체적인 인지이며 실제 행동의 즉각적인 선행 요소이다([그림 9-1] 참조).

가치는 종종 삶의 초기 단계에서 형성되고, 문화적으로 구성되며, 상황을 초월하고, 개인의 정체성과 연결되어 있기 때문에(Schwartz, 2006), 변화에 매우 저항적이며 문화 내에서 특정 행동의 변동성을 크게 설명하지 못한다. 예를 들어, 두 사람이 모두 '자유'라는 가치를 중요하게 여길 수 있다. 야생동물의 맥락에서, 한 사람은 이 가치를 인간에게만 적용하여 사냥을 허용할 수 있다고 생각할 수 있는 반면, 다른 사람은 자유를 인간과 야생동물 모두에게 적용하여 사냥을 허용할 수 없다고 생각할 수 있다. 따라서 기본적인

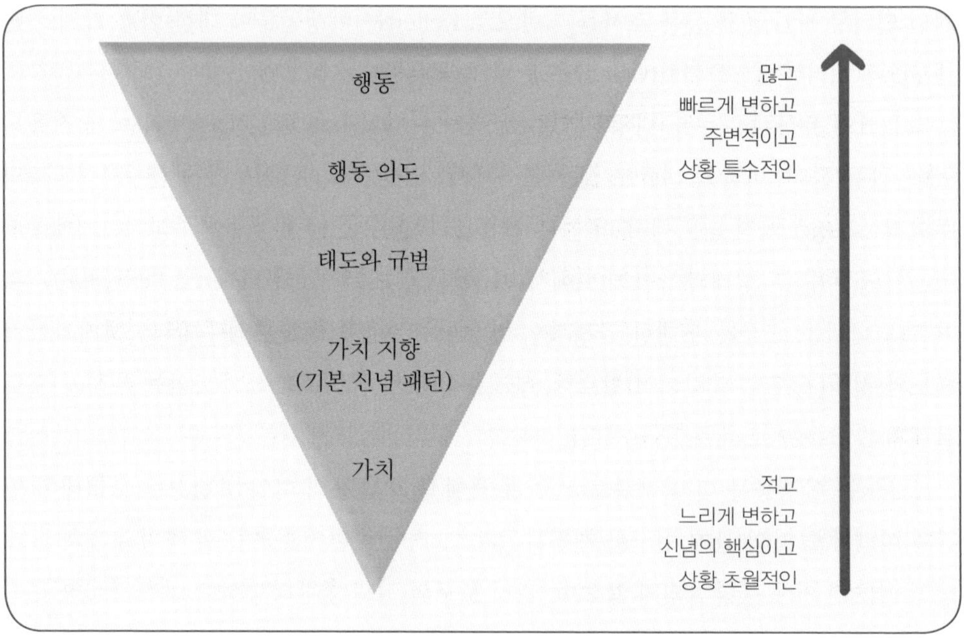

[그림 9-1] 인지 계층 구조 프레임워크

출처: Manfredo(2008)에서 수정.

가치는 특정한 사고와 행동을 직접적으로 설명하지 않는다.

Manfredo와 Teel(Manfredo et al., 2009; Teel & Manfredo, 2010)은 **이념**(ideology, 예: 평등주의)이 주어진 맥락에서 가치에 방향과 의미를 부여한다고 제안했다. 결과적으로, 나타나는 가치 지향은 **기본 신념**(basic belief)의 도식적 네트워크에 반영되어 근본적인 가치를 중심으로 조직되고 야생동물과 같은 특정 영역 내에서 맥락적 의미를 제공한다. 따라서 야생동물 가치 지향은 일반적인 가치보다 야생동물과 더 직접적으로 관련되며, 야생동물 관련 태도와 행동에서 개인 차이를 설명하는 데 더 유용하다. 야생동물 가치 지향은 야생동물이 관련된 특정 상황에서 일반적인 가치와 태도 또는 규범 간의 관계를 중재한다(Manfredo et al., 2009).

9.4 야생동물 가치 지향

두 가지 주요 야생동물 가치 지향이 확인되었다. **지배**(domination: 이전에 공리주의로 불리던 것)와 **상호주의**(mutualism)이다(예: Fulton et al., 1996; Manfredo, 2008; Manfredo et al.,

2009; Teel & Manfredo, 2010). 지배적 야생동물 가치 지향을 가진 사람들은 야생동물이 인간의 이익을 위해 사용되고 관리되어야 한다고 믿으며, 인간의 복지를 야생동물보다 우선시하는 경향이 있다. 상호주의적 야생동물 가치 지향을 가진 사람들은 야생동물을 확장된 가족의 일부로 보고, 인간과 마찬가지로 보호를 받고 권리를 가질 자격이 있다고 여긴다. Teel과 Manfredo(2010)는 상호주의가 야생동물이 인간과의 신뢰 관계를 맺을 수 있다는 신념을 포함한다고 주장하며, 이는 모든 생명체가 동등한 가치를 지닌다고 여기는 평등주의 이념을 반영한다. 이러한 지향을 평가하기 위해 19개의 설문 항목으로 구성된 측정 도구가 개발되었다(〈글상자 9.2〉). 지배적 가치 지향은 적절한 사용 및 사냥에 대한 신념이라는 두 가지 기본 신념 차원에 기반하고 있다. 상호주의적 가치 지향도 사회적 소속감 및 보호에 대한 신념이라는 두 가지 기본 신념 차원에 기초하고 있다. 응답자가 야생동물에 대해 지배 그리고/또는 상호주의 지향을 얼마나 가지고 있는지를 반영하기 위해 기본 신념 항목에서 종합 지수가 구성된다.

미국(Manfredo et al., 2009; Teel & Manfredo, 2010), 네덜란드(Vaske et al., 2011), 독일(Hermann et al., 2013), 덴마크(Gamborg & Jensen, 2016), 말레이시아(Zainal Abidin & Jacobs, 2016)와 같은 여러 나라에서의 연구를 통해 다양한 문화적 맥락에서 야생동물 가치 지향 척도의 신뢰성이 입증되었다(또한 10개의 유럽 국가에 대한 비교 연구를 위해 Teel et al., 2010 참조). 이러한 발견은 네덜란드, 중국, 에스토니아, 몽골, 태국에서의 질적 분석에 의해 더욱 입증되고 확장되었으며, 모두 2007년 『Human Dimensions of Wildlife』의 12권 5호에 발표되었다.

야생동물 가치 지향 척도를 사용한 연구는 지배적 지향이 문화적 전승 과정에 깊이 뿌리박혀 있으며 세대를 거쳐 지속된다는 것을 시사한다. 미국 19개 주에서 수집된 연구 데이터는 지배가 조상들이 이민 온 국가의 주된 문화 지향으로 거슬러 올라갈 수 있는 미국의 일반적인 야생동물 가치 지향임을 보여 주었다(Manfredo et al., 2016). 동시에, 현대화의 힘은 미국에서 지배에서 상호주의적 가치 지향으로의 세대 간 변화를 촉진하고 있는 것으로 보인다(Manfredo et al., 2009; Teel & Manfredo, 2010). 19개 주의 데이터에 따르면, 상호주의 지향을 가진 주민의 비율이 평균 소득, 교육수준, 도시화가 높은 주에서 더 높았으며, 이는 진행 중인 인구 통계학적 변화가 이러한 변화를 촉진할 수 있음을 시사한다. 이 발견은 또한 야생동물 가치 지향과 야생동물 관련 태도 및 행동 사이에 강한 관계가 있음을 보여 주었기 때문에(Teel & Manfredo, 2010), 이러한 변화는 전통적인 야생동물 관리 형태에 대한 대중의 수용 감소로 이어질 수 있다(예: 사냥, 야생동물 개체 수의 통제).

글상자 9.2 야생동물 가치 지향의 측정

연구는 두 가지 주요 야생동물 가치 지향(지배와 상호주의)을 확인했다(Manfredo et al., 2009; Teel & Manfredo, 2010). 이러한 가치 지향을 측정하기 위해, 개인이 지향의 전형적인 신념에 얼마나 동의하는지를 측정하는 도구가 개발되었다. 각 가치 지향에는 두 가지 신념 영역이 구분된다. 각 가치 지향과 신념 영역에 대한 항목은 다음에 나열되어 있다. 응답 옵션은 1(전혀 동의하지 않음)부터 7(매우 동의함)까지이다.

지배: 적절한 사용에 대한 신념

- 인간은 인간에게 이익이 되도록 물고기와 야생동물 개체를 관리해야 한다.
- 인간의 필요가 물고기와 야생동물 보호보다 우선되어야 한다.
- 사람들이 자신의 생명에 위협이 된다고 생각할 때 야생동물을 죽이는 것은 허용된다.
- 인간이 자신의 재산에 위협이 된다고 생각할 때 야생동물을 죽이는 것은 허용된다.
- 연구에서 물고기와 야생동물을 사용하는 것은 일부 동물에게 해를 끼치거나 죽이게 되더라도 허용된다.
- 물고기와 야생동물은 주로 인간이 사용하기 위해 지구에 존재한다.

지배: 사냥에 대한 신념

- 우리는 사냥과 낚시를 위한 물고기와 야생동물이 풍부한 세상을 위해 노력해야 한다.
- 사냥은 동물에게 잔인하고 비인도적이다(역코딩됨).
- 사냥은 동물의 생명을 존중하지 않는 행위이다(역코딩됨).
- 사냥을 원하는 사람들에게는 사냥할 기회를 제공해야 한다.

상호주의: 사회적 소속감에 대한 신념

- 우리는 인간과 물고기 및 야생동물이 두려움 없이 함께 살 수 있는 세상을 위해 노력해야 한다.
- 나는 모든 생명체를 하나의 큰 가족의 일부로 본다.
- 동물은 인간의 권리와 유사한 권리를 가져야 한다.
- 야생동물은 내 가족과 같아서 보호하고 싶다.

상호주의: 보호에 대한 신념

- 나는 다른 사람만큼이나 동물을 돌본다.
- 동물들을 돕는 것이 사람들을 돕는 것보다 더 보람 있을 것이다.
- 나는 동물과의 관계에서 큰 위안을 얻는다.
- 나는 동물과 강한 정서적 유대감을 느낀다.
- 나는 동물에게서 얻은 동료애를 소중히 여긴다.

9.5 야생동물에 대한 규범과 태도 예측

야생동물 가치 지향을 연구하는 유용성은 개념의 예측 타당성에 달려 있다. 야생동물 가치 지향은 특정 상황에서 사람들의 야생동물에 대한 태도, 규범, 행동을 예측해야 한다. 연구에 따르면, 야생동물 가치 지향은 야생동물 관련 레크리에이션 활동(예: 사냥, 야생동물 관찰) 참여와 다양한 문제와 상황에서의 야생동물 관리 개입에 대한 지지를 예측하는 데 효과적이다(예: Bright et al., 2000; Dougherty et al., 2003; Fulton et al., 1996; Hermann et al., 2013; Jacobs et al., 2014; Manfredo et al., 2016; Teel & Manfredo, 2010; Whittaker et al., 2006). 이러한 연구들은 일관되게 상호주의자들이 야생동물 관찰에 참여할 가능성이 더 높으며, 지배 지향을 가진 사람들은 사냥꾼이나 낚시꾼일 가능성이 더 높다는 것을 보여 주었다. 상호주의 지향을 가진 사람들은 또한 지배 지향을 가진 사람들보다 야생동물에 해를 끼치거나 인간의 이익을 야생동물 보호보다 우선시하는 관리 개입을 지지할 가능성이 낮다(예: Jacobs et al., 2014; Vaske et al., 2011; Teel & Manfredo, 2010). 전반적으로, 두 가지 야생동물 가치 지향은 연구 전반에 걸쳐 태도, 규범, 행동의 변동성을 최대 50%까지 설명하는 것으로 나타났다(예: Fulton et al., 1996; Jacobs et al., 2014; Whittaker et al., 2006).

9.6 야생동물에 대한 감정

인지 계층 구조는 감정을 명시적으로 고려하지 않는다. 개념과 측정은 감정적 내용을 반영할 수도 있지만(예: 태도와 가치는 종종 감정이 담겨 있음), 감정적 성향이나 반응을 직접 포착하려고 의도하지 않는다. 야생동물에 대한 두려움은 때때로 경험적으로 다뤄졌지만(Johansson & Karlsson, 2011; Öhman & Mineka, 2003), 야생동물에 대한 감정 연구는 인지에 관한 연구보다 훨씬 덜 광범위하다(Jacobs et al., 2012). 그러나 감정은 야생동물과의 경험 및 반응에 중요한 역할을 할 수 있으며, 야생동물 및 자연환경에 대한 기본 반응을 반영한다(Herzog & Burghardt, 1988; Manfredo, 2008; 또한 8장 참조). 감정은 인식, 태도, 기억과 같은 다른 정신 현상에 영향을 미친다. 예를 들어, 늑대를 두려워하는 사람들은 인간에 의한 늑대 사냥에 대해 더 긍정적으로 생각할 수 있다(Jacobs et al., 2014). 또한 대다수의 사람은 강렬한 긍정적 및 부정적 감정의 야생동물 경험(예: 야생에서 사슴을 보고 기뻐하거나 뱀을 두려워하는 것)을 쉽게 떠올릴 수 있다.

정서 반응(emotional response)은 긍정 또는 부정, 좋음 또는 나쁨과 같은 정서로 특징지어지며, ① 표정 반응(예: 미소 짓기), ② 생리적 반응(예: 심박수 증가), ③ 행동 경향 또는 대처(예: 접근, 회피), ④ 사고(예: 상황 해석, 감정의 원인 식별), ⑤ 감정적 경험(예: 행복감 느끼기)을 포함할 수 있다(Cornelius 1996). 이러한 정서 반응의 구성 요소는 생물학적 요인뿐만 아니라 문화적 · 개인적 학습에 영향을 받을 수 있다(Jacobs, 2009). 생물학적 진화 과정에서, 감정적 신체 반응은 생명에 중요한 상황에 대한 자동 적응 반응으로 등장했으며, 동물과 인간의 생존과 웰빙을 촉진했다(Damasio, 1999; LeDoux, 1998). 예를 들어, 포식자에 대한 두려움 반응의 일환으로 심박수가 증가하면 인간이 최적의 싸움-도주 반응을 준비할 수 있다(또한 4장 참조). 많은 신체 반응은 자동적이다. 만약 심박수를 증가시키는 것을 생각해야 한다면, 즉각적이고 적절한 반응을 위한 최적의 신체 조건은 너무 늦게 설정될 것이다. 사람들이 신체 반응으로부터의 피드백을 감정적 경험으로 해석하는 방식은 과거의 경험과 지식에 의해 영향을 받는다. 예를 들어, 동물원에 갇힌 곰이 공격할 수 없다는 지식은 자동적인 두려움 반응을 차단할 수 있다. 따라서 지식은 인지 시스템에서 감정 시스템으로의 피드백을 통해 감정적 경험에 영향을 미칠 수 있으며, 초기 감정적 신체 두려움 반응을 억제할 수도 있다.

야생동물에 대한 정서 반응은 다양한 심리적 기제에 의해 발생할 수 있다(Jacobs, 2009). 첫째, 인간은 생물학적 움직임을 비생물학적 움직임보다 선호하는 선천적인 경향이 있으며, 이는 신생아와의 실험을 통해 입증되었다(Simion et al., 2008). 결과적으로, 사람들은 유전적으로 동물에 주목하고 반응하도록 설계되어 있다. 둘째, 생존과 관련된 야생동물 종에 대한 일부 정서 반응(예: 뱀에 대한 두려움 반응)은 선천적인 신속 학습 프로그램(quick learning program)에 의해 빨리 학습되고 천천히 잊혀진다(Öhman & Mineka, 2003; 또한 8장 참조). 셋째, 사람들은 조건 형성에 의해 야생동물에 감정적으로 반응하는 정신적 성향을 가지고 있다. 조건 형성을 통해, 이전에 중립적이던 자극이 감정적 자극과 관련되고, 이후 감정적 자극이 된다. 예를 들어, 까마귀와 까치는 죽음과 연관된 장소에서 자주 보이므로 일부 사람들에게 두려움 유발 요인이 될 수 있다(Marzluff & Angell, 2005). 넷째, 우리는 야생동물의 감정 표현에 감정적으로 반응하는 경향이 있다. 예를 들어, 차분하게 행동하는 동물은 우리를 차분하게 만들 수 있다(Jacobs, 2009). 다섯째, 동물에 대한 지식은 동물에 대한 신체적 정서 반응을 의식적 경험으로 해석하는 방식을 강화하거나 변화시킬 수 있다(Lazarus & Alfert, 1964). 예를 들어, 동물원에서 곰을 보고 그것이 해를 끼칠 수 없다는 것을 알면 초기의 두려움 반응이 긍정적인 매혹으로 바뀔 수 있다. 여섯째, 야생동물에 대해 습득한 지식은 정서 반응을 유발할 수 있다. 예를 들어, 새를 관찰하는 사람들은 드물게 보이는 새를 만나는 것을 특별한 사건으로 알고 있기 때문에 이를 즐긴다(McFarlane, 1994). 야생동물에 대한 다양한 정서 반응은 이러한 기제의 다양한 조합에 의해 발생할 수 있다(Jacobs, 2009). 예를 들어, 많은 고대 및 현대의 신화는 거미와 뱀을 위험과 악의 상징으로 묘사한다(예: 〈반지의 제왕〉에 나오는 거미 '쉴롭'과 〈해리포터〉에 나오는 볼드모트의 뱀 '내기니'). 따라서 문화적 학습은 거미와 뱀을 두려워하는 생물학적으로 구성된 경향을 강화한다.

9.7 요약

야생동물은 사람들에게 강한 긍정적 또는 부정적 생각, 감정, 행동을 불러일으킬 수 있다. 이 장에서는 야생동물의 인간적 측면에 대한 이론과 이에 상응하는 실증적 증거를 검토했다. 특히 인지 계층 구조 프레임워크는 인간의 인지가 다양한 추상 수준에서 존재하며, 가치, 가치 지향, 태도와 규범, 행동 의도의 개념으로 구성되어 있다고 강조한다(가치가 가장 추상적이며 행동 의도가 계층에서 가장 구체적인 인지이다). 야생동물 가치 지향은 야생동물 영역에서 근본적인 가치에 방향과 의미를 부여하는 기본적인 신념의 패턴이다. 연구를 통해, 두 가지 주요 야생동물 가치 지향, 즉 지배와 상호주의가 밝혀졌다. 지배적 가치 지향을 가진 사람들은 야생동물이 인간의 이익을 위해 사용되고 관리되어야 한다고 믿으며, 인간의 안녕을 야생동물보다 우선시하는 경향이 있다. 반면에, 상호주의적 가치 지향을 가진 사람들은 야생동물을 확장된 가족의 일원으로 보고 권리를 인정받고 보살핌을 받아야 한다고 여긴다. 이러한 가치 지향은 야생동물 관련 활동 및 관리 문제에 대한 태도와 규범, 야생동물 관련 행동을 예측한다. 인지와 함께 감정은 야생동물에 대한 인간 행동의 중요한 요소이다. 야생동물에 대한 정서 반응은 일반적이고(예: 조건 형성) 특수한(예: 선천적 신속 학습 프로그램) 심리적 기제에 의해 유발될 수 있다. 일반적으로, 야생동물의 인간적 측면에 관한 향후 연구는 야생동물에 대한 인지적 및 감정적 반응을 결합하여 연구할 때 이점이 있을 수 있다.

용어사전

가치(value): 개인 또는 다른 사회적 존재의 삶에서 지침 역할을 하며, 중요성이 서로 다른, 바람직한 범상황적 목표들

가치 지향(value orientation): 특정 영역(예: 야생동물) 내에서 근본적인 가치에 방향과 의미를 부여하는 문화적 이념을 반영하는 기본 신념의 도식적 네트워크

규범(norm): 어떻게 행동하거나 생각해야 하는지에 대한 신념으로, 종종 그룹 수준의 영향을 표현

기본 신념(basic belief): 주어진 영역 내의 일반적인 종류의 물체나 문제에 대한 생각(예: 야생동물)

상호주의(mutualism): 야생동물이 확장된 가족의 일부이며 인간처럼 권리와 보살핌을 받을 자격이 있다는 신념을 포함하는 야생동물 가치 지향

야생동물(wildlife): 비가축화된 동물

이념(ideology): 그 이념을 공유하는 사람들이 의미를 이해하고, 자신이 누구인지 알고, 서로 관계를 맺을 수 있게 하는 합의된 신념

인지(cognition): 인식, 기억, 사고 및 이해에 사용되는 정신적 성향

인지 계층 구조(cognitive hierarchy): 인지가 서로 다른 추상 수준에서 존재하며 원인적으로 연결되어 있음을 강조하는 이론적 프레임워크로, 가치(가장 추상적), 가치지향, 태도, 규범 및 행동 의도(가장 구체적)를 포함

정서 반응(emotional response): 표정 반응, 생리적 반응, 행동 경향 또는 대처, 특정 감정 관련 생각 및 감정 경험으로 특징지어지는 반응

지배(domination): 야생동물이 인간의 이익을 위해 사용되고 관리되어야 하며 인간의 안녕이 야생동물보다 더 중요하다는 신념을 포함하는 야생동물 가치 지향

태도(attitude): 어떤 태도 대상(즉, 사람, 장소, 문제, 사물 또는 사건)을 어느 정도 호의적으로 또는 비호의적으로 평가하는 정신적 성향

읽을거리

Jacobs, M.H. (2009). Why do we like or dislike animals? *Human Dimensions of Wildlife 14* (1): 1-11.

Manfredo, M.J. (2008). *Who Cares about Wildlife?* New York, NY: Springer.

Teel, T.L., and Manfredo, M.J. (2010). Understanding the diversity of public interests in wildlife conservation. *Conservation Biology 24* (1): 128-139.

Vaske, J.J., and Manfredo, M.J. (2012). Social-psychological aspects of wildlife management. In: *Human Dimensions of Wildlife Management* (ed. D.J. Decker, S. Riley, and W.F. Siemer, 43-57. Baltimore, MD: The Johns Hopkins University Press.

복습문제

1. 인지 계층 구조 프레임워크에 포함된 핵심 개념은 무엇일까? 그것들은 어떻게 정의되고 구분일까?
2. 두 가지 주요 야생동물 가치 지향을 나열하고 설명해 보자.
3. 정서 반응의 구성 요소는 무엇이며, 야생동물에 대한 반응과 관련된 예를 들어 보자.
4. 야생동물에 대한 감정적 성향 중 일부는 모든 인간이 공유하는 것이고, 다른 감정적 성향은 인간마다 다르다. 두 종류의 성향에 대한 예를 들어 보자.

제10장

아동과 자연환경

Karin Tanja-Dijkstra
Vrije Universiteit Amsterdam, The Netherlands
Jolanda Maas
Vrije Universiteit Amsterdam, The Netherlands
Janke van Dijk-Wesselius
Vrije Universiteit Amsterdam, The Netherlands
Agnes van den Berg
University of Groningen, The Netherlands

10.1 도입

요즘에는 많은 아동이 TV, 컴퓨터, 스마트폰, 태블릿 등 상당한 종류의 미디어를 이용하고 있고, **자연**(nature)이나 **녹지**(green space)에서 야외활동을 하기보다 모니터 앞에서 자유 시간을 보내고 있다. 도시화의 진행으로 안전한 야외활동의 기회가 사라졌고, 다수의 부모가 차량이나 **이방인의 위험성**(stranger danger)과 같은 위협으로부터 자녀를 보호하기 위해 야외활동을 못하도록 강제하는 상황에 놓여 있다(Veitch et al., 2010). 이런 이유, 또는 그 이외에 다른 이유들로 인해 더 많은 아동이 자연과 야외로부터 단절된 채 성장하고 있는 실정이다. 영국의 대규모 조사에 따르면, 10% 이하의 아동이 숲이나 전원 지역의 자연 공간에서 놀면서 시간을 보내고 있는데, 이는 그들의 부모와 조부모들의 어린 시절 활동 비율 40%와는 차이를 보인다(Natural England, 2009). 이로 인해 자연과의 접촉 단절이 아동의 발달, 건강, 웰빙에 부정적인 결과를 초래할 수 있다는 우려가 커지고 있다. 이러한 우려는 **자연결핍장애**(nature deficit disorder)라는 용어로 표현되며, 아동을 자연으로부터 단절시켰을 때 오는 잠재적인 부정적 영향을 반영한다(Louv, 2005).

이 장에서는 자연과 주변 녹지가 아동에게 얼마나 중요한지 검증한 이론과 연구를 개관할 것이다. 6~12세 학령기 아동에 초점을 맞추었지만, 일부 청소년(13~18세)에 관한 자료도 참고하였다. 먼저, 우리는 아동의 자연 경험, 자연이 아동의 건강과 웰빙에 미치는 긍정적 영향에 관한 경험적 근거를 개관한다. 그다음으로, 아동기 자연 경험과 성인기 환경주의의 관계에 관한 새로운 통찰을 논의하였다. 마지막으로, 아동기 자연의 중요성에 대한 지식 증가의 시사점과 현실 적용 방안에 관해 논의하였다.

10.2 아동기 자연 경험

자연에 대한 아동의 경험에 관한 첫 연구들은 질적 연구 방법을 사용하는 **민족지학 연구**(ethnographic study)들이었다(Hart, 1979; Lynch, 1977; Moore, 1980). 예를 들어, 아동이 놀이를 할 때 관찰하고, 그들의 경험을 말하거나, 일기로 쓰거나, 사진으로 남기거나, 선호하는 장소를 그리도록 요청하였다. 이러한 자료들의 내용을 분석한 결과, 강둑, 숲, 제초되지 않은 풀, 잡초가 우거진 길가, 물가, 작은 숲 등의 자연 지역이 아동들에게 가장 좋은 평가를 받았다. 이러한 장소들을 특별하게 만드는 것은 무엇보다 아동을 '도발하고, 관여시키고, 고무시키고, 자극하여', 활동적이고, 다양하고, 창의적인 놀이 경험을 할 수 있도록 하는 **행동유발성**(affordance) 또는 행동의 가능성을 많이 내포하고 있다(Gibson, 1979). 일반적으로, 민속지학 연구들에서 아동기의 자연 경험은 아동에게 의미 있는 경험을 할 기회를 제공한다. 즉, 아동의 주변 세계에 대한 이해를 돕고, 자기, 상상력, 창조성의 감각을 발달시키고, 자연에의 소속감을 갖게 만든다.

아동의 자연 경험에 관한 다수의 질적 연구는 **환경 교육**(environmental education) 프로그램의 맥락에서 수행되어 왔다. 이러한 연구들에서 얻은 중요한 통찰이 있다면 **체험학습**(hands-on-learning)은 아동을 자연과 연결시키는 효과적인 방법이라는 사실이다. 체험학습 기간 동안 아동은 자연환경에 활동적으로 관여하도록 자극받고, 그들의 모든 감각과 신체적 능력을 활용하여 자연과 상호작용하고, 자연을 탐색하고, 조정하고, 돌봤다. 자연과의 접촉에서 아동은 평생에 걸쳐 오래 지속되는 영향을 받는 인상적인 자연 경험을 했을 수 있다. 즉, 다른 형태의 인상적인 아동기 자연 경험을 구분하기도 하는데, 소위 절정 경험, 중요한 인생 경험, 몰입 경험, 마법 같은 순간 등이 이에 해당한다(Verboom & De Vries, 2006; 또한 〈표 10-1〉 참조). 이 개념들은 다음에서 명확하게 설명하였다.

표 10-1 인상적인 아동기 자연 경험 유형(Verboom & De Vries, 2006에 기초)

	절정/몰입 경험	중요한 인생 경험	마법 같은 순간
예시	• 바닷가에 둑 쌓기 • 비밀공간 만들기 • 동물 돌보기	• 숲에서 길을 잃거나 (야생) 동물을 만남	• 꽃이나 동물, 또는 종자의 발아 과정의 아름다움에 매료됨
심리 상태	• 마음, 감각, 신체의 상승작용 • 깊은 집중	• 두려움 극복 • 숙달된 느낌	• 이전에 한 번도 경험해 보지 못한 무언가에 사로잡힘
성인의 관리감독	• 없음 • 성인의 감독이 없는 것을 선호	• 성인의 감독이 없거나 있음 • 성인은 역할모델의 역할	• 성인의 감독이 없거나 있음 • 성인은 주의 대상을 안내하여 경험을 촉진
자연의 가용성	• 인접하고 쉽게 접근 가능한 자연	• 자연에의 접촉 및 접근 가능성 • 야생의 자연을 선호	• 풍부한 감각적 자연환경 • 실내 또는 야외
조건: 시간 및 공간	경험을 할 수 있는 시간과 공간이 필요		

절정 경험(peak experience)은 일상적 사건들과 구분되는 드물고, 흥분되고, 매우 감동적인 경험을 의미한다(Maslow, 1970). 절정 경험은 Maslow의 욕구 피라미드에서 최고위 상태인 자기실현에 있어서 중요한 역할을 한다. 그리고 절정 경험은 성숙한 인격을 가진 사람에게서 나타날 가능성이 크지만, 아동이나 10대 역시 절정 경험을 할 수도 있다. 예를 들어, '창턱에 앉아 햇살 즐기기' 또는 '인근 숲 탐험' 등 자연과의 조우는 여러 국가에서 독특한 아동기-절정 경험으로 분류된다(Hoffman & Ortiz, 2009).

중요한 인생 경험(significant life experience)은 심금을 울리고, 종종 불안의 요소를 포함하고, 인생의 관점을 영구적으로 변화시키는 경험을 형성하기도 한다(Tanner, 1980). 중요한 인생 경험으로 평가할 수 있으려면, 그 경험은 도전적이어야 하지만 지나쳐서는 안 되고, 적당한 수준의 불안을 유발해야 한다. 즉, 과도하게 도전적인 사건은 부정적으로 평가될 수 있다. 중요한 인생 경험이 발생하는 데 적절한 불안의 정도는 사람마다 다르다. 어떤 아동에게 충격적인 경험(예: 나무 바퀴벌레가 자신의 손 위를 기어다니는 경험)이 다른 아동에게 지속되는 인상을 주기에는 너무 평범하거나 지루할 수 있다(Verboom & De Vries, 2006).

몰입 경험(flow experience)은 사람들이 한 가지 활동에 너무 관여하게 되어 그들 주변의 모든 것을 잊게 되는 경험이다(Csikszentmihalyi, 1990). 이 경험 동안에 생각, 의도, 느낌, 그리고 감각은 동일한 목표를 향하게 된다. 몰입 경험은 자연에서 비교적 자주 발생하는데, 자연환경에 존재하는 형태나 물질의 다양성이 아동에게 감각운동 협응을 훈련하도록 자극하게 된다(Gibson, 1979). 예를 들어, 통나무를 이용해서 개울을 건너려 시도하는 아동을 생각해 보자. 그러한 경험은 아동이 완전히 몰입하여, 반대편에 자연스럽게 닿을 때까지 반복적으로 시도하게 만든다. 몰입 경험을 자극하기 위해서 아동은 혼자 남겨지는 것이 가장 좋고, 최소한 아동이 자신의 행동에 책임이 있으며 통제할 수 있다고 느끼는 것이 중요하다. 정원 가꾸기, 동물 돌보기, 오두막 짓기 또는 뗏목 만들기 같은 책임감을 일깨우는 활동은 몰입 경험을 위한 무대를 제공한다.

마법 같은 순간(magical moment)은 아동의 신비로움과 경이로움에 대한 욕구에 호소한다(Talbot & Frost, 1989). 그러한 순간은 아동이 나비가 꽃을 바꾸어 옮겨 다니는 것과 같은 어떤 자연적인 현상에 매료되고 큰 흥미를 느낄 때 발생할 수 있다. 이러한 자연 경험은 풍부한 감각 자극을 통해 가능성 및 인식을 확장하며, 일반적인 것을 초월하고, 아이들이 자연에 몰입하여 호기심, 창조, 실험을 통해 성장할 기회를 강화하는 것이 특징이다.

10.3 자연과 아동의 건강 및 웰빙

질적 연구와 마찬가지로, 더 엄격한 통제된 양적 연구 결과들에서도 아동의 건강 및 웰빙에 있어 자연의 중요성에 관한 추가적인 경험적 결과들을 제시하고 있다. 연구 결과들은 자연에의 노출이 아동을 위해 신체적 · 정서적 · 인지적 이점이 있을 수 있다는 것을 보여 준다.

10.3.1 신체 건강상 이점

이웃 녹지에의 노출은 아동의 중등도-고강도 신체 활동(Moderate-to-Vigorous Physical Activity: MVPA)과 정적(+)으로 관계가 있음이 확인되었다. 예를 들어, 미국의 8~14세 아동 대상 연구에서 매일 20분 이상 이웃 녹지에 노출된 아동은 녹지에 거의 노출이 없는 아동에 비해 MVPA의 일상 비율이 거의 5배에 이르는 것으로 나타났다

(Almanza et al., 2012). 녹지가 신체 활동에 미치는 긍정적인 영향은 이웃에 녹지가 많은 아동의 과체중이나 비만 수준이 낮은 결과로 나타날 수 있다(Wolch et al., 2011). 아마도 훨씬 충격적이게도, 녹지는 아동이 태아일 때조차 신체 건강에 영향을 미칠 수 있다. 아동의 출생체중은 특히 극저체중 아동에게서 발생하는 문제들과 관련하여 성인까지의 정신생리적 발달의 중요한 예측 요인으로 확인되었다. 8개 연구의 데이터를 사용한 메타분석에서 이웃의 녹색 수준이 사회경제적 지위나 기타 위험 요인과 독립적으로, 높은 출생체중과 관련이 있음을 확인했다(Dzhambov et al., 2014). 이러한 연관성은 아마도 녹색 주변 환경에서 거주하는 임산부의 더 낮은 스트레스 수준과 기타 건강상의 장점으로부터 발생하는 것으로 추정된다.

아동의 운동 발달에 미치는 자연환경의 중요성에 관한 질적 연구의 관찰 결과와 마찬가지로, 노르웨이의 한 연구에서는 자연에서의 놀이는 포장된 학교 운동장에서 노는 것과 비교해서 표준화된 사전-사후 운동 적합성 테스트로 측정된 학령기 이전 아동의 운동 기술의 발달을 증진시키는 것으로 나타났다(Fjørtoft, 2004). 또한 통제된 관찰 연구에서 아동이 비자연 환경에 비해 자연환경에서 더 다양하고 창의적인 놀이 행동을 보여 준 것이 확인된다(Dowdell et al., 2011).

10.3.2 정신 건강상 이점

오스트리아의 시골 중학교에서 수행된 한 연구에서 아무런 조치를 취하지 않은 학교와 비교했을 때 운동장의 녹화(greening)를 진행한 한 학교에서 학생의 심리적 웰빙의 증가와 스트레스 감소가 보고되었다(Kelz et al., 2015). 자연을 인근에 두고 있으면 스트레스 유발 사건의 부정적인 영향으로부터 아동을 덜 취약하게 만들 수 있다. 이는 역경에 대한 대처를 잘하도록 돕기 때문이다(Corraliza et al., 2012). 다수 연구에서 괴롭힘과 공격적 행동과 같은 반사회적 행동과 학교 주변 초목 간에 관계가 있는 것으로 확인되었다(Cheskey, 2001). 게다가 잔디가 없는 포장된 운동장에 비해 녹색 운동장에서 친사회적 행동이 더 많이 발생했다.

더 나아가, 아동의 정신 건강에 대한 자연의 중요성에 관한 추가적인 증거는 야외 도전 프로그램의 평가에서 확인된다. 이 프로그램들에서 아동은 정신적 웰빙의 개선을 위해 야생에서의 다양한 야외활동에 참가했는데, 야생 프로그램에 참가한 미국 청년을 대상으로 한 사전-사후 조사에서 개인의 자율성 증가, 자기개념 개선, 행동 및 결정 능력

향상, 대인관계 기술의 개선을 확인할 수 있었다(Kahn Jr. & Kellert, 2002).

10.3.3 인지적 이점

자연과의 상호작용은 인지적 기능도 개선시킬 수 있다. 자연환경은 **지향적 주의 피로**(directed attentional fatigue)로부터 **회복**(restoration)을 지원한다. 무엇보다, 자연환경은 인지적 노력 없이 자동적으로 주의를 끄는 경향으로 인해 뇌의 중앙 집행 기능이 휴식하고 재충전하도록 해 준다. 아동 역시 성인만큼 자연의 회복적인 기능으로부터 이익을 얻을 것이라는 증거가 증가하고 있다(Collado & Staats, 2016; 〈글상자 10.1〉 참조). 예를 들어, 부모의 평가 척도에 의해 측정했을 때 저수입 가정의 아동이 자연과 접근성이 높은 집으로 이사한 후 집중력과 기타 인지적 기능 향상의 징후가 나타난다(Wells, 2000). 7~12세 소녀의 집에 녹색 전망이 더 많을 경우 집중력, 충동 억제, 만족 지연 테스트에서 더 높은 점수를 획득했다(Faber Talyor et al., 2002).

주의력결핍 과잉행동장애(Attention Deficit Hyperactivity Disorder: ADHD)를 가진 아동은 주의 기능의 결핍으로 고통받는다. 자연의 회복적 기능이 제공됐을 때, 자연환경은 이러한 아동에게 지지적인 세팅을 제공할 수 있다. 같은 관점에서, 아동이 자연환경에서 놀기 시작한 이후로, 부모가 아동의 ADHD 증상의 감소를 보고했다(Kuo & Faber Taylor, 2004). 대규모 횡단 연구에서, 거주 환경에 녹지가 더 많을 경우 ADHD 약물의 사용이 적은 것으로 나타났다(De Vries, 2016). ADHD 아동은 마을을 방문한 경우와 비교했을 때

글상자 10.1 학업수행에 미치는 자연의 효과

학교 환경에서 학교 주변에 녹지가 더 많으면 수학과 영어 표준 시험에서 아동이 더 나은 수행을 한다는 것이 확인된다(Wu et al., 2014). 5개의 고등학교에서 수행된 한 연구에서 무선 할당에 의해 녹색 전망이 없는 교실에 배치된 학생에 비해 녹지 전망의 교실에 배치된 학생이 주의 검사에서 수행 능력이 높았고, 스트레스가 높은 경험으로부터 회복이 빨랐다(Li & Sullivan, 2016). 교실 녹화는 유사한 이점을 제공하였는데, 초등학교 4개 학급에 녹색 벽을 설치한 결과, 녹색 벽이 없는 비교 학급에 비해 선택적 주의 검사에서 더 좋은 점수를 받는 결과를 얻을 수 있었다(Van den Berg et al., 2016b). 학교 내와 주변의 자연은 아동의 학업 수행을 개선할 잠재력이 있어서 경력과 미래 목표에 있어 인생을 변화시키는 효과가 있을 수 있다.

숲을 방문한 이후 집중 과제에서 더 나은 수행을 보였다(Van den Berg & Van den Berg, 2011).

10.4 아동기 자연 경험과 성인기 환경주의

아동의 자연 접촉의 단기적 이점은 잘 보고된 반면, 장기적인 효과는 거의 알려져 있지 않다. 유년기부터 성인기까지 평생에 걸쳐 아동기 자연과의 상호작용 영향을 추적하는 연구가 수행된 적이 없기 때문이다. 그러나 다수의 연구가 회고 방식으로 아동기 자연과의 경험에 대한 성인의 회상을 다양한 성인기 결과와 연결하고 있다. 이러한 접근을 사용하여, 미국 내 거주 2,000명의 성인 대상 조사에서 자연환경에 둘러싸인 가정에서의 성장, 공원 방문, 아동기 정원 가꾸기가 나무에 대한 더 긍정적인 성인기 태도, 그리고 정원 가꾸기 활동에의 참여와 관련되어 있었다(Lohr & Pearson-Mims, 2005). 미국 도시의 성인 거주자에 대한 대규모 척도 조사에서 11세 이전에 하이킹, 숲속 놀이, 캠핑, 사냥 또는 낚시 등 자연 기반 활동을 했던 사람은 성인으로서 **친환경행동**(pro-environmental behaviour)과 태도를 보이는 경향이 있었다(Wells & Lekies, 2006).

아동기 자연 경험으로부터 성인기 환경주의로의 경로는 단계적인 과정을 반영하는 것으로 보인다. 먼저 아동은 특정 자연 장소에 애착을 형성한 다음, 자연환경에 대한 애착 감정을 일반화한다. 성인들 사이에서, 이러한 일반적인 애착 또는 **자연과의 연결성**(connectedness to nature)은 생물권의 가치와 친환경적 행위와 정적(+) 상관이 있는 것으로 확인된다(Schultz et al., 2004). 자연에의 연결성은 친환경주의를 시사할 뿐만 아니라, 자연에 강한 연결감을 가진 개인은 연결감이 낮은 사람보다 더 행복한 경향이 있다. 이러한 결과는 '지속가능성으로 가는 행복한 여정'의 존재 가능성을 제안한다(Nisbet & Zelenski, 2011). 아동이 자연에서 더 많은 시간을 소비하고 자연에의 연결감을 발달시키면, 그들은 성인기에 더 행복해지고 더 지속가능한 방식으로 행동할 것이다.

10.5 응용 및 시사점

자연이 아동의 발달, 건강, 웰빙을 증진할 수 있다는 통찰이 증가함에 따라, 아동과 자연을 (재)연결하려는 새로운 시도들이 급증하고 있다. 이러한 새로운 시도 중 많은 부분은 학교 운동장, 교실, 도시 공공장소, 병원과 같은 곳을 녹화하여 '아동에게 자연을 가져다주는 것'에 중점을 두었다. 다른 새로운 시도들은 아동이 자연 체험 프로그램 및 정원 가꾸기 프로젝트와 같은 자연 기반 프로그램과 활동에 적극적으로 참여하도록 장려하고 촉진함으로써 '아이들을 자연으로 데려가는 것'을 목표로 하고 있다. 이러한 개입은 생활환경에서 자연 공간에 대한 접근이 상대적으로 제한적인 것으로 밝혀진 취약 배경의 아동들에게 특히 중요할 수 있다(Strife & Downey, 2009). 따라서 자연 기반 개입은 낮은 사회경제적 지위를 가진 가정의 아동과 높은 사회경제적 지위를 가진 가정의 아동 간의 건강 불평등을 완화하는 데 도움이 될 수 있다(제7장 참조).

10.6 요약

이 장에서는 아동과 자연환경 간의 관계에 관한 연구 개요를 제공했다. 이에 따르면, 아동은 자연이 제공하는 풍부한 감각적 자극에 끌리며, 모든 감각과 신체 능력을 활용하여 자연환경과 적극적으로 상호작용하는 데서 즐거움을 얻었다. 자연과 상호작용하는 동안, 아동은 자연과의 연결을 강화하고 나중에 환경친화적 행동의 기초가 될 수 있는 인상적인 경험을 할 수 있다. 더욱이, 자연환경에 대한 노출이 아동의 신체적, 정서적, 인지적 건강에 이익을 줄 수 있다는 증거가 많아지고 있다. 일반적으로, 아동기 자연과의 경험, 또는 그 경험의 부족은 개인의 건강과 웰빙에 평생 영향을 미칠 수 있는 발달 경로를 설정할 수 있다. 이러한 연구 결과와 통찰은 특히 일상생활 환경에서 자연에 대한 접근이 제한된 취약한 배경을 가진 아동들을 자연과 다시 연결하기 위한 공동의 노력을 정당화한다.

용어사전

건강 불평등(health inequity): 사회적 및 경제적 지위 차이로 인해 발생하는 건강 격차

낯선 사람의 위험(stranger danger): 낯선 사람이 아동이나 성인에게 잠재적으로 위험할 수 있다는 생각

녹지(green space): 정책 수립자들이 주로 도시 지역 내외의 자연을 지칭할 때 사용하는 용어

마법 같은 순간(magical moments): 아동의 신비로움과 경이로움에 대한 욕구에 호소하는 자연과의 경험

몰입 경험(flow experience): 사람들이 한 가지 활동에 너무 관여하게 되어 그들 주변의 모든 것을 잊게 되는 경험

민족지학 연구(ethnographic study): 연구자가 실제 생활 환경에서 연구 참여자를 관찰하거나 연구 참여자와 상호작용하는 질적 연구의 한 유형

자연(nature): 숲과 같은 자연 지역뿐만 아니라 농업 경관, 도시 녹지, 나무와 호수와 같은 자연 요소 및 특징을 포함하는 광범위한 개념

자연결핍장애(nature deficit disorder): 아동과 자연의 단절이 심화됨에 따라 발생할 수 있는 건강상의 부정적 결과

자연과의 연결성(connectedness to nature): 개인이 자연 세계와 감정적으로 연결되어 있으며 자연을 자신의 정체성의 일부로 여기는 정도

절정 경험(peak experience): 일상적인 사건들과 구분되는 드물고, 흥미롭고, 매우 감동적인 경험

중요한 인생 경험(significant life experience): 삶에 대한 시각을 영구적으로 변화시키는 매우 감동적인 경험

지향된 주의 피로(directed attentional fatigue): 중앙 집행 뇌 시스템의 일부가 피로해질 때 발생하는 신경학적 증상으로, '정신적 피로'라고도 함

체험학습(hands-on-learning): 아동이 자연환경과 적극적으로 상호작용하고 모든 감각으로 경험하도록 장려하는 환경 교육의 한 형태

친환경행동(pro-environmental behaviour): 환경에 최소한으로 해를 끼치거나 오히려 이익이 되는 행동

행동유발성(affordance): 행동을 위한 잠재력을 제공하는 환경의 속성

환경 교육(environmental education): 인간과 자연환경 간의 연계성과 상호 의존성을 인식하

고 이해하도록 감수성을 높이기 위한 조직적 노력

회복(restoration): 스트레스와 정신적 피로로부터의 생리적 및 심리적 회복 과정

읽을거리

Chawla, L. (2015). Benefits of nature contact for children. *Journal of Planning Literature 30* (4): 433-452.

Collado, S. and Staats, H. (2016). Contact with nature and children's restorative experiences: an eye to the future. *Frontiers in Psychology*, 7, 1885.

Wood, C., Bragg, R., and Pretty, J. (2016). The benefits of green exercise for children. In: *Green Exercise: Linking Nature, Health and Well-Being* (ed. J. Barton, R. Bragg, C. Wood, & J. Pretty), 46-52. London: Routledge.

복습문제

1. Louv가 '자연결핍장애'라고 할 때의 의미와 이것이 사회에 왜 경각심을 줄 수 있는지 설명해 보자.
2. '체험학습'이 무엇인지 설명하고, 이것이 아동의 자연과의 연결성을 어떻게 강화할 수 있는지 설명해 보자.
3. 가능하다면, 자신의 아동기에 자연과 함께한 인상적인 경험을 묘사해 보자. 어떤 종류의 경험이었고, 그것이 당신에게 어떤 영향을 미쳤는지 설명해 보자.
4. 사회경제적 지위가 낮은 가정과 높은 가정의 아동 간 건강 불평등을 줄이기 위해 사용할 수 있는 녹색 개입의 예를 두 가지 제시해 보자.

제11장

웰빙과 건강 행동을 촉진하는 인공 환경 평가 및 설계

Robert Gifford
University of Victoria, Canada
Lindsay J. McCunn
University of Washington Tacoma, USA

11.1 도입

사람과 건물 사이의 상호작용은 복잡하다. 사람들도 다양하고 인공 구조물도 다양하기 때문이다. 그래서 10명의 사람에게 하나의 특정 건물에 대해서 어떻게 생각하는지 물어보면 10가지 다른 답을 듣게 된다. 그러나 그 10명 개개인에게 다른 건물에 대해 물어보면 그 대답은 꽤 한결같다. 이 장의 첫째 부분은 사람들이 주변의 인공 환경을 평가(appraisal)하는 방식에 관한 것이다. 그리고 둘째 부분은 인간의 복지를 증진시키는 인공 환경의 설계에 관한 정보를 주는 환경심리학의 통찰과 지식을 설명한다.

11.2 건축의 미학적 평가

건물이 아름다워 보이는 것은 언제일까? 그 답은 아름다움이 부분적으로는 수용자의 눈(주관적 기준)에 있고, 부분적으로는 건물 그 자체에 있다는 사실과 관련된다. 예를 들어, 건축가와 일반인(layperson)은 때로 건물이 아름다운지 여부에 대해 의견이 나뉘기도 하지만, 그 이외의 경우에는 대다수의 사람에게서 건물이 아름다운지 추한지에 대해 의견이 일치한다(〈글상자 11.1〉 참조). 환경심리학자들은 어떤 개인적 차이, 그리고 어떤 설계의 차이가 환경 평가의 차이와 일치를 설명하는지 발견하고, 이로써 건물과 주변, 그리고 도시의 설계에 유용하게 기여할 수 있도록 하려는 목표를 가지고 있다(예: Gifford, 1980; Gifford et al., 2000, 2002). 그들은 또한 어떤 인공 세팅이 평가받는 맥락(예: 높은 인구, 낮은 범죄)을 알려고 한다(Blaison & Hess, 2016; Suls & Wheeler, 2000, 2007). 이 절에서는 먼저, 물리적 상태에 기초하여 인공 세팅에 대한 평가에 있어서 일치성에 관해 논의한 다음, 개인 특성 차이와 관련된 평가의 차이에 관해 논의할 것이다.

11.2.1 건축 공간 평가의 일치도

환경심리학자는 관찰자들에게 일관된 평가를 이끌어 내는 인공 환경의 특징을 밝히기 위해 많은 시간을 투자한다(Stamps & Nasar, 1997). 한 가지 특징은 건물의 외관, 또는 정면부에 관한 것이다. 많은 사람이 과거의 느낌을 표현하고, 쉼터를 제공하고 촉감과 탐험을 유도하는 것처럼 보이는 세부적으로 장식되고 홈이 있거나 입체적인 표면을 가진 정면부(파사드)를 선호한다(Frewald, 1990).

일반적으로, 특별한 평가를 도출하는 데는 형식적(formal) 특질, 상징적(symbolic) 특질, 도식적(schematic) 특질 등 세가지 유형의 추상적이고 심미적인 특질이 구별된다(Nasar, 1994). **형식적 특질**은 복잡성, 질서, 둘러쌈 등 추상적인 개념을 포함한다. **상징적 특질**은 설계 스타일에 의해 표현되며(예: 아르데코 또는 포스트모던), **도식적 특질**은 설계의 모범사례 또는 기능적 범주(예: 식당, 가게)에서 전형적인 것을 의미한다. Nasar에 따르면, 이러한 특질들의 조합은 다른 평가를 촉발한다. 예를 들어, 질서정연함과 중간 수준의 복잡성을 가진 익숙한 설계 스타일의 건물은 보통 '유쾌한' 것으로 평가되는 반면, 복잡하고 특이한 설계 스타일의 건물은 보통 '흥분되는' 것으로 평가된다. 복잡성과 선호 간의 관계는 보통 역U 형태를 보이는데, 중간 수준의 복잡성을 가진 건물은 최고 또는 최저 복잡성을 가진 건물에 비해 더 선호되는 경향이 있다(예: Imamoglu, 2000). 이것은 높은 복잡성이 높은 선호를 보이는 자연과는 차이가 있다(5장 참조).

글상자 11.1 현대 건축의 해독(decoding)

42개의 현대적인 대형 건물이 건축가와 일반인에 의해 평가되었다(Gifford et al., 2000). 결과에 따르면 그 건물들 중 일부는 건축가와 일반인 모두에게 긍정적으로 평가된 반면, 일부는 한 집단에서는 긍정적으로, 다른 집단에서는 부정적으로 평가되었다. 또 다른 일부는 두 집단 모두가 싫어했다. 홍콩의 The Bank of China Tower는 일반인의 1순위 선호 건물이고, 건축가는 2순위로 선택했다. 이것은 건축가와 일반인 모두 좋아하는 건물을 설계하는 것이 가능하다는 것을 보여 준다. 그러나 두 집단은 심각하게 의견차를 보일 수 있다. LA에 있는 디즈니 본부는 건축가들이 혐오하지만(41위) 일반인들은 매우 선호하는 것으로 나타났다(3위). 영국의 Stockley Park Building(1987~1989)은 건축가에게는 4위였지만, 일반인에게는 33위였다. 몇몇 건물은 두 집단 모두의 평가로 보아 완전히 미학적으로 실패한 것으로 평가되었다(예: Chicago Bar Association building은 건축가에게 35위, 일반인에게 34위로 선택됨). 여러분이 호기심을 느낀다면, 이 건물들의 이미지는 구글의 이미지 검색 엔진에서 손쉽게 찾을 수 있다. 하지만 환경심리학자들은 단순한 여론조사가가 아니다. Gifford의 연구에서는 무엇이 각 집단 관찰자들의 긍부정 평가와 연결되어 있는지 알아보기 위해서 42개 건물 모두에 대해서 건물 정면에 대한 57개의 다른 측면을 비교하였다. 그 결과는 복잡했지만, 부분적으로 두 집단은 평가를 위해 건물 정면의 다른 측면에 더 초점을 두는 경향이 있었고, 그 측면들에 대해 다르게 평가하였다. 난간, 금속재 외장이 많은 건물 그리고 아치형 장식이 적은 건물은 일반인보다 건축가에 의해 선호된다. 건축가들은 수많은 원형 모서리와 코너, 그리고 삼각형 요소에 대해 심리적으로 자극받는다.

설계 스타일과 관련하여 건축가와 일반인 모두 농장 스타일과 튜더(Tudor) 스타일의 건물(높이 솟은 지붕과 장식적인 건축재료)이 가장 바람직한 것으로 평가하였고, 지중해식 스타일과 소금통형 스타일의 건물(경사진 지붕을 가진 목조주택)이 가장 바람직하지 않은 것으로 평가하였다. 또한 농장 스타일은 가장 친근한 것으로, 콜로니얼(colonial) 스타일은 가장 덜 친근한 것으로, 콜로니얼 스타일과 튜더 스타일은 가장 지위가 높은 것으로, 소금통형과 지중해식은 가장 지위가 낮은 것으로 평가되었다(Nasar, 1989). 따라서 때때로 건물 스타일의 선호는 건축가와 일반인이 잘 일치하는 것을 알 수 있다.

인공 구조에 대한 미학적 평가에서 전형성의 효과는 구조의 바람직성에 달려 있다. 지각된 전형성은 선호에 긍정적인 영향을 미치지만(Purcell, 1986), 더 높은 전형성은 목장, 목초지 경관과 같은 이미 바람직한 장소에 대한 선호를 증가시킨다(Hagerhall, 2001). 그리고 도시 골목과 같은 바람직하지 못한 장소에 대한 선호를 감소시킨다(Herzog & Stark, 2004).

11.2.2 관찰자의 개인차

평가의 일치성에도 불구하고, 평가는 개인에 따라 달라지기도 한다. 어떤 사람은 새로운 양식의 건물을 좋아하고, 어떤 사람은 전통적인 건물을 좋아한다. 어떤 사람은 붐비는 거리의 활동을 좋아하는 반면, 어떤 사람은 싫어한다. 일반적으로, 목표, 의도, 지식, 분위기, 문화, 그리고 생애 경험에 있어서 모든 개인차는 인공 세팅의 물리적 특성과 함께 그러한 세팅의 평가를 결정할 때 상호작용한다(Amedeo & Golledge, 2003; Canter, 1985; Gifford, 1980; Verderber & Moore, 1977; Ward, 1977). 때때로 한 장소를 둘러싼 부정적인 맥락은 인근 장소가 유쾌하게 평가되는 수준을 감소시킬 수도 있지만, 다른 경우에는 부정적인 공간적 맥락이 동떨어진 장소에 대한 유쾌함을 증진시킬 수도 있다(Blaison & Hess, 2016). 교육 및 수입 수준 역시 사람들이 건축 스타일로부터 이끌어 내는 추론에 영향을 미친다. 교육 및 수입 수준이 증가할수록 콜로니얼 스타일의 주택에 대한 선호는 감소하고, 최신 스타일 주택에 대한 선호가 증가한다(Nasar, 1989).

개인의 훈련과 직업 역시 환경 평가에 영향을 미친다. 예를 들어, 건축가는 교육을 받는 동안 특정 설계를 다른 설계에 비해 더 선호하고(Wilson, 1996), 특정 건물을 평가하는 데 특정 도식을 사용하도록(Devlin, 1990) 강화된다. 이것은 아마도 건축가가 종종 비건축가가 무엇이 구조적으로 바람직하다고 생각할지 예측하지 못하는 이유일 수 있다(Brown & Gifford, 2001; Nasar, 1989). 일반화하면, 건축가는 평범하지 않은 형태의 주택을 더 선호하는 경향이 있고, 비건축가는 관습적인 주거 형태를 더 선호하는 경향이 있다(Nasar & Purcell, 1990). 또한 비건축가는 건축가와는 달리 직사각형 공간보다 정사각형 공간을 좋아하고, 평균적인 천장보다 더 높은 천장을 좋아한다(Baird et al., 1978; Nasar, 1981). 이러한 선호의 차이는 건축가가 교육을 받는 동안 발생하는 것으로 보인다. 즉, 건축학과 학생과 비건축학과 학생은 건물의 파사드에 대한 선호에 있어 종종 차이가 있다(Imamoglu, 2000).

다른 역할의 차이도 건물의 설계 또는 구조에 대한 선호에 영향을 미친다. 예를 들어, 양로원 관리자, 설계자, 주민에게 양로원 설계안들을 제시했을 때 양로원 관리자와 설계자는 주민의 사회적 상호작용을 지지하는 계획을 선호하는 반면, 주민은 사생활을 보장하는 계획을 선호했다(Duffy et al., 1986).

11.2.3 건축에 담긴 의미

사람들이 어떤 세팅에 대해서 어떻게 평가하는지의 두드러진 차이에 관해서, 환경심리학자는 그 이유를 밝히고자 연구한다. 한 가지 관점은 건축가와 비건축가는 평가에 있어서 차이가 있는데, 건축적 의미(architectural meaning)에 대한 다른 감각을 가지고 있기 때문이다. 즉, 역사적 사건, 스타일, 선호, 권력관계 등과 관련하여, 건물의 시각적 이미지가 사람의 삶에서 불러일으키는 어떤 종류의 연상이다. 예를 들어, 건축가는 설계, 품질, 스타일, 형태, 역사적 중요성에 따라 현대식 건물과 포스트모던 건물을 구분하지만, 회계사는 거의 선호나 건물 유형(예: 주거, 사무실)에 따라 건물을 분류한다(Groat, 1982). 놀랍게도, 회계사는 다른 현대식 건물과 포스트모던 건물을 구분하지 못하는데, 이는 건축가가 설계 스타일을 통해 전달하려고 하는 의미 중 일부는 다른 사람들에게 존재하지 않는다는 것을 시사한다.

많은 건축가의 목표는 전형성 또는 기능의 의미를 전달하는 건물을 설계하는 것이다. 도서관은 도서관처럼 보여야 하고, 호텔은 호텔처럼 보여야 한다는 것이다. 다른 목표는 한 가지 유형의 건물 모두가 똑같아 보이지 않게 하면서 그 목표를 성취하는 것이다(Genereux et al., 1983). 한 구조물의 목적을 분별할 수 있는 것은 공동체 주민에게 중요하다(Groat & Canter, 1979). 일반화하면, 다중적인 의미(정체성)를 가진 세팅은 종종 선호되지 않지만, 건물의 의미와 그 쓰임이 명확한 장면들이 선호된다(Nasar, 1983).

11.3 웰빙과 건강 행동을 증진하는 세 가지 건축 설계 접근

인간의 웰빙과 행동을 증진시키는 건물을 설계하려는 시도는 오랜 시간 지속되어 왔다(예: Dempsey, 1914). 이에 대한 세 가지 현대적 접근이 있는데, 인간이 원하는 것을 가장 잘 충족시키는 건축 설계인 사회적 설계(social design), 건축에 있어 자연스러운 모양, 형태, 과정을 통합하는 생명애 설계(biophilic design), 설계 방법의 효과성에 관해 가장 적절한 증거에 기반한 건축 설계인 증거기반 설계(evidence-based design)이다.

11.3.1 사회적 설계

불행하게도 현대 산업화된 사회에서, 종종 건축 설계사와 사용자 간에는 간극이 존재한다. 건축가는 보통 사적인 주거를 설계하는 경우가 아니라면 잠재적으로 일상에서 그 공간을 사용할 사람에게 자신의 프로젝트 계획을 논의하지 않는다. 대신, 건축가는 건축이 끝난 후에는 그곳에서 일하거나 방문하지 않는 감독자, 소유자, 또는 시설 관리자 위원회와 소통한다.

이러한 간극은 건물 사용자의 특수한 행동적 욕구가 항상 건축 설계에 포함되지 않는다는 것은 물론, 건축가의 결정을 위한 논리는 대다수 사용자에게는 설명되지 않는다는 것을 의미한다. 사회적 설계(Sommer, 1983; 또한 〈글상자 11.2〉 참조)는 건물 설계자와 사용자 사이의 간극에 다리를 놓는 것을 목표로 한다. 이는 대규모의, 기업을 위한, 고비용 접근에 초점을 두지 않기 때문에 전통적(형식적) 설계와는 구분된다. 대신, 사회적 설계는 소규모의, 인간 지향적, 민주적 접근을 선호한다. 건물의 잠재적 거주자, 의미, 지역적 맥락 등의 정보를 활용하기 때문에 그 설계는 웰빙과 건강 증진 행위를 강화한다는 확신을 준다.

사회적 설계자는 미래의 건물 소유주의 태도와 행동을 조사하며, 대규모 발주에서도 마찬가지이다. 이는 잠재적인 입주자들을 인터뷰하여 건물의 다양한 구역에서 예상되는 욕구를 파악하고, 그들이 건물의 특정 지점에서 얼마나 많은 시간을 보낼 것인지, 그리고 특별한 요구 사항이 있는지(예: 연령에 따른 조명 수준의 차이 등)를 확인함으로써 이루어진다. 이 접근 방식은 건물 사용자의 의견과 환경심리학자, 건축가 및 기타 관련 전문 지식의 교육 및 경험을 결합하여 지역적 맥락과 제약 조건 내에서 가능한 최상의 건축 공간을 만들기 때문에 성공을 거의 보장한다.

글상자 11.2 사회적 설계의 여섯 가지 목표

사회적 설계자는 설계과정의 주요 역할자들 사이의 소통을 활성화시키고, 전형적인 건물 사용자가 주요 역할자라는 사실을 상기시키기 위해 여섯 가지 목표를 마음에 간직하고 있다(Gifford, 2007).

목표 1. 소유자의 욕구와 행동에 부합하는 세팅을 창조하라. 이 목표는 **일치성**(congruence), 살기 좋음, 또는 잘 어울림 등으로 불기기도 한다.

목표 2. 건물 사용자의 욕구를 충족시켜라. 소유자는 설계된 공간에서 살고 일하면서 더 많은 시간을 보낸다.

목표 3. 세팅 내에서의 행동을 긍정적으로 변화시켜라. 예를 들어, 사무실 건물에서의 생산성을 높이거나 공동체 센터에서 사회화를 증진시키는 것이다.

목표 4. 소유자의 개인적 제어를 강화하라. 사용자가 욕구 충족을 위해 세팅을 변화시킬 수 있으면, 그 세팅은 스트레스를 덜 주게 된다.

목표 5. 사회적 지지를 활성화하고 세팅 내에서의 협력을 강화하라.

목표 6. 소유자와 방문자가 길을 잃거나 혼동하게 되는 스트레스 없이 길을 찾도록 해 주는 **이미지화 가능성**(imageability)을 채택하라.

성공적인 사회적 설계의 사례들로는 병원의 보수(예: Becker & Poe, 1980), 그리고 다른 건강 시설(예: Gifford & Martin, 1991)에 관한 연구에서 다루어졌다. 건강관리와 교육 영역은 통합 설계 프로세스(Integrated Design Process: IDP)와 통합 발주 방식(Integrated Project Delivery: IPD)의 유명한 시험대이다(예: Ghassemi & Becerik-Gerber, 2011). 이러한 방식들은 현대 설계에서 발주 전반에 걸쳐 주요 이해관계자 집단을 하나로 모으기 위해 미국 건축가 협회(AIA)와 같은 기구에 의해서 정형화된 설계 절차이다. 이러한 기본 구조는 사회적 설계와 유사한데, 건물 사용자의 욕구와 선호에 대한 이해를 촉진하며, 건물 소유주, 설계자, 그리고 건설자 간 개방적이고 신뢰하는 집합적 관계에 초점을 둔다.

설계과정에서 모든 주요 참여자가 사회적 설계의 장점을 이해하는 것은 아니다. 일부 건축가들은 한 공간이 구조적으로 아름다우면 소유주가 미적인 감동을 받기 때문에 시간이 지남에 따라 기능은 '저절로 해결된다'고 가정한다. 어떤 건축가는 공간이 지속되는 동안 집단 또는 집단의 욕구가 여러 차례 바뀔 텐데 자신들이 왜 특정 집단의 사람들의 욕구와 행동에 맞춰서 설계해야 하는지 의문을 가진다. 환경심리학자의 대답은 건물의 용도가 바뀌면, 새로운 계획과 설계과정이 진행될 수 있다는 것이다.

11.3.2 생명애 설계

인류는 백만 년 동안 자연환경에서 진화해 왔고, 별개의 종으로 분리된 이후 23만 년 중 불과 1만 년의 시간만 도시에서 살아왔다. 따라서 어떤 사람들은 현대인이 여전히 **생**

명애(biophilia)를 가지고 있거나 자연, 그리고 자연 요소와 연계하려는 타고난 경향이 있다고 주장한다(Wilson, 1984; 또한 5장, 7장, 8장 참조). 이러한 경향성이 건물 설계에 적용된다면 그 건물에서 시간을 보내는 동안 긍정적이고 회복적인 경험을 하게 될 것이라고 기대된다. 따라서 자연 세계를 파사드와 인테리어에 통합한 건축 세팅은 물론, 통풍과 자연 채광과 같은 건강한 특징은 소유주의 웰빙과 행동에 이로울 것으로 예상할 수 있다(Kellert et al., 2011).

생명애 설계는 회복적 설계와 밀접하게 관련되어 있으며, 회복적 설계는 생명애 경험의 핵심 요소인 스트레스나 피로로부터의 **회복**(restoration)의 증진에 초점을 둔다(Hartig et al., 2008; 또한 6장 및 7장 참조). 회복은 식물과 기타 자연 요소의 존재로부터 도출될 수 있지만, 박물관 같은 뚜렷한 자연 요소가 없는 휴식 공간에서도 나타날 수 있다. 회복적 설계는 자연환경의 특징인 스트레스 감소 경험을 증진하는 더 일반적인 형태의 생명애 설계로 인식되지만, 반드시 자연 요소로 제한할 필요는 없다. 결국, 우리의 가장 회복적인 활동은 아마도 수면일 텐데, 수면은 거의 항상 실내에서 이루어지고 있다.

생명애 설계와 사회적 설계의 가장 중요한 차이는, 생명애 설계에서는 건물 사용자가 보통 특정 건물 속성에 대해서 인터뷰를 하지 않는다는 것이다. 대신, 생명애 및 회복적 설계의 지지자는 건물이 사용자에게 미치는 영향에 관한 연구 증거를 활용한다. 예를 들어, 자연에의 노출이 결핍되면 인공 환경에 대해 장기적인 스트레스와 부정적인 느낌을 받게 된다(Joye, 2007; Parsons, 1991; Ulrich, 1984). 그러나 그 결과가 사실이라면, 왜 건물에 더 많은 자연적 내용물을 포함시키지 않는지 의문을 가질 수 있다. 한 가지 이유는 건물이 종종 자연적 형태의 통합 대신 비용효율성하에 계획된다는 것이다(Salingaros, 2004). 다른 한 가지 이유는 많은 식물이 한 사무실에 있으면 단순 과제에 대한 생산성이 감소할 수 있다는 발견에 기반을 두고 있을 수 있다(Larsen et al., 1998). 아마도 생명애 요소는 직장인의 정신 건강에는 좋을지 몰라도 생산성에 있어서는 도움이 되지 않는 것 같다.

11.3.3 증거기반 설계

이 접근에 따르면, 모든 새로운 건물은 각각의 설계 결정의 효과성을 입증할 최상의 가용 증거가 제시될 필요가 있다. 이러한 접근의 지지자는 직관, 열정에 따르거나 단지 이론, 전례 또는 미학에 기초하여 설계하는 경우, 단지 연구 결과에만 기초하여 설계를 하는 경우에 비해 생활하기 좋은 건축 세팅을 만들 개연성이 낮다고 주장한다.

증거기반 설계에 대한 수요는 수십 년간 인식되어 왔다(예: Zeisel, 1975). 환경심리학자는 소음 감소, 강화된 채광과 통풍, 더 나은 인간공학적 설계, 지지적인 작업장, 개인별 제어 및 개선된 배열 등 여러 가지 설계 특성을 가진 건물 사용자의 웰빙과 기능성에 미치는 긍정적 영향을 보고해 왔다(Gifford, 2014; Sommer, 1983; Ulrich et al., 2004; 또한 4장 참조). 특히 헬스케어 건축물에서, 환자와 직원의 웰빙, 환자의 치유, 스트레스 감소, 그리고 안전을 개선하기 위해 연구 결과들이 점점 더 많이 활용되고 있다.

11.4 요약

심지어 야외활동을 가장 좋아하는 사람들조차 삶의 많은 부분을 건물 안에서 보내고, 나머지 사람들은 대부분의 시간을 실내에서 보낸다. 따라서 이러한 구조물은 우리의 웰빙에 매우 중요하다. 이 장에서는 사람들이 건축된 환경을 평가할 때 물리적 특성과 개인적 특성에 관련된 중요한 유사점과 차이점을 논의했다. 또한 환경심리학의 통찰을, 사용자들의 욕구를 충족시키고 웰빙을 향상시키는 건축 설계에 적용하는 것을 목표로 하는 세 가지 최신 접근 방식인 사회적 설계, 생명애 설계, 증거기반 설계에 대해 논의했다. 요약하자면, 이 장은 실증적 연구가 건축적 전문성과 성공적으로 결합될 때, 건축된 공간이 거주자의 행동 경향을 반영하고 그들의 일상 경험을 향상시킬 수 있음을 보여 준다. 이는 거주자의 스트레스를 줄이고 만족도를 높일 뿐만 아니라, 미래 건축 설계에서의 실수를 방지하는 데도 도움이 될 것이다.

용어사전

건축적 의미(architectural meaning): 역사적 사건, 스타일, 선호, 권력관계 등과 관련하여, 건물의 시각적 이미지가 사람의 삶에서 불러일으키는 연상

도식적 특질(schematic quality): 특정 범주(예: 식당, 가게)에 대한 건축 디자인의 전형성

사회적 설계(social design): 건물의 잠재적 거주자, 지역적 맥락, 의미에 대한 정보와 견해가 형식적 설계 기준보다 우선시되는 소규모의, 인간 지향적, 민주적 건축 설계 접근법

상징적 특질(symbolic quality): 설계 스타일을 통해 표현되는 추상적 특질의 유형

생명애(biophilia): 자연 및 다른 생명 형태와의 연결을 추구하려는 인간의 타고난 경향

생명애 설계(biophilic design): 자연을 실내로 가져오는 것이 회복적이라는 전제하에 자연의 형태, 구조, 과정을 건축 설계에 통합하는 설계 접근법으로, 이는 인간이 자연환경에서 오랜 시간을 보낸 것을 모방하기 때문임

이미지화 가능성(imageability): 도시 계획가 Kevin Lynch가 정의한 용어로, 사람들이 환경의 배치와 의미를 이해하는 용이함, 또는 장소가 인식되고 식별될 수 있는 명확성을 제공하는 물리적 속성

일치성(congruence): 세팅과 그 공간 거주자의 욕구 및 행동 간의 일치(거주성 또는 적합성의 우수성이라고도 함)

증거기반 설계(evidence-based design): 설계 조치의 효과성에 대한 최상의 가용 증거를 기반으로 건물을 설계하는 접근법

평가(appraisal): 한 사람이 어떤 장소나 구조물에 대해 가지는 개인적인 인상

형식적 특질(formal quality): Nasar의 체계에서, 건물의 지각된 둘러쌈(enclosure), 복잡성, 질서를 포함한 세 가지 형식적 특질(또는 그 조합)

회복(restoration): 스트레스와 정신적 피로로부터의 생리적 및 심리적 회복 과정

읽을거리

Gifford, R. (2014). *Environmental psychology: Principles and practice*, 5e. Colville, WA.: Optimal Books.

Kellert, S.R., Heerwagen, J.H., and Mador, M.L. (eds.) (2008). *Biophilic Design*. Hoboken, NJ: Wiley.

Sommer, R. (1983). *Social design: Creating Buildings with People in Mind*. Englewood Cliffs, NJ: Prentice-Hall.

복습문제

1. 건축 환경의 미학적 평가에 일관되게 영향을 미치는 두 가지 물리적 속성과 두 가지 관찰자 특성을 말해 보자.
2. 건축 환경의 평가에서 건축가와 일반인 사이의 차이점을 최소 세 가지 말해 보자.
3. 건축 환경의 평가에서 건축가와 일반인 사이의 차이는 어떻게 설명될 수 있을까?
4. 사회적 설계의 여섯 가지 목표를 설명해 보자.
5. 사회적 설계 이외에 인간의 웰빙과 행동을 증진하기 위해 노력해 온 다른 현대 건축 설계 접근 방식은 무엇일까?

도시 환경의 질

Mirilia Bonnes
Sapienza University of Rome, Italy
Massimiliano Scopelliti
LUMSA University, Italy
Ferdinando Fornara
University of Cagliari, Italy
Giuseppe Carrus
University of Roma Tre, Italy

12.1 도입

주거 환경의 질은 인간 삶의 기본적 요소이다. 소음, 열, 대기오염, **혼잡**(crowding) 같은 여러 환경 조건은 불편의 원인이 될 수 있으며 **도시 환경의 질**(urban environmental quality)에 부정적인 영향을 미칠 수 있다(4장 및 13장 참조). 도시 환경(작은 마을에서 크고 복잡한 도시까지)은 인프라, 녹지, 건강 및 교육 시설과 같은 많은 조건을 포함하고 있으며, 이는 주민들의 욕구에 부합하여 도시 환경의 질에 긍정적인 영향을 미칠 수 있다. 따라서 도시 환경의 질은 부정적 및 긍정적 영향을 모두 포함하는 다차원적 개념이다.

도시 환경의 질 평가는 환경심리학에서 중요한 주제였으며(예: Bonnes & Carrus, 2017; Craik & Feimer, 1987 참조), 전문가 또는 일반인의 관점에서 접근할 수 있다. 전자는 특정 전문적 배경에 기반한 전문가의 판단이나 공식적(또는 정량적) 도구를 포함하고(예: Poortinga et al., 2016 참조), 후자는 '부드러운' 심리적 반응에 의존한다(예: 지각, 선호, 주관적/객관적 평가; Bonaiuto & Fornara, 2017 참조). 이 장에서는 후자의, 더 심리적인 관점에 특히 초점을 맞출 것이다. 그러나 5장의 경관의 아름다움과 13장의 삶의 질에서 지적한 바와 같이, 도시 환경 설계 및 계획에서 전문가(객관적)와 일반인(주관적) 모두 중요하다. 특히 두 관점이 항상 일치하는 것은 아니며, 이는 환경심리학에서 많은 연구와 논쟁의 주제이다(Bonnes et al., 2007 참조).

인간-환경 연구와 관련된 두 개의 가장 중요한 학술지에서의 과학적 기여도 분석을 통해, 도시 환경의 질은 환경심리학의 '핵심'으로 확인되었으며, 실증적 연구의 대부분을 포함하고 있다(Giuliani & Scopelliti, 2009). 도시 환경 스트레스의 잠재적 원인, 주거 만족도, 장소 애착(4장 참조)이 주요 연구주제로 부각되었다.

이 장에서는 주거 환경에서 **인간-환경 상호작용**(people-environment transanction)을 분석하여 도시 환경의 질에 대한 심리학적 이론과 연구를 검토한다. 먼저, **환경 스트레스원**(environmental stressor)에서는 도시 거주자의 건강과 웰빙에 미치는 부정적 영향을 이론적 설명과 함께 논의한다. 다음으로, 도시 인프라, 녹지, 기타 도시 환경의 긍정적 영향을 논의한다. 그런 다음, 주거 만족도와 환경의 감정적 질과 같은 다중 구성 요소 개념으로 환경의 질을 연구하는 다차원적 접근을 소개한다. 마지막으로, 동일한 도시 환경 내의 다양한 장소와의 인간-환경 상호작용을 고려한 다중 장소 접근으로 마무리할 것이다.

12.2 스트레스와 불편의 원인으로서 도시 환경

도시 환경은 전통적으로 많은 사람을 끌어들였는데, 이는 주거, 일, 여가에 대한 다양한 긍정적 자극, 정보, 기회를 제공하기 때문이다. 그러나 도시 생활의 부정적 측면, 그리고 잠재적으로 동시에 발생할 수 있는 측면도 확인할 수 있다. 예를 들어, 도로 교통 소음, 낮은 공기 질, 높은 온도, 혼잡 등이 있다. 이러한 **환경 스트레스**(environmental stress)의 원인은 건강 관련 문제, 짜증, 부정적 감정, 인지 기능 저하, 사회적 행동 감소 등의 다양한 신체적 · 심리적 결과를 초래할 수 있다(Lepore & Evans, 1996; 또한 자세한 논의는 4장 참조).

도시 환경은 개인이 환경 요구와 개인적, 사회적 또는 환경적 대처 자원 간의 불균형을 **인식**할 때 스트레스의 원인이 될 수 있다. 개인은 위협적인 상황의 심각성, 필요성, 예측 가능성을 평가하고 이에 대한 통제력을 인식함으로써 환경 조건에 의미를 부여한다. 이는 환경 요구가 얼마나 성가시고 방해가 되는지에 대한 인식에 영향을 미칠 수 있다(Evans & Cohen, 1987, 2004). 예를 들어, 도시 소음의 원인이 중요하지 않거나, 불필요하며, 위험하고, 예방 가능하다고 믿는 개인은 소음원에 대해 긍정적 태도를 가진 사람들보다 더 높은 수준의 짜증을 경험한다(Guski, 1999).

도시 환경 조건에 대한 부정적 반응의 설명은 일반적으로 각성과 자극 과부하를 주요 기제로 삼아 왔다. 각성 이론에 따르면, 개인의 과제 수행은 자신의 신체 **각성**(arousal) 수준에 의해 크게 결정된다. 일반적으로, **여키스-도슨 법칙**(Yerkes-Dodson law, 1908)은 각성-수행 관계가 역U자형 곡선으로 나타날 수 있으며, 중간 수준의 각성이 최적의 수행과 관련이 있음을 나타낸다. 너무 낮거나 너무 높은 각성 수준은 수행에 부정적인 영향을 미칠 수 있으며, 전자에서는 너무 지루하고 후자에서는 너무 흥분한 상태가 된다. 각성 이론에서는 환경 스트레스원의 영향은 개인의 각성 수준이 최적 수준보다 낮은지, 중간인지, 또는 높은지에 따라 달라질 것으로 예측한다. 높은 각성 수준을 가진 도심 거주자는 낮은 각성 수준을 가진 거주자보다 환경 스트레스원으로부터 더 많은 부정적 영향을 받을 것이다.

도시 환경에서 여러 스트레스원이 동시에 존재하는 것은 **자극 과부하**(stimulus overload)를 초래할 수 있다(Evans & Cohen, 1987). 자극 과부하 이론에 따르면, 스트레스원에 대처하기 위해 지속적인 인지적 노력이 필요하며, 이는 만성적으로 고양된 각성 수준을 초래한다. 지속적인 주의가 시간이 지남에 따라 고갈되고 정신적 피로로 변하면서 인지 기능이 저하될 수 있다(6장 및 7장 참조). 사람들은 감소된 능력을 보상하기 위해 적절한 대처 전략을 적용해야 한다. 자극 과부하에 대한 일반적인 반응은 '좁은 시야(tunnel vision)'로, 사람들이 현재 과제에 필요한 관련 정보에만 주의를 기울이고 다른 자극의 입력은 무시하는 것이다. 주의력이 고갈되면, 날씨에 관해 대화를 원하는 이웃 같은 작은 주의 요구조차도 참을 수 없게 될 수 있다. 도시 환경에서는 힘든 환경 조건이 프라이버시나 사회적 철수의 필요성을 초래할 수 있으며, 이는 사회적 상호작용, 사회적 지원, 친사회적 행동의 감소로 이어질 수 있다(Cohen, 1980; 7장 참조).

12.3 웰빙과 회복의 근원으로서 도시 환경

도시 환경은 스트레스와 질병의 근원일 뿐만 아니라 개인의 건강과 웰빙을 위한 즐거운 일상의 도시 경험을 제공할 수도 있다(또한 5장 및 6장 참조). 예를 들어, 보행자 친화적인 설계와 관리를 통해 도시 환경은 건강하고 즐거운 걷기 경험을 제공할 수 있다(Wang et al., 2016). 여러 다른 도시 특징들도 종종 도시의 보행 친화성과 연결되어 있으며, 녹지, 멋진 경치, 흥미로운 상점과 건물 전면과 같은 즐거운 일상 공간 경험을 지원할 수 있다(Brown & Werner, 2012; Lee et al., 2016). 특히 도시 환경에서 녹지의 다양한 긍정적 효과가 꾸준히 보고되고 있다(6장 및 7장 참조). 잘 관리된 녹지 공간과 요소들(예: 도시 공원과 수목)은 다양한 방법으로 주민의 건강과 웰빙을 촉진할 수 있다. 이러한 공간은 그 장소가 잘 관리되고 있음을 전달하여 안전감 향상에 기여한다(Jansson et al., 2013). 또한 잘 관리된 녹지 지역은 사회적 상호작용과 상호 친밀감을 높여 **사회적 결속**(social cohesion)을 촉진한다(Coley et al., 1997; Peters et al., 2010).

도시 환경은 또한 심리적 **회복**(restoration) 효과를 줄 수 있는데, 이는 스트레스와 정신적 피로의 감소를 의미한다(Kaplan & Kaplan, 1989; 또한 7장 참조). 예를 들어, 시카고의 한 빈곤 지역에서 건물과 아파트는 건축적으로 유사하지만 건물 외부의 식물량에 차이를 둔 한 연구에서, 황량한 환경에 사는 주민들이 더 녹색 환경에 사는 주민들보다 주의 기능이 더 떨어졌고, 이는 가정 내 폭력과 공격성의 증가로 이어졌다(Kuo & Sullivan, 2001). 공원과 녹지 외에도, 박물관과 교회와 같은 적절한 조건(예: 조명, 공간, 배치, 온도, 평온)을 갖춘 건축 환경은 회복 경험을 제공할 수 있다(Herzog et al., 2010; Packer, 2008). 더 나아가, 혼합된 건축 및 자연 특징을 가진 도시 환경(예: 운하)은 스트레스 감소와 기분 향상 가능성을 가지고 있을 수 있으며, 특히 넓고 일관된 설계(예: 복잡한 배치와 탐험 및 방향성을 제공하는 랜드마크)와 매력적인(예: 옥상 테라스와 파티오가 있는) 주택들이 특징인 경우 더욱 그렇다(Karmanov & Hamel, 2008).

12.4 주거 만족도: 다중 구성 요소 개념

앞의 절에서 보여 준 바와 같이, 도시 환경은 스트레스와 불편을 주거나 웰빙과 회복의 기회를 제공하는 환경 조건이 동시에 존재하는 것이 특징이다. 따라서 도시 주거 환경의 질을 다차원적으로 평가하는 것은 환경심리학 연구에 있어 매우 중요하다. 이 문제를 해결하기 위해 인지적·행동적·감정적 요소를 포함하는 광범위한 개념인 주거 만족도가 제안되었다.

주거 만족도(residential satisfaction)는 특정 장소(즉, 집, 이웃, 마을)에 사는 것으로부터 얻는 만족감을 의미한다. 이 개념은 종종 사람들이 특정 공간적 규모(예: 이웃, 집, 마을)에서 전반적인 주거 환경에 얼마나 만족하는지를 나타내도록 요청함으로써 단일 차원의 변수로 접근되어 왔다(예: 리커트 척도). 그러나 주거 만족도는 인지적 · 행동적 · 감정적 요소를 구분하여 다중 구성 요소로도 이해될 수 있다(Bonaiuto & Fornara, 2017). 우리는 다음에서 이러한 구성 요소와 그 측정 방법에 대해 자세히 설명할 것이다.

12.5 도시 환경의 질에 대한 다차원적 접근

주거 만족도의 인지적 요소는 주거 환경의 전반적인 질과 관련된 측면을 평가하도록 요청하는 방식으로 **지각된 주거 환경의 질**(perceived residential environmental quality) 측면에서 연구되었다(Bonaiuto & Fornara, 2017). 이러한 다차원 평가를 측정하기 위한 다양한 심리 측정 도구들이 개발되고 사용되었으며, 초기의 지각된 환경의 질 지표(Perceived Environmental Quality Indicator: PEQIs; Craik & Zube, 1976) 또는 최근의 지각된 주거 환경의 질 지표(Perceived Residential Environment Quality Indicators: PREQIs; Fornara et al. 2010)가 여러 문화적 맥락에서 검증되었다(Bonaiuto et al., 2015; 〈글상자 12.1〉 참조).

주거 만족도의 행동적 요소는 주로 **주거 이동성**(residential mobility) 측면에서 연구되었으며, 이는 주거 불만족의 지표로 해석된다. 주거 이동성은 거주지의 변화를 의미하며, 이동 의도나 실제 이동성 측면에서 연구되었다(예: Van Vugt et al., 2003). 12개의 유럽 연합 국가를 대상으로 실시된 한 종단 연구에서는 방의 혼잡도가 주거 이동성에 직접적인 영향을 미친다는 결과가 발견되었다. 반면, 다른 주거 특성(즉, 주거 비효율성, 소음, 오염, 범죄)은 전체 주거 만족도에 대한 부정적인 영향을 통해 주거 이동성에 영향을 미쳤다(Diaz-Serrano & Stoyanova, 2010).

정서적 요소는 감정의 질과 장소 애착의 측면에서 연구되었다(14장 참조). **감정의 질**(affective quality)과 관련하여 Russell과 Pratt(1980)은 장소가 네 가지 주요 양극 차원(유쾌한-불쾌한, 각성된-지루한, 이완된-힘든, 신나는-우울한)을 통해 다양한 정서적 반응을 유발할 수 있다는 원형 모델을 제안했다. 이는 쾌락과 각성 수준(높거나 낮음)의 조합을 나타낸다([그림 12-1] 참조). 저자들은 장소에 대한 감정의 질을 측정하는 40개 항목의 척도를 개발했다. 이 척도를 사용하여 교외 공원에 대한 정서적 반응을 연구한 결과, 수목의 밀도, 하층 초목 및 경로의 존재가 사용자의 쾌락을 증가시키고 최적의 각성 수준을 유발한다는 것을 발견했다(Hull & Harvey, 1989). 대만의 한 연구에서는 개방된 공간, 세련된 건물 질감, 지역 공동체의 표지판, 수목의 두드러짐, 다양한 도로 시설물(예: 도로 표지

글상자 12.1 지각된 주거 환경의 질 지표

1990년대부터 이탈리아 연구자들은 포괄적인 지각된 주거 환경의 질 지표(PREQIs)의 세트를 개발하기 위해 노력해 왔다. 요인 분석을 통해 주거의 질에 대한 네 가지 거시적 차원을 반영하는 11개의 척도가 확인되었다. 공간적(즉, 건축 및 도시 계획), 인적(즉, 사람 및 사회적 관계), 기능적(즉, 서비스 및 시설), 그리고 맥락적(즉, 생활 속도, 환경 건강/오염 및 유지/관리) 차원이며, 예시 항목은 다음과 같다.

- 이 지역의 건물은 너무 높다(공간적).
- 이 지역의 사람들은 예의 바르다(인적).
- 이 지역의 버스는 너무 불편하다(기능적).
- 이 지역은 각종 활동이 다양하다(맥락적).

다른 PREQIs 중에서, 건물의 미학과 녹지 지역의 존재/유지(공간적), 긍정적인 사회적 관계(사회적), 시설의 존재/접근성(기능적), 그리고 느린 생활 속도(맥락적)는 주거 만족도와 긍정적으로 관련되었다(Fornara et al., 2010).

판, 가로등)이 도시 거리 경관에 대한 정서적 평가의 중요한 긍정적 예측 변수임을 보여주었다(Zhang & Lin, 2011). 특히 나무와 개방성은 쾌락과 각성 수준 모두의 예측 변수였으며, 이는 높은 강도의 긍정적인 감정을 유발했다.

장소 애착(place attachment)의 관련 측면은 개인적, 사회적, 장소 기반 정체성(주거 환경이 독특성, 자신과의 연결성 및 지역 집단과의 소속감을 촉진함), 장소와 관련된 긍정적인 감정(예: 평온, 행복감), 그리고 그곳에서 떨어져 있는 것에 대한 부정적인 감정(예: 향수병)을 지탱한다(Giuliani, 2004; Lewicka, 2011b; 또한 14장 참조). 건물의 미학과 낮은 공간 밀도, 녹지의 존재 및 유지, 오염 및 무질서의 부재와 같은 다수의 환경 요인이 주거 지역에 대한 애착을 예측하는 것으로 나타났다(Bonaiuto et al., 2003; Poortinga et al., 2016). 장소 애착을 예측하는 대부분의 환경 요인은 전체 주거 만족도에 영향을 미치는 요인과 유사하지만, 이 두 측정치는 부분적으로만 중첩된다(예: Aiello et al., 2010).

주거 만족도와 장소 애착의 인지적 · 행동적 · 정서적 요소는 종종 별도로 연구된다. 이들은 로마의 두 지역에서 종합적인 다차원적 접근을 사용하여 지역의 물리적 특성과 관련하여 함께 고려되었다(Aiello et al., 2010). 이 연구에서 주거 만족도는 상업 서비스의

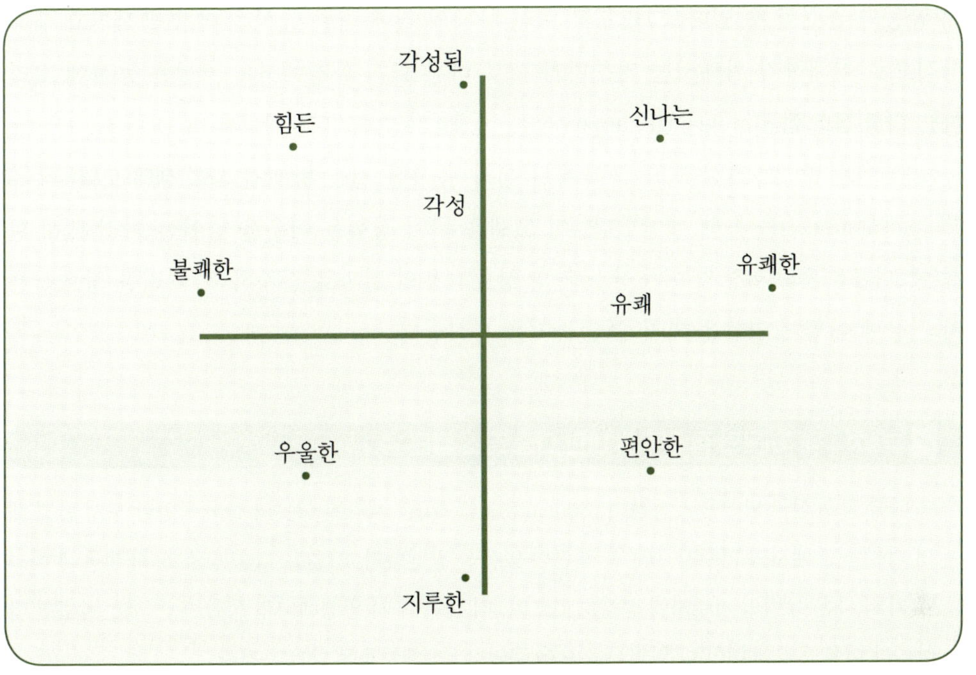

[그림 12-1] 장소에 대한 감정의 질

출처: Russell & Pratt(1980)에서 수정.

지각된 가용성과 긍정적인 생활 속도, 유쾌한 장소의 질, 거주자의 구매 및 여가 활동과 연결되었다. 지역의 물리적 특성, 즉 상점 및 여가 시설의 수는 각각 상업 서비스의 지각된 가용성과 긍정적인 생활 속도를 예측했다. 장소 애착은 건물의 유쾌함, 긍정적인 사회적 관계 및 상업 서비스의 가용성, 유쾌하고 각성되는(그리고 우울함이 없는) 장소의 질, 그리고 거주자의 사회적 및 여가 활동과 연결되었다. 지역의 물리적 특성, 즉 녹지율과 건물의 밀도는 각각 유쾌한 장소와 사회적 활동 장소에 대한 인식을 예측했다.

12.6 다중 장소 접근

도시 환경의 물리적 특성은 다양한 도시 환경이나 장소(즉, 집, 이웃, 도심, 교외)에 따라 다를 수 있으며, 이는 거주자와 도시의 크기에 따라 다르게 이용되고 인식되는 경향이 있다(Bonaiuto & Bonnes, 1996; Bonnes et al., 1990). 특정한 도시 공간, 예를 들어 주거 지역의 환경 질에 대한 인식은 따라서 이러한 모든 도시 공간에서의 거주자의 경험 및 활동과 관련될 수 있다. 그러므로 도시 환경의 질에 대한 인식을 더 포괄적이고 생태학적으로 이해하기 위해서는 거주자가 서로 다른 도시 환경에서의 경험을 동시에 고려하는 **다중 장소 접근**(multi-place approach)을 통해 가능해진다(〈글상자 12.2〉 참조). Hartig 등(2003b)은 주거-건강 연구 분야에서 이와 유사한 접근 방식을 **사회 생태 모델**(social ecological model)을 통해 제안했다. 이 모델은 주거 경험을 이웃을 넘어선 여러 도시 환경(예: 다른 이웃의 직장 및 여가 장소)과의 상호작용의 결과로 간주하며, 이러한 상호작용이 건강에 어떻게 영향을 미칠 수 있는지를 분석한다.

글상자 12.2 이웃의 질 연구에 대한 다중 장소 접근

다중 장소 접근 방식을 사용하여, Bonaiuto 등(2004)은 지각된 이웃의 질이 동일한 도시 환경 내의 다른 장소에서의 거주자 경험과 관련이 있음을 발견했다. 그들은 다중 장소 도시 활동에 따라 네 가지 다른 유형의 거주자를 분류하였으며, 더 넓은 도시 환경에서의 통합 또는 제한 수준뿐만 아니라 이웃의 질에 대한 다른 인식을 보여 주었다. 그 예시들은 다음과 같다.

- '경계 탈출 집단'은 주로 장기 거주 노인들로 구성되어 있으며, 하위에서 중간 정도의 교육 및 사회경제적 수준을 가지고 있다. 이 집단은 주로 집과 지역사회에 국한된 도시 활동에 참여하며, 교외를 이용하지 않고 주로 일상에서 벗어나기 위해 도심을 찾는다. 이웃의 질과 관련하여, 이 집단은 가장 높은 불안감을 느끼며, 다른 집단에 비해 공간적 및 기능적 특성에 대해 가장 낮은 수준의 긍정적 평가를 한다.
- '(환경의) 질 이용자 집단'은 주로 젊고 고학력인 거주자로 구성되어 있으며, 도심에서 여러 문화 활동을 하고, 교외를 이용하지 않으며, 이웃을 주로 야외 및 스포츠 활동에 이용한다. 이웃의 질과 관련하여, 이 집단은 불안감을 덜 느끼고 다른 집단에 비해 공간적 및 기능적 특성에 대해 더 높은 긍정적인 평가를 한다.

12.7 요약

이 장에서는 다양한 이론적 모델과 연구 방법을 적용하여 도시 환경의 질에 대한 긍정적 및 부정적 환경 조건의 개별 및 통합적 영향을 검토했다. 우리는 주거 만족도와 주거 이동성, 지각된 주거 환경의 질, 장소에 대한 감정의 질, 장소 애착과 같은 관련 개념의 측면에서 도시 환경의 질을 다차원적 접근 방식으로 연구할 수 있음을 보여 주었다. 이러한 모든 개념에 대해, 도시 환경의 질 설계, 관리 및 모니터링에 사용할 수 있는 타당하고 신뢰할 수 있는 심리 측정 도구가 개발되었다. 그러나 도시 환경의 질에 대한 포괄적인 이해를 위해서는 거주자의 다양한 도시 공간과의 상호작용 및 인식을 고려하는 다중 장소 접근 방식이 필요하다.

용어사전

각성(arousal): 심리적 활성화 상태

감정의 질(affective quality): 환경에 부여된 감정적 의미

다중 장소 접근(multi-place approach): 거주자의 다양한 도시 환경과의 상호작용을 분석하여 도시 경험을 연구하는 접근 방식

도시 환경의 질(urban environmental quality): 물리적 · 사회적 · 심리적 요소를 아우르는 도시 환경의 품질

사회 생태 모델(social ecological model): 인간-환경 상호작용의 공간적 · 시간적 · 사회적 · 행동적 수준의 여러 영향을 조사하는 틀

사회적 결속(social cohesion): 공동체의 구성원들이 공동체와 다른 구성원에게 얼마나 헌신을 느끼는지를 나타내는 정도

여키스-도슨 법칙(Yerkes-Dodson law): 각성과 수행 간의 곡선형 관계를 설명하는 법칙

인간-환경 상호작용(people-environment transaction): 개인과 환경 간의 역동적이고 상호 의존적이며 시간적으로 관련된 상호작용 과정

자극 과부하(stimulus overload): 지속적인 환경 자극에 의해 압도되는 상태

장소 애착(place attachment): 다양한 지리적 규모의 장소에 대해 개인과 집단이 가지는 정서적 유대

주거 만족도(residential satisfaction): 특정 주거 환경에서 거주하는 것과 관련된 만족감

주거 이동성(residential mobility): 동일한 지역사회 내 또는 도시, 주, 지역사회 간 거주지를 변경하는 행위

지각된 주거 환경의 질(perceived residential environmental quality): 주거 환경의 질에 대한 주관적인 평가

혼잡(crowding): 환경에 있는 사람의 수가 선호되거나 원하는 수준을 초과한다고 주관적으로 평가되는 상태. 이는 밀도, 즉 사람 수와 환경 크기 간의 객관적인 비율과는 다름

환경 스트레스(environmental stress): 최적 이하의 환경 특성으로 인한 부정적인 생리적 및 심리적 효과

환경적 스트레스원(environmental stressor): 스트레스를 유발하는 환경의 물리적 특성

회복(restoration): 스트레스와 정신적 피로로부터의 생리적 및 심리적 회복 과정

읽을거리

Bonaiuto, M., and Fornara, F. (2017). Residential satisfaction and perceived urban quality. In: *Reference Module in Neuroscience and Biobehavioral Psychology* (ed. J. Stein, 1-5. Oxford, UK: Elsevier.

Francescato, G. (2002). Residential satisfaction research: the case for and against. In: *Residential environments. Choice satisfaction and behavior* (ed. J. I. Aragones, G. Francescato, & T. Gärling), 15-34. Westport, CT: Bergin & Garvey.

Frick, D. (ed.) (1986). *The Quality of Urban Life: Social, psychological, and Physical Conditions.* New York, NY: Walter de Gruyter & Co.

복습문제

1. 도시 환경의 어떤 조건들이 도시 환경의 질에 부정적인 영향을 미치는 경향이 있을까? 관련된 심리적 과정은 무엇일까?
2. 도시 환경의 어떤 특징과 조건들이 개인의 웰빙을 촉진할 수 있을까? 관련된 심리적 과정은 무엇일까?
3. 도시 환경의 질에 대한 다양한 측정 방법은 무엇일까? 각각을 간단히 설명해 보자.
4. 주거 만족도에 대한 다중 장소 접근 방식을 간단히 논의해 보자.

환경과 삶의 질

Goda Perlaviciute
University of Groningen, The Netherlands
Linda Steg
University of Groningen, The Netherlands

13.1 도입

엄격한 친환경 프로그램이 진행되는 상황을 상상해 보라! 육류와 생선의 소비는 최저 수준으로 축소하고 가정의 에너지 사용이 심하게 제한되고, 생물다양성 지역은 사람들의 출입이 제한될 것이다. 생태학적인 입장에서 이 프로그램은 자연 세계를 온전하고 장기간 지속되도록 해 주기 때문에 '지속가능한' 것으로 평가된다. 그러나 그런 급격한 계획은 극적인 행동 변화와 편리함의 감소로 인해 인간의 웰빙을 위협한다. 인간의 삶의 질이 감소하고 프로그램에 대한 공공의 저항이 커지더라도 이 프로그램이 여전히 지속가능하다고 할 수 있을까?

이 장에서는 **지속가능성**(sustainability)에 관한 순수 생태학적 관점은 너무 제한적이라는 것, 그리고 인간 중심적 관점 역시 재고될 필요가 있다는 주장을 펴고자 한다. 우리는 지속가능성을 인간과 환경 간의 균형 잡힌 관계로 보고 있다. 지속가능성 개념은 **환경적**(environmental) · **사회적**(social) · **경제적**(economic) · **지속가능성**(sustainability) 측면들의 균형을 찾는 것을 포함한다(World Commission on Environment and Development, 1987). CO_2

배출을 줄이기 위해 연료비를 인상하는 계획을 생각해보라! 계획의 지속가능성은 사회적 · 경제적 결과를 고려하지 않고서는 평가될 수 없다. 어떤 사람, 특히 수입이 낮은 사람이 차량 이용을 포기해야 할 수도 있는데, 이는 사회적 불평등을 증가시킬 수 있다. 가정의 구매력이 감소하는 반면, 연료 산업에의 현금 흐름은 증가할 수 있다. 따라서 지속가능한 발전을 위해서는 지속가능성의 세 가지 측면 중 어느 것이라도 나머지 두 가지를 심각하게 방해해서는 안 된다.

세 가지 측면을 모니터링하기 위해서, 지속가능성 기준은 각각에 대해 필요하다. 적정 기준은 환경적 · 경제적 수준을 평가하기 위해 이미 개발되었다(Steg & Gifford, 2005 참조). 예를 들어, 환경적 지속가능성 기준은 에너지 소비율과 CO_2 배출량을 포함한다. 그리고 경제적 지속가능성 기준은 특히 구매력 수준과 인플레이션율을 포함한다. 사회적 지속가능성은 사회적 또는 개인적 수준에 의해 측정될 수 있다(〈표 13-1〉 참조). 사회적 수준에서, 한 사회의 웰빙은 전체로서 연구된다. 개인의 수준에서는 개인의 웰빙이 가장 중요하다. 예를 들어, 지금까지 적용된 사회적 지속가능성 측정은 평균 수명과 공중 보건 등과 같이 전형적으로 사회적 수준에 기반하고 있다.

이 장에서는 개인 수준에서의 사회적 지속가능성을 평가하는 방법으로서 **삶의 질**(Quality of Life: QoL)의 측정을 소개한다. QoL은 개인의 중요한 니즈와 가치가 어느 정도 충족되는지(Diener, 2000)로 정의되며, 개인의 신체적 · 경제적 · 사회적 환경에 의해 결정된다. 예를 들어, 자연에 둘러싸여 사는 경우 건강 증진이 가능하다(6장 참조). 경제상황이 좋으면 나쁜 경우에 비해 직장이나 수입에서의 니즈를 충족시키는 경향이 있다. 유사한 맥락에서, 사람들로 둘러싸인 경우 사회적 관계에 대한 니즈를 충족시킬 수 있다. 따라서 개인의 QoL의 상당한 부분은 환경의 질에 의해 결정된다. 환경적 · 사회적 · 경제적 발전이 개인의 QoL을 지지할 수 있을 때만 지속가능한 것으로 평가될 수 있기 때문에 환경에 의해 결정되는 개인의 QoL은 훌륭한 지속가능성 기준이 된다. 12장에서 Bonnes와 동료들은 도시 환경의 다양한 특성들이 개인의 웰빙에 어떻게 영향을 미치는지 논의했다. 유사하게, QoL 접근에 기초하여 환경이 개인의 웰빙에 미치는 효과를 연구하고 있으며, 여기에는 물리적 환경뿐 아니라 사회적 · 경제적 환경이 포함된다. 실제 환경의 효과를 '진단하는 것' 이외에도, QoL 측정은 환경 변화가 개인의 QoL에 어떻게 영향을 미치는지 평가하는 데 사용될 수 있다. 계속되는 환경 변화는 지속가능한 발전의 본질적인 부분이기 때문에 환경 변화의 영향 평가는 중요하다.

표 13-1 **세 가지 유형의 지속가능성 기준 및 지표의 예시**

환경적 지속가능성	경제적 지속가능성	사회적 지속가능성	
		사회적 수준	개인적 수준
가스, 전기, 물 소비	생산 가치	평균 수명	개인 수입 수준
CO_2 배출	인플레이션율	실업률	개인 건강 상태
토지 사용	구매력	서비스 접근성	
		공중 보건	

이 장에서는 첫째, QoL 측정의 두 가지 중요한 차원을 정교화하고, 객관성-주관성 및 다차원-단일차원으로 명명한다. 둘째, 개인의 QoL 측정은 인간-환경 관계에 관한 연구에 어떻게 적용되고 있는지 논의하고자 한다.

13.2 삶의 질: 객관적 및 주관적 측정

환경적으로 결정된 QoL 평가를 위해, **객관적**(objective) 측정 및 **주관적**(subjective) **측정**이 활용될 수 있다(또한 5장 참조). 객관적 측정은 환경적 특성이 좋은 삶에 필요한 것으로 믿어지는 기준에 얼마나 잘 부합하는지를 의미한다. 이러한 측정은 환경 조건(예: 수돗물의 질, 대기의 아황산가스)에 대한 기술적 측정과 전문가 판단으로 구성되어 있으며, 사회적 수준과 개인적 수준에서 평가될 수 있다. 객관적 측정은 환경의 질과 QoL에 대해 추정된 효과를 설명하지만, 일정한 제한이 있다(또한 Diener et al., 2009a). 객관적 기준을 설정하기 위해서는 특정인(보통 관련 분야의 전문가)이 어떤 삶의 영역이 가장 중요한지와 QoL의 지속을 위해 그 영역에 대해 어느 수준으로 충족시켜야 하는지를 결정해야 한다. 삶의 가치는 일반적으로 보편적이지만, 이것이 QoL 측정에 전형적으로 포함되는 모든 지표에 적용되는 것은 아니다. 더군다나, 다양한 삶의 영역에 대해 사람들이 얼마나 큰 가치를 부여하는지, 그리고 다른 환경에 대해 얼마나 만족스럽게 생각하는지에 있어서 차이가 있다. 사람들의 QoL은 특히 개인적 기대, 가치, 그리고 사전 지식에 영향을 받는다. 따라서 QoL은 객관적 조건만으로 도출될 수 없다.

객관적 측정을 보완하기 위해서 개인 지각에 기반한 주관적 측정이 활용된다. 주관적 측정에 의해 사람들이 환경적 특성을 어떻게 평가하고, 환경이 중요한 니즈와 가치를 얼마나 잘 충족시키고 있다고 생각하는지를 연구할 수 있다(또한 17장 참조). 예를 들어, 사람들은 특정 환경과 관련하여 그들의 삶이 어떻게 충족되는지 보고하거나(예: Andrews & Withey, 1976; Diener et al., 1985) 현재 상황의 다양한 삶의 측면에 관해 긍정적·부정적 감정(예: Watson et al., 1988) 또는 낙관주의·비관주의(예: Scheier & Carver, 1985)를 표현할 수 있다.

결론적으로, 객관적 측정뿐 아니라 주관적 측정은 개인의 QoL을 연구하는 데 활용될 수 있고, 이상적으로는 상호 보완이 필요하다. 이 장의 후반부에서는 주관적인 QoL 측정에 더 초점을 맞출 예정인데, 이는 주관적 측정이 사람들의 경험과 지각에 초점을 맞추고 있어서 심리학과 더 관련성이 크기 때문이다.

13.3 삶의 질: 단일차원 및 다차원 측정

연구자와 실무자들은 QoL의 '특정' 측면에 관한 '특정' 환경 조건의 효과에 관해 연구하는 경향이 있다. 소음과 오염 등 환경 스트레스원이 사람의 (자기 보고된) 건강에 미치는 효과를 예로 들 수 있다. **단일차원적 QoL**(unidimensional measure of QoL)은 특정 환경 요인과 특정 **QoL 측면**(QoL aspect) 간의 관계를 설명하고 있어, 바로 그러한 목적으로 활용될 수 있다. 예를 들어, 어떤 연구자가 개인의 차량 이용(예: 주간 이동거리)이 개인의 자유(예: '일상 활동을 결정하는 데 있어서 여러분은 얼마나 자유롭거나 구속받는다고 생각합니까?)와 관계가 있는지 여부를 검증할 수 있다.

그러나 대부분의 QoL 측면은 다수 환경 조건의 영향을 받기 때문에 가장 흔한 환경 조건은 QoL의 다수 측면에 영향을 미친다. 예를 들어, 개인의 차량 이용에 관해 다시 한번 살펴보면, 차량 이용은 개인의 자유뿐 아니라, 다른 니즈나 가치(독립적이고 싶은 욕구, 삶을 즐기려는 욕구, 개인의 지위를 강화하고자 하는 욕구)에도 영향을 미친다(19장 및 20장 참조). 같은 맥락에서, 자유는 차량 이용의 수준뿐만 아니라 자연 세팅에의 접근성이나 시설물(예: 가게, 병원)의 가용성 등 다른 환경 조건에 의해서 결정된다. 환경 요인들과 QoL 간의 다중 관계를 연구하기 위해 **다차원적 QoL**(multidimensional measure of QoL)이 필요하다. 다차원 측정은 다양한 QoL 측면을 통합하며, 그 측면들이 어떻게, 그리고 어느 정도 환경 요인으로부터 영향을 받는지에 대한 평가를 가능하게 해 준다. 예를 들어, 우리는 환경 세팅에 따른 다양한 QoL 측면에 관한 만족도를 측정할 수 있고, 환경 요인의 차이에 따라 일정한 범위의 QoL 측면들에 대한 만족도 수준이 다르게 나타나는지 확인할 수 있다. 이는 실제 환경뿐 아니라 가설적 상황을 비교함으로써 수행 가능하다.

13.4 환경과 삶의 질: 연구 개관

다양한 실증적 연구를 통해 환경적 특성과 개인의 QoL 간의 관계를 확인해 왔다. 다수의 연구에서 개인의 QoL을 평가하기 위해 다차원 도구를 사용하였는데(Poortinga et al., 2004), 이 도구는 니즈와 가치, 그리고 사람들의 삶에서 대표적인 중요 영역에 관한 강도 높은 문헌 검토를 기반으로 선정된 22개 QoL 측면으로 구성되어 있다(Steg & Gifford, 2005; 〈글상자 13.1〉 참조). 어느 특정 QoL 측면을 연구할지는 환경 세팅에 따라 약간씩 다를 수 있다. 예를 들어, 주거 환경에서의 QoL 연구들에서, 교육의 측면은 **개인적 발달**로 확장된다. **접근성**과 **주거 관련 의사결정 참여**는 주거 환경에서의 QoL에 관한 중요한 요소로 추가되었다(Tjoelker, 2011).

한 전형적 연구에서, 개인의 QoL을 연구하기 위해 사람들에게 QoL 측면들을 얼마나 중요하게 생각하는지, 최근 QoL 측면이 어느 정도 충족되고 있는지, 그리고(또는) 다른 조건에서는 충족 수준이 변화하는지 여부를 질문할 수 있다. 이를 통해, 네 가지 질문에 대한 답을 내릴 수 있었다. 첫째, 어떤 QoL 측면이 가장 중요한지 구분 가능한가, 둘째, 특정 상황에 따른 QoL 평가가 가능한가, 셋째, 환경에 따른 QoL의 분산은 확인 가능하고, 특정 환경 요인과 연계할 수 있는가, 넷째, 환경 변화에 따른 QoL의 변화는 평가 가능한가 등이다. 이 중 앞의 두 개 질문에 대해 설명하도록 하겠다.

13.4.1 어떤 삶의 질 측면이 가장 중요한가

환경 프로그램이 개인의 중요한 니즈와 가치를 위협한다면 그 환경 프로그램은 지속 가능하다고 볼 수 없다. 이런 상황을 피하기 위해 우리는 어떤 QoL 측면이 사람들에게 가장 중요한지 알 필요가 있다. 전문가조차 사람들의 선호를 잘못 해석할 수 있기 때문이다(예: Fawcett et al., 2008; 또한 12장 참조). 전문가는 특정 환경 특성(예: 미학적 및 물질적 아름다움)의 중요성을 과대평가하는 반면, 다른 특성(예: 선택 및 사생활의 자유)의 중요성은 과소평가하는 경향이 있다. QoL 측정은 각 QoL의 측면이 스스로에게 얼마나 중요한지(예: 리커트 척도에서 '중요하지 않다'부터 '매우 중요하다'까지) 평가하는 개인 자신을 포함한다. 중요성에 있어서 최고 점수를 받은 QoL의 측면은 가장 선호하는 니즈와 가치를 나타내는 반면, 낮은 중요도 점수를 받은 QoL 측면은 개인의 QoL에서 덜 중요함을 의미한다. 예를 들어, 한 연구에 따르면, 네덜란드 응답자들은 가장 중요한 것으로 건강, 파트너와 가족, 사회적 정의, 그리고 삶의 자유를 꼽았으며, 지위 · 인정, 영성 · 종교, 그리고 물질적 아름다움에 대해서는 상대적으로 중요성을 낮게 평가했다(Steg & Gifford, 2005). Perlaviciute(2009)는 주거 환경에서 QoL을 연구하였으며, 주민이 안전, 자유, 그리고 사생활을 가장 중요한 QoL 측면으로 평가한 것을 확인하였다. 흥미롭게도, 편안함이나 물질적 아름다움 등 주거 요인은 종종 주택 전문가에 의해 선호되지만, 주민의 가장 중요한 QoL 측면에는 포함되지 않았다.

글상자 13.1 QoL의 22가지 측면

Poortinga 등(2004)은 개인의 QoL을 평가하기 위해 22가지 측면으로 구성된 다차원 도구를 개발했다. 이 측면들은 지속적 발전과 관련된 니즈, 가치, 그리고 웰빙에 관한 강도 높은 문헌 검토를 통해 선정되었으며(Steg & Gifford, 2005), 사람들의 삶의 중요한 영역을 대표하는 것으로 인식된다.

- **건강**(health): 좋은 건강상태에 있는 것. 적절한 건강관리에 관한 접근성
- **파트너와 가족**(partner and family): 친밀한 관계 보유. 안정적인 가족생활과 훌륭한 가족 관계 맺기
- **사회적 정의**(social justice): 평등한 기회, 그리고 타인과 동등한 가능성과 권리 보유. 공정한 방식으로 취급됨
- **자유**(freedom): 생애 과정에서의 자유와 통제, 자신이 무엇을, 언제, 어떻게 할지 스스로 결정할 수 있음
- **안전**(safety): 가정 및 거리에서의 안전. 사고를 피할 수 있고 범죄로부터 보호받음
- **교육**(education): 좋은 교육을 받고 일반적인 지식을 발전시킬 수 있는 기회 보유
- **정체성/자기존중**(identity/self-respect): 충분한 자기존중감을 보유하고 고유한 정체성을 발전시킬 수 있음
- **사생활**(privacy): 자신으로서 살고, 자신의 일을 하고, 자신의 공간을 가질 기회를 보유
- **환경의 질**(environmental quality): 깨끗한 공기, 물, 토양에의 접근성. 좋은 환경의 질을 보유하고 유지

- **사회적 관계**(social relations): 친구, 동료, 이웃과 좋은 관계 맺기. 관계를 유지하고 새로운 사람을 사귈 수 있음
- **직업**(work): 직업이 있거나 구직 가능, 그리고 이러한 일들이 가능한 즐겁게 이루어짐
- **보안**(security): 타인의 관심과 보살핌을 받는다고 느낌
- **자연/생물다양성**(nature/biodiversity): 자연 경관, 공원, 숲을 즐길 수 있음. 식물과 동물의 존속 및 생물다양성 유지의 보장
- **여가시간**(leisure time): 직장과 가정에서의 일을 마친 다음, 충분한 시간을 가지고, 그 시간을 만족스럽게 사용 가능
- **금전/소득**(money/income): 필요하고 만족스러운 구매 및 활동을 위한 충분한 자산 보유
- **편안함**(comfort): 편하고 안락한 일상생활
- **미적 아름다움**(aesthetic beauty): 자연과 문화의 아름다움을 즐길 수 있음
- **변화/다양성**(change/variation): 다양한 삶 영위. 가능한 많은 것을 경험함
- **도전/흥분**(challenge/excitement): 즐겁고 흥분되는 일들에 도전하고 경험함
- **지위/인정**(status/recognition): 타인으로부터 감사받고 존경받음
- **영성/종교**(spirituality/religion): 영성에 대한 강조 및/또는 종교적 신념을 가지고 살아가는 것이 가능
- **물질적 아름다움**(material beauty): 집 안팎에 멋진 물건들을 보유

상대적으로 가장 중요한 니즈와 가치는 집단에 따라 차이가 있을 수 있다. 실제로 연구에서도 네덜란드 여성들이 남성에 비해 개인의 자유와 성숙에 더 큰 가치를 두는 것으로 나타났고, 미혼자가 기혼자에 비해 가족, 건강, 안전에 대해 덜 중요하게 평가하였다(자세히 검토하기 위해 Steg & Gifford, 2005 참조). 집단 차이는 지속가능한 정책을 개발할 때 반드시 고려되어야 한다. 어떤 조건을 개선하는 것이 어떤 집단에게는 QoL을 강화하는 것이겠지만, 다른 집단에게는 그렇지 않을 수 있다.

13.4.2 특정 상황에서 삶의 질은 어느 정도 유지되는가

QoL 측정을 통해서 특정 조건이 사람들의 니즈와 가치에 얼마나 부합하는지 알 수 있으며, QoL을 증진시키기 위해 어떤 QoL 측면이 개선되어야 하는지 알 수 있다. 이는 정책수립 및 개입방식 개발의 효과성을 평가하는 데 유용하다. 응답자들은 현재 상황에 대

한 각 QoL 측면에 대해 어느 정도 만족하는지(예: 리커트 척도상 '매우 불만족스럽다'부터 '매우 만족스럽다'까지) 질문 받을 수 있다. QoL 측면에 대한 만족도 판단은 응답자의 중요성 평가에 따라 가중치가 부여될 수 있으며, 이는 더 중요한 니즈와 가치에 대한 만족도가 덜 중요한 QoL 측면에 대한 만족도에 비해 (전체) QoL에 더 관련되어 있기 때문이다. 또한 QoL의 측면은 중요성과 만족도 평가에 따라 **데카르트 평면**(Cartesian plane)상에 점으로 표시할 수 있다(Steg et al., 2007; 또한 [그림 13-1] 참조). 데카르트 평면은 어떤 QoL 측면이 충족되고 있고, 어떤 측면이 충분히 만족되지 않고 있어 변화가 필요한지를 알려준다. 데카르트 평면의 우측 상단에 표시된 QoL 측면은 사람들에게 매우 중요하면서도 주어진 조건에서 잘 충족되고 있는 것을 의미한다. 이는 좋은 정책 입안의 사례이며 변화가 불필요하다. 데카르트 평면의 좌측 상단에는 중요하지만 미흡하게 충족된 QoL 측면이 위치한다. 개인의 QoL 지속을 위해 이러한 측면에 관해 긴급한 개입이 필요하다. 덜 중요한 QoL 측면(데카르트 평면의 하단)의 충족은 QoL에 있어서 덜 중요하다. 충족이 미흡한 경우 개선할 필요가 있지만 시급한 것은 아니다. Gatersleben(2000)의 연구에서 네덜란드 응답자들은 다수의 중요한 니즈와 가치, 특히 건강과 편안함에 대해 높은 수준으로 만족한다고 보고하였다. 그러나 환경의 질에 대해 보고된 만족도는 상대적으로 낮

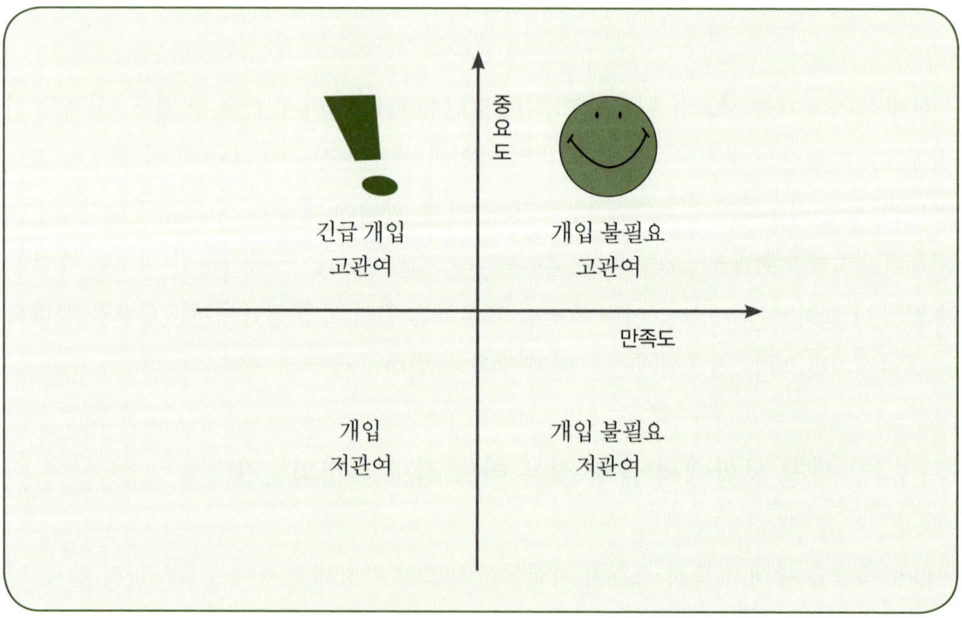

[그림 13-1] 데카르트 평면

았는데, 이는 네덜란드의 환경정책이나 개입이 이러한 측면에 있어서 더 만족스러울 수 있도록 개선되어야 함을 의미한다.

13.4.3 다양한 환경 조건에서 삶의 질은 어떻게 다른가

횡단 연구(cross-sectional study)에서 QoL은 다양한 환경 세팅에서 측정될 수 있으며, 이러한 세팅에서 관찰된 QoL의 변동은 다양한 환경적 특성에 연결될 수 있다. 지금까지 횡단 연구는 주로 단일차원 QoL을 연구해 왔다. 녹색 수준이 다른 환경에서의 객관적 또는 주관적 건강을 조사하거나(7장 참조), 소음과 혼잡 수준이 다른 상황에서 경험된 스트레스를 측정하는 연구(4장 참조)를 예로 들 수 있다. 다차원 QoL 측면에 관한 만족도는 네덜란드의 중간 크기 도시(Perlaviciute, 2009)와 작은 마을(Tjoelker, 2011)에서 연구되었다. 두 환경 모두에서 주거 특성은 사람들의 다양한 주요 니즈와 가치를 충족시켰다. 그러나 도시 거주자는 자연과 QoL에 대한 상대적으로 낮은 만족도를 보고한 반면, (녹색 환경이 더 많은) 지역에서는 그렇지 않았다. 지역 거주자는 개인 발전과 주거 결정 참여에 대해 상대적으로 낮은 만족도를 보고하였는데, 이는 사례 마을의 제한된 사회적 · 정치적 생활과 관련이 있을 가능성이 크다.

횡단 연구의 단점 중 하나는 사회경제적 특성 등 혼입 변인을 통제할 수 없다는 것이다(또한 4장 참조). 따라서 참가자들을 무작위로 다양한 환경 세팅에 배정하는 실험도 수행할 필요가 있다. 이에 대해서는 다음 절에서 더 자세히 설명할 것이다.

13.4.4 환경 변화가 삶의 질에 어떤 영향을 미치는가

지속가능성 프로그램과 개입은 일반적으로 사람들의 환경을 변화시킨다. 이러한 변화가 개인의 QoL에 어떻게 영향을 미치는지 명확히 하는 것이 중요하다. 이를 위해 개입 전후의 QoL 측면에 대한 사람들의 만족도를 측정하고, 이상적으로는 실험집단과 통제집단을 비교할 수 있다. Steg와 동료들(Steg & Gifford, 2005에서 재인용)은 행동 변화를 요구하는 에너지 절약 개입 후 참가자들이 개입 전보다 환경의 질과 자연에 대한 만족도가 높아졌다고 보고했으나, 다른 QoL 측면에 대한 만족도는 변하지 않았다.

계획 중이나 아직 실행되지 않은 개입에 대해 사람들이 어떻게 평가하는지 아는 것도 유용하다. 여기서는 응답자들에게 미래 개입 시나리오를 제시하고, 이러한 개입이 QoL

측면과 전체 QoL에 어떻게 영향을 미칠지 질문한다(예: 리커트 척도에서 '크게 감소할 것이다'부터 '크게 증가할 것이다'까지). 환경 프로그램의 예상 효과에 대한 연구는 일반적으로 사람들이 QoL에 대해 긍정적(예: 환경의 질에 대한 만족도 증가) 및 부정적(예: 편안함에 대한 만족도 감소) 혼합 반응을 보인다는 것을 발견했다(〈글상자 13.2〉; 검토하기 위해 Steg & Gifford, 2005 참조). Perlaviciute(2009)는 주거 의사결정에 대한 더 높은 수준의 참여가 QoL에 어떻게 영향을 미치는지 조사했다. 그녀는 네덜란드 응답자들이 사회적 정의, 자유, 정체성/자기존중 등 참여 관련 QoL 측면뿐만 아니라 안전, 사생활, 여가시간, 접근성 등 다른 QoL 측면에서도 더 만족할 것으로 기대한다고 밝혔다(Perlaviciute 2009).

글상자 13.2 환경 지속가능성 프로그램이 QoL에 미치는 효과

De Groot와 Steg(2006)는 차량 이용 비용을 두 배로 늘렸을 때 QoL에 미치는 잠재적 영향을 연구했다. 응답자들은 편안함, 금전/소득, 자유, 변화/다양성, 여가시간, 직업에서 부정적인 변화를 예상한 반면, 환경의 질, 자연/생물다양성, 안전에서는 긍정적인 변화를 예상했다([그림 13-2] 참조). 흥미롭게도, 전체적인 QoL의 감소는 미미할 것으로 예상되었다. 이는 일부 QoL 측면에서의 감소가 다른 측면에서의 개선으로 보상되었기 때문인 것으로 보인다. 따라서 이러한 엄격한 환경 개입조차 부정적인 결과뿐만 아니라 긍정적인 결과도 기대된다면 대중적으로 수용될 수 있다. 사람들이 어떤 QoL 측면에서 가장 강한 부정적인 영향을 예상하는지 알면, 이러한 QoL 측면을 향상시키기 위한 추가 개입 방식을 결정할 수 있다. 예를 들어, 차량 이용 비용이 두 배가 되는 경우 사람들이 가장 강한 부정적인 영향을 편안함에 대해 예상하는데, 이는 다른 교통수단을 더 편안하게 개선하여 감소시킬 수 있다.

미래 사건에 대한 사람들의 기대는 실제 경험과 다를 수 있다. 예를 들어, 사람들은 미래의 환경 개입에 회의적일 수 있으며, 편안함 감소와 비용 증가만을 기대할 수 있다. 그러나 개입 후에는 사전 기대보다 QoL에서 더 긍정적인 변화를 보고하는 경향이 있다(예: 더 나은 환경의 질; 29장 참조). 이러한 차이는 **감정 예측**(affective forecasting)에서의 인지적 편향과 **쾌락의 쳇바퀴**(hedonic treadmill)라는 심리적 현상에 의해 발생할 수 있다. 감정 예측과 관련하여, 사람들은 미래 사건이 유발하는 감정을 예측할 때 편향되기 쉽다. 그들은 감정적 효과가 지속될 기간을 과대평가하거나(Wilson et al., 2000), 미래 사건을 실제보다 더 유쾌하게(또는 불쾌하게) 인식했다(Gilbert & Wilson, 2000). 쾌락의 쳇바퀴는 사람

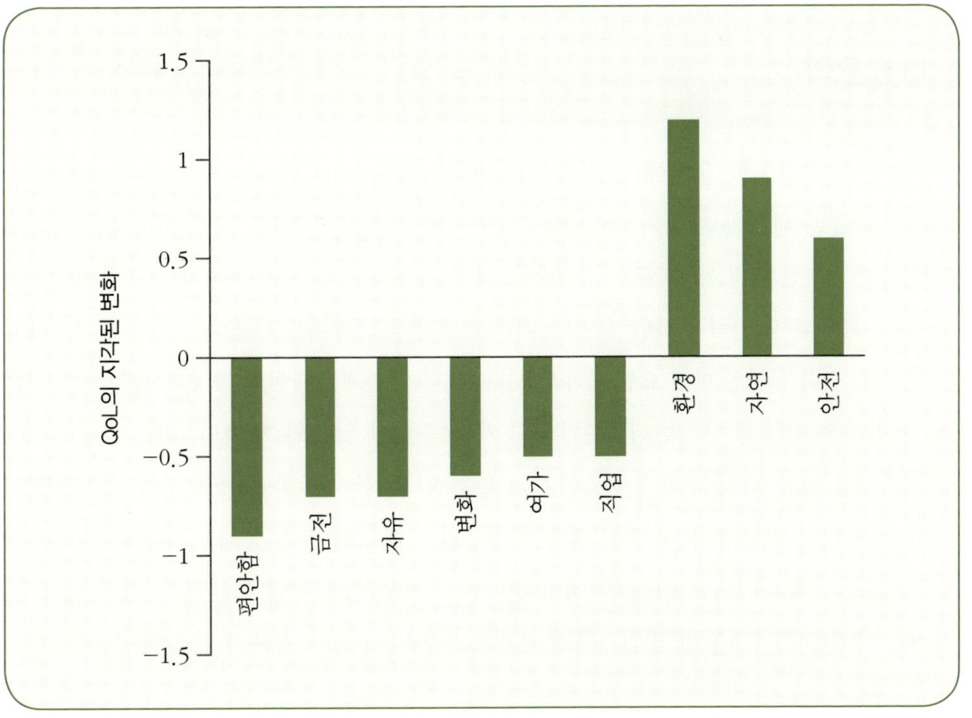

[그림 13-2] 차량 이용 비용이 두 배가 될 경우 QoL 측면에서의 예상 변화(N=490). 응답은 −3(크게 감소할 것이다)에서 3(크게 증가할 것이다)까지의 7점 척도로 구성

출처: De Groot & Steg(2006)에서 수정.

들이 변화하는 상황에 적응하고 변화 전과 비슷한 수준의 행복을 보고한다는 것을 의미한다(Diener et al., 2009a, b). 예를 들어, 시간이 경과하면 복권 당첨자들이 이전보다 특별히 더 행복하지 않으며, 운동 기능이나 감각 기능이 손상된 사람들도 예상했던 것만큼 불행하지 않았다(Brickman et al. 1978).

미래 개입에 대한 사람들의 편향된 인식은 이러한 개입의 공공 수용에 영향을 미친다. 사람들의 가장 큰 우려를 알면 정책 결정자들은 이러한 우려를 줄이기 위한 전략(예: 정보 제공 또는 의사결정에 사람들을 참여시키기)을 적용하여 개입 실행에 대한 공공 저항을 줄일 수 있다.

13.5 요약

우리는 지속가능한 개발에 대한 개인의 인식을 연구하기 위해 QoL 측정을 제시했다. QoL은 중요한 니즈와 가치가 어느 정도 충족되는지를 반영한다. 개인의 QoL은 객관적으로(관찰 가능한 환경 특성) 또는 주관적으로(환경 특성에 대한 개인적 지각) 측정할 수 있다. QoL 측정은 단일차원적일 수 있으며(특정 환경 요인과 특정 QoL 측면 간의 관계), 다차원적일 수 있다(다양한 환경 요인과 여러 QoL 측면 간의 관계). 개인의 QoL을 측정하는 것은 네 가지 기본 기능을 수행한다. 사람들의 가장 중요한 니즈와 가치의 식별, 환경적으로 결정된 QoL 평가, 다양한 환경에서의 QoL 변화 연구, 환경 변화가 QoL에 미치는 영향 평가이다. 이러한 기능 각각에 대해 실증적 연구가 수행되어 환경 특성이 개인의 QoL에 어떤 방식으로, 어느 정도, 어떤 영역에서 영향을 미치는지를 더 잘 이해할 수 있게 해 주며, 이러한 발견은 지속가능한 인간-환경 관계로 나아가기 위한 기본 지침을 제공한다.

용어사전

감정 예측(affective forecasting): 미래에 자신의 감정 상태를 예측하는 것

객관적 측정(objective measure): 기술적 도구나 환경적 특성에 대한 전문가 평가에 기반한 QoL 측정

경제적 지속가능성(economic sustainability): 사회 내 복지가 시간이 지나도 충분히 유지되는 정도

다차원적 삶의 질 측정(multidimensional measures of QoL): 다양한 환경 요인과 여러 QoL 측면 간의 다중 관계를 나타내는 지표

단일차원적 삶의 질 측정(unidimensional measures of QoL): 특정 환경 요인과 특정 QoL 측면 간의 관계를 나타내는 지표

데카르트 평면(cartesian plane): QoL 측면을 중요도와 만족도 평가에 따라 그래프로 나타낼 수 있는 좌표계

사회적 지속가능성(social sustainability): 사회적 및 개인적인 심리사회적 필요가 시간이 지나도 만족스럽게 유지되는 정도

삶의 질(Quality of Life: QoL): 개인의 중요한 필요와 가치가 어느 정도 충족되는지를 나타내는 심리적 구성체

삶의 질 측면(QoL aspect): 가족, 사회적 관계, 자유와 같은 개인의 QoL에 중요한 기여를 하는 측면

주관적 측정(subjective measure): 환경적 특성이 개인의 중요한 필요와 가치를 얼마나 잘 충족시키는지에 대한 개인의 인식에 기반한 QoL 측정

지속가능성(sustainability): 인간과 환경 간의 잘 균형 잡힌 관계. 환경적, 사회적, 경제적 질 간의 최적의 균형

쾌락의 쳇바퀴(hedonic treadmill): 사람들이 개선되거나 악화되는 상황에 적응하는 경향. 그 결과 이러한 상황이 인식된 삶의 질에 크게 영향을 미치지 않음

환경적 지속가능성(environmental sustainability): 생물학적 시스템이 다양하고 생산적으로 시간이 지나도 유지되는 정도

횡단 연구(cross-sectional study): 특정 시간에 주어진 인구에서 관심 있는 측정치와 다른 요인들 간의 관계(상관관계, 인과관계가 아님)를 설명하려는 기술적 연구

읽을거리

Diener, E. and Diener, R.B. (2008). *Happiness: Unlocking the Mysteries of Psychological Wealth*. Malden, MA: Wiley Blackwell.

Eid, M. and Larsen, R.J. (Eds.) (2008). *The Science of Subjective Well-Being*. New York, NY: Guilford Press.

Kahneman, D., Diener, E., and Schwarz, N. (Eds.) (1999). *Well-Being: The Foundations of Hedonic Psychology*. New York, NY: Russell Sage Foundation

복습문제

1. 지속가능한 개발의 개념을 설명해 보자.
2. 주관적 삶의 질(QoL) 측정의 장점과 단점 각각 하나를 나열해 보자.
3. 단일차원과 다차원 삶의 질(QoL) 측정의 차이를 설명해 보자.
4. 삶의 질(QoL) 측정의 네 가지 기능을 간단히 설명해 보자.

제14장

장소 애착

Lynne C. Manzo
University of Washington, Seattle, WA, USA
Patrick Devine-Wright
University of Exeter, UK

14.1 도입

사람들이 서로에게 감정적인 유대를 형성하듯이, 우리는 우리 삶에서 중요한 장소들과도 감정적인 유대를 형성한다. 이러한 장소에 대한 감정적인 유대는 환경심리학자들이 **장소 애착**(place attachment)이라고 부른다. 장소 애착에 대한 탐구는 의미의 철학[특히 **현상학**(phenomenology)]과 **장소애**(topophilia: 장소에 대한 사랑)의 개념을 바탕으로 하며, 사람들이 물리적 세계를 경험하면서 장소에 대한 감정적 유대가 어떻게 발전하는지를 다룬다. 장소와 그것에 대한 우리의 감정적 유대는 우리의 웰빙과 삶의 질에 영향을 미치기 때문에 우리 모두와 관련이 있다.

장소 애착은 사람과 장소가 다양한 만큼이나 다양하다. 예를 들어, 사람들은 다른 지리적 규모(나무 요새부터 나라까지)의 장소에 애착을 가질 수 있으며, 이러한 장소들은 그곳에서 발생하는 경험이나 단순히 그 장소를 생각함으로써 다양한 정도의 강도로 다양한 감정을 불러일으킬 수 있다(기쁨에서 슬픔까지). 또한 사람들은 정기적으로 경험하는 장소(예: 좋아하는 장소나 집)에 애착을 가질 수 있으며, 실제로 방문한 적은 없지만 어떤 개념을 대표하는 장소(예: 이민자들에게 고향의 개념)에 애착을 가질 수도 있다. 더 나아가, 사람들은 물리적 파괴나 장소의 의미 변화로 인해 잃어버린 장소에 애착을 가질 수 있으며, 이는 슬픔 반응을 불러일으킬 수 있다.

장소 애착에 관한 이론은 장소 애착이 무엇으로 구성되어 있는지, 그것이 어떻게 형성되는지, 그리고 장소 정체성(20장 참조)이나 장소 의존성과 같은 다른 유사한 개념과 어떻게 관련되는지에 중점을 두었다. 이러한 이론적 발전과 함께, 장소 애착을 연구하기 위한 다양한 방법들도 등장했다(연구 방법에 관한 1장 참조). 예를 들어, 일부 연구자들은 정량적 접근을 통해 사람들의 장소에 대한 감정적 유대의 강도를 측정하거나 장소 애착과 거주 기간 같은 변수 간의 인과관계를 식별하려고 한다. 다른 연구자들은 사람들의 장소에 대한 감정적 유대의 풍부함과 미묘한 차이를 포착하기 위해 질적 접근을 취하고 있다. 연구가 발전함에 따라, 장소 애착을 친환경행동, 천연자원 관리, 기후 변화와 같은 실제 문제에 적용하는 방법에 관한 연구도 발전했다. 이 장에서는 장소 애착 연구의 주요 이론적 발전을 개관하고, 장소 애착에 대한 이해를 다양한 장소 기반 주제와 문제에 어떻게 적용할 수 있는지를 고려한다.

14.2 장소 애착의 이론과 모델

다양한 관점에서 장소 애착을 탐구했기 때문에, 이 주제에 관한 연구에는 여러 가지 연구 경로가 존재한다. 여기에서는 장소 애착 연구의 네 가지 주요 이론적 발전을 살펴본다. 즉, ① 장소 애착의 구성 요소 발견, ② 장소 애착 유형 및 비애착 유형의 발견, ③ 장소 애착이 긍정적 · 양가적 · 부정적 감정까지 포함하여 다양한 감정을 수반한다는 인식, ④ 장소 애착이 사회적으로 형성되며, 따라서 역동적이고 사회적 · 정치적인 성격을 가진다는 인식 등 네 가지이다. 각 발전 사항은 이 장에서 더 자세히 설명될 것이다.

14.2.1 장소 애착의 구성 요소

장소 애착을 설명하고 그 구성 요소를 식별하기 위해 여러 모델이 개발되었다. 인기 있는 모델 중 하나는 사람–과정–장소의 요소로 구성된 장소 애착의 3차원 프레임워크를 제공한다(Scannell & Gifford, 2010a). **사람** 구성 요소는 의미가 개인과 집단 모두에 의해 장소에 부여되며, 이 의미는 사람들의 특정한 역사, 정체성, 경험에서 비롯된다는 사실을 나타낸다. **장소** 구성 요소는 공간 규모와 사회적/상징적 측면을 포함하여 장소의 물리적 특성과 질에 초점을 맞추고, **과정** 구성 요소는 감정(정서), 생각(인지), 행동의 조합을 통해 장소 애착이 형성되는 방식을 고려한다.

다른 모델들은 장소 애착의 추가적인 구성 요소를 발견했다. 예를 들어, 한 모델은 장소 정체성, 장소 의존성, 자연 결합, 가족 결합, 친구 결합 등 장소 애착의 다섯 가지 구성 요소를 발견했다(Raymond et al., 2010). 이 모델은 앞에서 설명한 일반적인 '사람' 구성 요소를 가족과의 장소 관련 결합과 친구와의 장소 관련 결합을 구별함으로써 확장된다. 또한 주어진 장소에서 자연환경과 사회 환경 모두와의 인적 연결을 고려하여 '장소' 구성 요소를 확장한다. 그러나 이 특정 모델은 호주의 농지 소유자와 같은 특정 인구를 대상으로 한 연구에 기반을 두고 있어, 이 인식의 틀이 다른 사회적 및 지리적 맥락에 얼마나 널리 적용될 수 있는지는 여전히 의문이다.

장소 애착의 매개 변수를 정교화하고 그 구성 요소를 식별하려는 노력은 연구자들로 하여금 장소감, 장소 정체성, 장소 의존성 같은 다른 현상들이 장소 애착과 어떻게 관련될 수 있는지를 고민하게 했다. **장소감**(sense of place)은 물리적 환경과 개인이 경험, 태도, 가치, 신념, 의미를 통해 가져오는 것을 결합하여 창조된 경험적 과정이다(Steele, 1981). **장소 정체성**(place identity)은 물리적 환경과 그 환경과의 연결이 우리 자신을 정의하는 데 관련된 자아의 차원으로 이해된다(Proshansky et al., 1983). **장소 의존성**은 장소가 우리의 요구와 의도된 사용을 얼마나 지원할 수 있는지를 나타낸다(Raymond et al., 2010). 여러 연구는 장소 애착이 더 광범위한 포괄적 개념이며, 장소 정체성과 장소 의존성이 장소 애착의 구성 요소라고 제안한다(Jorgensen & Stedman, 2006). 그러나 이러한 개념들이 어떻게 관련되어 있는지에 대한 합의는 없으며, 이 관계를 명확히 하기 위한 추가 연구가 필요하다.

14.2.2 장소 애착의 유형

장소 애착을 구성하는 요소들을 식별하는 것 외에도, 다른 연구자들은 다양한 유형의 장소 애착을 인식하고 분류하려고 했다. 예를 들어, 한 연구에서는 두 가지 유형의 장소 애착(전통적 애착과 활동적 애착)과 세 가지 유형의 비애착[**소외**(alienation), **장소 상대성**(plce relativity), **장소 상실감**(placelessness) 유형]을 제안했다(Lewicka, 2011a). 여기서 **전통**

적 애착은 자신이 속한 동네, 마을 그리고/또는 지역에 대한 당연시되는 뿌리 깊은 애착을 포함하며, 활동적 애착(active attachment)은 지역에서 먼 곳까지의 물리적 환경에 대한 높은 수준의 의식적 애착으로 정의된다. 예를 들어, 특정 동네에 오랫동안 거주한 사람들은 짧은 기간 동안 거주한 사람들보다 더 많은 전통적 애착을 보고한다. 유사하게, 장소에 활동적 애착을 가진 사람들은 그들의 동네에서 더 사회적으로 활발한 경향이 있다(Lewicka, 2011a).

다른 연구들은 시민적 장소 애착(civic place attachment)과 자연적 장소 애착(natural place attachment)을 두 가지 별개의 애착 유형으로 구분한다. 시민적 장소 애착은 동네 또는 도시/마을 수준에서 발생하며, 본질적으로 사회적이고 상징적인 경향이 있다(Scannell & Gifford, 2010b). 즉, 이는 더 큰 집단 정체성과의 연관성을 나타내고 상징화한다(예: 자기가 속한 도시에 대한 자부심을 느끼는 것). 자연적 장소 애착은 일반적인 자연이 아닌, 자기 지역의 자연적 특성에 대한 정서적 애착 유형이다(Scannell & Gifford, 2010b). 이러한 구분은 현대 사회 및 환경문제에서 장소 애착이 가질 수 있는 역할을 이해하는 데 중요하다. 예를 들어, 자연적 장소 애착을 분석하는 연구는 자기 지역의 자연적 측면에 더 애착을 가지는 사람들이 더 많은 친환경행동에 참여한다고 보고한다(Scannell & Gifford, 2010b). 더욱이, 연구에 따르면, 특정 장소에 활동적으로 애착을 가지는 사람들이 전통적으로 애착을 가지는 사람들보다 지역 에너지 인프라 구축에 반대할 가능성이 더 크다(Devine-Wright, 2013).

14.2.3 다양한 감정이 수반되는 장소 애착

장소 애착은 주로 장소에 대한 긍정적인 감정적 유대감으로 이해되어 왔다. 주로 주거지, 즉 집이나 동네와 관련하여 수행된 연구들에서는 우리가 애착을 가지는 장소가 사랑과 행복의 감정을 불러일으키고, 안전, 소속감, 편안함을 창출하는 방법을 밝혀냈다(Cooper Marcus, 2006). 마찬가지로, 사람들이 일상에서 좋아하는 장소와의 애착 및 동일시 방법에 관한 연구 결과에서는 장소 애착이 긍정적인 자존감이나 동네와 고장 전체에 대한 자부심을 강화하는 것으로 나타났다(Twigger-Ross & Uzzell, 1996).

장소 애착은 또한 부정적이거나 양가적인 감정을 포함할 수 있다. 이러한 애착은 여러 상황을 통해 발전할 수 있다. 즉, ① 사랑하는 장소나 개인의 삶에서 긍정적인 존재로 기능하던 장소가 상실되거나 변할 때, ② 중요한 의미의 장소가 기쁨과 고통의 경험을 동시에 제공할 때이다. 첫 번째 경우, 원치 않게 개인적으로 통제할 수 없는 장소의 변화나 파괴는 슬픔 반응을 유발할 수 있으며, 이는 취약한 사람들이 그들의 집에서 강제적으로 이주당하는 경우에 발생할 수 있다(Fried, 1963; Manzo, 2014). 저수지로 사용되기로 예정된 마을에서 강제로 이주 당한 사람들을 조사한 연구에서는 40년이 지난 후에도 슬픔과 고통의 반응이 지속되었다(Nanistova, 1998).

사람들은 장소에 대해 복합적인 감정을 가질 수 있으며, 여전히 애착을 느낄 수 있다. 구체적으로, 사람들은 장소에 대한 감정을 애착으로 표현하고 감정적 유대감을 보고하지만, 그 유대감은 불확실성이나 고통스러운 감정으로 얼룩져 있다. 예를 들어, 젊은 성소수자 성인과 사회적으로 소외된 집단의 사람들은 그들이 애착을 가진 장소로부터 포용과 소외를 동시에 느끼고 있다고 설명한다(Manzo, 2003). 다른 연구들은 공공 주택 단지 주민들의 낙인과 집에 대한 애착을 동시에 다루면서 양가적인 애착을 보여 주었다(Manzo, 2014). 이동성 증가, 환경 파괴, 변화가 이루어지는 세계에서 장소에 대한 우리의 감정적 반응의 복잡성과 미묘함을 이해하는 것이 중요하다.

14.2.4 역동적이고 사회적으로 생성된 장소 애착

장소 애착 개념은 장소에 대한 애착이 역동적이고 사회적으로 형성된다는 것을 보여준다. 즉, 장소 자체와 그 장소에 우리가 부여하는 의미는 그것들이 나타나는 사회문화적 및 정치경제적 맥락의 결과이다. 예를 들어, 전쟁이나 환경 파괴로 인해 그곳을 떠나야 할 때 고향의 의미는 더욱 절실해질 수 있다.

장소 애착의 역동성은 사회문화적 기반의 장소 의미가 애착에 어떻게 영향을 미치는지를 연구한 사례에서 잘 설명된다. 이 연구는 우리가 장소에 대해 서로 소통하는 데 사용하는 언어와 사회적 관계가 장소 애착에 어떤 역할을 하는지를 조사했다. 이 연구에서는 사람들이 함께 장소의 일상적 의미를 형성하면서 장소 애착이 구성된다는 것을 보여준다(Di Masso et al., 2014). 예를 들어, 가까운 도시공원에 대한 애착은 매년 공원의 특정 부분에서 열리는 문화 기반 축제에 영향을 받을 수 있다.

14.3 장소 애착의 응용

장소 애착은 다양한 현실 세계 문제를 이해하고 해결하는 데 기여한다. 장소 애착 연구의 적용에서 주요 주제는 이동성과 재배치, 환경 파괴, 지역사회 내 사회 집단 간의 긴장, 도시 설계 및 계획 프로젝트에서의 도전 과제를 포함한다. 이 절에서는 이러한 주제 각각의 사례를 통해 장소 애착 연구가 어떻게 차이를 만들 수 있는지를 설명한다.

이동성과 재배치의 맥락에서 장소 애착 연구는 특히 거주자의 통제 밖에서 발생하는 장소 변화의 의도치 않은 결과를 이해하는 데 도움을 준다. 예를 들어, 저소득층 가족을 위한 주택 철거를 포함한 도시 재생 프로그램의 영향에 관한 연구들은 장소 애착이 사라질 때 주민들이 직면하는 어려움을 보여 준다(Manzo, 2014; 〈글상자 14.1〉 참조). 이 분야

글상자 14.1 이주와 장소 애착

도시 재생 프로그램은 기존 주택 철거와 주민들을 도시의 다른 지역으로 재정착시키는 결정을 내리는 정책 입안자들을 포함한다. 이러한 결정은 좋은 의도로 이루어지지만, 일반적으로 주택 재고의 질에 대한 기술적 또는 물리적 평가와 가치 있는 도시 토지 재개발에 대한 요구에 따른 것이다. 이러한 프로그램은 주민들이 거주하는 장소에 대한 감정적 애착의 중요성을 간과하고 주민들을 이주시킬 수 있다.

이주는 안전하다고 느끼던 고정된 공간의 상실에 대한 슬픔과 다른 곳에 뿌리를 내리고 새로운 주거에서 공동체 의식을 재구축하는 방법에 대한 불안을 불러일으킬 수 있다(Fried, 1963; Nanistova, 1998). 게다가, 이러한 부정적 영향은 이주로 인해 사회적 네트워크가 붕괴되어 사회적 고립을 초래할 경우 더욱 악화된다(Fullilove, 2014).

특히 저소득층 가족을 위한 주택 철거를 포함한 도시 재생 프로그램의 영향에 관한 연구는 애착이 철거로 인해 위협받을 뿐만 아니라, 정책 입안자와 부정적인 미디어 보도가 재개발 과정에서 사람들의 거주지에 대한 오명을 씌울 수 있음을 보여 준다(Manzo, 2014). 이 연구는 주택 철거를 정당화하기 위해 정책 입안자들이 사용하는 '심각한 고통'이라는 수사와 긍정적인 거주 장소로서 그들의 주거 커뮤니티에서의 삶에 대한 주민들의 설명 사이의 뚜렷한 대립을 드러낸다(Manzo, 2014). 의사결정권자들은 이러한 연구 결과를 인정해야 하며, 예를 들어 장소 애착 유대에 대한 민감성을 높인 도시 재생 정책을 개발하고, 커뮤니티의 오명을 피하며, 이주 후 주민들이 함께 거주할 수 있도록 보장해야 한다(Di Masso et al., 2014).

의 연구는 재배치의 감정적 차원을 고려하고 이웃이나 가족과의 사회적 유대를 유지하려는 정책을 개선하는 데 정보를 제공한다.

장소 애착 연구는 또한 이주 과정과 이주민이 새로운 동네에 적응하는 방식을 이해하는 데 활용할 수 있다. 예를 들어, 이주민 거주자들이 그들의 새로운 동네에서 일상적인 장소에 부여한 의미를 조사한 연구는 새로운 초국적 정체성 개발을 돕는 장소가 장소 애착을 촉진한다는 것을 보여 주었다(Rishbeth, 2014). 이러한 연구는 이주민들이 고향에서 소중히 여겼던 장소를 연상시키는 특성을 가진 장소와 유대감을 형성하거나, 본국에서 즐겼던 사회적 경험을 제공하는 장소와의 유대감을 통해 재배치와 장소 변화에 적응하는 과정에 대한 중요한 통찰을 제공한다. 이는 이주민 지원 서비스에 영향을 미칠 수 있으며, 새로운 이주민들에게 고향에서 소중히 여겼던 장소를 상기시키는 지역 장소와 자원을 알리고 정착 노력을 지원하여 새로운 커뮤니티에 더 많이 투자할 수 있도록 한다.

또한 장소 애착 연구는 장소 변화와 환경 파괴가 웰빙에 미치는 부정적 영향을 조명했다. 장소 애착의 부작용에 관한 초기 연구는 주거지와 지역의 장소 변화의 여러 형태, 예를 들어 빈집털이와 산사태가 주민들에게 고통과 소외감을 초래한다는 결과를 제시했다(Brown & Perkins, 1992). 최근 연구는 장소 애착 이론을 활용하여 에너지 인프라(예: 풍력터빈과 고전압 전력선)의 지역 배치에 대한 지역사회의 반대를 조명했다. 이는 일반적으로 'NIMBYism'('내 뒷마당엔 안 된다', 즉, 특정 토지 이용이 자기 집 근처에서 이루어지는 것에 대한 저항)으로 비하된다(Devine-Wright, 2009). 이러한 연구는 기술과 장소 관련 의미가 조화롭게 여겨지는지 아니면 충돌하는지에 따라 장소 애착이 지지 또는 항의로 이어질 수 있음을 보여 준다(예: Bailey et al., 2016). 이 연구의 한 응용은 새로운 인프라가 국가나 지구에 유익할 뿐만 아니라 그 특정 장소에도 도움이 되는 방법을 지역 주민과 논의하기 위해 개발자가 협의 과정을 재설계하는 것이다.

장소 애착은 사회 집단 간의 긴장과 갈등의 공간적 측면에 관한 연구에 기여했다. 연구자들은 '외집단(out-group)' 또는 '타인(others)'의 유입으로 인해 도시 지역이 변화할 때 주민들의 반응을 조사했다. 예를 들어, 남아프리카의 주민들 사이에서 장소 의미와 애착에 관한 연구는 백인 주민들이 인종적 편견을 숨기기 위해 환경적 위협을 이유로 들어 인종 차별 정책 철폐에 반대하면서, 정책 철폐 후 장소 애착이 변화했음을 보여 준다. 구체적으로, 백인 주민들은 이제 다인종이 찾는 해변에 대한 애착 장소의 상실에 대한 우려를 언급하며, 통합이 그들에게 회복적인 환경으로 기능하는 해변의 기능을 약화시켰다고 주장한다(Dixon & Durrheim, 2004). 이 연구는 장소 애착의 사회적·정치적 차원을 미디어 계정과 관련하여 집단적으로 공유되고 활용되는 상호작용 과정으로 다루고 있다. 이 연구의 한 응용은 정책 입안자를 위한 것이다. 지역 정부 기관과 결정권자들은 정체성과 소속감의 불안이 향수를 자극하고 위협을 강화하는 담론을 강화할 수 있음을 인식하여 물리적 경계를 강화하거나 '타인'을 배제하려는 노력을 통해 통제를 '되찾으려는' 시도를 할 수 있다. 정책 입안자들은 장소 애착 연구에서 얻은 통찰을 활용하여, 특정 장소의 특성에 대한 위협이 아니라 기회로 해석될 가능성이 더 큰 방식으로 지역사회 변화를 설명하는 내러티브를 개발할 수 있다.

마지막으로, 장소 애착 연구는 지역사회 구성원을 설계 과정에 참여시켜 애착 장소를 철거로부터 구함으로써 도시 설계 프로젝트의 질과 사회적 관련성을 향상시키는 실무자들의 작업에 기여했다(Hester, 2014). 계획 및 설계는 민감하고 사회적으로 반응하는 설계 솔루션을 안내하는 방법으로 장소 애착을 고려함으로써 크게 혜택을 받을 수 있다. 이러한 실제 적용에는 기존 장소가 새로운 설계나 프로젝트를 준비할 때 주민들에게 감정적으로 중요한 의미가 있음을 인식해야 한다는 점, 다음으로, 특정 장소의 질과 중요성이 지역 외부의 설계 전문가와 비교하여 주민들에 의해 다르게 평가될 수 있다는 점, 따라서 지역 의견에 민감한 참여적 계획 및 설계 접근이 필요하다는 점을 포함한다.

14.4 요약

장소 애착은 사람들이 삶에서 중요한 장소와 형성하는 감정적 유대를 나타내며, 이는 환경 경험의 근본적인 측면이다. 우리는 장소 애착의 다양한 구성 요소와 유형, 장소 애착이 긍정적, 부정적, 혼합된 감정과 어떻게 관련되는지, 그리고 장소 애착이 어떻게 역동적이고 사회적으로 형성되는지를 논의했다. 장소 애착에 관한 연구는 이동성과 재배치, 이주 및 이민자 적응, 환경 악화, 사회적 · 공간적 갈등, 그리고 사회적으로 호응적이고 참여적인 계획 및 설계과정을 포함한 현실 세계의 문제를 해결하고 개선하는 데 도움을 주었다. 불안정성과 장소 변화가 증가하는 시대에, 장소 애착은 앞으로도 오랫동안 중요한 연구주제로 남을 가능성이 크다.

용어사전

소외(alienation): 특정 장소와의 유대감이 없고, 분리되거나 소외된 느낌을 받는 상태. 특정 장소와 관련하여 외부인처럼 느끼는 것

시민적 장소 애착(civic place attachment): 동네 또는 도시/마을 수준에서 발생하는 장소 애착 유형으로, 본질적으로 사회적이고 상징적인 경향이 있음

자연적 장소 애착(natural place attachment): 지역의 자연적 특성에 대한 정서적 애착 유형

장소감(sense of place): 물리적 환경과 개인이 경험, 태도, 가치, 신념, 의미를 통해 가져오는 것을 결합하여 창조된 경험적 과정

장소 상대성(place relativity): 장소에 대해 양가적이고 조건부로 수용하는 태도

장소 상실감(placelessness): 장소에 대한 무관심한 태도 또는 장소와 감정적 유대를 형성할 필요가 없는 상태

장소애(topophilia): 사람과 장소 또는 환경 사이의 정서적 유대

장소 애착(place attachment): 다양한 지리적 규모의 장소에 대해 개인과 집단이 가지는 정서적 유대

장소 의존성(place dependence): 장소가 우리의 요구와 의도된 사용을 얼마나 지원할 수 있는지에 대한 정도

장소 정체성(place identity): 물리적 환경과의 연결과 관련된 자아 개념의 차원으로, 우리가 누구인지 정의하는 요소

전통적 애착(traditional attachment): 동네, 마을, 지역에 대한 당연시되는 뿌리 깊은 애착

현상학(phenomenology): 의식의 구조를 고려하는 서양 철학의 한 분야로, 우리가 살아가는 경험의 본질과 그 경험에 부여하는 의미에 주로 초점을 맞춤

활동적 애착(active attachment): 지역에서 먼 곳까지 모든 규모의 물리적 환경에 대한 높은 수준의 의식적 애착

읽을거리

Altman, I. and Low, S. (1992). *Place Attachment.* New York, NY: Plenum Press.

Lewicka, M. (2011). Place attachment: how far have we come in the last 40 years? *Journal of*

Environmental Psychology, 31, 207-230.

Manzo, L.C. and Devine-Wright, P. (2014). *Place Attachment: Advances in Theory, Methods and Applications*. London: Routledge.

복습문제

1. 장소 애착을 정의해 보자. 장소 애착의 구성 요소는 무엇일까?
2. 이 장에서 확인된 세 가지 유형의 장소 애착을 나열하고 설명해 보자.
3. 현실 세계 문제를 이해하는 데 있어 장소 애착이 관련 있는 세 가지 방법을 제시해 보자.

제15장

환경 단서가 규범적 행동에 미치는 영향

Siegwart Lindenberg
University of Groningen, The Netherlands

15.1 도입

환경(environment)이 행동에 영향을 미치는 중요한 방법 중 하나는 **단서**(cue)를 통한 것이다. 단서는 중요한 정보를 전달하거나 감정적 반응을 유발하는 환경의 요소이다. 예를 들어, 지나가는 사람들이 보는 길가의 쓰레기는 다른 사람들이 반(反)쓰레기 규범을 지키지 않았다는 **환경 단서**(environmental cue)이다. 이러한 단서를 인지하는 것은 자신의 행동에 영향을 미칠 가능성이 크다. 이 장에서는 환경 단서가 규범적 행동에 미치는 강력한 영향에 초점을 맞출 것이다. 어떤 사회에서든 사람들이 **사회규범**(social norm)과 **정당한 규칙**(legitimate rule)을 지지하고 지키는 것은 필수적이다(Sherif, 1965; Cialdini et al., 1990 참조). 이는 친환경행동에도 필수적이다. 그러나 사회규범에 대한 이러한 태도적 · 행동적 존중은 당연시될 수 없다. 우리는 환경 단서가, 사람들이 규범을 염두에 두고 실제로 따를 가능성에 강력한 영향을 미치는 방법과 이유를 설명할 것이다.

인간 행동은 항상 특정 환경에서 발생한다. 이는 집, 학교 운동장, 도시 거리, 직장, 슈퍼마켓 등 다양하여, 각 맥락마다 적용 가능한 관련 사회규범이 있다. 일반적으로, 사회규범은 적어도 어느 정도 합의가 있는, 비공식적으로 시행되는 규칙으로 정의될 수 있다(Horne, 2001). 사람들이 규범을 따르지 않거나, 그 순간에 유리해 보이기 때문에 규범을 따르는 경우에는 시민 협력과 법치가 손상될 것이다(Herrmann et al., 2008).

환경의 어떤 요소가 사람들의 사회규범에 대한 존중 여부에 영향을 미칠까? 우리의 일반적인 대답은 각 환경에서 사회규범과 보편적이고 정당한 규칙을 지키려는 목표의 상대적 강도에 영향을 미치는 단서가 있다는 것이다. 예를 들어, 주차장의 입구가 갑자기 막혀서(물리적으로 그리고 경찰의 표지판으로) 사람들이 약 200m를 걸어 다른 입구로 가야 하는 경우를 생각해 보자. 그들은 표지판을 무시하고 울타리의 좁은 틈을 통해 지나갈 수도 있고, 표지판을 따라 걸어갈 수도 있다. 이런 상황에서 그들은 어떻게 할까? Keizer 등(2008)의 연구에 따르면, 차를 찾으러 온 사람들 중 27%가 울타리를 통해 지나갔다. 그러나 자전거를 잠가 놓지 말라는 표지판이 있는 울타리에 네 대의 자전거가 잠겨 있을 때는, 82%가 경찰의 입구 사용 금지 표지판을 무시하고 울타리를 통해 지나갔다. 다른 사람들이 어떤 규칙(자전거에 관한)을 지키지 않는다는 환경 단서는 수많은 사람이 다른 규칙(우회에 관한)을 무시하게 만들었다. 왜 환경 단서는 이렇게 강력할까? 다음 단락에서는 이러한 단서의 힘을 가져오는 메커니즘을 자세히 설명할 것이다.

15.2 포괄적 목표와 상대적 강도

목표 틀짓기 이론(goal-framing theory)에 따르면, 환경 단서가 규범 준수에 영향을 미치는 가장 중요한 메커니즘은 포괄적 목표의 상대적 강도 변화이다(Lindenberg, 2008; Lindenberg & Steg, 2007, 2013; 또한 22장 참조). 목표는 순수하게 인지적인 것이 아니라 특정 종류의 동기를 활성화하는 바람직한 미래 상태에 대한 정신적 표상이다. 단서의 힘과 관련하여 특히 관심을 끄는 것은 **포괄적 목표**(overarching goal), 즉 **활성화되었을**(activated) 때 여러 하위 목표를 안내하고 다양한 인지 과정에 영향을 미치는 추상적 목표이다. 목표 틀짓기 이론은 특히 이러한 포괄적 목표와 관련이 있다.

포괄적 목표는 다시 세 가지로 구분된다.

- **규범 목표**(normative goal): 적절하게 행동하고, 사회규범과 규칙을 준수하는 것(하위 목표의 예시: 타인 돕기, 깨끗한 환경 유지하기)

- **이득 목표**(gain goal): 자신의 자원을 유지하거나 개선하는 것(하위 목표의 예시: 돈 벌기, 지위 얻기, 미래를 위한 저축)
- **쾌락 목표**(hedonic goal): 지금의 기분을 유지하거나 개선하는 것(하위 목표의 예시: 노력 절감, 재미있게 지내기)

이 세 가지 목표는 인간 기능의 가장 중요한 측면을 다룬다. 여기에는 욕구 충족(쾌락), 욕구 충족 수단의 획득과 유지(이득), 사회적 맥락에의 적응(규범)이 포함된다.

목표는 활성화되는 정도에 따라 행동을 유도할 수 있다(Kruglanski & Köpetz, 2009). 가장 강하게 활성화된 포괄적 목표는 **목표 틀**(goal-frame)이라고 불리며, 이는 우리가 주목하는 것, 활성화되는 개념과 지식, 좋아하거나 싫어하는 것, 다른 사람들이 할 것으로 예상되는 것, 고려하는 대안, 가장 민감한 정보, 정보 처리 방식을 결정하여 상황을 틀짓기 한다(Bargh et al., 2001; Förster & Liberman, 2007; Kay & Ross, 2003; Kruglanski & Köpetz, 2009). **활성화**(activation)는 개인 내부의 신호(예: 배고픔을 느끼면 먹는 목표가 활성화됨)나 외부의 신호(예: 다른 사람의 행동)로 인해 발생할 수 있다. 어느 정도까지는 세 가지 포괄적 목표가 만성적으로 활성화되어 동시에 영향을 미친다. 따라서 행동은 거의 항상 여러 목표에 의해 조정된다. 그러나 행동에 대한 세 가지 목표 중 무엇의 영향이 우세한지는 그 목표의 현저성에 달려 있으며, 이 현저성은 환경의 단서에 따라 변할 수 있다.

규범 목표의 현저성은 특히 친환경행동에 매우 중요하다. 자연환경에 대한 관심은 기분, 처벌에 대한 두려움, 보상 기대보다는 규범적 관심에 기반할 때 가장 안정적이기 때문이다. 그러나 다른 두 가지 포괄적인 목표에 비해 규범 목표는 행동에 영향을 미치기 위해 가장 많은 지원이 필요하다(Lindenberg & Steg, 2007 참조). 사람들의 규범 목표가 현저해지면, 그들은 규범을 존중하며 행동에 이를 반영할 것이다. 규범 목표가 약하면 존중이 결여되고, 사람들은 단지 기분이 좋거나, 보상을 받거나, 처벌을 피하기 위해서만 규범을 따를 것이다.

세 가지 포괄적인 목표의 현저성과 관련하여 가장 중요한 환경 단서는 다음과 같다. ① 환경 내에서 사람의 존재 여부, ② 다른 사람들의 규범 준수에 대한 단서, ③ 특정 포괄적 목표와 강하게 연관된 물체(예: 고소득을 연상시키는 정장을 입은 사람), 그리고 ④ 본능적 단서(예: 좋거나 나쁜 냄새, 매력적으로 꾸며진 상점 창문) 등이다. 이러한 단서는 규범 목표의 현저성을 직접 증가시키거나 감소시킬 수 있다. 또는 쾌락 또는 이득 목표의 현저성을 직접 증가시키거나 감소시켜 규범 목표의 현저성을 간접적으로 약화시킬 수 있

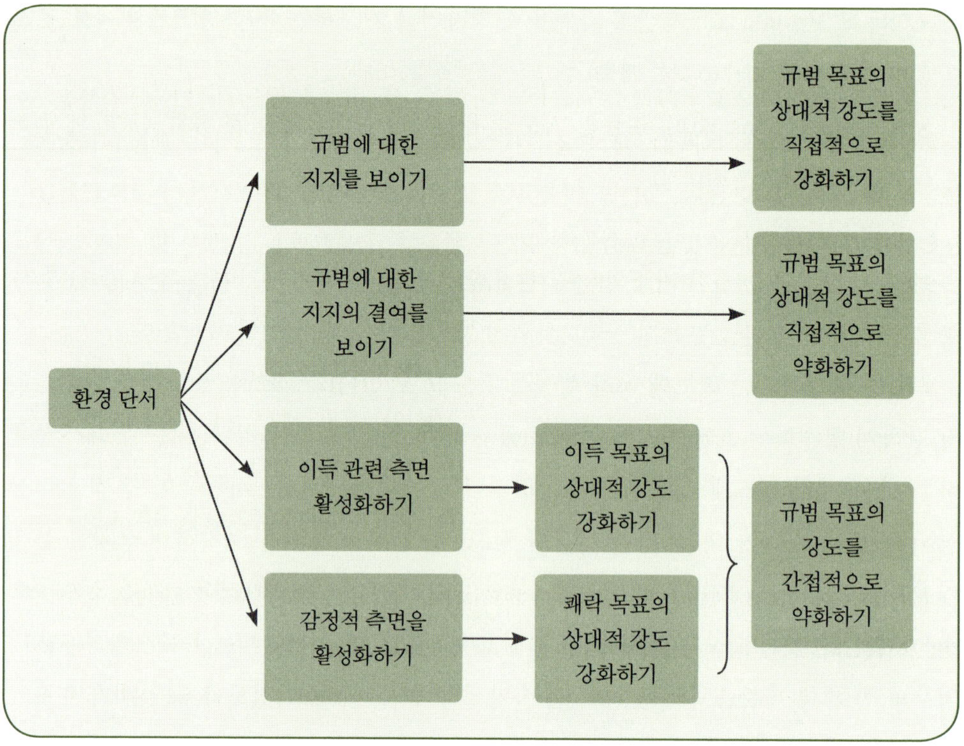

[그림 15-1] 환경 단서가 규범 목표의 상대적 강도에 영향을 미치는 메커니즘

다([그림 15-1] 참조). 강력한 반대 세력을 나타내는 단서가 없는 경우, 환경의 쾌락 또는 이득 단서는 일반적으로 규범 목표를 약화시키게 된다. 다음 단락에서는 이러한 두 가지 기본 메커니즘에 관한 예시를 제시하고 논의할 것이다.

15.3 규범 목표를 직접적으로 강화하는 환경 단서

일반적으로 타인들과 그들의 행동은 자신의 규범 목표의 현저성에 영향을 미치는 가장 강력한 단서 중 하나이다. 단순히 주변에 타인이 존재하는 것만으로도 상황의 규범을 존중하게 된다고 가정되는 경우, 자신의 규범 목표를 강화할 수 있다. 예를 들어, 길에서 보행자가 넘어져 심하게 다쳤을 때, 다른 사람들이 도움을 줄 의향이 있다고 여겨지는 경우, 사람들이 상황적 규범을 따르고 보행자를 도울 가능성이 더 크다(Rutkowski et al., 1983). 반대로, 사람들이 없는 경우에는 정반대의 효과가 나타날 수 있다. 주차 공간, 야간의 사무실 건물, 텅 빈 거리를 포함하여 사회적으로 '비어 있는(empty)' 환경은 규범 목표의 활성화 수준을 낮게 유지하게 함으로써 사람들이 이득 목표 또는 쾌락 목표에 속하는 사항을 고려하게 될 여지가 있다. 이는 일탈 행동의 가능성을 높이거나 사람들의 불안감을 증가시킬 수 있다.

타인의 존재(상상 속의 존재일지라도)가 미치는 영향은 그 타인이 부모, 교사, 종교 지도자와 같은 '중요한' 존재일 때 더욱 강력하다(Sentse et al., 2010). 따라서 가령, 물리적 환경에 주로 또래만 있고 부모나 교사가 없는 상황에서 청소년들은 규범 목표 프레임을 적용하는 경우가 적고 더 많은 일탈 행동을 보일 것으로 예상된다. 학교에서 돌아와 집에 어른이 없는 환경에 있는 아동은 규범을 따르지 않을 가능성이 더 크다(Hay & Forrest, 2008).

규범과 관련된 중요한 타인의 환경 단서는 이러한 타인이 단순히 존재할 뿐만 아니라

글상자 15.1 서로에 대한 배려 단서는 규범 목표를 강화한다

Rutkowski 등(1983)의 실험은 규범 목표를 강화하는 단서의 효과를 잘 보여 준다. 실험이 진행될 당시, 공공장소에서의 도움 행동은 역설적인 규칙성을 보인다는 것이 이미 알려져 있다. 즉, 도움을 필요로 하는 상황을 지켜보는 사람이 많을수록 실제로 도움을 주는 사람은 적어지는 경향이 있다는 것이다(Latané & Darley, 1970). Rutkowski 등(1983)에 의하면 이 '방관자 역설(bystander paradox)'은 처음 만났을 때 서로 모르는 사이였던 관찰자들이 먼저 서로에 대한 배려 단서를 보냈을 때 사라졌다. 이 '배려 단서(care cue)' 집단의 구성원이 도움을 줄 가능성은 도움을 필요로 하는 사람이 배려 단서 집단의 일부가 아님에도 불구하고, 낯선 사람들로 이루어진 집단에 비해 세 배나 높았다.

또한 Rutkowski와 동료들은 낯선 사람 집단에서 도움을 주려는 의지가 부족한 것은 '무임승차자' 행동의 결과가 아니라는 것을 보여 주었다. 실제로 낯선 사람 집단의 사람들은 타인이 도움을 줄 것이라고 기대하지 않았고, 따라서 그들의 규범 준수 행동에 무임승차할 것이라고 기대하지도 않았다. 오히려, 그들에게는 도움의 규범이 충분히 활성화되지 않았기 때문에 아무도 도움을 주지 않은 것으로 나타났다. 반면에, 배려 단서 집단의 사람들은 개인 정보를 공유하고 서로를 배려하는 모습을 보임으로써 규범 목표를 활성화했고, 다른 사람들도 같은 행동을 할 것이라고 예상했음에도 불구하고 더 많은 도움을 주었다(이는 자신의 도움이 더 필요하지 않게 만드는 것이었다). 이는 개인 정보를 공유하는 동안 생긴 동정심이 아니라 활성화된 규범 때문이라는 점에 주목할 필요가 있다. 그들은 완전한 외부인(인접한 방에서 넘어진 것으로 보이는 사람)을 도왔기 때문이다.

규범에 대한 존중을 나타내는 추가적인 단서를 제공할 때 더 강력하다(예: 종이를 쓰레기통에 버리는 교사). 심지어 전체 지역사회는 규범을 존중하는 중요한 타인의 존재를 나타내는 단서에서 차이가 날 수 있다. 이는 해당 환경에 사는 청소년들의 규범 목표의 현저성에도 차이를 만든다(Teasdale & Silver, 2009).

이 효과는 공무원에게도 적용된다. 예를 들어, 자신의 지역사회 공무원들이 규범 준수를 개선하려고 헌신하고 있다는 단서를 인식하면, 공공장소에서 시민들의 규범 활성화 수준이 높아질 가능성이 크다. 이는 영국의 한 연구에서 가로등을 개선했을 때 범죄율이 야간뿐만 아니라 주간에도 감소했다는 사실로 설명될 수 있다(Welsh & Farrington, 2007). 저자들은 가로등 개선이 지역사회가 규범을 중시한다는 명확한 신호로 해석되었다고 제안한다. 이 단서는 시민들의 규범 목표를 활성화하여, 단순히 일탈을 덜 하는 것뿐만 아니라, 경찰에 수상한 것들을 신고하고 중요한 규범을 위반한 것으로 여겨지는 사람들에 대한 소문을 퍼뜨림으로써 사회적 통제를 행사하게 만든다. 이와 같은 방식으로 지역사회 공무원은 지역 전체에 규범과 관련된 중요한 타인의 존재를 나타내는 단서를 만들어 청소년들의 시민적 헌신을 변화시킬 수 있다.

또한 제도적으로 중요한 타인(즉, 정치인, 의회, 사법부, 경찰, 공공 부문)이 주로 두드러진 규범 목표를 가지고 행동한다는 단서는 사람들로 하여금 그들의 사회적 환경에 있는 대다수의 사람들이 두드러진 규범 목표를 가지고 행동하고 있다고 믿게 만든다(두 경우 모두 신뢰를 나타내는 항목으로 측정됨)(Sonderskof & Dinesen, 2016).

15.4 규범 목표를 직접적으로 약화시키는 환경 단서

규범이 강화되는 과정의 아이러니한 점은 그것들이 뒤집힐 수 있다는 것이다. 환경 신호의 단서가 규범을 무시할 때, 사람들은 덜 규범적으로 변한다. 예를 들어, 다른 사람들이 쓰레기를 버리는 것을 보면, 쓰레기가 없어야 한다는 자기 규범의 활성화 수준도 낮아진다. 그 결과, 자신도 쓰레기를 버릴 가능성이 더 커진다(Cialdini et al., 1990).

환경 단서의 힘에 의한 부정적 효과는 단순한 모방을 넘어선다. 특정 규범의 무시 단서는 다른 규범의 위반을 초래할 수 있다. 이를 **규범 억제 확산 효과**(cross-norm inhibition effect)라고 한다(Keizer et al., 2008). 따라서 다른 사람들이 명백히 규범을 벗어난다는 신호가 있는 환경(예: 벽면의 그라피티, 거리의 쓰레기)에 있는 경우, 스스로 규범을 지키고 쾌락 목표 또는 이득 목표에 굴복하지 않기가 더 어려워진다. 규범적 무질서는 규범 목표 자체를 약화시킨다(이 효과에 대한 더 많은 예는 16장에서 볼 수 있다).

규범 억제 확산 효과는 규범 목표의 약화가 한 사람에게서 다른 사람으로 빠르게 퍼질 수 있음을 보여 준다. 누군가가 그라피티를 보면, 이것을 규범 위반의 신호로 해석하여 스스로 더 쾌락적으로 변하고 더 많은 쓰레기를 버린다. 다른 누군가는 그 쓰레기를 보고 물건을 훔칠 가능성이 커진다. 제3자는 이것을 보고 이웃에 대한 공격성을 억제하지 못하는 상황 등이 발생한다. 잘 지원되지 않는 규범 목표는 쾌락 목표 또는 이득 목표에 밀려날 수 있기 때문에, 무질서는 저절로 확산될 가능성이 있다. 이는 무질서한 환경에 사는 사람들이 질서 있는 환경에 사는 사람들보다 규범을 지키기가 더 어렵다는 것을 의미한다.

환경에서 규범에 대한 무시의 단서 모음으로서의 무질서는 범죄 발생률과 범죄에 대한 두려움을 증가시킬 수도 있다. 예를 들어, 상관 연구에서 Armitage(2007)는 수리가 필요하거나 그라피티의 명확한 표식이 있는 집이 더 자주 범죄의 대상이 된다는 것을 발견했다. 사람들은 또한 이러한 단서가 있는 환경에서 특히 불안감을 느낀다(Doran & Lees, 2005). Markowitz 등(2001)은 물리적 무질서의 단서로 인해 발생하는 범죄에 대한 두려움의 증가가 범죄 증가의 악순환을 매개한다는 사실을 발견했다. 아이러니하게도, 경찰의 존재를 나타내는 단서는 지각자들의 범죄에 대한 두려움을 감소시키기보다는 오히려 증가시킬 수 있다(Hinkle & Weisburd, 2008).

15.5 이득 목표를 강화하는 환경 단서에 의한 규범 목표의 간접적 약화

인지적 배경에 머무르는 일부 이득 측면 및 쾌락적 측면은 규범 목표를 지원할 수 있다. 예를 들어, 누군가를 도와주는 것에 대한 작은 보상(이득) 또는 그로 인해 얻는 따뜻한 기분과 칭찬(쾌락)이 그렇다. 그러나 이러한 측면이 두드러지게 되면 이득 목표 또는 쾌락 목표도 두드러지게 되어 규범 목표를 약화시킬 수 있다.

사람들의 존재와 행동뿐만 아니라, 포괄적 목표 중 하나를 강조하는 물체도 중요한 단서가 된다. 물체의 이러한 효과는 환경이 어떻게 직접적으로 이득 목표의 상대적 비중을 증가시킬 수 있는지를 설명하는 데 사용될 수 있다. 목표 틀짓기 이론에 따르면, 대부분의 상황에서 환경 단서를 통해 쾌락 목표 또는 이득 목표를 강화하는 것은 규범 목표를 약화시키는 것을 의미한다. 이득 목표는 주로 환경에서 돈이나 경쟁이 중심적 역할을 한다는 단서에 의해 활성화된다. 이러한 단서는 매우 미묘할 수 있다. 심지어 비즈니스에서 사용되는 전형적인 물체를 보는 것만으로도 이득 목표를 활성화하여 경쟁적 성향을 증가시킬 수 있다. 예를 들어, 대학생을 대상으로 한 실험에서는 피험자들이 정장, 서류 가방, 회의실 테이블과 같은 물체에 노출되었을 때, 중립적인 물체(연, 고래, 종이, 악보 등)에 노출된 피험자들보다 훨씬 더 경쟁적이고 덜 규범적으로 행동했다(Kay et al., 2004). 또한 돈을 보거나 떠올리는 것만으로도 이득 목표의 현저성을 증가시킬 수 있다(Vohs, 2015).

'기회가 생기면 누구나 남의 물건에 손을 댄다'는 잘 알려진 속담이 있다. 즉각적인 환경에 놓인 물체가 이득 목표의 상대적 비중을 증가시켜 사람들이 도둑질까지도 하게 만들 수 있다. 예를 들어, 현재 그 동네에 사는 주민이 이전 거주자보다 더 부유하다는 것을 나타내는 단서(예: 개선된 집 외관, 집 앞의 더 비싼 차)는 더 많은 범죄를 유발한다(Covington & Taylor, 1989). 이러한 효과는 특히 다른 사람들이 규범을 무시한다는 단서가 동시에 있을 때 발생할 가능성이 크다. Keizer 등(2008)은 현장 실험을 통해, 우체통에서 보이는 5유로 지폐가 들어 있는 편지에 의해 상당수의 행인(13%)이 영향을 받아 편지를 훔친다는 것을 보여 주었다. 더 나쁜 것은, 우체통이 그라피티로 덮여 있을 경우 그 비율이 두 배로 증가한다는 것이다. 이는 결합 효과의 예시이다. 즉, 이득 목표의 상대적 비중을 증가시키는 단서(5유로 지폐)와 함께 규범 목표의 상대적 비중을 감소시키는 단서(그라피티)가 결합된 것이다.

15.6 쾌락 목표를 강화하는 환경 단서에 의한 규범 목표의 간접적 약화

본능적인 단서(즉, 환경에서 매우 매력적이거나 매력적이지 않은 요소)는 감정적 반응을 일으키고, 하나 이상의 기본 욕구의 현저성을 증가시켜 쾌락 목표를 쉽게 강화한다. 이렇게 되면 사람들은 자동적으로 더 조급해지고 충동적으로 행동할 준비가 된다. 따라서 규범 목표와 이득 목표에 의해 가능한 지침이 약화된다. 예를 들어, Li 등(2007)은 사람들이 매력적인 주변 냄새(예: 갓 구운 쿠키)에 노출될 때, 금융 거래에서도 더 조급해진다는 것을 보여 주었다. 이는 노골적인 성적 광고에도 마찬가지이다(Van den Bergh et al., 2008).

쾌락 목표의 현저성과 관련하여, 물체도 중요한 역할을 할 수 있다. 예를 들어, 유혹적인 음식의 가시성과 편리한 접근성은 쾌락 목표의 현저성을 증가시켜 그 음식의 소비를 부추긴다(Painter et al., 2002).

15.7 요약

환경은 결코 중립적이지 않다. 각 환경은 목표와 행동 모두에 영향을 미치는 단서를 제공한다. 중요한 것은, 환경 단서는 규범적 행동에 강한 영향을 미치며, 이는 다시 사회 질서에 필수적이라는 점이다. 환경 단서의 이러한 영향은 세 가지 중요한 포괄적 목표 중 하나의 현저성에 미치는 영향을 통해 이루어진다. 이 세 가지 포괄적 목표는 규범 목표(적절하게 행동하고 정당한 규칙을 준수하는 것), 이득 목표(자원을 유지하거나 개선하는 것), 쾌락 목표(지금의 기분을 유지하거나 개선하는 것)이다. 세 가지 목표 모두 어느 정도 활성화되지만, 환경 단서로 인해 그들의 활성화 정도(즉, 현저성)가 달라지며, 행동에 미치는 영향의 정도도 달라진다. 단서는 규범 목표를 직접적으로 강화 또는 약화시키거나, 간접적 이득 목표 또는 쾌락 목표의 현저성을 증가시킴으로써 이를 수행한다. 환경 단서의 힘에 관한 이 단순한 통찰은, 행동이 주로 목표의 현저성에 의해 조절되며, 이는 다시 그러한 단서에 의해 활성화되는 것에 달려 있다는 점에서, 규범적 행동을 촉진하기 위한 잠재적으로 새롭고 강력한 개입 도구를 제공한다. 그러나 단서는 그 의미가 포괄적 목표와 특정 방식으로 관련이 있을 때만 작동한다. 예를 들어, 공공장소의 쓰레기가 모든 사람이 쓰레기를 버리기 때문에 사람들이 규범을 무시한다는 신호가 아니라면, 그 쓰레기는 규범 목표에 영향을 미치지 않을 것이다. 또한 의미는 누가 행동을 하는지에 의해 영향을 받는다. 예를 들어, 외집단(예: 유명 갱단의 일원) 구성원이 공공장소에서 쓰레기를 버리는 것은 관찰자에게 규범 목표의 현저성을 감소시키기보다는 오히려 증가시킬 수 있다. 이는 내집단이 무엇을 할지 또는 하지 않을지에 주의를 집중시키기 때문이다. 따라서 단서의 힘에 대한 목표 틀짓기 이론은 더 높은 수준에서는 일반적이지만(예: 규범에 대한 무시의 단서는 규범 목표의 현저성을 감소시킴), 더 낮은 수준에서는 이 상황에서 단서의 의미에 대한 구체적인 정보가 필요하다.

용어사전

규범 목표(normative goal): 적절하게 행동하고, 사회규범과 정당한 규칙을 준수하려는 포괄적 목표

규범 억제 확산 효과(cross-norm inhibition effect): 다른 사람들이 규범 A를 위반하는 것을 관찰함으로써 자신이 규범 B를 따를 가능성에 미치는 부정적 효과

단서(cue): 중요한 정보를 전달하거나 감정적 반응을 유발하는 환경의 요소

목표(goal): 인지 및 동기 부여 구성 요소를 가진 바람직한 미래 상태의 정신적 표현

목표 틀(goal-frame): 경쟁하는 다른 포괄적 목표보다 더 강하게 활성화된 포괄적 목표

목표 틀짓기 이론(goal-framing theory): 이러한 목표의 상대적 선천적 강점과 그들의 두드러짐을 변화시킬 수 있는 요인에 초점을 맞춘 포괄적 목표의 작동에 관한 이론

사회규범(social norm): 적어도 어느 정도 합의가 있는, 비공식적으로 시행되는 규칙

이득 목표(gain goal): 자신의 자원을 유지하고 개선하려는 포괄적 목표

정당한 규칙(legitimate rule): 사회규범처럼 사람들이 수용하는 규칙(예: 경찰 조례, 금지, 연방법)

쾌락 목표(hedonic goal): 지금의 기분을 유지하거나 개선하려는 포괄적 목표

포괄적 목표(overarching goal): 많은 인지 및 동기 부여 과정을 통해 마음을 '사로잡는' 높은 수준의 목표로, 다양한 하위 목표를 포함함

환경(environment): 개인을 직접 둘러싸고 있는 물리적 및 상징적 조건과 상황

환경 단서(environmental cue): 중요한 정보를 전달하거나 감정적 반응을 유발하는 물리적 환경의 특성

활성화(activation): 특정 순간에 정신적 구성체(및 그 동기 부여 구성 요소)가 인지적으로 접근 가능한 정도

읽을거리

Keizer, K., Lindenberg, S., and Steg, L. (2008). The spreading of disorder. *Science*, 322, 1681-1685.

Lindenberg, S. and Steg, L. (2013). Goal-framing theory and norm-guided environmental behavior. In H. van Trijp (Ed.), *Encouraging Sustainable Behavior*, (pp. 37-54). New York, NY: Psychology Press.

복습문제

1. 목표 틀짓기 이론이 환경 단서가 규범적 행동에 미치는 영향을 추적하는 데 어떻게 적용될 수 있는지 간단히 설명해 보자.
2. 규범 목표의 상대적 강도를 증가시키거나 감소시키는 환경 단서의 네 가지 예를 제시해 보자(단, 직접적 및 간접적 효과를 고려하여야 한다).
3. 물리적 무질서가 일탈 행동을 확산시키는 방식을 설명해 보자.

제2부

환경행동에 영향을 미치는 요인

제16장

환경행동의 측정

Birgitta Gatersleben
University of Surrey, UK

16.1 도입

대부분의 환경심리학 연구의 목표는 **환경행동**(environmental behaviour)을 이해하고 변화하는 데 도움 되는 것이다. 이를 위해서는 환경행동에 대한 타당한 측정 방법을 개발하는 것이 필수적이다. 이 장에서는 지금까지 학자들이 환경행동에 접근해 온 방식과 그 측정치의 규정에 관해 개관한다. 이는 세 가지 주요 쟁점을 다루는데, 무엇을 측정하는가(행동 또는 행동의 영향), 어떻게 측정할 것인가(자기 보고 또는 관찰), 그리고 어떻게 개념화할 것인가(단일차원 또는 다차원) 등이다. 이와 같은 세 가지 쟁점은 각각 이론적, 방법론적, 실용적인 함의를 지니기 때문에, 환경행동 측정법을 개발하는 과정에서 반드시 고려되어야 한다.

16.2 무엇을 측정하는가: 행동과 영향

행동 측정과 환경영향 측정을 구분하는 것은 중요하다(Stern et al., 1997). 영향을 측정하는 것은 행동을 측정하는 것과 다를 수 있으며, 따라서 두 가지 다른 방식의 측정 역시 반드시 일치하지 않는다.

16.2.1 환경행동

환경심리학에서 대부분의 연구들은 환경친화적 행동(Dolnicar & Grün, 2009), 생태학적 행동(ecological behaviour) 또는 보존 행동(conservation behavior)이라고도 불리는 **친환경행동**(pro-environmental behaviour)을 연구하는 데 중점을 둔다(예: Scherbaum et al., 2008; Schultz et al., 2008). 친환경행동은 "자신의 행동이 자연과 인공 세계에 미치는 부정적인 영향을 의식적으로 최소화하려는 행동"으로 정의되어 왔다(Kollmuss & Agyeman, 2002, p. 240). 즉, 이는 환경에 유익한 영향을 미치려는 명시적인 목표를 지니고 행하는 행동인 **목표지향적 친환경행동**(goal-directed pro-environmental behaviour)으로 규정할 수 있다. 일부 학자들은 환경심리학이 이러한 유형의 목표지향적 행동을 연구하는 데 관심을 가질 수 있으며 또 그래야만 한다고 주장한다(Kaiser & Wilson, 2004). 다른 한편으로, 친환경행동은 "환경에 최소한의 해를 끼치거나, 나아가 환경에 도움이 되는 행동"으로 정의되기도 한다(Steg & Vlek, 2009, p. 309). 이는 환경에 유익한 행동이면서도, 반드시 (또는 명시적으로) 환경적인 목표에 따라 동기화되지 않는 유형의 행동을 포함한다. 이 정의에 따르면 사람들은 습관적인 행동(예: 양치할 때 수도를 잠그는 것)이거나 다른 목표(예: 출근할 때 자동차보다 자전거가 더 저렴하고 건강에 도움 되기 때문에 이용하는 것)에 기인하여, 친환경적인 의도가 전혀 없이도 친환경행동을 할 수도 있다.

(목표지향적이든 아니든) 친환경행동은 광범위한 의미의 환경행동과는 구분된다. 환경행동은 "환경 내 물질이나 에너지의 가용성을 변화시키거나 생태계 또는 생물권의 구조와 역학을 변화시키는 모든 유형의 행동"으로 정의된다(Steg & Vlek, 2009, p. 309). 여기에는 환경에 유익한 행동뿐만 아니라 환경에 해를 끼치는 행동도 포함된다. 대부분의 인간 행동이 어떤 식으로든 환경에 영향을 미치기 때문에 거의 모든 유형의 행동이 여기에 포함될 수 있다. 따라서 환경에 대한 실제 영향의 측정(16.2.2절 참조)에는 필연적으로 환경

에 해로운 행동과 친환경행동이 모두 포함된다.

무엇을 측정할지는 이론적 또는 실용적 연구 목표에 따라 결정되어야 한다. 목표지향적 친환경행동은 개념적으로 환경적인 목표에 따라 동기화된 것으로 규정되지만, 실제 영향을 반드시 내포하지 않을 수도 있다. 목표지향적 친환경행동의 측정은 친환경 의도와 행동 간의 연결을 이해하고자 하는 연구에 적합할 수 있다. 그러나 개입전략의 실제적인 효과성 검증을 목표로 하는 연구에서는 전기나 가스 사용량을 확인함으로써 환경영향을 측정해야 할 것이다.

16.2.2 환경영향

환경심리학자들은 **환경영향**(environmental impact)으로서의 행동의 결과보다는 주로 행동 자체를 측정하고자 시도해 왔다. 그러나 인간의 전반적인 환경영향을 줄이는 것, 즉 개인의 생태 발자국을 줄이기 위한 실제 정책들의 궁극적인 목표 달성을 위해서는 개인의 환경영향을 측정하는 것이 더 도움 된다는 주장이 제기되기도 했다(예: McKenzie-Mohr, 2000; Oskamp, 2000b).

행동 측정이 실제 영향을 반영하지 못하는 데에는 몇 가지 이유가 존재한다(Gatersleben et al., 2002; Stern et al., 1997). 첫째, 행동 측정은 종종 응답 편향에 취약한 자기 보고에 의존하기 때문에(Schwarz, 1999) 실제 행동을 신뢰롭게 측정하지 못할 수 있으며(Kormos & Gifford, 2014), 결과적으로 환경영향(예: 에너지 사용)을 정확하게 반영하지 못할 수 있다. 둘째, 연구자들이 행동 구조를 측정하기 위해 여러 행동의 목록을 개발하는 과정에서 이들의 환경영향을 고려하는 경우가 드물다. 따라서 환경적으로 가장 영향력 있는 행동이 행동 측정치에 포함되지 않을 수 있다. 또한 친환경행동에 대한 종합적인 척도를 개발하는 과정에서 개별 행동에 대한 상대적인 가중치가 부여되는 경우도 거의 없다. 예를 들어, 10개 중 7개의 친환경행동을 하는 응답자는 10개 중 3개의 행동을 하는 사람보다 더 친환경적인 사람으로 해석된다. 그러나 만약 후자에서 응답한 세 가지 행동이 다른 행동보다 환경에 큰 영향을 미친다면 이는 타당하지 않은 해석이 될 수 있다. 이는 사람들이 자신의 행동이 환경에 미치는 영향을 인식하지 못할 때 특히 중요한 문제가 될 수 있다(〈글상자 16.1〉 및 [그림 16-1] 참조).

연구의 주된 초점이 실제 환경에 영향을 미치는 요인을 이해하는 것이라면, 연구의 초점이 목표지향적 친환경행동을 측정하는 것일 때와는 결과 변수가 다를 수 있다. (결과

글상자 16.1 행동의 환경영향 측정에서 발생하는 편향

Gatersleben 등(2002)은 네덜란드의 1,200여 가구의 다양한 가정 내 활동(예: 난방, 세탁)이 환경에 미치는 영향을 조사하였다. 응답자들은 여러 활동이 환경에 미치는 연간 평균 영향이 거의 비슷한 수준일 것으로 응답하였다(1=매우 낮음, 5=매우 큼의 5점 척도에서 1.8~2.9 수준을 보임). 그러나 이들 활동이 실제로 소모하는 에너지 사용량은 7.2GJ(세탁)부터 47GJ(난방) 수준까지 크게 차이가 있었다. [그림 16-1]은 가정 내 활동에 대한 지각된 환경영향의 차이가 이들 활동의 실제적인 영향력에서의 차이와 일치하지 않는 것을 보여 주며, 이는 사람들이 자신의 활동의 환경영향을 항상 정확하게 인지하지는 못한다는 것을 시사한다.

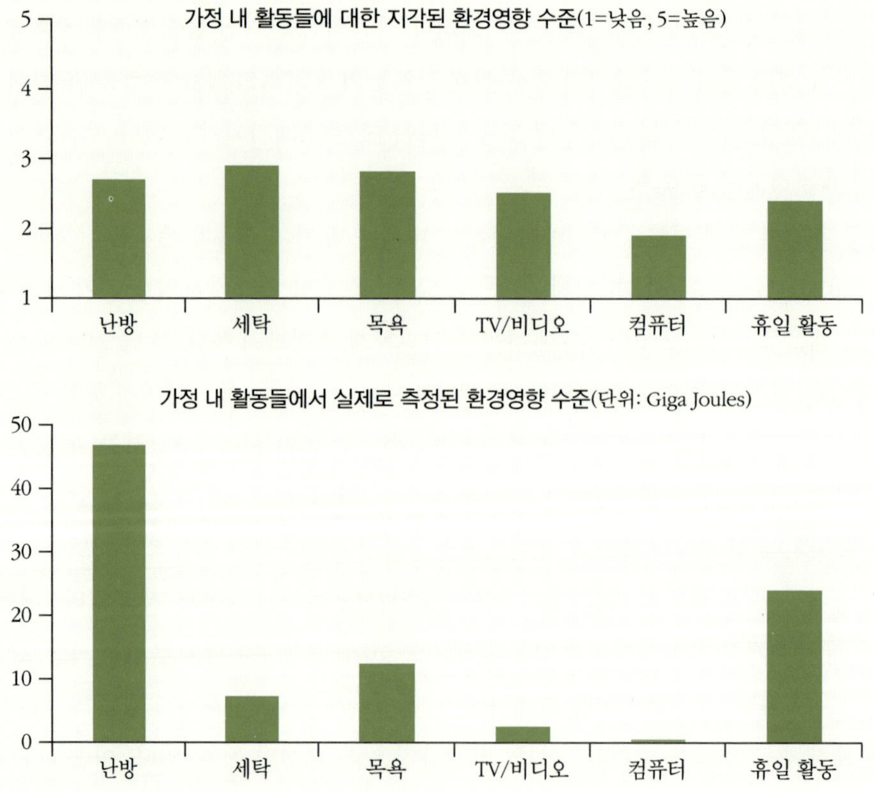

[그림 16-1] 가정 내 활동들에 대해 지각된 환경영향 수준(위)과 실제로 측정된 환경영향 수준(아래)

출처: Gatersleben et al. (2002); 보다 자세한 설명은 〈글상자 16.1〉 참조.

변수의 측정에서 행동과 영향을 일치시키는) 한 가지 대안은, 자동차 사용과 같이 환경에 직접적인 영향을 끼치는 변수를 연구에 포함하는 것이다(예: Stern, 2000). 또 다른 대안으로는, 양적 단위로 직접 측정되는 에너지 사용량(Schultz et al., 2007) 또는 폐기물 생산량(Nigbur et al., 2010)과 같은 결과 변수를 행동 대신 직접 사용하는 것이다. 마지막으로는, 자기 보고 또는 관찰법을 통해 행동을 측정한 후 해당 행동들의 환경영향에 대한 상대적인 평가를 통해 가중치를 부여하고 이들을 전체 행동영향 측정치에 반영하는 것이다(예: Abrahamse et al., 2007; Gatersleben et al., 2002). 이와 같은 마지막 원리에 따라, 과학자들은 환경심리학을 포함한 여러 연구들에서 탄소 발자국 측정(예: Druckman & Jackson, 2009), 직간접적인 에너지 사용량의 측정(예: Abrahamse et al., 2007; Gatersleben et al., 2002)과 같이 다양한 영역에서 환경영향을 평가하는 종합적인 측정치를 개발해 왔다. 이러한 측정의 장점은 행동과 영향을 통합하여 반영하기 때문에, 생활방식이 환경에 미치는 영향을 다루는 데 있어서 심리적 요인의 역할에 대한 보다 나은 이해를 제공한다는 점이다.

한편, 행동의 실제 환경영향을 측정하는 것은 복잡하다는 점에 유의해야 한다. 행동과 영향 사이의 관계를 쉽게 파악할 수 있는 행동이 있는 반면 그렇지 않은 행동도 존재한다. 환경문제는 오염, 자원 고갈, 소음 등 지역적 또는 광역적 범위의 여러 영역에서 다양한 문제를 수반한다(Vlek, 2000). 따라서 어떤 행동은 한 수준에서는 환경에 유익할 수 있지만 다른 수준에서는 해로울 수 있다. 예를 들어, 유기농 식품은 유해 살충제 사용 감소와 관련되지만, 이 식품이 장거리 운송되는 경우에는 에너지 사용 증가와 관련되기도 한다. 실질적인 환경영향을 설명하거나 변화시키는 데 중요한 역할을 하는 변수를 연구할 때는, 이처럼 잠재적으로 상충하는 문제를 고려하고 환경 과학자의 조언을 구하는 것이 중요하다.

환경행동을 측정할 것인지 또는 행동의 영향을 측정할 것인지에 대한 질문은 여전히 논쟁의 대상이다. 앞서 언급한 바와 같이, 연구 목표가 분명하게 정책적 통찰의 제공이라면 행동 영향에 초점을 두는 연구가 유용하다고 주장하는 연구자도 있지만(예: Gatersleben et al., 2002; McKenzie-Mohr, 2000; Oskamp, 2000b), 행동의 영향은 과학기술과 같이 개인이 통제할 수 없는 다른 수많은 요인의 영향을 받기 때문에 심리학에서는 행동 영향이 아니라 행동 그 자체를 이해하는 것이 중요하다고 주장하는 연구자도 존재한다(Kaiser & Wilson, 2004). 따라서 행동, 영향, 또는 이 둘의 조합에 대한 측정 중 어떤 방식이 가장 적합할지와 같은 문제들이 환경행동 연구에서 고려되어야만 한다.

16.3 환경행동을 어떻게 측정할 것인가

환경행동 또는 실제 영향력에 대한 측정치를 개발하는 데 있어서, 특히 자기보고식 측정에 의존할 경우 결과의 타당도와 신뢰도에 관해서 추가적인 고려가 필요하다. 재활용 빈도와 같은 자기보고식 행동, 또는 자동차 주행 거리나 에너지 사용량과 같은 자기보고식 결과 측정은 심리학 연구에서 가장 일반적으로 사용되는 자료 유형이다. 그리고 친환경행동을 측정하는 전형적인 질문으로, '나는 보통 헌 신문을 재활용한다'(1=전혀 동의하지 않음, 5=매우 동의함) 또는 '귀하는 헌 신문을 얼마나 자주 재활용하십니까?'(1=전혀 하지 않음, 5=항상 함)와 같은 문항은 개인 또는 가정에서 어떤 행동을 얼마나 자주 수행하는지를 판단하여 응답하기를 요구한다. 이러한 측정 유형의 가장 큰 장점은 자료 처리가 간편하고 여러 행동을 쉽게 비교할 수 있으며 요인분석과 같은 기존의 통계 기법을 활용하여 여러 행동을 공통의 범주로 묶어 낼 수 있다는 것이다. 그러나 안타깝게도 이러한 자기보고식 행동 측정은 응답 편향(사회적 바람직성이나 자기고양 편향)과 측정 오류의 영향을 받기도 한다. 15편의 연구에서 친환경행동의 객관적 측정치와 자기 보고 측정치 간의 관계를 조사한 메타 분석 연구에 따르면 이 두 가지 유형의 측정치 사이에 정적(+)으로 중간 정도 크기의 상관이 있는 것으로 나타났다(Kormos & Gifford, 2014).

실제 행동에 대한 정확한 자기보고식 측정은 '지난 한 주 동안 몇 퍼센트(%)의 음료수 캔을 재활용하였습니까?'와 같이 보다 자세한 질문(또는 수치 계산)을 제시하는 것이다. 또는 한 가정의 모든 구성원이 개별적으로 자신의 행동을 보고하도록 요구할 수도 있다. 이러한 유형의 질문은 더욱 상세한 데이터를 얻을 수 있다는 장점을 지니지만, 여전히 측정 오류와 응답 편향의 영향을 받는다. 또한 이해하기 어려운 복잡한 질문이거나, 응답자로부터 고도의 계산 또는 상세한 지식을 요구하는 질문(예: 조명을 켜고 끄는 정확한 시간이나 재활용되는 물품의 정확한 양)은 오히려 응답 편향을 키울 수도 있다. 이는 행동 결과에 대한 자기보고식 응답의 경우에도 마찬가지이다. 예를 들어, 응답자들에게 자신의 가스 및 전기 계량기를 직접 읽도록 하거나 자동차 주행 거리를 믿을 수 있게 보고하도록 하는 것은 어려운 일일 수 있다. 또한 정확한 측정을 위해 구성된 복잡한 조사(예: 여러 행동 결과를 빈도, 양, 지속시간 등으로 다양화해서 측정)의 자료에 대해서는 표준 데이터 분석 기법을 적용하기 어렵거나 응답 오류에 더 민감해진다는 제한점이 있기도 하다.

가장 정확한 측정은 실제 행동(예: 쓰레기 투기 또는 재활용) 관찰 또는 행동의 즉각적인 결과(예: 쓰레기통 무게 측정, 계량기 판독)일 것이다. 그러나 이에는 큰 수고가 들며 부가적인 비용이 들 수 있다. 스마트 계량기나 스마트 플러그와 같은 정보/과학기술의 발전은 이러한 문제를 줄일 수 있지만, 개인정보 침해로 인한 윤리적인 문제를 제기할 수도 있다(Bolderdijk et al., 2011). 환경심리학에서 관찰법은 자기 보고 방식보다는 덜 일반적으로 사용되지만, 예외적인 연구들도 존재한다(예: Bolderdijk et al., 2011; Nigbur et al., 2010; Schultz et al., 2007, 2008).

16.4 환경행동의 다차원 또는 단일차원 측정

환경행동은 종종 다차원으로 개념화된다. 여러 연구에 따르면, 서로 다른 행동이 반드시 상관되는 것은 아니며, 행동의 선행 요인 역시 서로 다를 수 있다. 예를 들어, 사람들이 유리병을 재활용한다고 해서 반드시 녹색당에 투표하거나 자동차 운전을 자제하는 것은 아니다. 그러나 다른 한편으로, Kaiser와 Wilson(2004)은 목표지향적 친환경행동이라는 단일차원 개념을 고안하여, 이를 일차원적인 구조로 개념화하고 측정할 수 있음을 제안하였다. 지금부터는 환경행동에 대한 다차원 또는 단일차원으로의 접근에 대한 구체적인 내용을 살펴본다.

16.4.1 환경행동의 다차원 측정

환경행동의 측정은 일반적으로 재활용(예: Carrus et al., 2008), 교통수단 선택(예: Carrus et al., 2008; Matthies et al., 2002), 정치 활동(예: 청원 서명, 기부; Berenguer, 2007) 등과 같은 한 가지 행동 유형에 초점을 맞추거나, 다양한 유형의 행동을 포함하기도 한다(Lee et al., 2013). 응답자에게 쓰레기 줄이기, 재활용, 소비주의, 정치적 행동주의 등 다양한 활동에 대해 질문하는 경우에는 이러한 행동들이 실증적으로 구분되거나 범주화되는지를 확인하기 위해 특정한 통계적 절차를 거치는 경우가 많다(Dolnicar & Grün, 2009; Corraliza & Berenguer, 2000; Milfont et al., 2006; Oreg & Katz-Gerro, 2006). 여러 행동의 이변량 상관관계를 검증하는 통계분석에 따르면, 대부분의 연구에서 친환경행동이 다차원이라는 것이 시사된다. 서로 구분되는 차원의 정확한 개수와 유형은 각 연구의 설문지에 포함된 질문의 수와 유형에 따라 달라진다(Lee et al., 2013).

이러한 결과들은, 개인이 서로 다른 영역에서 일관되게 친환경행동을 하는 것을 관찰하기 어려우며(즉, 일부 행동은 상관이 약하거나 없음) 서로 다른 행동은 서로 다른 요인에 의해 동기화될 가능성이 클 것을 시사한다. 또한 동일한 목표(환경에 유익한 일을 하는 것)에 따라 동기화되어도, 어떤 사람에게는 기부 행동을, 다른 사람에게는 유기농 제품의 구매를, 또 다른 사람에게는 자동차 대신 자전거를 이용하는 행동으로 발현될 수도 있다. 친환경행동 간에 서로 다른 영역에서 서로 다른 상관이 관찰된 결과(즉, 한 장면에서는 두 행동이 서로 상관되지만 다른 장면에서는 상관되지 않음)는 무수히 많으며, 따라서 하나의 친환경행동이 또 다른 친환경행동으로 이어지지 않는 경우도 존재한다(Truelove et al., 2014).

16.4.2 환경행동의 단일차원 측정

목표지향적 친환경 태도에 대한 **단일차원 측정**(unidimensional measure)은 **캠벨 패러다임**(Campbell paradigm; Kaiser et al., 2010)을 기반으로 Kaiser와 Wilson(2004)에 의해 개발되었다. 이 패러다임에서는 특정 목표(예: 환경 보존)와 관련된 모든 행동은 목표 달성과 관련하여 쉬운 것부터 어려운 것까지 한 차원에서 정렬될 수 있다. 이 아이디어에서는, 목표 달성에 대한 강한 동기를 지닌 사람은 쉬운 행동뿐만 아니라 더 어려운 행동까지 수행하는 반면, 목표 달성에 대한 의지가 약한 사람은 쉬운 행동만을 수행한다고 설명한다.

이러한 단일차원 모형의 구성 타당도는 라쉬 모형(Rasch model; Bond & Fox, 2001)을 통해 검증할 수 있다. 이는 통상 검사에서 문항 또는 행동의 이행도나 능력을 평가하는 데 사용된다. 예를 들어, 상식 검사의 문항은 쉬운 문항(대부분의 사람이 정답을 맞힘)부터 어려운 문항(소수의 사람이 정답을 맞힘)까지 순서대로 배열된다. 이 경우 검사에서 개인의 점수는 질문의 난이도와 해당 주제에 대한 개인의 지식 수준을 모두 반영한다. 비슷한 맥락에서, 라쉬 모형은 친환경행동 중 가장 자주 이행되는 행동(가장 쉬운 것)에서부터 가장 적게 이행되는 행동(가장 어려운 것)까지의 순서를 매긴다(Kaiser & Wilson, 2004). 대다수의 사람(심지어 환경적 목표가 약한 사람들조차도)이 이행하는 행동은 쉬운 것으로 간주되는 반면, 소수의 사람이 이행하는 행동은 어려운 것으로 간주되며 따라서 친환경적 태도(또는 목표)가 강한 사람만 이행할 것으로 예상된다.

이러한 방식으로 개인의 목표지향적 친환경행동을 개념화하는 것은, 환경 단체에 기부하기, 재활용하기, 대중교통 이용하기 등과 같이 표면적으로는 서로 다른 행동들이 하나의 일관된 행동 집합을 형성할 것을 의미한다. 이러한 다양한 행동들은 하나의 기본 목표(예: 환경 보존)로 연결되며, 쉬운 것부터 어려운 것까지 한 차원으로 나열될 수 있다. 연구에 따르면, 에너지 절약, 쓰레기 줄이기, 재활용, 대리적인 보존 행동(예: 정치적 행동주의), 친환경 교통이나 소비자 행동 역시 실제로 한 차원에서 나열될 수 있었다(Kaiser et al., 2007; Kaiser & Wilson, 2004).

이러한 단일차원 측정은 친환경적인 개인과 그렇지 않은 개인을 비교적 간단하게 구분하게 하며 다양한 행동을 포함할 수 있다는 장점이 있다. 그러나 이 방법은 근본적으로 행동이 하나의 기본 목표(환경에 이득이 되는 것)에 심리적으로 연결된다는 가정에 기반을 두고 있다. 따라서 어떤 행동이 친환경적인지 또는 아닌지에 대한 공유된 이해를 전제로 한다. 또한 이 접근은 사람들이 비교적 일관되게 행동하며, 따라서 행동의 난이도가 친환경 목표를 지닌 사람과 그렇지 않은 사람을 구분하는 핵심 요소인 것으로 가정한다. 마지막으로, 이 관점은 태도와 행동을 별개의 심리적인 요소로 인식하는 태도–행동 관계에 관한 일반적인 견해에서 벗어나는데, 왜냐하면 행동 측정치에서 높은 점수를 받는 것이 행동의 난이도뿐만 아니라 목표에 대한 개인의 헌신도, 즉 태도를 반영하는 것으로 전제되기 때문이다(Kaiser et al., 2007). 이는 환경문제와 그 해결책이 다차원이며 서로 다른 행동이 서로 다른 선행 요인에 의해 동기화된다는 설명과는 상충한다(22장 참조).

16.5 요약

환경행동은 다양한 방식으로 정의, 개념화 및 측정되어 왔다. 이 장에서는 이러한 다양한 접근 방식과 그 장단점을 개관하였다. 친환경행동은 환경에 유익한 행동뿐만 아니라 해를 끼치는 행동을 포함하는 광범위한 환경행동 개념과 구분된다. 행동이 실제로 환경에 미치는 영향은 의도한 영향과는 다를 수 있으므로, 이 장에서는 목표지향적 친환경행동과 환경영향의 측정에 대한 다양한 방법에 관해서도 논의하였다. 이 장의 마지막 부분에서는 다차원이거나 단일차원으로 환경행동을 개념화하는 것에 초점을 맞추었다. 이 장에서는 환경행동의 측정치를 개발하려면, 무엇을 측정하는가(영향 또는 행동), 어떻게 측정할 것인가(자기 보고 또는 관찰), 어떻게 개념화할 것인가(단일차원 또는 다차원)라는 세 가지 주요 문제를 고려해야 한다는 것을 논하였다. 이러한 질문에 대한 답은 연구의 목표에 따라 달라지며, 연구 결과의 해석과 함의에 큰 영향을 미친다.

용어사전

목표지향적 친환경행동(goal-directed pro-environmental behaviour): 환경에 유익한 영향을 미치려는 의도적인 목표를 지니고 행하는 행동

목표지향적 환경행동의 단일차원 측정(unidimensional measure of goal-directed environmental behaviour): 환경행동을 쉬운 것부터 어려운 것까지 한 차원에서 정렬하는 캠벨 패러다임에 기반한 측정 방식

친환경행동(pro-environmental behaviour): 환경에 미치는 해를 최소화하거나 또는 이득이 되는 행동

캠벨 패러다임(Campbell paradigm): 어떤 사람이 친환경행동을 할 확률을 ① 그 사람의 친환경적인 태도와 ② 그 행동의 난이도 함수로 설명하는 패러다임. 라쉬 모형이 캠벨 페러다임을 수학적으로 설명함

환경영향(environmental impact): 에너지 및 자원 사용량, 쓰레기 생산량과 같이 특정한 행동의 환경적인 결과물

환경행동(environmental behaviour): (좋거나 또는 나쁜 방향으로) 환경에 영향을 미치는 모든 행동

환경행동의 다차원 측정(multidimensional measure of environmental behaviour): 반드시 상관되지는 않더라도 서로 다른 영역에서의 다양한 환경행동을 측정하는 방식

읽을거리

Gatersleben, B., Steg, L., and Vlek, C. (2002). The measurement and determinants of environmentally significant consumer behaviour. *Environment and Behaviour* 34: 335-362.

Kaiser, F.G. and Wilson, M. (2004). Goal-directed conservation behaviour: The specific composition of a general performance. *Personality and Individual Differences* 36: 1531-1544.

Kormos, C. and Gifford, R. (2014). The validity of self-report measures of proenvironmental behavior: A meta-analytic review. *Journal of Environmental Psychology* 40: 359-371.

복습문제

1. 환경행동, 친환경행동과 목표지향적 친환경행동을 정의해 보자.
2. 환경행동의 측정이 항상 환경영향을 반영하지 않는 이유는 무엇이며, 이를 해결하는 방법은 무엇일까?
3. 자기보고식 행동 측정의 강점과 약점은 무엇일까?
4. 캠벨 패러다임에 따라, 환경 태도-행동 간의 관계를 설명해 보자.

제17장 가치와 친환경행동

Judith I. M. de Groot
University of Groningen, The Netherlands
John Thøgersen
Aarhus University, Denmark

17.1 도입

다음의 몇 가지 질문에 답해 보자. 첫 번째, 당신에게 환경 보호는 얼마나 중요한가? 아마 대부분의 독자들은 환경 보호가 매우 중요하다고 답할 것이다. 두 번째, 당신은 환경 보호를 위해 어떤 행동을 취하고 있는가? 당신은 환경 단체의 회원일 수도 있지만, 에너지와 물을 절약하기 위해 오늘 아침 찬물로 짧은 시간 동안 샤워를 했거나, 이산화탄소 배출을 줄이기 위해 자가용 대신 버스나 자전거로 출퇴근하는 등의 행동을 하지는 않았을 수 있다. 실생활에서 당신은 환경적 가치를 어느 정도 실천하고 있는가? 이러한 가치에 일관되거나 또는 비일관된 행동을 하는 상황은 언제인가? 이 장에서는 이러한 주요 질문에 답하고자 한다. 이 장에서는 가치의 정의와 특징을 설명하고 가치 이론에 대해서 논한다. 또한 환경 태도와 행동에 있어서 어떤 가치가 중요한 역할을 하는지와, 사람들이 친환경적 가치에 따라 행동하도록 장려하는 방법에 관해서 설명한다. 마지막으로, 환경심리학 연구에서 가치와 유관 개념들을 어떻게 구분하는지, 그리고 가치 연구가 개입 전략에 어떻게 활용되는지를 설명한다.

17.2 가치

가치(value)는 개인 또는 다른 사회적 존재의 삶에서 지침 역할을 하며, 중요성이 서로 다른, 바람직한 범상황적 목표를 의미한다(Schwartz, 1992). 이러한 정의에는 가치의 세 가지 주요 특징이 포함된다. 첫째, 가치에는 특정한 최종 상태가 바람직하거나 또는 바람직하지 않다는 신념이 포함된다. 둘째, 가치는 추상적인 개념으로, 특정한 상황뿐만 아니라 광범위하게 적용된다. 이것이 '목표(goal)'와 가치의 주요 차이이다(15장 참조). 목표는 개인이 자신의 삶에서 달성하고자 노력하는 대상을 지칭한다. 따라서 목표에 도달하거나 달성하게 되면 목표는 그 역할을 다하지만, 가치는 장기적으로 개인이 고수하는 것으로 여겨진다. 셋째, 가치는 사람이나 사건에 대한 평가, 또는 개인의 행동에 대한 지침으로 기능한다. 가치의 여러 유형은 가치 우선순위 체계에 따라 서열이 정해지며(즉, 여러 가치 유형 간에 상대적 중요성이 다름), 이는 특정 상황에서 상충하는 가치들이 활성화된다면 이들 중 가장 중요하게 여겨지는 가치에 기반한 선택이 이루어질 것을 시사한다.

환경행동에서 가치를 연구하는 것은 다음과 같은 이점을 지닌다. 첫째, 행동에 관련된 구체적인 신념, 태도, 규범이 무수히 많은 것에 비해 가치는 상대적으로 적은 숫자로 구성된다. 따라서 가치는 경제적이며 효율적으로 개인과 집단, 국가, 문화 간의 공통점과 차이점을 묘사하고 설명하는 도구로 기능한다. 둘째, 가치의 추상성은 거의 모든 맥락에서 예측을 가능하게 한다. 가치는 여러 구체적인 태도와 행동에 영향을 미친다(Seligman & Katz, 1996). 가치는 태도와 행동에 안정적이고 상대적으로 지속적인 기반을 제공한다는 점에서, 환경 분야에서는 흔한 일 중 하나인, 새롭게 등장한 태도 대상에 대해서도 가치가 태도와 행동의 중요한 예측 변수로 여겨진다(Stern et al., 1995). 또한 친환경적 가치가 지속가능한 행동에 미치는 인과적인 영향이 신뢰롭게 보고되어 왔다(Thøgersen & Ölander, 2002). 따라서 가치는 행동 변화를 위해 주요한 출발점이 된다. 특정 가치에 영향을 미치거나 활성화함으로써, 다양한 환경행동에 관련되는 구체적인 신념과 규범, 의도, 그리고 실제 행동의 발생까지 영향을 미치는 것이 가능하다(Thøgersen & Ölander, 2006).

17.3 가치 이론

이 절에서는 **사회가치지향성**(Social Value Orientation: SVO) 이론(Messick & McClintock, 1968)과 Schwartz의 가치 이론(Schwartz, 1992)의 두 가지 주요 가치 이론을 살펴본다. 이후 환경적 맥락에 관련되는 가치를 개관한다.

17.3.1 사회가치지향성

사회딜레마 연구(21장 참조)에서 파생된 개념인 사회가치지향성(SVO)은 사회딜레마 상황에서 개인이 자신의 보상과 타인의 보상에 관심을 두는 정도를 반영한다(Messick & McClintock, 1968). 대부분의 연구에서는 자신의 이득을 더 지향하는 사람들을 친자기적 가치 지향을 지닌 것으로, 타인이나 공동체의 이득을 더 지향하는 사람들을 친사회적 가치 지향을 지닌 것으로 구분한다. 개인의 SVO는 **분배 게임 기법**(decomposed game technique; Liebrand, 1984)을 통해 주로 측정되는데, 이는 응답자들이 자신과 타인에게 점수를 분배하는 여러 옵션 중 하나를 선택하는 일련의 문항들로 구성된다.

SVO와 환경 신념 · 규범 · 행동 사이의 관계에 대한 경험적 증거는 다양하다. 일부 연구에서는 친사회적 가치가 친환경적 의도 및 자기 보고 행동과 정적으로 상관되는 반면, 친자기적 가치는 종종 약한 강도의 부적 상관을 지니는 것으로 보고되었다(예: Hilbig et al., 2013; Joireman et al., 2001). 한편, SVO가 친환경행동과 관련된 선호와 유의미한 상관이 없다는 결과도 보고되었다(예: Joireman et al., 2004).

17.3.2 Schwartz의 가치 이론

Schwartz의 가치 이론(1992, 1994)은 56개 가치 항목으로 이루어진 일반적이고 포괄적인 분류 체계를 제안한다. Schwartz의 가치 조사에 참여한 응답자들은 '삶의 지침이 되는 원칙'으로서 각 가치 항목의 중요도를 9점 척도로 평가한다. 44개국의 설문 조사 자료를 바탕으로 Schwartz는 10가지 동기 유형의 가치를 식별하였다(이 중 네 가지 유형의 가치 예시는 〈표 17-1〉 참조). 이러한 상위 가치 '유형(type)'은 서로 밀접하게 연관되는 세부 가치들을 포함한다. 예를 들어, '보편주의(universalism)' 가치 유형에는 '사회 정의(social justice)' '관대함(broadminded)' '환경 보호(protecting the environment)' '평등(equality)' 등의 가치가 포함된다. 56개의 세부 가치는 10가지 동기 유형의 가치 군집으로 분류되어 2차원 공간에서 배치되며, 10가지 가치 군집은 **원형복합체**(circumplex) 구조를 형성한다([그림 17-1] 참조). 서로 가깝게 위치한 가치 유형 또는 개별 가치는 양립 가능한 반면, 멀리 떨어져 있을수록 양립 불가능하다. 예를 들어, 보편주의 가치(예: 관대함, 평등)는 박애 가치(예: 도움됨, 정직함)와 인접하여 상관되지만, 성취 가치(예: 성공적임, 유능함)와는 충돌(즉, 부적으로 상관되거나 전혀 상관이 없음)할 가능성이 크다. Schwartz의 이론에서 개별 가치의 중요도 점수는 큰 의미가 없으며, 다른 가치와 비교했을 때의 상대적 우선순위가 중요한 것으로 여겨진다.

Schwartz의 가치 구조에서 첫 번째 차원은 변화에 대한 개방성 대 보수성으로, 자기주도성, 자극 추구와 같이 새로운 것이나 아이디어에 대한 개방성을 강조하는 가치(변화에 대한 개방성)와, 전통 또는 순응을 강조하는 가치(보수성)로 구분된다. 두 번째 차원은 보편주의나 박애와 같이 타인이나 공동체, 자연에 대한 관심을 반영하는 차원과, 권력, 성취와 같이 자기 이익을 중시하는 가치 차원의 구분이다. 이는 순서대로 자기초월 대 자기고양 차원을 의미하며, 17.3.1절에서 논의됐던 친사회적[또는 **이타적**(altruistic)] 또는 친자기적[또는 **이기적**(egoistic)] 가치지향성에 상응하는 것으로 여겨진다. Schwartz가 제안

표 17-1 Schwartz(1994)의 가치 이론에 나타난 네 가지 동기 유형으로서의 가치 예시

동기 유형	정의	가치 예시
권력	사람이나 자원에 대한 사회적 지위와 명성, 통제권 및 지배력	• 사회적 권력 • 부 • 권위
보편주의	이해, 감사, 관용, 그리고 자연과 모든 사람의 복지를 보호하는 것	• 사회 정의 • 관대함 • 환경 보호 • 평등
박애	자신과 가까운 사람들의 복지를 보존하고 증진하는 것	• 도움됨 • 용서 • 정직
전통	자신에게 부여된 전통적인 문화나 종교를 수용 및 존중하고 헌신하는 것	• 자기 삶의 운명을 받아들임 • 헌신함 • 전통 존중

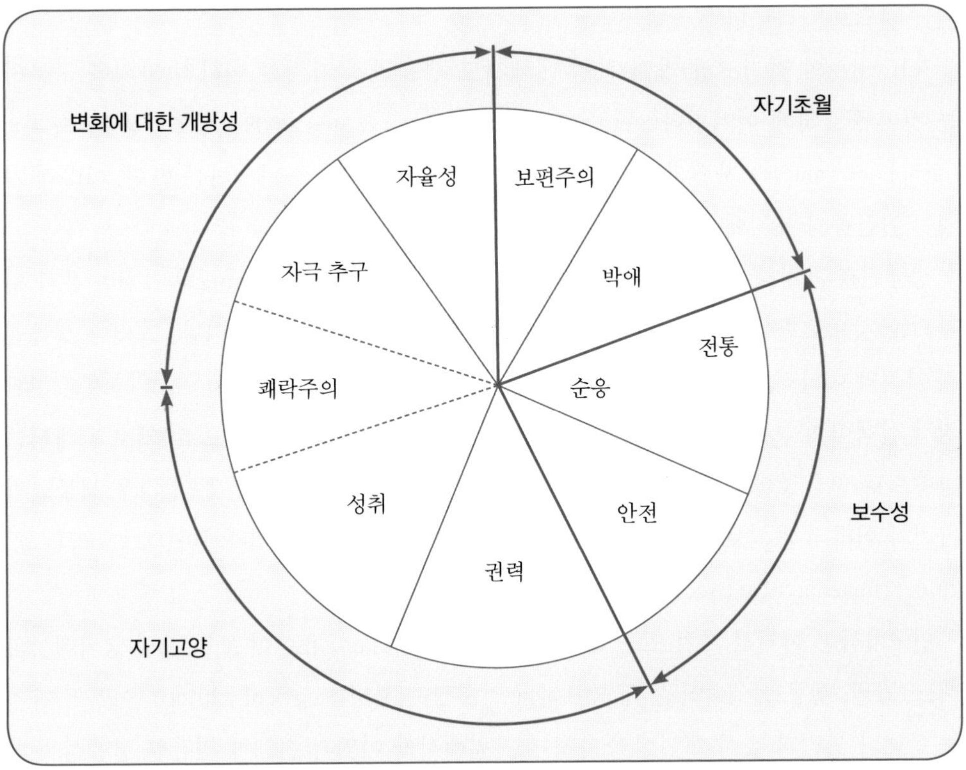

[그림 17-1] 이차원 공간에 배치된 동기 유형으로서의 가치 구조(Bilsky & Schwartz, 1994)
출처: [Academic Press, Inc]의 허가를 받아 재구성.

한 가치 군집은 여러 국가와 문화권에서 보편적으로 발견되었다(Schwartz, 1994).

특히 환경 신념, 규범, 행동을 설명하는 데 있어서 자기고양 대 자기초월 가치가 중요한 것으로 여겨지는데(예: De Groot et al., 2016), 이는 여러 친환경행동이 개인에게 이기적인 성향의 억제를 요구하기 때문으로 추정된다. 여러 연구에 따르면, 일반적으로 자기초월 가치를 강하게 신봉하는 사람들은 환경에 대해 더 긍정적인 태도나 규범, 행동을 보이는 반면에, 자기고양 가치를 강하게 신봉하는 사람들에게서는 그와 반대되는 경향이 나타났다(De Groot et al., 2016; Steg & De Groot, 2012).

17.3.3 친환경행동에 대한 네 가지 주요 가치

환경 영역에서는 두 가지 유형의 자기초월 가치(이타적 또는 생물권적 가치)와 마찬가지로, 두 가지 유형의 자기고양 가치(이기적 또는 쾌락적 가치)가 태도, 규범 및 행동과 연관되는 것으로 나타났다.

Schwartz의 자기고양 가치 차원 내에서도 생물권적 가치와 이타적 가치를 구분하는 것이 중요하게 여겨진다(Stern, 200; 또한 De Groot & Steg, 2008을 참조). **생물권적 가치**(biospheric value)는 자연의 질과 환경 그 자체에 대한 지향을 반영하는 반면, 이타적 가치는 인간종의 복지에 관한 지향을 반영하는 것으로 규정된다.

생물권적 가치와 이타적 가치는 정적으로 상관되며, 이는 Schwartz의 가치 이론과 일관되는 것으로 두 가지 유형 모두 자기초월 가치에 포함되기 때문이다. 그러나 생물권적 가치와 이타적 가치는 실증적으로 구분된다(De Groot & Steg, 2008). 또한 특정한 친환경적 선택이 두 가치의 상충을 의미할 경우, 각 가치는 고유한 방식으로, 때로 반대되는 방향으로 친환경행동을 예측하기도 한다(〈글상자 17.1〉 참조). 대부분의 경우 생물권적 가치가 이타적 가치보다 친환경적 태도, 규범 및 행동을 더 잘 예측한다(De Groot et al., 2016, Schuitema & De Groot, 2015; Van Doorn & Verhoef, 2015).

연구자들은 이기적 가치 또는 **쾌락적 가치**(hedonic value) 유형이 모두 환경 영역에서의 태도, 규범, 행동을 예측하는 데 중요하다고 주장해 왔다(Steg et al., 2014b). 이기적 가치는 돈이나 권력과 같이 개인이 소유하는 자원에서의 이익과 손해에 민감한 경향성을 반영하는 반면, 쾌락적 가치는 자기 감정을 고양하고 노력은 최소화하고자 하는 경향성을 반영한다. 실제로 연구에 따르면, 쾌락적 가치는 이기적 가치와는 구분되면서도, 이기적 가치와 마찬가지로 일반적으로 환경과 관련된 다양한 태도, 선호, 행동과 부적으로 상관되는 것으로 나타났다. 환경에 해로운 행동들(예: 차량 이용, 장시간 샤워)이 때때로 개인에게 큰 즐거움을 준다는 점에서 이러한 연구 결과는 어느 정도 납득이 가능하다.

글상자 17.1 생물권적 가치

De Groot와 Steg(2008)는 Schwartz(1994)의 가치 측정 도구를 개정하여 이기적 · 이타적 · 생물권적 가치를 실증적으로 구분하여 측정할 수 있는지 검증하였다. 이 연구에서는 Schwartz의 가치 이론에서 자기초월 대 자기고양 가치 차원에 속하는 세부 가치들을 선별하고, Schwartz의 원전에서는 제안되지 않았던 생물권적 가치 항목들을 추가로 포함하였다.

세 편의 연구 결과에서 새로 개발된 가치 측정 도구의 신뢰도와 타당도가 지지되었다. 이기적 · 이타적 · 생물권적 가치는 경험적으로 구분되었으며 이들을 측정하는 척도의 내적 일관성이 충분한 것으로 확인되었다. 대부분의 경우, 이기적 가치는 환경적 신념과 의도와는 부적 상관을 보였지만, 생물권적 가치와 이타적 가치는 순차적인 강도로 환경적 신념 및 의도와 정적 상관을 보였다. 예상대로 이타적 가치와 생물권적 가치가 상관되었지만, 참가자들이 환경 단체와 인도주의 단체 중 강제로 하나를 선택하여 기부할 때는 서로 다른 결과를 예측했다. 이타적 성향의 사람들은 인도주의 단체에 기부하는 선택을 더 많이 하였지만, 생물권적 성향의 사람들은 환경 단체에 기부하는 선택을 더 많이 하였다. 즉, 이타적 가치와 생물권적 가치가 상충할 때는 각 가치가 서로 다른 행동으로 이어지는 것으로 나타났다.

17.4 가치가 친환경행동에 미치는 영향

'생물권적 가치'와 같은 가치를 따르려면 어떤 행동을 해야 할까? 가치의 추상성은 수많은 개별적인 해석을 가능하게 한다. 환경을 중시하는 사람들은 갈라파고스의 웅장한 자연과 경치를 즐기기 위한 휴가를 떠날 수도 있지만, 여행이 지역적으로나 광역적으로 환경에 해를 끼친다고 믿는다면 휴가를 떠나지 않을 수도 있다. 즉, 사람들은 같은 가치를 신봉하더라도 서로 다른 행동을 할 수 있다. 그 결과로, 특정 행동에 대해서 가치보다는 해당 행동에 직접 관련되는 구체적인 태도나 규범의 예측력이 일반적으로 크다(Eagly & Chaiken, 1993). 실제로 여러 연구에서 가치는 각 행동에 연관된 구체적인 신념, 태도, 규범을 통해 간접적으로 행동에 영향을 미치는 것으로 나타났다(22장 참조; 예: De Groot et al., 2016, Thøgersen et al., 2016).

특정 상황에서 우선시되는 가치는 신념, 태도, 규범, 나아가 행동에까지 가장 큰 영향을 미친다. 예를 들어, 쾌락적 · 이기적 · 이타적 · 생물권적 특성이 서로 다른 식당 중 선택을 하는 상황에서, 다른 가치보다 생물권적 가치를 우선시하는 사람들은 식당의 생물권적 측면(예: 유기농 음식 제공 여부)을 고려하는 반면, 이타적 가치를 중시하는 사람들은 식당의 이타적인 측면(예: 근무 조건)을, 쾌락적 가치를 우선시하는 사람들은 쾌락적 측면(예: 음식의 맛)을 주로 고려하였다(Steg & De Groot, 2012). 가치는 주로 행동에 간접적으로 영향을 미치지만, 일부 연구에서는 가치와 행동 간에 직접적인 상관이 보고되기도 하였다(예: De Groot et al., 2013).

특정한 가치에 주의를 기울인다면 해당 가치의 현저성이 높아지며, 이는 가치에 부합하는 정보(신념과 행동에 영향을 미치는 정보)에 주의를 기울이도록 하는 데에도 영향을 미칠 수 있다(예: De Groot & Steg, 2009a, b). 가치의 현저성을 높이는 한 가지 방법은 자기 초점을 강화하는 것이다(Verplanken & Holland, 2002). 사람들은 자신에 대한 호의적인 시각을 유지하고자 동기화된다. 따라서 사람들은 자신이 자기 이익만을 추구하기보다는 환경을 염려하는 사람으로 보이는 것을 더 선호하는 경향이 있다. 실제로 두 편의 연구에서, 경제적인 이유(예: '돈을 아끼고 싶은가요? 타이어 공기압을 확인하세요.')를 들어 이기적 가치를 현저하게 만드는 경우보다 환경적인 이유(예: '환경을 보호하고 싶은가요? 타이어 공기압을 확인하세요.')를 들어 생물권적 가치가 현저한 경우 사람들이 더 긍정적인 자기개념을 유지했으며, 이는 친환경행동(예: 무료 타이어 점검 쿠폰 받기)으로 이어졌다(Bolderdijk et al., 2013b).

(특히 생물권적) 가치에 부합하는 행동을 촉진하기 위해 해당 가치를 현저하게 만드는 또 다른 방법은 개인의 가치에 대한 인지적인 지지 근거를 제공하는 것, 즉 사람들이 자신의 가치에 부합하는 근거를 지니도록 하는 것이다(Tapper et al., 2012). 인지적 근거가 없으면 사람들은 자신이 지지하는 가치를 공격하는 메시지를 반박하는 데 어려움을 겪게 되고, 이는 가치와 비일관된 행동을 야기할 수 있다. 따라서 특히 생물권적 가치를 개인의 자기개념과 결부시켜 우세하게 할 뿐만 아니라 이에 대한 인지적 지원을 제공함으로써 효과적으로 친환경행동을 증진하는 것이 가능하다.

17.5 유관 개념들

환경심리학 문헌에서는 가치 외에도 환경행동과 관련되는 여러 심리적 결정 요인, 대표적으로 환경우려, 생태적 세계관, 그리고 자연에 대한 속설들과 같은 개념들이 제안되어 왔다.

환경우려(environmental concern)는 환경에 대한 일반적인 태도로서(Fransson & Gärling, 1999) 환경문제에 대한 개인적인 평가를 반영한다. 환경우려 측정에 널리 사용되는 것으로 정서적 · 인지적 · 행동적 차원으로 구성되는 고전적인 태도의 3요소 개념화에 기반한 다중 주제의 다중 표현 도구가 존재한다[예: 환경 관심도 척도(Environmental Concern Scale; Weigel & Weigel, 1978)]. 다른 척도에서는 다른 여러 사회 문제에 비하여 환경문제가 상대적으로 인류에게 얼마나 심각하다고 생각하는지를 측정하는 것을 목적으로 한다(예: Dunlap & Jones, 2002). 어떤 척도를 사용하든지, 환경우려는 일반적으로 친환경적인 의도 및 행동과 주로 약하지만 정적 상관을 보이는 것으로 나타났다(예: Mcdonald et al., 2015).

생태학적 세계관(ecological worldview)은 인간과 자연환경의 관계에 관한 근본적인 신념을 반영한다(Dunlap et al., 2000; 또한 22장 참조). 생태학적 세계관의 대표적인 척도는 신환경(또는 생태학적) 패러다임(New Environmental Paradigm: NEP)으로, NEP에서 높은 점수를 보이는(즉, NEP를 지지하는) 사람들은 인류가 자연의 균형을 쉽게 무너뜨릴 수 있고, 인간 사회의 성장에는 한계가 있으며, 인류에게 자연을 지배할 권리가 없다고 믿는다. NEP는 친환경 의도 및 행동과 (약하지만) 정적 상관을 보였다(Dunlap & Jones, 2002).

자연에 관한 속설(myths of nature)은 환경의 취약성에 대한 인식과 환경에의 위험 요인을 통제하기 위해 선호하는 관리 전략을 반영한다(Steg & Vlek, 2009). 자연에 관한 속설

	변덕스러운 자연(Nature capricious) 자연에 대한 특별한 견해 없음, 환경우려 수준 낮음, 특별하게 선호되는 관리 전략 없음
	삐딱한/내성적인 자연(Nature perverse/tolerant) 자연이 중간 정도 취약한 것으로 여김, 평균적인 수준의 환경우려, 관리 전략으로 정부(중앙) 규제를 선호함
	인자한 자연(Nature benign) 자연이 강건하고 높은 회복력을 지닌 것으로 여김, 환경우려 수준 낮음, 관리 전략으로 자유시장주의나 기술만능주의를 선호함
	연약한 자연(Nature ephemeral) 자연이 연약하고 불안정한 것으로 여김, 환경우려 수준 높음, 관리 전략으로 행동 변화를 선호함

[그림 17-2] 자연에 관한 속설들. 그림에서 실선은 대지와 자연의 취약성을 상징하고, 구(원형)체는 환경에 대한 위험행동을 상징함. 자연에 대한 속설에 관해 보다 자세한 설명과 연구에의 적용 방법은 Steg와 Vlek(2009)를 참조

은 변덕스러운 자연, 삐딱한/내성적인 자연, 인자한 자연, 연약한 자연의 네 가지로 구분된다. [그림 17-2]는 자연에 대한 속설에서 환경위험이 어떻게 인식되는지를 그림으로 표현하고, 각 속설에서의 환경문제에 대한 믿음과 선호하는 위험 요인 관리 전략의 주요 차이점을 정리하고 있다. 친환경행동과의 관계를 비롯하여, 이 이론에서 제안된 가설들은 실증적 연구를 통해 뒷받침되었다(해당 연구에 대한 개관은 Steg & Vlek, 2009 참조).

환경우려, 생태학적 세계관, 자연에 관한 속설은 환경문제에 특히 초점을 맞추고 있는 반면, 가치는 환경에 관련되거나 관련되지 않은 삶의 전반적인 목표를 설명하는 데 초점을 두기 때문에 전자의 개념들이 가치보다 더욱 구체적이다. 한편, 실증적 연구에서는 가치가 유관 개념들보다도 환경행동을 더 잘 예측하는 경우가 많은데(Steg et al., 2011), 이는 대부분의 사람이 환경적 이유만으로 환경행동을 하지는 않기 때문인 것(즉, 이타적이거나, 심지어 이기적 또는 쾌락적 이유로 친환경행동이 야기될 수 있음)으로 추측된다.

17.6 가치 연구의 실용적 함의

소셜 마케팅 캠페인을 기획하는 사람과 같은 실무자들은 종종 가치 연구에서의 지식을 활용하여 친환경행동을 장려한다. 예를 들어, 2010년 덴마크의 버스 회사 Midttrafik은 자동차 대신 버스를 이용하는 것이 기후에 미치는 긍정적인 영향을 강조하는 '세상을 구하는 사람이 되세요(be a World saver)' 캠페인을 시행했다. 이는 특히 생물권적 가치를 지지하는 사람들에게 중요한 것으로 여겨진다. 생물권적 결과에 초점을 맞추는 것은 생물권적 가치를 활성화하고 다른 가치들에 비해서도 생물권적 가치가 현저해지게 하며, 버스를 타는 행동에 대한 지지 근거와 정당성을 강화할 것으로 여겨진다.

개인마다 가치의 우선순위가 다르기 때문에, 특정 가치를 지지하는 동질적인 그룹으로 대상을 세분화해서 각 그룹에 맞춤형 메시지를 제공하거나 서로 다른 형태의 개입을 하는 방식으로 가치 연구가 활용되고 있다(Kamakura & Mazzon, 1991; 또한 26장 참조). 실제로 연구에 따르면, 생물권적 가치를 강조하는 캠페인은 생물권적 가치를 강하게 지지하는 사람들의 행동 변화를 주로 야기하였다(Bolderdijk et al., 2013a 참조). 이러한 관점에서, Midttrafik의 캠페인은 특정한 그룹, 즉 생물권적 가치에 높은 우선순위를 부여하는 사람들을 대상으로 한 캠페인으로 해석될 수 있다. 이기적 가치 지향성을 지닌 여행자들이 버스를 이용하도록 설득하기 위해, Midttrafik은 휴식이나 독서가 가능하며 홍미로운 현지인을 만나는 기회와 같이 자동차보다 버스가 지닌 강점을 강조하는 또 다른 캠페인을 시행할 수도 있을 것이다.

17.7 요약

이 장에서는 친환경행동에서 가치의 역할에 관해 논하였다. 가치는 추상적이고, 개인마다 가치 유형별 중요성이 다르며, 개인의 삶을 이끄는 포괄적인 원칙으로 작용한다. 가치는 안정적이고 광범위하게 적용되기 때문에, 환경행동의 심리적 결정 요인에 관한 연구에서 유용한 도구를 제공한다. 이 장의 두 번째 부분에서는 여러 가치 이론 및 유형과 함께 다양한 가치 유형이 친환경적 신념과 행동에 미치는 영향을 검증한 실증적 연구를 개관하였다. 이를 통해 얻은 주요 결론은 자기초월 가치(이타적 가치와 생물권적 가치를 포함)와 자기고양 가치(이기적 가치와 쾌락적 가치를 포함)가 친환경적 신념, 태도, 규범 및 행동과 특히 관련된다는 것이다. 자기초월 가치는 이들과 정적으로 상관되는 반면, 자기고양 가치는 부적으로 상관되었다. 일반적으로 사람들은 생물권적 또는 이타적 가치가 특정 상황에서 우선시되거나 현저한 경우(예: 생물권적 가치가 개인의 자기개념에 연결되는 것으로 여겨지거나, 특정 가치를 지지하는 논리적인 이유가 제공될 경우) 해당 가치에 일관된 방향으로 행동하였다. 마지막으로, 환경우려, 세계관, 자연에 관한 속설과 같은 유관 개념들이 가치와 어떻게 다른지 논하고, 가치 맞춤형 개입전략(value-tailored intervention)을 개발하는 응용 장면에서 가치 이론이 어떻게 적용되는지를 설명하였다.

용어사전

가치(value): 개인 또는 사회적 실체가 자신의 삶을 이끄는 원칙으로서 중요하다고 생각하는 바람직한 범상황적인 목표

분배 게임 기법(decomposed game technique): 개인의 사회가치지향성을 측정하는 실험 도구

사회가치지향성(social value orientation; SVO): 사회딜레마 상황에서 개인이 자신의 보상과 타인의 보상에 관심을 두는 정도를 반영하는 가치지향성

생물권적 가치(biospheric value): 환경 그 자체와 자연의 질에 대한 지향을 반영하는 가치 유형

생태학적 세계관(ecological worldview): 인류가 자연의 균형을 쉽게 무너뜨릴 수 있고, 인간 사회의 성장에는 한계가 있으며, 인류에게 자연을 지배할 권리가 없다고 보는 관점

원형복합체(circumplex): 이차원 공간에 벡터로 표현되어, 원형 패턴으로 구조화된 변수들의 집합

이기적 가치(egoistic value): 자기 자원에 대한 지향을 반영하는 가치 유형

이타적 가치(altruistic value): 사회(공동체)와 타인에 대한 지향을 반영하는 가치 유형

자연에 관한 속설(myths of nature): 환경의 취약성에 대한 인식과 환경에의 위험 요인을 통제하기 위해 선호하는 관리 전략을 반영하는 신념

쾌락적 가치(hedonic value): 자기 감정은 고양하고 노력은 줄이고자 하는 지향을 반영하는 가치 유형

환경우려(environmental concern): 개인이 환경문제에 관해 염려하는 정도

읽을거리

Maio, G.R. (2010). Mental representations of social values. In: *Advances in Experimental Social Psychology* (ed. M.P. Zanna), 1–43. San Diego, CA: Academic Press.

Schwartz, S.H. (1992). Universals in the content and structure of values: theoretical advances and empirical tests in 20 countries. In: *Advances in Experimental Social Psychology* (ed. M. Zanna), 1–65. Orlando, FL: Academic Press.

Seligman, C. and Katz, A.N. (1996). The dynamics of value systems. In: *The Psychology of Values: The Ontario Symposium*, Vol. 8 (ed. C. Seligman, J.M. Olson, & M.P. Zanna), 53–75. Hillsdale, NJ: Lawrence Erlbaum Associates.

Steg, L. and De Groot, J.I.M. (2012). Environmental values. In: *The Oxford Handbook of Environmental and Conservation Psychology* (ed. S. Clayton), 81–92. New York, NY: Oxford University Press.

복습문제

1. 가치에 초점을 둔 환경심리학 연구의 장점과 단점을 설명해 보자.
2. 친환경행동을 설명하는 데 있어서 중요한 가치를 설명해 보자.
3. 가치에 관한 현재까지의 이론과 지식을 응용 연구에서 어떻게 활용할 수 있을까?
4. 환경우려 또는 자연에 관한 속설 등 환경행동에 영향을 미치는 결정 요인들과 가치가 어떻게 다를까?

사회규범과 친환경행동

Kees Keizer
University of Groningen, The Netherlands
P. Wesley Schultz
California State University, USA

18.1 도입

오늘날 우리가 직면한 많은 환경문제는 인간 행동의 결과이며, 따라서 이러한 문제들은 우리의 행동을 변화시킴으로써 해결 가능하다. 다음과 같은 환경 관련 결정을 떠올려 보자.

- 보통의 세탁기를 구매하거나, 또는 더 큰 비용을 들여서 에너지 효율이 높은 제품을 구매한다.
- 자동차 대신 자전거를 타고 출퇴근한다.
- 종이를 재활용품 수거함에 넣지 않고 가까운 일반 쓰레기통이나 바닥에 버린다.

이와 같은 상황에는 각각 명백한 환경적 선택이 존재한다. 대부분의 친환경 선택은 더 큰 노력이나 불편함, 또는 비용을 요구한다. 이 책의 다른 장에서는 사람들의 환경적 선택을 설명하는 개인적 또는 상황적 요인을 살펴본다. 이 장에서는 **사회규범**(social norm)

과 그에 순응하는 개인의 경향성에 초점을 맞춘다. 사회규범이 무엇인지, 사회규범이 (환경적) 행동에 언제, 어떤 영향을 미치는지를 설명하도록 한다.

18.2 사회규범이란 무엇인가

사회규범은 "집단의 구성원이 규칙과 기준으로 받아들인, 법의 강제력 없이 개인의 행동을 안내하거나 규제하는 것"(Cialdini & Trost, 1998, p. 152)을 의미한다. 일반적인 의미에서 사회규범은 보편적으로 행해지거나 또는 (불)승인된 것을 말한다. 즉, 이는 다른 사람들이 생각하거나 행동하는 것을 반영한다. 이는 자기 행동에 대한 스스로의 규칙 또는 기준인 **사적 규범**(personal norm)과 구분된다(Kallgren et al., 2000; 또한 22장 참조). 사회규범은 두 가지 유형으로 구분되는데, 일반적으로 승인되거나 또는 승인되지 않은 행동을 의미하는 **강제적 규범**(injunctive norm), 대부분의 집단 구성원이 보이는 행동을 의미하는 **기술적 규범**(descriptive norm) 등이다. 쓰레기를 버리거나 남은 페인트를 빗물받이에 부어 버리는 행위는 모두 사회적으로 승인되지 않은 행동이며, 이를 금지하는 강제적 규범이 존재한다. 다른 한편으로, 대부분의 네덜란드인이 짧은 거리를 이동할 때는 자전거를 이용한다거나 이들이 환경 단체에 매년 기부한다고 신문에 보도된다면 이는 기술적 규범에 대한 정보를 제공한다. 이는 어떤 행동이 보편적인지 아닌지, 또는 특정 행동이 얼마나 일반적으로 행해지는지를 알려 준다.

심리학자들이 사회규범을 지칭할 때, 이는 보통 집단 또는 공동체 구성원의 행동과 평가에 대한 개인의 **신념**을 의미한다. 매일 전철을 타고 출근하는 Jan을 떠올려 보자. 그는 전철역의 인파를 보고 다수의 사람이 자가용 대신 전철을 이용한다고 생각하고 전철로 출퇴근하는 것을 기술적 규범으로 여길 수 있다. 그러나 실제로는 다수가 자동차로 출퇴근할 수도 있다.

18.3 행동에 대한 규범의 영향력은 어느 정도인가

사회심리학자들은 오랫동안 사회규범을 연구해 왔다. Sherif(1936)의 초기 연구에서 참가자들은 실험실에서 다른 사람이 제시한 답변을 자신의 답변에 대한 참조로 사용했다. 이 연구의 참가자들은 어두운 방에서 작은 점으로 보이는 빛의 움직임을 추정하는 과제를 수행했다(이 기초적인 지각 과제는 자동운동효과를 이용한 것으로, 아무런 맥락 정보가 없을 때 이 빛은 실제로 고정되어 있음에도 불구하고 조금씩 움직이는 것처럼 보인다). Sherif의 연구에서 매 실험 회기는 세 명으로 구성된 집단으로 진행되었으며, 각 구성원(참가자)은 자신이 생각하는 답을 소리내어 말했다. 그 결과, 여러 차례의 시행을 거치면서 참가자들의 답변이 서로 유사해지는 것으로 나타났다. 같은 회기에 참여한 다른 참가자들의 답변을 들으면서 구성원 간 규범이 형성된 것이다. 이 연구의 특징 중 하나는 참가자들에게 상당히 모호한 상황이 주어졌다는 것이다(자동운동효과에는 개인차가 존재하여, 개인마다 점의 움직임을 추정하는 정도는 다르며 정답은 존재하지 않는다). 그러나 또 다른 연구에서는 규범의 영향이 이러한 상황에만 국한되지 않는다는 것을 보여 주었다.

Asch(1951)의 연구에서 참가자들은 세 개의 보기 중 기준선분(네 번째 선분)과 길이가 비슷한 선분을 선택하는 과제를 수행했다. 혼자 과제를 수행할 때는 거의 100%의 참가자가 정답을 보고했다. 그러나 다른 참가자들과 함께 과제를 수행하는 상황에서, 특히 다른 참가자(실험 협조자)들이 모두 오답을 보고하는 집단에 속했을 때는 정답을 보고하는 참가자의 비율이 68%로 감소하였다. 즉, 참가자의 32% 정도가 기술적 규범에 따라서 적어도 한 번은 명백히 오답인 보기를 정답으로 선택한 것이다. 규범은 명시적으로 표현되는 의견뿐만 아니라 (사적인) 행동에도 영향을 미친다. 또 다른 연구에서, 이웃 대부분이 가정에서 에너지 절약 행동을 한다는 사실을 알게 된 주민들은 이후에 에너지를 덜 사용하였다(Schultz et al., 2007).

규범은 (환경) 행동에 강한 영향력을 행사할 수 있지만, 사람들은 사회적 압력에 대한 자신의 취약성을 과소평가하는 경향이 있다. 이는 가정 내 에너지 절약에 관한 개인의 의사를 다룬 Nolan 등(2008)의 연구에 잘 나타난다. 이 연구에서는 환경 보호, 사회적 책임, 비용 절감의 이유를 들거나 에너지 절약 팁을 직접 제공하는 것보다도, 이웃의 다른 가정에서 하는 (좀 더 나은) 절약 행동에 대한 규범 정보를 제공하는 것이 효과적이라는 것을 보여 주었다. 그러나 각 요인이 에너지 절약을 얼마나 동기화했는지를 물으면, 주민들은 비용 절감이나 환경 보호에 대한 근거보다 규범 정보가 영향을 덜 미쳤다고 보고하였다.

18.4 사람들은 왜 규범을 따르는가

강제적 사회규범은 어떤 행동이 승인되는지 또는 승인되지 않는지를 설명한다. 이러한 규범의 준수는 종종 사회적 승인이나 보상과 관련되는 반면, 이를 위반하는 것은 사회적 제재 또는 반대를 수반한다. 따라서 사람들은 사회적 승인을 얻거나 제재를 피하고자 강제적 규범을 준수한다. 인간은 본원적으로 타인이 자신을 좋아하기를 바란다. Deutsch와 Gerard(1955)는 이러한 유형의 동기가 일으키는 것을 **규범적 사회영향**(normative social influence)이라고 명명했다. 한편, 기술적 규범을 따르는 기저에는 정확성 동기라는 다른 요인이 존재한다. 많은 경우에 집단 또는 다수를 따르면 옳은 결과를 얻을 가능성이 크다. 예를 들어, 기차를 타고 낯선 역에 도착했을 때 군중을 따라가면 출구를 찾을 가능성이 크다. Deutsch와 Gerard(1955)는 이러한 유형의 동기가 일으키는 것을 **정보적 사회영향**(informational social influence)이라고 명명했다.

18.5 규범은 언제 행동에 영향을 미치는가

18.4절에서 설명한 것처럼 사회규범은 우리 행동에 강한 영향력을 행사할 수 있다. 그러나 후속 연구들에서 여러 중요한 조절 요인이 발견되었다. **조절변수**(moderator)란 특정한 효과의 강도를 높이거나 줄이는 요인을 의미한다. 이 부분에서는 규범적 사회영향의 강도에 영향을 미치는 것으로 밝혀진 몇 가지 조절변수를 살펴본다. 특히 친환경행동에 초점을 맞추어 최신 연구 사례를 통해 그 효과를 설명한다.

18.5.1 현저성

사회규범에 관해서 논할 때, 규범은 일반적으로 맥락 특수적임을 염두에 두는 것이 중요하다. 즉, 규범은 특정한 상황에서 일반적이거나 적절한 행동에 대한 신념을 의미한다. 예를 들어, 누군가 가정에서는 목욕 수건을 6~7회 정도 재사용한 후 세탁하는 것이 적절하다고 생각하면서도, 호텔에 묵을 때는 수건을 한 번만 사용하고 세탁해도 된다고 생각할 수 있다. 또한 대부분 상황에는 여러 상관된 규범이 존재하는데, 사회적 행동 중

눈 맞춤이나 대인 간 거리에 관한 규범, 개인 복장에 관한 규범, 또는 환경행동에 대한 규범 등을 예시로 들 수 있다.

특정 사회규범이 현저한 정도에 따라서 해당 규범이 활성화되는 정도가 결정된다. **규범 행동에 관한 초점 이론**(focus theory of normative conduct)에서는 특정 규범이 활성화됐을 때 주로 해당 규범이 행동을 동기화한다고 제안한다(Cialdini et al., 1990). 한 연구에서는 '쓰레기 없는 주차장'을 운영하는 공공 도서관에서 사람들이 주차된 차의 앞 유리에 놓인 전단지를 쓰레기로 버리는지 또는 버리지 않는지 관찰하여 규범의 현저성 효과를 검증하였다(Reno et al., 1993). 이 주차장에는 기술적 규범 정보로 '이곳에서는 일반적으로 쓰레기를 버리지 않습니다'가 제공되었다. 그리고 참가자들은 주차장에 도착해서 패스트푸드 음식점의 봉투를 들고 지나가는 연구 협조자를 목격하였다. 통제 조건에 할당된 참가자들은 협조자가 봉투를 든 채 지나가는 것을 보았다. 반면, 현저성이 높은 연구 조건에서, 참가자들은 협조자가 들고 있던 봉투를 ('쓰레기 없는') 주차장에 버리는 것을 목격하였다. 연구자들은 다른 사람이 쓰레기를 버리는 행동을 보는 것이 참가자들에게 기술적 규범('이곳에서는 일반적으로 쓰레기를 버리지 않습니다')을 현저하게 만들 것으로 예상했다. 연구 결과, 봉투를 든 채 지나가는 협조자를 본 통제 조건(37%)에 비해 '쓰레기 없는

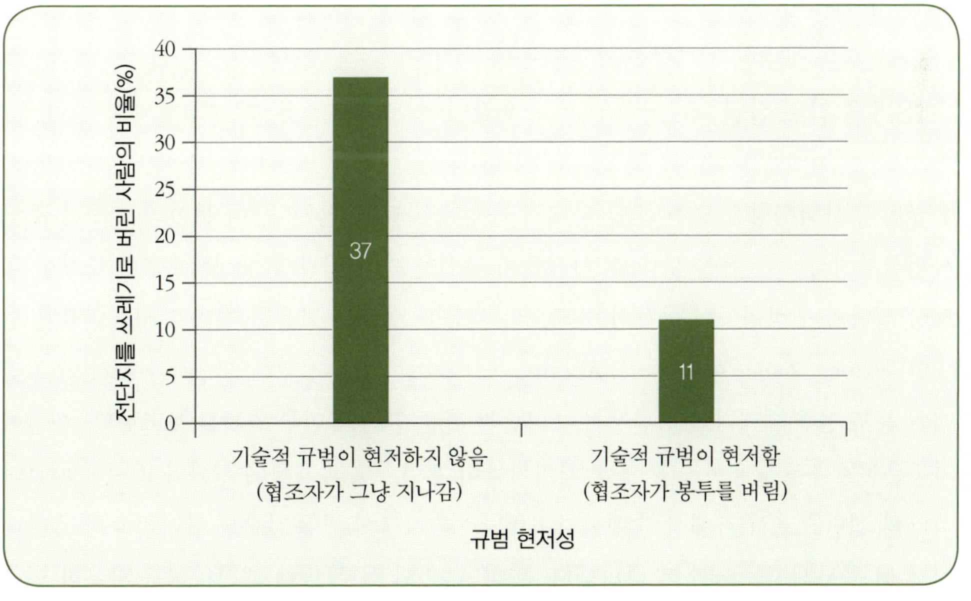

[그림 18-1] 기술적 규범의 현저성 여부에 따라서 깨끗한 공간에 쓰레기를 버린 참가자의 비율
출처: Reno et al.(1993)에서 수정.

주차장'에서 쓰레기를 버리는 협조자를 본 조건(11%)의 참가자들은 자신의 차에 꽂힌 전단지를 덜 버리는 것으로 나타났다([그림 18-1] 참조).

18.5.2 집단 규모

사회규범의 영향력을 조절하는 두 번째 변수는 집단 규모이다. Cialdini 등(1990)의 연구는 특정한 환경에서 쓰레기의 개수가 더 많을 때, 즉 쓰레기를 버리는 사람이 다수임을 시사할 때 더 많은 사람이 쓰레기를 버리는 것을 보여 주었다. 앞서 설명한 Asch(1951)의 고전 연구에서도 집단 규모가 이와 유사한 조절 효과를 보이는 것으로 나타났다. 최초의 연구, 즉 참가자 개인은 분명 정답을 알고 있음에도 불구하고 집단의 규범(다수의 응답)을 따라 오답을 보고했던 연구에서, 집단 규모는 8~10명 사이였다. 이후 진행된 후속 연구에서 Asch(1956)는 집단 규모가 네 명(이 중 세 명은 오답을 얘기하는 실험 협조자이고 한 명이 실제 참가자임)일 때, 집단 규모가 두 명 또는 세 명일 때 보다 동조율이 더 높은 것을 발견했다. 그러나 집단의 규모가 네 명 이상일 경우에 규모에 따른 영향력이 지속하여 증가하지는 않았다. 이러한 결과는 집단의 규모가 클수록 구성원 개인에게 더 큰 영향력을 행사하지만, 집단 규모의 효과는 빠르게 정체될 것(즉, 최대치에 다다를 것)을 시사한다.

18.5.3 참조집단

규범적 사회영향은 또한 집단 자체의 특성에 따라 조절된다. 이 분야의 연구는 주로 사회정체성의 이론 틀을 토대로, 사람들이 자신을 특정 집단의 구성원으로 범주화한 후 해당 집단의 구성원들이 공유하는 태도와 행동을 스스로 적용한 결과로 사회영향을 설명한다(Hogg, 2003). 예를 들어, Abrams 등(1990)은 (앞서 설명한) Sherif와 Asch의 고전적인 동조 연구 패러다임을 활용하여 다음과 같은 일련의 연구 결과를 보고했다. 이들이 자동운동효과를 활용한 연구에서, 참가자들이 개인으로 과제를 수행한다고 믿을 때보다 하나의 집단으로서 과제를 수행한다고 믿을 때 시행이 반복될수록 참가자들의 응답이 서로 더 유사해지는 것으로 나타났다. 또한 Asch의 선분 과제 패러다임을 활용한 연구에서는, 협조자들이 실제 참가자와 같이 심리학 전공생일 때(즉, 내집단 구성원으로 여겨질 때), 고대역사학 전공생일 때(즉, 외집단 구성원으로 여겨질 때)보다 집단에서의 규범적 영향력이 큰 것으로 나타났다.

다른 연구에서도 이와 유사한 결과들이 보고되었다. 예를 들어, Smith와 Louis(2008)의 연구에서는, 같은 내용이더라도 자신과 다른 대학 학생들(외집단)보다 같은 대학 학생들(내집단)의 의견과 행동에 관한 규범 정보에 참가자들이 더 많은 영향을 받는 것으로 나타났다. 외집단으로부터의 규범 정보는 사실상 개인의 행동에 거의 영향을 미치지 않았다.

18.5.4 사적 규범

앞서 소개된 예시들은 규범적 정보의 영향력뿐만 아니라 그 효과를 조절하는 사회적 맥락의 여러 측면을 보여 주었다. 그러나 특정한 주제에 관해 개인이 지닌 사적 규범도 분명 존재하며, 이들이 사회규범의 영향력을 능가할 수 있는가의 질문을 던질 수 있다. Schultz 등(2016)의 연구에서는 사적 규범의 강도가 규범적 사회영향의 효과를 조절하는 것으로 나타났다. 사적 규범이란 특정 행동의 도덕적 책임에 대한 개인의 신념을 의미한다. 이 연구에 따르면 규범적 사회영향은 일반적으로 특정 행동에 대해 모호한 태도를 지닌 개인에게 특히 강하게 작용하였다. 물 절약의 중요성을 강하게 믿는 사람을 떠올려 보자. 이 사람은 물 절약을 위한 행동을 지속하고, 물을 절약하지 않는 다른 사람을 지적하는 행동을 하기도 한다. 이 사람은 에너지 절약에 대해 강한 선호나 태도를 지니지 않은 사람에 비해서 다른 사람들의 행동에 의한 정보 영향(즉, 기술적 규범의 영향)을 덜 받을 것이다.

18.5.5 규범 갈등과 일관된 메시지의 중요성

규범적 사회영향의 주요 조절변수 중 마지막 요인은 상충하는 규범에 관한 것이다. Cialdini 등(1990)의 쓰레기 투기에 관한 연구에 따르면 사람들은 쓰레기가 없는 환경보다 어느 정도 쓰레기가 있는 환경에서 쓰레기를 버릴 가능성이 더 크다. 이 연구에서는 또한 기술적 규범과 강제적 규범이 충돌하는 상황을 분명하게 만들어 주었다. 쓰레기가 있는 환경에서는, 다수의 사람이 쓰레기를 버린다는 사실(기술적 규범)이 쓰레기를 버리면 안 되는 것(강제적 규범)과 충돌한다. 연구 결과, 이러한 '갈등' 상황에서는 기술적 규범과 강제적 규범이 일치하는 환경(즉, 쓰레기가 없는 깨끗한 환경)에서의 쓰레기 투기 금지 규범과는 다르게 규범이 그 영향력을 발휘하지 못하는 것으로 나타났다. 또한 특정한 강제적 규범에 위배되는 기술적 규범은, 해당 강제적 규범의 영향력을 억제할 뿐만 아니라(즉, 강제적 규범에 반하는 행동을 촉진함) 직접 관련되지 않는 다른 강제적 규범에도 영향을 미치는 것으로 나타났다. 이는 **규범 억제 확산 효과**(cross-norm inhibition effect; Keizer et al., 2008; 〈글상자 18.1〉 및 [그림 18-2] 참조)로, 특정한 규범에 위반되는 행동 단서를 목격할 경우 다른 규범에 관해서도 그에 부합하는 행동을 하려는 동기가 약해지는 현상을 의미한다. 이는 목표 틀짓기 이론을 통해서 설명된다(Steg et al., 2016; 15장 및 22장 참조).

글상자 18.1 규범 억제 확산 효과

Keizer 등(2008)이 보고한 일련의 현장실험에서는 특정한 강제적 규범이 위배되었을 때 또 다른 강제적 규범의 영향력이 억제되는 것으로 나타났다(규범 억제 확산 효과). 그래피티가 있는 골목에 주차된 자전거를 찾으러 온 사람들이 자전거 핸들에 붙은 전단지를 무단 투기할 가능성(69%)이 그래피티가 없는 골목에 주차된 자전거를 찾으러 온 사람(32%)보다 더 높았다. 즉, 지저분한 환경(낙서가 있는 골목)이 또 다른 규범 위반 행동(쓰레기 무단 투기)을 촉발한 것이다. 또 다른 연구에서는, 우편함이 쓰레기로 둘러싸여 있을 때(25%), 깨끗할 때(13%)보다 우편함에 (눈에 띄게) 걸려 있는 돈봉투를 훔칠 가능성이 큰 것으로 나타났다.

[그림 18-2] 규범 억제 확산 효과 검증에 사용한 연구 재료 예시(〈글상자 18.1〉 참조)

출처: Kees Keizer의 사진.

친환경행동을 증진하기 위한 메시지를 제작하는 과정에서 담당자들은 종종 바람직하지 않은 행동을 묘사하는 이미지나 문구를 포함하기도 한다(Cialdini, 2003). 이러한 메시지는 문제의 심각성에 대한 '인식 재고'나 대안적인 행동의 중요성을 강조하기 위해 활용된다. 그러나 이러한 메시지에는 사람들이 사실 바람직하지 않은 행동을 하고 있다는 기술적 규범이 내포되기도 한다.

Cialdini 등(2006)은 Petrified Forest National Park에서 진행된 일련의 연구를 통해 이러한 각성 메시지의 역효과를 해결할 가능성을 제안하였다. 이 공원에는 수천 년의 세월을 거쳐 석화된 고대 나무들이 존재하였다. 공원 바닥에 흩어져 있는 작은 나무조각들은 기념품을 찾는 방문객들에게 쉬운 표적이 되었다. 연구진들은 나무조각의 손실을 막기 위해, 방문객들이 나무를 줍지 않도록 유도하는 표지판의 효과성을 연구하였다. 한 조건에서는 표지판에 다음과 같은 강한 강제적 규범이 제시되었다.

"석화된 나무조각을 공원에서 반출하지 마시오."

이 표지판에는 한 방문객이 나무조각을 들고 있는 모습 위로 붉은색 금지 기호가 표시된 그림이 함께 제시되었다. 한편, 다른 조건에서는 표지판에 다음과 같이 사안의 심각성을 설명하는 기술적 규범이 제시되었다.

"수많은 방문객이 석화된 나무조각을 주워 간 결과로, 숲의 상태가 변화하고 있습니다."

이 표지판에는 공원에서 나무조각을 가져가는 방문객의 그림이 함께 제시되었다. 연구진은 표지판의 효과를 검증하기 위해서 공원의 여러 산책로를 따라 방문객들이 눈치챌 수 없는 표식이 더해진 나무조각을 배치하였다. 연구의 종속변수는 표시된 나무조각 중 도난당한 나무조각의 비율(도난율)이었다. 연구 결과, 강제적 규범을 포함한 메시지(1.67%)가 (부정적인) 기술적 규범을 포함한 메시지(7.92%)에 비해 낮은 도난율을 보여 주었다. 그뿐만 아니라, 이 결과를 아무런 메시지가 제시되지 않았을 때의 도난율(2.92%)과 비교했을 때(Cialdini, 2003), 바람직하지 않은 기술적 규범을 포함한 메시지가 오히려 역효과를 일으켰다는 것을 알 수 있었다.

Petrified Forest National Park 연구는 강제적 규범의 영향력이 그와 상충하는 기술적 규범에 의해 심각한 위협을 받을 수 있음을 보여 준다. 그러나 기술적 규범이 강제적 규

글상자 18.2 일관된 규범 메시지를 통한 효과적인 개입전략

사회규범을 활용한 연구에서, Schultz 등(2008)은 호텔 객실에서 목욕 수건 재사용을 권장하는 메시지를 개발하여 사용하였다. 이 중 한 연구에서는 다음과 같이 기술적 메시지와 강제적 메시지가 **일관되도록** 함께 제시하였다.

"많은 리조트 투숙객이 에너지 절약의 중요성에 관한 의견을 표명하였습니다. 선택의 기회가 주어진 경우, 거의 75%의 고객이 하루 동안 수건을 재사용하였습니다. 이처럼 많은 고객이 환경 보호를 중시하고 이행되기를 원했기 때문에, 본 리조트에서도 환경 보호 프로그램을 시작하기로 하였습니다. …… 객실에 배치된 수건을 재사용해 주십시오."

6개월간의 연구 결과, 이런 메시지가 제시된 객실의 투숙객 중 62%가 숙박 1일 차에 최소 하나의 수건을 재사용했으며, 평균적으로는 1.74개의 수건을 교체한 것으로 나타났다. 반면, 일반적인 메시지가 제시된 객실의 투숙객 중 57%가 숙박 1일 차에 최소 하나의 수건을 재사용했고, 평균적으로는 2.32개의 수건을 교체하였다. 이 외에도 에너지 절약을 촉진하기 위한 일관된 규범 메시지의 효과를 검증한 것으로 Smith 등(2012)의 연구를 참조할 수 있다.

범과 일관된다면, 두 규범을 함께 활용하여 효과적인 개입전략을 개발할 수도 있을 것이다(Schultz et al., 2008; 〈글상자 18.2〉 참조).

특정한 강제적 규범에 위배되는 것이 아닌 그에 부합하는 타인의 행동을 보는 것은 또 다른 강제적 규범을 따르는 행동에 긍정적인 영향을 미치기도 한다(Keizer et al., 2013). 사람들은 쓰레기가 널려 있는 상황보다 상대적으로 깨끗한 상황에서 낯선 사람을 도울 가능성이 더 컸다. 이 연구는 또한 상대적으로 깨끗한 상황에서 자신이나 다른 사람의 쓰레기를 치우며 '쓰레기 투기 금지'의 강제적 규범을 이행하는 사람(협조자)을 직접 관찰했을 때 타인에 대한 도움 행동이 증진되는 것을 보였다. 이는 친환경행동을 증진하는 데 있어서도, 한 사람의 행동이 변화를 일으킬 수 있음을 시사한다.

18.6 요약

이 장에서는 친환경행동을 이해하고 변화시키는 데 있어서 사회규범의 역할에 대해 논의하였다. 사회규범은 강제적 규범과 기술적 규범의 두 가지 유형으로 구분된다. 또한 사회규범은 규범적 또는 정보적 영향을 통해 (친환경적) 행동에 강한 영향력을 행사한다. 이러한 영향력은 규범의 현저성, 참조집단의 규모, 특정 집단이 내집단으로 여겨지는 정도, 개인의 사적 규범, 그리고 강제적 규범과 기술적 규범이 일관되는지와 같은 요인에 따라서 조절된다. 친환경행동을 유도하는 메시지를 구상할 때는 기술적 규범에 관한 정보가 목표 행동에 부합하는 것이 필수적이다.

용어사전

강제적 규범(injunctive norm): 일반적으로 승인되거나 또는 승인되지 않은 행동

규범 억제 확산 효과(cross-norm inhibition effect): 특정한 규범이 위반되는 행동 단서를 목격할 경우 다른 규범 역시 위반될 가능성이 높아지는 현상

규범 행동에 관한 초점 이론(focus theory of normative conduct): 특정 규범이 활성화됐을 때 주로 해당 규범이 행동을 동기화한다고 제안하는 이론

규범적 사회영향(normative social influence): 사회적 승인을 얻거나 또는 사회적 제재를 피하려는 동기에 기인하여 발생하는 규범 영향

기술적 규범(descriptive norm): 대부분의 집단 구성원이 보이는 행동

사적 규범(personal norm): 특정 행동의 도덕적 책임에 대한 개인의 신념

사회규범(social norm): 사회 및 공동체에서 일반적으로 행해지거나 (불)승인되는 것

정보적 사회영향(informational social influence): 정확성 동기에 기인하여 발생하는 규범 영향

조절변수(moderator): 특정한 효과의 강도를 높이거나 줄이는 요인

읽을거리

Keizer, K., Lindenberg, S., and Steg, L. (2008). The spreading of disorder. *Science* 322: 1681-1685.

Nolan, J., Schultz, P.W., Cialdini, R.B., and et al., (2008). Normative social influence is underdetected. *Personality and Social Psychology Bulletin* 34: 913-923.

Schultz, P.W., Tabanico, J., and Rendón, T. (2008). Normative beliefs as agents of influence: Basic processes and real-world applications. In: *Attitudes and Attitude Change* (ed. R. Prislin and W. Crano), 385-409. Psychology Press.

복습문제

1. 사회규범을 정의하고, 기술적 규범과 강제적 규범의 차이를 설명해 보자. 그리고 각 규범에 대해 고유한(즉, 교재에 나오지 않은) 예시를 하나씩 총 두 가지 제시해 보자.
2. 규범적 사회영향의 기저에 있는 두 가지 유형의 동기를 설명해 보자.
3. 규범적 사회영향에 대한 조절변수 세 가지를 설명해 보자.
4. 당신이 다니는 대학에서 바닥에 버려지는 담배꽁초를 줄이기 위한 캠페인을 개발하는 요청을 받았다고 상상해 보자. 본인이 생각하기에 효과적일 전략 두 가지와 효과적이지 않을 전략 두 가지를 설명해 보자.

제19장

정서와 친환경행동

Danny Taufik
Wageningen University & Research, The Netherlands
Leonie Venhoeven
University of Groningen, The Netherlands

19.1 도입

(이 장을 읽는 것이 하루를 시작하는 시점이 아닐 것을 가정하고) 오늘 하루 동안 당신이 했던 모든 일을 떠올려 보라. 아침에 따뜻한 물로 만족스러운 샤워를 했을 수도 있고, 자전거나 버스, 또는 자가용을 타고 강의를 들으러 갔을 수도 있으며, 저녁 식사로 채식 메뉴를 미리 고민해 보았을 수도 있다. 사람들은 매일 환경의 질에 주요한 영향을 미칠 수 있는 수많은 결정을 내린다. 얼만큼의 시간 동안 어느 정도 온도의 물로 샤워할 것인지, 학교까지 가는 데 어떤 교통수단을 이용할 것인지, 저녁 식사 메뉴를 채식 또는 육식으로 구성할 것인지 등은 환경에 영향을 미친다. 그리고 이러한 결정에는 다양한 기준이 적용될 수 있다(이 책의 제2부 참조). 예를 들어, 당신은 시간도 절약하고 옷이 땀에 젖지 않은 채 도착할 수 있어서 자전거가 아닌 자동차를 타고 등교했을 수도 있지만, 자동차를 이용하는 것은 자전거 이용보다 비용이 많이 들고 더 많은 대기오염을 야기한다. 시간, 편안함, 환경에 미치는 영향, 비용과 같은 측면을 행동의 **도구적 결과**(instrumental consequence)라고 부른다(Dittmar, 1992). 사람들은 특정 제품이나 행동이 야기하는 (도구

적) 비용과 이득을 비교하여, 장점은 가장 많고 단점은 가장 적은 도구적 결과를 야기하는 대안을 선택하는 것이 합리적이라고 생각한다.

그러나 환경행동을 하는 데 있어서 사람들이 항상 합리적인 방식으로 행동하는 것은 아니다. 특히 사람들은 특정 유형의 행동을 하면 기분이 좋아져서 또는 기분이 나빠져서 그 행동을 하거나 하지 않기도 한다. 이 장에서는 환경행동에서 어떻게 정서가 주요한 역할을 하는지 설명한다. 첫 번째 절에서는 정서가 어떻게 환경행동의 동기가 될 수 있는지를 보여 준 경험적 연구들을 소개한다. 이후 환경행동에 대한 소위 쾌락적 그리고 의미적 관점에 관해 논하고, 환경행동이 어떻게 긍정적이거나 부정적인 정서와 연관될 수 있는지를 보다 명확하게 설명한다. 친환경행동은 부정적 정서와 연합되는 것으로 추정되는 경우가 많지만(예를 들어, 친환경행동이 번거롭게 여겨지는 경우), 친환경행동이 긍정적인 정서와도 연합될 수 있는 이유를 설명하고자 한다. 마지막으로, 친환경행동이 긍정적인 정서를 이끌어 내는 조건에 관해서 자세히 설명하도록 한다.

19.2 행동 동기로서의 정서

정서는 특정한 대상이나 행동에 대한 반응이거나 그에 의해서 유발된 것, 또는 대상 및 행동에 연합된 보다 전반적인 상태로 정의된다(Ekkekakis, 2012). 이는 정서가 주요 감정(core affect) 또는 기분(mood)과는 구분됨을 의미한다. 주요 감정은 쾌감이나 불쾌감과 같이 의식적으로 접근할 수 있는 가장 기본적인 감정으로 정의된다(Russell & Feldman Barrett, 1999). 주요 감정 자체는 의식적으로 어떤 대상을 향하지 않는다. 만약 주요 감정이 어떤 대상을 향하게 되면 이는 특정한 정서(emotion)의 일부로 전환된다. 마찬가지로, 기분은 "특정한 것에 관한 것이든 다른 모든 것에 관한 것이든, 일반적으로 전체 세상(the world)에 관한 상태"로 정의된다(Frijda, 2009, p. 258). 따라서 기분을 주요 감정이 오래 지속하는 상태로 보기도 한다. 이 장에서는 환경행동과 관련된 주요 감정, 즉 친환경행동이 유발하는 정서에 초점을 맞춘다.

연구에 따르면 어떤 행동을 했을 때 경험할 것으로 여겨지는 긍정적이거나 부정적인 정서, 이른바 **예견된 정서**(anticipated emotion)가 해당 행동의 발생에 주요 예측 요인으로 작용한다. 이는 사람들이 자가용 출퇴근과 같이 환경에는 해롭지만 즐거운 상태와 연합된 행동을 하도록 하는 데 적용될 수 있다(Steg, 2005). 다른 한편으로, 예견된 정서는 사람들이 친환경행동을 하도록 유도할 수도 있다. 예를 들어, 사람들이 재활용이 덜 지루하고 오히려 즐거울 것이라고 기대한다면 재활용 행동 의향이 증진되기도 한다(Kraft et al., 2005). 마찬가지로, 대중교통 이용에 대해 긍정적인 정서가 예견되거나 또는 대중교통을 이용하지 않았을 때 부정적인 정서가 예견된다면 대중교통을 이용하려는 의도가 더 강해지기도 하였다(Carrus et al., 2008). 따라서 특정 행동이 기분이 좋아지도록 만든다고 믿거나(즉, 긍정적 정서의 경험), 또는 특정한 행동이 기분이 나빠지는 것(즉, 부정적 정서의 경험)을 예방하는 데 도움이 된다고 믿는다면 사람들이 해당 행동을 하도록 동기화될 수 있다. 어떤 대상이나 행동이 불러일으킬 것으로 예상되는 정서는 그 행동에 대한 동기로서 작용한다. 이러한 과정으로 행동이 발생하는 것을 **정서적 동기**(emotional motive)에 기인한 것으로 해석한다.

사람들이 환경에 이득이 되는 행동을 하고자 결심하는 데 있어서, 해당 행동에서 예견된 도구적 결과보다 정서적 동기가 강하게 영향을 미치는 경우들이 존재한다. 실제로 에너지 소비를 줄임으로써 예상되는 긍정적 정서 경험이, 에너지 절약을 통해 얻을 수 있는 도구적 이익보다 사람들의 에너지 절약 의도를 강하게 예측하는 것으로 나타났다(Taufik et al., 2016). 에너지 절약이 상대적으로 적은 금전적 이익을 가져다주더라도, 해당 행동이 긍정적 정서를 일으킬 것으로 예상된다면 사람들은 여전히 에너지 절약 행동을 하려는 경향을 보여 주었다. 수많은 친환경행동이 상대적으로 적은 보상에 비해 많은 희생을 요구하기 때문에(예를 들어, 덜 친환경적인 행동에 비해서 친환경행동이 더 큰 비용이나 시간 및 노력의 투자를 요함; Bolderdijk & Steg, 2015), 정서적 동기의 역할이 매우 중요하게 여겨진다. 사용한 종이를 버리기 위해 몇 분가량 재활용 수거함까지 걸어가는 것은 집에 있는 가까운 쓰레기통에 종이를 버리는 것보다 더 많은 시간과 노력을 요구한다. 또한 종이 재활용이 개인의 금전적 이득으로 이어지는 경우는 거의 없기 때문에 해당 행동으로 인한 긍정적인 도구적 결과는 거의 없다. 그러나 사람들이 재활용을 통해 긍정적인 정서를 경험할 것으로 예상한다면, 이러한 정서적 동기화는 아무런 도구적 이득 없이도 사람들이 재활용을 하도록 유도할 것이다.

요약하면, 사람들이 환경행동의 결과로 특정한 정서를 경험할 것으로 예상하는 정도는 해당 행동의 발생 여부에 중요한 영향을 미칠 수 있다. 예견된 정서가 사람들이 친환경적으로 행동할지에 중요한 영향을 미친다면, 이러한 예견된 정서는 어디에서 오는지, 즉 무엇이 사람들로부터 친환경행동에 수반되는 긍정적 또는 부정적 정서를 예상하도록 하는지에 대한 질문을 던질 필요가 있다. 사람들이 미래에 경험할 것으로 예상하는 정서의 중요한 원천은, 당연히 실제로 이전에 해당 행동을 했을 때 경험했던 정서이다[**경험된 정서**(experienced emotion); Carver & Scheier, 1990]. 따라서 무엇이 사람들이 친환경행동에 참여했을 때 기분을 좋게 또는 나쁘게 느끼도록 만드는지에 답하는 것이 매우 중요하다.

19.3 정서에 대한 쾌락적 및 의미적 관점

친환경행동이 긍정적이거나 부정적인 정서를 유발하는 이유를 설명하는 두 가지 관점이 존재한다. 첫 번째 관점을 설명하기 위해, 오늘 아침 비가 많이 와서 당신이 자동차를 이용해서 등교하기로 결정했다고 가정해 보자. 자동차를 이용하는 것은 그다지 친환경적인 행동은 아니지만, 기상 여건으로 인해 이 행동은 당신에게 기분 좋은 경험이 되었을 수도 있다. 그러나 맑은 날이었다면 당신은 자전거로 등교했을 수도 있고, 이 역시도 당신에게는 즐거운 경험이 될 수 있다.

정서가 유쾌하거나(또는 불쾌한) 경험 자체에 기인한다는 것은 **쾌락적 관점**(hedonic view)에 기반을 두고 있으며 이는 친환경행동이 유발하는 정서 경험에도 적용된다(Venhoeven et al., 2013). 일부 친환경행동은 본질적으로 즐거울 수 있으며, 쾌락적 관점에 따르면 이는 긍정적인 정서를 유발한다. 예를 들어, 사람들은 종종 유기농 식품이 비유기농 식품보다 맛이 좋다고 인식하며(Zanoli & Naspetti, 2002), 화창하고 맑은 봄날에 자전거로 출근하는 것은 자동차를 운전하는 것보다 본원적으로 즐거운 것으로 여겨진다. 그러나 다른 한편으로, 환경에 해로운 행동이 친환경행동보다 더 즐겁거나 덜 불쾌한 것으로 여겨지기도 한다. 뜨거운 물로 오랜 시간 샤워하는 것은, 그보다 친환경행동인 차가운 물로 짧게 샤워하는 것보다 즐거운 경험으로 느껴진다. 친환경행동의 불유쾌한 속성은, 친환경행동이 "최고 수준의 개인적 희생을 요구하는 것"(De Young, 1990-1991, p. 216)이라든지, 또는 유권자들에게 "미국인의 삶의 방식은 협상의 대상이 아니다"('리우데자네이루 지구 정상회의'에서 전 미국 대통령인 조지 부시의 발언)라고 설득할 필요를 부른다. 결과적으로, 쾌락적 관점을 따르면 수많은 친환경행동이 부정적인 정서와 연합될 가능성이 있다. 친환경행동이 실제로 덜 유쾌하거나 심지어 불쾌한 것으로 여겨질 때, 친환경행동들은 억제될 것이다.

여기서 제기되는 질문은, 그렇다면 우리가 모든 친환경행동이 기분 좋게 느껴지도록 이들을 모두 유쾌한 행동으로 만들어야 하는가이다. 사실, 친환경행동을 단순하게 불쾌하고 다소 희생적인 행동으로만 보는 것은 이러한 행동에 긍정적인 측면이 존재함을 간과하는 것이다. 친환경행동은 환경의 질을 개선하는 데 기여하므로 도덕적이고 유의미한 행동으로 볼 수 있다.

환경행동이 일으키는 긍정적이거나 부정적인 정서에 관한 두 번째 관점을 설명하기 위해서 다음 사례를 떠올려 보자. 당신은 아침에 짧은 샤워를 했고, 이러한 행동이 환경보호에 도움 될 것이라고 생각했다. 이러한 생각은 짧은 샤워 역시 기분 좋게 느껴지도록 할 수 있으며, 이는 당신이 환경의 질 개선에 기여하는 의미 있는 일을 했기 때문이다.

친환경행동을 했을 때 야기되는 정서가 행동이나 경험의 유의미함(또는 무의미함)에 기인한다고 보는 것은 **의미적 관점**(eudaimonic view)에 기반을 둔다. 친환경행동은 자연의 질과 타인의 복지에 기여할 수 있기 때문에 종종 **도덕적 행동**(moral behaviour)으로 여겨진다(Van der Werff et al., 2013a; 22장 참조). 특정한 도덕정서도 사람들이 친환경적으로 행동하는 것과 관련된다. 예를 들어, 사람들이 친환경 제품을 구매하지 않을 때 더 많은 죄책감을 느낄수록 이들이 친환경 제품을 구매할 의도는 더 증진된다(Onwezen et al., 2013). 또한 사람들이 친환경 제품을 구매할 때 더 많은 자부심을 느낄수록 마찬가지로 친환경 제품을 구매할 의도가 증진된다(Onwezen et al., 2013; 또한 22장 참조).

친환경행동은 더 큰 공익에 기여한다는 점에서 행위자에게 더 큰 도덕적 함의를 지니는 것으로 느껴진다. 결과적으로, 짧은 샤워도 자연의 질에 도움이 된다는 점에서 긍정적인 정서를 불러일으킬 수 있다(Venhoeven et al., 2013). 이러한 추론을 뒷받침하고자, Venhoeven(2016)의 연구에서는 사람들이 특정 행동을 더 친환경적이라고 지각할수록 해당 행동을 더 의미 있는 것으로 여기는 것을 보였다. 결과적으로, 사람들이 해당 행동을 더 의미 있다고 여길수록 그 행동을 했을 때 더 좋은 기분을 느낄 것으로 예상했으며 실제로도 더 긍정적인 기분을 경험했다. 또한 사람들이 친환경행동에 더 많은 개인적인 의미를 부여할수록(즉, 환경 가치를 중시하고 친환경행동에 강한 도덕적 의무를 느낄수록) 그 행동을 했을 때 긍정적인 정서를 느낄 것이라고 기대했다. 즉, 사람들이 친환경행동에 부여하는 의미가, 해당 행동을 했을 때 긍정적인 정서를 경험하도록 하는 것으로 해석된다.

19.4 친환경행동이 긍정적 정서를 일으키는 이유: 의미적 관점에서 살펴보기

친환경행동의 유형에 따라서 각 행동은 유쾌하거나 불쾌한 경험으로 여겨지고, 따라서 긍정적이거나 부정적인 정서를 일으킬 수 있다(쾌락적 관점). 그러나 19.3절에서 제안했듯이, 환경에 좋은 일은 보통 도덕적 행동으로 여겨지기 때문에 긍정적인 정서를 불러일으킬 수 있다(의미적 관점). 이 장에서는 후자의 연결 고리가 가능한 이유, 즉 도덕적 행동이 긍정적인 정서를 이끌어 내는 이유를 더 자세하게 살펴본다.

이 연결 고리에 대한 주요한 근거는, 친환경행동과 같은 도덕행동을 행하는 것은 자신이 좋은 사람이라는 것을 자각하도록 만들기 때문이다. 즉, 친환경행동을 하는 것은 스스로에게 긍정적인 **자기지표**(self-signal)로 기능한다. 개인의 자아상은 자신이 누구인지에 대한 인식으로 여러 다양한 요소의 집합으로 구성된다(또한 20장 참조). 예를 들어, 한 사람이 자신을 부지런한 학생, 친구들 사이에서의 농담꾼, 또는 친환경적인 사람 등으로 인식할 수 있으며 이러한 요소들이 모여 자아상을 구성한다. 사람들이 자아상을 구성하는 데 있어서 중요한 요소 중 하나는 스스로의 행동이다(Bem, 1972). Bem(1972)은 "개인은 자신의 행동과 그 행동이 발생한 상황을 지각하여 자신의 태도, 정서, 그리고 다른 내적 상태들을 유추하여 '알게 된다'"(p. 2)고 제안했다. 실제로 친환경행동을 하는 것은 사람들이 스스로를 더 친환경적인 사람으로 인식하도록 만든다(van der Werff et al., 2014b; 20장 참조). 또한 친환경적인 행동을 하는 것은 사람들이 스스로를 좋은 사람으로 결론짓도록 한다(Venhoeven et al., 2016). 사람들이 스스로를 얼마나 긍정적으로 여기는지는 그들의 기분이 좋아지는 데 결정적인 역할을 한다(Baumeister, 1993). 개인의 친환경행동 자각이 긍정적인 자아상을 형성하고, 이는 긍정적인 정서로 이어진다(Venhoeven et al., 2016). 이처럼 타인을 돕거나 환경에 도움 되는 행동을 통해서 경험되는 긍정적인 느낌은 **따뜻한 빛**(warm glow)으로 불리기도 한다(〈글상자 19.1〉 참조; Taufik et al., 2015).

행동이 발생한 상황은 그 행동을 해석하는 방식에 영향을 미칠 수 있다. 예를 들어, 짧은 샤워를 한 이유와 그 근원에 있는 동기는 그 행동이 어떻게 느껴질지에 영향을 미친다. 외부적인 요인(예: 시간제한) 때문에 짧은 샤워를 했을 수도 있고, 또는 짧은 샤워가 환경 개선에 도움 된다고 생각하여 행동했을 수도 있다. 두 경우 모두 짧은 샤워 자체는 불유쾌한 행동이지만(쾌락적 관점), 두 번째 이유로 인한 행동은 개인에게 의미 있게 여겨

글상자 19.1 친환경행동으로부터 경험되는 '따뜻한 빛'

예견된 긍정 정서는 사람들이 왜 환경에 도움 되는 행동을 하는지를 설명할 수 있다. 앞서 설명했듯이 친환경행동은 의미 있는 행동으로 간주되어 이를 실제로 행했을 때 기분이 좋아질 수 있다. 의미 있는 행동을 하는 것은, 타인을 도왔을 때 느끼는 긍정적인 정서인 '따뜻한 빛'의 느낌(Andreoni, 1990)을 이끌어 낸다는 사실이 제안되기도 했다. 흥미롭게도, 이 따뜻한 빛이라는 정서는 문자 그대로 해석된다(Taufik et al., 2015).

두 편의 연구에서 참가자들은 탄소 발자국 계산공식을 사용하여 자신의 행동이 환경에 미치는 영향의 정도를 측정하였다. 이 계산공식에는 여행, 에너지 사용, 식습관에 관한 질문 등이 포함되었다. 실험 조건에서 참가자는 자신의 탄소 발자국 수준이 (이전 실험에서 측정된) 다른 학생들의 평균적인 탄소 발자국 수준에 비해 49% 높거나(즉, 참가자가 다른 학생들보다 덜 친환경적임), 또는 49% 낮다는(즉, 참가자가 다른 학생들보다 더 친환경적임) 정보를 받았다. 이 정보는 참가자의 행동이 매우 친환경적이거나 또는 환경에 해롭다는 사실을 현저하게 해 주었다. 즉, '평균적인 학생들과 비교했을 때 당신의 탄소 발자국 수준이 49% 더 좋다(또는 나쁘다)'라고 명시적으로 전달하여, 참가자들이 자신의 행동이 상대적으로 친환경적인지 또는 환경에 해로운지를 분명하게 알 수 있도록 전달되었다.

실험 1에서 자신의 행동이 상대적으로 환경친화적이라는 피드백을 받은 참가자들은(20.76℃), 자신의 행동이 환경에 해롭다는 피드백을 받은 참가자보다(19.86℃) 평균적으로 주변 온도가 더 높다고 인식했다. 이는 실내 온도가 20℃로 일정하게 유지된 공간에서 진행된 실험 2에서도 동일한 양상으로 관찰되었다(환경친화적 조건, 환경유해적 조건 순서대로 20.23℃ 대 19.49℃). 또한 연구 2에서는 탄소 발자국 피드백이 참가자들의 긍정적인 자아상에 더 많이 기여했을수록 체감온도가 더 높다고 인식하는 것으로 나타났다. 이러한 연구 결과를 종합하면, 사람들은 긍정적인 자기지표로 인식되는 친환경행동을 했을 때 말 그대로 따뜻한 기운을 느끼는 것을 시사한다.

질 수 있다(의미적 관점).

따라서 행동의 원인으로 상황적 제약이 지목되는가 또는 개인의 선택이 지목되는가는 사람들이 자신의 행동을 해석하는 방식에 영향을 미치며, 이는 다시 행동이 나타내는 자기지표에 영향을 미친다. 특정 행동을 자발적으로 했을 때 사람들은 그 행동의 원인을 외부 요인이 아닌 내부 요인으로 귀인할 가능성이 크다(Van der Werff et al., 2014b). 특히 사람들은 자신이 원해서 특정 방식으로 행동했을 때 (또는 그렇게 느낄 때) 그 행동이 자신의 내적 상태나 성향을 반영한다고 생각하며, 이는 타인의 행동을 관찰할 때도 동일하게 적용된다(Bodner & Prelec, 2003). 친환경행동 역시 자신이 선택했거나 원해서 했다고 여겨질 때 긍정적인 자기지표로 여겨질 수 있다. 이 경우 친환경행동은 스스로 좋은 사람이라는 것을 더 강하게 보여 주며, 이때의 행동이 더 긍정적인 정서를 야기한다(Venhoeven et al., 2016). 따라서 짧은 샤워를 하는 것이 환경 보호에 도움 되는 것으로 여겨지며 개인이 이를 자발적으로 선택하여 행동했을 때 긍정적인 정서를 일으킬 것으로 기대된다.

따라서 친환경행동을 장려하는 홍보 캠페인을 기획하는 데 있어서 이러한 행동이 왜, 그리고 어떤 조건에서 긍정적인 정서를 이끌어 내는지를 고려하는 것이 중요하다. 즉, 이러한 캠페인에서는 해당 행동이 환경의 질 개선이라는 더 큰 목표에 어떻게 기여하는지를 강조하고, 사람들이 자발적인 선택에 따라 목표한 행동에 참여하여 긍정적인 자기지표를 자각할 수 있을 때 더 효과적일 수 있다. 예를 들어, 버스 정류장에 거울로 된 포스터를 부착하여 사람들이 자신의 모습을 비춰 볼 수 있도록 만들고 거울 하단에 '나는 기후 변화에 대응하기 위해 버스를 타기로 선택했습니다.'라는 문구를 작성할 수 있다. 이 경우 더 깨끗한 환경에 기여하는 행동이 스스로에게도 분명하게 보여지기 때문에, 버스를 타는 사람들이 긍정적인 자기지표를 인식하는 것이 가능하다. 이러한 틀짓기를 통하여 버스를 타는 것이 긍정적인 정서를 야기하도록 한다면, 사람들이 이후에도 더 자주 버스를 타도록 만들어 선순환의 고리를 형성할 수 있다.

19.5 요약

이 장에서는 환경행동에서 정서적 동기의 역할에 관한 연구와 이론의 발전 과정을 개관하고자 하였다. 구체적으로, 친환경행동이 비용이나 시간의 투자와 같은 즉각적인 도구적 결과의 영향을 받을 뿐만 아니라, (때로는 훨씬 강력하게) 해당 행동에 수반될 것으로 예상되는 예견된 정서의 영향을 받는다는 것을 보였다. 다음으로, 예견된 정서의 근원 중 하나로 이전의 친환경행동이 실제로 유발했던 정서에 관하여 논하였다. 이 장에서는 친환경행동이 정서를 유발하는 이유에 대한 두 가지 서로 다른 관점을 제시했다. 첫 번째는 친환경행동이 그 자체로 유쾌하거나 불쾌한 것으로 여겨진다는 관점(쾌락적 관점)이다. 두 번째는 친환경행동이 유의미한 것으로 여겨질 수 있다는 관점(의미적 관점)이다. 특정 친환경행동이 유발하는 정서에는 쾌락과 의미가 모두 작용할 수 있지만, 후

자가 일반적으로 더 광범위한 친환경행동에 적용될 수 있다. 모든 친환경행동은 자연과 환경의 질, 그리고 타인의 복지에 기여할 수 있기 때문에, 이러한 유형의 행동들은 더 도덕적이고 의미 있는 것으로 여겨질 가능성이 크다. 따라서 이러한 행동에 참여하는 것은 긍정적인 자기지표로 인식될 수 있다. 즉, 친환경행동에 참여하는 것은 자신이 좋은 사람이라는 것을 보여 줌으로써 긍정적인 정서를 이끌어 낼 수 있다.

용어사전

정서적 동기(emotional motive): 정서에 기반한 특정 행동에 대한 동기

경험된 정서(experienced emotion): 어떤 행동이 행해졌을 때 실제로 경험되는 긍정적이거나 부정적인 느낌

도구적 결과(instrumental consequence): 비용이나 시간과 같이, 특정한 제품 또는 행동에 수반되는 것

도덕행동(moral behaviour): 현재와 미래 세대 모든 인류의 복지에 이득이 되는 행동으로, 자연과 환경을 이롭게 하는 행동으로 확장되기도 함

따뜻한 빛(warm glow): 타인을 돕거나 환경에 도움 되는 행동을 통해서 경험되는 긍정적인 느낌

예견된 정서(anticipated emotion): 특정 행동에 수반될 것으로 여겨지는 긍정적이거나 부정적인 정서에 대한 예측

의미적 관점(eudaimonic view): 환경행동과 관련된 긍정적이거나 부정적인 정서는 그 행동이 유의미한 경험인가에 기인한다는 관점

자기지표(self-signal): 개인의 행위나 행동이 특정한 내적 특성이나 성향을 드러내는지에 대한 스스로의 자각 또는 해석

쾌락적 관점(hedonic view): 환경행동과 관련된 정서는 그 행동 자체가 유쾌하거나 불쾌한 경험이라는 것에 기인한다는 관점

읽을거리

Taufik, D., Bolderdijk, J.W., and Steg, L. (2015). Acting green elicits a literal warm glow. *Nature Climate Change* 5(1): 37-40.

Venhoeven, L.A., Bolderdijk, J.W., and Steg, L. (2013). Explaining the paradox: How proenvironmental behaviour can both thwart and foster well-being. *Sustainability* 5(4): 1372-1386.

복습문제

1. 친환경행동에서 예견된 정서가 어떻게 동기 부여의 역할을 하거나 또는 장애물이 되는지 설명해 보자.
2. 쾌락적 관점과 의미적 관점에 따라 긍정적인 정서를 이끌어 낼 수 있는 친환경행동을 떠올려 보고, 그 방법을 설명해 보자.
3. 친환경행동이 다소 불쾌하더라도 궁극적으로 긍정적인 정서를 일으킬 수 있는 이유를 설명해 보자.
4. 쓰레기 분리배출 행동이 강력하고 긍정적인 자기지표를 지칭하는 상황과, 분리배출 행동이 강력하고 긍정적인 자기지표를 지칭할 수 없는 상황을 각각 설명해 보자.

제20장

환경행동의 상징적 측면

Birgitta Gatersleben
University of Surrey, UK
Ellen van der Werff
University of Groningen, The Netherlands

20.1 도입

사람들은 여러 가지 서로 다른 이유로 행동을 취한다. 이들은 보통 기능적이거나 도구적인 이유 때문이다. 예를 들어, 사람들은 배가 고프면 식사를 하고, A에서 B로 이동하기 위해 자동차를 이용한다. 그러나 때때로 사람들은 **상징적 의미**(symbolic meaning) 때문에, 즉 특정한 행동이 자신이 어떤 사람인지, 어떤 사람이 되고 싶은지, 또는 어떤 사람이 되어야 하는지를 의미하기 때문에 해당 행동을 하기도 한다. 예를 들어, 자동차의 가격이나 이동성, 또는 연료 소비량과는 관계없이, 어떤 사람들은 대형 사륜구동 자동차를 운전하며 자랑스러움을 느끼고, 또 다른 사람들은 전기 자동차를 운전하며 자랑스러움을 느끼기도 한다. 사람들은 특정한 유형의 자동차가 자신의 고유한 특성(예: 성공함, 환경친화적)이나 특정한 집단의 성원(예: 사업가, 환경운동가)임을 상징하기 때문에 그를 더 선호하기도 한다. 이 경우 자동차는 자기표현적(즉, 개인의 고유한 속성을 나타냄)이고 범주적(즉, 특정한 집단에 속해 있음을 나타냄)인 상징으로 기능한다(Dittmar, 1992). 이처럼 행동의 상징적 측면으로서의 역할은 소비자심리학에서 광범위하게 연구됐지만, 환경심리학에서는 최근 주목받기 시작했다. 그러나 이 장에서 살펴볼 예정이듯이, 환경행동은 더 강력한 상징적 가치를 지닐 수 있다. 이 장에서는 환경행동의 상징적 가치를 다루는 연구 영역으로, 환경적 자기정체성과 인상관리에 관해 논한다. 이들은 서로 연관되지만 별개의 분야로, 사람들이 스스로를 어떻게 바라보는지(그들의 정체성), 그리고 타인에게 어떻게 보여지기를 원하는지(인상관리)가 환경행동에 미치는 영향을 설명한다.

20.2 정체성

자기정체성(self-identity)은 사람들이 자기 자신을 설명할 때 사용하는 라벨(label)을 의미한다(Cook et al., 2002). 사람들은 상황에 따라 (때로는 상충하는) 여러 가지 정체성을 지니고 있으며, 이러한 정체성은 각기 다른 시점에 특징적으로 나타난다(Stryker & Burke, 2000). 이는 사회정체성(23장 참조), 소비자정체성 등을 포함한다.

환경행동에 중요한 영향을 미치며, 따라서 환경심리학 문헌에서 주목하는 정체성 중 하나는 자신을 환경친화적인 사람으로 여기는지를 의미하는 **환경적 자기정체성**(environmental self-identity)이다. 환경적 자기정체성은 주로 친환경행동('나는 스스로를 환경친화적인 사람으로 여긴다'; Van der Werff et al., 2013a)에 초점을 두거나 또는 소비자정체성('나는 녹색 소비자이다'; Gatersleben et al., 2012)에 초점을 두는 등 다양한 방식으로 개념화되어 왔다. 또 다른 문헌에서는 자신을 바라보는 시각뿐만 아니라 다른 사람들에게 어떻게 보이고 싶은지에 대한 상을 포함하여 환경적 자기정체성의 측정 도구를 구성하기도 하였다(20.3절 참조). 예를 들어, 환경적 자기정체성을 측정할 때 Whitmarsh와 O'Neill(2010)은 응답자에게 자신의 행동('나는 환경친화적인 소비자이다'), 자신의 가치관('나는 환경 현안에 깊은 관심을 지닌 사람이다'), 타인이 자신을 어떻게 볼지('내가 환경친화적인 생활방식을 지닌 사람으로 보여진다면 부끄러울 것이다')에 대해 떠올려 응답하도록 하였다.

정체성을 개념화하는 또 다른 방법으로 **정체성 유사성**(identity similarity), 즉 개인이 자신에게 부여하는 지각된 특성(예: 최신 유행을 따르는, 사회적으로 인정받는, 원활한)과, 전형적인 재활용 운동가 또는 전형적인 스포츠카 소유자와 같은 특정한 고정관념 사이의 대응이 있다(Manetti et al., 2002, 2004).

20.2.1 환경적 자기정체성과 행동

정체성의 현저성은 종종 상황에 따라 달라진다. 그러나 자아감의 중심이 되는 주요 정체성은 만성적으로 현저하며 다양한 맥락에서 광범위한 행동에 영향을 미친다(Burke, 2006). 따라서 환경적 자기정체성이 중요한 사람일수록 다양한 친환경행동을 취할 가능성이 높다. 실제로 환경적 자기정체성의 중요성이 친환경 쇼핑, 쓰레기 줄이기, 자원 절약(Whitmarsh & O'Neill, 2010), 항공편 이용 자제, 분리수거, 공정무역 제품 구매(Gatersleben et al., 2012), 에너지 사용, 지속가능한 제품 선택, 친환경 에너지 사용(Van der Werff et al., 2013a, b), 그린톡 참여 및 차량 이용 줄이기(Kashima et al., 2014) 등 다양한 환경행동에 영향을 미쳤다.

환경적 자기정체성은 태도, 지각된 행동 통제력, 주관적 규범과 같은 다른 변수보다 행동을 더 잘 예측하였으며, 이러한 정체성을 이해하는 것은 다른 변수로는 설명할 수 없는 행동을 이해하는 데 있어서도 고유한 통찰력을 제공하는 것으로 나타났다(Gatersleben et al., 2012; Manetti et al., 2002, 2004; Van der Werff et al., 2013a, b).

긍정적이고 일관된 자아감을 유지하려는 욕구는 환경적 자기정체성과 환경행동 사이의 연관성을 설명하는 데 도움 되기도 한다. **자기불일치**(self-discrepancy) 이론(Higgins, 1989)에서는 사람들이 자신의 실제적 자기(actual self: 자신의 실제 행동을 반영), 이상적 자기(valued self: 그들의 가치와 열망을 반영), 당위적 자기(ought self: 지각된 규범을 반영) 간의 일관성을 의미하는 **자기일관성**(self-consistency)을 유지하고자 동기화된다고 제안한다. 사람들은 여러 자기상 간 경험할 수 있는 불일치를 해소하기 위해 그들의 행동을 바꾸는 등의 노력을 기울인다. 이와 유사하게, **자기지각**(self-perception) 이론(Bem, 1972)에서는 사람들이 자신의 행동을 관찰함으로써 자기를 인식한다고 제안한다. 또한 만약 자신이 한 일과 자신에게 중요한 일 사이에 불일치가 있다고 인식하면, 심리적 불편감, 즉 **인지부조화**(cognitive dissonance; Festinger, 1957)를 경험하게 되며 이는 행동이나 태도 변화에 대한 강력한 동기를 부여한다. 따라서 환경적 자기정체성이 강한 사람들은 특정 행동이 자신의 환경적 자기정체성과 일관된다고 여길 때 해당 환경행동을 할 가능성이 크다(Kashima et al., 2014). 자기일관성을 유지하려는 이러한 욕구는 도덕적 의무감에도 영향을 미친다. 강한 환경적 자기정체성을 지닌 사람들은 친환경행동을 하는 것에 더 강한 도덕적 의무감을 경험하며, 이는 결국 해당 행동의 발생에 영향을 미치는 것으로 나타났다(Van der Werff et al., 2013a, b).

20.2.2 정체성에 영향을 미치는 요인

환경적 자기정체성은 가치, 태도, 행동과 같은 여러 심리 변수들과 상관된다. 환경적 자기정체성은 사람들의 가치관, 특히 생물권적 가치와 밀접하게 관련된다(17장 참조). 즉, 환경 보호가 누군가의 삶의 원칙이라면, 그는 자신의 가치관에 따라 행동해야 한다고 생각할 가능성이 크며 자신을 환경친화적인 사람으로 인식할 가능성도 크다. 생물권적 가치가 환경적 자기정체성보다 수개월 이전에 측정된 경우에도 둘 간의 높은 상관이 관찰되어, 이 개념들이 안정적인 속성임이 지지되었다(Van der Werff et al., 2013a, b). 또한 환경적 자기정체성은 가치와 행동 간의 관계를 매개하였으며, 이는 정체성이 시간이 지나도 안정적이고 더 넓은 개념임을 시사한다(Gatersleben et al., 2012; Van der Werff et al., 2013a, b).

정체성이 비록 상대적으로 안정적인 개념임에도 불구하고, 이들이 행동 변화나 과거 행동을 떠올리는 것의 영향을 받는다는 증거들이 제기되었다(Cornelissen et al., 2008; Poortinga et al., 2013; Van der Werff et al., 2014a). 예를 들어, 웨일즈에서 비닐봉지에 5펜스의 요금을 부과한 결과, 비닐봉지 사용량이 크게 감소하고 지역 주민들의 환경적 자기정체성이 증진되었다(Poortinga et al., 2013). 이는 20.1.1절에서 설명한 자기지각 이론(Bem, 1972)과 일치하는 결과이다. 과거의 친환경행동을 상기하는 것 역시 환경적 자기정체성을 강화하는 결과를 보였다(Van der Werff et al., 2014a). 그러나 과거 행동을 상기하는 것이 항상 정체성을 강화하는 것은 아니다(〈글상자 20.1〉 및 〈표 20-1〉 참조). **귀인 이론**(attribution theory)에 따르면, 과거 행동이 스스로 친환경적인 사람이라는 것을 강하게 시사할 때 사람들이 자신을 바라보는 방식에 영향을 미칠 가능성이 크다(Kelley, 1973 참조). 이는 서로 다른 유형의 일련의 친환경행동을 떠올리거나, 어렵더라도 독특한 친환경행동을 떠올리는 경우에 해당하는 것으로 나타났다(Van der Werff et al., 2014a). 또는 반대 방향으로, 사람들이 자신이 친환경행동을 자주 하지 않는다는 사실을 깨닫게 되면 환경적 자기정체성이 약화되어 이후의 친환경행동이 감소한다는 사실에도 주목할 필요가 있다(Cornelissen et al., 2008; Van der Werff et al., 2014a).

환경적 자기정체성이 환경행동을 이해하는 데 중요하다는 것은 분명하다. 이 분야의 연구들은 사람들이 기능적 또는 도구적 이유뿐만 아니라 이러한 행동이 자신의 독특한 인간적인 특성에 대한 상징이기 때문에 행동을 이행한다는 것을 보여 주었다. 그러나 사람들은 스스로에 대한 지각에 따라 행동하려는 동기를 지닐 뿐만 아니라, 다른 사람들이

글상자 20.1 시초의 친환경행동이 어떻게 환경적 자기정체성을 강화하고 확산되는가

한 연구는 어떤 경우에 시초의 친환경행동이 환경적 자기정체성을 강화하고 다른 친환경행동으로 확산되는지를 검증하였다(Van der Werff et al., 2014a). 참가자들은 네 개의 실험 조건 중 하나에 배정되어 과거의 행동을 떠올렸다. 한 조건에서는 다양한 유형의 과거 친환경행동 여덟 가지(예: 대중교통 이용, 재활용)를 떠올렸고, 다른 한 조건에서는 한 가지 기본 유형의 과거 친환경행동 여덟 가지(예: 가전제품 전원 끄기)를 떠올렸고, 또 다른 한 조건에서는 과거 친환경행동 한 가지(예: 유기농 제품 구매)를 떠올렸다. 마지막으로, 통제 조건에서는 환경과 관련 없는 과거 행동 여덟 가지(예: 신문 읽기)를 떠올렸다. 그 결과, 서로 다른 유형의 친환경행동 여덟 가지를 떠올린 조건의 참가자들이 통제 조건의 참가자들보다 환경적 자기정체성이 강했다(〈표 20-1〉 참조). 한 가지 기본 유형의 친환경행동 여덟 가지를 떠올린 조건과, 한 가지 행동만 떠올린 조건에서는 통제 조건과 유의미한 차이가 없었다. 또한 여러 유형의 친환경행동 여덟 가지를 떠올린 조건의 참가자들이 한 가지 행동을 떠올린 조건의 참가자보다 환경적 자기정체성이 강한 것으로 나타났다.

환경적 자기정체성은 결과적으로 친환경 제품 선택 행동과도 관련되었다. 환경적 자기정체성이 강할수록 참가자들은 친환경 제품을 더 선호했다. 또한 환경적 자기정체성은 과거 행동 조작(여러 유형의 친환경행동 여덟 가지를 떠올린 조건과 통제 조건을 비교함)과 제품 선택 행동의 관계를 매개하였다. 이 결과는 사람들에게 서로 다른 유형의 여덟 가지 친환경행동을 상기하는 것이 환경적 자기정체성을 강화하여 친환경 제품 선택을 증진할 수 있음을 보여 준다. 그러나 한 가지 유형의 여덟 가지 친환경행동을 상기하거나, 한 가지 친환경행동을 떠올리는 것만으로는 환경적 자기정체성을 강화하거나 친환경 제품 선택을 증진하기에 충분하지 않았다.

자신을 어떻게 생각하는지에도 신경 쓴다. 따라서 타인에게 형성하고자 하는 인상에 따라서 행동이 달라지기도 한다.

표 20-1 응답자가 다양한 행동 유형을 떠올렸을 때의 환경적 자기정체성(평균)

	환경적 자기정체성
다양한 유형의 친환경행동 조건	4.53
한 가지 기본 유형의 친환경행동 조건	4.24
한 가지 친환경행동 조건	3.80
통제 조건	4.08

20.3 인상관리

인상관리(impression management)란 사람들이 자신의 원하는 모습에 부합하는 인상을 만들기 위해 타인이 자신에게 형성하는 이미지를 통제하려는 경향을 의미한다(Baumeister, 1982; Schlenker & Leary, 1982). 예를 들어, 다른 사람들에게 자신이 성공한 사람이라거나 도덕적인 사람이라는 것을 보여 줄 수 있다고 믿는다면 해당 제품을 구매하거나 이 행동을 내보일 가능성이 더 커질 수 있다. 인상관리는 소비자 및 광고심리학 분야에서 광범위하게 연구되었다(Christopher & Schlenker, 2000). 소비재는 자신이 누구인지, 무엇을 성취했는지, 무엇을 믿는지 등을 타인에게 (비언어적으로) 소통하는 데 유용하게 사용되기 때문이다(Dittmar, 1992). 또한 인상관리는 환경 제품의 구매나 환경행동을 유도하는 데에서도 중요한 역할을 한다.

과거의 모든 행동이 개인의 정체성을 강화하는 것은 아니라는 사실과 마찬가지로, 모든 제품이나 행동이 타인에게 자신의 고유한 특성을 전달하는 데 유용하지 않을 수 있다. 귀인 이론에 따르면, 일부 제품이나 행동은 다른 사람들에게 구매자(행위자)에 대한 특징을 더 잘 전달해 준다(Kelley, 1973 참조). 보다 구체적으로, 소비재의 상징적 가치는 제품이 눈에 띄는 정도(가시성), 고유성, 그리고 비용과 관련된다(Sirgy & Johar, 1999). 결국, 다른 사람들이 쉽게 눈치채기 어렵거나(예: 로프트 단열재), 거의 모든 사람이 소유하거나 행할 수 있거나(예: 재활용), 금전적인 가치가 낮아 자발적인 자원의 투자가 거의 필요하지 않은 제품 또는 행동(예: 세척액)이라면, 다른 사람들에게 자신이 환경에 관심이 있다는 신호로 작동할 여지가 적다. 반면에, 태양광 패널이나 전기차를 구매하여 선보이는 것은 환경에 유익한 일을 하기 위해 비용이나 노력을 아끼지 않는다는 것을 다른 사람들에게 보여 줄 수 있는 행동이다. 미국 학생들을 대상으로 진행된 실험 연구에 따르면, 참가자들은 지위에 대한 염려를 조작 받은 후에 환경친화적이지 않은 제품보다 환경친화적인 제품을 선택(예: 일반 자동차 또는 전기차 구매)할 가능성이 더 높았다(Griskevicius et al., 2010). 특히 이는 행동의 결정이 사적일 때보다 공적일 때(일반 상점 또는 온라인 상점에서 구매), 그리고 환경친화적 행동이 환경친화적이지 않은 행동보다 더 큰 비용을 수반할 때 관찰되었다. 이러한 결과는 환경을 위해 자신이 희생할 수 있는 충분한 자원이 있다는 것을 다른 사람에게 보여 줌으로써 자신의 지위를 향상시킬 수 있다고 믿는 경우 친환경 제품을 구매한다는 것을 시사한다.

인상관리가 환경행동의 보고에 미치는 영향은, 상당히 다른 분야 중 하나인 사회적 바람직성 응답에 관한 연구에서도 찾을 수 있다. **사회적 바람직성 응답**(socially desirable responding)이란 사람들이 설문 조사에서 다른 사람들에게 호의적으로 보일 것으로 믿는 방향으로 응답하는 경향성을 의미한다. 사람들은 환경행동에 관해 보고할 때 자신이 얼마나 자주 친환경행동을 하는지 과대추정하여 응답하는 경우가 많다. 예를 들어, 친환경행동에 대한 자기 보고와 훈련된 관찰자의 독립적인 기록을 비교한 연구에 따르면 자기 보고가 일관되게 더 높은 수치를 보이는 것으로 나타났다(Chao & Lam, 2011). 자신의 친환경행동을 지나치게 긍정적으로 표현하는 것은 자기기만(self-deception)뿐만 아니라 인상관리와도 관련되었다(Ewert & Galloway, 2009). 예를 들어, 표준화된 인상관리 척도의 응답값이 환경우려보다 자기보고식 환경행동과 더 강한 상관을 보이는 것으로 나타났다(Bratt et al., 2015). 이러한 결과는 좋은 인상을 남기고자 하는 욕구가 강한 사람들이 친환경행동을 더 많이 보고할 수 있다는 것을 시사하며, 이러한 행동이 사람들에게 긍정적인 상징적 가치를 지닌다는 아이디어를 지지한다.

환경행동이 지닌 상징적 가치의 영향력은 사람들이 해당 가치를 얼마나 인정하는지에 달려 있다. 환경행동은 행위자와 관찰자가 그 행동에 동일한 상징적 의미를 부여할 때, 표면화된 상징 또는 지위의 기표로 기능할 수 있다. 예를 들어, "포르쉐 소유자의 소속 집단에서 그 차가 남성적이라는 믿음이 공유되지 않는다면, 포르쉐는 더는 정력적이고 남성적인 정체성의 상징으로 기능할 수 없다."(Dittmar & Pepper, 1994, p. 235) 즉, 스포츠카를 소유하는 것이 모든 사람에게 깊은 인상을 주지는 않을 수도 있으며, 이는 태양광 패널도 마찬가지이다. 영국에서 실시한 한 연구에 따르면 생물권적 가치와 이타적 가치가 강한 사람들은 서로 다른 환경행동을 채택함으로써 타인에게 깊은 인상을 줄 수 있다고 믿는 반면, 이기적 가치가 강한 사람들은 사치품을 구매함으로써 타인에게 깊은 인상을 줄 수 있다고 믿는 경향이 있었다(〈글상자 20.2〉 참조). 이는 각자 자신이 속한 집단(참조집단)을 기준으로 자기 행동을 비교하기 때문으로 해석된다.

글상자 20.2 여러 제품의 상징적 가치와 가치지향성

이 연구에서는 다양한 행동에 부여된 지위 가치가 사람들이 서로 다른 가치지향성을 지니는 정도와 상관되는지를 검증하였다. 참가자(n = 138)들은 가정용 에너지 사용에 관한 종단 연구에 참여하여, 서로 다른 16가지의 행동을 취했을 때 타인에게 어느 정도 인상적일 것이라고 생각하는지

(1 = 전혀 그렇지 않다, 7 = 매우 인상적이다)에 응답하였다. 요인분석 결과, 이 행동들은 크게 네 가지 군집으로 분류되었다. 이는 친환경 일상행동(방목 사육된 제품 구매, 육류 섭취 줄이기, 대중교통 이용, 휴가 여행 시 항공편 사용 줄이기), 녹색기술 투자(태양광 패널, 풍력발전기, 친환경 지붕 또는 친환경 차), 사치품 구매(스포츠카, 휴대폰, 게임기, 비싼 휴가지), 자동차 미소유(자동차 없애기, 자전거 이용) 등이다. 이 결과를 바탕으로 네 가지 유형의 척도 점수가 계산되었다. 응답자들은 또한 이기적, 이타적, 또는 생물권적 가치를 측정하는 척도에도 응답하였다(17장 참조).

예상대로, 이기적 가치지향성이 강한 사람들은 값비싼 사치품을 사면 타인이 강한 인상을 받을 것으로 생각한 반면, 이타적 가치지향성이 강한 사람들은 친환경행동을 하면 타인이 강한 인상을 받을 것으로 생각할 가능성이 컸다(〈표 20-2〉). 생물권적 가치지향성이 강한 사람들은 친환경 기술에 투자하는 것이 타인에게 강한 인상을 줄 것으로 생각하는 반면, 사치품을 사는 것이 타인에게 강한 인상을 줄 것으로 생각하는 경향은 낮았다. 또한 이들은 친환경행동이 타인에게 강한 인상을 줄 것으로 생각하지 않는 경향을 보였는데, 해당 행동이 더는 독특하지 않기 때문에 지위 가치로서 기능하지 않으리라고 여겨진 것으로 추론된다. 이들 가치지향성은 자동차 미소유 행동의 지위 가치 지각과는 크게 상관되지 않았다. 이러한 결과는, 서로 다른 가치지향성에 따라 다양한 행동의 상징적 가치가 달라진다는 것을 시사한다.

표 20-2 가치 유형과 여러 행동의 지각된 지위 가치(기표) 간의 상관

	평균	표준편차	이기적 가치	이타적 가치	생물권적 가치
친환경행동	3.84	0.89	0.08	0.23($p<0.001$)	0.03
녹색기술	4.70	1.02	−0.09	0.13	0.18($p<0.01$)
자동차 미소유	4.21	1.24	0.01	0.15	0.08
사치품 구매	3.58	1.14	0.23($p<0.001$)	−0.14	−0.22($p<0.001$)

20.4 요약

사람들은 도구적이거나 기능적인 이유뿐만 아니라 그 행동의 상징적인 의미 때문에 환경행동을 취한다. 환경행동은 자기 스스로에 대한 표현이자 다른 사람들에게 보여지는 것이다. 첫째, 사람들의 자기정체성, 특히 환경적 자기정체성은 환경행동을 이해하는 데 중요한 역할을 한다. 사람들이 자신을 어떻게 보는지에 따라 특정한 행동을 하려는 동기를 지니게 된다(자기일관성). 둘째, 사람들은 자신에 대한 타인들의 인상을 관리하고자 한다(인상관리). 상대적으로 눈에 잘 띄고, 독특하고, 큰 비용을 수반하는 환경행동은 스스로를 일관되게 바라보고 타인에게 좋은 인상을 형성하고자 하는 개인 욕구의 영향을 강하게 받을 가능성이 크다.

용어사전

귀인 이론(attribution theory): 특정한 행동이 (비슷한 다른 상황에서의 행동과 달리) 독특하고, (특정한 상황 내에서) 일관되며, (다른 사람들과) 일치하지 않을 때, 행위자의 내적 특질로 행동을 귀인할 가능성이 높을 것을 제안하는 이론

사회적 바람직성 응답(socially desirable responding): 사람들이 설문 조사에서 다른 사람들에게 호의적으로 보일 것으로 믿는 방향으로 응답하는 경향성

인상관리(impression management): 사람들이 자신이 원하는 긍정적인 자아상에 부합하는 인상을 만들기 위해 타인이 자기에게 형성하는 이미지를 통제하려는 경향의 개념

인지부조화(cognitive dissonance): 개인이 자신의 태도와 행동 간, 또는 여러 신념 간 불일치를 인식할 때 발생하는 긴장감

자기일관성(self-consistency): 자기 자신에 대한 인식과 일관되는 방향으로 행동이 동기화된다는 개념

자기정체성(self-identity): 사람들이 자신을 설명할 때 사용되는 라벨

자기지각(self-perception): 사람들이 자기 행동을 관찰하여 자신이 누구인지 인식한다는 개념

자기불일치(self-discrepancy): 한 개인이 지니는 세 가지 서로 다른 자기 요소인, 실제적 자기, 이상적 자기, 당위적 자기 간의 일관성을 유지하는 방향으로 행동이 동기화된다는 개념

정체성 유사성(identity similarity): 개인이 자신에게 부여하는 지각된 특성과 특정한 고정관념 사이의 대응

행동의 상징적 의미(symbolic meaning of behaviour): 특정한 행동이 행위자가 누구인가를 (자기 및 타인에게) 의미하는 것

환경적 자기정체성(environmental self-identity): 개인이 자신을 친환경적인 사람으로 인식하는 정도

읽을거리

Griskevicius, V., Tybur, J., and Van den Bergh, B. (2010). Going green to be seen: Status, reputation, and conspicuous conservation. *Journal of Personality and Social Psychology* 98: 392-404.

Van der Werff, E., Steg, L., and Keizer, K. (2013). The value of environmental self-identity: The relationship between biospheric values, environmental self-identity and environmental preferences, intentions and behaviour. *Journal of Environmental Psychology* 34: 55-63.

Whitmarsh, L. and O'Neill, S. (2010). Green identity, green living? The role of pro-environmental self-identity in determining consistency across diverse pro-environmental behaviours. *Journal of Environmental Psychology* 30: 305-314.

복습문제

1. 환경적 자기정체성을 어떻게 강화할 수 있을까?
2. 환경적 자기정체성과 가치가 어떻게 연관될까?
3. 사람들이 자기를 보는 방식(자기정체성)이 그들의 환경행동에 어떻게 영향을 미칠까?

제21장

사회딜레마:

협력에 영향을 미치는 동기적 · 개인적 · 구조적 측면

Chris von Borgstede
University of Gothenburg, Sweden
Lars-Olof Johansson
University of Gothenburg, Sweden
Andreas Nilsson
University of Gothenburg, Sweden

21.1 도입

당신이 인구밀도가 높은 외곽 지역에 살고 있다고 상상해 보자. 당신은 늘 시내 중심가의 대학까지 통학한다. 평일에는 학교에서 약 10km 떨어진 콜센터에서 방과 후 2시간 정도 일하며 추가 수입을 얻기도 한다. 근무지에 들리는 시간을 포함해서, 거주지에서 학교까지 평균 소요 시간은 약 1시간 30분이다. 그러나 만약 자동차를 이용한다면 평균 35분 미만이 소요된다. 물론 당신만이 자동차를 이용한다면 이처럼 빠르고 편안하게 이동할 수 있을 것이다. 하지만 모든 사람이 대중교통을 이용하기보다 각자 자동차를 이용하기로 선택한다면 교통 체증과 배기가스 배출 등의 결과에서 끔찍한 결과가 초래될 것이다.

이 예시는 **사회딜레마**(social dilemma)로 특징지을 수 있는 여러 상황 중 하나이다. 현대의 사회딜레마 연구는 Hardin(1968)의 논문인 '공유지의 비극(the tragedy of the commons)'에서 시작되었다. Hardin은 소를 방목하는 공동의 토지를 자유롭게 이용하는 목동 집단을 묘사하였다. 목동 개인이 최대한 많은 동물(소)을 공유지에 방목하여 자신은 이익을 얻고 손해는 전체 집단이 공유할 수 있다는 특징이 있다. 하지만 모든 목동이 개인에게 합리적인(이득이 되는) 결정을 내린다면, 공유지의 목초는 빠르게 고갈되어 전체 목동이 손해를 입을 것이다. Hardin에 따르면, 개인의 이기심은 공유 자원의 사용이 제한되거나 파괴될 때까지 이를 소비하여 개인적인 이익을 추구하도록 이끈다. Hardin은 이를 "공공재에 대한 자유가 모두에게 파멸을 가져온다(freedom in a commons brings ruin to all)"고 표현하였다.

이 장에서는 먼저 다양한 유형의 사회딜레마를 간략하게 살펴본다. 이후 사회딜레마에서 선택에 중요한 영향을 미치는 동기를 설명한다. 마지막으로, 사람들이 개인 또는 집단의 이익을 위해 행동하도록 선택하는 데 영향을 미치는 요인에 대해 논한다.

21.2 사회딜레마의 정의

앞서 언급했듯이, 사회딜레마는 개인의 이익과 집단의 이익이 상충하는 상황을 의미한다. 사회딜레마를 규정하는 두 가지 기준은 ① 다른 사람의 행동과 관계없이, 개인 이익을 위한 행동(**이탈**, defection)의 보상이 집단 이익을 위한 행동(**협력**, cooperation)의 보상보다 큰 경우, ② 모두가 협력할 때보다 모두가 이탈하는 상황에서 더 낮은 보상을 받는 경우이다. 다시 말해, 개인의 이기적인 결정이 다른 사람들에게는 부정적인 결과(또는 비용)를 야기할 수 있다. 그러나 만약 다수의 성원이 이기적인 선택을 한다면 부정적인 결과가 누적되어, 그들이 이기적인 선택을 하지 않았을 때(즉, 협력하였을 때)보다 더 나쁜 상황에 처할 가능성이 존재한다(Dawes, 1980).

21.3 사회딜레마의 유형

21.3.1 대규모 딜레마

대규모 딜레마(large-scale dilemma)는 높은 익명성, 낮은 의사소통 수준, 약한 집합적 결속력, 그리고 높은 지리적 단절이 존재하며, 구성원들이 개별적으로 협력 또는 이탈을 선택하는 과정에서 많은 사람이 상호 의존적으로 행동하게 되는 상황을 의미한다. 이와 같은 사회딜레마는 일반적으로 단기적인 결과(예: 즉각적인 경제적 이익)뿐만 아니라 장기적인 결과(예: 기후 변화와 같은 전 지구적 결과)를 수반한다. 대규모 사회딜레마에서, 일부 구성원이 자신의 이해관계에 따라 행동한다면 이는 해당 개인에게는 긍정적인 단기적 결과를 불러오지만, 만약 다수의 구성원이 그와 같이 행동한다면 부정적인 장기적 결과가 두드러지게 된다. 대규모 사회딜레마에서는 수많은 구성원에게 부담이 분산되기 때문에 이기적인 선택이 선호되는 경향이 존재한다.

이러한 상황에서 집합적 이익에 따라 행동하거나 타인의 결과에 주의를 기울이도록 하려면, 해당 상황에 존재하는 상호 의존성에 대한 최소한의 지식이 요구된다(Dawes, 1980). 즉, 사람들이 자신이 사회딜레마 속에서 행동하고 있다는 것을 파악하고, 자신의 행동이 타인에게 영향을 미칠 뿐만 아니라 타인의 행동이 자신에게 영향을 미친다는 것을 이해하는 것이 중요하다. 개인의 행동으로 인해 발생하는 문제에 대한 정보가 거의 또는 전혀 없는 상황에서는 이러한 관점을 받아들이기가 쉽지 않다. 또한 대규모 딜레마에서는 자원의 실제 상태(**환경적 불확실성**, environmental uncertainty)와 다른 사람들의 행동(**사회적 불확실성**, social uncertainty)에 대한 불확실성이 매우 높은 경우가 많다. 따라서 자원을 고갈시키지 않으면서도 얼마나 많이 취할 수 있는지, 또는 다른 사람들이 이기적으로 또는 협력적으로 행동할지 파악하기가 쉽지 않다. 불확실성에 대해서는 '협력을 촉진하는 요인' 절에서 보다 자세히 설명한다.

21.3.2 자원 딜레마

자원 딜레마(resource dilemma)는 여러 사람이 한정된 자원을 자유롭게 이용할 수 있을 때 각 구성원이 어느 정도의 공동 자원을 가져갈지 결정하는 상황에서 발생한다. 예를 들어, 숲, 강, 어장, 또는 목초지와 같은 자원이 이에 해당한다. 자원 딜레마는 종종 공유지 자원(Common Pool Resource: CPR) 딜레마라고 불리기도 한다(Ostrom et al., 1994).

21.3.3 공공재 딜레마

공공재 딜레마(public good dilemma)에서 공공재는 구성원들의 기여를 통해 구성되면서도 모든 구성원이 접근 가능하다. 예를 들어, 세금 납부와 같이 내가 세금을 내면 다른 사람도 자신의 기여와 관계없이 혜택을 받을 수 있다. 도시공원의 유지와 관리를 위한 지방세를 납부했거나 납부하지 않았거나에 관계없이 여러 사람이 도시공원을 즐기는 것이 이에 해당한다. 단기적인 관점에서는 개인이 공공재에 기여하는 것에 비용이 많이 들지만, 장기적으로는 타인의 기여에 무임승차하지 않고 모든 성원이 기여하는 것이 공동체에 더 이득이다(Messick & Brewer, 1983). 공공재는 본원적으로 배타적이지 않기 때문에(일단 형성된 후에는 누구도 그 재화의 사용에서 배제될 수 없음), 구성원들은 자신이 기여하지 않고 해당 재화를 누리고자 하는 유혹을 받을 수 있다. 기여에 따르는 비용은 개인에게는 단기적으로 부정적인 결과를 초래하지만, 장기적으로는 전체 집단과 사회에 긍정적인 결과를 가져온다. 그러나 그 혜택은 개인의 기여도와 관계없이 집단 내 전체 구성원에게 균등하게 분배된다(예: Van de Kragt et al., 1983). 또 다른 예로는, 공영 라디오나 TV 방송국에 대한 지원이나, 환경 단체 또는 연구 기관에 기부하는 것이 있다.

21.4 사회딜레마에서의 동기

사회딜레마에서 선택할 때 사람들은 자신의 이익만을 극대화하지는 않는다. 탐욕(Greed)－효율성(Efficacy)－공정성(Fairness) 가설(GEF 가설; Wilke, 1991; 〈글상자 21.1〉 참조)에서는, 개인의 탐욕(G)은 자원을 효율적으로 사용하려는 욕구(E)와 자원을 공정하게 배분하려는 욕구(F)에 의해 제약된다고 예측한다. 만약 구성원들이 계속되는 자원 감소나 불평등 심화를 겪는다면 효율성과 공정성 동기가 더 강해질 수 있다. 다음 절에서는 이 세 가지 동기에 관해 더욱 자세하게 살펴본다.

글상자 21.1 탐욕, 효율성, 공정성 가설

Wilke(1991)가 제안한 GEF 가설은 사회딜레마에서 탐욕, 효율성, 공정성이라는 세 가지 상충하는 동기가 존재한다고 예측한다.

- 탐욕: 사회딜레마에서 경쟁 또는 이탈 선택은 개인의 이익을 극대화하고자 하는 탐욕 동기에 기인한다. 탐욕은 생존 본능 또는 타인보다 더 나은 결과를 얻고자 하는 사회비교 동기에 기반한다.
- 효율성: 사회딜레마에서 협력 선택은 집합적 결과를 극대화하고자 하는 동기에 기인한다. 생산성 또는 성과 지향적인 집단에서 종종 공평 분배 원칙을 선호하는 경향을 보인다(다음 참

조). 이때 효율성 동기는 개인의 탐욕을 제약하는 것으로 전제된다.

• 공정성: 공정성 동기는 공평(개인의 기여도에 따라 자원 분배, 생산성이 주 목적일 때 일반적), 평등(모든 구성원이 동등하게 자원 분배, 집단의 화합이 주 목적일 때 일반적), 또는 필요(위험 또는 곤경에 처한 성원을 돕는 방식으로 자원 분배, 복지나 개인의 성장이 주 목적일 때 일반적)의 세 가지 원칙 중 하나에 기반하여 자원을 분배하고자 하는 동기를 반영한다. 공정성 역시 개인의 탐욕을 제약하는 것으로 전제된다.

21.4.1 탐욕

전통적으로 경제학 이론에서는 개인이 항상 자신의 최대 이익을 위해 행동할 것으로 가정하였다[호모 이코노미쿠스(Homo economicus)]. 사회딜레마에서의 보상 구조는 이탈 선택이 협력보다 개인에게 큰 보상을 제공하기 때문에 대부분 이탈이 더 우세한 선택일 것으로 예상된다(Dawes, 1980 참조). 이는 탐욕 동기, 즉 자신의 자원을 극대화하는 것에 상응한다. 사회딜레마에서 **탐욕**(greed)은 개인의 생존 본능에 가까운 이기주의 또는 자기향상 유형의 동기부터, 다른 사람보다 더 많은 이익을 취하고자 하는 사회비교 동기에 기인하는 것까지 다양할 수 있다(1장 참조). 그러나 탐욕의 효과는 의사결정의 맥락에 따라 달라진다. 일부 연구에 따르면 판돈이 커질수록 자기 이익 지향 동기(이기심)의 역할이 더 중요해진다(Bethwaite & Tompkinson, 1993; Boyes, 1996). 또한 환경적 불확실성이 높을 때 사람들은 평등한 분배량보다도 더 많이 얻고자 하는 경향을 보인다(De Vries & Wilke, 1992). 게다가, 외부의 조언자가 수확 자제를 권고하는 상황에서도 탐욕 동기에 따라 행동하는 경향을 보이기도 하였다. 이러한 결과에 따르면, 환경적 불확실성은 다른 동기들보다 탐욕 동기를 강화하는 것으로 보인다.

21.4.2 효율성

효율성(efficiency)은 공동 자원의 보존과 동시에 전체 성과를 극대화하고자 할 때 달성된다. 그러나 장기적인 성과의 극대화를 목표로 하더라도, 자원의 미래 상태가 불확실하다면 어떤 선택이 가능할 것인가? 직관적으로는, 불확실성이 높은 경우 사람들은 신중하게 행동하며, 생존이 결부된 자원이 고갈될 위험을 줄이고자 자원 사용을 최소화할 것으로 예상할 수 있다. 그러나 실제로 사람들은 이러한 상황에서 더 많은 자원을 획득하려는 경향을 보인다(De Vries & Wilke, 1992). 그럼에도 불구하고 효율성 동기가 행동에 미치는 영향은 특정 상황에서 어떤 목표가 집단에서 지배적인지, 그리고 이에 따라 분배 공정성이 어떻게 규정되는지에 따라 크게 달라진다(21.5절 참조). 효율성 동기는 공평성, 즉 투입과 산출 간의 비례성에 기반한 공정성과 가장 밀접하게 연관될 것으로 가정된다(Deutsch, 1975).

21.4.3 공정성

공정성(fairness)은 사회딜레마에서 행동에 강한 영향력을 발휘한다(Tyler & Dawes, 1993). 사람들은 분배 과정과 그 결과에서 불공정을 받아들이지 않고자 한다. 특정 자원의 공정한 분배가 무엇인지를 결정하는 것은 종종 사회비교 과정을 통해 이루어지며, 개인들은 다른 사람의 결과물을 기준으로 자신의 결과물을 평가하기도 한다. 즉, 개인의 효용은 자신의 결과물뿐만 아니라 타인의 결과물에 따라서 달라진다(Fehr & Schmidt, 1999; 또한 29장 참조).

공정한 분배로 인식되는 것은 이득이나 손해의 다양한 유형(예: 일, 교육, 의료, 재산, 권력; Walzer, 1983)에 따라 달라진다. 예를 들어, 직장에서 우리는 일반적으로 자신의 능력과 노력에 비례하여 보상받기를 기대하지만, 아플 때는 경제적 또는 사회적 지위와 관계없이 적절한 치료를 받기를 기대한다. Deutsch(1975)는 공평, 평등, 필요의 세 가지 분배 공정성 원칙이 서로 다른 집단 목표와 기본 가치, 그리고 자원이 분배되는 상황의 유형과 연관된다고 주장한다. **공평 원칙**(equity principle)은 각 개인의 기여도에 비례하여 자원을 분배하는 것을 의미한다. 공평은 특히 효율성과 관련되며, 생산성이 집단의 주요 목표이거나 경쟁적인 상황에서 지배적일 것으로 간주된다. 모든 구성원에게 균등하게 자원을 분배함을 의미하는 **평등 원칙**(equality principle)은, 집단에서 중시하는 목표가 조화로운 사회관계일 때 지배적일 것으로 간주된다. **필요 원칙**(need principle)은 도움이 필요하거나 위험에 처한 사람들을 지원해 주는 방식으로 분배하는 것을 의미하며, 개인의 복지나 발전이 집단의 주요 목표일 때 지배적일 것으로 간주된다. 실질적으로, 이 세 가지 공정성 원칙은 무엇이 공정한가를 판단하는 데 있어서 결합되어 작용한다. 예를 들어, 집단에서 구성원들의 필요와 기여도를 모두 알고 있는 경우, 도움이 필요한 사람을 돌보면서도(즉, 필요 원칙) 추가적인 노력을 투입한 사람에게 보상하는 것이 가능하다(즉, 공평 원칙). 그러나 만약 구성원들의 필요나 기여도에 대한 정보가 부족하다면, 사람들은 간편하게 평등 원칙에 따라 자원을 분배하기도 한다(Messick, 1993; Messick & Schell, 1992; 분배 공정성 원칙에 대한 보다 자세한 논의는 29장 참조).

21.5 협력을 촉진하는 요인

사회딜레마 연구의 대부분은 사람들이 더 (비)이기적으로 행동하도록 동기화하는 요인에 관한 질문에 답해 왔다. 다음 절에서는 사회딜레마에서 협력 정도에 영향을 미치는 요인을 논의한다(〈글상자 21.2〉 참조; 이에 관한 개관은 '읽을거리'의 문헌들 참조).

글상자 21.2 사회딜레마에서 협력을 촉진하는 요인들

- 집단 규모
- 대응효능감
- 사회적 불확실성
- 의사소통
- 환경적 불확실성
- 사회규범

21.5.1 집단 규모

집단의 규모가 작아지면 협력 정도는 증가한다(예: Brewer & Kramer, 1986; Van Lange et al., 1992). 하지만 3~5명으로 구성된 집단과 10명 내외의 집단을 비교했을 때 집단 규모의 효과가 관찰되었다는 점을 염두에 둘 필요가 있다(Kerr, 1983). 이러한 결과를 보다 많은 사람이 참여하는 현실 상황에 일반화하기는 어렵다. 그러나 집단 규모는 의사소통, 환경적 및 사회적 불확실성, 집단동일시 등 협력적 행동을 촉진하는 다른 요소들과 관련된다. 집단의 규모가 작을수록 의사소통이 증진될 가능성이 크다. 구성원들이 서로 소통할 수 있다면 전략적이고 조율된 선택을 할 기회가 더 많아진다. 또한 집단의 구성원들이 공동의 자원을 고갈시키거나 감소시키지 않기 위해 어떻게 행동할지를 정할 수 있기 때문에 환경적 · 사회적 불확실성을 경감시킬 수 있다.

21.5.2 의사소통

사람들은 딜레마에 관해 미리 논의했을 때 논의하지 않았을 때 보다 이탈 선택을 덜 한다(Dawes et al., 1977). 딜레마에 관해 토론하면 집단 내 다른 구성원이 어떤 선택(이탈 또는 협력)을 할 것인지에 대한 정보가 제공되고, 적절한 행동에 대한 집단의 규범을 확립함으로써 사회적 불확실성을 줄일 수 있다. 전반적으로, 대면 의사소통의 기회는 평균적으로 협력률을 45% 이상 높인다(Sally, 1995). 그러나 의사소통이 집단 내에서 협력적인 행동을 이끌어 내는 데 필수적이거나 항상 효과적인 것은 아니다(Buchan et al., 1999). 결과적으로, 의사소통은 매우 중요한 요인이지만, 특히 소규모의 집단에서 더 효과적이다.

21.5.3 대응효능감

대응효능감(response efficacy)은 사람들이 공동의 자원을 유지하거나 생성하는 데 자신의 협력 행동이 중요하다고 느끼는 정도를 의미한다. 물론 대응효능감은 집단의 규모와도 관련된다. 대규모 집단의 구성원들은 개인의 노력이 효과적이지 않다고 지각하는 경향이 있다(Kerr, 1989). 만약 자신의 협력 행동이 쓸모없다고 생각한다면 구성원들이 공동의 재화를 위한 행동을 할 가능성은 작아진다.

21.5.4 환경적 불확실성

협력 수준은 공동 자원의 규모에 대한 집단 구성원들의 지식에 따라 달라진다(Messick et al., 1983). 그러나 많은 경우 환경에 관한 정보가 없거나 불완전한 경우들이 존재하며, 이는 환경적 불확실성으로 규정된다(Wit & Wilke, 1998). 환경 또는 자원의 불확실성은 대상자들이 자원의 규모를 과대 추정하게 하며(대규모 자원 착각, the big-pool illusion), 자원을 더 많이 취하는 행동을 야기한다(Messick & McClelland, 1983).

21.5.5 사회적 불확실성

사회적 불확실성은 사회딜레마에서 다른 구성원의 선택에 대한 불확실성을 의미한다. 연구 참가자들이 집단 내 다른 사람들이 어떻게 행동할지를 모를 때 덜 협조적인 것이 관찰되기도 하였다(Rapaport et al., 1992). 평등 분담의 원칙이 존재하는 상황에서 사회적 불확실성이 감소하기도 한다(De Vries & Wilke, 1992). 자원의 규모와 '수확자'의 숫자를 파악할 수 있는 사회딜레마에서는 평등한 분배 원칙을 적용하기가 수월하다. 그러나 많은 경우 사람들은 다른 사람의 행동을 알기 어렵고, 자원의 크기에 대한 정보 역시 불완전한 경우가 많으므로 평등 원칙을 실제로 적용하는 것은 어려운 일이다(예: 가뭄이 지속될 때의 물 소비량 판단).

21.5.6 대규모 딜레마에서의 규범

사회딜레마에서 이기적인 행동과 협력적인 행동 사이의 갈등은, 의사소통 가능성이 작고 익명성이 높다는 점에서 발견되기 어려운 경우가 많다. 이 경우, 집단 내 다른 사람들이 어떻게 행동하는지 또는 어떻게 행동하는 것이 옳다고 생각하는지가 적절한 행동의 지침이 될 수 있다. 즉, 이러한 상황에서는 **사회규범**(social norm)이 행동 지침으로 기능한다. 행동 방식에 대한 명확한 정보가 없는 경우 사람들은 타인이 행하는 대로, 또는 다수가 적합하다고 생각하는 방향으로 행동할 가능성이 크다. 사회규범은 특정한 사회적 상황에서 어떻게 행동해야 하는지에 대해 개인이 지닌 기대치로 정의된다(Schwartz, 1977; 또한 18장 및 22장 참조). 사회규범과 내면화된 사적 규범은 다양한 친환경 활동과 같은 집합적 행동의 증진을 위해 이기적인 행동을 제한한다(이에 관한 개관은 Biel & Thøgersen, 2007 참조). 또한 Kerr(1995)는 사회딜레마에서 협력을 증진하는 것으로 헌신, 상보성, 공평과 같이 사회적 상호작용을 조정하거나 조율하는 규범을 제안했다. 그러나 대규모 사회딜레마에서 협력과 이탈을 선택하는 데 어떤 유형의 규범이 가장 중요한지는 아직 불분명하다.

21.6 요약

희소한 자원의 관리는 대부분의 공동체에서 중요한 과제이다. 사회딜레마는 개인이나 집단이 어떤 종류의 결정을 내려야 하는지, 즉 사용을 제한해야 하는지(자원 딜레마) 또는 공동선에 기여해야 하는지(공공재 딜레마)에 따라 달라진다. 이 장에서는 사회딜레마에서 개인이 이기적으로 또는 협력적으로 선택하는 이유를 설명하는 주요 요인을 검토하였다. 탐욕, 효율성, 공정성은 협력 또는 이탈을 촉진하는 세 가지 기본 동기이다. 의사소통, 집단 규모, 불확실성 역시 사회딜레마에서 행동에 영향을 미치는 것으로 검증되어 왔다. 또한 대규모 사회딜레마와 같이 사람들이 익명성과 불확실성이 큰 상황에서 행동할 때, 집단 구성원들이 규범을 인지하고 이를 공유지 관리 지침으로 승인한다면 규범 역시 구성원들의 행동을 집단에 이득이 되는 방향으로 이끌 수 있다.

용어사전

공공재 딜레마(public good dilemma): 공동의 자원을 형성하거나 유지하기 위해 구성원의 투입(기여)을 요구하는 특정한 사회딜레마의 유형

공정성(fairness): 사회딜레마에서 특정 분배 원칙(예: 공평, 평등, 또는 요구)에 따라 자원을 분배하고자 하는 동기

공평 원칙(equity principle): 사회딜레마에서 개별 구성원의 능력 또는 기여도에 비례하여 자원을 분배하는 원칙

대규모 딜레마(large-scale dilemma): 높은 익명성, 낮은 의사소통 수준, 낮은 집합적 결속력, 높은 지리적 단절 등의 조건하에 대규모의 군중이 행동하는 상황

대응효능감(response efficacy): 사람들이 공동의 자원을 유지하거나 생성하는 데 자신의 협력 행동이 중요하다고 느끼는 정도

사회규범(social norm): 공동체에서 일반적으로 행해지거나 (불)승인되는 것

사회딜레마(social dilemma): 단기적 개인 이익과 장기적 집단 이익이 상충하는 상황

사회적 불확실성(social uncertainty): 사회딜레마에서 다른 구성원들의 선택에 대한 불확실성

이탈(defection): 개인 이익을 위한 행동

자원 딜레마(resource dilemma): 구성원들이 공동의 자원을 공유해야만 하는 특정한 사회딜레마의 유형

탐욕(greed): 사회딜레마에서 개인의 이익을 극대화하고자 하는 동기

평등 원칙(equality principle): 사회딜레마에서 모든 구성원에게 균등하게 자원을 분배하는 원칙

필요 원칙(need principle): 사회딜레마에서 도움이 필요하거나 위험에 처한 사람들을 지원해 주는 방식으로 자원을 분배하는 원칙

협력(cooperation): 집단 이익을 위한 행동

환경적 불확실성(environmental uncertainty): 공동 자원의 규모에 관한 불확실성

효율성(efficiency): 사회딜레마에서 집합적 결과를 극대화하고자 하는 동기

읽을거리

Komorita, S.S. and Parks, C.D. (1996). *Social Dilemmas.* Westview Press.

Van Lange, P.A.M., Balliet, D.P., Parks, C.D., and Van Vugt, M. (2014). *Understanding Social Dilemmas.* Oxford University Press.

Van Lange, P.A.M., Joireman, J., Parks, C.D., and Van Dijk, E. (2013). The psychology of social dilemmas: A review. *Organizational Behavior and Human Decision Processes* 120: 125-141.

복습문제

1. 사회딜레마의 정의와 특징이 무엇인지 간략하게 설명해 보자.
2. 의사소통은 사회딜레마에서 협력 수준에 긍정적인 영향을 미치는 것으로 검증되었다. 그 이유를 설명해 보자.
3. 공평, 평등, 필요의 세 가지 분배 공정성 원칙이 각각 어떤 집합적 목표와 그 기저의 가치와 연결되는지 설명하고, 각 원칙에 따르는 자원 분배 상황을 기술해 보자.

제22장 환경행동을 설명하는 이론

Linda Steg
University of Groningen, The Netherlands
Annika Nordlund
Umeå University, Sweden

22.1 도입

이 장에서는 환경행동을 설명하는 이론들에 관해 논한다. 그중에서도 사람들이 합리적인 선택을 할 것으로 가정하는 이론들에 초점을 맞추고, 습관적인 행동에 관한 이론들은 24장에서 설명하도록 한다. 먼저, 개인의 비용과 이익의 역할에 초점을 맞춘 계획된 행동 이론에 관해 논의한다. 이어서 사람들이 행동의 개인적 · 집단적 비용과 이익을 고려할 것으로 가정하는 보호 동기 이론을 설명한다. 다음으로 도덕성에 초점을 맞춘 두 가지 이론인 규범 활성화 모형과 환경주의에 대한 가치–신념–규범 이론에 대해 설명한다. 마지막으로, 환경행동에 영향을 미치는 요인을 이해하는 데 대한 통합된 틀을 제공하는 목표 틀짓기 이론(goal-framing theory)에 관해 논의한다.

22.2 계획된 행동 이론

계획된 행동 이론(Theory of Planned Behaviour: TPB; Ajzen, 1985; [그림 22-1])은 행동이 특정 행동을 하려는 **의도**(intention; 즉, 사람들이 그 행동을 계획하고 있는지 여부)에 기인한다고 가정한다. 의도가 강할수록 해당 행동을 할 가능성이 커진다. 의도는 해당 행동에 대한 **태도**(attitude), 행동에 관한 **주관적 규범**(subjective norm), 그리고 **지각된 행동 통제력**(perceived behavioural control)에 따라 달라진다.

태도는 특정 행동의 수행을 긍정적으로 또는 부정적으로 평가하는 것을 반영한다. 태도는 행동의 비용과 이익에 대한 신념을 기반으로 하며, 이러한 비용과 이익의 중요도에 따라 가중치가 부여된다. 예를 들어, 어떤 사람은 자동차가 빠르고, 편안하고, 안전하고, 즐겁다고 믿으며 이러한 측면들에 높은 중요성을 부여한다. 한편, 이 사람이 자동차는 비싸고 환경친화적이지 않다고 생각하면서도 이러한 측면들은 덜 중요하게 여길 수 있다. 이 경우, 이익에 대한 중요도의 가중치가 비용에 대한 가중치보다 크기 때문에 해당 인물은 차량 이용에 대해 전반적으로 긍정적인 태도를 지닐 것이다.

주관적 규범은 중요 타인들이 해당 행동을 승인하는지 또는 승인하지 않는지에 관한 개인의 신념을 의미하고(강제적 규범과 유사함; 18장 참조), 이는 행동에 대한 사회적 비용과 이익을 반영한다. 주관적 규범은 해당 행동과 관계된 참조집단의 기대에 대한 믿음에 기반하며, 참조집단의 기대에 따르고자 하는 행위자의 동기에 따라 가중치가 부여된다. 예를 들어, 급우들이나 친구들이 당신이 자전거를 타고 등하교할 것을 기대하여 당신이 그에 따르고자 강하게 동기화된 반면, 당신의 이웃은 자동차를 타고 다니는 것에 허용적이지만 당신은 그들을 상대적으로 덜 중요하게 여길 수 있다. 이 경우, 차량 이용보다는 차량 이용에 대한 선호가 더욱 강한 주관적 규범으로 작용한다.

지각된 행동 통제력은 현재의 촉진 또는 방해 요인을 고려하여 해당 행동을 수행하는 것에 대한 지각된 능력을 의미한다. 예를 들어, 당신이 스스로 자전거를 타고 다닐 만큼 건강하지 않다고 생각한다면 차량 이용에 대한 지각된 통제력은 낮을 것이다. 지각된 행동 통제력은 앞서 설명한 것처럼 의도를 통해 행동에 영향을 미치면서 동시에 행동에 직접 영향을 미치기도 한다. 만약 버스를 타고 출근하려는 데 버스 기사들이 파업 중이라는 사실을 알게 되면 지각된 행동 통제력이 행동에 직접 영향을 미칠 것이다.

TPB는 사회 인구통계변수 또는 가치와 같은 다른 모든 요인이 태도, 주관적 규범, 지각된 행동 통제력을 통해 간접적으로 행동에 영향을 미친다고 가정한다. 예를 들어, 강한 **생물권적 가치**(biospheric value; 17장 참조)를 지닌 사람들은 행동이 환경에 미치는 영향을 특히 고려하기 때문에 자전거 타기에 대해서는 긍정적인 태도를, 운전에 대해서는 부정적인 태도를 지닐 수 있다. 또는 시골에 사는 사람들은 대중교통 시스템이 열악하기 때문에 도시 사람들에 비해 버스 이용에 대한 지각된 행동 통제력이 낮을 수 있다.

TPB는 자동차 외의 교통수단을 이용하려는 의도, 미표백 종이 사용, 육류 소비 감소, 에너지 절약형 전구의 사용과 같은 다양한 유형의 환경행동을 성공적으로 설명하였다(Bamberg & Schmidt, 2003; Harland et al., 1999). 특히 태도와 지각된 행동 통제력이 이러한 행동들을 예측하는 것으로 나타났다. TPB의 예측력은 다른 동기적 요인들이 모형에 포함되었을 때 증가하기도 한다. 예를 들어, 친환경행동에 참여해야 한다는 도덕적 의무감을 반영하는 **사적 규범**(personal norm)은 TPB 변수들을 넘어 다양한 친환경적 의도와 행동을 예측했다(Bamberg & Schmidt, 2003; 〈글상자 22.1〉 참조). 사적 규범은 환경심리학의 두 가지 저명한 이론, 즉 규범 활성화 모형(NAM)과 환경주의에 대한 가치-신념-규범 이론(VBN)에서의 핵심적인 요인이다. 이에 관해서는 추후 다시 논의한다.

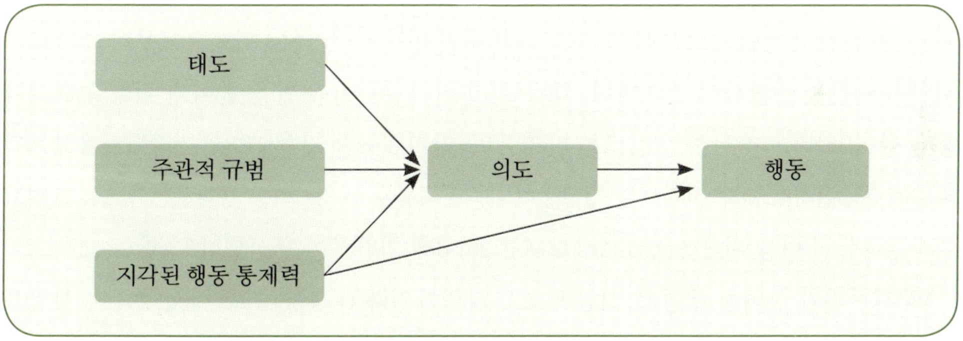

[그림 22-1] 계획된 행동 이론(TPB)에 대한 개략적인 도식

글상자 22.1 계획된 행동 이론(TPB)의 확장: 사적 규범의 역할

Harland 등(1999)은 참가자들에게 지난 6개월 동안 미표백 종이를 얼마나 자주 사용했는지 응답하도록 요청했다. 또한 참가자들은, ① 미표백 종이 사용을 어떻게 평가하는지(태도), ② 미표백 종이 사용에 대해 중요 타인들이 어떻게 생각할 것 같은지(주관적 규범), ③ 스스로 원할 때 미표백 종이를 사용할 수 있는 정도(지각된 행동 통제력), ④ 미표백 종이 사용에 대한 개인적인 의무감 수

준(사적 규범)에 응답하였다. 미표백 종이 사용에 대한 긍정적인 태도와 높은 수준의 지각된 행동 통제력과 같은 TBP 변수들은 행동 변량의 28%를 설명하였다. 주관적 규범은 이 회귀 모형에 유의미한 기여를 하지 못했다. 그리고 사적 규범을 회귀 모형에 포함했을 때, 행동 변량의 총 34%가 설명되었으며 이들 중 사적 규범이 가장 강력한 예측 요인인 것으로 나타났다. 참가자들은 도덕적 의무감을 강하게 느낄수록 미표백 종이를 더 자주 사용했다. 태도와 지각된 행동 통제력도 여전히 유의미한 예측 요인이었다. 이 연구에 포함된 다른 유형의 친환경 의도 및 행동에서도 유사한 결과가 관찰되었다.

22.3 보호 동기 이론

보호 동기 이론(Protection Motivation Theory: PMT; Rogers, 1983)은 사람들이 친환경행동과 환경에 해로운 행동 간의 비용과 이익을 고려하여 선택할 것을 전제한다. PMT는 **위협 평가**(threat appraisal)와 **대응 평가**(coping appraisal)가 모두 높을 때 사람들이 친환경적으로 행동할 가능성이 더 크다고 제안한다(Rogers, 1983). 위협 평가는 환경에 해로운 행동의 이익 지각, 해당 행동으로부터 야기될 위험의 심각성 지각, 해당 위험으로부터 스스로의 취약성 지각을 종합하여 반영한다. 대응 평가는 사람들이 위협을 줄이기 위한 친환경행동을 할 수 있다고 생각하는 정도를 반영하며, 자기효능감 지각(TPB의 지각된 행동 통제력과 유사함), 결과효능감 지각(친환경행동이 환경문제를 줄일 것이라고 생각하는 정도), 그리고 친환경행동의 비용 지각(Bockarjova & Steg, 2014)에 기반하여 구성된다([그림 22-2] 참조).

PMT는 전기차 이용 행동을 성공적으로 설명하였다(Bockarjova & Steg, 2014). 사람들이 기존 화석 연료 차량으로 인한 문제를 심각하다고 인식할수록, 그리고 이러한 문제에 스스로 취약하다고 느낄수록, 또한 화석 연료 차량의 장점을 덜 호의적으로 생각할수록(종합하여, 위협 평가 수준이 높을수록) 전기차를 이용할 가능성이 컸다. 또한 전기차가 기존 차량의 문제를 해결할 수 있다고 생각할수록, 전기차를 운전할 능력이 있다고 느낄수록, 그리고 전기차의 단점을 덜 부정적으로 평가할수록(종합하여, 대응 평가 수준이 높을수록) 전기차를 이용할 가능성이 컸다.

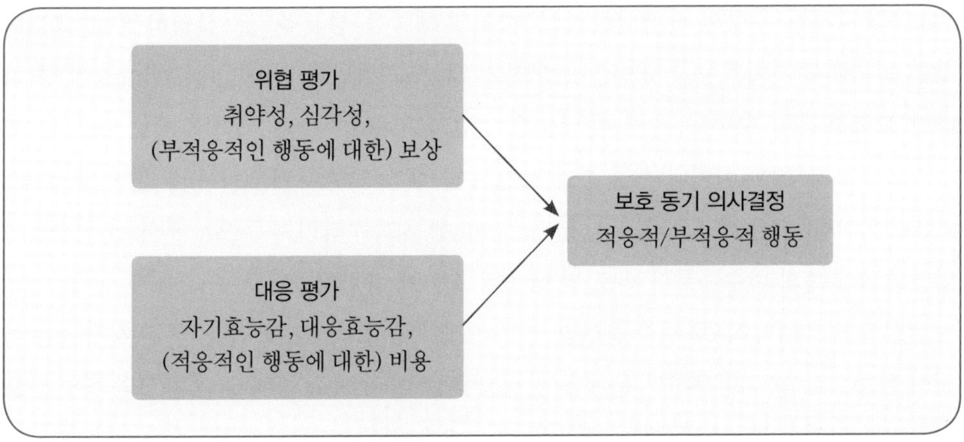

[그림 22-2] 보호 동기 이론

22.4 규범 활성화 모형

많은 수의 친환경행동은 개인에게 높은 비용과 노력을 들일 것을 요구한다. 이 경우 사람들이 친환경행동을 도덕적이거나 옳은 일이라고 느낄수록 그 행동을 할 가능성이 커진다. **규범 활성화 모형**(Norm Activation Model: NAM; Schwartz, 1977; Schwartz & Howard, 1981)은 행동을 수행하거나 자제해야 한다는 도덕적 의무감을 반영하는 사적 규범의 활성화가 친환경행동을 야기한다고 제안한다. 사적 규범은 **문제 인식**(problem awareness, 또는 필요성 인식), **책임감 귀속**(ascription of responsibility), **결과효능감**(outcome efficacy), **자기효능감**(self-efficacy)의 네 가지 요인에 의해 활성화된다. 즉, 사적 규범은 사람들이 자신의 행동으로 인해 발생하는 환경문제를 인식하고, 이러한 문제를 타인, 기업, 또는 정부의 탓으로 돌리지 않고 개인적 책임이 있다고 느낄 때 더욱 강력해진다. 또한 자신의 행동이 관련 문제를 줄이는 데 도움 될 것이라고 믿는 경우(결과효능감) 사적 규범이 강력해진다. 그러나 전 지구적 기후 변화와 같은 여러 환경문제는 많은 사람이 협력해야만 해결할 수 있다. 따라서 결과효능감은 다른 사람들이 친환경행동에 동참할 것으로 기대하는 정도에 따라 달라진다. 마지막으로, 사적 규범은 스스로 환경문제 해결을 위한 행동에 참여할 능력이 있다고 여겨질 때(자기효능감; 이는 TBP에서 설명하는 지각된 행동 통제력에 상응하는 개념임) 강력해진다.

NAM은 차량 이용(Eriksson et al., 2006)이나 일반적인 친환경행동(Nordlund & Garvill,

2002) 등 다양한 유형의 환경친화적인 의도 및 행동을 성공적으로 설명하였다. 그러나 많은 연구에서 자기효능감 요인을 포함하지 않았고, 책임감 귀속이나 결과효능감 중 하나만 포함하였다. NAM의 주요 개념들은 일반화된 수준(예: 환경문제에 대한 일반적인 인식; Stern et al., 1999)이거나 행동 특수적인 수준(예: 차량 이용에 대한 문제 인식; Nordlund & Garvill, 2003) 모두에서 규정되어 왔다. 특히 행동 특수적인 수준으로 규정된 변수들은 일반화된 수준의 변수들보다 의도 및 행동과 강하게 관련되었다(Ajzen, 1985).

실험 연구들에서 NAM 변수들 간의 인과관계가 검증되기도 하였다. 특히 사람들은 자신의 행동으로 인해 발생하는 문제를 먼저 인식한 이후에, 문제에 대한 자신의 책임을 고려하거나 이러한 문제를 줄이는 데 도움 될 수 있는지를 고려하는 것으로 나타났다(〈글상자 22.2〉 참조). 이는 이론적으로 타당한데, 왜냐하면 사람들이 자신의 행동으로 인한 부정적인 결과를 인식하지 못하면 환경문제를 줄이기 위한 행동에 참여할 수 있을지 생각하는 데 도달하지 못할 가능성이 크기 때문이다.

글상자 22.2 규범 활성화 모형(NAM)의 인과관계 검증

한 실험 연구에서는 절반의 참가자에게 미세먼지 문제의 심각성을 강조하는 문단을 제시하고, 다른 절반의 참가자에게는 미세먼지 문제를 사소한 것으로 묘사하는 문단을 읽게 하여 문제 인식의 정도를 조작하였다(Steg & De Groot, 2010). 조작 과제가 효과적이었다는 것을 확인한 후, 연구자들은 이 조작이 미세먼지 배출을 줄이는 행동에 대한 책임감(예: 나는 도시의 미세먼지 배출 감소에 공동 책임이 있다고 생각한다), 행동에 대한 사적 규범(예: 나는 이 일에 대한 도덕적 의무감을 느낀다), 그리고 해당 행동에 대한 의도(예: 미세먼지 배출 감소를 촉구하는 서명 운동에 참여할 것인지)에 영향을 미치는지 검증하였다. 예상대로, 문제 인식이 높은 조건에서 참가자들은 높은 수준의 책임감과 사적 규범을 보여 주었으며 미세먼지 배출을 줄이기 위한 행동에 참여할 의향이 더 강했다. 다른 모든 변수가 통제된 상태에서 문제 인식 수준이 조작된 실험 연구였다는 점에서, 이 연구 결과는 문제 인식이 책임감, 사적 규범, 친환경적 의도에 인과적인 영향을 미치는 것을 검증한 것으로 해석된다.

22.5 환경주의에 대한 가치-신념-규범 이론

환경주의에 대한 가치-신념-규범 이론(Value-Belief-Norm theory of environmentalism: VBN 이론; Stern, 2000)은 NAM의 연장선에 있다. VBN 이론은 문제 인식이 가치(value, 즉 삶의 지침이 되는 일반화된 목표; 17장 참조)와 **생태학적 세계관**(ecological worldview, 즉 인류와 환경의 관계에 대한 신념; 17장 참조)에 따라 달라진다고 제안한다. VBN 이론은 이기적 가치는 생태학적 세계관과 부적으로, 이타적 가치와 생물권적 가치는 정적으로 상관된다고 제안한다. 그리고 생태학적 세계관이 문제 인식을 예측하며, 이는 결과적으로 환경 위협을 줄이는 행동에 대한 개인의 신념, 사적 규범, 그리고 후속 행동에 영향을 미친다([그림 22-3] 참조). 인과 모형에 존재하는 각 변수는 그다음 단계 변수와 관련된다고 가정되지만, 그보다 더 다음 단계의 변수와도 약하지만 직접 관련될 수 있다. 사적 규범은 행동주의(예: 환경 단체 또는 시위에 적극적으로 참여), 공공 영역에서의 비행동주의 활동(예: 환경 정책의 수용), 사적 영역에서의 행동(예: 환경에 영향을 미치는 제품의 구매, 사용, 또는 폐기), 그리고 조직 행동(환경친화적인 제품 설계)들과 같은 다양한 방면의 친환경적 행동 의도에 직접 영향을 미칠 수 있다([그림 22-3] 참조).

VBN 이론 역시 행동을 성공적으로 설명하였다(예: Eriksson et al., 2006; Stern et al., 1999). 또한 모든 변수가 인과 모형상의 다음 단계 변수와 유의미한 상관을 보였으며, 많은 경우 인과 모형의 상위 예측 변수를 회귀 모형에 투입해도 모형의 설명력은 거의 증가하지 않는 결과가 관찰되어 다양한 문화권에서 VBN 이론에서 제안한 인과 구조가 지지되었다(Jakovcevic & Steg, 2013, Steg et al., 2005). 그러나 생물권적 가치는 중간 매개변수를 통제한 경우에도 도덕적 의무감과 유의미한 상관을 보였으며, 이는 생물권적 가치가 사적 규범을 직접 활성화함을 시사하는 결과이다.

또 다른 연구들에서는 NAM과 VBN 이론이 행동 변화 의지, 정치적 행동, 정책 수용과 같은 저비용 친환경행동 또는 '좋은 의도'의 행동을 설명하는 데는 성공적이지만, 에너지 사용 감소와 같이 고비용이 요구되는 행동에서는 설명력이 떨어지는 것으로 나타났다(예: Abrahamse & Steg, 2009). TPB는 환경에 무관한 동기를 더욱 광범위하게 포함하기 때문에 고비용 환경행동을 설명하는 데 더 강력하기도 하다(Bamberg & Schmidt, 2003). 각 이론의 적용 범위에 관한 체계적인 연구가 부족하기 때문에 어떤 이론 모형이 어떤 상황에서 가장 유용한지는 아직 명확하지 않다.

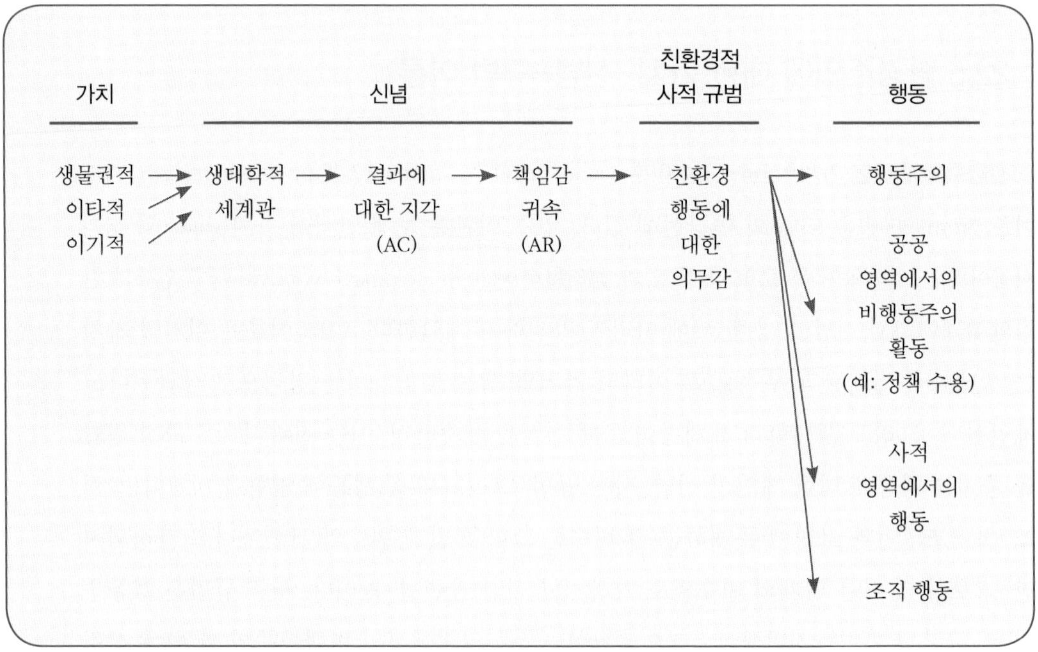

[그림 22-3] 환경주의에 대한 가치-신념-규범 이론(VBN)에 대한 개략적인 도식

출처: Stern(2000)을 수정.

친환경적으로 행동하는 데 비용이 많이 드는 경우, 사람들은 자기본위적 부인(self-serving denial)을 통해 도덕적 의무감을 줄이고자 하는 유혹을 받을 수 있다(Lindenberg & Steg, 2007). 이는 환경문제의 심각성을 부정하거나, 문제에 대한 개인적 책임감을 거부하거나, 환경문제의 책임이 산업계와 같은 타인에게 있는 것으로 돌리는 등으로 가능하다. 또한 개인의 행동이 환경문제를 줄이는 데 효과적이지 않거나 필요한 조치를 취할 수 없다고 주장하는 것으로도 가능하다.

22.6 목표 틀짓기 이론

목표 틀짓기 이론(goal-framing theory; Lindenberg & Steg, 2007; 15장 참조)은 사람들이 정보를 처리하고 그에 따라 행동하는 방식을 이끌거나 '틀짓기' 하는 세 가지 일반적인 목표를 제안한다. 첫 번째는 '당장 기분이 좋아지는 것'인 **쾌락 목표**(hedonic goal), 두 번째는 '개인의 자원을 향상시키거나 유지하는 것'인 **이득 목표**(gain goal), 세 번째는 '적절하게 행동하는 것'인 **규범 목표**(normative goal)이다. 상황에 따라 각기 다른 목표의 강도는 사람들이 무엇을 생각하고, 어떤 정보에 민감하며, 어떤 대안을 인식하며, 어떻게 행동할지에 영향을 미친다. 목표 틀짓기 이론에 따르면, 하나의 목표가 초점화(**목표 틀짓기**, goal-frame)되어 정보 처리에 가장 큰 영향을 미치며, 다른 목표들은 배경에서 초점화된 목표의 강도를 높이거나 낮추는 기능을 한다. 친환경행동을 하는 것은 적절한 행동 방식으로 여겨지기 때문에, 규범 목표는 친환경행동에 가장 안정적인 기반을 제공한다. 사람들이 이득 목표 또는 쾌락 목표에 따라 친환경적으로 행동한다면, 해당 행동이 개인에게 이득이 되거나 편안할 경우에만 이행될 것이다.

목표의 초기 강도는 개인이 평소 지지하는 가치에 따라 달라진다(Steg et al., 2014a). 쾌락적 가치를 강하게 지지하는 사람들은 쾌락 목표가 더 강하고, 이기적 가치를 강하게 지지하면 이득 목표의 강도가 높아지며, 이타적 가치나 생물권적 가치를 강하게 지지하면 규범 목표가 강화될 가능성이 크다. 실제로 쾌락적 가치가 강한 사람들은 선택의 쾌락적 측면을 고려할 가능성이 더 컸고, 생물권적 가치를 강하게 지지하는 사람들은 선택의 환경적 결과를 고려할 가능성이 더 컸다(Steg et al., 2014b). 또한 상황 요인이 목표의 강도에 영향을 미치기도 한다(Steg et al., 2014b). 예를 들어, 타인의 규범 위반 행동 징후는 다른 사람들이 규범을 준수하지 않는다는 것을 시사하여(18장 참조) 규범 목표를 약화시키는 반면, 다른 사람들이 규범을 준수한다는 것을 의미하는 상황 요인은 규범 목표를 강화할 수 있다. 또한 친환경행동에 큰 비용이 드는 상황에서는, 사람들이 비용에 주의를 기울이고 이득 목표가 강해져서 규범 목표는 약해질 가능성도 존재한다.

세 가지 유형의 목표 틀짓기는 환경심리학에서 주로 사용되는 세 가지 이론 틀과 일치한다. 정서에 관한 이론과 모형(19장 참조)에서는 쾌락 목표에 초점을 두고, TPB에서는 이득 목표에, NAM과 VBN 이론에서는 규범 목표에, 마지막으로 PMT에서는 이득 목표와 규범 목표에 초점을 맞추는 것으로 해석할 수 있다. 이처럼 목표 틀짓기 이론은 환경행동을 이해하기 위한 통합적인 이론 틀을 제공한다.

22.7 요약

이 장에서는 환경행동을 설명하는 주요 이론들을 살펴보았다. 계획된 행동 이론(TPB)은 특정 행동이 해당 행동에 참여하려는 의도로부터 야기된다고 가정한다. 친환경적 의도와 행동은 사람들이 유관 행동에 긍정적인 태도를 지니고, 주관적 규범이 이를 지지하며, 그 행동을 스스로 통제할 수 있다고 느낄 때 발생할 가능성이 크다. 보호 동기 이론(PMT)은 환경과 관련된 행동 선택에 대한 비용과 이익에 대한 고려가 위협 및 대처에 대한 평가와 연관됨을 설명한다. 규범 활성화 모형(NAM)과 환경주의에 대한 가치-신념-규범 이론(VBN)은 도덕성과 환경행동 간의 관계에 초점을 맞춘다. 규범 활성화 모형(NAM)은 사적 규범의 활성화가 친환경행동을 야기하며, 도덕적 의무감의 경험이 특정한 행동을 이행하거나 자제하는 데 영향을 미친다고 제안한다. 사적 규범은 사람들이 자신의 행동으로 인해 발생하는 환경문제를 인식하고, 이러한 문제에 개인적인 책임감을 느끼고, 자신의 행동이 관련된 문제를 줄이는 데 도움이 된다고 느끼며, 관련된 친환경행동에 참여할 수 있다고 느낄 때 활성화된다. 가치-신념-규범 이론(VBN)은 규범 활성화 모형(NAM)을 확장하여, 문제 인식이 생태학적 세계관과 가치 지향성에 따라 달라진다고 제안하였다. 목표 틀짓기 이론은 환경행동에 영향을 미치는 요인들을 이해하는 데 대한 통합된 틀을 제공하며, 쾌락 목표, 이득 목표, 규범 목표와 같은 여러 목표의 활성화 정도가 주어진 상황에 따라 달라질 수 있다고 제안하였다.

용어사전

가치(value): 개인 또는 다른 사회적 존재의 삶에서 지침 역할을 하며, 중요성이 서로 다른, 바람직한 범상황적 목표

결과효능감(outcome efficacy): 자신의 행동이 환경문제를 줄이는 데 효과적일 것이라고 생각하는 정도

계획된 행동 이론(theory of planned behaviour): 개인의 합리적인 선택과 해당 행동에 대한 구체적인 행동 의도에 기인한 행동 결과가 발생할 것으로 가정하는 이론 모형

규범 목표(normative goal): 사회규범이나 정당한 규칙에 따라서 적절하게 행동하고자 하는 목표

규범 활성화 모형(norm activation model): 사적 규범의 활성화가 친환경행동을 야기할 것을 제안하는 모형

대응 평가(coping appraisal): 자신의 행동이 위협을 줄일 수 있는 가능성에 대한 평가로, 지각된 자기효능감, 지각된 결과효능감, 그리고 친환경행동에 대한 지각된 비용에 따라 달라짐

목표 틀짓기(goal-frame): 특정한 상황에서 초점화된 목표

목표 틀짓기 이론(goal-framing theory): 쾌락 목표, 이득 목표, 규범 목표 간의 상대적 강도에 중점을 두어, 환경행동에 영향을 미치는 요인을 이해하고자 하는 통합된 이론 틀

문제 인식(problem awareness): 친환경적으로 행동하지 않을 경우 발생하는 부정적인 결과의 인식 정도

보호 동기 이론(protection motivation theory): 의사결정 시 친환경행동과 환경에 해로운 행동의 비용과 이득을 고려하는 방법에 초점을 맞추는 이론 틀

사적 규범(personal norm): 특정한 행동을 수행하거나 자제해야 한다는 도덕적 의무감

생물권적 가치(biospheric value): 환경 그 자체와 자연의 질에 대한 지향을 반영하는 가치 유형

생태학적 세계관(ecological worldview): 자연의 균형을 뒤엎을 수 있는 인류의 능력에 대한 신념으로, 성장에는 한계가 존재하며 나머지 자연을 지배할 수 있다는 인류의 권리를 거부함

위협 평가(threat appraisal): 환경문제의 심각성 및 취약성, 그리고 문제를 야기하는 행동의 이익을 종합하여 평가되는 지각된 위협 수준

의도(intention): 특정 행위를 하고자 하는 구체적인 의향

이득 목표(gain goal): 자신의 자원을 유지하고 개선하고자 하는 목표

자기효능감(self-efficacy): 환경 위협을 완화할 수 있는 자신의 능력에 대한 지각 정도

주관적 규범(subjective norm): 행동을 행하도록 하는 사회적 압력에 대한 지각

지각된 행동 통제력(perceived behavioural control): 현재의 촉진 또는 방해 요인을 고려하여 행동을 수행하는 것에 대한 지각된 능력

책임감 귀속(ascription of responsibility): 친환경적으로 행동하지 않았을 때 발생하는 부정적인 결과에 대한 책임감

쾌락 목표(hedonic goal): 지금 당장 기분이 좋아지고자 하는 목표

태도(attitude): 태도 대상(예: 사람, 장소, 사물, 사건)에 대해 어느 정도의 호감 또는 비호감을 지니는지를 평가하는 마음 상태

환경주의에 대한 가치-신념-규범 이론(value-belief-norm theory of environmentalism): 규범 활성화 모형의 확장된 이론으로, 문제 인식이 생태학적 세계관과 가치 지향성에 따라 달라질 것을 제안하는 이론

읽을거리

Bamberg, S. and Moser, G. (2007). Twenty years after Hines, Hungerford, and Tomera: A new meta-analysis of psycho-social determinants of pro-environmental behaviour. *Journal of Environmental Psychology* 27: 14-25.

Steg, L. and Vlek, C. (2009). Encouraging pro-environmental behaviour: An integrative review and research agenda. *Journal of Environmental Psychology* 29: 309-317.

Vining, J. and Ebreo, A. (2002). Emerging theoretical and methodological perspectives on conservation behaviour. In: *Handbook of Environmental Psychology* (ed. R. B. Bechtel and A. Churchman), 551-558. New York, NY: Wiley.

복습문제

1. 계획된 행동 이론에 관해 설명해 보자.
2. 보호 동기 이론에 관해 설명해 보자.
3. 규범 활성화 모형과 환경주의에 대한 가치-신념-규범 이론의 주요 차이점을 설명해 보자.
4. 사적 규범의 강도에 영향을 미치는 네 가지 요인을 설명해 보자.
5. 목표 틀짓기 이론에서 제안된 행동을 유도하는 목표에 관해 설명해 보자.

제23장

환경문제, 태도 및 행동에서 집단 과정의 역할

Lise Jans
University of Groningen, The Netherlands
Kelly Fielding
University of Queensland, Australia

23.1 도입

오늘날의 학생들과 1960년대의 학생들 중 누가 더 환경에 관심이 많다고 생각하는가? 이 질문은 단순히 환경에 대한 관심이 시간에 따라 변화했다고 생각하는지를 묻는 것이 아니다. 이 질문은 우리 자신과 과거 세대라는 또 다른 집단을 비교하는 질문이며, 이를 통해 특정한 집단 정체성이 현저해지는 것은 우리의 환경 태도와 행동에 영향을 미친다(Ferguson et al., 2011). 이 장에서는 환경문제, 태도 및 행동의 맥락에서 집단 과정의 중요성을 다룬다. 환경 태도와 행동이 개인 성향의 산물일 뿐만 아니라 집단 소속과 해당 집단 구성원으로서 경험하는 집단 과정의 영향을 받음을 논하고자 한다.

23.2 환경심리학자들이 집단 과정에 관심을 가져야 하는 이유는 무엇인가

환경심리학자가 집단 소속 및 그와 관련되는 집단 과정이 환경문제, 태도 및 행동과 어떻게 관련되는지를 이해하는 것이 중요한 이유에는 적어도 네 가지가 있다.

첫째, 환경문제는 집단 간의 차이를 강조하며 이는 갈등으로 이어질 수 있다. 환경에 대한 태도와 행동이 서로 다르기 때문에(예: 시민과 기업 간) 집단 간 갈등이 발생하는 것이다. 예를 들어, 어떤 집단은 새로운 에너지 인프라를 구축하려는 계획을 지지하는 반면, 다른 집단은 반대할 수 있다. 둘째, 구성원들은 그들이 속한 집단의 환경규범을 따르기 때문에 집단 소속이 개인의 환경 태도와 행동에 영향을 미친다(이에 대한 개관은 Fielding & Hornsey, 2016 참조). 셋째, 여러 환경문제는 사회딜레마를 반영하며, 여기서 집단이 핵심적인 역할을 한다. 사회딜레마는 개인이 집단으로서 협력할 것과 국가와 같은 여러 집단이 협력하여 환경오염이나 공동 자원의 고갈을 예방할 것을 요구한다(21장 참조). 마지막으로, 환경문제는 기존의 집단 소속감을 강화하고 새로운 집단을 형성하는 원동력이 될 수 있다. 예를 들어, 사람들은 공동체 내에서 친환경행동을 장려하거나(Sloot et al., 2017a), 또는 환경에 해로운 개발에 반대하는 집단에 가입하거나 새로 만들기도 한다. 이러한 새로운 집단 소속은 환경친화적인 태도와 행동을 유도한다.

다음 절에서는 사회정체성 접근(Tajfel & Turner, 1979; Turner et al., 1987)의 이론적 틀을 개관하고, 이에 기반하여 네 가지 주제를 논한다. ① 환경문제의 맥락에서 집단 간 갈등이 발생하는 이유, ② 집단 소속이 개인의 환경 태도와 행동에 영향을 미치는 이유, ③ 집단 소속이 환경문제에 관련된 집단 이익의 증진을 위한 협력을 촉진하는 이유, ④ 환경문제가 기존에 존재하던 집단에 대한 동일시를 증진하거나 새로운 집단의 형성에 영향을 미치는 방식 등이 그것이다. 이를 통해 환경 태도와 행동에서 집단 소속과 이에 관련되는 집단 과정의 중요성에 대한 근거를 제시하고, 환경심리학자들이 이러한 통찰력을 활용하여 환경친화적인 태도와 행동을 장려하는 방법을 설명한다.

23.3 환경갈등에 대한 사회정체성 접근에서의 설명

사회정체성 접근은 집단 소속이 개인의 태도와 행동에 미치는 영향에 관해 설명한다. 여기에는 사회정체성 이론(Social Identity Theory: SIT)과 자기 범주화 이론(Self-Categorization Theory: SCT)이라는 두 가지 상호 연관된 이론이 통합되어 있다. 사회정체성 이론(SIT; Tajfel & Turner, 1979)은 집단에 대한 지식과 그에 대한 정서적 애착에서 파생되는 자기개념의 일부인 **사회정체성**(social identity)이 도출된다고 제안한다. 예를 들어, 어떤 사람의 자기개념의 일부분은 여성, 학생, 또는 채식주의자와 같은 사회정체성으로 구성될 수 있다. SIT에 따르면 이러한 사회정체성은 특정한 사회적 맥락에서 두드러지는 다른 관련 집단과의 비교(즉, 집단 간 비교)를 통해 규정되고 평가된다. 사람들은 자신이 속한 집단이 관련된 다른 외집단으로부터 긍정적으로 구분된다고 여기는 것을 통하여(예: 채식주의자 대 육식주의자) 스스로를 긍정적으로 바라보고자 동기화된다.

SIT에 따르면, 자신이 속한 집단을 다른 관련 집단과 긍정적으로 차별화하려는 욕구는 특정한 상황(예: 불합리한 것으로 여겨지는 불안정한 집단 간 지위 차이)에서 집단 구성원이 외집단보다 내집단을 선호하는 행동(**집단 간 행동**, intergroup behaviour)을 유발할 수 있으며, 이는 잠재적으로 이들 집단 간의 갈등을 초래한다. 이러한 예시로는 환경 및 천연자원의 관리를 둘러싸고 집단 간에 발생하는 갈등, 예를 들어 농민의 재산권에 영향을 미칠 수 있는 종 보호법을 둘러싼 환경단체와 농민단체 간의 갈등과 같은 사례를 꼽을 수 있다(Colvin et al., 2015a). 이러한 유형의 상황에서, 집단 구성원들은 자기 집단에 유리한 방향으로 내집단을 고정관념화하고(예: '우리는 환경의 수호자이다'), 정의의 명분 아래 외집단 구성원을 폄하하고 도덕적으로 배척하여(예: '저들은 파괴자이다') 내집단을 외집단으로부터 긍정적으로 차별화하고자 한다(Opotow & Weiss, 2000). 이처럼, 집단 간 차이의 고착화와 부정적인 집단 간 관계의 형성은 환경보호법의 제정을 방해할 수 있다. 그러나 환경문제의 맥락에서 어느 정도의 집단 간 갈등은 불가피하며, 환경 파괴적인 행동을 하는 상대 집단에 맞서 환경을 보호하기 위한 조치를 취하는 경우와 같이 생산적일 가능성도 존재한다(Colvin et al., 2015b).

23.4 사회정체성이 환경 태도와 행동에 미치는 영향

SIT는 원래 집단 간 갈등을 설명하기 위한 이론으로 개발되었지만, 사회정체성 접근의 유효성은 환경문제에서의 갈등을 이해하는 데 국한되지 않는다. 사회정체성 접근에 통합된 두 번째 이론적 관점은 SIT의 연장선에 있는 자기 범주화 이론(SCT; Turner et al., 1987)이다. SCT는 사람들이 자신을 개인정체성 또는 사회정체성의 영역에서 규정한다고 제안한다. 개인정체성이 현저해지면 사람들은 자신만의 독특한 속성에 기반하여 자기와 타인을 구분 짓고, 행동은 사적 동기에 의해 주도되며, 사회정체성은 상대적으로 덜 현저해진다. 반대로, 사회정체성이 현저해지면, 구성원들은 소속 집단에서 공유된 특성으로 스스로를 규정하고, 내면화된 집단 규범과 동기에 부합하는 방향으로 행동한다. 즉, 개인의 자기지각이 '탈개인화'되어 개인정체성은 배경으로 밀려나고 덜 현저해진다. SCT에 따르면 이러한 **탈개인화**(depersonalization) 과정은 집단 행동, 집단 영향 및 협력을 촉진하는 요인으로 기능한다.

환경심리학의 영역에서, SCT는 특정 집단의 소속이 현저할 때 환경 태도 및 행동은 개인정체성이나 이에 관련된 사적 동기(20장 참조)가 아닌 사회정체성과 그에 유관된 동기에 의해 유발될 것을 제안한다. 이는 다음과 같은 명제들을 제안한다. ① 집단 규범은 구성원들의 환경 태도와 행동에 영향을 미치며, 집단 규범의 내용은 적어도 부분적으로는 내집단이 어떤 외집단과 비교되는지에 따라 달라진다(즉, 특정한 집단 간 맥락에 따라 달라진다). ② 내집단에 속한 것으로 여겨지는 구성원이 외집단 구성원보다 개인의 환경 태도와 행동에 더 강하게 영향을 미친다. ③ 특정한 집단 소속이 더 현저할수록, 즉, 자기정의에 있어서 특정한 집단 소속이 더 우세할수록, 해당 집단 구성원들의 환경 태도와 행동에 더 강하게 영향을 미친다.

23.4.1 집단 규범의 역할

특정한 집단 소속이 친환경 태도 및 행동과 어느 정도 관련되는지는 집단의 규범을 통해 표현되는 **사회정체성 내용**(social identity content)에 따라 달라진다. 18장에서는 이미 사회규범의 영향력에 대해 논의하였다. **집단 규범**(group norm)은 특정한 집단의 정체성과 관련된 사회규범을 의미한다. 특정 집단의 소속이 현저할 때, 구성원들은 집단 규범을 내면화하며 이는 환경 태도와 행동에 영향을 미친다. 사회정체성 접근에서는 정체성의 내용은 유동적이며 구성원들이 내집단을 어떤 외집단과 비교하느냐에 따라 달라질 수 있다고 제안한다.

집단 규범이 환경 태도에 미치는 영향에 대한 증거는 정치적 정체성(특정한 유형의 사회정체성)과 기후 변화 신념 간의 관계를 연구한 결과에서 찾을 수 있다. 자신을 보수성향의 공화당원(인류에 의한 기후 변화를 믿지 않는 집단 규범이 우세한 사회정체성)으로 동일시하는 미국인은 진보성향의 민주당원(인류에 의한 기후 변화를 믿는 집단 규범이 우세한 사회정체성)으로 동일시하는 미국인에 비해 기후 변화에 대해 더 회의적이고 기후 변화를 완화하는 조치를 덜 지지하는 경향이 있다(Hornsey et al., 2016). 또 다른 실험 연구에서는 정치적 정체성이 현저한 조건에서 참가자들의 환경 태도가 그들의 정치적 정체성에 결부된 규범과 일치하였다(Unsworth & Fielding, 2014; 〈글상자 23.1〉 및 [그림 23-1] 참조).

한편, 사회정체성의 내용은 비교집단에 따라 달라질 수 있다. 한 연구에 따르면 자신을 미국인(고정관념적으로 덜 친환경적인 외집단)과 비교한 영국인 참가자들은 자신이 속한 집단(내집단)이 미국인보다 더 친환경적이라고 판단했으며, 이러한 규범의 변화는 생물권적 가치와 친환경적인 행동 의도의 변화를 수반하였다. 반면, 자신을 스웨덴인(고정관념적으로 더 친환경적인 외집단)과 비교한 영국인 참가자들은 내집단이 덜 친환경적

글상자 23.1 정치적 정체성과 기후 변화

Unsworth와 Fielding(2014)의 실험 연구에서는, 호주 학생들에게 좌파 정당과 우파 정당을 비교하여 설명하고 참가자들이 스스로 좌파 또는 우파를 지지하는 사람들의 특징을 떠올리도록 함으로써 특정한 정치적 정체성의 현저성을 점화하였다. 우파 성향의 정치적 정체성을 지닌 참가자 중 이들의 정체성이 현저해진(즉, 점화된) 조건에서는, 점화되지 않은 조건보다 기후 변화에 대한 인류의 영향력을 약하게 평가하는 것으로 나타났다([그림 23-1]). 후속 연구에서, 우파 성향의 정치적 정체성이 현저한 조건에서 그렇지 않은 조건에서보다 참가자들이 정부가 기후 변화에 과잉 대응하고 있다고 생각하였다. 이러한 결과는 우파 성향의 사람들이 자신의 사회정체성이 현저할 때 그렇지 않을 때보다 자신의 정치적 정체성에 일관되는 태도를 보일 가능성이 크다는 것을 시사한다. 흥미롭게도, 정치적 정체성의 점화가 좌파 성향 참가자들의 신념과 태도에는 영향을 미치지 않았는데, 이는 기존의 정치적 맥락이 이미 집단의 차별성에 대한 그들의 욕구를 충족시켰기 때문일 것으로 추정된다.

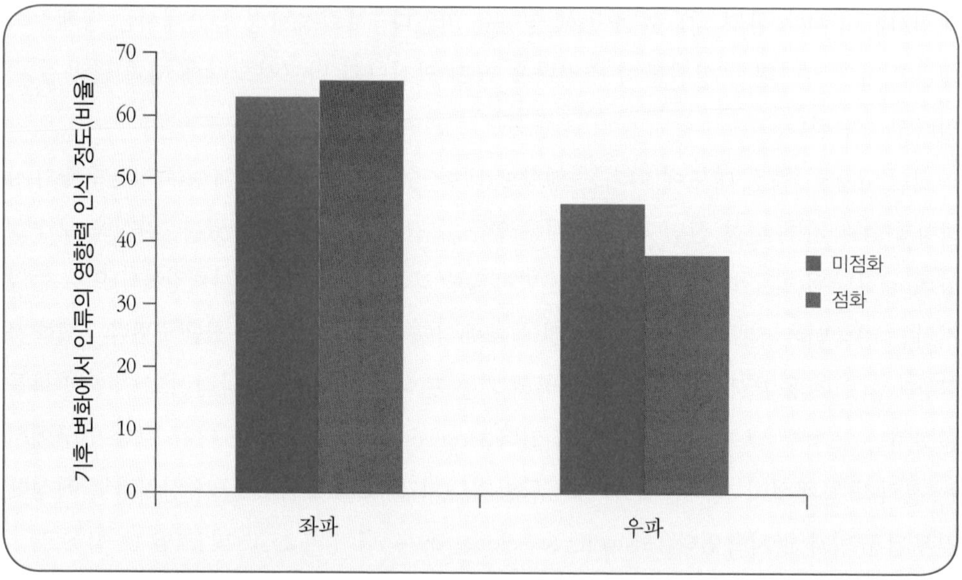

[그림 23-1] 기후 변화에 대한 인류의 영향력 인식에서 정치적 정체성 현저성의 조작(점화 또는 미점화)과 정치적 성향 간의 상호작용 효과

인 것으로 판단하고 그에 일관된 방향으로 가치와 행동 의도가 변화하였다(Rabinovich et al., 2012). 이 연구는 집단 소속이 친환경적인 태도와 행동을 촉진 또는 저해하는지는 집단 간 비교를 통해 도출된 특정한 정체성 내용에 따라 달라짐을 강조한다.

23.4.2 집단 구성원들의 영향

특정한 사회정체성을 토대로 스스로를 규정하는 것의 또 다른 주요 결과는 사람들이 자신이 속한 집단에서 다른 구성원들의 영향을 받을 가능성이 크다는 것이다. 예를 들어, 특정 지역과 동일시하는 사람들은 자신과 지역적 정체성이 공유됨을 강조한 과학자의 주장('재활용된 물을 사용해야 한다')을 그렇지 않은 과학자의 주장보다 더 지지하였다(Schultz & Fielding, 2014). 이는 환경 태도와 행동이 내집단 구성원으로 간주되는 사람에 의해 변화될 가능성이 더 크다는 것을 시사한다. 또 다른 연구에 따르면 재생 에너지를 옹호하면서 동시에 공유된 집단 소속을 강조하는 리더(예: 우리, 즉 we 또는 us 표현 사용)가 그러한 표현을 사용하지 않는 리더보다 구성원들의 재생 에너지 사용 의도에 더 큰 영향을 미쳤다(Seyranian, 2014).

23.4.3 집단동일시의 영향

특정 집단의 소속이 현저할수록 이는 사람들의 환경 태도 및 행동에 더 많은 영향을 미친다. SCT는 개인에게 특정한 집단 소속의 접근가능성이 높을수록 해당 사회정체성이 상황적으로 현저해질 가능성이 크다고 제안한다(Oakes et al., 1994). 사회정체성의 현저성은 **집단동일시**(group identification) 수준, 즉 개인이 자신이 속한 집단과의 관계를 긍정적으로 느끼고 평가하는 정도에 따라 달라진다. 집단에 대한 동일시가 높을수록 집단 소속의 현저성이 강해지고, 개인이 집단의 규범에 일관된 방향으로 행동할 가능성도 커진다(Turner, 1991). 실제로 연구에 따르면 환경친화적인 집단에 강하게 동일시하는 사람들은 재활용(White et al., 2009), 지속가능한 농업 관습(Fielding et al., 2008), 탄소 배출량 감축(Masson & Fritsche, 2014) 등과 같은 행동에 참여할 가능성이 더 큰 것으로 나타났다.

23.5 사회정체성이 환경문제에서의 협력에 미치는 영향

SCT는 사회정체성이 현저해지면 자기의 탈개인화가 이루어지고, 사람들은 사적 동기에 따라 행동하는 것이 아닌 공유된 집단 소속에 결부된 욕구, 목표 및 동기에 따라 행동한다고 가정한다. 또한 사회정체성이 현저할 때 구성원들은 집단의 이익과 관심사에 이득이 되도록 다른 구성원들과 협력할 가능성이 크다(Turner et al., 1987). 이는 사회정체성 현저성이 환경문제에 대한 집단 구성원들의 협력을 증진할 수 있음을 시사한다. 실제로 지역사회에 대한 동일시가 지역사회 기반의 집합적 기후 행동에 참여하려는 의지와 상관되었다(Bamberg et al., 2015b). 또한 공동체 내 에너지 집단에 대한 소속과 동일시 수준이 집단 전체가 지속가능한 에너지 목표를 달성하도록 협력하는 것을 촉진하였다(Sloot et al., 2017b). 환경문제는 사람들이 개인의 이익보다 집단의 이익에 부합하도록 행동할 때 해결 가능한 사회딜레마로 볼 수 있으며(21장 참조), 공유된 사회정체성과 친환경적인 집단 규범을 강조하는 것이 이러한 사회딜레마를 극복하는 한 가지 방법이 될 수 있다.

사회정체성 현저성이 집단에서 구성원들의 협력을 증진하기도 하지만, 동시에 서로 다른 집단이 환경문제에 협력하도록 하는 것을 어렵게 만들 수도 있다. 실제로 강력한 국가정체성(특정한 유형의 사회정체성)은 구성원들이 전체 국가들의 이익보다 자기 국가의 이익에만 초점을 맞추도록 하기 때문에, UN(United Nations)에서 기후 변화 완화를 위한 국가 간 협상을 하는 데 방해가 되기도 한다(Batalha & Reynolds, 2012).

23.6 환경단체의 형성에 대한 사회정체성 접근에서의 설명

사회정체성 접근은 특정한 집단 소속이 어떻게 현저해지는지와 새로운 사회정체성이 어떻게 형성되는지에 관한 중요한 질문에 답한다. SCT는 사회정체성 현저성이 개인과 상황 모두에 따라 달라진다고 제안한다. 특정한 사회정체성은 집단 간 차이가 집단 내 차이보다 클수록 현저해질 가능성이 크다[**메타대비원리**(principle of meta-contrast); Turner et al., 1987]. 이는 기존의 정체성 현저성이 증가하는 것뿐만 아니라, 독특한 집단으로 돋보일 가능성이 존재하는 사회적 맥락에서 새로운 집단이 형성될 것을 제안한다. 앞선 절에서는 정치적 정체성이 기후 변화 태도에 미치는 영향에 관해 살펴봤다. 이 원리는 또한 기후 변화를 둘러싼 논쟁이 새로운 사회정체성을 형성하는 방법을 설명한다. 기후 변화 지지자와 기후 변화 회의론자는 서로를 반대되는 집단으로 규정하고, 각각의 새로운 사회정체성의 내용이 이들의 기후 관련 행동에 영향을 미친다(Bliuc et al., 2015). 즉, 환경문제가 여러 집단의 차별성을 강조하는 방향으로 새로운 사회정체성의 출현에 영향을 미칠 수 있다.

집단 구성원 간의 상호작용이 사회정체성 현저성을 증진하기도 하는데, 이는 공유된 사회정체성을 형성하는 데 구성원들이 직접 기여하도록 하기 때문이다(Postmes et al., 2005). 예를 들어, 연구에 따르면 구성원 간의 상호작용은 집단에 대한 동일시 수준을 증진하며(Jans et al., 2015) 집단 규범에 대한 합의를 촉진한다(Smith & Postmes, 2009). 이는 친환경적인 사회정체성 내용이 존재하는 상황에서 친환경행동의 증진에도 기여할 수 있다.

집단 구성원 간의 상호작용은 특히 새로운 사회정체성을 형성하는 데 중요한 역할을 한다(Jans et al., 2015; Thomas et al., 2016). 지역사회 구성원 간의 상호작용은 지역사회 내 친환경단체의 설립이나 참여를 촉진하여 새로운 사회정체성을 형성할 수 있다(Sloot et al., 2017a). 또한 서로 다른 집단의 구성원 간 상호작용은 하위 수준에서의 상이한 집단 정체성을 상위 수준의 새로운 사회정체성으로 통합하는 데 도움 되기도 한다(Haslam et al., 2003). 이를 기후 변화 논쟁의 맥락에 적용하면, 기후 변화 완화를 지지하는 상위 수준의 UN 정체성을 확립하기 위해서는 서로 다른 수준에서의 상호작용이 필수적일 수 있다(Batalha & Reynolds, 2012). 첫째, 전 지구적 기후 변화와 직접 관련되는 개별 국가의 정체성을 규정하기 위해서는 각 국가 내에서 구성원 간의 상호작용이 필요하다. 이후 같은 생각을 공유하는 국가 간의 공유된 사회정체성을 유도하기 위한 국가 간 상호작용이 필요하다. 마지막으로, UN이라는 상위 수준에서, 기후 변화와 관련하여 다양한 이해와 요구사항을 지닌 국가들을 포괄하여 함축하는 정체성을 형성하기 위한 상호작용이 필요하다. 이 새로운 사회정체성을 통해 각국은 자국의 이익보다 UN 전체의 이익을 우선시하고 다른 국가들과 협력하여 기후 변화를 완화할 수 있을 것이다.

23.7 요약

이 장에서는 집단 소속 및 이와 관련되는 집단 과정이 환경문제, 태도 및 행동에 영향을 미치는 이유와 방식을 논의하였다. 그중에서도 사회정체성 접근이 이러한 영향을 이해하는 데 어떻게 도움 되는지 개관하였다. 특정 사회정체성이 두드러지면 사람들의 개인적 관심사는 배경으로 밀려나고(탈개인화), 이들의 환경 태도와 행동은 친환경적인 태도와 행동을 지지하거나 또는 반대하는 집단의 규범과 그에 기반하는 정체성의 내용에 따라서 달라진다. 사회정체성 현저성은 환경문제를 둘러싼 집단 간의 갈등을 초래할 수도 있지만, 환경을 보호하기 위한 집단 구성원 간의 협력을 촉진할 수도 있다. 집단 소속의 영향은 특히 집단에 높은 수준으로 동일시하는 사람에게 강하게 발생한다. 또한 사람들은 사회적 맥락 안에서 독특한 것으로 여겨지는 집단의 구성원으로 자신을 규정할 가능성이 크다. 개인 간의 상호작용은 집단 소속의 공유 경험에 기여할 수 있으며, 환경문제와 관련하여 (친환경행동을 지지하거나 또는 반대하는) 새로운 집단 형성의 근간이 될 수 있다. 사회정체성 접근은 환경문제에서 집단 과정의 역할의 중요성에 대한 새로운 통찰력을 제공하며, 이를 토대로 친환경적인 태도와 행동을 증진하는 전략을 제안하는 것이 가능하다.

용어사전

메타대비원리(principle of meta-contrast): 특정 차원에서의 대인 간 비교과정에서, '내집단'으로 여겨지는 구성원들과의 차이는 최소한으로 인식되고 '외집단'으로 여겨지는 구성원들과의 차이는 최대한으로 인식되는 방향으로 집단이 구성됨을 설명하는 원리

사회정체성(social identity): 집단에 대한 지식과 그에 대한 정서적 애착에서 파생되는 개인의 자기개념의 일부

사회정체성 내용(social identity content): 집단이 중시하는 가치나 규범과 같이, 특정한 상황이나 맥락에서 집단의 사회정체성을 규정하는 내용

집단 간 행동(intergroup behaviour): 한 집단에 속한 개인이 다른 집단 또는 그 구성원과 집단 소속이 우세한 상황에서 상호작용하는 것

집단 규범(group norm): 특정 집단의 소속에 관련하여 구성원들에게 내면화된 사회규범으로, 구성원들의 사회정체성이 우세한 상황에서 그들이 태도와 행동을 조형하는 것으로 내면화된 것

집단동일시(group identification): 자신과 자신이 속한 집단의 관계에 부여하는 긍정적인 가치감

탈개인화(depersonalization): 자신을 개인으로 생각하는 것(개인정체성)에서 전환하여 특정 집단의 구성원으로 생각하는 것(사회정체성)

읽을거리

Fielding, K.S. and Hornsey, M.J. (2016). A social identity analysis of climate change and environmental attitudes and behaviors: Insights and opportunities. *Frontiers in Psychology* 7: 121.

복습문제

1. 환경심리학자들이 집단 과정에 관심 가져야 하는 이유는 무엇일까?
2. 사회정체성 접근 방식인 SIT와 SCT에 관해서 간략하게 설명해 보자.
3. 현저해진 집단 소속이 환경 태도와 행동에 미치는 영향에 관해 설명해 보자.
4. 환경문제에 관한 맥락에서 집단이 어떻게 형성되는지에 관한 예시를 설명해 보자.

제24장

어제의 습관이 내일을 위한 변화를 방해하는가: 자동성이 환경행동에 미치는 영향

Christian A. Klöckner
Norwegian University of Science and Technology, Norway
Bas Verplanken
University of Bath, UK

24.1 도입

당신이 새 냉장고를 구매한다고 상상해 보자. 시중의 여러 냉장고 중 한 제품을 선택하는 결정은 환경에 영향을 미치며, 이 책의 여러 장에서 이러한 의사결정의 예측 요인을 이미 살펴보았다(17장, 18장, 20장, 22장 참조). 이번에는 당신의 일상생활을 떠올려 보자. 방에서 나갈 때 불을 끄고, TV를 대기 상태로 두지 않고, 아침에 학교에 가는 방법을 결정하는 것과 같은 사소한 일들이 누적되어 환경에 미치는 영향은 상당할 수 있다. 냉장고 구매와 같은 행동에 영향을 미치는 요인들이 일상생활에서의 행동에도 동일하게 영향을 미칠까? 당신은 불을 끄기 전에 매번 자신의 태도, 가치, 규범 등을 모두 고려하는가? 아마 그 대답은 '아니오'일 것이며, 당신은 이전에 했던 행동들을 자동적으로 반복할 것이다. 일상에서의 행동을 면밀히 분석해 보면, 우리가 하루 동안 하는 많은 일이 잠재적으로 자동화된 행동에 해당한다(Wood et al., 2002; 〈글상자 24.1〉 참조). 이 장에서는 이러한 행동들의 중요한 예측 요인인 습관을 소개한다. **습관**(habit)이란 특정한 상황**단서**(cue)와 (연속적인) 행동 유형 간의 결합으로 구성되어 후속 행동을 자동으로 결정하는 인지 구조를 의미한다. 이어지는 절에서는 먼저 습관의 이론적 배경을 살펴보고 습관이 정보 처리에 미치는 영향을 개관한다. 이어서 습관을 측정하는 다양한 접근을 논의하고, 고도로 습관화된 행동을 변화시키기 위한 개입전략을 개관한다.

글상자 24.1 습관

Wood 등(2002)은 참가자들에게 하루 또는 이틀 동안 일기를 쓰며, 깨어 있는 시간 동안 한 시간 간격으로 그들이 무엇을 하는지, 어떤 생각을 하는지, 무엇을 느끼는지를 보고하도록 하였다(손목시계 신호로 알림을 보냄). 또한 참가자들은 한 달 동안 동일한 물리적 장소에서 특정한 행동을 이행한 빈도를 함께 보고하였다. 응답자들이 보고한 전체 행동의 35%(연구 1)에서 53%(연구 2) 정도는 습관으로 분류되었는데, 거의 매일 같은 장소에서 같은 방식으로 수행하여 상황적인 안정성이 높은 행동이었기 때문이다. 비습관적인 생각과 행동은 일반적으로 상응했던 반면(즉, 사람들은 자신이 행동하는 것에 관하여 생각함), 습관적인 행동을 할 때 사람들은 자유롭게 생각(공상)하는 것으로 나타났다.

24.2 이론적 배경: 습관은 어떻게 습득되는가

〈글상자 24.1〉에 제시된 연구는 습관 행동의 네 가지 주요 특징 중 두 가지, 즉 **빈도**(frequency)와 **안정성**(stability)에 대해 소개하고 있다. 다른 두 가지 특징은 **성공**(success)과 **자동성**(automaticity)이다. 안정된 상황에서 어떤 행동 패턴이 성공적으로 수행될 때마다, 즉 의도한 **목표**(goal)에 도달하고 그 행동이 의도한 결과로 이어질 때마다, 이후 같은 상황에 직면했을 때 그 행동이 자동적으로 반복될 가능성이 커진다. Triandis(1977)가 설명한 이 과정은 시간이 지남에 따라 의도적인 행동과 습관적인 행동 사이의 치환이 이루어짐을 전제한다. 어떤 행동이 처음 수행될 때는 의도가 강한 예측 요인이 될 가능성이 크다. 동일한 행동이 반복되고 원하는 결과를 얻는 횟수가 증가할수록, 습관의 영향력은 점차 강해지고 이는 의도의 영향을 능가하게 된다. 다양한 유형의 행동에 대한 64편의 연구를 재분석한 결과(Ouellette & Wood, 1998), 불안정한 상황에서 매년 또는 격년으로 수행되는 행동은 의도에 의해 강하게 예측되고 습관의 지표인 과거 행동에 의해서는 약하게 예측되는 반면, 안정적인 상황에서 매일 또는 매주 수행되는 행동은 과거 행동에 의해 강하게 예측되고 의도-행동 간의 연결이 상당히 약해지는 것으로 나타났다. 그러나 안정된 상황에서 자주, 성공적으로 행해지는 것이 모두 습관은 아니라는 점에 유의해야 한다. 예를 들어, 의사는 안정된 상황이라면 성공적인(옳은) 유사한 판단을 반복해서 내리는 경우가 많지만, 이들의 결정이 자동적으로 이루어지는 것은 아니다. 이는 습관의 네 번째 특성이었던 자동성이 중요한 요인임을 보여 준다.

환경 영역에서, 습관은 여행 방식의 선택(예: Friedrichsmeier et al., 2013; Verplanken et al., 1998), 에너지 사용(예: Maréchal, 2010), 유기농 식품 구매(예: Biel et al., 2005) 등 다양한 행동의 중요한 예측 요인인 것으로 드러났다. 반면, 습관은 친환경행동에서 친환경적인 의도나 규범의 이행을 방해하는 **장애물**로 여겨지기도 한다. 예를 들어, 매일 출퇴근할 때 자동차를 이용하는 강한 습관이 존재한다면 버스를 더 자주 이용하려는 의도가 형성되더라도 실제 행동이 변화되기는 매우 어렵다. 실제로 습관은 의도나 사적 규범이 환경행동에 미치는 영향을 조절하기도 하는데, 만약 강력한 습관이 존재할 경우 친환경 의도와 사적 규범이 실제 행동과 덜 상관되는 경우들이 존재한다(Klöckner & Matthies, 2004; Verplanken et al., 1998).

습관이 일상적인 행동에 미치는 영향을 이론적으로는 어떻게 설명하는가? 안정된 상황에서 행동 유형을 계속해서 반복하면 행동과 상황 단서가 연합된다. 이러한 연결이 충분히 강해지면, 관련 단서를 접하는 것만으로도 특정 행동이 유도되며 의도적인 의사결정은 생략된다. 단서는 외적(예: 화장실의 배치)이거나 내적(예: 학교까지 가는 목표의 활성화)으로 존재할 수 있다. 상황 단서와 행동 유형이 어떻게 연결되는지를 설명하는 다양한 관점이 제시되었는데, 가장 대표적인 두 가지는 **연결주의적 접근**(connectionist approach; 예: Neal et al., 2006; 〈글상자 24.2〉 참조)과 **각본기반 접근**(script-based approach;

글상자 24.2 연결주의적 접근

습관에 대한 연결주의적 접근은 상황 단서를 처리하는 신경 구조와 행동 이행에 관련되는 신경 구조가 동시에 활성화되면 두 구조 간에 신경연결이 형성될 것을 가정한다. 이러한 구조가 반복적으로 동시에 활성화되면 이러한 연결망은 강화된다. 구조 간 연결이 강할수록, 단서 처리 구조와 행동 구조의 동시적 활성화도 더 쉽고 빠르게 이루어진다. Neal 등(2006)은 이를 **직접적인 맥락 단서**라고 설명하는데, 이는 연합 학습을 통해 다른 매개 구조 없이 단서로서의 맥락과 고유한 행동 간의 직접적인 연결이 이루어짐을 의미한다.

글상자 24.3 각본기반 접근

습관에 대한 각본기반 접근은 상황 단서와 행동 간의 일관된 결합이 유관 행동의 청사진으로 저장되는 기억 구조를 의미하는 행동 **각본**의 발달로 이어진다고 가정한다. 각본에는 특정한 상황 단서가 감지됐을 때 일반적으로 수행되는 일련의 행동들이 포함되며, 과거에 유관된 목표를 성공적으로 달성한 행동들이 주를 이룬다(Verplanken & Aarts, 1999). 이 관점에서는 습관을 목표지향적인 것으로 간주하는데, 이는 목표가 처음에는 의도적으로 활성화되지만(예: "나는 지금 학교로 이동해야 한다"), 이후에는 목표 달성을 위한 세부 단계가 규정됨으로써 각본의 형태로 자동화된 행동이 부분적으로 또는 완전히 이행될 것을 의미한다. 즉, 습관은 목표와 행동 사이의 자동화된 연결로 여겨진다(Aarts & Dijksterhuis, 2000).

예: Aarts & Dijksterhuis, 2000; Verplanken et al., 1994; 〈글상자 24.3〉 참조)이다. 이들은 습관을 분석하는 데 서로 다른 관점을 제안하는 상호 배타적이지 않은 이론 틀이다. 여행 방식의 선택에 있어서 연결주의적 접근이 실증적으로 지지되기도 하였다(Friedrichsmeier et al., 2013).

24.3 의사결정: 습관이 정보 사용에 미치는 영향

일상적인 행동의 많은 부분이 자동적인 처리과정에 의해 제어된다는 사실을 인정하고 나아가 이것이 우리의 행동 통제력을 박탈한다고 생각한다면, 행동의 자동화가 주는 이점이 무엇인지 질문할 수 있다.

〈글상자 24.1〉에서 설명된 연구는 사람들이 습관적인 행동을 하는 동안은 다른 생각을 할 수도 있지만, 비습관적인 행동을 하는 경우에는 그들이 하는 일에 집중해야 한다는 것을 보여 주었다. 즉, 우리가 하는 모든 일에 집중해 가면서 행동하지 않아도 되기 때문에 우리는 한정된 인지 자원을 효율적으로 할당할 수 있게 된다. 의도적 행동과 자동적 행동의 이원론에 대한 주요 특징이 〈표 24-1〉에 정리되어 있다(Chaiken & Trope, 1999). 자동적 과정과 의도적 과정의 경계가 항상 명확한 것은 아니지만, 일반적으로 의도적인 의사결정은 인지 자원에 대한 요구가 크기 때문에 여러 개의 의도적 의사결정을 동시에 진행하는 것이 불가능하다는 특징이 있다. 또한 많은 양의 가용한 정보가 의사결정 과정에서 고려되기 때문에, 유연성이 높고 변화에 민감하다는 전략적인 특징을 지닌다. 당신이 처음 방문한 도시에서 길을 찾아야 한다고 생각해 보자. 당신은 표지판, 랜드마크, 지도 또는 내비게이션 시스템 모두에 집중하고 의사결정 과정을 지속적으로 점검할 것이다. 당신이 잘못된 길로 가고 있다는 새로운 정보를 발견한다면 당신은 경로 탐색을 조정할 것이다. 그러나 이와 같은 과정에는 너무 많은 인지적 노력이 필요하기 때문에, 길을 찾는 동시에 대화를 나누거나 오디오북을 듣는 것은 거의 불가능하다. 이와는 대조적으로, 자동적인 의사결정은 속도가 빠르고 심적 자원의 소모량이 적다는 특징이 있다. 따라서 동시 처리가 가능하며, 그 대신 관련된 정보들이 충분히 고려되지 못할 수도 있다. 이러한 의사결정 과정에 대해서는 지각 수준이나 통제가능성이 낮다. 이번에는 당신이 집에서 학교로 가는 길이라고 가정해 보자. 당신은 이미 길을 잘 알고 있고, 어디서 방향을 틀어야 하는지 지속적으로 생각하지 않는다. 오디오북을 편안하게 들으면서도 충분히 길을 찾는 것이 가능하다. 하지만 만약 예상치 못하게 길이 가로막힌다면 어떨까? 자동적 처리 도중 당신은 안내 표지판을 놓치고, 평소와 같이 길을 걷다가 막다른 골목에 다다를 가능성도 존재한다.

강한 습관은 대체 행동 정보에 관한 관심을 줄인다(〈글상자 24.4〉 참조). 또 다른 연구에서는 강한 습관을 지닌 참가자가 더 적은 수의 정보를 탐색할 뿐만 아니라 실제 의사결

표 24-1 의도적 또는 자동적 의사결정의 특징

	의도적 의사결정	자동적 의사결정
요구되는 심적 자원의 수준	높음	낮음
동시 처리	불가능	가능
유연성	높음	낮음
변화에 대한 민감성	높음	낮음
효율성	낮음	높음
통제가능성	높음	낮음
지각 수준	높음	낮음
요구되는 주의 수준	높음	낮음
개입 수준	높음	낮음
속도	낮음	높음
정확성	높음	상황이 동일할 땐 높지만, 상황이 바뀌면 낮음

정 과정에서 더 적은 수의 정보를 처리(이행)하는 것으로 나타났다(Aarts et al., 1997). 이 두 편의 연구는 강한 습관이 정보의 습득과 사용을 제약하는 방향으로 영향을 미침을 보여 준다. 이는 변화하는 상황에서 사람들의 환경행동에 심각한 영향을 미칠 수 있다. 자동차를 자주 이용하는 습관이 강한 사람을 떠올려 보자. 출퇴근 시 자동차 이용을 대체할 수 있는 매우 편안하고 새로운 버스 노선이 도입되더라도, 이 사람은 새로운 버스 노선에 관련한 정보를 인지하거나 의사결정에 반영하지 않을 가능성이 크기 때문에 이는 전혀 효과적이지 않을 수 있다.

글상자 24.4 습관과 정보 처리

일련의 실험에서, 도심의 상점으로 이동하는 시뮬레이션을 활용하여 자전거 이용 습관이 정보 습득 및 사용에 미치는 영향을 검증하였다(Verplanken et al., 1997). 네 가지 이동 방식(걷기, 버스, 전철, 자전거)에 따르는 여러 정보(예: 신체적 노력, 지연 가능성)가 제공되었지만, 이는 마우스 클릭으로 활성화해야만 표시되었다. 이후 참가자들은 이동 방식 중 하나를 선택하였다. 강한 습관을 지닌 참가자들은 이동 방식 선택 전에 훨씬 적은 양의 정보를 탐색하였다. 또한 이들은 훨씬 선택적인 정보 탐색 양상을 보였는데, 즉 대안적인 이동 방식 중 일부는 의사결정 초기 과정에서 이미 배제되는 경향을 보였다. 참가자들에게 자신의 의사결정을 연구자에게 정당화하도록 지시하여 의사결정에 대한 개입 수준을 높이자, 이들의 정보 활용도가 증가되었다. 하지만 강한 습관을 지닌 참가자들에게서 이처럼 증가된 정보 활용도는 비교적 짧게 지속되었다. [그림 24-1]에서 볼 수 있듯이, 강한 습관을 지닌 참가자들은 정당화를 요구하는 지시를 받았을 때 처음에는 약한 습관을 지닌 참가자만큼 많은 정보를 탐색했지만([그림 24-1]에서 '주의 향상 조건' 참조), 약 20회기의 의사결정이 시행된 이후에는 정보 사용량이 다시 유의미하게 낮아졌다.

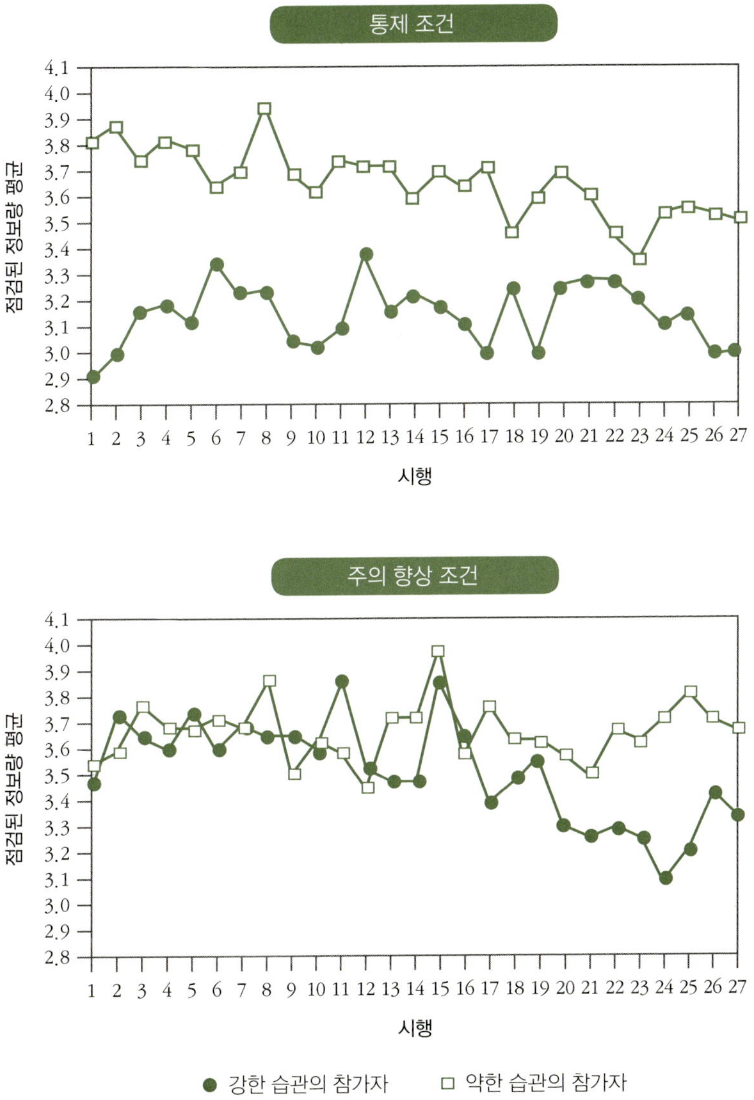

[그림 24-1] 통제 조건(위)과 주의 향상 조건(자신의 의사결정을 이후 정당화해야 하는 조건; 아래)에서 시행된 의사결정에서의 정보 점검량 평균

출처: Verplanken et al. (1997), p. 554; 출판사의 허가를 받고 게재함.

24.4 습관의 측정: 방법론적 도전

습관은 정의상 비의식적이고, 습관에 대한 자기보고식 측정의 타당성이 확보되지 않기 때문에 습관을 측정하는 것은 어려운 일이다. 그러나 습관이 같은 행동을 반복하여 시행함으로써 습득되는 것이라고 가정하면, 특정 행동의 과거 빈도가 습관의 강도를 측정하는 타당한 지표로 여겨지기도 한다. Ouellette와 Wood(1998)가 사용하기도 한 이러한 접근은 습관의 발달 과정에서 중요한 요소(예: 상황의 안정성) 또는 안정적인 행동의 또 다른 원인(예: 안정적인 의도 또는 상황적 조건)을 반영하지 못한다는 한계가 있다. 따라서 이외에도 다양한 대안이 제안되었다. 첫째, 각본기반 접근(〈글상자 24.3〉 참조)과 연계된 반응 빈도 측정(Response Frequency Measure: RFM; 〈글상자 24.5〉 참조)이 있다. 둘째, 이론적으로 도출된 습관 행동의 주요 특성을 반영하는 자기보고식 측정법으로, 이는 자기보고식 습관 지수(Self-Report Habit Index: SRHI; 〈글상자 24.6〉 참조)로 불린다. 셋째, 습관을 복합적으로 측정하는 방법으로, 과거 해당 행동의 빈도와 상황적인 안정성의 두 요인을 모두 반영하여 측정하는 지표가 있다(〈글상자 24.7〉 참조). 세 가지 측정 방식은 모두 환경심리학 연구에서 사용되어 유의미한 결과를 보여 주었다. RFM은 시간 압박을 통제할 수 있는 상황에서 컴퓨터를 사용한 연구법에 제한적인 반면, SRHI 또는 습관의 복합적인 측정은 설문지 연구에도 적용 가능하다.

글상자 24.5 반응 빈도 측정(Response Frequency Measure: RFM)

습관 강도에 대한 반응 빈도 측정(RFM; Verplanken et al., 1994)은 사람들이 불충분한 정보를 제공받고 시간 압박이 존재하는 상황에서 의사결정을 내릴 때는 기존의 각본을 활용한다는 전제를 바탕으로 한다. 이때 측정되는 각본의 일관성이 습관의 강도로 해석된다. 이는 이동 방식 습관을 측정하기 위해 최초로 개발되었는데, 참가자들은 5~15개 정도의 가상의 목표 상황(예: 근방에 사는 친구 방문, 생필품 구매 쇼핑, 해변 여행)을 제시받고 각 상황에서 가장 먼저 떠오른 이동 방식을 가능한 한 빨리 응답하였다. 이때 여러 상황에서 공통되게 응답된 이동 방식(예: 자동차 이용)이 강한 습관인 것으로 해석되었다. 즉, RFM으로 측정된 습관은 하나의 목표 상황에서만 관찰되는 것이 아닌, 서로 다른 여러 목표 상황에서 공통되게 관찰되는 행동 양식을 반영한다.

글상자 24.6 자기보고식 습관 지수(Self-Report Habit Index: SRHI)

자기보고식 습관 지수(SRHI; Verplanken & Orbell, 2006)는 특정한 행동이 습관의 주요 요인인 반복, 통제력 및 자각 부재, 효율성, 개인의 정체성 표현(이는 본문에는 포함되어 있지 않지만 Verplanken과 Orbell에 의해 제안됨)을 포함하는지를 측정한다. 이 측정은 습관 강도를 측정하기 위해 행동 측정에 의존하지 않는다는 장점이 있다. 행동에 기반한 습관 측정은 종종 행동 안정성이 기인하는 다른 요인들을 배제하기 어렵고, 습관과 후속 행동 간의 관계가 과대 추정된다는 단점이 있다. 또한 SRHI는 습관 강도가 행동 빈도와는 독립적으로 달라질 수 있음을 인정한다(Verplanken, 2006). 이 방식에서의 행동 강도를 측정하는 표준화된 문항은 다음과 같다.

"X라는 행동을/은……"

1. 자주 한다.
2. 자동적으로 한다.
3. 의식적인 기억 없이 한다.
4. 하지 않으면 기분이 이상해진다.
5. 별 생각 없이 한다.
6. 하지 않으려면 노력이 필요하다.
7. 나의 (매일, 매주, 매월) 일상에 포함되어 있다.
8. 내가 눈치채지 못하는 사이 하고 있다.
9. 안 할 수 없을 것 같다.
10. 하는 데 고민할 필요가 없다.
11. 하는 것은 전형적인 '나'이다.
12. 오랫동안 해 왔다.

글상자 24.7 습관의 복합적인 측정

Wood 등(2005)은 습관 형성의 두 가지 주요 요소(빈도와 상황적인 안정성)를 결합한 습관 강도 측정을 제안했는데, 이는 행동 상황의 안정성과 행동 빈도를 모두 측정하여 단서 처리와 행동 촉발 구조 간의 공동 활성화 빈도를 포착하고자 한다는 점에서 연결주의적 관점과 연관된다(〈글상자 24.2〉 참조). 빈도는 특정 행동이 주어진 기간(예: 한 달) 동안 얼마나 자주 수행되었는지를 물어 측정된다. 상황 안정성은 특정한 행동을 수행할 때마다 해당 상황의 고유한 특징(예: 지역, 타인의 행동)이 얼마나 다른지(변산)를 물어 측정된다. 여러 단면에서 측정된 상황 특징에서의 변산은 평균화되어(안정성), 습관 강도에 대한 최종 점수는 빈도와 안정성을 곱한 값으로 산출된다. 이 점수는 안정적인 상황에서의 빈번한 행동이 가장 높은 점수를, 불안정한 상황에서 빈번했던 행동이거나 안정적인 상황에서 빈번하지 않았던 행동은 중간 점수를, 불안정한 상황에서의 드문 행동은 가장 낮은 점수로 산출된다. 이 측정은 과거 행동과 상황 안정성의 측면을 모두 파악해야 하기 때문에 연구에 포함되기는 다소 어렵고, 특히 상황적인 안정성에 대한 표준화된 측정은 아직 존재하지 않는다.

24.5 나쁜 습관을 깨고 좋은 습관을 형성하기: 일상화된 행동 변화를 위한 개입전략

여러 환경행동은 우리의 일상생활에 깊숙하게 자리 잡고 있으므로 습관으로 간주할 수 있다. 환경 영역에서의 모든 습관이 반드시 '나쁜 습관'은 아니다. 어떤 사람들은 방에서 나갈 때마다 불을 끄는 습관을 지닐 수도 있다. 그러나 사람들이 형성하는 친환경적인 의도는 종종 습관에 반하기 때문에, 이 습관들은 반의도적 습관(counterintentional habit)으로 여겨지기도 한다. 습관 행동의 변화가 매우 어렵다는 것은 이전에 정립된 많은 개입전략(26장 참조)이 종종 실패한다는 것을 통해서도 입증되었다. 기존에 습관화된 행동이 존재한다면, 해당 행동의 부정적인 영향에 대한 정보나 긍정적인 대안 행동을 어떻게 수행하는지에 관한 절차적인 정보들은 인지되지 않거나 또는 처리되지 않을 가능성이 크다. 사회규범 또는 사적 규범을 대상으로 하는 전략들은 해당 규범을 바꾸는 데는 성공적일 수 있으나, 오래된 습관들은 여전히 행동 이행을 간섭하여 강한 습관을 지닌 사람에게서는 변화된 규범이 행동에 미치는 영향이 약화되기도 한다(Klöckner & Matthies, 2004). 따라서 습관 행동의 변화를 목표로 하는 개입전략은 오래된 습관을 비활성화하는 문제를 해결해야만 한다. 새로운 습관이 형성되는 동안에도 오래된 습관의 흔적이 여전히 존재하고 재발할 위험이 있기 때문이다(Walker et al., 2015). 오래된 습관을 성공적으로 비활성화하는 두 가지 주요 전략은, ① 상황 조건의 단계적인 변화와 ② (개입전략의) 대상이 이행 의도를 형성하도록 하는 것이다.

첫 번째 전략은 습관에 대한 이론적 배경으로부터 도출되었다. 습관이 상황 단서와 특정한 행동 유형 간의 직접적이고 자동적인 연결 고리라면, 관련 단서를 변화시키거나 제거함으로써 습관의 비활성화가 가능하다. 습관은 상황 변화에 덜 민감하게 반응하기 때문에, 상황 단서의 변화는 인식할 수 있을 만큼 충분히 커야 한다. 예를 들어, 자동차 이용 습관을 비활성화하기 위해 대중교통 1개월 무료 이용권을 도입하는 개입전략은 단기적으로는 성공적이었지만 이후 많은 사람이 이전의 행동 양식으로 돌아가는 것으로 나타났다(Thøgersen & Møller, 2008). 즉, 습관의 비활성화는 습관 행동을 변화하기 위한 필요조건이지만 충분조건은 아니며, 반드시 다른 전략과 결합되어야 한다. 실제로 한시적인 무료 이용권의 도입과 대중교통을 이용하겠다는 서면 계약이 결합된 경우 각 전략이 단독으로 사용됐을 때보다 더 효과적이었다(Matthies et al., 2006; 또한 계약에 관한 논의는 26장 참조). 이러한 전략들의 조합을 **후속-맥락적 변화유도**(downstream-plus-context-change) 개입전략으로 부른다(Verplanken & Wood, 2006). Fujii와 Kitamura(2003)는 한시적인 버스 무료 이용권을 사용하는 동안 그들의 버스 이용 습관을 강화 받은 참가자들만이 이용권이 종료된 이후에도 한 달가량 더 버스를 이용하는 것을 발견하였다. 이는 무료 이용권이 대안적인 이동 방식을 시도해 보는 기회가 되었음을 시사하는 결과이다. 이처럼 시험적인 기간에 긍정적인 경험이 이루어지고 그 행동이 일상생활에서 일관되게 적용된다면, 새로운 습관이 형성되어 지속적인 개입 효과로 이어질 수 있다.

그러나 근본적인 상황 변화는 개입전략을 통해 달성되기 어렵다. 따라서 연구자들은 이사, 새로운 직장에 취직하거나 은퇴하는 것, 또는 부모가 되는 등의 자연스러운 상황 변화가 습관 강도에 미치는 영향을 검증해 왔다. 이러한 생활 사건은 습관의 강도를 경감할 수 있는 기회의 창을 열어 준다. 이 생활 사건들은 이동 방식 선택에서의 변화나 해당 사건 이후 한정된 기간 동안 습관 강도를 감소하는 데 상당한 영향을 미쳤다(Klöckner, 2004). 또한 거주지의 이전은 기존의 자동차 이용 습관을 비활성화하고 대중교통 이용을 장려하는 개입전략을 더 잘 받아들이도록 만들었다(Bamberg, 2006; Davidov, 2007). 실제로 대규모 현장실험 연구에서, 25가지의 지속가능한 행동을 증진하는 개입전략이 연구 시작 전 3개월 이내에 이사한 주민에게서 이사를 하지 않은 대조군에 비해 더 효과적인 것으로 나타나기도 하였다(Verplanken & Roy, 2016). 습관을 비활성화하는 첫 번째 전략 중의 하나는 습관 행동이 수행되지 않도록 예방하는 것이다. 예를 들어, 8일간 고속도로가 폐쇄되어 습관적인 운전 행동을 중단하고 대중교통을 이용한 운전자들의 경우, 1년 후에도 계속해서 대중교통을 더 자주 이용하였다(Fujii & Gärling, 2003). 특히 대중교통을 이용한 이동 시간을 과대 추정했던 습관적인 운전자들이 고속도로 폐쇄 동안 대중교통을 직접 이용하며 이동 시간 추정치를 교정하였으며(Fujii et al., 2001), 이는 한시적이지만 강제적인 행동 변화가 사람들의 오해를 바로잡고 지속가능한 행동 변화를 촉진하는 기회를 제공할 수 있음을 시사한다.

습관을 비활성화하는 또 다른 전략은 이행 의도를 형성하는 것이다. 개인의 **목표 의도**(goal intention)가 단순히 특정 목표를 이루고자 하는 것을 의미한다면('종이 재활용을 할 것이다'), **이행 의도**(implementation intention)는 언제 어디서 의도된 행동을 수행할 것인지에 대한 구체적인 계획을 포함한다('다음에 신문을 읽고 나면 바로 재활용 쓰레기통에 넣을 것이다'; Gollwitzer, 1999). 이행 의도를 형성함으로써 상황 단서(신문 읽기)와 관련 행동 사이의 연합이 하나의 행동 단위로 구성된다. 이러한 연합은 이후 해당 단서를 만나면 자동적으로 행동을 야기한다. 따라서 이행 의도는 같은 수준에서 자동적으로 작용한다는 점에서 습관의 적대자로 여겨지기도 한다. 이행 의도는 사무실 환경에서 종이 재활용 참여에 대한 습관 강도의 중요성을 효과적으로 감소시키는 것으로 나타났다(Holland et al., 2006).

24.6 요약

이 장에서는 많은 유형의 환경행동이 자동처리의 영향을 받는다는 것을 살펴보았다. 사람들은 안정된 상황 조건에서 동일한 행동 유형을 성공적으로 반복함으로써, 특정한 상황 단서와 행동 이행 간에 자동화된 연합을 구축한다. 이러한 상황에서는 의도적인 의사결정의 가능성은 줄어들고 행동이 의식적으로 통제될 가능성도 작다. 이는 이러한 유형의 행동에는 전통적인 개입전략 기법이 실패할 가능성이 크며, 상황 변화나 이행 의도 구성을 통한 습관의 비활성화와 전통적인 개입전략을 조합하는 등의 기법을 고려해야 할 것을 시사한다. 또한 연결주의적 접근과 각본기반 접근을 토대로, 습관의 두 가지 이론적 개념화와 이들의 주요 특징, 그리고 환경 영역에서 습관의 강도를 측정하는 세 가지 방식에 대해 논의하였다.

용어사전

각본(script): 이전 경험을 바탕으로 구성된, 목표와 관련된 일련의 정형화된 행동에 대한 심적 표상

각본기반 접근(script-based approach): 습관을 행동 각본으로 이해하는 이론적 관점으로, 촉발요인과 정형화된 행동 유형 간의 연합으로 행동 각본이 구성된다고 가정함

단서(cue): 중요한 정보를 전달하거나 감정적 반응을 유발하는 고유한 상황적인 특성

목표(goal): 원하는 미래 상태에 대한 심적 표상

목표 의도(goal intention): 목표를 달성하는 데 대한 구체적인 절차 계획 없이 목표를 달성하고자 하는 의도

반의도적 습관(counterintentional habit): 의도가 바뀐 이후에도 자신의 의도에 반하는 방식으

로 행동하는 습관

빈도(frequency): 주어진 기간 동안 행동을 얼마나 자주 수행하는지의 정도. 높은 수행 빈도는 습관의 핵심 특징임

성공(success): 특정 행동을 수행하여 목표에 도달하고 그 결과가 만족스러운 상태. 행동의 성공은 습관의 핵심 특징임

습관(habit): 특정한 상황 단서와 (연속적인) 행동 유형 간의 결합으로 구성되어 후속 행동을 자동으로 결정하는 인지 구조

안정성(stability): 특정 맥락에서 특정 행동이 이행되는 데 있어서 일관성이 유지되는 정도. 상황의 안정성은 습관의 핵심 특징임

연결주의적 접근(connectionist approach): 상황 단서를 처리하는 뉴런 단위와 행동 유형을 유발하는 뉴런 단위 간의 연합의 강도로 습관을 이해하는 이론적인 관점

이행 의도(implementation intention): 의도한 목표를 달성하기 위해 언제, 어디서, 어떻게 행동할 것인지에 대한 구체적인 절차 계획

자동성(automaticity): 의식적인 통제 없이 행동이나 인지 과정을 수행하는 것. 습관의 핵심 특징임

직접적인 상황 단서(direct-context-cuing): 연합 학습에 의해 구축된, 매개 구조 없이 단서로서의 상황과 고유한 행동 사이의 직접적인 연결이 이루어짐

후속-맥락적 변화유도 개입(downstream-plus-context-change intervention): 정보 제공과 같은 전통적인 개입 기법에 맥락의 변화를 통한 습관 비활성화를 더하여 습관적 행동의 변화를 목적으로 하는 개입전략 기법

읽을거리

Aarts, H. and Custers, R. (2009). Habit, action, and consciousness. In W. P. Banks (Ed.), *Encyclopedia of Consciousness* (Vol. 1, pp. 315-328). Elsevier.

Dahlstrand, U. and Biel, A. (1997). Pro-environmental habits: Propensity levels in behavioural change. *Journal of Applied Social Psychology, 27*(7), 588-601.

Neal, D. T., Wood, W., and Quinn, J. M. (2006). Habits-a repeat performance. *Current Directions in Psychological Science, 15*(4), 198-202.

Verplanken, B. and Aarts, H. (1999). Habit, attitude, and planned behaviour: Is habit an empty construct or an interesting case of automaticity? *European Review of Social Psychology, 10*(1), 101-134.

Verplanken, B. and Wood, W. (2006). Interventions to break and create consumer habits. *American Marketing Association, 25*(1), 90-103.

복습문제

1. 습관 행동의 특징은 무엇인가? 긍정적 또는 부정적 환경행동 중 습관으로 여겨지는 것의 예시를 들어 보자.
2. 습관적인 행동과 비습관적인 행동의 차이는 무엇일까?
3. 습관을 이론적으로 설명해 보자.
4. 습관은 어떻게 측정될까? 습관의 측정에서 어려운 점은 무엇일까?
5. 습관 행동을 변화하기 위한 전략에는 무엇이 있을까?

제25장

라틴아메리카에서의 환경심리학

Javier Urbina-Soria
National Autonomous University of Mexico, Mexico
Emilio Moyano-Diaz
Talca University, Chile

25.1 도입

환경문제가 인간의 행동, 건강, 복지에 미치는 영향과 그 중요성이 점차적으로 커지면서, 이에 대한 대응과 더 나은 환경 조건에 대한 사회적 요구로 인해 라틴아메리카에서 환경심리학의 중요성 역시 점차 커지고 있다. 그러나 이러한 중요성이 모든 지역에서 동일하게 주목받지는 못하고 있다. 이 장에서는 **라틴아메리카**(Latin America) 환경심리학 연구의 주요 주제와 핵심 특징을 설명하기 위한 맥락 분석과 문헌 검토를 담고 있다. 이를 토대로 향후 이 지역에서 환경심리학의 발전을 위한 특징들을 개관하는 것을 목적으로 한다.

25.2 라틴아메리카의 배경

라틴아메리카 대륙은 북미, 중미, 남미의 20개 국가로 구성되어 있으며, 면적은 2천만 km^2에 달하고 인구는 6억 명이 넘는다. 지리적으로 라틴아메리카는 멕시코(북미의 일부)

를 중심으로 중미 7개국, 남미 12개국, 카리브해에 위치한 20개 섬나라에 걸쳐 있다.

라틴아메리카 국가들은 불균등한 경제 성장(다른 국가들의 높은 성장에 비해 낮은 1인당 소득 수준), 큰 불평등(2014년 라틴아메리카에서 상위 10%의 부유층이 전체 지역 부의 71%를 소유함; Barcena Ibarra & Byanyima, 2016), 낮은 경제 발전 수준(높은 빈곤 수준, 낮은 교육의 질, 높은 실업률, 주택 부족 및 노후화) 등의 문제를 안고 있다. 그러나 국민 행복과 만족 수준은 높은 편으로, 특히 코스타리카와 콜롬비아에서 높은 수치를 보인다(Diener, 2011).

라틴아메리카는 광활한 천연자원과 지구상에서 가장 높은 생물다양성을 지닌 넓고 풍부한 생태계(극지, 사막, 해안선 등)를 보유하고 있다. 하지만 멕시코시티, 상파울루와 같이 인구 2천만 명이 넘는 두 개의 대도시와 리우데자네이루와 부에노스아이레스와 같이 인구 천만 명이 넘는 도시도 보유하고 있다. 이러한 인구 밀집 지역에서는 시골에서 도시로의 이주가 많고, 소규모 지역사회에서는 최소한의 위생 서비스만 제공되거나 열악한 통신 수단과 같은 문제가 존재하고 있다.

가장 중요한 문제 중 하나는 다민족 및 다국어 사용 환경(브라질에서만 192개, 멕시코에서 69개 언어가 사용되는 등)이다. 그 결과로, 이 지역에서 과거로부터 전해진 토착 문화와 유럽적인 배경에서 파생된 다양한 **가치**(value)가 어우러져, 강력하고 고유한 특징을 지닌 하이브리드 문화가 형성되어 있다. 동시에 세계화 과정으로 인해 근본적인 변화 역시 일어나고 있다. 종교, 공동체, 특히 가족이나 집단주의적 전통이 대다수 인구에게 여전히 핵심적인 가치인 동시에, 점점 더 많은 사람이 이러한 가치에서 벗어나 개인주의적인 삶의 방식으로 이동하고 있다. 이러한 상반된 가치관은 심리과정과 환경행동에 강력한 영향을 미친다(또한 17장 참조).

다양한 가치관은 또한 다양한 이념을 낳고, 이러한 이념은 환경신념 등에서의 차이를 야기한다(Moyano-Díaz et al., 2015). 따라서 라틴아메리카에서는 환경행동과 관련되는 연구 또는 프로그램을 설계할 때 다음의 두 가지 이유에 따라서 이념적 차이를 고려할 필요가 있다. 첫째, 북유럽이나 지중해 지역의 인구에서 정립된 심리적 구성 요소가 라틴아메리카 전체인구에게는 적용되지 않을 가능성이 있다. 둘째, 다른 언어로 개발된 도구를 스페인어, 포르투갈어와 같은 라틴아메리카 지역에서 사용되는 수백 개의 언어로 번역하기 쉽지 않다. 따라서 태도, 규범, 인식 등 일반적으로 사용되는 심리적 구성 요소를 측정하는 데 사용되는 도구의 신뢰도와 타당도를 강화하기 위해서는 **민족심리측정학**(ethno-psychometrics; Reyes, 2010)의 요건을 충족하는 것이 필수적이다.

소수의 라틴아메리카 심리학자만이 그들의 연구를 영어로 출간하고 있으며, 언어의 장벽으로 인해 대부분의 작업이 색인되어 있지 않다. 이 분야의 많은 서적이 스페인어(Corral-Verdugo, 2010; Granada, 2002; Guevara & Mercado, 2002; Ortega-Andeane et al., 2005; Urbina-Soria & Martínez, 2006) 또는 포르투갈어(Pinheiro, 2003)로 출판되어 있다. 또한 공공 및 민간 기관의 후원으로 진행된 연구들이 기관의 외부로 확산되지 못하였다(예: Moreno & Urbina-Soria, 2008; Urbina-Soria et al., 2010). 이러한 이유로, 이 장에서는 해당 연구들에 대한 분석을 통합하여 초기부터 최근까지 이 지역에서 수행된 연구 작업에 대한 포괄적인 시각을 제공하고자 한다.

25.3 라틴아메리카에서 환경심리학의 과거 개관

라틴아메리카 내에서 환경심리학의 중요성을 다룬 개관 문헌들도 존재하지만(멕시코에서의 환경심리학을 개관한 논문은 Montero y López Lena, 1997; Urbina-Soria & Ortega-Andeane, 1991 참조; 브라질에서의 환경심리학을 개관한 논문은 Pinheiro, 2003 참조), 라틴아메리카 전체의 환경심리학을 개관한 논문은 단 두 편에 불과하다.

30년 전, 라틴아메리카의 시각에서 환경심리학을 설명한 논문이 최초로 출간되었다(Sánchez et al., 1987). 그로부터 10년 후 라틴아메리카에서의 연구에 대한 개관 문헌이 등장했다. 이는 『환경과 행동(Environment and Behavior)』 학술지의 특별호에 실린 것으로, 「라틴아메리카의 환경심리학: 위기 상황에서의 노력(Environmental psychology in Latin America: Efforts in critical situations; Corral-Verdugo)」(1997)이라는 제목의 논문이었다. 이 논문에는 상파울루에서 초등학교나 고등학교 설립 후 거주민들의 평가, 멕시코 지역사회에서 재사용 및 재활용 신념과 재활용 행동 간의 관계, 카라카스의 바리오 주택 건축의 의미에 관한 연구 등이 포함되었다.

이후 2009년에는 라틴아메리카 연구들의 주요 주제를 파악한 두 번째 개관 논문이 출간되었다(Corral-Verdugo & Pinheiro, 2009). 이 문헌에서는 구체적인 주제에만 초점을 맞추지 않고, 감정, 가치, 지각 및 인식 등 환경 및 환경행동(변화)과 관련된 기본적인 심리과정에 관해 분석하고, 환경심리학에서 보다 '전통적'인 주제들로 여겨지는 주택이나 도시 스트레스원(소음, 교통사고 등)에 관한 영역들을 검토하였다. 이와 같은 라틴아메리카의 환경심리학에 대한 기초 개관 문헌들을 비교하여 다음의 두 가지 주요한 발전이 있음을 알 수 있다. 첫째, 1987년과 2009년에 발표된 문헌에서 확인된 주제의 수를 비교하면 라틴아메리카에서 환경심리학이 성장하고 있으며 더 넓은 범위의 주제가 연구되고 있다. 둘째, 지역 고유의 문제뿐만 아니라 지속가능성과 관련된 광역적 쟁점에 대한 강조가 증가하고 있다.

25.4 라틴아메리카에서 환경심리학의 최신 발전

라틴아메리카에서 환경심리학 분야의 발전을 분석하기 위해, ISI Web of Science 상의 학술지에서 1971년부터 2015년 사이에 출간된 문헌 중 라틴아메리카인 저자가 한 명 이상 포함된 환경심리학 관련 문헌을 검색하였다. 또한 검색 목록에 포함되지 못한 대표적인 출간물이나 학위논문 등을 확보하기 위하여 라틴아메리카 환경심리학 네트워크(Latin American Environmental Psychology Network; 스페인어 약어: +REPALA)와 Inter American Society of Psychology의 환경심리학 연구 집단(Environmental Psychology Working Group) 회원들에게 환경심리학 영역에서 대표적인 작업물들에 대한 간단한 소개를 요청하였다. 그 결과, 150편 이상의 문헌이 확보되었으며, 이들 중 대부분이 환경이나 인구에 관한 구체적 또는 전반적 가설을 검증하고 관련 자료를 제공하는 실증 연구에 해당하였다. 〈글상자 25.1〉은 이러한 작업을 바탕으로 찾은 주요 연구주제를 요약하고 있다. 이를 통해 이 분야의 최근 발전 상황을 잘 살펴볼 수 있지만, 해당 연구결과들을 보다 일반화하여 다른 지역 주민이나 전체 인구에 적용할 수 있을지는 아직 명확하지 않다. 분명한 것은 많은 연구가 대학생 표본으로 제한되었기 때문에 앞으로는 더 광범위하고 대표성 있는 다양한 표본을 대상으로 연구할 필요가 있다는 것이다.

초기(1985~2000년) 연구들은 주거 만족도, 환경평가, 환경영향, 환경 스트레스원 등의 문제를 다루면서 인간과 인공 환경 간의 상호작용을 주로 다루었다. 이후에는 환경 의미나 지향성, 인식, 평가와 관련된 인지 및 정서 과정에 대한 관심이 지속된 가운데, 극지와 같은 극한 환경에서의 장기 체류(Zimmer et al., 2013), '생생한' 이웃지역 디자인(Mattos & Pinheiro, 2013), 장소 애착(Felippe & Kuhnen, 2012; 14장 참조) 등과 같은 특정한 주제영역으로의 확장이 이루어졌다.

최근 몇 년간(2005년부터 현재까지)에는 인공 환경과의 상호작용과 같은 연구 관심사로부터, 천연자원에 대한 인식, 사용, 관리와 같은 자연환경과 관련된 주제(Bustos et al., 2005; Corral-Verdugo et al., 2002; Mocelin Polli & Vizeu Camargo, 2015) 영역이나, 광역적 환경 변화에 관한 심리적 차원(Urbina-Soria & Martínez, 2006), 생태학적 행동(Pato et al., 2005), 지속가능성(Corral-Verdugo et al., 2010; Páramo et al., 2015), 환경 선호(Sánchez Miranda et al., 2012), 자연보호구역의 환경 품질 평가(Granada & Molina Cortés, 2015), 산사태(Landeros-Mugica et al., 2015) 또는 지진 및 해일(Díaz et al., 2012)과 같은 자연 재난의 영향에 관한 연구 등으로 관심사가 이동하고 있다. 도시 이동성이나 교통과 같은 주제에 관한 관심 역시 증가하고 있는데, 교통체계(Günther & Neto, 2015), 교통법규 위반 의도(Moyano-Díaz, 2002), 도시 이동수단의 여덟 가지 유형에 대한 평가(Urbina-Soria & Flores-Cano, 2010), 칠레와 브라질 시민 간 보행자 행동의 위험성 비교(Moyano Díaz et al., 2014), 도시공간에서의 자전거 이용(Olekszechen et al., 2016)과 같은 연구들이 이에 해당한다.

또한 건강관리 및 회복적 환경에 대한 연구(Ortega-Andeane & Estrada-Rodríguez, 2010), 환경건강(Valadez & Landa, 2007)에 대한 연구들도 진행되고 있다. 이 주제들은 초기부터 중요하게 다루어졌지만, 환경 조건이 웰빙에 미치는 부정적인 영향을 검증하는 것으로부터 환경 조건의 긍정적인 영향이나 환경행동의 이해와 변화에 초점을 맞추는 방향으로 흐름이 바뀌었다. 회복적 환경(7장 참조), 또는 친환경행동을 할 때의 만족감과 같은 주제에서 환경 조건의 긍정적인 영향에 관한 연구 초점이 잘 드러난다.

글상자 25.1 라틴아메리카의 환경심리학 연구들에서 다루어진 주제 개관

- **환경의 질**: 환경의 질 측정, 낙관주의, 책임감, 환경영향, 건강한 환경, 산림보호구역의 환경 질 측정, 경관의 질, 환경 스트레스, 환경 설계에 대한 인식, 삶의 질, 수자원의 질, 복원 환경, 공간 구성, 공간 구문, 친환경행동, 기후 변화, 환경 교육과 그 효과 등
- **인지 과정**: 환경의 의미, 환경 선호와 동기, 환경 평가, 환경 지각, 환경위험 지각, 미디어의 환경 관련 표현의 내용, 수질 인식, 작업공간에 대한 인식 등
- **감정, 정서 및 특성**: 애정, 죄책감, 행복감, 정체성, 책임감 지각, 취약성 지각, 환경 위협에 대한 지각 등
- **주거**: 장소 애착, 거주가능성, '생생한' 이웃지역, 주거 미학, 주거 환경, 주거용 가구, 주거 만족 등
- **태도 및 신념**: 환경태도, 환경신념, 귀인, 환경규범, 보호행동과 계획된 행동 이론, 사적 규범, 가치지향성, 이념, 태도, 친환경행동 등
- **특정 행동**: 아동 놀이, 아동의 환경행동, 유치원의 공간적합성, 극지 환경 적응, 반사회적 행동, 보호행동, 환경위험 대처, 환경행동, 환경 유해 행동, 규범위반, 친환경역량, 재활용, 주거용 물 소비 및 사용, 재사용, 지속가능한 행동, 교통위반행동, 교통수단으로서의 자전거 사용 등

- **특정 환경**: 교실, 학교, 도시공원, 광장, 주거지역, 산림보호구역, 도시 등
- **지역적 환경 관심사**: 대기 질, 폐기물 통제, 환경위험, 폐기물 발생 및 관리, 물 절약, 물 소비, 날씨 비관론 등
- **광역적 환경 관심사**: 지구 환경 변화, 기후 변화 및 동기, 지속가능성 등
- **기타**: 환경 교육, 공동체 의식, 건강, 입주 후 평가, 시간적 관점, 교통사고 등

25.5 라틴아메리카에서의 연구 발전을 위한 주요 쟁점

라틴아메리카에서 환경심리학의 발전을 제약하는 주요 요인 세 가지는, ① 라틴아메리카 연구자와 다른 지역 연구자들의 협업 부족, ② 스페인어 또는 포르투갈어로 출판하는 데 따르는 어려움, ③ 상급과정 연구 기회의 제약 등이다.

25.5.1 협업 부족

라틴아메리카의 환경심리학자들과 다른 지역의 연구진 간의 협업이 증가하고는 있지만 아직은 미미한 수준이다. Scopus, Scielo, 또는 ISI 색인 목록의 학술지에 라틴아메리카와 다른 지역의 연구진들이 공동으로 출간한 연구의 숫자는 아직 상대적으로 적다. 이는 문화적 · 경제적 · 이념적 · 사회적 다양성의 맥락에서, 여러 하위 분야를 포함한 환경심리학의 전 분야에서 제안된 심리적 구성개념에 대한 적용 가능성과 관련성을 평가할 여지가 남아 있다는 것을 의미한다. 공동 연구의 성과는 여러 결과와 관점들이 수렴하거나 분기하는 데 대한 지식을 창출하는 데 매우 유용할 것이다. 이러한 협력 연구는 라틴아메리카 내 국가의 연구진에게뿐만 아니라 다른 지역이나 대륙에서의 연구 작업에 큰 자극이 되는 중요한 요소가 될 수 있다.

25.5.2 스페인어 또는 포르투갈어 논문 출판의 제약

점점 더 많은 라틴아메리카 환경심리학자가 영어로 출간되는 국제학술지에 논문을 발표하고 있지만, 언어적인 이유로 논문을 발표하지 않는 경우도 여전히 많다. 라틴아메리카 심리학자들의 영어권 국가와의 교류가 늘어나면 서적과 학술지에서도 라틴아메리카

심리학자들의 존재감이 분명 더 커질 것이다. 국제 협력 출판을 촉진하는 또 다른 방안은 환경심리학 분야에 초점을 맞춘 라틴아메리카 학술지를 만드는 것이며, 이는 환경심리학 영역에서 라틴아메리카의 지역적 맥락과 다른 지역의 유사점과 차이점을 확인하는 데 도움 될 것이다. 이에 관련하여 주목할 만한 출판물은 환경심리학 학술지인 『Psico』(De Campos & Bonfim, 2014)로, 이 학술지에는 브라질, 아르헨티나, 베네수엘라, 스페인 등에서의 논문이 잘 정리되어 있다.

25.5.3 환경심리학에서의 학술적 훈련

라틴아메리카 외의 국가들과 비교했을 때, 환경과 행동의 상호작용을 연구하는 (라틴아메리카 지역의) 대부분 연구자는 환경심리학자로서의 훈련을 받지 못했다. 현재 멕시코 국립대학교만이 환경심리학 연구에 초점을 맞춘 환경심리학 세부 전공 석사 및 박사학위 프로그램을 운영하고 있다(두 프로그램 모두 대학원 과정의 우수성을 인정받아 합격자 전원에게 장학금이 지급됨). 이 외에 환경심리학 학사, 석사 또는 박사 과정이 개설된 라틴아메리카 대학은 없으며, 일부 대학원 수업이나 세미나, 워크숍만이 파편화되어 제공되고 있다. 물론, 다른 나라에서 환경심리학의 전 영역이나 하위 영역에 관련되는 정식 대학원 과정이 개설되는 것 역시 바람직하다. 이러한 기회가 없다면 이 분야는 충분히 발전하기 어려울 것이다. 안타깝게도, 이러한 과정이 개설되려면 먼저 대학과 정부 당국에 환경-행동 간 상호작용의 여러 문제를 분석하고 해결책을 제안하는 데 있어서 환경심리학 분야의 전문 훈련 과정을 개설하는 것의 잠재적인 이점을 설득해내야 한다. 이 과정에서 염두할 것은, 심리학을 비롯한 사회과학 연구만으로 환경문제가 해결되지는 않겠지만, 이들의 연구가 없이는 환경문제가 해결될 수 없다는 것이다.

25.6 요약

라틴아메리카는 매우 다양한 지역으로 구성되어 있으며, 천연자원이 풍부하고 원주민의 유산과 유럽의 유산이 결합된 문화적 요소들이 조화를 이루어 고유한 가치를 지니고 있다. 세계의 다른 지역과 마찬가지로 이들은 현재 환경 변화(천연자원의 남용과 고갈)와 사회 인구통계학적 변화(이주, 생활양식)를 겪고 있다. 이는 천연자원의 보존, 인공 환경 개선, 환경친화적인 생활양식에 기여하는 심리과정에 환경심리학자들의 전문성과 연구 역량이 집중되어야 할 필요성을 강조한다.

이 장에서 분석된 주요 내용은, ① 환경심리학 연구는 1980년대에 시작된 이래로 상당한 성장을 이루었다는 점, ② 최초의 관심사는 주로 인공 환경에 집중되었지만 현재는 대부분의 연구가 자연환경 및 지속가능성과 관련된다는 점, ③ 수행된 연구들을 체계적으로 살펴보면, 초기 연구는 주로 환경 조건이 행동이나 웰빙에 미치는 부정적인 영향에 초점을 맞춘 반면, 최근 연구는 긍정적인 효과의 조합에 더 중점을 두고 있다는 점, ④ 관심 쟁점이 최초에는 지역 문제로 제한되었다면 최근에는 광역적인 문제를 포함하고 있다는 점 등이다.

이 지역에서 환경심리학의 발전을 제약하는 요인들은, ① 라틴아메리카와 다른 국가의 환경심리학자 간 협업 기여도가 낮다는 점, ② 수행된 연구가 많은 경우 언어의 문제로 인해 출판되기 어렵다는 점, ③ 라틴아메리카 대학에서 환경심리학 대학원 과정을 이수할 기회가 거의 없다는 점 등이다. 따라서 라틴아메리카와 다른 지역 환경심리학자 간의 공동 연구를 강화하고, 3개 국어 학술지를 활용하거나 이 분야의 라틴아메리카 학술지를 창간하여 연구 성과 게재의 기회를 늘리고, 공식적인 환경심리학 대학원 과정을 구축하는 등의 노력이 필요하다.

용어사전

가치(value): 개인 또는 사회적 실체가 자신의 삶을 이끄는 원칙으로서 중요하다고 생각하는 바람직한 범상황적인 목표

라틴아메리카(Latin America): 라틴어에서 파생된 언어(스페인어, 포르투갈어, 프랑스어)를 사용하는 아메리카 대륙의 국가들로 구성된 지역

민족심리측정학(ethno-psychometrics): 특정 인구의 문화적 특성을 고려하여 심리 측정 도구를 구성하는 것

읽을거리

Corral-Verdugo, V. and Pinheiro, J. (2009). Environmental psychology with a Latin American taste. *Journal of Environmental Psychology, 29*(4), 366-374.

Díaz-Loving, R. (2000). An historic psycho-socio-cultural look at the self in Mexico. In: *Indigenous and Cultural Psychology. Understanding People in Context* (ed. U. Kim, K. Yang, and K. Hwang), 315-325. New York, NY: Springer.

복습문제

1. 라틴아메리카에서 환경심리학이 발전하는 과정에서 등장한 주제와 그 변화를 설명해 보자.
2. 〈글상자 25.1〉에 등장했던 주제 중, 라틴아메리카의 도시들과 유럽의 도시들을 비교하여 연구해야 한다고 생각하는 주제를 세 가지 고르고 그 이유를 서술해 보자.
3. 멕시코시티 교외 지역의 주민 수(약 2천만 명)와 스웨덴, 네덜란드, 그리스, 오스트리아 또는 포르투갈의 총 인구수를 비교하고, 삶의 질에 영향을 미치는 환경적인 함의에 관해서 설명해 보자.
4. 이 장에서는 라틴아메리카에서 환경심리학의 발전을 위한 세 가지 핵심 쟁점을 제안했다. 어떤 것이 가장 중요하다고 생각하는지, 그 이유는 무엇인지 서술해 보자.

제3부

친환경행동 장려하기

친환경행동을 촉진하기 위한 정보 전략: 지식 · 인식 · 태도 변화

Wokje Abrahamse
Victoria University of Wellington, New Zealand
Ellen Matthies
Otto-von-Guericke University, Germany

26.1 도입

1970년대 이후 사회심리학자와 환경심리학자는 화석 연료 고갈 및 기후 변화 등과 같이 인간의 행동이 환경에 영향을 미치는 상황을 완화하기 위해 사람들의 친환경행동을 촉구하는 다양한 방법을 연구해 왔다. 그럼에도 불구하고 오늘날 인간이 환경에 미치는 영향은 전 세계 모든 지역에서 여전히 크다고 할 수 있다. 화석 연료를 연소할 때 배출되는 이산화탄소는 지난 10년 동안 꾸준히 증가하였다(Field et al., 2014). 앞선 장들에서는 친환경행동 및 친환경행동에 영향을 미치는 요인을 설명하는 다양한 접근법과 모델을 다루었다. 이 장에서는 지난 30년 동안 연구되어 온 행동의 변화를 촉진하는 전략에 초점을 두며, 다음의 질문에 대한 답을 찾을 것이다. 이 연구들은 우리에게 무엇을 알려 주고 있는가? 또한 연구 기반을 어떻게 개선하여 친환경행동의 변화를 촉진할 수 있는가?

행동 변화의 촉진을 위한 개입은 정보 전략과 구조 전략의 두 범주로 나눌 수 있다(Steg & Vlek, 2009). **정보 전략**(informational strategy)은 지식, 인식, 규범, 태도의 변화를 목표로 한다(예: 재활용 인식 고취를 위한 정보성 캠페인). **구조 전략**(structural strategies)은 행동을 촉진하기 위해 주변 상황을 변화시키는 것을 목표로 한다(예: 재활용 시설 제공). 이 장에서는 '부드러운 방안(soft measure)'이라고 불리는 정보 전략을 다루고, 보상 또는 기술적 변화를 사용하는 일명 '강력한 방안(hard measure)'인 구조 전략은 27장과 28장에서 다룬다. 먼저, 개입 연구의 기본 원칙을 간략히 언급한 후에, 정보 전략—정보 제공, 목표 설정, 서약, 상기, 피드백—의 연구들을 살펴볼 것이다. 마지막으로, 추후 연구를 위한 제언과 방안을 제안한다.

26.2 개입: 연구에서 실행까지

개입은 실행 전에 면밀하게 계획되어야 한다(Gardner & Stern, 2002; Steg & Vlek, 2009). 개입의 효과를 높일 수 있는 몇 가지 주요 사항은 다음과 같다.

첫째, 개입은 환경 상황을 명확히 개선할 수 있는 행동을 목표로 하는 것이 중요하다. 예를 들면, 물건을 구매할 때 비닐 봉투 사용을 자제하도록 하는 개입법과 해외에서 들여온 식자재를 구매하기보다 현지에서 생산된 것을 구매하는 개입법을 비교한다면, 두 개입 모두 훌륭한 방법이지만, 후자가 전자보다 상대적으로 영향력이 크다고 볼 수 있다. 그러므로 개입은 상대적으로 환경에 미치는 영향력이 높은 행동에 초점을 맞추는 것이 이상적이다.

둘째, 개입은 이론에 바탕을 두어야 한다. 이론에 근거한 접근법을 사용하는 것이 중요한 이유는 환경에 영향을 미치는 행동을 이해하고 변화를 유도하는 현상의 기초를 제공할 뿐만 아니라 타당한 평가를 개발할 수 있는 기반을 제공하기 때문이다. 이 장에서 설명하는 다섯 가지 정보 전략은 개입의 기반이 되는 이론적 가정을 소개하고 있다.

셋째, 개입의 효과를 정확히 평가하는 것은 필수적이다. 이상적으로, 개입 연구는 변화를 목표로 하는 행동이 개입 실행 전(사전 검사)과 실행 후(사후 검사)에 얼마나 달라졌는지를 측정하고, 이러한 실험집단 외에도 개입을 실시하지 않은 통제집단을 포함하여 설계한다. 이 방법을 사용하면, 개입으로 인한 목표 행동의 변화를 관찰할 수 있을 뿐만 아니라 개입이 제공되지 않은 상황과도 비교할 수 있다. 또한 행동의 결정과 관련된 요인(예: 지식, 태도)을 함께 측정하는 것도 중요하다. 왜냐하면 이러한 요인은 개입이 왜 효과적이었는지 또는 효과적이지 않았는지에 대한 이유를 파악할 수 있는 정보를 제공해 주기 때문이다. 예를 들어, 행동 변화를 목표로 했던 에너지 절약 캠페인이 실패한 이유는 사람들이 이미 에너지 절약 방식에 대한 충분한 지식을 가지고 있었기 때문일 수도 있다.

26.3 정보 전략

이 절에서는 정보 제공, 목표 설정, 서약, 상기, 피드백의 다섯 가지 정보 전략에 대하여 논의할 것이다. 이 전략들을 선택한 이유는 관련 문헌들에서 가장 많이 사용되기 때문이다(체계적인 문헌 고찰과 메타 분석에 대한 자료는 Abrahamse & Steg, 2013; Abrahamse et al., 2005; Möser & Bamberg, 2008; Osbaldiston & Schott, 2012 참조).

26.3.1 정보 제공

정보 제공(information provision)은 행동 변화를 촉구하기 위해 가장 널리 사용되는 개입법 중 하나이다. 일반적으로, 정보는 두 유형으로 구분할 수 있다. 한 유형은 환경문제에 관한 정보이고, 다른 유형은 사람들이 그 문제들을 경감시키는 행동을 취하도록 하는 정보이다. 정보 제공은 **지식-결핍 모델**(knowledge-deficit model)을 근거로 하는데, 이 모델은 사람들이 특정 환경문제에 대해 잘 알고 있지 않거나 그 문제를 해결하기 위한 구체적인 대응 방법을 모르고 있다고 가정한다(Schultz, 2002). 정보 제공 전략은 이러한 부족한 지식을 공급하는 것을 목표로 한다.

지금까지의 연구에서 밝혀진 것은 단지 정보만 제공되는 것으로는 효과적인 결과가 도출되지 않는다는 것이다(예: Schultz, 1998; Staats et al., 1996). 네덜란드에서 실시한 지구온난화에 대한 인식을 고취하고 이를 막을 수 있는 행동을 알리는 것을 목표로 했던 대중매체 캠페인의 사전/사후 평가 결과, 지구온난화에 관한 지식은 증가하였지만 이에 따른 행동 변화는 일어나지 않았다(Staats et al., 1996).

행동 변화를 위한 보다 효과적인 전략은 **맞춤형 정보**(tailored information)이다(Abrahamse et al., 2007; Daamen et al., 2001). 맞춤형 정보는 특정 개인 또는 집단의 고유한 특성을 기반으로 그들에게 맞도록 고안된 것을 말한다(Kreuter et al., 1999). 직장인을 대상으로 시행된 한 연구(Daamen et al., 2001)는 기름 오염을 줄이기 위한 직원들의 행동(예: 송유관 누수 확인) 변화를 독려하는 것으로 맞춤형 정보가 그렇지 않은 정보에 비하여 더 효과적이었음을 밝혀내었다.

모범 행동을 수행하는 '모델'을 통해 전달되는 정보는 또 다른 효과적인 정보 전략일 수 있다(예: Sussman & Gifford, 2013). 이 전략은 Bandura의 **사회 학습 이론**(social learning theory, 1977)에 기반하며, 사람들은 타인의 행동을 관찰함으로써 주어진 상황에 어떻게 행동할지를 추론한다고 가정한다.

타인의 견해 또는 행동에 대한 정보인 **규범 정보**(normative information)는 친환경행동을 장려할 때 효과적이다(Cialdini, 2003). 이 개입은 사회규범 이론을 기반으로 한 것이다(Cialdini et al., 1991; 18장 참조). 예를 들어, 호텔 투숙객에게 수건의 재사용을 촉진하는 방법 중 호텔에서 일반적으로 사용하는 표준화된 환경 문구를 제시하였을 때보다 규범 정보(수건을 재사용하는 투숙객의 수에 대한 정보)를 제시하였을 때가 수건의 재사용률이 더 높아졌다(Goldstein et al., 2008).

단지 정보만 제공하는 것은 행동 변화에 그다지 효과적이지 않기 때문에 다른 개입과 병행하는 것은 필수적이다(Gardner & Stern, 2002). 정보 제공 개입 기법은 정보가 맞춤형으로 제공될 때, 모범 행동을 보여 주는 **모델링**(modeling)으로 전달될 때, 또는 타인이 어떻게 행동하였는지를 알려줄 때 효과가 더 커질 수 있다(Abrahamse et al., 2005 참조).

26.3.2 목표 설정

이 개입 기법은 목표 설정 이론을 기반으로 하며, 행동은 목표지향적이므로 매력적인 목표를 달성하고자 하는 기대가 행동의 동기를 부여한다고 가정한다(22장 참조). **목표 설정**(goal setting)은 목표가 높고 동시에 현실 가능할 때 가장 효과적이다(Locke & Latham, 1990). 또한 목표는 명확히 정의되고 단기간에 달성 가능해야 한다.

Becker(1978)는 가정에서 에너지 소비를 줄이도록 하기 위해 목표 설정과 피드백(26.3.5절 참조)의 효과를 조사하였다. 에너지 감소 목표는 난이도(20% 절약 대 2% 절약)와 피드백(있음 대 없음)의 조합으로 가구마다 다르게 설정하였다. 개입의 효과는 감소 목표가 높으면서(20%) 피드백이 제공된 가구에서만 나타났다(정확히는 15%의 감소를 성취하였다).

목표 설정은 다른 정보 전략과 병행할 때 더 효과적이었다. 초기 연구들이 주로 개인에게 목표를 설정하는 데 초점을 두었던 반면, 최근의 개입 프로그램은 집단에 목표를 할당하여 그 효과성을 보여 주고 있다(〈글상자 26.1〉 참조).

목표 설정의 효과는 소위 **이행 의도**(implementation intention)라고 일컬어지는 것에 의해

글상자 26.1 집단의 목표와 보상을 결합한 성공적인 개입 프로그램

유럽에서 실시한 '에너지 동네(Energy Neighborhoods)' 개입 프로그램은 집단을 단위로 목표를 할당하는 전략을 적용하였다(Merziger & Neumann, 2010). 가구들을 집단으로 묶어(소위 '에너지 동네') 에너지 소비를 8% 이상 절감하도록 제안하였다(이 목표는 2010년까지 도달해야 하는 전체 EU의 이산화탄소 감소 목표인 8%에 기반한 것이다). 동네에는 일명 '에너지 사감(master)'이라 불리는 자원봉사 가구가 있었는데, 이들은 다른 가구들을 지원하기 위해 특별한 훈련을 받은 가구였다. 6개월 동안 8%의 집단 목표를 달성한 동네에는 보상(예: 양털 담요, 백열 전구)이 주어졌다. 9개의 국가에서 약 600가구가 참여하였고, 이들 중 60%가량이 8% 감소 목표를 달성하거나 초과하였고, 가구당 평균 11%[1]의 감소를 보여 주었다.

향상될 수 있다. "이행 의도는 목표 설정을 언제, 어디서, 그리고 어떻게 실행할 것인지를 상세히 기술하는 'if-then' 계획을 말한다."(Schweiger Gallo & Gollwitzer, 2007, p. 37) 일련의 연구들은 이행 의도가 친환경행동을 장려하는 데 효과적이라는 것을 보여 주었다(예: Bamberg, 2003; 또한 30장 참조).

26.3.3 서약

서약(commitment) 개입에서는 개인 또는 집단이 그들의 행동을 수정하겠다는 약속(서약)을 요구한다. 서약이 행동 변화에 영향을 미치는 이유는 서약을 함으로써 사람들의 **인지부조화**(cognitive dissonance; Festinger, 1957)가 감소하기 때문이다. 인지부조화란 자신의 신념 또는 태도가 자신의 행동과 일치하지 않는다면(예: 나는 이것을 하기로 약속했어. 하지만 나는 그렇게 행동하지 않고 있어.) 긴장이 발생한다는 것이다. 서약 기법은 대개 보상 및 다른 정보 전략(예: 목표 설정)과 함께 시행된다(Bachmann & Katzev, 1982; Matthies et al., 2006).

독일에서 실시된 연구(Matthies et al., 2006)는 자동차 운전자에게 대중교통을 이용하도

1) 역자 주: 원서에는 1%라고 표기되어 있으나, 'Energy Neighborhoods' 프로그램의 실제 결과는 11%로 나타났다. 이에 개입 프로그램의 원자료에 입각하여 수정하였다.

록 장려하기 위해 서약과 보상을 함께 사용하였다. 보상만 지급된 집단의 참가자는 보상으로 대중교통 무료 티켓을 받았고, 서약만 제공된 집단의 참가자는 대중교통 이용을 포함한 10개의 제안 행동 목록 중에서 적어도 한 가지를 선택하여 노력하겠다는 서약서를 작성하였다. 세 번째 집단은 서약서와 대중교통 무료 티켓이 동시에 제공되었다. 네 번째 통제집단은 어떤 개입도 제공되지 않았다. 연구 결과, 사전 측정과 비교하여 통제집단은 대중교통 이용이 증가하지 않은 반면, 개입이 진행된 세 집단 모두 대중교통 이용이 증가하였다. 12주가 지난 후 다시 측정한 결과, 서약 집단(서약서만 작성한 집단과 무료 티켓과 함께 서약서를 작성한 집단)에서 대중교통을 더 자주 이용하고 있었다.

서약 기법은 사람들에게 개별적으로 연락을 취해야 하므로 상대적으로 많은 양의 시간과 자원이 요구된다. 또한 이 연구들의 참가자에게 서약서를 요구하였을 때, 모든 사람이 서약서 작성에 동의한 것은 아니었을 것이다. 그러므로 서약을 원하지 않는 사람은 처음부터 연구에서 배제되었을 것이고, 배제된 사람들은 행동 변화에 대한 의지가 저조할 가능성이 높기 때문에 결과적으로 서약의 효과가 과대평가되었을 수 있다(참가자가 배제되지 않은 예외적인 연구는 Matthies et al., 2006 참조).

26.3.4 상기

상기(prompting) 기법은 개입 연구 초기부터 친환경행동을 촉진하기 위해 사용되었다. 이 기법은 주어진 상황에서 특정 행동에 주목할 수 있도록 하는 짧은 문구 또는 표시를 제공하는 것이다. 상기는 사람들이 공공장소에 쓰레기를 버리지 않거나 방을 나갈 때 소등하는 것과 같이 적절한 방식의 행동을 하도록 주지시키는 역할을 한다(예: Sussman & Gifford, 2012). 상기는 목표 집단이 이미 긍정적인 태도를 지니고 있거나 목표로 하는 행동을 수행할 의지는 있지만 행동이 요구되는 상황에 대한 단서가 부족한 경우에 사용한다. 그러므로 상기는 문제 행동이 부지불식간에 발생하는 것을 막을 수 있다고 가정한다(24장 참조). 상기의 내용에 따라, 제재 또는 보상으로 바로 연결할 수도 있는데(예: "쓰레기를 버리지 않아 주셔서 감사합니다."), 이는 행동주의 접근법에 따른 것이다(Bell et al., 2001; 또한 27장 참조).

Austin 등(1993)은 재활용과 올바른 쓰레기 폐기를 장려하기 위해 상기(그림문자) 기법을 사용하였다. 상기 표시를 수거함 바로 위에 게시하였을 때 재활용과 쓰레기의 올바른 처리가 각각 54%와 29% 향상되었고, 상기 표시를 수거함에서 4m 떨어진 곳에 게시한 경우는 단지 19%의 개선만 나타났다. 이는 목표 행동이 발생하는 바로 그 장소에 상기 표시가 위치될 때 특히 효과적이라는 것을 보여 준다.

상기 기법은 효과가 미약하고 단기적이라는 비판을 받고 있다(Bell et al., 2001). 하지만 상기 표시가 적절한 시간과 장소에 공손하고 정중하게 제안된다면, 단순하고 쉬운 행동을 변화시키는 데는 효과적이다(Geller et al., 1982 참조).

26.3.5 피드백

피드백(feedback)은 사람들의 성과에 대한 정보를 제공하는 것으로, 예를 들면 에너지 감소 수준 또는 재활용의 양 등을 포함한다. 피드백 개입 이론에 따르면(Kluger & DeNisi, 1996), 피드백은 특정 성과(예: 에너지 절약)와 그 성과를 달성하기 위해 필요한 행동 변화(예: 전등 끄기) 간의 연관성을 인식하게 함으로써 행동에 영향을 준다고 가정한다. 피드백은 자주 제공될수록 더 효과가 있다(Abrahamse et al., 2005). 예를 들면, 가정용 에너지 표시기를 사용한 연구는 한 달에 한 번 피드백을 한 것보다 지속적으로 자주 피드백을 하였을 때 더 효과적이라는 것을 보여 주었다(Van Houwelingen & Van Raaij, 1989).

Asensio와 Delmas(2015)의 연구는 피드백이 각 가정에 더 효율적으로 전달될 수 있는 방법을 조사하기 위해 로스엔젤레스 도시의 가정에 그들이 사용한 전력량에 대한 피드백을 제공하였다. 피드백은 재정 절감 측면("지난주 당신은 66% 이상 전력을 더 사용하였다. [……] 일 년으로 환산하면 34달러를 추가로 지불하게 될 것이다.")을 제공하거나 공중 보건 측면("지난주 당신은 66% 이상 전력을 더 사용하였다. [……] 당신은 610파운드의 대기 오염에 일조하였고, 이는 아동의 천식 및 암과 같은 건강에 영향을 미치게 된다.")을 제공하였다. 연구 결과, 통제집단과 비교하여 공중 보건 피드백 집단은 평균 8%의 에너지 소비가 감소했지만, 재정 절감 피드백 집단은 오히려 4%의 에너지 소비가 증가하였다. 이는 재정 절감 피드백이 행동 변화를 위한 방법으로 항상 효과적인 것은 아니며, 로스엔젤레스 도시와 같이 심각한 공중 보건의 문제가 있는 지역이라면 이와 관련된 내용으로 호소하는 것이 더 효과적이라는 것을 보여 준다.

피드백은 행동 변화를 촉진하는 효과적인 방법으로 생각된다(Abrahamse et al., 2005). 하지만 피드백은 다른 전략(예: 정보 제공, 목표 설정)과 함께 자주 사용되기 때문에, 피드백만으로 얼마나 효과가 있는지는 명확하지 않다(예: Abrahamse et al., 2007; Staats et al., 2004; 피드백 효과에 대한 메타 분석은 Karlin et al., 2015 참조).

26.4 개입 연구: 일반적인 쟁점

정보 전략 개입의 연구 및 적용과 관련하여 다음의 쟁점들을 살펴보자.

첫째, 앞서 여러 번 언급한 대로(Abrahamse et al., 2005), 개입의 장기적 효과와 비용 효과에 대해 상대적으로 잘 알려진 바가 없다. 시간, 자원, 또는 다른 제약들 때문에 많은 연구에서 개입 효과를 장기적으로 추적하지 않았다. 하지만 개입이 종료된 후에도 행동 변화가 지속되는지를 살펴보는 것은 중요하다.

둘째, 개입 연구는 종종 행동 기반으로 이루어지며, 친환경행동 촉진을 뒷받침하는 일관된 이론은 부족한 것으로 알려져 있다. 정보 전략 및 행동 변화에 대한 이해를 더 넓히기 위해 개입이 어떻게 작동하는지, 어떤 맥락에서 효과를 발휘하는지, 그리고 어떤 행동 유형이 가장 적합한지에 대한 이론적 가정을 명확히 하는 것이 중요하다. 이러한 요인들은 평가가 이루어지는 과정에서 체계적으로 기록되어야 한다(예: Matthies et al., 2006; Staats et al., 2004).

셋째, 정보 전략의 효과에 관한 추후 연구를 위해서는 다른 학문과의 협업이 필수적이다. 예를 들면, 환경과학자는 어떤 행동이 실제 환경에 미치는 영향을 줄이는 데 더 효과적인지 또는 덜 효과적인지를 제시할 수 있다(예: 온도조절기 설정 낮추기 대 전등 끄기).

마지막으로, 행동 변화를 촉진하는 정보 전략은 환경문제의 해결책 중 하나에 불과할 수 있다. 행동 변화가 요구되는 대부분의 맥락에서 가장 효과적인 접근법은 정보 전략과 구조 전략을 함께 사용하는 것이고(예: 가격 정책; 27장 참조), 친환경행동은 다양한 다른 접근법에 의해 촉진될 수 있다.

26.5 요약

이 장에서는 친환경행동을 촉진하는 다섯 가지 정보 전략—정보 제공, 목표 설정, 서약, 상기, 피드백—에 대하여 논의하였다. 이 전략들은 다양한 상황에서 성공을 보이며 실행되었다. 정보 제공은 환경에 대한 인식은 높이지만 행동 변화가 항상 수반되는 것은 아니다. 하지만 정보가 맞춤형이거나, 모델을 통해 전달되거나, 타인의 행동에 관한 정보를 제공한다면 보다 효과적일 수 있다. 목표 설정과 서약은 다른 개입과 함께 제공될 때 행동 변화 촉진에 효과적이었다. 상기 또한 상대적으로 쉬운 행동에는 효과적인 것으로 나타났다. 피드백은 자주 제공될 때 효과적인 개입이 되었다. 마지막 절에서는 개입 연구의 쟁점들을 논의하였다. 첫째, 변화된 행동이 오랫동안 유지되기 위해서는 개입의 장기 효과를 살피는 것은 필수적이다. 둘째, 이론적 근거는 환경에 유의미한 행동을 이해하고 변화시키기 위한 핵심 사항이다. 더하여, 환경 쟁점이 다각적이라는 것을 고려하면 정보 전략은 보다 친환경적 생활양식을 채택하도록 격려하는 구조개입 전략과 함께 사용될 필요가 있다.

용어사전

구조 전략(structural strategy): 행동 결정이 이루어지는 상황(예: 재정적 보상, 시설 제공)을 변화시키는 것을 목표로 하는 개입법

규범 정보(normative information): 타인의 견해 또는 행동에 대한 정보로 이를 통해 사회규범을 두드러지게 하는 것

맞춤형 정보(tailored information): 특정 개인 또는 집단의 고유한 특성을 기반으로 그들에게 맞도록 고안된 정보

모델링(modelling): 모범 행동을 이행하는 사례('모델')를 제시하여 사람들이 자신의 행동을 변화시킬 수 있도록 유도하는 전략

목표 설정(goal setting): 수행 목표를 명확히 설정하는 정보 전략 중 하나로 피드백 기법 또는 서약 기법과 함께 사용

사회 학습 이론(social learning theory): 사람들은 관찰, 모방, 모델링을 통해 학습한다고 가정하는 이론

상기(prompting): 바람직한 행동이나 바람직하지 않은 행동에 주목할 수 있는 알림을 사용하는 기법

서약(commitment): 개인 또는 집단이 그들의 행동을 수정하겠다고 약속(서약)하는 기법

이행 의도(implementation intention): 언제, 어디서, 그리고 어떻게 실행할 것인지를 상세히 기술하는 'if-then' 계획

인지부조화(cognitive dissonance): 자신의 태도와 행동 간의 불인치 또는 서로 다른 신념 간의 불인치를 인식하였을 때 발생하는 긴장

정보 전략(informational strategy): 지각, 지식, 인식, 규범, 태도의 변화를 목표로 하며, 이를 통해 행동 변화가 이루어질 것이라고 가정하는 개입법

정보 제공(information provision): 환경문제에 대한 정보, 타인의 의견 또는 행동에 대한 정보, 실천에 도움을 주는 정보를 제공하는 기법

지식-결핍 모델(knowledge-deficit model): 정보 제공 개입에서 사람들이 행동을 바꾸지 않는 이유는 그들이 특정 환경문제에 대해 잘 알고 있지 않거나 그 문제를 해결하기 위한 구체적인 대응 방법을 모르고 있다고 가정하는 모델

피드백(feedback): 특정 행동의 결과에 주목할 수 있도록 사람들에게 그들의 성과에 대한 정보를 제공하는 기법

읽을거리

Gardner, G.T. and Stern, P. C. (2002). *Environmental Problems and Human Behavior*. Boston: Allyn & Bacon.

Geller, E.S. (2002). The challenge of increasing proenvironment behavior. In *Handbook of Environmental Psychology* (ed. R.G. Bechtel and A. Churchman), 525-540. New York, NY: Wiley.

Lee, N.R., Lee, N., Schultz, P.W., & Kotler, P. (2011). *Social Marketing to Protect the Environment: What Works*. Sage.

복습문제

1. 대학 또는 큰 조직에서 종이, 유리, 캔을 수거하기 위해 재활용 제도를 시행하고자 할 때, 당신은 재활용을 장려하기 위해 어떤 정보 전략을 추천하겠는가? 그 이유는 무엇일까?
2. 대학 또는 조직에서 당신이 제안한 개입법의 효과를 살펴보기 위한 평가 연구를 어떻게 설계해야 할까?
3. 개입 연구가 이론에 기반하는 것이 왜 중요할까?
4. 정책 입안자가 행동 변화를 촉진하기 위한 개입을 계획할 때 고려해야 할 중요한 요인들은 무엇일까?

보상과 벌칙을 통한 친환경행동 장려

Jan Willem Bolderdijk
Rijksuniversiteit Groningen, The Netherlands
Philip K. Lehman
Salem VA Medical Center, USA
E. Scott Geller
Virginia Tech, USA

27.1 도입

26장에서는 정보 전략이 어떻게 친환경행동을 촉진하는지에 관하여 논의하였다. 하지만 정보를 제공하는 것만으로는 행동 변화를 장려하기에 충분하지 않다(Bolderdijk et al., 2013a). 사람들은 자신의 행동이 종종 환경에 부정적 결과를 초래하고 실행 가능한 대안이 존재한다는 것을 알고 있음에도 불구하고(예: 유기농 제품, 대중교통) 기존의 행동을 고집한다. 왜 사람들은 환경에 유해한 행동을 계속하는가? 이러한 바람직하지 않은 행동을 줄이고 친환경행동의 빈도를 어떻게 높일 수 있는가? **응용행동분석**(applied behaviour analysis; Geller, 2016 참조)에 따르면, 행동 변화를 위해서는 행동의 **결과**(consequences)를 분석하고 수정해야 한다.

27.2 결과 분석

당신의 현재 행동을 생각해 보라. 이 책을 펼치고, 책장을 넘기고, 때로 이해하기 어려운 내용은 자세히 살펴보면서 의미를 파악하려는 동기는 무엇인가? 아마도 당신은 당신이 원하는 결과를 얻고자 하는 동기가 부여된 것이라고 볼 수 있다. 누군가는 보고서를 작성하기 위해 정보가 필요해서일 수도 있고 또는 시험에서 좋은 성적을 얻기 위해서일 수도 있다. 다른 이들은 환경문제 해결을 위한 지식을 쌓거나 환경심리학을 더 깊이 이해하기 위해서 이 책을 읽고 있을 수 있다.

이 장에서는 대부분의 행동이 그 결과에 의해 결정된다고 주장한다. 실험 및 응용행동분석 분야의 창시자인 Skinner(1994)가 제안한 것처럼, 사람들은 뒤따르는 가능한 결과를 위해 무언가를 하고자 하는 동기가 부여된다. 다시 말하면, 우리는 긍정적인 결과를 얻거나 또는 부정적인 결과를 피하기 위해서 어떤 행위를 한다는 것이다. 또한 우리는 긍정적인 결과를 도출했던 행동은 반복하려 하고, 부정적인 결과를 초래했던 행동은 하지 않으려고 한다. 이 단순한 발상을 이론적 근거로 하여, **보상**(reward)과 **벌칙**(penalty)을 통해 환경행동을 개선하고자 하는 개입법이 제안되었다.

응용행동과학 분야의 연구는 행동이 결과에 의해 통제된다는 것뿐만 아니라, 결과의 가능성을 알려 주는 환경 자극이 중요하다는 것도 보여 주었는데, 이러한 자극은 원하는 결과를 얻기 위한 행동을 유도할 수 있다. 자극은 행동보다 앞서 나타나기 때문에, 이를 **선행사건**(antecedent) 또는 촉매제라고 부른다. 선행사건(Antecedent), 행동(Behavior), 결과(Consequence)의 순서 조합은 3항 수반성 또는 ABC 모델이라고 알려져 있고, 이는 환경행동을 촉진하기 위해 개발된 많은 개입법의 이론적 근거가 되고 있다.

3항 수반성은 친환경행동을 촉진하는 두 가지 행동 기반 접근법을 제안한다. 첫 번째 접근법은 친환경행동으로 인한 긍정적 결과 또는 환경에 유해한 행동으로 인한 부정적 결과를 예고하는 선행사건을 소개하거나 제안하는 것이다. 두 번째 접근법은 친환경행동에 대한 새로운 긍정적 결과(즉, 보상) 또는 환경에 유해한 행동에 대한 부정적 결과(즉, 벌칙)를 제공하는 것이다.

공병 환불을 제안한 프로그램은 3항 수반성의 실제 예시를 보여 준다. 이 프로그램에서의 선행사건은 환불 시 수반되는 결과를 용기에 부착한 것이었다. 부착된 문구는 기대되는 긍정 행동(예: 빈 병 또는 캔을 쓰레기통에 던지는 행동 대신 지정된 장소에 돌려주는 것)을 수행하면, 소액의 금전적 보상이 결과로 주어진다는 내용이었다(〈글상자 27.1〉 참조).

공병 환불의 예시를 통해 이 기법에서 사용하는 또 다른 용어를 살펴볼 수 있다. 바람직한 행동에 대한 긍정적 결과 또는 보상을 약속하는 선행사건을 **유인물**(incentives)이라고 부른다. 반대로, 부정적 결과 또는 벌칙을 고지하는 규칙 및 정책과 같은 선행사건을 **억압물**(disincentives)이라고 일컫는다. 억압물의 예시는 슈퍼마켓에서 비닐봉투를 요구할 경우 요금을 부과하는 것으로, 소비자들의 비닐봉투 요청이 줄어드는 결과가 나타났다(Jakovcevic et al., 2014).

결과가 행동의 빈도, 기간, 강도의 증가를 가져온다면, 그 결과를 **강화물**(reinforcer)이라고 부른다. 환불 정책은 빈 병을 재활용센터에 가져다주는 행동을 강화하였다(Levitt & Leventhal, 1986). 반대로, 행동의 발생을 감소시키는 결과를 **처벌물**(punishers)이라고 한다. 쓰레기 수거 요금을 무게별로 부과하는 것이 그 예이다. 이 전략으로 빈 병을 쓰레기통에 버리는 행동은 감소되고 재활용 행동은 증가될 수 있다.

결과가 어떻게 제시되어야 하는지에 대한 논의를 계속 이어 가기 전에, 모든 결과가 동일하게 나타나는 것은 아니라는 것을 짚고 넘어가야 한다. 일반적으로, 즉각적이고 확실한 긍정적 결과는 미래의 불확실한 결과보다 더 강력하다(Geller, 2016). 환경에는 유해한 행동이지만 개인에게 긍정적 결과를 제공하는 것은 즉각적이고 확실한 범주에 속한다. 예를 들어, 음식 소비를 생각해 보자. 친환경식품을 선택하는 것이 지역에서 재배되는 식품을 구매하는 것을 의미한다면, 패스트푸드 드라이브스루에서 치즈버거를 구매하는 즉각적이고 효과적인 결과는 지역 농장을 방문하여 농산물을 구매한 후 집에서 직접 음식을 준비하는 데 드는 시간과 노력의 결과에 비해 더 매력적이다. 유사하게, 연료가 많이 소비되는 운송 수단으로 출퇴근을 하는 것은 안락함, 효율성, 편리함이라는 즉각적이고 확실한 결과가 나타나는 행동이고, 반면 자전거나 버스를 이용하는 것은 지구온난

글상자 27.1 공병 환불

1971년 오리건주는 미국에서 처음으로 '공병 법안'을 제정하였다. 이 법안은 캔, 병, 그리고 음료 용기를 반납하면 5센트를 환불해 주는 것이었다. 이 법안이 시행된 이후, 용기의 90%가 반환되었고, 그 결과 쓰레기 양은 상당히 감소하였으며(Oregon Department of Environmental Quality, 2004), 재활용 비율이 증가함으로써 자원 보존이 향상되었다. 이것은 환경 관리의 성공 사례 중 하나로 여겨지고 있다. 불행하게도 미국 50개 주 중 10개 주만이 오리건주의 선례를 따랐다.

화 방지라는 먼 미래의 불확실한 결과를 위한 행동이기 때문에 전자의 행동은 지구온난화에 대한 우려보다 더 매력적이다(Van der Linden et al., 2015).

27.3 자연적 결과 대 추가적 결과

비록 모든 행동이 결과에 의해 결정된다고 주장했지만, 당신이 올바른 행동을 할 때마다 보상이 하늘에서 떨어지는 것은 아니며, 누군가 당신을 항상 따라다니며 보상을 제공해 주지도 않는다는 것을 당신도 알 것이다. 실제로 어떤 행동은 결과가 즉각적으로 나타나지 않을 수도 있다. 스포츠 경기에 참여하는 것을 생각해 보자. 운동을 직업으로 삼으며 경기에 참여하는 사람은 전 세계에서도 극소수이며, 그 외 많은 사람은 취미 활동으로 달리기, 등산, 축구, 골프, 테니스, 농구 등에 정기적으로 참여하여 즐기고 있다. 우리가 자주 참여하는 스포츠 및 많은 기타 활동은 **자연적 결과**(natural consequence) 또는 **내재적 결과**(intrinsic consequence)에 의해 동기가 부여된다.

예를 들어, 자유투를 연습하는 농구선수를 생각해 보자. 허공을 가로지르는 공의 우아한 곡선과 골망을 통과할 때의 만족스러운 소리를 내는 좋은 슛 동작은 선수가 그 행동을 반복하도록 격려할 것이다. 반대로, 평평한 궤적과 골대에 맞아서 터지는 불협화음을 유발하는 나쁜 슛 동작은 선수에게 그 행동을 수정하여 우아한 곡선과 만족스러운 슛 소리를 들을 때까지 반복해야 한다는 피드백을 제공한다. 다시 말하면, 과제 그 자체에서 자연스럽게 도출되는 내재적 결과가 행동을 강화할 수 있다.

자연적 결과 또는 내재적 결과를 논하는 것은 친환경행동에 아주 중요하다. 왜냐하면 이러한 행동 다수가 즉각적인 보상을 제공하지 않기 때문이다. 사실, 재활용, 자가용 대신 자전거 이용하기, 또는 겨울에 난방 온도 낮추기 등의 행동은 불편하고, 시간 소모적이며 귀찮을 수 있다(Venhoeven et al., 2013). 이러한 즉각적인 강화물이 없는 친환경행동에 대한 동기를 유발하기 위해서는 **추가적 결과**(extra consequence)를 포함하는 것이 도움이 될 수 있다(〈글상자 27.2〉 참조). 다음 절에서, 추가적 결과인 보상과 벌칙이 친환경행동을 촉구하는 데 어떻게 도움이 되는지 설명하였다. 더불어 추가적 결과가 예상과는 반대로 역효과를 낳는 상황도 논의하였다.

글상자 27.2 일시적인 무료 버스 요금의 효과

자동차가 환경에 미치는 부정적 영향은 잘 알려져 있다(예: 대기 오염과 온실가스 배출). 따라서 정책 입안자들은 자가용 운전자들이 대중교통을 이용하도록 설득하는 방법을 찾고 있다. 하지만 대중교통에 대한 태도가 자가용에 대한 태도보다 부정적이기 때문에 쉬운 것은 아니다(Steg, 2003). 그렇다고 Fujii와 Kitamura(2003)의 연구에서 보여 주듯이 불가능한 것도 아니다.

현장실험 연구에 의하면, 운전자들에게 한 달 동안 무료로 탈 수 있는 버스 티켓과 교토 도시의 버스 노선도를 제공한 후, 자가용 사용과 대중교통에 대한 그들의 태도를 설문을 통해 수집하였다. 개입은 효과적이었는데, 무료 버스 티켓을 받은 사람들의 버스 사용은 20% 증가하였고, 더욱이 무료 기간이 끝나고 한 달 후에도 다수의 사람이 직접 요금을 지불하면서 대중교통을 계속 이용하였다. 이 결과를 어떻게 설명할 수 있을까?

처음에 운전자들은 대중교통에 대하여 노골적으로 부정적인 태도를 표현하였다. 하지만 버스를 직접 타 본 이후에 이러한 인식은 수정되었고, 버스를 타는 것이 예상했던 것보다 즐거운 경험이 되었다. 다시 말하면, 추가적 결과(이동 비용의 일시적 감소)는 운전자들에게 예상하지 않았던 자연적 결과(예: 버스를 타는 동안 책을 읽거나 이동하는 동안 편안하게 쉴 수 있는 경험)를 경험하는 기회를 제공한 것이었다.

27.4 추가적 결과를 적용할 적절한 시기

친환경행동의 발생을 증가시키는 추가적 결과를 언제 사용할지 결정하는 것은 해당 행동이 발생하는 맥락을 평가하는 ABC 모델을 통한 면밀한 분석이 요구된다. 이 분석은 관련 환경행동의 선행사건 및 결과에 집중한다.

사람들은 환경을 적극적으로 보호하는 것이 옳다는 것을 알지만 그렇게 행동을 하지 않는 경우가 많다(24장의 '습관' 참조). 이런 상황에서는 정보 및 안내를 제공하는 것이 도움이 되지 않을 것이다. 왜냐하면 사람들은 그 행동이 환경에 유해하다는 것을 이미 알고 있음에도 의도적으로 행동하고 있기 때문이다. 환경에 유해한 행동으로 인한 자연적 결과는 친환경행동의 자연적 결과보다 때로는 더 좋아 보이고 더 매력적이다. 자전거로 출퇴근을 하는 것은 일반적으로 자가용을 사용할 때의 시간 단축 및 편안함을 즐기는 것과 비교하면 상당한 불편을 감수해야 하는 인내심과 노력이 요구된다. 이러한 문제는 동기 부족이 원인이므로 **동기유발 개입**(motivational intervention)이라고 불리는 방법이 필요하다(Geller, 2002). 동기유발 개입은, ① 유인물과 보상을 통해 친환경행동을 촉진하거나, ② 억압물과 벌칙을 통해 환경에 해로운 행동을 제지하는 것이다(두 가지 방법은 〈글상자 27.3〉에 기술).

요약하면, 동기유발 개입을 적용하기 전에 사람들이 바람직한 행동을 수행하지 않는 이유를 찾는 것이 중요하다. 특히 사람들이 특정 친환경행동을 수행할 만한 자원, 시간, 지식 및 능력이 있고, 그 행동이 환경에 실제로 도움이 된다는 것을 알고 있지만, 그것의 자연적 결과로는 동기가 충분히 부여되지 않는 상황이라면 동기유발 개입은 적절한 전략이 될 것이다(Geller, 2016 참조).

27.5 추가적 결과의 고지와 전달 방법

행동 변화를 촉진하기 위해 동기유발 개입의 필요성을 확인하였다면, 추가적으로 몇 가지 결정이 더 필요하다. 긍정적 결과(유인물과 보상)를 제시할 것인가, 아니면 부정적 결과(억압물과 벌칙)를 제시할 것인가? 유형의 결과(예: 금전적 보상)를 사용할 것인가, 아니면 무형의 결과(예: 피드백)를 사용할 것인가? 이러한 선택은 친환경행동의 촉진을 목표로 하는 동기유발 개입의 성공 여부를 결정하기 때문에 중요한 문제이다.

27.5.1 부정적 결과 대 긍정적 결과

심리학자들은 일반적으로 추가적 결과를 적용할 때, 벌칙보다는 보상을 더 선호하는데 그 이유는 벌칙의 경우 부정적 결과와 동반하는 원치 않는 부작용이 나타날 수 있기 때문이다(〈글상자 27.3〉 참조). 벌칙은 바람직하지 않은 특정 행동을 하게 되면 더 큰 손실을 받도록 하여 사람들이 바람직하지 않은 행동을 하고자 하는 의지를 감소시킨다. 하지만 사람들은 특정 행동에 대한 의지가 꺾였다는 상실을 느끼게 되면, 개입에서 의도했던 것과는 반대로 행동할 수도 있다. 이러한 과정을 **심리적 저항**(psychological reatance; Brehm, 1966) 또는 **역통제**(countercontrol; Sidman, 1989)라고 일컫는다. 예를 들어, 네덜란드에서는 화가 난 운전자들이 과속측정기를 파손하는 경우가 종종 있었다. 마찬가지로, 사람들은 비용을 더 지불하는 벌칙은 받지 않으려고 노력한다. 쓰레기 수거 비용을 무게

글상자 27.3 동기유발 개입을 통한 운전 습관 수정하기

과속에 대한 안전상의 위험과 환경에 미치는 부정적 영향을 생각한다면, 가속 페달을 밟지 않는 것은 비교적 쉬운 행동이므로 어렵지 않게 수행할 수 있다고 사람들은 생각할 것이다. 하지만 운전자들은 여전히 과속을 하고 있다. 많은 정부는 이러한 행동을 개선하기 위해서 동기유발 개입이 필요한 상황이라는 것을 알고 있다. 이동 레이더와 고정 카메라를 사용하여 속도위반 차량을 검거하고 벌금을 부여하면, 게시된 제한 속도를 초과하는 운전자는 상당히 감소한다. 하지만 이러한 억압물 또는 벌칙 전략은 몇 가지 제한점이 있다. 운전자들은 특정 주행 속도가 게시된 곳에서만 속도를 낮추고(Hauer et al., 1982), 그 지점을 벗어나면 낮은 속도로 인해 손실된 시간을 회복하기 위해 다시 속도를 높이는 것을 볼 수 있다. 안전 운전은 오히려 유인물 또는 보상 전략을 사용할 때 촉진될 수 있다. Bolderdijk 등(2011)의 연구에서 젊은 운전자들에게 속도 제한을 지킨다면 보험료를 할인해 준다고 제안하였을 때 참가자들의 GPS를 분석한 결과, 모든 도로에서 과속이 14% 감소하였다.

에 비례하여 부과한다면 사람들은 쓰레기를 줄이는 대신, 불법으로 쓰레기를 투기할 것이다.

또한 벌칙 전략은 결과를 운영하는 기관에 대한 부정적인 태도를 유발할 수 있다. 예를 들면, 의도치 않게 속도 제한을 위반하여 과속 벌금을 물게 된 운전자는 "경찰관은 단지 돈 때문에 나를 잡았어."라고 토로할 수 있다. 정책 입안자들이 지속가능성을 높이기 위해 부정적 결과에만 의존한다면 정부에 대한 시민들의 평가는 하락하고 신뢰는 약화될 것이다. 그렇다면 정부는 왜 행동 통제를 위해 벌칙에 의존하는가?

아마도 가장 큰 이유는 보상은 비용이 들지만, 벌칙은 정부의 수익을 발생시키기 때문이다. 다음으로, 보상은 행동이 자발적이라는 것을 의미하지만 벌칙은 의무적인 행동이라는 것을 전달하기 때문이다(Mulder, 2008). 예를 들면, 속도 제한을 준수하는 사람들에게 금전적 보상을 하게 되면 의도치 않게 속도를 지켜 운전하는 것은 의무가 아니라 선택이라는 뜻으로 비춰질 수 있다.

27.5.2 금전적 결과 대 비금전적 결과

추가적 결과는 유형(예: 돈, 스티커) 또는 무형(예: 칭찬, 특권)의 형태가 있다. 그럼에도 불구하고 정책 입안자들은 친환경행동을 촉진하고 환경에 해로운 행동을 억제하는 방법으로 여전히 보조금, 할인, 벌금, 그리고 세금 등의 금전적 결과에 대부분 의존한다. 그 이유는 명백하다. 금전적 결과는 비교적 대규모로 관리하기 쉽기 때문이다.

금전적 보상과 벌칙이 행동을 더 나은 방향으로 변화시키는 것은 확실하지만(Van Vugt, 2001), 이러한 접근법은 반드시 고려해야 하는 위험 요인이 있다. 특히 돈과 관련된 생각을 떠올리게 되면 사적 규범 또는 도덕적 의무의 영향이 억압되고 약해질 수 있다(22장 참조). 돈이 개입되는 순간 사람들은 도덕적으로 행동을 할 것인지에 대한 결정을 윤리적 또는 도덕적 쟁점이 아닌 상업적 관점에서 결정하게 된다(Lindenberg & Steg, 2007; Tenbrunsel & Messick, 1999). 결과적으로, 금전적 보상과 벌칙은 사람들이 친환경행동의 도덕적 측면을 '잊어버리게' 함으로써 바람직한 행동을 덜 하게 되는 역설적 상황이 초래된다(Gneezy & Rustichini, 2000; Heyman & Ariely, 2004; 〈글상자 27.4〉 참조).

이것은 윤리와 환경을 생각하여 고민한 행동에 대해 금전적 결과를 제공하는 것은 위험하다는 의미이다. 많은 친환경행동은 도덕적 책무에 의해 나타나기 때문에(예: De Groot & Steg, 2009b), 정책 입안자들은 환경을 위한 행동에 부여되는 보상과 보조금이 친환경행동의 도덕적 동기를 상쇄시키지 않도록 조심해야 한다(Frey & Jegen, 2001). 그렇다면 어떻게 이것을 실천할 수 있을까?

첫째, 친환경행동에 대한 금전적 결과를 전달하는 방식에 주목해야 한다. 정책 입안자들은 금전적 보상과 벌칙을 친환경행동의 궁극적 목표가 아닌 조력물로 이용함으로써 사람들의 (도덕적이지 않은) 상업적 사고방식을 방지할 수 있다. 예를 들면, 연비가 좋은 차량을 운행하는 사람에게 보조금을 지원할 때, 이 보조금을 경제적 이익으로 규정하기보다 환경을 생각하는 소비자에게 수여하는 인정과 감사의 의미로 제공할 수 있다.

둘째, 정책 입안자들은 비금전적 결과를 통해 행동 변화를 촉구할 수 있다. 칭찬, 경의, 특권 및 대중의 인정은 친환경행동을 강화하는 반면, 상업적 사고방식의 유발 가능성은 억제한다(Heyman & Ariely, 2004). 하지만 많은 대중을 상대로 친환경행동에 대한 비금전적 보상을 어떻게 효율적으로 제공할 수 있을까? 칭찬은 강력한 비금전적 보상이 될 수 있지만, 교사, 부모, 동료의 존재와 관심이 요구된다. 그러나 전자 통신을 이용하면 칭찬 역시 대규모의 대중에게 적용할 수 있다. 예를 들면, 온라인 매체를 통해 얼굴 '이모티콘'을 사용하여 칭찬(•◡•)과 실망(•⌒•) 모두 전달할 수 있다. 현장실험 연구 결과, 문고리에 부착된 이모티콘이 이웃 주민들 간의 에너지 절약 행동을 증가시킨다는 것을 발견하였다(Schultz et al., 2007; 18장 참조).

비금전적 결과를 사용하여 친환경행동을 향상하는 많은 방법이 있다. 탑승자가 2명

이상인 차량을 위한 별도의 차선을 도입한 승차 공유 프로그램도 좋은 예시이다(Golob et al., 1990). 그럼에도 비금전적 결과는 친환경행동을 장려하고 환경에 해로운 행동을 억제하는 데 있어 아직까지 충분히 활용되고 있지 않다.

글상자 27.4 벌금은 잘못된 행동을 용인하는 허가증이다

에너지 절약은 환경(이산화탄소 배출 감소)과 금전적 측면(요금 감소) 모두에 이익이 되는 결과를 가져온다. 한 연구에서 강화물을 달리한 세 집단—금전적 이익, 환경적 이익, 두 이익 모두—을 비교하여 어떤 방식이 에너지 절약 프로그램에 관심을 갖는 데 가장 효과적인지 살펴보았다.

사람들은 금전적 이익 또는 두 이익 모두 강조하는 것이 가장 효과적일 것이라고 예상할 수 있다. 왜냐하면 금전적 결과는 탄소 배출 감소와 같은 잠재적이고 비실질적인 결과보다 즉각적이고 확실하기 때문이다. 하지만 많은 소비자들은 에너지 절약으로 돈을 아낄 수 있다는 것을 이미 알고 있기 때문에 이 사실을 강조하는 것은 설득력이 별로 없다. 또한 금전적 결과를 강조하는 것은 심리적인 영향을 주어 소비자가 규범적 고려사항(프로그램에 가입하는 것은 탄소 배출을 줄이는 결과를 가져온다는 사실)에 관심을 갖는 것을 방해할 수 있다. 일부 소비자들은 탄소 배출의 감소에 도움을 줄 수 있다는 사실 때문에 가입에 관심을 가지므로 이것은 중요하다. 결과적으로, 금전적 전략과 금전과 결합된 전략 모두 소비자가 프로그램 가입으로 인해 나타나는 환경적 이익을 무시하도록 하였기 때문에 역효과가 나타났다(Schwartz et al., 2015).

27.6 요약

이 장에서는 자연적 결과와 추가적 결과를 사용하여 행동을 어떻게 촉진할 수 있는지를 설명하였다. 많은 친환경행동은 자연적 보상이 부족하기 때문에 유인물과 보상 전략 또는 억압물과 벌칙 전략을 사용하는 추가적 결과가 제공될 필요가 있다. 추가적 결과는 사람들이 그들의 행동이 환경에 유해하다는 것을 인식하여 행동을 수정할 능력은 있지만 변화의 동기가 충분하지 않은 경우에 특히 효과적이다.

추가적 결과의 긍정적 영향은 그것이 어떻게 고지되고 전달되느냐에 달려 있다. 즉각적이고 확실한 보상은 불확실하고 먼 미래에 주어지는 보상보다 더 영향력이 있다. 벌칙은 역통제 또는 심리적 저항이 나타날 수 있는 반면, 보상은 긍정적 태도를 조성할 수 있다. 비금전적 결과와 비교하여 금전적 결과는 일부 위험을 수반하지만 금전적 결과가 환경 보존에 대한 사람들의 도덕적 의무를 돋보이게 한다면 금전적 보상의 잠재된 부정적 영향을 막을 수 있다.

용어사전

강화물(reinforcer): 뒤따르는 행동의 빈도, 지속기간 및 강도를 증가시키는 결과

결과(consequence): 행동 후에 발생하며, 그 행동을 반복할지를 결정할 수 있는 사건

내재적 결과(intrinsic consequence): 행동에 자연스럽게 뒤따르는 결과로, 행동에 영향을 미칠 수도 있고 그렇지 않을 수도 있음

동기유발 개입(motivational intervention): 추가적 결과를 제공하여 행동을 유도하는 프로그램

벌칙(penalty): 어떤 행동이 다시 수행되지 않도록 고안된 불쾌한 결과

보상(reward): 어떤 행동이 다시 수행되도록 장려하는 유쾌한 결과

선행사건(antecedent): 목표 행동을 수행하면 특정 결과가 나타날 수 있음을 알리는 자극

심리적 저항(psychological reactance): 사람들이 상실당했다고 느끼는 자유를 회복하기 위해 설득 의도와 반대로 행동하는 과정

억압물(disincentive): 행동–벌칙 유관성을 내포하는 선행사건

유인물(incentive): 행동–보상 유관성을 내포하는 선행사건

응용행동분석(applied behaviour analysis): 관찰가능한 행동을 표적으로 삼아 유익한 변화에 영향을 미치도록 선행사건과 결과를 바꾸는 개입 방법

자연적 결과(natural consequence): 행동을 실행한 것 자체로부터 본질적으로 나타나는 결과

처벌물(punisher): 뒤따르는 행동의 빈도, 지속기간 및 강도를 감소시키는 결과

추가적 결과(extra consequence): 일반적으로 행동의 반복에 영향을 미치도록 하기 위해 덧붙여지는 결과

읽을거리

Bolderdijk, J.W. and Steg, L. (2014). Promoting sustainable consumption: The risks of using financial incentives. In *Handbook of Research on Sustainable Consumption* (ed. L.A. Reisch & J. Thøgersen), 328-342. Cheltenham, UK: Edward Elgar Publishing.

Geller, E. S. (ed.) (2016). *Applied Psychology: Actively Caring for People*. New York, NY: Cambridge University Press.

Lehman, P.K. and Geller, E.S. (2004). Behavior analysis and environmental protection: A accomplishments and potential for more. *Behavior and Social Issues* 13: 13-32.

복습문제

1. 어떤 행동은 자연적 결과 또는 내재적 결과를 제공하지만 다른 행동은 그렇지 않을 수 있다. 각 행동의 예를 들어 보고, 강화물로 작용하는 자연적 결과가 존재하는 또는 존재하지 않는 이유를 설명해 보자.
2. '친환경행동은 자연적 강화물이 부족한 경우가 많다.'는 문장의 의미를 실제 예시를 들어 설명해 보자.
3. 많은 연구가 억압물 및 벌칙 전략보다 유인물 및 보상 개입을 더 선호하는 이유는 무엇일까?
4. 금전적 유인물 및 억압물은 항상 의도한 결과가 나타나는 것은 아니다. 그 이유는 무엇일까?
5. 친환경행동의 선행사건과 결과의 예시를 들어 보고, 해당 행동을 증가시키기 위해 선행사건과 결과를 변경할 수 있는 가능한 방법도 함께 제시해 보자.

제28장

친환경행동을 촉진하기 위한 설득 과학기술

Cees Midden
Eindhoven University of Technology, The Netherlands
Jaap Ham
Eindhoven University of Technology, The Netherlands

28.1 도입

인류는 오래전부터 더 편안한 삶을 위해 과학기술을 수단으로 사용해 왔다. 불행하게도 과학기술은 오염이나 산업 폐기물 등의 원치 않는 부작용과 부산물을 생산해 내고 있다. 하지만 과학기술은 친환경행동을 지원하고 지속가능한 삶을 촉진하는 데도 사용할 수 있다. 26장과 27장에서 사람들이 친환경행동을 수행하도록 설득하는 다양한 개입과 유인물을 소개하였다. 이 장에서는 우리를 둘러싼 환경이 지속가능하도록 촉진하는 **설득 과학기술**(persuasive technology)의 범위와 차원, 그리고 그 가능성에 대하여 논의할 것이다. 설득 과학기술의 목표는 환경에 영향을 미치는 사용자–시스템 상호작용에 개입하여 환경문제 해결에 대한 과학기술의 기여와 심리적 기여 간의 격차를 해소하는 것이다. 이 장에서 소개하는 설득 과학기술의 접근법은 설득 에이전트 이용, 새로운 경험 제공, 주변 설득 과학기술 사용, 그리고 환경행동의 사회적 특성을 고려한 집단 수준에서의 설득 과학기술이다.

28.2 과학기술과 행동

환경정책과 과학 연구가 과학기술에 접근하는 일반적인 방식은 환경에 미치는 영향을 줄이기 위한 과학기술의 혁신을 강조하거나 과학기술 및 자원의 사용 방식에 대한 변화의 필요성을 강조하는 것이다. 하지만 과학기술과 행동은 밀접하게 엮여 있기 때문에 각 접근법은 제한점을 가진다. 예를 들면, 과학기술 혁신이 성공하기 위해서는 소비자에 의해 받아들여져야 한다. 게다가, 과학기술의 발전이 조명 시설이나 자동차와 같은 많은 기술 장비의 자원 효율성을 개선했다는 것을 부인할 수는 없지만, 과학기술의 향상이 반드시 환경에 미치는 영향을 감소시킨 것은 아니다. 예를 들면, 자동차 기술이 놀랄 만큼 개선되었음에도 불구하고, 자동차는 대부분의 국가에서 여전히 대기 오염을 일으키는 주원인이 되고 있다. 이는 자동차 수가 절대적으로 증가한 것 때문이기도 하지만 부분적으로는 **반동 효과**(rebound effect)라고 불리는 소비자의 적응적 반응에 기인한 것이기도 하다. 다시 말하면, 연료 효율성이 증가함으로써 소비자는 자동차를 더 많이 사용하게 되었다(더 오랜 자동차 여행, 더 큰 자동차 운행)는 것이다(Midden et al., 2007).

행동은 과학기술의 수용과 결과에 영향을 주고, 그렇게 나타난 과학기술은 다시 인간의 행동에 영향을 줄 수 있다. 행동은 사람들의 행동 맥락을 형성하는 기술적 산물과 시스템을 포함하여 대부분은 맥락과의 상호작용으로 발생한다(15장 참조). 예를 들면, 이동 수단을 선택할 때 영향을 미치는 것에는 목적지가 어디이고 얼마나 편하게 갈 것인지에 대한 의도뿐만 아니라, 대중교통, 자전거 도로, 주차 시설 등의 이용 가능한 시스템도 포함된다. 하지만 행동에 미치는 과학기술의 영향은 종종 의도되지 않았거나 인식되지 못할 수도 있다. 이러한 관점에서, 자원을 절약하면서도 인간이 계속해서 사용할 수 있는 기술 환경을 설계하는 것은 지속가능한 삶의 추구에 지대하게 공헌할 수 있다. 이 장에서는 인간의 인지 과정, 태도, 행동을 변화시키도록 설계된 시스템 및 환경을 '설득 과학기술'이라고 정의한다(Fogg, 2003 참조).

28.3 설득 과학기술

설득은 전형적인 인간 활동이라고 할 수 있다. 특히 인간은 논쟁, 칭찬, 상호성, 규범 활성화, 또는 권위 등과 같은 설득 기제를 사용하는 능력이 있다. 설득에 관한 연구들은 거의 인간 대 인간의 설득 상호작용에 집중해 왔다(예: 개요는 Petty & Wegener, 1998 참조). 연구들은 출처의 특징(예: 신뢰성), 메시지 요인(예: 주장의 설득력), 수신자 요인(예: 관여도) 등의 설득 요인을 확인하였다. 그렇다면 설득자가 인간이 아닌 기계일 때도 유사한 과정이 발생할 것인가?

과학기술은 전통적인 수단(예: 광고판)에서부터 현대식 상호작용 시스템(예: 구글 인터넷 검색 결과)에 이르기까지 설득 메시지를 더 쉽게 전달하는 데 중요한 역할을 하였다. 상호작용 시스템은 인간과 유사한 전달 특징(예: 음성 사용)을 가지고 있기 때문에 적어도 수신자의 지각 수준에서 설득 에이전트의 역할을 수행할 수 있다.

과학기술 설득자는 인간 설득자와 비교하여 특별한 장점이 있다(Fogg, 2003). 과학기술 설득자는 설득하려는 메시지를 전달하고 경험을 제공함에 있어 더 끈질기고(비록 성가시게 할 수도 있지만), 익명성을 허락하고(예를 들어, 민감한 주제를 다루어야 할 때 유용), 거의 무제한의 자료를 다룰 수 있고(적절한 시간에 정확한 정보 검색), 다양한 상호작용 방식(예: 오디오, 비디오, 가상 환경, 게임)을 사용할 수 있다. 게다가, 과학기술의 개입은 컴퓨터의 보편화로 인해 쉽게 배포되고, 과학기술 설득자는 인간 설득자가 환영받지 못하는 장소(예: 침실) 또는 물리적으로 접근할 수 없는(예: 의복 안쪽) 곳에서도 사용할 수 있다. 다음 절에서 사용자의 행동을 변화시키는 데 사용되는 세 가지 설득 과학기술을 살펴볼 것이다.

28.4 설득 과학기술 적용 접근법

설득을 위해 사용하는 과학기술은 여러 기능을 수행할 수 있다. 사회적 영향을 발휘하는 사회적 관계 구축을 위한 사회적 행위자로서 기능할 수도 있고, 설득 경험을 제공하는 전달 매체의 역할을 하기도 하며, 행동을 이끌거나 지원하는 도구로 작용할 수도 있다(Fogg, 2003).

사회적 행위자로서 설득 과학기술의 원리를 살펴보면, 인간은 사회적 승인, 규범 활성화, 사회적 비교 등의 사회적 기제를 통해 타인에게 영향력을 행사한다는 전제를 적용한다. 연구에 의하면, 사람은 타인의 존재에 반응하는 방식과 유사하게 지능형 시스템에 반응한다고 하였다(Reeves & Nass, 1996). 예를 들면, 사람들은 과학기술 시스템이 서비스를 제공하였을 때, 사람에게 감사하는 것과 같은 방식으로 감사함을 표현했다. 이러한 효과는 '스마트 시스템'이 사회적 영향력을 행사하여 사람들을 설득할 수 있음을 시사한다.

전달매체로서의 설득 과학기술은 새로운 경험을 제공할 수 있다. 과학기술은 세상의 많은 경험, 예를 들면 망원경을 통해 자연을 볼 수 있는 것과 같은 것을 가능하게 한다. 이러한 전달매체는 우리의 지각을 변환시켜 특정 부분은 강조하고 다른 부분은 무시하도록 할 수 있다(Verbeek & Slob, 2006 참조). 멀티미디어 기술은 소리, 영상, 향기, 촉감과 같은 직접적인 감각 경험을 유도하여 설득력을 높일 수 있다. 이러한 경험은 마치 '그곳에 있는' 것처럼 느끼게 하는 '존재감'을 생성한다. 과학기술을 이용한 전달매체는 간접적인 정보가 아닌 직접적인 감각 경험을 제공함으로써 시공간의 방해로 관심을 받지 못하는 쟁점(예: 미래 또는 멀리 떨어진 곳에서 발생하는 기후 변화)에 주목하게 할 수 있다. '설득 경험 제공' 절에서 이러한 경험의 사용에 대해 보다 자세히 다룬다.

도구로서 설득 과학기술은 다양한 방식으로 변화를 촉진할 수 있다. 첫째, 이것은 새로운 행동을 더 쉽게 할 수 있도록 유도하여 사람들이 해당 행동을 더 매력적으로 느끼도록 만든다. 빠르고 간단하게 장을 볼 수 있는 유기농 식품의 웹사이트는 좋은 예시이다. 둘째, 설득 과학기술은 개인 및 맥락에 맞게 정보를 제공하도록 도움으로써 설득력을 높일 수 있다. 예를 들면, 식품 자문가는 과학기술을 사용하여 소비자의 성향을 고려할 수 있다. 셋째, 바람직한 행동을 체계적으로 강화하는 학습 책략을 실행하기 위해 설득 시스템을 사용할 수 있다. 예를 들면, 사람들은 학습 기제가 포함된 시뮬레이션 게임에 열중할 수 있다. 넷째, 설득 과학기술은 행동 결과에 대한 피드백을 제공함으로써 사람들이 자신의 행동을 추적 관찰할 수 있도록 돕는다(28.7의 주변 조명 피드백 참조). 다섯째, 설득 과학기술은 집단의 수행 정보를 제공함으로써 사회규범을 활성화할 수 있다(28.7의 사회규범을 강화하는 방법으로서의 집단 개입 참조). 다음 절들에서 설득 과학기술의 세 가지 기능을 더 자세히 살펴보자.

28.5 스마트 시스템을 통한 사회적 영향

기본적으로 인간은 타인에게 영향을 미치기 위해 사회규범(18장 참조), 순응(예: Moscovici, 1985), 복종(예: Milgram, 1974; 23장 참조)의 세 가지 전략을 사용한다(Cialdini & Trost, 1998). 지능형 시스템은 사회적 영향의 전략을 구현할 능력이 있다고 보는데, 그 이유는 사람들은 이러한 시스템과 상호작용할 때도 실제 인간과 상호작용할 때와 유사하게 반응하기 때문이다(Reeves & Nass, 1996). 예를 들면, 사람들은 컴퓨터로부터 칭찬을 받았을 때 사람에게 칭찬을 받았을 때와 마찬가지로, 비교적 민감하게 반응하였다. 하지만 사람-기계 간 상호작용에서 작동하는 인지적 기제가 무엇인지, 이러한 사회적 상호작용이 실제 사회적 영향력을 얼마나 가져올 것인지, 행위자와 상호작용의 어떤 특징들이 서로 관련이 있는지 등은 여전히 명확하지 않다.

연구들은 사회적 영향 전략을 채택하는 설득 과학기술이 비사회적 영향 전략을 채택하는 설득 과학기술보다 더 강력한 설득의 효과가 있음을 밝혀냈다(Midden & Ham, 2009). 예를 들면, 과학기술을 통해 사회규범을 제공한 후 에너지 소비 감소의 효과성을 살펴본 실험 연구에서, 참가자들은 사회적 피드백으로 시뮬레이션 된 세탁기를 사용한 경우에 에너지를 더 절약하였다. 이 과제를 하는 동안 몇몇 참가자는 로봇(iCat: 필립스 회사가 개발; [그림 28-1] 참조)을 통해 그들의 에너지 소비에 대한 긍정적 또는 부정적 **사회적 피드백**(social feedback)을 받았다. 이 로봇은 인간과 유사한 얼굴 표정을 지을 수 있고, 말을 하며, 귀와 앞발에 불이 들어왔다. iCat은 참가자가 세탁기의 온도를 90도로 맞추어 놓으면 "당신의 에너지 소비는 최악이에요."라고 말하면서 사회적 비난을 표현하였다. 통제집단의 참가자는 세탁기 화면에 부착된 에너지 소비를 나타내는 표

[그림 28-1] 정서를 표현하고 사실 기반 피드백과 사회적 피드백을 제공하는 움직이는 로봇 iCat

시기를 통해 비사회적이고 더 사실적인 방식으로 피드백(긍정 또는 부정)을 받았다. 연구 결과, 사회적 피드백이 사실 기반 비사회적 피드백보다 설득 효과가 더 높게 나타났다. 더욱이, 다른 실험에서 사실 기반 피드백에 평가(소비 고저에 따라 색깔이 변화는 에너지 소비를 보여 주는 전구)를 포함한 경우에도 사회적 피드백 집단의 에너지 소비가 가장 낮았다. 이 결과는 절약 행동이 사회적 피드백에 의한 효과임을 지지하는 것이다. 또한 이 연구는 부정적 피드백(사실 기반 피드백에서도 나타나지만 특히 사회적 피드백에서)이 긍정적 피드백보다 절약 행동을 더 유도한다는 것을 보여 준다. 이러한 결과는 앞선 연구들과 일치하는 것으로 비록 구체적인 상황에 따라 다르게 나타나기는 하지만(27장 참조), 사람들은 긍정적 사건보다 부정적 (사회적) 사건에 더 집중하고, 더 강도 높게 처리한다는 것을 보여 준다(Baumeister et al., 2001).

28.5.1 사회적 단서의 역할

사회적 영향이 인간 행위자에게 일반적 특성이라면, 효과적인 설득 과학기술도 사회적 상호작용의 능력을 암시하는 인간과 유사한 특징을 갖추어야 하는가? 다시 말하면, 사회적 영향력을 행사할 수 있는 시스템을 만들기 위해서는 어떤 그리고 얼마나 많은 사회적 단서가 필요한가? 연구에 의하면, 인간을 닮은 신체와 인간을 닮은 목소리는 중요한 사회적 단서이고, 이것은 과학기술의 설득력을 높여 준다(Vossen et al., 2010). 설득 에이전트의 상호작용이 활성화되었을 때는 목소리 또는 신체 등의 인간의 특질 중 한 가지의 사회적 단서만 사용해도 둘 모두를 사용하는 것만큼 효과적이었다. 이것은 인공 에이전트가 사회적 영향력을 발휘하는 데 인간과 매우 유사할 필요는 없다는 것을 의미한다. 흥미롭게도 인공 에이전트가 사용자와 유사한 사회적 단서를 가지고 있다면(예: 사용자와 닮은), 더 쉽게 신뢰를 얻었다(Verberne et al., 2015). 이러한 사회적 반응은 통제하기 어렵고, 특히 사람들이 주의가 산만해졌을 때 발생한다(Ham et al., 2012). Roubroeks(2014)에 따르면, 에이전트가 인공적이라는 것을 지속적으로 상기받은(예: 실제로 울고 있는 것이 아님을 인지하도록) 참가자들만이 에이전트에 대한 사회적 반응(예: 공감하기)이 줄어드는 것으로 나타났다.

28.5.2 저항

사람들은 과학기술에 의한 설득을 포함한 모든 설득 메시지를 자신의 자율성을 위협받는 것으로 인식할 수 있으며, 이는 **심리적 저항**(psychological reactance)을 유도할 수 있다(Brehm, 1966; Roubroeks et al., 2010). 사실, 참가자들은 iCat이 참가자의 자유를 덜 위협하는 조언('온도를 30도로 맞추는 것이 좋습니다')과 비교하여 위협하는 조언('온도를 30도로 맞추어야 합니다')으로 설득했을 때, 더 많은 심리적 저항(iCat에게 화를 내거나 부정적인 생각을 하는 것)을 경험하였다. 심리적 저항은 심지어 의도하지 않은 행동 반응(예: 세탁기 온도를 높이는)으로 이어질 수도 있다.

28.6 설득 경험 제공

많은 정부는 환경문제, 환경위험, 행동 변화의 긴급성에 대한 인식을 높이기 위해 대중매체 캠페인을 진행하지만 종종 실망스러운 결과가 나타난다(개요는 Bartels & Nelissen, 2001 참조). 이는 기후 변화와 같이 추상적이고, 멀리 떨어져 있으며, 상상하기 어려운 쟁점에 대한 인식을 높이는 것은 어렵다는 것을 의미한다. 하지만 새로운 과학기술 전달매체는 전통적 전달 수단(예: 문자 또는 음성)에 '존재감'을 느낄 수 있는 직접적인 경험(예: 향기, 촉감)을 추가하여 설득의 중요성을 배가시킨다. 이러한 기술은 사람들이 기후 변화의 영향을 더 잘 인식할 수 있도록 도움을 준다. 새로운 과학기술 전달매체는, 예를 들어 사용자 주도 시뮬레이션 제어(user-initiated simulation control), 3D 프레젠테이션, 접촉을 통한 촉각 피드백 등이 있다(개요는 IJsselsteijn, 2004 참조).

과학기술 전달매체는 메시지의 설득력을 높이기 위해 감각 경험을 사용할 수 있다. Meijnders 등(2001)은 정서적인 내용을 담은 비디오 영상이 기후 위험과 대처 방법에 대한 관심 및 정보 검색을 향상시킨다는 것을 보여 주었다. 홍수에 대한 대처 정보를 찾도록 격려하고 홍수 보험에 가입할 의사를 높이는 것과 관련한 연구에서는 몰입형 3D 가상 환경 방법이 전통적인 비디오를 사용한 것보다 효과적이었다(Zaalberg & Midden, 2010). 또한 실내 조명(예: 따뜻한 백색 전구)은 난방 소비에 잠재적으로 영향을 주는 실내 온도와 관련한 인간의 경험(예: 실제보다 더 따뜻하게 지각)에 영향을 줄 수 있다(Lu et al., 2015).

28.7 행동 변화를 촉진하는 도구로서의 설득 과학기술

이 절에서는 설득 과학기술을 행동 변화 촉진을 위한 도구로 사용하는 방법 중 주변 설득과 집단 개입에 대하여 설명한다.

28.7.1 주변 설득

대부분의 설득 전달 방식은 사용자가 그것에 관심을 가질 때만 효과적이다. 하지만 대부분의 사람은 비교적 복잡한 정보(사실 기반 피드백과 유사한)의 경우 의식적으로 처리하고자 하는 의지가 없거나 그에 대한 인지적 능력이 부족할 수 있다(26장 참조). 그렇다면 사용자가 의식적으로 주의를 기울이지 않고도 효과적인 설득 과학기술 방식을 고안할 수 있는가?

한 가지 가능성은 **주변 지능**(ambient intelligence)을 활용하는 것으로, 이는 일상생활에 정보 과학기술이 널리 스며드는 것을 의미한다(Riva et al., 2004). 주위 환경의 미묘한 단서를 통해 새로운 방식으로 사람들에게 영향을 주거나(15장 참조), 형태, 움직임, 소리, 색상, 냄새, 빛 등의 변화를 통해 상기시킬 수 있다(26장 참조). 예를 들면, 물로봇(WaterBot)이라 불리는 장치는 개수대에 물 소비와 관련된 정보를 추적하거나 표시함으로써 물 소비를 줄이는 것을 목표로 한다(Arroyo et al., 2005).

주변 설득 과학기술(ambient persuasive technology)의 핵심 장점은 인지적 자원이 많이 소모되는 일상적 상황에서도 지속적으로 영향을 미칠 수 있으며, 인지적 주의를 필요로 하는 개입이 영향을 미치지 못하는 상황에서도 효과가 나타난다는 것이다(Ham & Midden, 2010). 예를 들면, 조명을 이용한 상호작용 피드백은 사실 기반 피드백보다 더 단순하게 처리되는데, 상호작용 피드백은 조명을 통해 평가 결과를 즉각적으로 인식할 수 있는 반면, 사실 기반 피드백은 여전히 사용자가 그 의미를 사고하고 평가해야 한다. Ham과 Midden(2010)의 연구 결과, 참가자가 주어진 과제에서 자신의 에너지 소비를 조명 피드백으로 받았을 때는 다른 과제도 동시에 쉽게 처리하였지만, 사실 기반 피드백을 받은 참가자는 그러지 못했다. 이런 종류의 피드백이 빠르고 간단한 이유는 무엇일까? 〈글상자 28.1〉은 색상 연합의 역할에 관하여 설명한다.

글상자 28.1 주변 설득 과학기술: 색상 연합의 역할

Lu 등(2016)은 과제와 일치된 색상을 사용할 때는 피드백 정보 처리를 쉽게 만들지만, 과제와 불일치한 연합은 정보 처리를 방해한다는 것을 발견하였다. 색상은 다른 과제와 강한 연합을 만들어 낼 수 있다. 예를 들면, 붉은색은 초록색 바탕에서는 '경계' 또는 '위험'을 의미하고, 파란색 바탕에서는 '뜨거움'을 의미한다. 높은 에너지 소비를 표현하는 붉은색 및 낮은 에너지 소비를 나타내는 파란색을 사용한 높은 연합 강도를 가진 색상의 빛 반사 피드백은 에너지 소비가 높을 때 노란색, 에너지 소비가 낮을 때 보라색으로 표시하는 낮은 연합 강도의 피드백보다 더 좋은 효과가 나타났다. 주변 소리와 함께 빛 반사 전달매체 정보를 사용할 경우, 개인 또는 집단의 사용자가 인지적 노력 및 방해를 최소화하면서 효과적으로 목표를 달성하도록 지원하는 데 도움을 줄 수 있다.

28.7.2 집단 개입

에너지 절약(과 일반적인 친환경행동)을 장려하는 대부분의 개입은 개인을 의사결정 단위로 설정한다. 하지만 에너지 보존은 일반적으로 사회 시스템에서 발생하는 집단 구성원들의 행동 결과라고 할 수 있다. 이러한 집단 내에서 발생하는 사회적 역동은 에너지 소비 행동에 상당한 영향을 줄 수 있다. 그러므로 과학기술의 개입은 집단 수준에서도 다루어야 할 필요가 있다.

연구자들은 가정 또는 직장의 부서와 같이 중요한 집단 수준을 상당 부분 간과하는 경향이 있다. 가정 내 역동이 주목받지 못하는 이유는 행동은 종종 사적인 특성을 보이므로 관찰하기 쉽지 않기 때문이다. 또한 소비 측정치는 전체 가구 수준에서만 이루어지므로 이것으로 집단의 행동을 이해하는 것은 어렵다. 설득 과학기술은 집단 구성원의 행동을 더 잘 관찰하고 집단 내 의사소통을 촉진하는 선택 사양을 제공할 수 있기 때문에 더 효과적인 개입이 가능하다. 예를 들면, 집단 구성원을 식별할 수 있는 과학기술은 집단에 제공되는 피드백을 더욱 구체적이고 정확하게 만들 수 있다.

Midden 등(2011)은 네덜란드와 일본에서 동일한 연구를 시행하여 가구를 대상으로 집단 및 **개인 비교 피드백**(individual comparison feedback)의 설득 정도를 확인하였다. 참가자들은 다양한 종류의 에너지 소비 과제(예: 실내 온도 조절하기)를 실시하는 시뮬레이션 상황에 투입되었다. 피드백은 에코-아일랜드(Eco-Island)라고 불리는 장치를 기반으로 하는 접속기를 사용하였다(Shiraishi et al., 2009). 이 접속기에는 (구별 가능한) 4명의 참가자가 아바타로 나타났다([그림 28-2] 참조). 참가자의 절반은 집단 전체의 수행에 관한 **집단 피드백**(group feedback)을 받았는데, 표시되는 물의 높이가 집단의 에너지 소비를 보여 주는 것이었다. 그리고 나머지 절반의 참가자는 집단 피드백을 받지 않았다. 또한 집단 피드백 여부로 구분한 두 집단 각각에서 참가자들의 절반은 구성원의 상대적 기여에 관한 개인 비교 피드백을 받았고, 나머지 참가자는 받지 못했다. 아바타의 옷 색깔은 집단의 각 구성원이 소비한 상대적인 에너지 양을 의미하였다. 네덜란드에서 실시된 연구 결과, 개인 비교 피드백이 에너지 소비를 감소시키는 데 효과적이었고, 집단 피드백의 경우 개인 비교 피드백을 함께 제공했을 때만 에너지 소비가 줄어들었다.

반대로, 집단주의 문화인 일본의 연구에서는 집단 피드백이 에너지 소비를 줄이는 데 더 효과적이었고, 개인 비교 피드백은 유의미한 효과가 나타나지 않았다. 이는 집단 및 개인 비교 피드백의 효과가 문화에 따라 다르게 나타날 수 있음을 보여 준다(Midden et al., 2011). 요약하면, 집단 피드백과 개인 비교 피드백 등의 집단 수준에서의 개입은 에너지 소비를 감소시키는 좋은 방법이 될 수 있다. 그리고 개입의 종류, 개입의 조합, 그리고 문화적 맥락은 설득 과학기술을 설계하는 과정에서 중요하게 고려해야 할 요인이다.

마지막으로, 인공 에이전트 역시 집단에 영향력을 행사할 수 있다. Midden 등(2015)

[그림 28-2] 집단 및 개인 비교 피드백을 제공하는 에코 아일랜드

은 집단의 압력으로 인해 개인이 선의 길이를 판단하는 데 영향을 준다는 것을 보여 준 Asch의 유명한 동조 패러다임을 기반으로 두 개의 연구를 실시하였다. 다수의 인간에 의한 집단 압력과 다수의 박스형 PC 및 인공 가상 에이전트에 의한 압력을 비교하였다. 연구 결과, 규범적 압력은 다수의 인간에 국한되었고, 정보적 압력은 다수의 인공 에이전트에 의해서도 발생하였다. 그러므로 인공 에이전트는 집단 압력을 행사할 수 있는 것으로 보이지만, 이러한 효과의 범위는 추가적 검증이 필요하다.

28.8 요약

설득 과학기술의 목표는 환경에 영향을 미치는 사용자–시스템 상호작용에 개입하여 환경문제를 해결하는 데 있어 과학기술의 기여와 심리적 기여 간의 격차를 해소하는 것이다. 기술과 행동은 밀접하게 얽혀 있다. 기술적 혁신이 환경에 미치는 영향은 인간의 수용과 반응에 상당 부분 달려 있지만, 과학기술 환경이 인간의 행동을 만들어 가는 상황도 점점 증가하고 있다. 설득 과학기술은 세 가지 기능이 있다. 첫째, 설득 과학기술은 사회적 승인, 규범 활성화, 또는 사회 비교와 같은 사회적 기제를 통해 타인에게 영향을 준다는 원칙을 바탕으로 사회적 행위자 또는 '스마트 시스템'의 기능을 한다. 스마트 시스템은 정보를 대화형 또는 맥락 맞춤형으로 전달하는 새로운 능력을 제공한다. 설득 과학기술은 사용자에게 적절한 시기 및 장소에서 조언과 피드백을 제공할 수 있기 때문에 인간의 행동으로는 할 수 없는 정확성과 일관성을 가질 수 있다. 둘째, 설득 과학기술은 세상에 대한 우리의 경험을 옮겨 주는 전달매체를 제공한다. 특히 상호작용 가상 환경은 실제 세계에서 취할 수 없는 설득 감각 경험을 제공할 수 있다. 셋째, 설득 과학기술은 바람직한 행동을 더 쉽고 통제가능하게 만듦으로써 행동 변화를 촉진하는 도구를 제공한다. 예를 들면, 주변 지능의 사용은 인지적 자원의 사용을 줄여 주어 행동 변화가 용이하도록 돕는다. 또한 집단 및 개인 행동에 대한 피드백을 제공하는 기술은 에너지 소비 행동을 이해하는 데 중요한 집단 역동에 영향을 줄 수 있다.

용어사전

개인 비교 피드백(individual comparison feedback): 집단 내 개인 수행을 집단의 다른 구성원들의 수행과 비교한 정보

반동 효과(rebound effect): 자원 소비와 같은 행동을 감소시키기 위해 도입된 새로운 과학기술 또는 조치에 대한 반응이 이러한 기술이나 조치의 긍정적 효과를 상쇄하는 방향으로 나타나는 것

사회적 피드백(social feedback): (인공적) 사회 행위자에게서 나오는 개인 또는 집단 수행에 대한 사회적 승인 또는 거부

설득 과학기술(persuasive technology): 인간의 인지 과정, 태도, 행동이 변화하도록 설계된 과학기술 시스템 및 환경

심리적 저항(psychological reactance): 사람들이 상실당했다고 느끼는 자유를 회복하기 위해 설득 의도와 반대로 행동하는 과정

집단 피드백(group feedback): 집단 수행에 관한 정보

주변 설득 과학기술(ambient persuasive technology): 사용자의 의식적 주의가 없어도 인간의 인지 과정, 태도, 행동이 변화하도록 설계된 과학기술 시스템 및 환경

주변 지능(ambient intelligence): 정보 과학기술이 일상생활에 스며들어 이를 감지하고 반응하는 것

읽을거리

Fogg, B.J. (2003). *Persuasive Technology: Using Computers to Change What We Think and Do*. Amsterdam: Morgan Kaufmann.

IJsselsteijn, W., de Kort, Y., Midden, C. J.H, Eggen, B., & Hoven, E. (2006). *Persuasive Technology*. Heidelberg: Springer.

Spahn, A. (2011). And lead us (not) into persuasion…? Persuasive technology and the ethics of communication. *Science and Engineering Ethics*, 18, 633-650.

복습문제

1. 설득 과학기술은 친환경행동을 어떻게 촉진할 수 있을까? 설득 과학기술의 세 가지 기능을 설명해 보자.
2. 사람들은 인공적 설득 에이전트의 사회적 용인 또는 비난에 왜 민감하게 반응할까?
3. 주변 설득 과학기술이 일상에서 효과적인 이유는 무엇일까?

제29장 환경정책의 수용성

Geertje Schuitema
University College Dublin, Ireland
Cecilia J. Bergstad
University of Gothenburg, Sweden

29.1 도입

2003년, 영국 런던에서는 교통 혼잡 통행료가 도입되었고, 이로 인해 자가용 운행이 감소하면서 지역환경의 질, 교통안전, 위치 접근성이 개선되었다. 이 정책의 여파로, 영국의 다른 도시뿐 아니라 다른 국가에서도 유사한 도로 통행료 제도가 제안되었다. 하지만 이러한 도로 통행료의 도입은 대중들의 강력한 반대가 있었는데, 예를 들면 맨체스터(2005년), 에든버러(2007년), 뉴욕시(2008년), 네덜란드(2010년), 코펜하겐(2012년) 등 다수의 국가와 도시에서 반대에 부딪혔다. 결과적으로, 도로 통행료 정책은 때로는 주민투표를 통해서, 때로는 국가 전체의 토론을 통해서 거부당했다. 그리고 앞에서 언급한 도시에서는 지금까지 도로 통행료가 부과되지 않고 있다. 이 사례는 대중의 **수용성**(acceptatility)이 환경정책의 시행과 관련한 의사결정 과정에 상당한 영향을 미친다는 것을 보여 준다. 이전의 장에서는 환경정책과 개입의 다양한 유형이 행동을 어떻게 변화시킬 수 있는지를 설명하였다. 이 장에서는 이러한 정책과 개입에 대한 대중의 수용성에 영향을 미치는 요인을 살펴본다.

환경정책은 사회의 모든 수준에서 시행된다. 어떤 정책은 국가 수준에서 시행되고, 다른 정책은 지방자치단체 수준에서 특정 대상을 목표로 실시된다. 이 장에서는 구체적인 환경정책에 초점을 맞추었다. 여기에는, 전기, 물, 자가용 이용 및 항공 여행에 대한 세금 등 개인이 부담하는 정책, 백열구 등의 비효율적 에너지 제품의 금지, 재생 에너지 자원(예: 풍력 또는 태양열 에너지)의 사용, 어업 및 농업 할당량 제도, 야생동물 보호법안, 그리고 지속가능한 소비 유형을 활성화하는 정보 캠페인 또는 사회적 홍보 전략 등이 포함된다.

이 장에서는 첫째, 수용성의 개념을 살펴보고 환경정책 수용성의 영향 요인을 설명하는 이론적 틀을 제시할 것이다. 둘째, 수용성을 판단함에 있어 **절차 공정성**(procedural fairness)을 인식하는 것과 권위자의 **신뢰**(trust)가 어떤 역할을 하는지 설명할 것이다. 셋째, 이러한 요인이 환경정책의 수용성에 미치는 영향을 실생활의 예시를 통해 살펴볼 것이다.

29.2 수용성의 사회적 딜레마

환경정책의 수용성 개념은 일반적으로 두 가지 방식으로 접근한다. 수용성은 특정 유형의 친환경행동으로 정의할 수 있다(Stern, 2000). 즉, 이러한 행동 유형은 투표를 하거나 청원에 서명하는 등의 공공 영역에서 이루어지는 비활동가의 행동을 말하는 것으로, 공공 정책의 시행과 관련한 의사결정 과정에 영향을 줄 수 있다(22장 참조).

정책 방안의 수용성에 대한 다른 접근 방식으로는 이러한 정책에 대한 **태도**(attitude)로 정의할 수 있다(Eriksson et al., 2006). 즉, 환경정책에 대하여 어느 정도 호의적인지 또는 비호의적인지를 평가하는 것이다(Eagly & Chaiken, 1993). 태도는 일반적으로 행동의 중요한 결정 요인으로 간주되며, 항의와 같은 활동을 유발하여 환경정책 시행에 영향을 미칠 수 있다. 또한 태도는 정책이 시행되었을 때 사람들이 자신의 행동을 어떻게 변화시킬지에도 영향을 미친다. 그들이 정책에 강하게 부정적 태도를 가지고 있다면, 그 정책을 따르지 않을 것이다.

두 접근 방식 모두 수용성은 정책 결과에 대한 구체적인 믿음에 의해 결정된다고 가정한다. 환경정책은 개인 및 사회 전반에 긍정적 또는 부정적 결과를 가져올 수 있다. 개인 수준에서는 정책이 시행되어 행동을 변화시키거나(예: 항공 여행 횟수 감소, 폐기물 재활용), 정책의 결과를 받아들이는(예: 경관 변화, 높은 세금 부과) 상황에 처하게 된다. 사회 수준에서는 환경정책이 효과적이라면, 유해 배출물이 줄어들고 생태계 및 생물의 종이 보호되므로 대체로 사회에 긍정적인 결과를 가져온다. 하지만 경우에 따라 풍력 발전소 정책으로 인해 경관이 망가지고, 야생동물 보호 법안이 경제 복지에 부정적인 영향을 초래하는 등의 결과가 나타날 수도 있다.

많은 환경정책은 각 개인에게는 부정적인 결과(높은 경제적 비용 부담)가 초래되지만, 집단 수준에서는 긍정적인 결과(예: 환경의 질 향상)를 가져온다. 따라서 정책의 수용성은 각 개인에게 초래되는 결과와 집단 전체에 미치는 결과가 상충되는 **사회적 딜레마**(social dilemma)로 설명될 수 있다(21장 참조).

29.3 정책 수용성을 설명하는 이론적 틀

환경정책의 수용성이 사회적 딜레마를 반영한다고 가정하면, 수용성의 결정 요인을 설명할 수 있는 관련 이론적 틀은 **탐욕-효율성-공정성 가설**(Greed-Efficiency-Fairness hypothesis, GEF 가설)이다(Wilke, 1991; 21장 참조). 이 이론에 의하면 사회적 딜레마 상황에서 사람들은 자신의 이익을 우선으로 극대화하기를 원하지만, 동시에 집단의 자원을 보존하고 결과를 공정하게 분배하는 것 또한 원한다. 그러므로 환경정책의 수용성과 관련된 세 가지 요인은, ① 개인에게 영향을 미치는 정책 결과, ② 집단에게 영향을 미치는 정책 결과, 그리고 ③ 정책 결과 분배의 공정성 지각이다.

29.3.1 개인에게 영향을 미치는 정책 결과

사람들은 정책 방안이 자신에게 부정적인 결과가 주어질 것이라고 기대한다면 받아들이지 않을 것이다(Jakobsson et al., 2000). 일반적으로 환경정책이 자신들의 자유를 침해하거나 이 정책에 따르지 않았을 때의 비용이 너무 높다면 정책 수용성은 낮아진다. 예를 들면, 어업 및 농업 할당량의 시행은 어부와 농부의 수확량을 제한하기 때문에 그들의 자유를 강하게 침해하는 것으로 보는 시각이 많다. 이러한 할당량을 따르지 않는 사람들은 일반적으로 높은 벌금 등의 심각한 결과를 맞닥뜨리게 된다.

정책이 사람들의 자유를 얼마나 침해하는지, 그리고 그로 인해 정책의 수용 가능성이 어떻게 영향을 받는지는 정책의 특성에 달려 있다. 정책은 전기차 또는 주택 단열과 같은 에너지 효율 해결법의 채택을 일컫는 **효율행동**(efficiency behavior)을 목표로 할 수 있다. 이것은 일반적으로 단발성 조치 또는 드문 빈도의 행동 변화에 적용된다. 반대로, 정책이 **억제행동**(curtailment behaviour)을 목표로 할 수도 있다. 이는 샤워시간 감소 및 난방온도 설정 등 일반적으로 자주 발생하는 사용자의 행동에 적용된다. 효율행동을 목표로 하는 정책이 억제행동을 목표로 하는 정책보다 대체로 더 긍정적인 평가를 받는다(De Groot & Schuitema, 2012). 효율행동은 종종 많은 투자금이 필요하고, 억제행동은 많은 노력이 요구되며 자유가 제한된다. 결과적으로, 효율행동을 목표로 하는 정책이 억제행동을 목표로 하는 정책보다 더 수용가능하다.

환경정책의 수용성을 높이는 전략 중 한 가지는 정책 방안을 개별로 실시하는 것이 아니라 정책 방안들을 묶어서 실시함으로써 해당 방안이 개인에게 미칠 부정적인 결과를 보상하는 것이다. 예를 들면, **밀기 방안**(push measure, 즉 환경에 비호의적인 행동을 덜 매력적으로 만드는 것을 목표로 하는 방안)은 **당기기 방안**(pull measure, 즉 환경에 호의적인 행동을 더 매력적으로 만드는 것을 목표로 하는 방안)과 함께 실시되었을 때 사람들이 더 잘 받아들이는 경향이 있다. 왜냐하면 바람직한 변화가 촉진되는 것이 더 매력적이기 때문이다(Banister, 2008; 〈글상자 29.1〉 참조). 예를 들면, 항공 여행에 높은 세금을 부과하면서 동시에 고속철도가 건설된다면 이 정책을 더 잘 받아들일 수 있다.

글상자 29.1 밀기 방안 대 당기기 방안

밀기 방안은 환경에 해를 끼치는 행동을 덜 매력적으로 만드는 것을 목표로 한다. 예를 들면, 화석 에너지나 연료의 사용 또는 토지 개발 등에 세금을 부과하는 것이다. 반대로, 당기기 방안은 태양전지판에 보조금을 지급하거나 대중교통의 질을 개선하는 등 환경에 호의적인 행동을 더 매력적으로 만드는 것을 목표로 한다. 일반적으로, 밀기 방안이 개인의 행동 변화에 더 효과적이다. 하지만 밀기 방안은 사람들의 자유를 침해하는 것으로 인식되기 때문에 당기기 방안보다 종종 덜 공정하고 덜 수용적인 것으로 여겨진다(Eriksson et al., 2006). 그럼에도 불구하고 밀기 방안은 행동 변화를 더 잘 촉진하므로 집단 수준에서의 결과에는 긍정적인 결과를 가져올 가능성이 높다. 밀기 방안이 실제로 집단의 문제를 해결하는 데 효과적이라면, 해당 문제가 감소할 수 있다는 믿음과 그 방안의 중요성에 대한 이해 및 동의가 높아질수록 수용성은 긍정적으로 변화할 것이다.

29.3.2 집단에게 영향을 미치는 정책 결과

GEF 가설은 사람들이 항상 자신의 이익을 위해서만 행동하는 것은 아니며, 동시에 집단의 자원을 효율적으로 사용하기를 원한다고 가정한다. 이는 환경정책의 시행으로 집단의 문제가 감소될 것이라고 기대한다면, 즉 정책이 효과적일 것이라고 믿는다면 사람들은 해당 정책을 더 잘 수용한다는 것을 의미한다(Gärling et al., 2008). 만일 정책의 목표가 분명하다면 더 잘 실현될 것이다(Schuitema et al., 2010b).

다른 예로, 행동을 변화시킬 때 밀기 방안은 종종 당기기 방안보다 효과적이다(〈글상자 29.1〉 참조). 하지만 밀기 방안의 수용성 수준은 얼마나 많은 사람이 그 정책을 받아들이는지에 달려 있다. 정책이 다수에 의해 받아들여진다고 여겨지면[강한 **사회규범**(social norm)을 의미함; 18장 참조], 같은 정책이 소수에 의해 받아들여진다고 인식될 때(약한 사회규범을 의미함)보다 수용성은 높아진다(De Groot & Schuitema, 2012). 이것은 다른 사람들도 그 정책을 지지한다면, 그 정책이 성공할 가능성이 증가할 것이라는 확신이 높아지기 때문이다.

때로, 당기기 방안이 밀기 방안보다 더 효과적이라는 연구 결과가 있다(예: Eriksson et al., 2008). 하지만 이것은 사람들이 받아들일 수 없는 밀기 방안이 제안되어 밀기 방안 대신 당기기 방안이 시행되기를 바라는 상황에서 나온 결과이기 때문에 일종의 전략적 인식이라고 할 수 있다.

정책의 효과성이 정책의 수용성에 중요한 이유는 많은 사람이 환경을 중요하다고 생각하고 집단의 이익을 고려하기 때문이다(17장 및 22장 참조). 또한 집단의 문제가 감소한다면 개인에게도 이로운 혜택이 있다. 예를 들면, 자가용 사용이 줄어들면 지역의 공기질이 개선되어 결과적으로 건강 문제가 줄어들고, 교통 체증이 감소하여 이동 시간을 절약할 수 있다.

환경정책의 수용성은 일반적으로 사람들이 환경문제를 인식하고 관심을 가질 때 더 높아진다(Eriksson et al., 2006). 만일 환경문제가 명확하게 드러나는 상황이라면 수용가능성은 더 높아진다. 그러므로 심각한 환경문제를 겪고 있는 지역에서 환경정책이 실시된다면 사람들은 그 정책을 더 잘 받아들일 것이다. 또한 환경에 대한 관심은 정책의 효과성 인식에 영향을 미친다. 예를 들면, 스웨덴에서 실시한 한 연구는 환경에 대한 관심이 높은 사람들이 낮은 사람들과 비교하여 환경정책이 도시 환경의 질을 개선시킬 것이라는 믿음이 더 강하다는 것을 발견하였다(Loukopoulos et al., 2005).

정책이 시행된 후 실제로 그 정책의 혜택을 경험한다면 정책 방안의 수용성이 높아진다고 제안하는 연구들이 있다. 예를 들면, 풍력발전 정책의 장점을 경험한 사람들은 처음에는 이 정책을 반대하였지만 정책 시행 이후 찬성하는 비율이 높아졌다(Wolsink, 2007). 웨일스 지역에서 실시된 한 연구에서는 쇼핑백 부가금이 실시된 후 이 정책에 대한 주민들의 수용성이 증가하였다는 것을 발견하였다(Poortinga et al., 2013). 이는 환경정책이 실시된 후 혜택을 경험하고 나면 대중의 지지가 증가할 수 있다는 것을 시사한다. 하지만 정책 결과가 기대보다 부정적이거나 덜 긍정적이라면, 대중의 지지는 시간이 지나면서 낮아질 수도 있다. 이에 대한 예시로, 프랑스 리옹 지역에서 실시한 세금 정책은 이 제도가 시행된 후 대중의 저항으로 인해 상당 부분 개정되었다(Raux & Souche, 2004).

29.3.3 정책 결과의 공정한 분배

GEF 가설의 세 번째 가정은 **분배 공정성**(distributive fairness)이라고 일컬어지는 것으로, 사람들은 결과를 공정하게 배분하기를 원한다는 것이다(Tyler, 2000). 하지만 정책이 공정하도록 하기 위해서는 결과를 어떻게 분배해야 하는가? 공정성 판단은 정책 결과를 기준점과 비교함으로써 이루어진다. 다양한 공정성 원칙을 기반으로 하여 정책 결과에 대한 서로 다른 결론을 도출할 수 있는데, 이러한 비교 유형은 **개인내 비교**(intrapersonal comparison), **개인간 비교**(interpersonal comparison), **세대간 비교**(intergenerational comparison) 유형으로 나눌 수 있다([그림 29-1] 참조).

개인내 비교를 하는 첫 번째 기준은 개인에게 미치는 정책 결과를 다른 사람들에게 미친 결과와 무관하게 개인의 기준 또는 개인이 경험한 이전의 결과와 비교하는 것이다. 예를 들면, 부담금 정책의 결과로 전기세를 더 내야 한다면, 개인이 더 지불할 수 있다고 예상한 금액과 실제 지불하게 될 금액을 비교하는 것이다. 만일 개인이 예상한 자신의 내부 기준보다 전기세가 더 많이 나온다면 이 정책은 부당하게 느껴지고 받아들이기 힘들 것이다. 두 번째 기준은 개인의 현재 상황이다. 예를 들면, 풍력발전소 설립이 개인의 경관을 해치고, 개인의 상황을 예전보다 악화시킬 것이라고 믿는다면 풍력발전소의 설립을 주장하는 정책은 부당하고 수용할 수 없다고 생각할 수 있다.

개인간 비교는 사람들이 자신에게 주어지는 정책의 결과를 집단의 다른 개인 또는 다른 집단이 받게 되는 결과와 비교하는 것이다. 정책의 결과가 다른 사람에게 미치는 것보다 자신에게 더 강하게 부정적인 영향을 주었다면 정책이 공정하지 않다고 생각할 것이다. 예를 들면, 어부는 대구의 어업 할당제를 불공정하다고 생각하여 받아들이기 어려울 수 있다. 왜냐하면 대구에 한정된 정책은 자신의 생계에는 부정적인 영향을 미치지만, 청어를 수확하는 동료에게는 영향이 없기 때문이다.

개인간 비교는 집단들 사이에서의 결과를 비교할 수도 있다. 이와 관련한 두 가지의 공정성 원칙은 **평등**(equality)과 **공평**(equity)이다. 평등은 정책이 모든 개인에게 동일한 정도로 영향을 미친다는 것을 의미한다. 예를 들면, 백열전구 금지법은 모든 사람에게 동일하게 영향을 주기 때문에 공평하고 수용가능한 것으로 받아들여진다. 하지만 풍력발전소는 그 장소에서 멀리 사는 사람보다 가까이 사는 사람들에게 더 부정적인 영향을 미치기 때문에 모든 사람에게 동일한 결과가 주어지는 것은 아니다. 이러한 시설물이 특정 지역 공동체에 부정적인 영향을 미칠 경우, 예를 들면 소음이나 악취의 결과로 건강 및 안전 문제, 또는 재산상의 경제적 가치가 손실되는 경우, 이와 관련된 사람들은 반대할 수 있다.

공평이란 모든 사람이 상대적으로 평등하게 정책 결과의 영향을 받는 것을 의미한다. 여기서 **수평적 공평**(horizontal equity)과 **수직적 공평**(vertical equity)은 다소 차이가 있다. 수평적 공평은 유사한 특징을 가진 사람, 예를 들면 그 상황에 미치는 개인의 영향력의 정도가 유사한 사람들은 정책 방안의 영향을 동일하게 받는다는 것을 의미한다. 만일 에너지, 수도, 공간 등의 사용이 적어서 그 상황과 관련성이 적은 사람들이 그렇지 않은 사람들보다 환경정책 시행으로 더 큰 영향을 받는다면, 그 정책은 부당하게 느껴지고 받아들여지지 않을 것이다. 수직적 공평은 사람들이 자신의 요구와 능력에 비례하여 영향을 받는다는 것을 말한다. 예를 들면, 소득에 비례한 자동차 세금은 공정한 것으로 여겨지는데, 그 이유는 저소득 집단과 고소득 집단에서 지출하는 상대적인 비용 비율이 동일하기 때문이다. 만일 저소득 집단이 고소득 집단과 비교하여 동일한 비용 또는 더 강한 영향을 받는다면 이는 부당하게 느껴지고 받아들여질 수 없는 것으로 간주될 것이다.

마지막으로, 세대간 비교는 현재의 정책 결과를 미래 세대의 결과, 그리고 자연 및 환경에 미치는 영향과 비교하는 것을 뜻한다[**환경정의**(environmental justice)를 반영하는 정책 결과를 말함; Clayton, 2000]. 환경정의의 예로는 만약 사람들이 자연, 환경, 미래 세대를 보호해야 한다고 믿는다면 야생동물 보호법안은 공정한 것으로 받아들일 수 있을 것이다.

서로 다른 공정성 원칙에 기반한 정책 결과가 환경정책의 공정성 및 수용성 평가와 어떻게 관련되는지에 관한 연구는 아직까지 활발하게 이루어지고 있지 않다. Clayton(2000)은 환경정의가 두 가지 환경 갈등을 해결할 때 중요한 원칙이 된다는 것을 발견하였다.

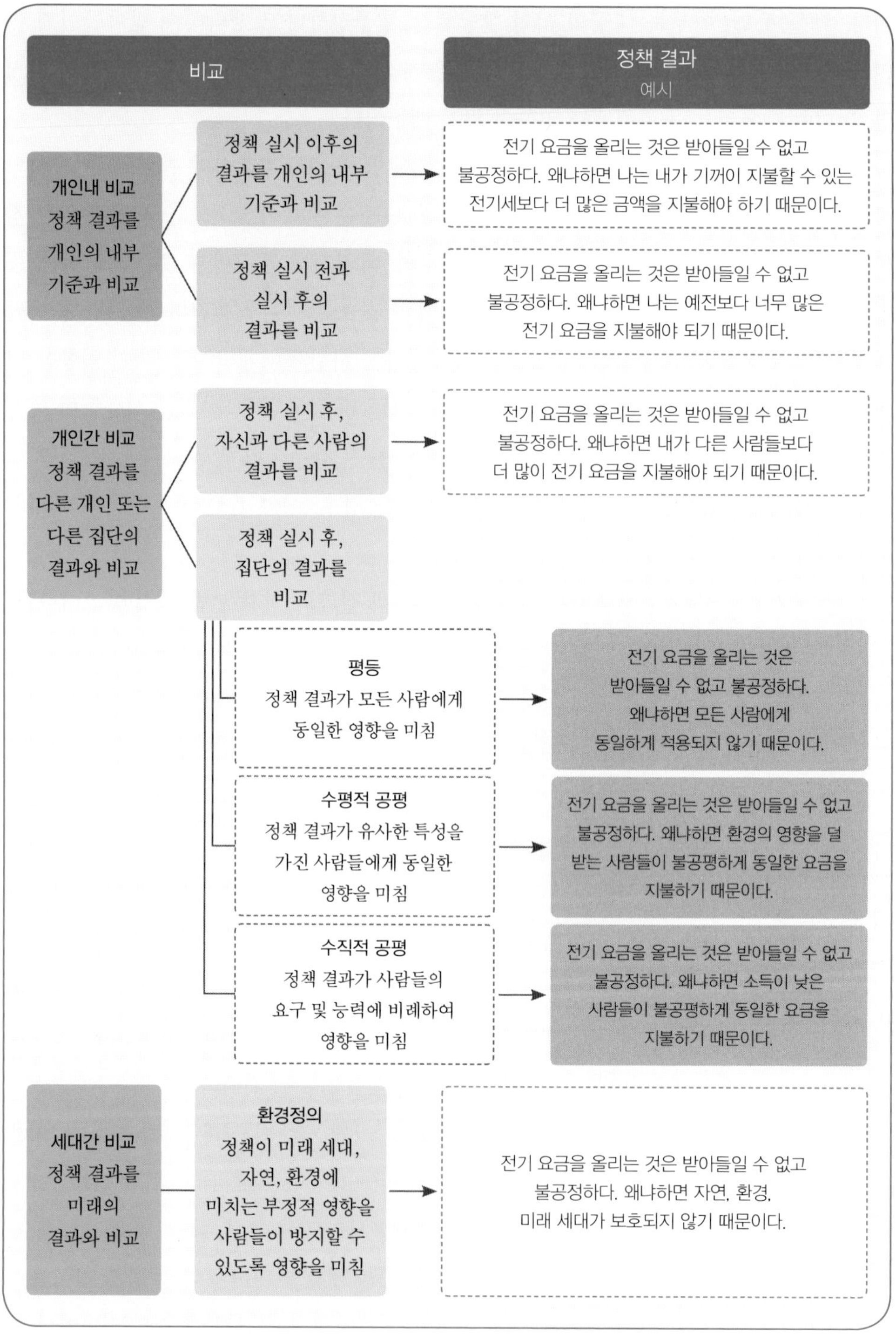

[그림 29-1] 정책 결과를 평가하기 위해 사용된 비교 개요

출처: Schuitema et al.(2011)에서 수정.

한 가지 갈등은 토지 소유자가 자신의 방식대로 토지를 개발하려는 것을 정부가 강제로 제한하는 공권력과 관련한 갈등이고, 다른 갈등은 국립공원을 대중에게 개방할 것인지 아니면 자연 상태로 유지할 것인지와 관련한 것이다. 또한 환경정의는 평등 및 공평 등의 원칙 다음으로 여러 부담금 정책에 대한 공정성과 수용성 판단에 가장 좋은 예측 변인이었다(Schuitema et al., 2011). 환경정의는 일반적으로 집단 전체를 위해 고려해야 할 관심 사항을 반영하지만 일정 부분 개인의 이익도 반영될 수 있다. 즉, 정책 결과가 환경정의에 기반하여 분배된다면, 개인 역시 지역의 공기질 또는 수질 개선의 결과로 영향을 받을 수 있기 때문에 이를 통해 혜택을 얻을 수 있다.

29.4 절차 공정성과 환경정책 수용성

절차 및 의사결정 과정이 공정할 때 정책 결정을 더 잘 받아들일 수 있고 의사결정자에 대한 신뢰감도 상승할 것이다. 이는 환경정책을 수용함에 있어 중요한 전제조건이다. 절차 공정성이란 환경정책이 실시되기 전 또는 실시되는 동안에 이루어지는 절차 및 의사결정 과정에서의 공정성을 의미한다. 다시 말하면, 의사결정 과정이 공정성에 대한 사회의 기본 가치 및 규범을 충족하는지를 의미한다(17장 및 18장 참조). 이는 신뢰와 관련되며, 정책을 수행하는 사람이 누구인가와 상관없이 정책이 공정하게 실시될 것이라는 믿음을 반영한다. 대중의 관여는 절차 공정성 및 당국에 대한 신뢰를 증가시킬 수 있는 핵심 요인으로 간주된다. 왜냐하면 사람들은 이러한 관여를 통해 자신의 의견을 표현할 수 있기 때문이다. 하지만 대중의 관여는 그들이 제안하는 의견이 진지하게 고려될 때에만 효과적이다.

절차 공정성 및 신뢰의 또 다른 중요한 결정 요인은 시간의 경과에 따른 의사결정 과정의 일관성이다. 의사결정 과정은 동일한 규칙을 따르는 것이 중요하고, 정책을 이행함에 있어 개방적이고 유익한 의사소통이 이루어져야 하며, 당국은 그들의 의무를 이행해야 한다. 이를 수용할 것인지의 여부는 정책 영역 전반에 걸친 정책 방안 간의 일관성에 달려 있다(Banister, 2008). 예를 들면 회색에너지와 녹색에너지[1]에 대한 부담금을 동시

1) 역자 주: 회색에너지(grey energy)는 생산 과정에서 환경에 유해한 물질을 산출하는 에너지이고, 녹색에너지(green energy)는 환경에 해가 없는 방식으로 산출되는 에너지 자원을 말한다.

에 올리는 것은 모순된 의미를 내포하는 것이고, 이는 일반적으로 환경정책의 수용성을 감소시키게 된다.

29.5 시간 경과에 따라 대중의 지지를 증가시키는 방법: 예시

오랜 논쟁 이후, 스웨덴 정부는 2006년 1월부터 7개월 동안 교통 혼잡 통행료를 시도해 보는 것에 동의하였다. 모터로 운행되는 차는 근무시간 동안에는 요금을 부과하는 지점을 지날 때마다 요금이 청구되었다. 하지만 택시, 응급 차량, 낮은 연비의 차량 등은 통행료를 부과하지 않았다. 그리고 대중교통을 확대하였고 전철역 근처에 주차 공간을 더 많이 마련하였다.

모의 시행 전, 교통 혼잡 통행료의 수용성은 낮았다. 사람들은 통행료에 대한 비용이 증가할 것이라고 예상하였고, 통행료 정책의 효과에 대해서 회의적이었다(Schuitema et al., 2010a). 게다가, 정부에 대한 신뢰는 정치적 쟁점 때문에 낮은 상황이었다. 결과적으로 모의 시행이 시작되기 전, 대중과 매체는 교통 혼잡 통행료에 강한 부정적 반응을 보였다(Isaksson & Richardson, 2009).

그러나 모의 시행 이후 이 정책에 대한 수용성은 전보다 훨씬 높아졌고, 이는 모의 시행 이후 치러진 국민투표의 결과에 반영되었다. 스톡홀름시 주민의 51.3%는 교통 혼잡 통행료의 영구적 시행에 찬성하였고, 45.5%는 반대에 투표하였다. 그 결과, 2007년부터 이 도시에서는 교통 혼잡 통행료 정책이 영구적으로 시행되고 있다.

교통 혼잡 통행료에 대한 모의 시행은 어떻게 그 정책의 수용성을 높였을까? 이에 대한 몇 가지 예상할 수 있는 설명이 있다. 첫째, 대중교통의 개선은 행동 변화를 촉진시켰고, 자가용 이용자들이 부담할 통행료의 부정적 결과를 다소 상쇄시켰다. 둘째, 교통 혼잡 통행료로 인해 교통 체증과 공기 오염은 줄어들면서 접근성이 향상되었다. 이러한 긍정적 효과는 단순히 정부와 언론에 의해 보고된 것만이 아니라, 대중들 역시 이 효과를 실제로 경험하였다고 말하였다(Schuitema et al., 2010a). 동시에 부정적 효과는 그들이 기대한 것보다 크지 않았다. 구체적으로, 통행료 정책이 시행된 이후 사람들은 교통 혼잡, 주차 문제, 공해가 더 많이 감소한 것을 경험한 반면, 이동에 드는 비용의 증가는 정책 시행 전 예상한 것만큼 높아지지 않았음을 알게 되었다. '자가용 이용 감소'와 '대중교통의 혼잡도 증가'에 대한 그들의 생각은 정책 시행 전후에 유의미한 차이가 없었다([그림 29-

2] 참조). 셋째, 통행료의 중요한 목표는 스톡홀름시의 공해 수준을 감소시키는 것으로, 이는 환경정의의 공정성 원칙과 일치한다. 앞서 논의한 바와 같이, 환경정의는 환경정책의 공정성과 수용성을 판단할 때 중요한 역할을 한다. 마지막으로, 정책의 (긍정적) 효과를 경험할 수 있는 기회가 '강요'된 모의 시행 기간 후 국민투표가 이루어졌는데, 이는 아마도 사람들에게 공정한 절차가 이루어졌다는 느낌을 주었을 가능성이 크다(Hensher & Li, 2013 참조). 교통 혼잡 통행료의 성공 사례는 스톡홀름시 외에도 찾아볼 수 있다. 고텐버그시에서 시행된 교통 혼잡 통행료에서도 이와 유사한 효과가 나타났다(Nilsson et al., 2016).

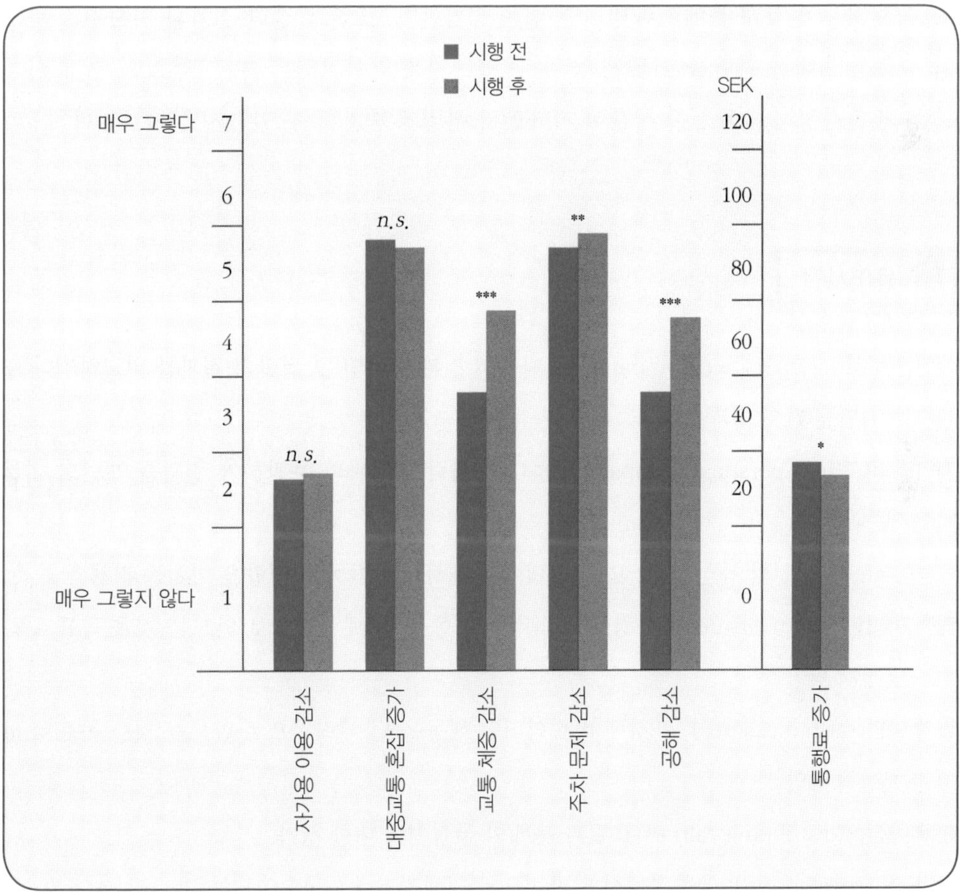

[그림 29-2] 스톡홀름시의 교통 혼잡 통행료 시행 전후, 정책 결과에 대한 믿음

출처: Schuitema et al.(2010a)에서 수정. SEK=Swedish Kronor(January 2006: 1 SEK≈0,11 Euro); PT=Public Transport. ***$p<0.001$; **$p<0.01$; *$p<0.05$; n.s.=not significant.

29.6 요약

이 장에서는 환경정책의 수용성에 영향을 주는 요인들에 대하여 개괄하고, 정책 방안 수용성의 사회적 딜레마에 대해서 살펴보았다. 그리고 환경정책의 수용성을 예측할 수 있는 다음의 세 가지 핵심 변인을 제안하고 논의하였다. 첫째, 개인에게 영향을 미치는 정책 결과로, 사람들이 정책의 시행 이후 그들에게 부정적인 결과가 나타날 것이라고 예측하면 수용성은 감소한다. 둘째, 집단에게 영향을 미치는 정책 결과로, 사람들이 정책 시행 후 집단의 문제가 감소할 것이라고 기대하면 수용성은 증가한다. 셋째, 결과 분배로, 성과가 공정하게 분배된다면 수용성은 증가한다. 또한 공정한 절차와 의사결정 과정이 수용성에 대한 판단을 어떻게 높일 수 있는지를 알아보았다. 마지막으로, 실제 사례를 통해 환경정책 수용성이 시간이 지나면서 어떻게 증가할 수 있는지 살펴보았다.

용어사전

개인간 비교(interpersonal comparison): 자신의 결과와 타인 및 집단의 결과를 비교하거나 또는 집단들 간의 결과를 비교

개인내 비교(intrapersonal comparison): 다른 사람의 결과와 무관하게 결과를 개인의 내부 기준과 비교

공평(equity): 개인의 특성, 요구 또는 능력에 비례하여 그들에게 영향을 미치는 정책

당기기 방안(pull measures): 환경에 호의적인 행동을 더 매력적으로 만드는 것을 목표로 하는 정책 방안

밀기 방안(push measures): 환경에 비호의적인 행동을 덜 매력적으로 만드는 것을 목표로 하는 정책 방안

분배 공정성(distributive fairness): 결과 분배의 공정성에 대한 평가

사회규범(social norm): 공동체에서 일반적으로 행해지거나 (불)승인되는 것

사회적 딜레마(social dilemma): 개인 및 집단의 이익 간의 갈등 상황을 의미하는 것으로 다음의 두 가지 특징을 가짐. ① 각 개인은 자신의 이익을 위해 행동할 때 더 나은 결과를 도출, ② 모든 개인은 그들이 협력할 때 더 나은 결과를 도출

세대간 비교(intergenerational comparison): 현재의 결과를 미래 세대의 결과, 그리고 자연 및 환경에 미치는 영향과 비교

수용성(acceptability): 정책 방안이 시행되기 전 공공 영역에서 실시되는 비활동가의 행동 유형 또는 태도

수직적 공평(vertical equity): 사람들의 요구와 능력에 비례하여 그들에게 영향을 미치는 정책

수평적 공평(horizontal equity): 유사한 특징을 가진 사람에게 동일하게 영향을 미치는 정책

신뢰(trust): 상대가 약속을 이행할 것이라는 기대

억제행동(curtailment behaviour): 변화시키고자 하는 행동 중 일반적으로 빈번하게 발생하는 행동에 대한 변화

절차 공정성(procedural fairness): 환경정책의 의사결정 과정에서 사용된 절차의 공정성에 대한 평가

탐욕-효율성-공정성 가설(greed-efficiency-fairness hypothesis): 사회적 딜레마 상황에서 사람들은 자신의 이익을 우선으로 극대화하기를 원하지만 동시에 집단의 자원을 보존하고 결과를 공정하게 분배하는 것 또한 원한다고 제안하는 가설

태도(attitude): 특정 개체에 대한 호감과 비호감의 정도를 평가

평등(equality): 모든 사람에게 동일한 정도의 영향을 미치는 정책

환경정의(environmental justice): 미래 세대, 자연, 환경에 부정적 영향을 방지하는 것을 목표로 사람들에게 영향을 미치는 정책

효율행동(efficiency behaviour): 에너지 효율을 높일 수 있도록 채택된 행동으로, 주로 단발성 조치에 적용

읽을거리

Garling, T. and Steg, L. (2007). *Threats from Car Traffic to the Quality of Urban Life: Problems, Causes, and Solutions*. Elsevier.

Schade, J. and Schlag, B. (2003). *Acceptability of Transport Pricing Strategies*. Elsevier Science.

복습문제

1. 환경정책의 수용성을 살펴보는 것이 왜 중요할까?
2. 환경정책의 수용성은 어떻게 정의될 수 있을까?
3. 공정성 원칙 중 어떤 것이 눈에 띄는가? 환경정책의 수용성에 특히 중요한 공정성 원칙은 무엇일까?
4. 정책 방안의 수용성을 어떻게 증가시킬 수 있을까?

제30장

변화 과정

Sebastian Bamberg
FH Bielefeld University of Applied Science, Germany
Maxie Schulte
FH Bielefeld University of Applied Science, Germany

30.1 도입

환경심리학은 환경행동을 조성하는 것과 관련한 많은 이론을 차용하고 있다(제2부 참조). 하지만 이러한 행동을 변화시키는 조건 또는 과정을 명확하게 설명하는 포괄적인 모델은 상당히 부족하다.

이 장에서는 변화에 관한 이 분야의 선구자였던 Lewin의 이론을 소개하면서 시작한다. 그런 다음, 두 개의 절을 통해 행동 변화에 대한 두 가지 추가적인 관점—자기조절 행동 변화, 질적으로 서로 다른 단계를 거쳐 전이되는 행동 변화—을 설명한다. 이후 자기조절 행동 변화의 통합 단계 모델을 통해 앞서 언급한 내용을 환경행동 영역에 어떻게 변환시키는지를 보여 줄 것이다. 마지막 절에서는 체계적 개입의 설계를 위해 이러한 이론적 틀의 시사점을 제안한다.

30.2 Lewin의 변화 이론

제2차 세계대전 동안, Lewin(1948)은 미국인들의 식습관을 변화(예: 내장 또는 콩곡물 빵 먹기)시킬 수 있는 방법을 조사하였다. 그는 집단 구성원이 관련 정보, 조리법, 조언 등이 제공되는 강의를 들었을 때보다 직접 참여하거나 의견을 나누도록 격려받았을 때, 그리고 자신의 의견이 집단 전체에 받아들여진다고 느낄 때 그들의 식습관 변화는 훨씬 더 좋아진다는 것을 발견하였다.

이 결과를 설명하기 위해서 Lewin(1952)은 변화 이론을 제안하였다. Lewin은 행동 변화가 세 단계, 즉 **해동**(unfreezing), **이동**(moving), **재동결**(refreezing)의 단계를 밟는다고 가정하였다([그림 30-1] 참조). 첫 번째 단계인 해동 단계에는 변화를 위한 동기가 형성되는 시기로, 개인 또는 집단이 그들의 중요한 목표가 충족되지 않고 있음을 인식하게 되는 것을 말한다. 결과적으로, 현재의 행동 방식은 거부당하고 새로운 행동 방식을 학습해야 하는 상황이 된다. 두 번째 단계인 이동 단계에서는 사람들이 목표를 달성하기 위해 새로운 행동 방식을 개발하고 검증하려고 한다. 이 단계에서는 행동 변화를 지원하는 개입이 유용할 수 있다. 이 시기에는 사람들이 새로운 정보원, 새로운 개념, 기존 정보를 새로운 시각으로 바라보는 방식 등에 열린 마음을 갖는다. 마지막 단계인 재동결 단계에서는 새롭게 형성된 행동을 개인 및 집단에 안착시킨다. 앞으로 보게 되겠지만, Lewin의 이러한 생각은 행동 변화에 대한 최근의 이론적 접근에서도 여전히 확인할 수 있다.

[그림 30-1] Lewin의 3단계 변화 이론

출처: Jackson(2005)에서 수정.

30.3 행동 변화: 피드백 회로로 조정되는 자기조절 과정

자기조절(self-regulation)이란 개인의 중요한 목표를 충족하기 위해 자신의 사고, 감정,

욕구, 그리고 행동을 변화시키려는 노력을 의미한다(Carver & Scheier, 1998). Lewin의 변화 이론처럼, 자기조절 연구의 기본 가정은 개인이 자신의 중요한 목표가 이루어지지 않고 있음을 인식하였을 때 변화가 필요하다는 생각을 시작한다는 것이다. 목표가 인간 성격의 핵심 요소라는 통찰을 바탕으로, 자기조절은 목표를 구체적으로 설정하고, 이 목표를 달성하기 위한 전략을 개발하며, 진행 상황을 평가하고, 이에 따라 목표와 전략을 수정하는 역동적인 동기 부여 체계의 역할을 한다(Baumeister, 2005; De Ridder & de Wit, 2006).

30.3.1 피드백 회로에서 참조값으로서의 목표

목표의 핵심 기능은 행동이 조절되는 과정의 **피드백 회로**(feedback loop)에 참조값을 제공하는 것이다(Carver & Scheier, 1998). 참조값은 의도와 욕구에 대한 정보를 제공하며, 이는 시스템의 목표 지점을 결정한다. 또한 피드백 회로는 입력 기능, 비교기, 그리고 출력 기능을 포함한다(〈글상자 30.1〉 참조).

글상자 30.1 피드백 회로

온도조절장치는 피드백 회로의 전형적인 예시로 사용된다. 이 시스템은 현재의 기온을 지속적으로 추적하는 입력 기능(센서)을 가지고 있다. 이 입력 정보는 온도조절장치가 설정한 온도(참조값)와 비교하는 장치로 전달된다. 두 온도에서 구별되는 차이가 나타나지 않는 한, 아무 일도 일어나지 않는다. 하지만 현재의 온도가 설정된 온도보다 낮다는 것을 비교장치기가 감지한다면, 히터를 작동하라는 메시지를 보내고, 그 방은 열이 공급되기 시작할 것이다(출력 기능). 만일 방의 기온과 설정 온도 간의 차이가 더 이상 감지되지 않는다면, 열 공급을 그만하라고 요청할 것이다.

30.3.2 목표와 피드백 회로의 위계적 조직

자기조절 모델(Carver & Scheier, 1998)에서 두 번째 핵심 개념은 목표의 추상적 수준이 다르다는 것이다. 위계적 조직은 상위 및 하위 피드백 회로를 가지고 있고, 이 구조가 행동의 자기조절을 이끈다. 이러한 위계 구조에서 더 상위의 피드백 회로는 더 하위의 피드백 회로를 위한 참조값(목표)을 제공한다. 결과적으로, 출력으로 지정된 목표는 위계의 상위 수준에서 하위 수준으로 갈수록 더 구체적이고 제한적으로 변화한다.

자기조절 모델(Carver & Scheier, 1998)은 위계적 피드백 회로의 목표를 세 수준에서 제안한다([그림 30-2] 참조). 가장 높은 수준인 **설정 목표**(be-goal)는 이상적 자아, 이상적 관계, 또는 이상적 사회에 대한 개인의 비전과 관련된 목표를 반영한다. 이 수준에서의 참조값(목표)은 매우 추상적이다(예: 자연과 조화되는 삶). 설정 목표 수준의 출력 목적은 한 단계 아래 수준인 **이행 목표**(do-goal) 수준에 목표를 제공하는 것이다. 이행 목표(예: 가정의 에너지 소비 감소)는 설정 목표를 달성하기 위해 일반적인 행동 방향을 구체화하지만 여전히 많은 세부적인 것들에 대한 결정 여부는 남아 있다. 이행 목표 수준에서 설정된 목표는 가장 낮은 단계인, **운동 제어 목표**(motor control goal) 수준의 입력값이 된다. 운동 제어 목표 수준의 과제는 구체적인 특정 행동을 수행함으로써 이행 목표를 구현하는 것이다(예: 난방 온도 낮추기).

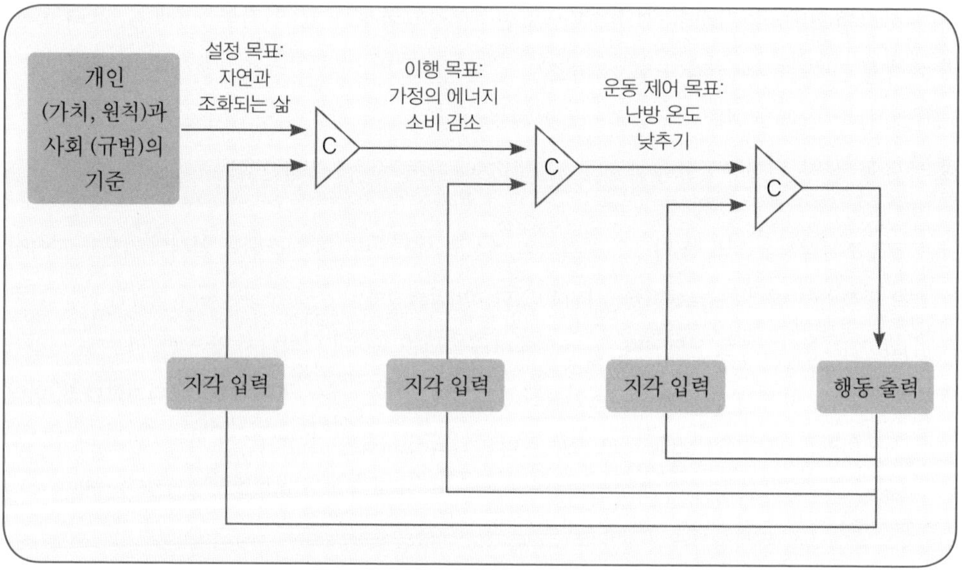

[그림 30-2] 목표와 통제 과정의 조직을 보여 주는 세 수준의 위계 구조
출처: Carver & Scheier(1998)에서 수정.

30.3.3 자기초점의 중요성

설정 목표가 인간 행동에 대한 최상의 목표로 작동할 것이라고 가정하지만, 일상의 행동은 이러한 추상적인 목표에 의해 직접적으로 조절되지 않는다(Carver & Scheier, 1998). 대부분의 습관적인 일상 행동은 더 낮은 수준인 이행 목표 수준에서 더 효과적으로 조절된다. 사람들은 자신의 현재 행동(실제적 자기)과 그들의 설정 목표(예: 이상적 자기)를 의식적으로 비교하기 위해서는 **자기초점**(self-focus)이라는 심리 상태가 필요하다. 만일 현재 행동과 설정 목표 간의 괴리를 인식한다면, 사람들은 목표에 좀 더 근접하기 위해 자신의 행동을 바꾸고자 하는 동기가 부여된다(예: Scheier et al., 1984).

30.4 행동 변화: 변화에 대한 저항을 극복하는 데 걸리는 시간

행동 변화를 해동, 이동, 재동결 단계의 연속으로 설명함으로써 변화 이론(Lewin, 1952)은 행동 변화의 시간적 측면을 강조하였고, 이를 사건보다 과정으로 간주하였다. 이와 유사하게, 범이론 모델(Transtheoretical Model: TTM; Prochaska & Velicer, 1997)은 과정으로서의 행동 변화를 더욱 상세하게 보여 주었다. 변화 이론과 마찬가지로, TTM은 행동 변화를 질적으로 구별되는 일련의 단계를 거친다고 보았으며, 사람들은 각 단계에서 구체적인 방해물에 맞닥뜨린다고 설명한다. 이러한 저항의 주요 원인을 극복하기 위해 사람들은 각 단계에 특화된 기술과 전략이 필요하다. TTM은 다음의 다섯 가지 **변화 단계**(stage of change)를 제안한다([그림 30-3] 참조).

1. **숙고전**(precontemplation) 단계는 사람들이 곧 닥칠 미래에 대하여 구체적인 조치를 취할 계획이 없고, 그 문제 행동에 대한 독서, 토론, 생각을 회피하는 시기이다. 이는 자신들의 행동이 미칠 부정적 결과를 충분히 인식하지 못하거나, 지금까지의 수차례 노력이 성공하지 못하여 사기가 저하되었기 때문으로 해석한다.
2. **숙고**(contemplation) 단계는 사람들이 변화의 필요성을 인식하게 되는 시기이다. 사람들은 변화에 대한 장점과 단점 모두를 인식한다. 변화에 따른 비용과 혜택이 동시에 발생할 경우 양가감정을 일으킬 수 있기 때문에 그럴 경우 이 단계에 오랜 시간 머무를 수 있다.
3. **준비**(preparation) 단계는 곧 닥쳐올 미래에 사람들이 구체적인 행동을 하고자 하는 의지를 갖는 시기이다.
4. **실행**(action) 단계는 실제로 행동을 변화시키는 시기이다. 행동은 외부에서 관찰할 수 있기 때문에, 많은 이론들이 행동 변화를 이 단계와 동일한 것으로 간주한다.
5. **유지**(maintenance) 단계는 사람들이 재발을 막기 위해 노력하는 시기이다. 사람들은

실행 단계에서 하는 것만큼 자주 변화를 시도하지 않는다. 또한 재발에 대한 유혹이 줄어들고, 자신의 변화된 행동을 유지할 수 있다는 자신감이 증가한다.

TTM은 대부분의 경우 행동 변화가 선형이 아닌 순환 과정이라고 가정한다. 사람들은 방해물과 저항으로 인해 초기 단계에서 오랜 기간 머물게 될 수 있다. 또한 사람들은 종종 과정의 시작점으로 되돌아가기도 한다.

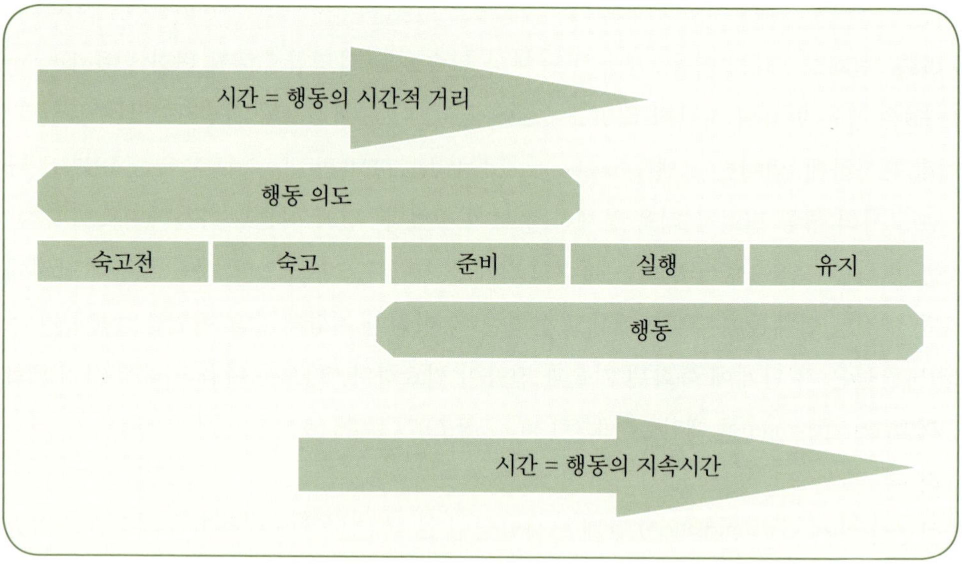

[그림 30-3] 범이론 모델의 변화 단계에 대한 시간적 차원

*행동의 시간적 거리(temporal distance): 행동이 발생할 시점까지의 시간적 거리

출처: Velicer et al. (1998).

30.5 자기조절 행동 변화의 단계 모델

TTM과 관련한 연구들이 비판을 받는 부분은 각 단계의 실행을 촉발하는 과정 및 5단계에 대한 설득력 있는 이론적 근거를 제시하지 못하고 있기 때문이다(예: West, 2005). Bamberg(2013a, b; Klöckner, 2015 참조)에 의해 개발된 자기조절 행동 변화(Self-Regulated Behavior Change: SSBC) 모델은 이에 대한 이론적 근거를 제안한다. SSBC는 활동 시기 모델(Gollwitzer, 1990)의 가정과 사회심리학 및 환경심리학에서 잘 알려진 행동 모델, 예를 들면 계획된 행동 이론(Ajzen, 1991)과 규범 활성화 이론(Schwartz & Howard, 1981) 등을 결합하였다(22장 참조). SSBC의 주요 가정은 변화에 대한 동기가 부여된다면 강력하게 습관화된 행동조차도 변화시킬 수 있다는 것이다(24장 참조). 하지만 이 과정은 추상적인 동기부터 구체적인 행동 변화까지 여러 단계를 거쳐야만 한다. SSBC는 이 과정을 ① 결정전 단계, ② 활동전 단계, ③ 활동 단계, ④ 활동후 단계로 설명하였다([그림 30-4] 참조).

성공적인 행동 변화는 이 네 단계를 따르지만, 각 단계 사이에는 갈등과 반복이 나타날 수 있다. 각 단계마다 고유한 해결 과제가 있고, 다음 단계로 이동했다는 것은 각 단계가 설정한 특정 의도의 역치를 넘겼다는 것을 의미한다. 결정전 단계에서는 개인의 행동 변화가 왜 필요한지에 대한 질문을 다룬다. 자가용 이용을 자발적으로 줄이는 것을 예를 들면, '자가용 이용을 줄이는 것이 왜 중요한가?'라고 질문할 수 있다. 만일 이 단계에서 자가용 이용 감소라는 **목표 의도**(goal intention)가 설정되면, 활동전 단계로 나아간다. 결정전 단계의 목표 의도는 행동을 취하기 위한 일반적인 의도로, '앞으로 몇 주 동안 나는 내 차의 이용을 줄일 의향이 있다'이다. 이 의도는 자가용 이용을 줄이기 위해 활성화된 사적 규범에 의해 촉진된다. 사적 규범은 행동하려는 도덕적 의무감으로 정의할 수 있다. 만일 자신의 행동에 대한 부정적 결과를 인식하게 되면, 이러한 결과에 책임감이 개인에게 부여되고, 사회에서 기대하는 자동차 이용 자제를 의미하는 사회규범이 두드러지게 나타난다. 그러므로 목표 의도를 결정하는 변인 및 기제는 규범 활성화 이론으로 설명할 수 있다(Schwartz & Howard, 1981). SSBC는 충분히 강력한 사적 규범이 활성화될 때 목표 의도가 생성된다고 제안한다. 사적 규범은 자가용 이용의 부정적 결과(예: 환경, 도시 생활의 질)를 인식하여, 그 결과를 개인의 책임으로 받아들이고, 자가용 이용에 대한 사회적 압력을 느끼게 되면 활성화된다.

활동전 단계와 관련된 질문은 '자가용 이용을 줄이기 위해서 나는 어떤 활동을 해야 하는가?'이다. 이 단계에서 사람들은 걷기, 대중교통 이용, 자전거 타기 등의 여러 대안 행동에 대하여 자신들의 태도를 살펴본 후, 이러한 대안 행동의 실행 가능성이 쉬울지 아니면 어려울지를 평가한다[지각된 행동 통제(perceived behavior control: PBC)]. 태도와 PBC는 계획된 행동 이론(Ajzen, 1991; 22장 참조)의 두 구성 요소이고, 이것들은 **행동 의도**(behavioral intention) 개발이라는 다음 단계를 위한 상황을 조성한다. 여기서 사람들은 스스로 가장 적합한 태도-난이도 균형을 갖춘 행동을 선택한다. 이 행동 의도(예: '다음 몇 주간, 나는 출퇴근 시 자가용 대신 자전거를 이용하겠어.')는 활동전 단계에서 활동 단계로의 이행을 나타내는 것이다. 활동 단계에서는 선택한 행동을 수행하기 위한 구체적인 계획이 필요하다. 활동 단계에서의 질문은 '내가 의도한 변화를 어떻게 수행할 수 있을까?'이다. 이 단계에서 필요한 주요 원동력은 계획을 세우고 장애물을 제거하는 능력이다. 최종 단계로의 전환은 '내일 아침 7시, 나는 빅토리아 거리에서 5번 버스를 타고 회사 건물에서 가장 가까운 정거장에 내릴 것이다'라는 **이행 의도**(implementation intention)를 수립하는 것이다. 마지막 활동후 단계에서는 변화된 행동을 안착시켜야 하며, 이전의 행동이 재발되는 문제를 다루어야 한다. 이전의 상태로 돌아가지 않도록 하는 능력은 새롭게 형성된 행동을 안정화시켜 습관으로 만들 수 있을지를 결정하는 주요한 예측 변인이다.

종합하면, SSBC의 가장 큰 장점은 각 단계에서 해결해야 할 과제를 상세하게 설명하였을 뿐만 아니라 해결을 위해 적용할 수 있는 구체적인 인지적 사고방식을 제안하였다는 것이다. 이 모델은 각 단계의 과제를 성공하였음을 반영하는 세 개의 전환 지점인 목표 의도, 행동 의도, 이행 의도가 있다고 가정한다.

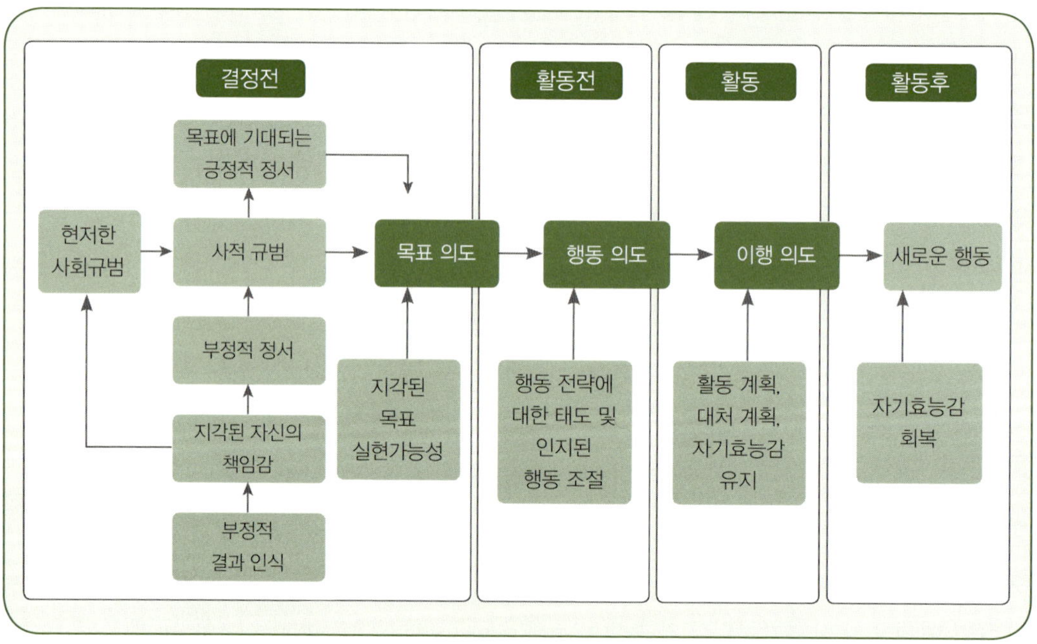

[그림 30-4] 자발적 행동 변화를 위한 자기조절 모델

30.6 개입을 위한 시사점

SSBC의 궁극적 목표는 체계적인 개입을 개발하기 위한 이론적 틀을 제공하는 것이다. 행동 변화를 전이 과정으로 상정할 때의 실질적 시사점 중 한 가지는 모든 과정에 적용되는 유일한 개입을 가정하는 대신, 각 단계의 요구와 장애물을 해결하는 데 부합하는 구체적인 개입 꾸러미가 필요하다는 것이다. 예를 들면, 변화의 초기 단계에서는 사람들의 문제 인식 및 개인의 책임감을 증가시킬 수 있는 정보 제공에 집중한다면 개입의 성공 확률은 높아진다. 이 단계에서는 사회규범 및 사적 규범 활성화를 위한 개입 역시 중요하다. 목표 의도를 설정한 사람들은 다양한 대안 행동의 이용가능성 및 장단점을 설명하는 정보가 필요하다. 이미 대안 행동으로 바꾸려는 의지가 있는 사람에게는 구체적인 행동 계획 등을 제공하여 이러한 의도를 시작하거나 실행을 지원하는 것이 가장 도움이 될 것이다. 〈표 30-1〉은 SSBC에 기반한 단계별 변화 기제와 다양한 개입 유형을 결합하는 방식을 제안하고 있다(26장 참조).

표 30-1 단계별 맞춤형 개입 전략

변화 단계	개입 전략
숙고전	개입 유형 I: 사회규범 및 사적 규범을 두드러지게 만들기 개입 유형 II: 문제 인식 및 자기초점 강화하기 개입 유형 III: 목표 설정 및 목표 관여하기
숙고	개입 유형 IV: 다양한 행동 대안의 장단점과 지각된 행동 통제 강화에 대한 정보를 제공하기
준비/실행	개입 유형 V: 행동 계획 지원하기
유지	개입 유형 VI: 행동 피드백 제공하기 개입 유형 VII: 재발 유혹 방지하기
일반적 전략	사회적 지지 제공하기 객관적 맥락 조건 변경하기

30.7 SSBC의 실증적 검증

SSBC의 모든 구성 요소에 대한 측정 도구는 다양한 행동 맥락에서 개발되고 검증되었다(예: Bamberg, 2013a, b; Klöckner, 2014). 또한 모델의 여러 구성 요소 간의 관계에 대한 SSBC의 가정을 입증하는 증거가 제시되었다(Bamberg, 2013a). 더 나아가, SSBC를 기반으로 하는 개입법은 사회 마케팅 캠페인에도 적용되었다. Bamberg(2013b)는 SSBC 기반 개입이 자동차 이용을 상당히 감소시켰음을 보여 주었다(〈글상자 30.2〉 참조).

또한 Klöckner(2014)는 전기 자동차를 구입할 때 발생하는 의사결정 과정의 연구를 통해 SSBC의 핵심 전제를 검토하였다. 이 연구에서 참가자들은 60일의 기간 동안 SSBC의 측정 도구를 반복해서 수행하였으며, 이러한 연구설계를 통해 행동 변화 과정의 시간적 역동을 직접 살펴볼 수 있었다. 연구 결과, 다음의 SSBC 가정을 지지하였다. ① 관찰된 모든 전환의 85%에서 참가자는 한 단계씩 앞이나 뒤로 이동하였다. ② 다음 단계로의 전환은 현재 단계가 설정한 의도에 의한 변화가 나타난 이후에 나타났다. 그러므로 의도는 이후 행동 변화의 중요한 예측 변인이다. ③ 각 단계에서의 사회 · 인지 구성 개념의 변화가 그 단계의 의도 변화를 예측하였다.

마지막으로, Bamberg와 동료들(2015a)은 친환경 이동수단 사용을 위한 웹 기반 행동 변화 지지 시스템 구축의 이론적 기반으로 SSBC를 활용하는 방법에 대한 증거를 제시하

글상자 30.2 자가용 이용 감소를 위한 SSBC 기반 사회 마케팅 캠페인의 평가

개입 설계를 위한 지침으로서 SSBC의 효과성을 알아보기 위해, Bamberg(2013b)는 자가용 이용 감소 촉구를 목표로 하는 SSBC 기반 사회 마케팅 캠페인을 개발하고 평가하였다. 참가자들의 초기 진단을 기반으로 각각의 개입 모듈에 배치되었다. 단계별 개입에는 개인 전화 상담과 전단지/유인물/보고서 등이 제공되었고, 이는 세 유형의 의도를 형성하는 과정에서 나타나는 사회 · 인지 구성 개념의 활성화 및 변화를 목표로 하였다. 캠페인의 효과를 평가하기 위해 무선 통제집단도 배치하였다. 연구 결과, 개입 집단의 참가자가 통제집단의 참가자와 비교하여 대중교통을 유의미하게 더 많이 사용하였고 자가용은 유의미하게 더 적게 사용하였다. SSBC 기반 개입으로 인한 자가용 이용 감소의 효과 크기는 전통적인 사회 마케팅 캠페인에서 나타난 것과 비교하여 세 배 이상 높게 나타났다(d=0.56).

였다. 이 연구 결과는 SSBC가 가정하는 인과관계를 강력하게 지지하며, SSBC가 행동 변화를 위한 개입을 설계할 때 효과적인 이론적 틀을 제안할 수 있음을 보여 주었다.

30.8 요약

이 장에서는 변화 과정을 설명하는 이론적 모델들의 개요를 제시하였다. 행동 변화 이론은 목표 설정, 목표 달성을 위한 전략 개발, 그리고 피드백 회로를 포함하는 자기조절 과정에 초점을 맞추고 있다. 이러한 가정을 바탕으로 TTM이 개발되었고, 이 모델은 사람들이 자신의 행동을 변화시키기 위해 질적으로 다른 일련의 단계를 거쳐야 한다는 가정을 기초로 한다. SSBC 모델은 환경행동과 관련한 변화 과정을 설명하는 이론적 근거를 제공하기 위해 소개되었다. 이 모델은 성공적인 행동 변화가 네 개의 단계를 거쳐 이루어지며, 각 단계마다 행동 변화에 영향을 주는 구체적인 과제 및 사회·인지 구성 개념을 내포한다고 가정한다. 변화 이론은 환경정책의 효과적인 계획 및 실행을 뒷받침하기 위해 체계적인 설계, 이행, 개입의 평가를 위한 기초를 제시한다. 단계 이론은 '모든 사람에게 동일한 방식으로 적용되는' 개입 접근법을 대체하며, 행동 변화의 특정 단계에 맞춘 개입 꾸러미를 제공하는 방식으로 전환하였다.

용어사전

목표 의도(goal intention): 목표를 달성하고자 하는 의지는 있으나, 이를 수행하기 위한 구체적인 절차적 계획이 없는 상태

변화 단계(stages of change): 행동 변화는 질적으로 구별되는 여러 단계를 거치는 과정으로 가장 잘 설명된다는 가정

설정 목표(be-goals): 사람들의 이상적 자아, 이상적 관계, 이상적 사회와 관련된 목표

숙고(contemplation): TTM에서 제안한 두 번째 단계로, 행동 변화가 필요하다는 것에 대하여 진지하게 생각하기 시작하였지만, 아직 생각을 행동으로 이행하지 않은 단계

숙고전(precontemplation): TTM에서 제안한 첫 번째 단계로, 사람들이 행동에 미칠 부정적 결과를 충분히 인식하지 못하거나, 행동 변화에 대한 생각을 하지 못하는 단계

이행 의도(implementation intention): 의도한 목표를 달성하기 위해 언제, 어디서, 어떻게 행동할 것인지에 대한 구체적인 절차 계획

실행(action): TTM에서 제안한 네 번째 단계로, 의도한 행동을 성공적이고 일관되게 수행하는 단계

운동 제어 목표(motor-control-goals): 개인이 자신의 '이행' 목표를 달성하기 위해 사용하는 일련의 특정 행동

유지(maintenance): TTM에서 제안한 다섯 번째 단계로, 사람들이 새로운 행동을 6개월 이상 수행하는 단계

이동(moving): Lewin이 제안한 변화의 두 번째 단계로, 사람들이 새로운 정보원, 새로운 개념, 기존의 정보를 새로운 시각으로 바라보는 방식 등에 열린 마음을 갖게 되는 단계

이행 목표(do-goals): 개인이 자신의 설정 목표를 달성하기 위해 필요한 행동의 과정을 구체화하는 목표

자기조절(self-regulation): 개인의 중요한 목표를 달성하기 위해 사고, 감정, 욕구, 그리고 행동을 변화시키려는 노력

자기초점(self-focus): 실제적 자기와 이상적 자기를 비교하는 심리 상태

재동결(refreezing): Lewin이 제안한 변화의 세 번째 단계로, 새로운 행동이 새로운 평형 상태에서 안정화되는 단계

준비(preparation): TTM에서 제안한 세 번째 단계로, 사람들이 자신의 행동 변화를 위해 자신과 주위 환경을 준비하는 단계

피드백 회로(feedback loop): Carver와 Scheier(1998)의 자기조절 모델의 중심 단위로 입력 기능, 참조값(목표), 비교기, 그리고 출력 기능의 네 가지 요소로 구성

해동(unfreezing): Lewin이 제안한 변화의 첫 번째 단계로, 현재의 행동 방식이 거부당하고 새로운 행동 방식을 학습하게 되는 단계

행동 의도(behavioural intention): 특정 행동에 관여하려는 개인의 구체적 목표

읽을거리

Darnton, A. (2008). *Reference Report: An Overview of Behavior Change Models and their Uses.* London: Centre for Sustainable Development, University of Westminster.

Gollwitzer, P.M. (1990). Action phases and mind-sets. In: *Handbook of Motivation and Cognition: Foundations of Social Behavior*, vol. 2.: (ed. E.T. Higgins and R.M. Sorrentino), 53-92. New York, NY: Guilford.

Klöckner, C.A. (2015). *The Psychology of pro-Environmental Communication: Beyond Standard Information Strategies.* Basingstoke: Palgrave Macmillan.

Prochaska, J.O. and Velicer, W.F. (1997). The transtheoretical model of health behavior change. *American Journal of Health Promotion 12*: 38-48.

Weinstein, N.D., Rothman, A.J., and Sutton, S.R. (1998). Stages theories of health behavior. *Health Psychology 17*: 290-299.

복습문제

1. Lewin의 변화 이론 세 단계를 설명해 보자.
2. 피드백 회로의 목표는 어떤 기능을 할까?
3. SSBC의 결정전 단계와 활동 단계의 차이는 무엇일까?
4. 결정전 단계에서 활동전 단계로의 전환을 촉진하는 개입의 종류에는 어떤 것이 있을까?

제31장

사회환경 시스템 시뮬레이션

Wander Jager
University of Groningen, The Netherlands
Nick Gotts
Independent Researcher, UK

31.1 도입

인간의 행동은 환경 시스템을 변화시키는 데 상당한 영향력을 미친다. 이러한 영향력은 관개 시스템을 설치하거나 관리하는 행동과 같이 의도적일 때도 있고, 농사를 짓는 행동으로 인해 표토가 손실되거나 하천이 오염되는 경우처럼 의도치 않을 때도 있다. 이러한 상황은 중요한 방식으로 서로의 행동에 영향을 주는 다양한 사람이 관련되어 있다.

사회학습 및 사회규범과 같은 사회적 요인을 포함하여 많은 요소가 환경행동에 영향을 미친다(18장 참조). 사회환경 시스템에서 발생하는 복합적 상호작용에 대한 보다 깊은 통찰을 얻기 위해서, 과학자들은 컴퓨터 시뮬레이션 모델을 점점 더 많이 사용하고 있다. 이 모델들은 타인의 행동이 개인의 환경행동에 어떻게 영향을 미치는지, 개인의 행동은 환경에 어떠한 영향을 미치는지, 그리고 환경이 사회 시스템과 개인의 행동에 어떻게 영향을 주는지를 잘 이해하도록 돕는다. 이 장에서는 사회환경 시스템에 적용할 수 있는 **사회 복합성**(social complex)의 원리를 설명하고, 이러한 시스템을 살펴보기 위해 개발된 몇 가지의 에이전트 기반 시뮬레이션을 살펴볼 것이다. 그런 다음, 에이전트 기반 모델의 개발 및 사용에 필요한 몇 가지 지침에 대하여 논의한다.

31.2 사회 복합성 소개

사회 시스템은 종종 **복합적응 시스템**(complex adaptive systems)으로 분류되며, 이 시스템 내에서는 개인, 집단, 그리고 전체 인구가 삶의 질을 향상하기 위해 자신의 행동을 변화시킬 수 있다. 결과적으로, 세상의 현상(거시 수준)은 개인 간의 상호작용(미시 수준)을 통해 **발생**(emergence)한다. 또한 세상의 현상은 개인의 행동적 자유를 결정할 수 있으며, 이는 **하향인과**(downward causation)로 설명된다.

인간이 환경과 상호작용하는 경우, 또 다른 복합성이 추가된다. 예를 들면, 개인이 이윤을 더 많이 얻기 위해 어류를 남획하면 어류 자원이 고갈되어 생태계에 영향을 미치게 되고, 이는 어부들의 이윤이 점점 줄어드는 결과로 나타나 사회 시스템에도 영향을 주게 된다. 사람들이 원하는 대로 어류를 남획한다면, 어류 자원은 인간 행동의 결과로 고갈되고(전 지구적 현상), 결과적으로 많은 어부가 파산에 직면하여 다른 수입원을 찾아야만 할 수도 있다.

우리 사회는 대부분 비교적 안정된 상태를 유지하지만 때로는 새로운 과학기술 또는 정치적 변화로 인해 예상치 못한 빠른 변화가 일어나기도 한다. 사회 복합성 이론은 아주 작은 변화가 연쇄적 반향을 일으켜 큰 변화를 가져올 수 있고, 이러한 예측할 수 없는 상황에서 발생하는 예상치 못한 변화로 인해 우리 사회는 격동의 시기를 겪게 된다는 것을 보여 준다(Jager & Edmonds, 2015). 예를 들면, 마야 문화는 농업 생산력의 고갈과 대형 사냥감의 남획으로 붕괴되었다고 알려져 있다(Emery, 2007). 사회 복합성 이론의 핵심은 인간이 사회 시스템의 기능 방식과 미래에 대한 방향성을 고찰하고 활용해야 한다는 것이다(Gotts, 2007). 이는 사회환경 시스템을 관리할 수 있는 가능성을 열어 주지만(예: 법적인 조치를 사용하여), 동시에 도덕적이고 정치적인 선택이 관련되기 때문에 사회 시스템의 복합성이 증가되어 때로 다양한 관점을 가진 사람들 간의 갈등을 초래하기도 한다. **사회 시뮬레이션**(social simulation)은 개인 간, 그리고 개인과 환경 간의 상호작용이 어떠한 복합적 결과를 가져오는지, 그 결과 개인의 행동에 어떻게 영향을 미치는지를 체계적으로 탐구하여 사회환경 시스템의 복합성을 살펴볼 수 있는 도구를 제공한다.

31.3 방법론으로서의 사회 시뮬레이션

사회 시뮬레이션 방법론의 핵심 요소는 컴퓨터로 부호화된 **에이전트**(agent)를 통해 상호작용하는 개인을 표현하는 것이다. 에이전트를 사용하면 대규모 집단에서 개인 차이와 복잡한 상호작용이 포함된 문제, 예를 들면 가뭄 증가에 대한 소비자의 반응과 같은 문제를 분석하는 데 시뮬레이션 실험을 활용하여 연구할 수 있다.

당신은 〈심즈(The Sims)〉와 같은 비디오 게임을 통해 에이전트의 개념이 익숙할 것이다. 하지만 대중적인 비디오 게임에서 시뮬레이션된 사람의 행동은 비록 생생하게 전달되어 매우 매력적이라 할지라도, 일반적으로 타당한 행동 이론에 기반한 것은 아니다. 초기 사회 시뮬레이션 모델 또한 타당하고 견고한 이론에 기반하지 않은 매우 단순한 인간 행동 모델을 사용하였다(예: Schelling, 1971). 이후의 연구들은 행동 이론 및 경험 자료를 사용하여 에이전트를 프로그래밍한다면, 시뮬레이션 모델의 과학적 타당성 및 실제 적용 가능성을 상당히 높여 준다는 것을 보여 주었고, 이 모델에서 제시한 결과는 실제 사회에서 발생하는 것과 상당히 일치하는 것으로 나타났다(예: Jager et al., 2000; Mosler & Martens, 2008; Schwarz & Ernst, 2009).

특정 영역에 필요한 시뮬레이션 모델을 개발할 때의 주요 과제는 행동과 가장 관련성 있는 이론을 선택하는 것이다(22장 참조). 먼저, 모델 개발자는 관심 행동이 어떤 것인지 확인한 후, 이 행동의 핵심 추동 요인과 행동의 기저에 작동하는 과정을 찾아야 한다(예시는 〈글상자 31.1〉 참조). 다음으로, 연구자는 이러한 추동 요인과 과정에 적용할 수 있는 이론적 틀을 찾거나 개발해야 한다. 이러한 이론적 틀이 에이전트를 모델링하는 데 사용되는 변인 및 개념을 정확히 설명할 수 있게 된다면 결과적으로 모델은 인과적이고 명확해진다(Schlüter et al., 2017). 필요하다면, 연구자는 변인 및 개념에 대한 자료를 확보하는 연구를 수행하여, 이를 바탕으로 해당 집단에서 확인된 추동 요인과 의사결정 과정의 변화를 반영하는 에이전트 집단을 구성할 수 있다. 많은 경우에서 사람 간의 상호작용이 가장 중심이 되기 때문에(예: 여론 형성, 시장 경향, 혁신 유포 과정), 다양한 사람이 서로 어떻게 연결되어 있고 어떻게 영향을 주는지에 관한 경험적 자료를 수집하는 것 또한 중요하다.

글상자 31.1 간단한 시뮬레이션 모델의 예

Schelling(1971)은 매우 단순하면서도 설명력이 뛰어난 사회 시뮬레이션 모델을 개발하여, 사람들이 비슷한 사람들 옆에 살기를 선호할 경우 공간적 분리가 어떻게 발생하는지를 보여 주었다. 이 모델은 같은 공간에 사는 두 종류의 에이전트(빨간색과 초록색)로 구성되어 있고, 일정 수(예: 50%)의 이웃이 자신과 같은 색이 되면 행복해진다. 만일 에이전트가 불행해지면 다른 곳으로 이동한다. 시뮬레이션 결과, 임계값이 비교적 낮을 때에도(예: 30%) 완전한 분리가 발생하며, 결국 빨간색과 초록색으로 구성되는 이웃들이 형성된다는 것을 보여 주었다.

http://luis.izqui.org/models/schelling에 방문하면 에이전트의 수와 임계값을 조정하여 모델을 이용할 수 있고, 더 많은 사회 시뮬레이션 모델은 http://www.openabm.org에서 찾을 수 있다.

31.4 환경행동의 사회 시뮬레이션

이 절에서는 환경과 상호작용하는 인간 행동의 복합성을 살펴보기 위해 행동 이론을 사용하여 에이전트를 공식화한 두 연구에 대하여 논의한다.

31.4.1 태도 변화 과정의 공식화

환경 보호에 대한 긍정적인 태도는 친환경행동을 장려한다(22장 참조). 이러한 긍정적 태도가 어떻게 형성되고, 캠페인을 통해 긍정적 태도를 어떻게 이끌어 낼 수 있는지를 연구하는 것은 중요하다. 태도 변화의 과정을 다루는 주요 이론 중 하나는 **정교화 가능성 모델**(Elaboration Likelihood Model: ELM; Petty & Cacioppo, 1986)이다. ELM은, ① 해당 논쟁을 인지적으로 처리하여 태도 변화가 이루어지는 설득의 중심 경로와, ② 인지적 처리가 요구되지 않는 단순한 단서—논쟁의 수 및 자료 제공자의 매력—의 결과로 태도의 변화가 이루어지는 설득의 주변 경로로 구성된다.

ELM은 다양한 환경 캠페인의 효과를 연구하고, 이러한 태도 변화가 사람들의 관계망에서 발생하는 사회적 상호작용에 어떻게 영향을 미쳐 입소문을 통한 추가적인 태도 변화로 이어지는지 탐구하기 위한 시뮬레이션 모델을 개발하는 데 사용되고 있다. Mosler와 Martens(2008)는 1만 명의 상호작용하는 에이전트로 구성된 인구를 시뮬레이션하였고, 에이전트들은 특성(예: 환경 쟁점 관여도에 따라 중심 경로 대 주변 경로)과 캠페인의 유형(예: 논거 기반 대 단서 기반)에 따라 체계적으로 분류한 각 집단에 배정하였다. 시뮬레이션 결과, 가장 효과적인 태도 변화를 보인 집단은 환경 쟁점 관여도가 높고 강력한 논거가 제공된 집단이었다. 이 집단의 에이전트는 논거를 다루고자 하는 동기가 있었기 때문에 강력한 논거는 높은 친환경 태도 변화를 가져왔으며, 특히 에이전트가 논거를 구두로 확산시킬 수 있는 사회적 접촉이 많을수록 그 효과는 크게 나타났다. 반면, 환경 쟁점 관여도가 낮은 집단의 사람들은 부수적인 단서를 활용하였을 때 태도 변화가 나타났다. 이러한 사회 시뮬레이션은 캠페인의 직접적인 효과뿐만 아니라 캠페인이 종료된 후에도 사람들 간의 계속되는 논의를 통해 추가적인 의견 변화를 도출하는 간접적인 효과도 있다는 것을 보여 준다. 이 연구 결과는 잘 확립된 행동 이론을 바탕으로 시행한 에이전트 기반 시뮬레이션이 사회적으로 복잡한 시스템에 실질적으로 필요한 개입을 개발하는 데 도움을 줄 수 있음을 시사한다. 그러나 이러한 개입의 경험적 타당도를 확보하기 위해서는 종단 연구를 통한 검증이 여전히 중요하다.

31.4.2 환경 혁신의 확산

독일 남부 지방의 가뭄 및 물공급 부족을 해결하기 위해 세 가지 물절약 장치가 소개되었는데, 이는 샤워기 헤드, 화장실 물 내림 장치, 그리고 빗물 수집 시스템이었다(Schwarz & Ernst, 2009). 연구자들은 혁신 확산 이론, 생활양식 연구(사회학에서 다루는), 계획된 행동 이론(22장 참조), 그리고 사회 연결망 이론 등을 포함한 다양한 이론적 틀을 활용하여 이러한 장치의 구매 방식을 시뮬레이션하였다. 이 이론적 틀은 앞서 언급한 장치들의 확산에 관한 경험적 자료에 처음으로 적용되었으며, 그 결과 태도 및 지각된 행동 통제가 물절약 혁신 방식을 채택하는 데 중요한 영향을 미친다는 것을 발견하였다. 반면, 사회 연결망 내에서의 상호 의사소통의 영향은 상대적으로 크지 않았다. 중요하게 나타난 다섯 가지 혁신 특징은(비록 중요도의 순서는 세 혁신 방식에 따라 다르게 나타났으나), 환경에 미치는 긍정 효과, 사용 용이성, 비용 절감, 기존 기반시설과의 호환성, 그리고 투자 비용이었다.

이 결과를 바탕으로 독일 남부 지방을 대표하는 2,383개의 공간 셀에 11,915개의 에이전트가 배치된 에이전트 기반 시뮬레이션이 개발되었다. 이 공간 셀들은 인구 밀도가 높은 도시와 인구가 적은 농촌 지역을 포함하며, 경험적 자료를 활용하여 각 공간 셀에는 특정 생활양식, 연결성, 그리고 빗물 수집 시스템을 설치할 수 있는 가능성을 가진 에이전트들이 배치되었다. 에이전트의 의사결정은 태도, 사회규범, 그리고 행동 통제를 결합한 다중속성 주관적 효용 함수에 기반하였다. 또한 서로 다른 생활양식을 반영하기 위해 이러한 효용에 가중치를 부여하였다. 예를 들면, 탈물질주의 성향의 에이전트는 전통주의, 쾌락주의, 그리고 주류 성향의 에이전트보다 의사결정을 내릴 때 더 많은 정보를 고려하는 것으로 설정하였다. 정보 캠페인은 세 가지 혁신 모두의 확산에 긍정적인 영향을 미친 반면, 보조금 지급은 설치 비용이 상대적으로 높은 빗물 수집 시스템에서만 효과적이었다.

이러한 시뮬레이션 모델은 향후 수십 년 동안 특정 지역에서 가뭄과 같은 환경 변화가 발생할 가능성이 있을 때, 어떤 요인이 물 소비에 영향을 줄 것인지를 보여 준다. 또한 에이전트 기반 모델은 가뭄과 같은 잠재적 환경문제, 인구 전체 및 특정 공간에서 나타나는 행동 반응, 그리고 다양한 유형의 집단을 대상으로 하는 정책 방안을 결합하여 장기적인 시나리오를 개발하는 데 활용될 수 있다. 특히 이 모델은 다양한 정책 전략의 영향을 분석하고, 어떤 생활양식을 가진 집단이 이러한 전략에 더 큰 영향을 받을 것인지에 대한 통찰을 제공한다.

31.5 사회 시뮬레이션과 환경 모델 통합

31.4절에서 다루었던 사회 시뮬레이션 모델은 환경을 에이전트의 행동에 영향을 주지 않는 수동적인 존재로 상정한다. 그러므로, 인간–환경 역동성을 제대로 파악하기 위해서 에이전트 기반 모델과 환경 시스템 시뮬레이션 모델을 통합할 수 있다(Schlüter et al., 2017). 이러한 통합 모델의 일반적인 적용 영역은 농촌의 토지 이용 및 물 사용 영역이다. 다음에서, 이러한 영역에서 개발된 최근의 세 가지 사회환경 시뮬레이션 모델을 살펴볼 것이다.

31.5.1 레이크랜드 연구

'레이크랜드(Lakeland) 연구'는 다양한 요구(생계, 여가, 정체성, 자유)를 가진 에이전트가 낚시와 채굴 중 어떤 것을 선택하는지에 따라 호수의 수질에 미치는 영향, 그리고 반대로 호수의 수질이 다시 에이전트의 선택에 미치는 영향을 조사하는 것을 목표로 하였다(Jager et al., 2000). 이 연구는 결과를 극대화하려는 에이전트[호모 에쿠노미쿠스

(Homo economicus)]와 심리적 요인을 기반으로 한 에이전트[호모 사이콜로지쿠스(Homo psychologicus)] 간의 차이가 나타났다. 호모 에쿠노미쿠스 에이전트는 가능한 모든 행동 중에서 목표를 가장 잘 충족시키는 행동을 선택하였고, 호모 사이콜로지쿠스 에이전트는 인지적 요구가 덜 필요한 전략, 예를 들면 친구의 행동을 참고하거나 친구를 단순히 모방하는 행동 또는 습관적인 행동을 선택하였다. 에이전트는 얼마나 만족하는지, 얼마나 불확실하게 느끼는지(예를 들면, 사회규범에서 벗어났다면 불확실하게 느낄 것이다)에 따라 자신의 전략을 전환할 수 있었다.

대부분의 호모 에쿠노미쿠스 에이전트는 광산이 개장되자 즉시 채굴을 시작하였으며, 그 결과 어획 활동이 감소하고 어류의 시장 가격은 상승하였다. 이에 대응하여 많은 에이전트가 다시 어획 활동을 시작하였고, 채굴과 어업 간의 이러한 현상이 어느 정도 오가고 난 후 마침내 균형 상태에 도달하였다. 반대로, 호모 사이콜로지쿠스 에이전트는 초기에는 불만을 가졌던 소수만 채굴로 전환하였지만, 이후 사회적 영향으로 인해 호모 에쿠노미쿠스 에이전트보다 더 많은 호모 사이콜로지쿠스 에이전트가 채굴에 나섰다. 이로 인해 호수는 상당히 오염되었고, 결과적으로 어획량은 감소하고 모든 어부가 광산으로 이주하였다. 이것은 어업 사회에서 채굴 사회로의 이동을 보여 주는 **S-곡선 전이** (S-curve transition)를 반영하는 것이다. 에이전트의 심리적 현실감을 높이게 되면 실제 현실에서 자주 발생하는 상황과 더 유사한 결과가 도출되었으나, 단순한 이윤 극대화 가정을 적용한 경우보다 환경에는 더 해로운 영향을 미쳤다. 이 예시는 에이전트 기반 모델에서 현실적인 행동 가정을 사용하는 것의 중요성을 보여 준다.

31.5.2 동반 모델링: 태국 북동부의 쌀 생산과 노동 이주 연구

동반 모델링(companion modelling)은 모델을 적용할 집단 구성원과 긴밀히 협력하여 에이전트 기반 모델을 개발하는 것을 말한다(개관은 Robinson et al., 2007 참조). 태국 북동부 지역의 농부들과 협력하여 개발한 쌀 생산 및 일자리 찾기 이주 모델이 그 예이다 (Naivinit et al., 2010).

이 모델은 수력-기후 모델, 벼 재배 모델, 그리고 농가 행동 모델의 세 가지 모델로 구성되었다. 수력-기후 모델은 공간적으로 명확히 표현되며, 강수량 및 다양한 고도에 위치한 여러 저장 탱크와 논을 나타내며, 높낮이에 의해 물이 한 논에서 다음 논으로 흐르는 구조를 보여 준다. 벼 재배 모델에서는 벼를 조생종과 만생종으로 나누며, 이 둘은 모내기, 이앙, 수확 활동의 최적 시기가 서로 다르다. 특정 시기에 물이 부족하면(수력-기후 모델) 특정 작물이 부분적으로 또는 완전히 소실될 수 있다. 행동 모델에서는 농부의 연령이 그들의 노동 상태(소작농, 농장주, 이주민)에 영향을 주고, 가구 소득, 성별, 결혼 여부 및 이주 경험은 이주 여부의 결정에 영향을 준다. 행동 모델을 개발하는 과정에는 선택된 가구의 부부와 협의가 이루어졌다. 모내기, 이앙, 수확 및 이주에 대한 그들의 결정은 여섯 차례의 개선 과정을 거쳐 확인하고 검증되었으며, 이러한 과정에는 역할극, 반구조화된 인터뷰, 전체 토론 및 현장 조사가 포함되었다. 최종 시뮬레이션 모델을 사용하여 물과 노동력의 가용성에 따라 아홉 가지 다른 시나리오가 탐색되었다.

결과에 따르면, 물의 가용성만으로는 노동력 이주 유형을 충분히 설명하지 못하였다. 왜냐하면 농부들은 중요한 시기에 물이 부족하더라도 이웃에게 모종을 빌리는 등의 대안을 통해 완전한 작물 실패를 피할 수 있었기 때문이다. 참여한 농부들은 해당 모델이 충분히 정확하고 완성도가 높다고 인식하였고, 방문한 학생 및 학계의 학자들에게 이 모델을 직접 소개하기도 하였다. 또한 참가자들은 그들이 직접 사용할 수 있는 새로운 농업 지식을 얻었다고 느꼈으며, 이를 농업 활동에 직접 활용할 수 있었다. 예를 들면, 농부들은 농업 활동에 대하여 더 넓은 시각을 가지게 되었고, 물 공급의 변화에 적응하기 위해 농작물을 다양화하기로 결정하였다. 따라서 이 모델은 해당 시스템의 사회 생태계의 역동을 이해하는 데 기여하였고, 다양한 물 공급 상황에 대처할 수 있는 유망한 전략을 제시하였다. 하지만 이 모델의 개발은 3년이라는 긴 시간과 많은 비용이 소요되었고, 지금까지는 단지 일부 지역에만 영향을 미쳤다는 한계가 있다.

31.5.3 사회환경 시스템의 다중 모델 통합: 다뉴브 유역의 물 사용

31.4.2절에서 다루었던 물절약 장치 혁신 모델(Schwarz & Ernst, 2009)은 더 상위 모델(GLOWA-Danube; Ernst et al., 2008)의 일부로, 이 상위 모델은 독일 다뉴브 강 유역의 상류 담수지 물 사용에 대한 의사결정 시스템 구축을 목표로 한다. 이 프로젝트의 핵심은 다뉴비아(DANUBIA)라는 시뮬레이션 시스템으로, 강, 지하수, 지표면, 대기, 그리고 행위자를 포함한 16개의 자연과학 및 사회경제학 시뮬레이션 모델을 통합한 것이다(Barthel et al., 2010). 이 절에서는 잘 알려져 있거나 또는 예상되는 기술적·경제적·생태학적 제약 내에서 소비자의 요구가 충족될 수 있는지의 여부와 방법을 찾기 위해서, ① 식수의 수질을 다루는 가구 모델(household model)과 ② 공급 기반시설과 수자원의 상태를 연

결하는 물 공급 모델(water supply model)에 대하여 논의한다. 가구 모델은 가치관과 물 사용 전략 등의 생활 유형이 서로 다른 다양한 가구의 물 사용에 대한 경험적 자료를 바탕으로 개발되었다. 이 모델에 의해 시뮬레이션된 물 사용량은 실제 연간 가구의 물 사용량 기록과 상당히 일치함으로써 모델의 타당성이 입증되었다. 또한 이 모델은 물 부족이 가구 행동에 어떤 영향을 미칠 수 있는지 살펴보기 위해 매우 건조한 조건(기후 변화의 가능한 결과 중 하나)을 가정하는 시나리오로 2000년부터 2035년까지의 가구의 물 사용량을 예상하는 데 사용되었다.

물 공급 모델은 1,700개 이상의 물 공급 에이전트가 포함되었고, 총 8,000개 이상의 물 공급원을 사용하였다. 공급원과 공급 에이전트는 해당 지역을 나타내는 시뮬레이션된 공간에 배치되었다. 이 모델은 계절에 따른 기온 변동성과 해당 모집단의 예상되는 변화를 고려하였다. 공급 주체들은 가구 행위자에게 사용가능한 물 자원의 양과 질에 대한 정보를 제공하였다. 시나리오 분석 결과, 물절약 샤워기 헤드와 수세식 화장실과 같은 물절약 장치는 확산될 가능성이 높아서, 이는 1인당 물 소비량을 줄이면서 사람들이 선호하는 생활 습관을 지속할 수 있는 것으로 나타났다. 이 통합 모델은 환경 시스템(예: 물 공급)의 변이성이 사회 시스템(예: 가구당 물 소비량)에 얼마나 영향을 주는지와 어떤 측정법이 물 수요를 관리하기 위해 효과적인지를 탐색하는 도구를 제공하였다. 이와 같은 사회환경 시스템을 시뮬레이션하는 것은 불확실한 미래에 대처하는 방법에 대한 가치 있는 통찰을 제공할 수 있다.

31.6 에이전트 기반 모델 구축의 주요 단계

인간-환경 시스템의 에이전트 기반 시뮬레이션은 환경의 쟁점을 탐구하고 정책 수립을 위한 시험대로 점점 더 많이 활용되고 있다(Jager & Ernst, 2017). 이러한 에이전트 기반 모델의 핵심 가치는 실제 환경에서의 의사결정을 지원할 수 있는 능력이다. 시뮬레이션 모델을 개발하고 활용하는 데 필수적인 단계는 다음과 같다.

31.6.1 모델 개발

타당한 이론적이고 경험적 근거를 바탕으로, 이해관계자 또는 자문 집단(이해관계자들이 시간 제약으로 참여가 불가능할 경우)을 모집하여 이들로부터 필요한 정보를 얻고 모델링 과정에도 참여하도록 하는 것은 중요하다. 모델링의 주제에 따라, 이해관계자에는 일반 시민 대표, 산업체의 관리자, 정책 입안자, 환경 및 행동 전문가 등이 포함될 수 있다. 모델이 개발되면, 이해관계자는 모델 개발 과정에서 나타나는 사용의 용이성 및 적절성을 평가하는 일을 할 수 있다. 또한 행동 모델에 대한 보정 작업도 시작할 수 있으며, 여기에는 관련 모집단의 행동, 의견, 능력 및 선호도의 경험적 자료가 에이전트 집단에 통합될 수 있다. 모델은 필요한 자료가 무엇인지를 제시할 것이다. 이러한 개발 과정이 완료되면 이해관계자가 승인하는 이론적으로 타당하고 경험적으로 검증된 시뮬레이션 도구가 구축될 수 있다.

31.6.2 모델 활용

모델의 첫 번째 버전이 완성되면, 모델 제작자는 시나리오 분석을 실행할 수 있다. 모델 제작자는 이해관계자들을 면담하여 가능한 시나리오(예: 가뭄) 및 검증하고자 하는 정책에 대한 정보를 제공받을 수 있다. 예를 들면, 특정 조세 제도를 경제 발전과 연계하여 다양한 경제 조건에서 그 효과를 분석할 수 있다. 복합 시스템은 예상하지 못한, 본질적으로 예측 불가능한 결과를 초래할 수 있으며, 이는 적응적 대응이 필요하다. 그러므로 기본 절차에 대한 경험적으로 타당한 모델을 설정하는 것은 결과가 초기 기대와 다른 경우라도 모델에 대한 이해관계자들의 신뢰가 높아지기 때문에 필수적이다. 한 가지 실행 가능한 방안은 경영-게임 환경에서 시뮬레이션을 수행하는 것이다. 이해관계자들을 초청하여 모델과 직접 상호작용하며 변화하는 상황을 관리하게 하면(Jager & Van der Vegt, 2015), 단순한 정보 제공 기반 참여 방식으로는 알아채기 불가능한 정책의 잠재적 영향을 경험할 수 있다. 더욱이, 이는 의도적인 연쇄 효과가 해당 사회 시스템에서 촉진될 수 있는지의 여부를 탐색할 기회도 제공한다. 이를 위해서는 사람들의 행동이 변화할 수 있는 임계점을 식별하는 것이 중요한데, 일정 수 이상의 사람들이 새로운 행동(예: 실내 금연)을 채택한다면 새로운 사회규범이 형성될 것이고, 이는 추가적인 정책이 효과적으로 시행될 수 있는 환경이 조성될 가능성을 내포한다(Nyborg et al., 2016 참조). 이러한 과정은 이해관계자 간의 논의를 촉진하여, 결과적으로 시스템 관리에 대한 보다 통합적인 비전을 형성하는 데 기여할 수 있다.

이론적으로 타당하고 충분한 경험적 데이터를 반영한 시뮬레이션 도구를 개발하고,

이해관계자들이 쉽게 접근할 수 있는 인터페이스를 제공한다면 인간–환경 상호작용에 대한 이해가 깊어질 뿐만 아니라 복합성을 효과적으로 관리할 수 있는 통합 정책 개발을 지원할 수 있다.

31.7 요약

이 장에서는 시뮬레이션, 특히 인간 행동 시뮬레이션이 복합적인 인간–환경 상호작용을 이해하고 관리하는 데 어떻게 기여할 수 있는지를 소개하였다. 에이전트 기반 모델의 핵심은 예측가능한 모델의 개발이 아니라 오히려 이해관계자에게 관리 전략을 탐색할 수 있는 도구를 제공하여 이러한 시스템의 복합성을 포착하는 것에 있다. 이 장에서는 먼저 환경 시스템에서 사회적 영향력의 관련성을 논의한 후, 사회 복합성의 원리를 설명하면서 대규모 효과가 지역의 상호작용으로 어떻게 나타나는지, 결과적으로 그러한 상호작용이 어떻게 제약되는지를 설명하였다. 다음으로, 사회 시뮬레이션 방법론을 살펴보았고, 환경행동 시뮬레이션 모델의 예시와 이러한 시뮬레이션 모델과 환경 모델이 통합되는 방법을 제공하였다. 마지막으로, 시뮬레이션 모델의 개발 및 사용의 주요 단계를 논의하였다.

용어사전

S–곡선 전이(S–curve transition): 그래프에서 늘어난 'S' 형태로 나타나며, 천천히 시작하여 가속이 붙은 후, 마지막이 가까워지면 다시 느려지는 과정으로, 시스템의 두 상태 간의 변화를 의미

발생(emergence): 국소적 상호작용에서 비롯된 대규모 현상의 기원

복합적응 시스템(complex adaptive system): 자신들의 웰빙 또는 생존을 증가시키기 위해 환경 변화에 반응하는 구성 요소를 가진 시스템

사회 복합성(social complexity): 지역 수준의 상호작용과 개인의 선택은 대규모 사회 현상을 발생시킬 수 있으며, 이 현상은 다시 지역 현상에 영향을 미칠 수 있다는 개념

사회 시뮬레이션(social simulation): 개인을 컴퓨터로 프로그래밍된 에이전트로 정의하고, 행

동을 유발하는 요인과 의사결정 과정을 규정하는 규칙을 부여한 후, 이들이 상호작용하도록 하는 방식으로 집단 간의 상호작용을 연구하는 방법론

에이전트(agent): 한 개인 또는 다른 의사결정자를 대변하는 컴퓨터로 부호화된 모델로, 다양한 요인과 의사결정 과정이 그들의 행동을 어떻게 유발하는지 규정하는 규칙이 포함되어, 이러한 에이전트들을 상호작용 연결망에 배치하면 에이전트 기반 모델이 형성됨

정교화 가능성 모델(elaboration likelihood model): 논쟁을 다루는 것(설득의 중심 경로, 동기와 능력이 높을 때)과 매력 출처 등의 단서를 다루는 것(설득의 주변 경로, 동기와 능력이 낮을 때)을 구분하는 설득 모델

하향인과(downward causation): 규모가 큰 곳에서 나타나는 현상이 개인 수준의 행동에 영향을 미치는 것

읽을거리

Jager, W. and Ernst, A. (2017). Social simulation in environmental psychology. Introduction of the special issue. *Journal of Environmental Psychology 52*: 114-118.

Waldrop, M.M. (1992). *Complexity: The Emerging Science at the Edge of Order and Chaos*. New York, NY: Simon and Schuster.

A library of social simulation models: http://www.openabm.org

The European Social Simulation Association (ESSA): www.essa.eu.org

복습문제

1. 사회 시뮬레이션은 사회-환경 시스템의 새로운 현상을 밝히는 데 사용될 수 있다. 모집단의 행동이 환경에 영향을 미치는 현상의 예시 세 가지를 설명해 보자.
2. 인간 행동의 경험적 자료는 에이전트 기반 모델을 만드는 데 어떻게 사용될 수 있는지 설명해 보자. 사용할 수 있는 자료의 종류를 제시하고, 그러한 자료를 사용하는 것이 왜 중요한지 설명해 보자.
3. 시뮬레이션 모델이 사회환경 시스템의 정책 결정을 어떻게 지원할 수 있는지 논의해 보자.
4. 민간 태양광 발전 시스템에 대한 투자를 고려하는 소비자를 위한 계획된 행동 이론(TPB)을 어떻게 공식화할 수 있을까? (이론적 틀은 Schlüter et al., 2017 참조)

제32장

저소득 및 중위소득 국가의 환경문제

Nadja Contzen
University of Groningen, The Netherlands
Hans-Joachim Mosler
Swiss Federal Institute of Aquatic Science and Technology (EAWAG), Switzerland
Silvie Kraemer-Palacios
Swiss Federal Institute of Aquatic Science and Technology (EAWAG), Switzerland

32.1 도입

저소득 및 중위소득 국가(Low-and Middle-Income Countries: LMICs)[1]의 환경문제는 다양하고 때로는 심각하다. 자연재해로 인해 파괴적인 결과가 자주 발생하고(CRED, 2016), 급속한 경제 성장은 대규모 자원 고갈 및 환경 악화를 초래했으며(UNFPA, 2013), 도시에서는 토양과 수질을 오염시키는 엄청난 양의 쓰레기를 생산하였다(Pakpour et al., 2014). 또한 산업화와 동력 운송수단은 극심한 대기 오염에 한몫하였고(GBD 2015 Risk Factors Collaborators(GBD-RFC), 2016), 일부 사람은 빈민가의 열악한 환경 조건에서 살고 있다(UN-HABITAT, 2014). LMICs의 이러한 문제들은 빠른 인구 성장 및 도시화에 의해 가속화되었다(UNFPA, 2013).

특히 저소득 국가는 기술 노하우, 재정, 그리고 행정 관리의 부족으로 인해 환경문제

1) 저자 주: 이 장에서는 아시아와 아프리카의 환경문제에 초점을 맞춘다. 라틴아메리카의 연구는 25장을 참조하라.

의 해결책을 강구하는 것이 쉽지 않다. 환경심리학은 환경 조건이 웰빙에 미치는 영향(제1부), 환경의 인식과 행동(제2부), 그리고 행동 변화 개입(제3부)을 구체적으로 살펴봄으로써 환경문제에 대한 이해와 해결에 기여하고 있다.

불행하게도 환경과 관련한 연구는 **고소득 국가**(high-income country)에 다소 한정되어 있다. 그러나 환경과 관련한 이론, 개념, 개입 및 방법을 LMICs에 적용하는 것도 중요하다. 이를 통해 LMICs의 환경문제를 이해하고 해결하며, 연구 결과의 일반화 가능성을 검증하고 잠재적인 문화적 차이를 탐구할 수 있다. 이 장에서는 환경심리학 연구를 LMICs에 적용한 예시를 제시하고, 환경위험에 대한 지각과 관심, 주거 환경과 웰빙, 그리고 행동(변화)에 대하여 살펴볼 것이다.

32.2 환경위험 지각, 환경우려, 기후 변화 지각

32.2.1 환경위험 지각

환경위험은 LMICs의 조기 사망 10대 위험 요인에는 포함되지만, 고소득 국가에서는 그렇지 않다(GBD-RFC, 2016). 자연재해는 LMICs에서 더 많이 발생하고(CRED, 2016), 저소득 국가는 재난이 발생할 때마다 기록적인 사망률과 생계 수단의 파괴라는 최악의 결과를 경험한다. LMICs에서 환경위험 지각에 대한 이해를 높이는 것은 위험에 대한 준비와 적응에 영향을 미치기 때문에 중요하다(Ainuddin et al., 2014). 하지만 환경위험 지각에 관한 대부분의 연구는 고소득 국가를 대상으로 하고 있다(2장 참조).

중국의 대기 오염은 건강 위험 요인 5위로 선정되었는데(GB-RFC, 2016), 학생들의 경우 대기 오염을 수질 오염 다음인 두 번째로 가장 유력한 환경위험 요인으로 평가하였다(Zhang et al., 2013). 그러나 그 심각도에 대해서는 14위로 평가해 위험성을 과소평가하고 있음이 나타났다. 양쯔강 삼각주 지역의 주민들은 홍수와 지진을 원자력(핵에너지)보다 더 위험하다고 평가하였다(Ge et al., 2011). 이러한 결과는 위험지각에 대한 이들의 의견을 수렴하기 직전에 이 지역에서 발생한 반복되는 홍수와 심각한 지진의 영향 때문일 수도 있다. 파키스탄에서 시행된 연구에 의하면, 지역 주민들은 지진에 대한 위험을 높게 인식하고 있었지만, 다소 운명론적 태도를 가지고 있었다(Ainuddin et al., 2014). 이는 건물의 내진 설계와 같은 대비책을 준비하기에는 경제적 상황이 좋지 못한 현실에서 사람들이 할 수 있는 최선의 방법이었을 수 있다(22.3절 '보호 동기 이론' 참조).

32.2.2 환경우려

환경우려는 친환경행동을 조성할 수 있다(17장 참조). 탈물질주의 가설에 따르면, LMICs에서는 환경우려가 낮을 것이라고 제안한다(Pampel, 2014). 사람들은 현실적으로 기본 생계를 유지하는 것이 가장 절실하기 때문에 환경에 관한 관심을 가질 여유가 없다는 것이다. 하지만 흥미롭게도 LMICs의 모든 사회경제적 집단에서 환경에 관한 우려와 관심은 높은 것으로 나타났다(Pampel, 2014). 이는 아마도 LMICs의 구성원들은 그들의 생존이 열악한 환경 조건에 의해 직접적인 영향을 받기 때문에 환경에 더 많이 의지하게 되고, 이러한 상황이 환경에 관한 우려와 관심을 불러일으키는 것으로 예측할 수 있다. 또 다른 예측으로는 자연을 신성한 것으로 인식하고 보호할 가치가 있다고 생각하는 많은 LMICs의 전통 문화에서 기인한 것일 수도 있다(Byers et al., 2001). 하지만 나이지리아에서 시행된 한 연구에서는 비록 환경 우려가 높았음에도 불구하고, 단기 생존을 확보하기 위해 전통적인 보존 원칙을 포기한 사례도 발견되었다(Chokor, 2004).

32.2.3 기후 변화 지각

1인당 이산화탄소 배출은 고소득 국가가 가장 높고 중위소득 국가도 빠르게 증가하고 있는 반면(PBL, 2014), 기후로 인한 재해는 주로 LMICs에서 발생한다(CRED, 2016). LMICs의 기후 변화 지각은 기후 변화 적응과 완화를 위해서 필수적이다(3장 참조).

중국에서 진행된 한 연구에서는 기후 변화 위험성에 대한 지각이 높았으며, 이는 **문화적 세계관**(cultural worldview)에 의해 예측되었다(Xue et al., 2014). **평등주의**(egalitarianism)가 높고 **운명론**(fatalism)이 낮을수록 기후 변화에 대한 위험을 더 높게 지각하였고, 이는 다시 기후 변화 완화 정책 및 완화 행동에 대한 지지를 예측하였다. **계급주의**(hierarchism)와 **개인주의**(individualism)는 위험 지각을 예측하지 못하였으나, 개인주의성향이 높을수록 환경 정책의 지지는 낮았다.

기후에 취약한 방글라데시에서는 남성, 힌두교인, 그리고 젊은이들이 기후 변화에 더 많은 관심을 가지고 있었다(Haq & Ahmed, 2017). 많은 사람이 기후 변화를 신의 뜻으로 생각하였고, 또 다른 사람들은 산림 파괴를 비롯해 인간이 저지르는 나쁜 행동이 기후 변화의 원인이라고 생각하였다. 다른 LMICs에서도 날씨와 관련하여 유사한 답변을 하였는데, 날씨는 착한 행동에 대한 보상 또는 나쁜 행동에 대한 처벌로 여겼다(World Bank, 2015). 우리는 이들의 이러한 생각을 반박하기보다 인류가 초래한 기후 변화에 대한 과학적 합의를 이들 지역 공동체에 전달하는 기반으로 활용할 수 있다.

32.3 주거 환경과 웰빙

농촌에서 도시로의 지속적인 이주는 LMICs의 도시 인구가 빠르게 증가하는 원인이 되고 있다(UNFPA, 2013). 이주자의 대부분은 도시 빈민가의 참담한 조건에 처하게 된다. 남아 있는 농촌 주민도 종종 비슷한 어려움을 겪는다. 부유한 도시 거주자 역시 주거 환경은 이들의 웰빙에 영향을 미친다.

32.3.1 빈민가와 공공주택

LMICs의 도시 인구 1/3은 빈민가에서 살고 있다(UN-HABITAT, 2014). 아프리카에서는 그 수치가 60%에 이른다. 빈민가는 대개 심각한 인구과밀, 열악한 주거 및 주변 환경, 불안정한 거주권, 그리고 안전하지 않은 급수와 오염된 위생 시설 등의 특징이 나타난다. 이러한 특징들은 신체적 그리고 심리적 웰빙을 해칠 수 있는 환경 스트레스원으로 작용한다(4장 및 12장 참조).

뭄바이(Subbaraman et al., 2014)와 아크라(Greif & Dodoo, 2015) 지역의 빈민가에서는 환경 스트레스원과 정신 건강이 높은 상관을 나타내었다. 뭄바이 지역에서는 응답자의 1/4이 고위험군의 정신질환을 겪고 있었다(Subbaraman et al., 2014). 질적 연구 결과, 빈민가의 불법적 지위로 인한 불안정한 거주권 및 기본 서비스의 절대적 부족은 심리적 고통을 유발하는 가장 큰 요인이었다. 흥미롭게도 아크라 지역의 빈민가에서는 **사회 자본**(social capital)이 가난하고 신체적으로 건강하지 않은 거주자들의 정신 건강에는 도움이 되었지만, 그 외 다른 거주자들에게는 정서적 부담으로 작용하였다(Greif & Dodoo, 2015).

공공주택 프로그램은 주거의 질 개선과 안정적인 거주권 보장을 통해 빈민가 주민의 웰빙 향상을 목표로 한다. 빈민가에서 공공주택으로 이주한 아마다바드 지역의 여성은 빈민가에 계속 거주한 사람들보다 신체 및 정신 건강이 더 높은 것으로 보고되었다(Vaid & Evans, 2016). 건강의 차이는 관찰되는 주거의 질에 의해 상당 부분 설명되었다. 하지만 공공주택으로의 이주가 사회적 유대를 감소시키는 것으로 나타났으며, 이에 따라 공공주택 프로그램은 이러한 유대감을 적극적으로 강화할 필요가 있다.

32.3.2 공동 공간

연구들은 사회적 상호작용이 발생하는 공동 공간의 중요성을 강조한다(12장 참조). 하지만 빈민가에는 양질의 공동 공간이 거의 존재하지 않고, LMICs의 부유한 도시에서도 공동 공간은 거의 찾아볼 수 없다. 중국 도시를 대상으로 한 연구(Zhu & Fu, 2016) 결과, 공동 공간의 질과 이용 빈도가 높은 곳에서는 장소 기반의 사회적 관계 및 장소 애착이 증가하였다. 이는 이웃 참여(Zhu & Fu,2016) 및 웰빙(Yip et al., 2013)과 높은 상관을 나타내었다. 공동 공간은 또한 여가 활동과도 관련이 있다(6장 참조). 공동 공간의 이용가능성, 심미적 질, 안전성은 다카 지역 아동의 평균 야외 활동 시간(Islam et al., 2016)과 황저우 지역 성인의 스포츠 활동(Su et al., 2014)에 영향을 미치는 것으로 나타났다.

32.3.3 농촌 공동체

LMICs의 농촌 주민은 급수 및 위생 시설을 포함하여 기본 서비스의 심각한 부족을 경험하고, 이는 신체적 · 심리적 건강을 해치고 있다. 인도 여성을 대상으로 위생 관련 심리사회적 스트레스를 연구한 결과, 응답자의 2/3가 어떤 위생 시설도 공급받지 못한 채 야외에서 배변을 한다고 하였다(Sahoo et al., 2015). 위생 행동(예: 배변, 배뇨, 목욕, 월경 관리)을 하면서 여성들은 세 가지 유형의 스트레스원에 직면했는데, 환경적 스트레스원(예: 먼 거리의 이동, 벽을 넘어야 하는 불편한 장소), 사회적 스트레스원(예: 사생활 보호 부족, 특정 장소 이용에 대한 사회적 제약 등), 성적 스트레스원(예: 타인의 시선에 노출되거나 성적 폭력을 당할 위험) 등이다. 여성들은 모든 스트레스원을 경험하였지만, 이 중 사회적 스트레스원이 가장 두드러지게 나타났다.

32.4 행동과 행동 변화

LMICs에서 발생하는 많은 환경문제는 사람들의 행동을 변화시키는 개입을 통해 감소시킬 수 있다. 하지만 이러한 개입은 여전히 LMICs에서 잘 시행되고 있지 않다. 특히 이해와 독려가 필요한 행동 유형은 다음의 두 가지이다. 첫 번째는 자원 보존, 지속가능한 교통 수단, 재활용 등 환경의 질을 개선하는 행동이고, 두 번째는 안전한 식수 소비 및 위생, 손 씻기 등의 열악한 환경의 영향으로부터 건강을 보호하는 행동이다.

32.4.1 자원 보존

LMICs의 농촌 및 빈민가 지역의 많은 가정은 전기와 수돗물이 공급되지 않는다(예: Contzen, 2015). 이들에게 에너지와 물은 전통적으로 절약해야 하는 부족하고 귀한 자원이다. 하지만 전반적으로 LIMCs의 자원 소비는 가파르게 증가하고 있다(UNFPA, 2013). 이것은 자연 자원과 공급 안정성을 위협하고, 단수와 정전이 일상적으로 발생하여 때로 몇 시간에서 심지어 며칠씩 지속되기도 한다. 이러한 공급 중단을 경험하는 것은 자원 부족을 실제로 느끼게 하여 절약에 대한 동기를 부여할 수 있다. 실제로 계획된 행동 이론(TPB; 22장 참조)을 적용한 중국의 한 연구는 전력이 중단된 경험과 전기 절약 증가의 정적 상관을 보여 주었다(Wang et al., 2011). 경제적 이익에 대한 지각 및 주관적 규범도 절약을 증가시키는 역할을 한 반면, 절약으로 인한 불편함은 에너지 절약 수준을 낮추는 것으로 나타났다.

물이 부족한 이란에서는 농업 영역에서 담수의 90%를 소비하므로(Yazdanpanah et al., 2014), 농민들의 물 절약(예: 폐수 재사용)은 필수적이다. 확장된 TPB를 적용한 연구는 주관적 규범 및 물 부족 위기에 대한 위험 지각 요인이 의도 변인을 거쳐 농민들의 보존 행동을 설명하였다(Yazdanpanah et al., 2014). 또한 자신의 물 공급원을 사용하거나 소수의 사람과 물 공급원을 공유하는 농민은 더 높은 책임감과 더 강한 주관적 규범을 느꼈고, 이는 물을 더욱 절약하고자 하는 의지로 이어졌다.

32.4.2 지속가능한 교통 수단

대부분의 LIMCs 도시들은 하루 종일 이어지는 교통 체증 및 높은 대기 오염 등의 심각한 교통 문제에 봉착해 있다(Zailani et al., 2016). 주요 원인은 열악한 대중교통과 급속하게 증가한 개인 차량 때문이다. 쿠알라룸푸르 도시에서 진행된 한 연구는 계획된 행동 이론(TPB)을 토대로 비교적 양호한 대중교통 이용을 조사하였다(Zailani et al., 2016). 연구 결과, 대중교통 이용에 대한 의지는 태도, 지각된 행동 통제, 그리고 과거의 경험이 영향을 미치는 것으로 나타났다.

벵갈루루 도시에서 진행된 연구에서는 대부분의 참가자가 어린 시절 자전거를 탔었음에도(96%), 성인이 되었을 때는 자전거 이용률이 급격히 감소하였다(5.3%; Verma et al., 2016). 이들은 자전거에서 자가용으로 전환하는 것을 자연스러운 과정으로 인식하였으며, 이는 편안함과 사회적 지위가 높아지는 번영을 반영하는 것이라고 여겼다. 흥미롭게도, 현재까지 자전거를 이용하는 사람들도 자전거를 더 이상 타지 않는 사람들과 마찬가지로 자전거가 안전하지 않다고 생각하였다.

32.4.3 재활용

가정에서 배출되는 쓰레기는 급격히 증가하였다(Pakpour et al., 2014). 이러한 유해한 환경의 영향은 특히 LMICs에 치명적이다. 쓰레기 수거는 불규칙하게 진행되거나 전혀 이루어지지 않고, 쓰레기 소각 시설은 불충분하며, 폐기물은 종종 처리되지 않은 채 쓰레기 매립지에 버려진다. 재활용은 쓰레기 문제를 경감시키고 자연 자원을 보존하는 데 도움이 될 수 있다. 하지만 지역 당국은 재활용품을 잘 처리하지 않고 있고, 제대로 준비하지 않는 경우가 많다. 그러므로 재활용에 대한 가정의 역할이 더욱 중요하다([그림 32-1] 참조).

LMICs 가정의 재활용 행동을 설명하기 위해 몇몇 연구는 계획된 행동 이론(TPB)을 적용하였다. 튀르키예에서는 가정주부의 재활용 행동이 의도, 지각된 행동 통제(직접적으로 그리고 의도 변인을 통한), 그리고 의도 변인을 통한 주관적 규범으로 설명되었다(Arı & Yılmaz, 2016). 이란에서 실시한 확장된 TPB를 적용한 연구 결과, 연구 초기에 측정된 태도, 주관적 규범, 지각된 행동 통제, 의도, 도덕적 의무감, 자기정체성, 행동 계획, 그리고 재활용 행동은 1년 후의 재활용 행동을 예측하였다(Pakpour et al., 2014). 산티아고 데 쿠

[그림 32-1] 케냐의 티카 지역 근처의 아름다운 14폭포 옆 강둑

출처: Nadja Contzen의 사진.

바 도시에서 실시한 확장된 TPB 연구 결과, 태도와 지각된 행동 통제는 재활용, 비료화 처리, 그리고 재사용(다른 목적으로 재료를 직접 사용)의 세 행동 모두를 설명하였다(Mosler et al., 2008). 흥미롭게도 재활용 및 비료화 처리는 행동의 유쾌함을 반영하는 태도 변인에 의해 더 크게 영향을 받은 반면, 재사용은 비용-편익을 고려하는 변인이 더 많이 관련되었다. 주관적 규범의 경우, 재활용(상대적으로 공적인 행동)은 강하게 예측하였지만, 비료화 처리는 중간 정도로 예측하였고, 재사용(상대적으로 개인적인 행동)은 예측하지 못했다.

라호르에서 진행된 연구는 LIMCs의 재활용과 재사용에 있어 청소부가 중요한 기여를 한다는 것을 보여 주었다(Asim et al., 2012). 청소부들은 매립지에서 재활용이 가능한 물건(금속, 병, 건조한 빵)을 직접 회수하여 고물상 및 재활용 업체(중개자를 통해)에 판매하였다. 청소부들이 환경에 결정적인 역할을 하고 있음에도 불구하고 이를 정부로부터 인정받지 못하고 있으며, 공무원들에게 지속적인 무시를 당하고 건강 및 안전에 대한 위협도 높게 느끼는 것으로 나타났다.

32.4.4 수질, 위생시설, 청결

안전하지 않은 식수 섭취, 청결하지 못한 위생, 그리고 손 씻기 부족은 저소득 국가의 조기 사망을 이끄는 10대 위험 요인에 속한다(GBD-RFC, 2016). 안전한 수질과 위생 기반시설에 대한 접근성 부족(32.3절 참조)은 이러한 위험성을 상당히 증가시킨다. 식수(Water), 위생(Sanitation) 및 청결(Hygiene)의 머릿글자를 딴 WaSH 행동은 **RANAS 접근법**(RANAS approach)을 적용하여 LMICs에서 연구되었다((Mosler, 2012; 〈글상자 32.1〉 참조).

글상자 32.1 에티오피아의 손 씻기 홍보

Contzen 등(2015)은 에티오피아 마을에서 손 씻기를 홍보하기 위해 두 가지 개입을 실시하였다. 이 개입들은 RANAS 접근법(Mosler, 2012)을 기반으로 개발되었으며, LMICs에서 WaSH 개입을 설계하기 위해 다중이론 틀을 사용하였다. 이 접근 방식은, ① 대상 모집단의 행동을 예측하는 심리적 요인을 식별하고, ② 이러한 요인에 정확히 영향을 미칠 것으로 예상되는 개입법을 선택하여 대상 모집단에 맞도록 개입법을 수정하는 것이다. 이들이 고려한 심리적 요인은 우리가 잘 알고 있는 이론(예: TPB; 22장 참조)들에 잘 나타나 있다.

초기 조사 결과, 에티오피아 마을에서는, ① 사회규범, 물 부족과 같은 장애요인, 그리고 망각 등의 문제 해결과, ② 손 씻기 방식을 단순화해야 할 필요성이 제기되었다(Contzen et al., 2015). 이 목적을 달성하기 위해 공개적 서약(public commitment)과 손 씻기 장소 홍보라는 두 가지 개입법을 선택하였다. 모든 참가자는 표준 교육 개입법을 받았고, 실험 집단에는 위의 두 개입법을 추가하였다. 사전-사후 자료 분석 결과, 모집단 맞춤형 개입, 그중 특히 손 씻기 장소 홍보는 표준 교육 개입법보다 나은 성과를 보여 주었다.

안전한 물 키오스크는 빈민가와 마을에 정수된 물을 판매하는 작은 상점으로, 안전한 물을 공급하는 기반시설의 부족을 저비용으로 보완하는 방법 중 하나이다. 케냐에서 실시된 연구 결과, 서비스 만족, 지각된 비용, 사회규범, 자기효능감, 행동 통제, 그리고 관여는 키오스크의 물 소비에 영향을 미쳤다(Contzen, 2015). 방글라데시에서 실시된 무작위 군집 통제법을 사용한 연구는 비소의 오염이 없는 안전한 우물 사용을 홍보하기 위해 알림 및 실행 의도 기법을 적용하였다(Inauen & Mosler, 2014). 이 기법들은 관여, 서술적 규범, 자기효능감 회복을 높여 행동 변화에 영향을 줄 것으로 예상되었다. 이러한 기

[그림 32-2] 에티오피아 보라나 지역의 칸차로 마을에서 여성과 아이들이 우물에서 물을 긷고 있는 모습
출처: Nadja Contzen의 사진.

법을 적용한 경우, 건강 정보를 단독으로 제공하였을 때보다 안전한 우물로 전환하는 비율이 더 높았다. 심지어 정부가 기본 서비스를 제공하지 않더라도 건강한 행동을 선택할 수 있는 방법은 종종 존재한다([그림 32-2] 참조).

LMICs에서 야외 배변을 근절하기 위해 자주 적용되는 방법은 **공동체-주도 전체 위생**(Community-Led Total Sanitation: CLTS)이다. 모잠비크에서 시행된 연구 결과, CLTS의 참여는 사회 자본을 통한 화장실 소유, 설사에 대한 취약성 지각, 비용 지각, 사회규범, 그리고 손상된 화장실을 재건할 수 있는 능력에 대한 자신감과 관련되는 것으로 나타났다(Harter et al., 2017). 화장실 소유와 화장실 사용 간의 강한 상관이 나타났고, 결과적으로 야외 배변을 멈추는 것에도 기여하였다.

LMICs의 빈민가와 농촌 지역처럼 심하게 오염된 환경에서는 손이 빠르게 오염 및 재오염될 가능성이 높다. 그러므로 비누를 사용한 규칙적인 손 씻기는 감염성 질환을 줄이는 데 필수적이다. 에티오피아 마을에서 실시된 현장실험 연구 결과, 공개적 서약과 손씻기 장소 홍보 개입법은 표준 교육 개입법보다 손 씻기 행동을 증가시켰다(〈글상자 32.1〉 참조).

32.5 요약

LMICs의 환경문제는 이 국가들이 보유한 제한된 자원으로는 관리하기가 쉽지 않다. 환경심리학은 이러한 문제를 이해하고 다룰 수 있는 관련 이론, 개념, 개입, 그리고 방법을 제공할 수 있다. 이러한 이론, 개념, 개입, 방법을 LIMCs에 적용하여 일반화할 수 있는지를 조사하고 잠재된 문화적 차이를 살펴보는 것은 중요하다.

이 장에서는 LMICs의 환경심리학 연구에 대하여 논의하였다. 검토된 연구들은 LMICs에서 다음의 사실을 보여 주었다. ① 환경위험에 대한 지각이 항상 정확한 것은 아니다. ② 환경과 기후 변화에 대한 우려와 관심 수준이 높다. ③ 기후 변화 관심은 환경 보호 행동을 예측한다. ④ 주거 환경 및 관련 스트레스원은 건강과 웰빙에 주요한 영향을 미친다. ⑤ 확장된 TPB 이론은 다양한 친환경행동을 설명할 수 있다. ⑥ 심리적 요인은 WaSH 행동을 설명할 수 있으며, 개입을 통해 이를 촉진할 수 있다. ⑦ 개인적인 수단과 공공 기반시설의 부족은 사람들이 적응적이고 친환경적이며 건강을 증진하는 행동에 관여하는 능력을 제한한다. 이러한 결과는 고소득 국가에서 나온 연구 결과와 동일하며, 이는 환경심리학의 이론, 개념, 개입, 그리고 방법을 경제적·사회적·문화적 맥락이 다른 곳에도 일반화할 수 있다는 것을 뒷받침한다. 하지만 이 근거들은 특정 이론(예: TPB)을 적용한 LMICs의 특정 국가(예: 중국)로부터 도출된 것이므로, 향후의 연구들은 특히 저소득 국가를 포함한 다양한 국가로 확대되어야 하며, 가치-신념-규범 이론(22장 참조)과 같은 다른 이론 및 개념도 적용해야 할 것이다.

용어사전

RANAS 접근(RANAS approach): LMICs에 WaSH 개입법을 설계하기 위한 다중 이론 틀

개인주의(individualism): 자율성과 개인의 이익을 중요하게 생각하는 세계관

계급주의(hierarchism): 독점적 권력구조가 당연하다고 생각하는 세계관

고소득 국가(high-income country): 1인당 국민 총소득(GNI)이 12,476달러 이상이며, 물질적 웰빙 수준이 높은 국가

공동체 주도 전체 위생(Community-Led Total Sanitation): 야외 배변을 막기 위해 공동체-주

도의 화장실 건설을 촉진하는 접근법

문화적 세계관(cultural worldview): 사회가 어떻게 구성되어야 하는지에 관한 관점으로, 환경 위험 지각에 영향을 미치는 것으로 가정

사회 자본(social capital): 사람들이 서로를 신뢰하고 협력과 상호 지원을 촉진할 수 있도록 하는 연결망, 공유된 가치 및 이해

운명론(fatalism): 대부분의 사건은 이미 결정되었기 때문에 피할 수 없다고 믿는 세계관

저소득 및 중위소득 국가(low-and middle-income countries): 1인당 국민 총소득(GNI)이 최대 1,025달러(저소득 국가) 또는 1,026~12,475달러(중위소득 국가)이며, 물질적 웰빙 수준이 낮거나 중간 정도인 국가

평등주의(egalitarianism): 모든 사람은 평등하고 평등한 권리를 가져야 한다고 생각하는 세계관

읽을거리

Schmuck, P. and Schultz, W. P. (2002). *Psychology of Sustainable Development*. Norwell, MA: Kluwer Academic.

World Bank (2015). *World Development Report 2015: Mind, Society, and Behavior*. Washington, DC: World Bank.

복습문제

1. 환경심리학은 LMICs의 환경문제 해결에 어떻게 기여할 수 있을까?
2. LMICs에서 환경위험 지각이 높은 이유는 무엇일까?
3. LMICs의 사람들은 고소득 국가의 사람들보다 환경에 대한 우려와 관심이 더 높을까, 아니면 더 낮을까? 그 이유는 무엇일까?
4. LMICs의 생활 환경은 그곳에 사는 사람들의 웰빙에 어떤 영향을 미칠까?
5. LMICs에서 (친환경)행동을 촉진하는 것의 특징은 무엇일까?

결론: 환경심리학의 요약, 동향 및 미래 전망

Agnes E. van den Berg
University of Groningen, The Netherlands
Linda Steg
University of Groningen, The Netherlands

33.1 요약 및 주요 발견

우리가 살고 있는 환경은 다양한 방식으로 사람들의 삶에 영향을 미치지만, 동시에 환경 역시 인간 활동의 산물이기도 하다. **환경심리학**(environmental psychology)은 인간과 환경의 상호 관계를 연구한다. 이 책은 빠르게 발전하고 있는 역동적인 이 연구 분야를 소개하는 것이 목표이다. 이번 2판은 환경심리학 분야의 현재 상황을 반영하기 위해 최신 정보로 상당히 개정되었다. 새롭게 추가된 장에는 기후 변화 위험, 장소 애착, 아동을 위한 자연의 중요성, 친환경행동, 환경행동의 상징적 측면, 환경문제 · 태도 · 행동에서의 집단 과정의 역할을 포함하여 환경심리학 분야의 중요한 주제를 다루고 있다. 이 책의 핵심적인 내용은 환경심리학 분야의 60명이 넘는 저자가 저술한 3개 파트 총 31개의 장으로 이루어져 있다. 제1부는 환경이 인간에게 미치는 영향에 관하여 논의하는 14개의 장이고, 제2부는 환경행동에 영향을 미치는 요인에 초점을 맞춘 10개의 장이며, 제3부는 친환경행동을 촉진하는 방법을 논의하는 7개의 장으로 구성되어 있다. 마지막 33장에서는 먼저 각 부의 주요 결론을 요약하고, 일반적인 **동향**(trend)과 발전에 대하여 살펴본 후,

환경심리학의 추후 연구에 대한 주요 과제를 논의할 것이다.

33.1.1 제1부: 인간 행동과 웰빙에 대한 환경적 영향

제1부는 환경이 인간에게 미치는 부정적인 영향에 대한 3개의 장으로 시작한다. 이 중 2개의 장은 환경심리학의 전통적인 주제인 환경위험 지각과 환경 스트레스를 다룬다. 여기서는 환경이 인간행동과 웰빙에 미치는 부정적인 영향을 이해하는 데 인간의 지각이 결정적인 역할을 한다는 것을 강조한다. 나머지 장들은 오늘날 환경문제로 대두되는 기후 변화를 다루고, 이에 대한 사람들의 이해와 관심에 영향을 미치는 심리적 과정을 소개한다.

다음 6개의 장에서는 자연환경이 인간에게 미치는 긍정적인 영향을 다룬다. 이 분야의 광범위한 연구 활동은 최근의 환경심리학이 인간의 웰빙을 지원하는 지속가능한 환경을 조성하는 것을 목표로 하면서 보다 긍정적인 관점을 취하고 있다는 것을 보여 준다. 이 장들에서 반복되는 주제는 건강, 웰빙, 주거 만족 원천으로서의 자연과 도시 녹지의 역할이 중요하다는 것이다. 새로 추가된 '아동과 자연환경'(10장)은 어린 시절 자연과 가깝게 지내는 것이 이후 평생에 걸쳐 긍정적인 결과를 가져올 수 있음을 보여 준다. 8장과 9장에서는 자연환경과 야생동물에 대한 인간의 양가감정을 설명하고 논의한다.

그다음 3개의 장에서는 도시 환경이 인간의 행동과 웰빙에 미치는 영향을 중점적으로 다룬다. 여기서는 삶의 질을 위해 주거 환경이 지속적으로 중요한 역할을 한다는 것을 보여 준다. 실제로 11장에서 언급한 것처럼, '심지어 야외 활동을 상당히 좋아하는 사람들조차도 그들의 삶 대부분을 몇 개의 건물 안에서 보낸다.' 이 분야의 최근 연구는 도시 환경의 질을 결정하는 요인에 관한 기초 연구로부터 얻은 통찰과 결과를 통합된 실용 모델 및 접근법으로 변환하는 것을 목표로 하고 있다. 예를 들면, 11장에서는 환경심리학에 대한 통찰을 사용자의 욕구를 충족시키고 웰빙을 높이는 건물 설계에 접목한 최근의 두 접근 방식인 생명애 설계와 근거기반 설계를 다루고 있다. 12장과 13장에서는 주거 만족도와 삶의 질을 측정하고 예측하는 다양한 다차원 모델을 소개한다.

14장에서는 사람들이 장소와 정서적 유대를 어떻게 형성하는지와 장소 애착의 다양한 구성 요소 및 유형을 보여 준다. 15장에서는 타인의 존재 또는 쓰레기 투기와 같은 환경 단서가 우리의 환경행동에 어떻게 영향을 미치는지를 논의한다.

33.1.2 제2부: 환경행동에 영향을 미치는 요인

제2부는 환경행동을 측정하는 방법을 살펴보는 것으로 시작한다(16장). 이 장에서는 환경행동 측정에 관한 새로운 접근 방식을 소개하고, 이러한 행동 측정은 환경적 영향을 측정하는 것과 보완되는 것이 중요하다고 강조한다. 후속 장들에서는 가치(17장), 사회규범(18장), 정서(19장), 상징적 측면(20장)을 환경행동에 영향을 미치는 주요 요인으로 강조한다. 눈에 띄는 것은 친환경행동의 예측 변인으로서 생물권적 가치에 대한 근거의 증가(17장), 무질서(예: 벽낙서, 쓰레기 투기)가 규범 억제 확산 원리에 의해 빠르게 확장될 수 있다는 경험적 증거(18장), 정서와 상징적 측면이 환경행동의 강력한 결정 요인으로 인식(19장과 20장)되는 것과 관련한 내용이다. 21장에서는 사회딜레마에서 협력을 촉진하는 요인을 다룬다. 22장은 다양한 환경행동 결정 요인이 결합하여 미치는 영향력을 설명하는 모델을 개괄함으로써 통합적 관점을 제공한다.

23장에서는 환경에 대한 태도 및 행동이 개인의 특성에만 의존하는 것이 아니라 동시에 집단 소속감 및 소속감과 관련한 집단 과정에 의해 영향을 받는 이유를 다룬다. 그런 다음, 24장에서는 다양한 환경행동의 습관적 특성을 되돌아보며, 습관적 환경행동을 설명하고, 예측하며, 변화시키기 위한 여러 모델 및 접근법을 소개한다. 마지막으로, 25장에서는 라틴아메리카 관점에서 환경심리학을 논의한다. 이 장에서는 라틴아메리카에서 환경심리학의 관심이 높아지고 있는 현실을 소개하고, 다양한 문화적 맥락에서 관련 이론과 방법의 적용 가능성에 대한 중요한 통찰을 제공한다.

33.1.3 제3부: 친환경행동 장려

제3부를 시작하는 3개의 장은 행동 변화를 위한 세 가지 전략으로 정보 전략(26장), 보상과 벌칙(27장), 설득 과학기술(28장)을 다룬다. 26장은 정보 제공만으로는 행동 변화를 유도하는 데 크게 효과적이지 않다고 결론짓고 맞춤형 정보 제공 등 정보 전략의 효과를 높일 수 있는 방법을 제안한다. 정책 입안자들은 종종 환경세와 같은 금전적 전략을 사용하여 사람들의 행동 변화를 시도한다. 그러나 27장에서 보여 주듯이 친환경행동에 금전적 보상을 제공할 경우, 이러한 보상이 사람들의 도덕적 동기를 감소시킬 위험성이 있다. 27장은 금전적 개입을 효과적으로 시행할 수 있는 지침을 제공한다. 28장은 비교적 새로운 접근 방식인 설득 과학기술을 제안하며, 환경행동에 대한 '스마트' 피드백을 제공

하거나 행동이 환경에 미치는 잠재적 결과를 시뮬레이션하여 몰입 경험을 제공하는 과학기술을 소개한다.

개입이 성공하려면 대중에게 수용되어야 한다는 통찰을 바탕으로, 29장은 친환경행동을 장려하기 위한 정책 방안이 대중에게 수용될 때 미치는 영향력인 절차 공정성과 분배 공정성을 다룬다. 제3부의 마지막 3개 장은 비교적 새로운 주제로 환경심리학에서 지금까지 많이 연구되지 않았던 주제를 다루고 있다. 30장에서는 행동 변화의 과정에 대한 다양한 심리학 이론을 통합한 단계적 행동 변화 모델을 제시한다. 31장은 복잡한 사회환경 시스템의 변화를 시뮬레이션할 수 있는 컴퓨터 기반 기술인 에이전트 기반 모델의 최근 발전을 다루고 있다. 마지막으로, 32장은 저소득 및 중위소득 국가에서 환경심리학의 이론, 개념, 방법을 적용할 수 있는 개요를 논의한다. 최근의 많은 연구들은 저소득 및 중위소득 국가에서 환경문제를 해결하는 데 있어 환경심리학이 관련된다는 것을 보여 주고 있다. 그러나 환경심리학이 가장 필요할 것으로 예상되는 세계 일부 지역에서는 아직 환경심리학의 잠재력이 충분히 활용되지 않고 있다.

33.2 일반적 동향 및 발전

이 절에서는 이 책에서 도출된 세 가지의 주요 전반적인 동향과 발전에 대하여 살펴볼 것이다.

33.2.1 인간과 환경 간의 긍정적 상호작용

전통적으로 환경심리학은 환경이 인간에게 미치는 부정적인 영향(예: 인구과밀 및 소음이 건강에 미치는 해로운 영향)과 인간이 환경에 미치는 부정적인 영향(예: 에너지 사용이 환경에 미치는 나쁜 영향)을 주로 연구해 왔다. 이러한 연구는 부정적 영향을 줄이기 위한 전략 개발에 목표를 두어 적용되었다. 그러나 이 책의 서론에서 논의한 바와 같이, **지속가능성**(sustainability)에 대한 관심이 높아지면서 인간과 환경 간의 긍정적인 상호작용, 예를 들면 자연환경이 건강에 미치는 긍정적인 영향과 친환경행동이 환경의 질과 삶의 질에 미치는 긍정적인 기여에 관한 연구가 최근에는 증가하는 동향을 보이고 있다(Gifford, 2007; Giuliani & Scopelliti, 2009; Venhoeven et al., 2013). 이러한 동향의 일환으로, 개입은 환경에 해로운 행동을 억제하기보다 친환경행동을 지지하고 격려하는 방향으로 나아가고 있다.

이 책의 1판이 출간된 이후 5년 동안, 환경심리학의 긍정적 관점은 더욱 강화되고 확장되었다. 제1부에서는 자연과 자연환경의 긍정적인 효과와 잘 설계된 살기 좋은 도시환경이 삶의 질에 미치는 긍정적인 기여에 주로 초점을 맞추었다. 환경심리학은 특히 자연이 아동에게 주는 혜택과 삶에서 중요한 장소에 대한 정서적 유대를 일컫는 장소 애착에 관심을 높이고 있다. 제2부에서는 생물권적 가치, 친환경 사회규범, 상징적 의미, 예상되는 긍정 정서 등의 친환경행동의 긍정적 결정 요인을 식별하여 친환경행동을 이해하는 데 초점을 맞춘다. 실제로 19장에서 논의된 바와 같이, 사람들은 친환경행동을 시행하는 것 자체로 기분이 좋아지기 때문에 친환경행동을 계속 지속한다는 연구 결과들이 증가하고 있다. 이는 인간의 웰빙을 저해하지 않으면서도 환경의 질을 향상시킬 수 있는 지속가능한 해결책을 모색할 수 있음을 시사한다. 제3부에서는 친환경 선택을 지지하고 격려하는 개입법, 보상, 기술에 대하여 논의하였다. 이에 대한 예시로 사람들의 도덕적 의무를 지지하여 친환경행동을 하도록 지원하는 금전적 보상과 친환경행동을 덜 부담스럽게 해 주는 조명 피드백의 사용을 제시하고 있다.

이 책은 주로 서구의 산업화 국가에서 실시한 연구를 바탕으로 하고 있지만, 인간-환경 상호작용 연구에 대한 동향은 다른 지역에도 적용할 수 있다는 것을 보여 준다. 25장에서 논의한 것과 같이, 라틴아메리카 국가에서 진행된 환경심리학 연구를 살펴보면, 처음에는 환경이 웰빙과 행동에 미치는 부정적인 영향에 초점을 두었으나, 현재는 환경의 긍정적 효과와 환경행동의 만족스러운 영향에 집중하는 것으로 변화하였음을 알 수 있다. 또한 32장에서 설명된 저소득 및 중위소득 국가들의 연구는 환경심리학이 부유하지 않은 국가들의 다양한 환경문제 해결에 어떻게 기여할 수 있는지를 보여 준다.

33.2.2 통합적 접근

이 책 전체에 반영된 두 번째 동향은 통합적 모델과 통합 접근법의 발전이다. 환경심리학 초기에는 단일 환경 조건(예: 인구과밀)과 단일 결과 변인(예: 생리적 스트레스) 간의 관계를 연구하는 것에 초점을 맞췄으나, 현재의 연구는 환경 및 인간 조건 간의 다중 영향 및 관계를 결합하는 통합적 모델 및 접근법을 지향하고 있다. 이러한 동향은 점점 더 복합적 사회문제를 이해하고 해결하려는 관심이 증가하면서 개별 문제만을 다루는 기존의 방식을 대체하고 있다(Bonnes & Bonaiuto, 2002). 일반적으로, 연구를 '현실 문제'에 적용하기 위해서는 해당 문제의 환경적 · 사회적 · 심리적 측면을 통합한 전반적 상황을 제공하는 것이 중요하다.

통합적 모델 및 접근법의 지속적인 동향은 이 책의 제1부에 포함된 도시 환경의 질, 장소 애착, 삶의 질을 다루는 장들에서 명확히 드러난다. 이 장들에서는 환경의 질과 삶의 질에 대한 긍정적이고 부정적인 측면이 모두 포함된 포괄적인 다차원적 측정법이 제시된다. 또한 통합적 접근법에 대한 이러한 동향은 소음이나 인구과밀과 같은 (부정적) 단일 환경의 질 측면에 관한 내용이 이 책에는 포함되지 않았다는 것에도 반영된다. 이러한 부정적 내용은 이전의 환경심리학 개론서에서 자주 다루었던 주제들이다(예: Bell et al., 2001; Gifford, 2007). 이 책의 제2부에서 논의한 것과 같이, 새로운 통합적 접근법은 환경행동의 결정 요인에 대한 연구에서도 확실한 지지를 얻고 있다. 특히 16장에서는 다양한 환경행동을 통합하는 다차원적 측정법을 논의하고 있고, 22장에서는 목표 틀짓기 이론과 같이 환경행동의 다양한 결정 요인을 통합하는 이론을 다루고 있다. 제3부는 다양한 개입 유형을 단계별 변화 기제와 연결하는 통합된 자기조절 행동 변화에 관한 모델을 제시한다(30장 참조).

33.2.3 단일한 심리학에서 다양한 심리학으로

세 번째 나타나는 주요 동향은 환경심리학 내에서 여러 하위 분야 또는 여러 '심리학'이 발전하고 있다는 것이다. Giuliani와 Scopelliti(2009)가 설명한 바와 같이, 이 동향은 이 분야의 중심 원칙인 지속가능성과 통합적 접근법의 발달로 나아가려는 경향에 대치되는 **역동향**(counter-trend)으로 설명할 수 있다. 이러한 역동향은 독립적인 연구주제와 이론적 · 경험적 패러다임을 갖춘 비교적 독립적인 하위 분야가 점차 발전하고 있음을 의미한다. 이 책에서 논의된 심리학의 예시로는 인간-자연 관계, 도시 환경의 질, 친환경행동에 관한 연구 등이 있다. 또한 기후 변화 인식, 장소 애착, 설득 기술 및 에이전트 기반 모델링에 대한 연구처럼 새롭게 부상하는 하위 분야들도 소개하고 있다.

환경심리학 내에서 새로운 심리학 영역이 발전하는 것은 여러 긍정적인 결과를 가져온다. 예를 들어, 특정 관심 현상에 대한 보다 심도 있는 분석, 견고한 이론의 개발 및 검증, 방법의 정교화, 그리고 타학문과의 협력 촉진 등이 나타날 수 있다. 최근 회복적 환경 연구라는 하위 분야의 등장은 스트레스와 정신적 피로로부터의 회복을 이해하는 심리적 기제에 관한 새로운 통찰과 이론을 제시하였다. 이로 인해 회복 과정을 연구하고 측정하는 새로운 패러다임이 개발되고, 스트레스를 바르게 측정하고 진단하기 위해 의학자들과의 협력이 촉진되었다. 또 다른 예로, 환경행동에 관한 연구는 가치와 규범을 강화하여 친환경행동을 촉진하는 방법에 대한 중요한 통찰을 제공하였다. 이는 환경행동을 평가하는 새로운 방법(예: Cambell 패러다임 및 가정의 직 · 간접적 에너지 사용 측정법) 개발로 이어졌고, 환경과학자와의 협력을 통해 행동의 환경적 영향력을 평가함으로써 이 분야에서 이루어지는 연구에 대한 사회적 영향력을 증가시켰다. 그러나 Giuliani와 Scopelliti(2009)가 지적한 바와 같이, 환경심리학 내부에서 하위 심리학이 발전하는 것의 단점도 있다. 이는 Craik(1973), Wapner(1995) 및 Proshansky(1987)와 같은 환경심리학의 선구자들이 예상했던 통합적이고 일관된 이론의 실현을 방해할 수 있다는 것이다. 또한 환경심리학이 하위로 나뉘는 것은 이 분야의 협력 감소와 관계망의 약화로 이어질 수 있다. 하지만 이러한 문제는 다양한 연구자들이 이 책과 같이 함께 저서를 출간하거나 국제 학회 및 여름학교와 같은 조직을 결성하는 등의 공동 활동을 더 많이 시행하여 협력을 촉진함으로써 부분적으로 해결할 수 있다.

33.3 미래 연구를 위한 과제

환경심리학은 지난 십여 년 동안 꾸준히 발전하여 현재는 지속가능한 사회를 위해 활발한 역할을 하는 단계에 이르렀다. 하지만 여전히 연구해야 할 도전 과제가 남아 있다. 이 책의 마지막 절에서는 환경심리학 전체에 적용되는 세 가지 주요 과제에 대하여 논의하고자 한다. 이 과제들은 통합 확장, 이론 및 모델의 추가 개발, 환경심리학자의 환경문제에 대한 적극적 참여 등의 필요성을 다룬다.

33.3.1 통합 확장

환경심리학 추후 연구주제 중 첫 번째 중요한 과제는 인간 행동에 영향을 미치는 환경의 영향(제1부)과 환경에 영향을 미치는 인간(제2부 및 제3부)을 연구하는 다양한 하위 분야 내 그리고 하위 분야 간의 추가적인 통합이 필요하다는 것이다. 각 분야에서의 통합 모델과 해결책은 인간 행동에 대한 다수의 환경 결정 요인(긍정적 및 부정적)을 결합하거나 환경행동에 대한 다수의 개인 결정 요인을 결합하는 데 중점을 둔다. 그러나 이러한 분야 내 그리고 분야 간 통합의 진전은 지금까지 많이 이루어지지 않았다.

환경이 인간에게 미치는 영향과 인간이 환경에 미치는 영향에 관한 연구 분야는 다양한 규모의 수준에서 '사람 및 장소 요인'이 결합된 영향력을 고려함으로써 추가적인 통합을 달성할 수 있다(Stamps, 1996; Steg et al., 2014a; Winkel et al., 2009). 이를 위해, 관심 변인에 대한 맥락 요인의 효과, 개인 요인의 효과, 그리고 두 요인의 상호작용을 연구할 수 있는 **다층 모델**(multilevel models)이 널리 사용되고 있다. 이 책의 제1부에서 논의한 것처럼, 최근 이 모델들은 인간 행동에 대한 환경의 영향 연구에서 점점 더 중요한 분석 접근법으로 자리 잡았다. 또한 다층 모델은 친환경행동 연구에서도 점차 활용 범위를 넓혀가고 있다. 예를 들어, 최근 30개국을 대상으로 한 대규모 연구에서 환경행동에 대한 국가 간 차이를 국가 변인과 개인 변인 모두의 측면에서 설명하기 위해 다층 모델을 사용하였다(Pisano & Lubell, 2017).

통합은 환경이 인간에게 미치는 영향과 인간이 환경에 미치는 영향 간의 연구 분야에서 환경의 질과 인간의 웰빙 모두에 기여할 수 있는 인간-환경 상호작용을 식별하고 촉진하는 과제를 실천하기 위해서도 필요하다. 이 책에서는 환경정책이 삶의 질을 보호할 수 있다는 연구를 통해 이 과제에 접근하고 있다. 특히 정서와 환경행동에 관한 연구에서는 환경에 이익이 되는 행동을 하는 것이 실제로 사람들에게 좋은 감정을 불러일으킬 수 있음을 보여 주며, 설득 과학기술에 관한 연구는 환경행동을 탐색하는 데 필요한 인지적 부담을 줄일 수 있는 해결책을 제안한다. 이러한 예로는 에너지 절약형 가로등이 환경에 이익을 줄 뿐만 아니라 사람들에게 안전하다는 느낌을 줄 수 있다는 연구가 있다(Boomsma & Steg, 2014a, b). 또 다른 연구는 자연과의 접촉(특히 아동의 경우)을 촉진함으로써 자연과의 연결성을 자극하여 친환경행동을 증진시킬 수 있다는 것을 보여 주었다(Kals et al., 1999; 14장 참조).

33.3.2 이론과 방법의 추가 개발

환경심리학의 다음 주요 과제는 환경심리학을 주류 심리학의 이론 및 방법론의 발전과 연계하는 것이다. 다음의 세 가지 발전이 인간-환경 상호작용과 관련하여 특히 도움이 될 것으로 보인다.

첫째, 인간 행동 대부분은 자동적이고, 대체로 무의식적인 과정에 의해 결정된다는 연구가 상당히 축적되었다(Bargh & Ferguson, 2000). 이 연구들은 행동의 암묵적 조절(Strack & Deutsch, 2004)뿐만 아니라 암묵적 과정을 연구하는 혁신적인 방법(Gawronski & Payne, 2010; Greenwald & Banaji, 1995)에 관한 새로운 모델과 이론을 제공하였다. 암묵적 과정을 연구하는 이론 및 방법은 환경심리학에서도 점차 적용되기 시작했지만(15장, 18장, 24장, 28장 참조), 그 잠재력은 아직 충분히 실현되지 않았다.

둘째, 행동에 대한 '차가운' 인지적 결정 요소에 중점을 둔 이론에서 '뜨거운' 정서적 영향을 강조하는 이론으로 전환되고 있다(Loewenstein, 1996). 정서가 행동에 미치는 역할은 여전히 활발히 논의되고 있지만, 인간 행동을 포괄적으로 설명하기 위해서는 사람들의 선택과 결정이 종종 그들의 열정과 정서적 충동에 영향을 받는다는 사실을 다루어야 한다. 환경심리학은 인간 행동을 이해하는 데 정서가 중요하다는 사실을 점점 더 인정하고 있다. 예를 들면, 2장에서의 위험지각, 8장에서의 경관에 대한 양가감정, 9장의 야생동물의 인간적 차원, 19장의 정서와 친환경행동 등에서 이것을 다루고 있다. 그러나 환경행동 연구에서는 여전히 합리적 의사결정 모델이 지배적이다(개관은 Steg & Vlek, 2009 참조). 환경행동 연구의 주요 과제는 정서를 통합하면서도 기존 모델의 주요 강점인 엄격성과 구조를 유지하는 모델을 개발하는 것이다(Loewenstein, 1996 참조).

셋째, 여러 심리학 분야에서 생물학적 혁명이 일어났고, 사람들의 생각과 행동의 기저를 이루는 뇌 과정을 연구하기 위해 **신경과학**(neuroscience) 방법의 사용이 증가하고 있다(Heatherton & Wheatly, 2010). 이러한 혁명은 특히 **신경영상**(neuroimaging) 기술을 활용하여 특정 행동을 할 때 활성화되는 뇌의 영역을 시각적으로 보여 주는 연구로 이어졌다. 신경영상 기술은 자연 또는 도시 환경에 대한 인식, 환경에 해로운 행동을 할 때 느끼는 죄책감, 친환경행동을 할 때 느끼는 긍정 정서 경험 등 인간–환경 상호작용과 관련된 뇌 영역의 위치와 기능에 관한 중요한 통찰을 제공할 수 있다. 그러나 지금까지 이 방법은 환경심리학에서는 거의 적용되지 않았다.

33.3.3 적극적 참여

환경심리학이 직면한 마지막 도전 과제는 환경심리학자가 자신이 연구하는 쟁점에 더 깊이 관여해야 한다는 것이다(Gifford, 2007, 2008). 이 책에서 다룬 것처럼, 환경심리학은 지속가능성을 핵심 연구주제로 받아들이는 추세에 있고, 지역 및 세계 수준에서 지속가능성을 촉진하기 위해 많은 유용한 통찰과 도구를 제공해 왔다. 그러나 환경심리학은 아직 지속가능성 과학에서 중심 역할을 하지 못하고 있다. 환경 및 사회적 황폐화로부터 지구를 지키는 데 실질적인 변화를 이루기 위해서는 환경심리학자들의 더 적극적인 참여가 요구된다.

환경심리학자가 지속가능성 논쟁에서 자신들의 입지를 강화하기 위해 취할 수 있는 몇 가지 전략이 있다. 첫 번째는 교육과 연구를 위한 학문적 기반을 개선하고 확장하여 더 좋은 연구가 많이 이루어질 수 있도록 하는 것이다. 환경심리학을 위한 학문적 기반은 전 세계 많은 국가에서 여전히 부족한 실정이기 때문에, 이러한 노력을 통해 큰 성과를 가져올 수 있다. 라틴아메리카와 저소득 및 중위소득 국가의 환경심리학을 논의한 장에서 설명한 것처럼, 환경심리학의 학문적 기반을 구축하거나 강화하려는 시도는 환경문제로 인한 결과의 영향을 크게 느끼고 지속가능한 해결책이 시급한 국가와 지역에서 가장 효과적일 것이다.

환경심리학자가 취할 수 있는 두 번째 전략은 연구의 정치적 관련성과 실용성을 높이는 것이다. 예를 들어, 여러 정책의 선택에 대한 결과를 미리 제시함으로써, 환경심리학자는 정책 입안자들에게 환경정책의 효과에 대한 정보를 직접 제공할 수 있고, 이를 통해 가장 효과적이고 지속가능한 정책이 시행될 가능성을 높일 수 있다. 또한 환경정책을 수용하는 데 영향을 미치는 요인을 조사함으로써, 그 정책의 성공적 시행에 필요한 대중의 지지를 높이는 방법을 정책 입안자에게 조언할 수 있다. 연구 결과를 전문 학술지나 대중을 위한 잡지에 발표함으로써, 환경심리학자는 그들의 연구 결과가 실제로 채택되고 적용될 가능성을 높일 수 있다. 환경심리학자는 심지어 직접 정치에 참여하여 '녹색 활동가(green lobbyist)'가 될 수도 있다(Gifford, 2007, 2008). 그러나 이러한 직접적 정치 참여는 객관적인 입장을 유지하려는 많은 환경심리학자에게는 상당히 부담스러운 제안일 수 있다.

마지막으로, 과학, 정부, 산업, 시민사회 간의 지식 공유를 촉진하려는 최근의 시도에 주목하고자 한다. 최근에 지속가능한 에너지 전환을 격려하기 위한 사회과학과 인문학의 지식을 결합한 국제 PERSON 플랫폼이 설립되었다(person.eu 참조). 이러한 시도는 전 세계의 시민, 산업, 정책 입안자들이 환경문제를 줄이기 위해 효과적이고 수용 가능한 방법을 탐구하는 데 중요한 역할을 할 수 있다. 환경심리학자는 이러한 시도에 주도적인 역할을 함으로써 환경문제 해결에 대한 적극적인 참여를 보여 줄 수 있고, 또한 현재와 미래 세대를 위해 실질적이고 지속가능한 변화를 강구하는 학제 간 및 정부 간 해결책에 기여할 수 있다.

용어사전

동향(trend): 어떤 학문 분야 또는 무언가가 움직이는 일반적인 방향

다층 모델(multilevel models): 한 수준 이상에서 변화하는 변수들(예: 개인 및 맥락 요인)에 대한 통계 모델로, 위계적 선형 모델로 알려져 있음

신경과학(neuroscience): 신경계를 과학적으로 연구하는 학문

신경영상(neuroimaging): 뇌의 구조 및 기능을 영상화하기 위해 기능적 자기공명영상(fMRI) 또는 양전자 방사 단층 촬영(PET scans) 등을 사용하는 기법

역동향(counter-trend): 어떤 학문 분야 또는 무언가가 움직이는 일반적인 방향에 대치되는 경향

지속가능성(sustainability): 현재 세대와 미래 세대가 모두 자신의 욕구를 충족시킬 수 있는 방식으로 자원을 사용하고, 개발하며, 보호하는 것을 의미하는 것으로, 환경적 · 사회적 · 경제적 요소 간의 최적의 균형을 이루는 것

환경심리학(environmental psychology): 개인과 건축물 및 자연환경 간의 상호작용을 연구하는 심리학의 하위 분야

읽을거리

Gifford, R. (2014). Environmental psychology matters. *Annual Review of Psychology, 65*: 541-579.

Giuliani, M.V., & Scopelliti, M. (2009). Empirical research in environmental psychology: Past, present, and future. *Journal of Environmental Psychology, 29*(3), 375-386.

Steg, L., & Vlek, C. (2009). Encouraging pro-environmental behaviour: an integrative review and research agenda. *Journal of Environmental Psychology, 29*, 309-317.

복습문제

1. 환경심리학의 세 가지 주요한 동향은 무엇일까?
2. 환경심리학의 세 가지 주요 도전 과제는 무엇일까?
3. 개인 요인 및 맥락 요인이 지각, 평가, 행동에 미치는 영향을 동시에 분석한 사례 또는 문제의 예시를 제시해 보자.

참고문헌

Aarts, H. and Dijksterhuis, A. (2000). Habits as knowledge structures: automaticity in goaldirected behavior. *Journal of Personality and Social Psychology* 78 (1): 53-63.

Aarts, H., Verplanken, B., and van Knippenberg, A. (1997). Habit and information use in travel mode choices. *Acta Psychologica* 96: 1-14.

Abrahamse, W. and Steg, L. (2009). How do socio-demographic and psychological factors relate to households' direct and indirect energy use and savings? *Journal of EconomicPsychology* 30: 711-720.

Abrahamse, W. and Steg, L. (2013). Social influence approaches to encourage resource conservation: a meta-analysis. *Global Environmental Change* 23 (6): 1773-1785.

Abrahamse, W., Steg, L., Vlek, C., and Rothengatter, T. (2005). A review of intervention studies aimed at household energy conservation. *Journal of Environmental Psychology* 25: 273-291.

Abrahamse, W., Steg, L., Vlek, C., and Rothengatter, J.A. (2007). The effect of tailored information, goal setting and feedback on household energy use, energy related behaviorsand behavioral determinants. *Journal of Environmental Psychology* 27: 265-276.

Abrams, D., Wetherell, M., Cochrane, S. et al. (1990). Knowing what to think by knowing who you are: self-categorization and the nature of norm formation, conformity, and group polarization. *British Journal of Social Psychology* 29: 97-119.

Abu-Gazzeh, T.M. (1998). The use of the street as a playground in Abu Nuseir, Jordan. *Environment and Behavior* 30: 799-831.

Adeola, F.O. (1996). Environmental contamination, public hygiene, and human health concerns in the third world: the case of Nigerian environmentalism. *Environment and Behavior* 28: 614-646.

Adger, W.N., Barnett, J., Chapin, F.S. III, and Ellemer, H. (2011). This must be the place: underrepresentation of identity and meaning in climate change decision-making. *Global Environmental Politics* 11: 1-25.

Ahmadi, E. (2009). An evaluation of the influence of gasoline rationing plan on mobilitypattern in Iran. In: *8th Biennial Conference on Environmental Psychology* (ed. H. Gutscher, H.-J. Mosler, B. Meyer, et al.), 127. Zurich: Institute of Psychology.

Aiello, A., Ardone, R., and Scopelliti, M. (2010). Neighbourhood planning improvement: physical attributes, cognitive and affective evaluation and activities in two neighbourhoods in Rome. *Evaluation and Program Planning* 33 (3): 264-275.

Ainuddin, S., Routray, J.K., and Ainuddin, S. (2014). People's risk perception in earthquake prone Quetta city of Baluchistan. *International Journal of Disaster Risk Reduction* 7: 165-175.

Ajzen, I. (1985). From intentions to actions: a theory of planned behavior. In: *Action-Control: From Cognition to Behavior* (ed. J. Kuhl and J. Beckman), 11-39. Heidelberg, Germany: Springer.

Ajzen, I. (1991). The theory of planned behavior. *Organizational Behavior and Human Decision Processes* 50 (2): 179-211.

Allen, J. and Balfour, R. (2014). *Natural Solutions for*

Tackling Health Inequalities*. London: Institute of Health Equity. Retrieved from https://www.instituteofhealthequity.org/projects/natural-solutions-to-tackling-health-inequalities/natural-solutions-to-tacklinghealth-inequalities.pdf.

Almanza, E., Jerrett, M., Dunton, G. et al. (2012). A study of community design, greenness, and physical activity in children using satellite, GPS and accelerometer data. *Health & Place* 18 (1): 46-54.

Altherr, A.M., Mosler, H.-J., Tobias, R., and Butera, F. (2008). Attitudinal and relational factors predicting the use of solar water disinfection: a field study in Nicaragua. *Health Education & Behaviour* 35: 207-220.

Altman, I. (1975). *The Environment and Social Behavior: Privacy, Personal Space, Territory and Crowding*. Monterey, CA: Brooks/Cole.

Alvey, A.A. (2006). Promoting and preserving biodiversity in the urban forest. *Urban Forestry & Urban Greening* 5 (4): 195-201.

Amedeo, D.M. and Golledge, R.G. (2003). Environmental perception and behavioral geography. In: *Geography in America at the Dawn of the 21st Century* (ed. G.L. Gaile and C.J. Willmott), 133-148. Oxford, NY: Oxford University Press.

Anable, J. and Gatersleben, B. (2005). All work and no play? The positive utility of travel for work compared to leisure journeys. *Transportation Research Part A: Policy and Practice* 39: 163-181.

Andreoni, J. (1990). Impure altruism and donations to public goods: a theory of warm-glow giving. *The Economic Journal* 100 (401): 464-477.

Andrews, F.M. and Withey, S.B. (1976). *Social Indicators of Well-Being: America's Perception of Life Quality*. New York, NY: Plenum.

Annerstedt, M., Jonsson, P., Wallergard, M. et al. (2013). Inducing physiological stress recovery with sounds of nature in a virtual reality forest–results from a pilot study. *Physiology and Behavior* 118: 240-250.

Antrop, M. (1998). Landscape change: plan or chaos? *Landscape and Urban Planning* 41 (3-4): 155-161.

Antrop, M. (2004). Landscape change and the urbanization process in Europe. *Landscape and Urban Planning* 67 (1-4): 9-26.

Appleton, J. (1975). *The Experience of Landscape*. New York, NY: Wiley.

Appleyard, D. and Craik, K.H. (1974). The Berkeley environmental simulation project: its use in environmental impact assessment. In: *Environmental Impact Assessment: Guidelines and Commentary* (ed. T.G. Dickert and K.R. Downey), 121-125. Berkeley, CA: University of California Extension.

Ari, E. and Yilmaz, V. (2016). A proposed structural model for housewives' recycling behavior: a case study from Turkey. *Ecological Economics* 129: 132-142.

Armitage, R. (2007). Sustainability versus safety: confusion, conflict and contradiction in designing out crime. In: *Imagination for Crime Prevention: Essays in Honor of Ken Pease*, vol. 21 (ed. G. Farrell, K.J. Bowers, S.D. Johnson and M. Townsley), 81-110. Crime Prevention Studies. Monsey, NY: Criminal Justice Press and Willan Publishing.

Arroyo, E., Bonanni, L., and Selker, T. (2005). Waterbot: Exploring feedback and persuasive techniques at the sink. *Conference proceedings of CHI 2005* (pp. 631-639). Reading, USA: ACM Press.

Asch, S.E. (1951). Effects of group pressure upon the modification and distortion of judgment. In: *Groups, Leadership, and Men* (ed. H. Guetzkow), 177-190. Pittsburg, PA: Carnegie Press.

Asch, S.E. (1956). Studies of independence and conformity: a minority of one against a unanimous majority. *Psychological Monographs* 70 (9): 1-70.

Asensio, O.I. and Delmas, M.A. (2015). Nonprice incentives and energy conservation. *Proceedings of the National Academy of Sciences* 112 (6): E510-E515.

Asim, M., Batool, S.A., and Chaudhry, M.N. (2012). Scavengers and their role in the recycling of waste in Southwestern Lahore. *Resources, Conservation & Recycling* 58: 152-162.

Austin, J., Hatfield, D.B., Grindle, A.C., and Bailey, J.S.

(1993). Increasing recycling in office environments: the effects of specific, informative cues. *Journal of Applied Behavior Analysis* 26: 247-253.

Babisch, W. and Kim, R. (2011). Conclusions. In: *Burden of Disease from Environmental Noise*. World Health Organization.

Bachmann, W. and Katzev, R. (1982). The effects of non-contingent free bus tickets and personal commitment on urban bus ridership. *Transportation Research* 16A: 103-108.

Bailey, E., Devine-Wright, P., and Batel, S. (2016). Investigating varieties of people-place relations across the life course: the relation between 'life-lace trajectories' and responses to a power line proposal. *Journal of Environmental Psychology* 48: 200-211.

Baird, J.C., Cassidy, B., and Kurr, J. (1978). Room preference as a function of architectural features and user activities. *Journal of Applied Psychology* 63: 719-727.

Bamberg, S. (2003). Implementation intention versus monetary incentive comparing the effects of interventions to promote the purchase of organically produced food. *Journal of Economic Psychology* 23: 573-587.

Bamberg, S. (2006). Is a residential relocation a good opportunity to change people's travel behaviour? Results from a theory-driven intervention study. *Environment and Behavior* 38: 820-840.

Bamberg, S. (2013a). Changing environmentally harmful behaviors: a stage model of selfregulated behavioral change. *Journal of Environmental Psychology* 34: 151-159.

Bamberg, S. (2013b). Applying the stage model of self-regulated behavioral change in a car use reduction intervention. *Journal of Environmental Psychology* 33: 68-75.

Bamberg, S. and Schmidt, S. (2003). Incentives, morality or habit? Predicting students' car use for university routes with the models of Ajzen, Schwartz and Triandis. *Environment and Behavior* 35: 264-285.

Bamberg, S., Behrens, G., Papendick, M. et al. (2015a). Development of a theory-driven, web-based behavioral change support system for environmentally friendly mobility behaviour. In: *Social Marketing-Global Perspectives, Strategies and Effects on Consumer Behavior* (ed. W.D. Evans), 109-120. New York, NY: Nova Science Publishers.

Bamberg, S., Rees, J., and Seebauer, S. (2015b). Collective climate action: determinants of participation intention in community-based pro-environmental initiatives. *Journal of Environmental Psychology* 43: 155-165.

Bandura, A. (1977). *Social Learning Theory*. New York, NY: Prentice-Hall.

Banister, D. (2008). The sustainable mobility paradigm. *Transport Policy* 15: 73-80.

Barcena Ibarra, A. and Byanyima, W. (2016). Latin America is the world's most unequal region. Here's how to fix it. Accessed 20 Sept 2018: https://www.weforum.org/agenda/ 2016/01/inequality-is-getting-worse-in-latin-america-here-s-how-to-fix-it?utm_conent=buffere0fff&utm_medium=social&utm_source=facebook.com&utm_campaign=buffer

Bargh, J.A. and Ferguson, M.J. (2000). Beyond Behaviorism: on the automaticity of higher mental processes. *Psychological Bulletin* 126: 925-945.

Bargh, J.A., Gollwitzer, P.M., Lee-Chai, A. et al. (2001). Automated will: nonconscious activation and pursuit of behavioral goals. *Journal of Personality and Social Psychology* 81: 1014-1027.

Barker, R. and Wright, H. (1955). *Midwest and Its Children: The Psychological Ecology of an American Town*. New York, NY: Harper and Row.

Baron, J. and Spranca, M. (1997). Protected values. *Organizational Behavior and Human Decision Processes* 70: 1-16.

Bartels, G. and Nelissen, W. (2001). *Marketing for Sustainability: Towards Transactional Policy-Making*. Amsterdam: IOS Press.

Barthel, R., Janisch, S., Nickel, D. et al. (2010). Using the multiactor approach in GLOWA-Danube to simulate decisions for the water supply sector under conditions of global climate change. *Water Resources Management* 24: 239-275.

Barton, J., Bragg, R., Wood, C., and Pretty, J. (2016). *Green Exercise: Linking Nature, Health and Well-Being*. London and New York: Routledge.

Batalha, L. and Reynolds, K.J. (2012). ASPIRing to mitigate climate change: superordinate identity in global climate negotiations. *Political Psychology* 33 (5): 743-760.

Baum, A. and Valins, S. (1977). *Architecture and Social Behavior: Psychological Studies of Social Density*. Hillsdale, NJ: Erlbaum.

Baumeister, R.F. (1982). A self-presentational view of social phenomena. *Psychological Bulletin* 91 (1): 3-26.

Baumeister, R.F. (1993). Understanding the inner nature of low self-esteem: uncertain, fragile, protective, and conflicted. In: *Self-esteem* (ed. R.F. Baumeister), 201-218. New York, NY: Plenum Press.

Baumeister, R.F. (2005). *The Cultural Animal: Human Nature, Meaning, and Social Life*. New York, NY: Oxford University Press.

Baumeister, R.F., Bratlavsky, E., Finkenauer, C., and Vohs, K.D. (2001). Bad is stronger than good. *Review of General Psychology* 5: 323-370.

Bechtel, R., Corral-Verdugo, V., and Pinheiro, J. (1999). Environmental beliefs system: U.S., Brazil and Mexico. *Journal of Cross Cultural Psychology* 30: 122-128.

Becker, L.J. (1978). Joint effect of feedback and goal setting on performance: a field study of residential energy conservation. *Journal of Applied Psychology* 63: 428-433.

Becker, F.D. and Poe, D.B. (1980). The effects of user-generated design modifications in a general hospital. *Journal of Nonverbal Behavior* 4: 195-218.

Belk, R. (1988). Possessions and the extended self. *The Journal of Consumer Research* 15 (2): 139-168.

Bell, S. (1999). *Landscape: Pattern, Perception and Process*. London: E & FN Spon.

Bell, P.A., Greene, T.C., Fisher, J.D., and Baum, A. (2001). *Environmental Psychology*, 5e. Fort Worth: Harcourt College Publishers.

Bem, D.J. (1972). Self-perception theory. In: *Advances in Experimental Social Psychology* (ed. L. Berkowitz), 1-62. New York, NY: Academic Press.

Benjamin, L. (2007). *A Brief History of Modern Psychology*. Malden, MA: Blackwell.

Berenguer, J. (2007). The effect of empathy in proenvironmental attitudes and behaviors. *Environment and Behavior* 39: 269-272.

Bethwaite, J. and Tompkinson, P. (1993). The ultimatum game-understanding the taste for fairness. *Economic Notes* 22: 37-48.

Beute, F. and de Kort, Y. (2014). Natural resistance: exposure to nature and self-regulation, mood, and physiology after ego-depletion. *Journal of Environmental Psychology* 40: 167-178.

Beveridge, C.E. (1977). Frederick Law Olmsted's theory of landscape design. *Nineteenth Century* 3: 38-43.

Biel, A. and Thøgersen, J. (2007). Activation of social norms in social dilemmas: a review of the evidence and reflections on the implications for environmental behaviour. *Journal of Environmental Psychology* 28: 93-112.

Biel, A., Dahlstrand, U., and Grankvist, G. (2005). Habitual and value-guided purchase behavior. *Ambio* 34 (4-5): 360-365.

Binder, C. and Mosler, H.-J. (2007). Waste-resource flows of short-lived goods in Santiago de Cuba. *Resources, Conservation and Recycling* 51: 265-283.

Bishop, I.D. and Rohrmann, B. (2003). Subjective responses to simulated and real environments: a comparison. *Landscape and Urban Planning* 65: 261-277.

Bishop, I.D., Ye, W.S., and Karadaglis, C. (2001). Experiential approaches to perceptionresponse in virtual worlds. *Landscape and Urban Planning* 54 (1-4): 117-125.

Bixler, R.D. and Floyd, M.F. (1997). Nature is scary, disgusting, and uncomfortable. *Environment and*

Behavior 29 (4): 443-467.

Blaison, C. and Hess, U. (2016). Affective judgment in spatial context: how places derive affective meaning from the surroundings. *Journal of Environmental Psychology* 47: 53-65.

Bliuc, A.M., McGarty, C., Thomas, E.F. et al. (2015). Public division about climate change rooted in conflicting socio-political identities. *Nature Climate Change* 5 (3): 226-229.

Bockarjova, M. and Steg, L. (2014). Can protection motivation theory predict pro-environmental behavior? Explaining the adoption of electric vehicles in the Netherlands. *Global Environmental Change* 28: 276-288.

Bodner, R. and Prelec, D. (2003). Self-signaling and diagnostic utility in everyday decision making. In: *Collected Essays in Psychology and Economics* (ed. I. Brocas and J. Carillo), 105-126. Oxford: Oxford University Press.

Böhm, G. (2003). Emotional reactions to environmental risks: consequentialist versus ethical evaluation. *Journal of Environmental Psychology* 23: 199-212.

Böhm, G. and Pfister, H.-R. (2005). Consequences, morality, and time in environmental risk evaluation. *Journal of Risk Research* 8: 461-479.

Böhm, G. and Pfister, H.-R. (2015). The perceiver's social role and a risk's causal structure as determinants of environmental risk evaluation. *Journal of Risk Research* doi: 10.1080/13669877.2015.1118148.

Bolderdijk, J.W., Knockaert, J., Steg, E.M., and Verhoef, E.T. (2011). Effects of pay-as-youdrive vehicle insurance on young drivers' speed choice: results of a Dutch field experiment. *Accident Analysis and Prevention* 43: 1181-1186.

Bolderdijk, J.W., Gorsira, M., Keizer, K., and Steg, L. (2013a). Values determine the (in)effectiveness of informational interventions in promoting pro-environmental behavior. *PLoS One* 8 (12): e83911.

Bolderdijk, J.W. and Steg, L. (2015). Promoting sustainable consumption: the risks of using financial incentives. In: *Handbook of research in sustainable consumption* (ed. J. Thogersen and L. Reisch), 328-342. Cheltenham, UK: Edward Elgar.

Bolderdijk, J.W., Steg, L., Geller, E.S. et al. (2013b). Comparing the effectiveness of monetary versus moral motives in environmental campaigning. *Nature Climate Change* 3 (4): 413-416.

Bolderdijk, J.W., Steg, L., and Postmes, T. (2013c). Fostering support for work floor energy conservation policies: accounting for privacy concerns. *Journal of Organizational Behavior* 34: 195-210.

Bonaiuto, M. and Bonnes, M. (1996). Multiplace analysis of urban environment. A comparison between a large and a small Italian City. *Environment and Behavior* 28 (6): 699-747.

Bonaiuto, M. and Fornara, F. (2017). Residential satisfaction and perceived urban quality. In: *Reference Module in Neuroscience and Biobehavioral Psychology* (ed. J. Stein), 1-5. Oxford, UK:Elsevier.

Bonaiuto, M., Fornara, F., and Bonnes, M. (2003). Indexes of perceived residential environment quality and neighbourhood attachment in urban environments: a confirmation study on the city of Rome. *Landscape and Urban Planning* 65: 41-52.

Bonaiuto, M., Bonnes, M., and Continisio, M. (2004). Neighborhood evaluation within a multiplace perspective on urban activities. *Environment and Behavior* 36 (1): 41-69.

Bonaiuto, M., Fornara, F., Alves, S. et al. (2015). Urban environment and well-being: crosscultural studies on perceived residential environment quality indicators (PREQIs). *Cognitive Processing* 16 (Suppl. 1): 165-169.

Bond, T.G. and Fox, C.M. (2001). *Applying the Rasch Model: Fundamental Measurement in the Human Sciences*. Mahwah, NJ: Erlbaum.

Bonnes, M. and Bonaiuto, M. (2002). Environmental psychology: from spatial physical environment to sustainable development. In: *Handbook of Environmental Psychology* (ed. R. Bechtel and A. Churchman), 28-54. New York, NY: Wiley.

Bonnes, M. and Carrus, G. (2017). Environmental psychology, overview. In: *Reference module in Neuroscience and Biobehavioral Psychology*. doi: 10.1016/B978-0-12-809324-5.05554-1.

Bonnes, M., Mannetti, I., Secchiaroli, G., and Tanucci, G. (1990). The city as a multi-place system. An analysis of people-urban environment transactions. *Journal of Environmental Psychology* 10 (1): 37-65.

Bonnes, M., Uzzell, D., Carrus, G., and Kelay, T. (2007). Inhabitants' and experts' assessments of environmental quality for urban sustainability. *Journal of Social Issues* 63: 59-78.

Bonnes, M., Passafaro, P., and Carrus, G. (2011). The ambivalence of attitudes toward urban green areas: between proenvironmental worldviews and daily residential experience. *Environment and Behavior* 43 (2): 207-232.

Boomsma, C. and Steg, L. (2014a). Feeling safe in the dark: examining the effect of entrapment, lighting levels, and gender on feelings of safety and lighting policy acceptability. *Environment and Behavior* 46 (2): 193-212.

Boomsma, C. and Steg, L. (2014b). The effect of information and values on acceptability of reduced street lighting. *Journal of Environmental Psychology* 39: 22-31.

Botzat, A., Fischer, L.K., and Kowarik, I. (2016). Unexploited opportunities in understanding liveable and biodiverse cities. A review on urban biodiversity perception and valuation. *Global Environmental Change* 39: 220-233.

Bourassa, S.C. (1991). *The Aesthetics of Landscape*. London: Belhaven Press.

Bowler, D., Buyung-Ali, L., Knight, T., and Pullin, A. (2010). A systematic review of evidence for the added benefits to health of exposure to natural environments. *BMC Public Health* 10 (1): 456.

Boyes, W.J. (1996). Understanding, fairness and reputation in the ultimatum game. *Economic Notes* 25: 21-32.

Boykoff, M. and Boykoff, J. (2004). Bias as balance: global warming and the U.S. prestige press. *Global Environmental Change* 14 (2): 125-136.

Bragg, R. and Atkins, G. (2016). *A Review of Nature-Based Interventions for Mental Health Care*. London: Natural England. Retrieved from http://publications.naturalengland.org.uk/publication/4513819616346112.

Bratt, C., Stern, P.C., Matthies, E., and Nenseth, V. (2015). Home, car use, and vacation. *Environment and Behavior* 47 (4): 436-473.

Brehm, J.W. (1966). *A Theory of Psychological Reactance*. New York, NY: Academic Press.

Brewer, M.B. and Kramer, M.R. (1986). Choice behavior in social dilemmas: effects of social identity, group size, and decision framing. *Journal of Personality and Social Psychology* 50: 543-549.

Brickman, P., Coates, D., and Janoff-Bulman, R. (1978). Lottery winners and accident victims: is happiness relative? *Journal of Personality and Social Psychology* 37: 917-927.

Bright, A.D., Manfredo, M.J., and Fulton, D.C. (2000). Segmenting the public: an application of value orientations to wildlife planning in Colorado. *Wildlife Society Bulletin* 28 (1): 218-226.

Broadbent, D.E. (1958). *Perception and Communication*. New York, NY: Academic Press.

Bronzaft, A.L. (1981). The effect of a noise abatement program on reading ability. *Journal of Environmental Psychology* 1: 215-222.

Brown, G. and Gifford, R. (2001). Architects predict lay evaluations of large contemporary buildings: whose conceptual properties? *Journal of Environmental Psychology* 21: 93-99.

Brown, B.B. and Perkins, D.D. (1992). Disruptions in place attachment. In: *Place Attachment* (ed. I. Altman and S. Low), 279-304. Boston, MA: Springer.

Brown, B. and Werner, C. (2012). Health physical activity and eating: environmental support for health. In: *Oxford Handbook of Environmental and Conservation*

Psychology (ed. S. Clayton), 459–484. New York, NY: Oxford University Press.

Buchan, N.R., Croson, R.T.A., and Dawes, R.M. (1999). Who's with me? The role of group boundaries on trust and reciprocity: A cross-culture study. Paper presented at the EAESP meeting in Oxford.

Buhyoff, G.J., Hull, R.B., Lien, J.N., and Cordell, H.K. (1986). Prediction of scenic quality for southern pine stands. *Forest Science* 32 (3): 769–778.

Buijs, A.E. (2009). Lay people's images of nature: comprehensive frameworks of values, beliefs, and value orientations. *Society & Natural Resources: An International Journal* 22 (5): 417–432.

Buijs, A.E., Elands, B.H.M., and Langers, F. (2009). No wilderness for immigrants: cultural differences in images of nature and landscape preferences. *Landscape and Urban Planning* 91 (3): 113–123.

Burke, E. (1757). *A Philosophical Enquiry into the Origin of Our Ideas of the Sublime and Beautiful*. London: Dodsley.

Burke, P.J. (2006). Identity change. *Social Psychology Quarterly* 69 (1): 81–96.

Bustos, M., Flores, H.L.M., and Andrade, P.P. (2005). Residential water use: a model of personal variables. In: *Designing Social Innovation-Planning, Building, Evaluating* (ed. B. Martens and A. Keul), 147–154. Cambridge, MA: Hogrefe & Huber.

Byers, B.A., Cunliffe, R.N., and Hudak, A.T. (2001). Linking the conservation of culture and nature: a case study of sacred forests in Zimbabwe. *Human Ecology* 29 (2): 187–218.

Cackowski, J.M. and Nasar, J.L. (2003). The restorative effects of roadside vegetation: implications for automobile driver anger and frustration. *Environment and Behavior* 35 (6): 736–751.

Camacho-Cervantes, M., Schondube, J.E., Castillo, A., and MacGregor-Fors, I. (2014). How do people perceive urban trees? Assessing likes and dislikes in relation to the trees of a city. *Urban Ecosystems* 17 (3): 761–773.

Campbell, T.H. and Kay, A.C. (2014). Solution aversion: on the relation between ideology and motivated disbelief. *Journal of Personality and Social Psychology* 107 (5): 809–824.

Cannon, W.B. (1932). *The Wisdom of the Body*. New York, NY: Norton.

Canter, D. (ed.) (1970). *Architectural Psychology*. London: Royal Institute of British Architects.

Canter, D. (1985). Intention, meaning and structure: social action in its physical context. In: *Discovery Strategies in the Psychology of Action* (ed. G.P. Ginsburg, M. Brenner and M. von Cranach), 35–171. Orlando, FL: Academic Press.

Capaldi, C.A., Passmore, H.-A., Nisbet, E.K. et al. (2015). Flourishing in nature: a review of the benefits of connecting with nature and its application as a wellbeing intervention. *International Journal of Wellbeing* 5 (4): 1–16.

Capstick, S., Whitmarsh, L., Poortinga, W. et al. (2015). International trends in public perceptions of climate change over the past quarter century. *WIREs: Climate Change* 6 (1): 35–61.

Capstick, S.B., Pidgeon, N.F., Corner, A.J. et al. (2016). Public understanding in Great Britain of ocean acidification. *Nature Climate Change* 6 (8): 763–767.

Carlson, A. (2009). *Nature and Landscape: An Introduction to Environmental Aesthetics*. New York, NY: Columbia University Press.

Carrus, G., Passafaro, P., and Bonnes, M. (2008). Emotions, habits and rational choices in ecological behaviours: the case of recycling and use of public transportation. *Journal of Environmental Psychology* 28: 51–62.

Carrus, G., Lafortezza, R., Colangelo, G. et al. (2013). Relations between naturalness and perceived restorativeness of different urban green spaces. *Psyecology* 4 (3): 227–244.

Carrus, G., Scopelliti, M., Lafortezza, R. et al. (2015). Go greener, feel better? The positive effects of biodiversity on the well-being of individuals visiting urban and peri-urban green areas. *Landscape and Urban Planning* 134: 221-228.

Carvalho, M., George, R.V., and Anthony, K.H. (1997). Residential satisfaction in condominios exclusivos (gate-guarded neighbourhoods) in Brazil. *Environment and Behavior* 29: 734-768.

Carver, C.S. and Scheier, M.F. (1990). Origins and functions of positive and negative affect: a control-process view. *Psychological Review* 97: 19-35.

Carver, C.S. and Scheier, M.F. (1998). *On the Self-Regulation of Behavior*. New York, NY: Cambridge University Press.

Chaiken, S. and Trope, Y. (eds.) (1999). *Dual-Process Theories in Social Psychology*. New York, NY: Guilford Press.

Chao, Y. and Lam, S. (2011). Measuring responsible environmental behavior: self-reported and other-reported measures and their differences in testing a behavioral model. *Environment and Behavior* 43: 53-71.

Chapman, D. and Thomas, G. (1944). Lighting in dwellings. In: *The Lighting of Buildings*, Post war building studies No. 12. London: HMSO.

Chawla, L. (2015). Benefits of nature contact for children. *Journal of Planning Literature* 30 (4): 433-452.

Cheskey, E. (2001). How schoolyards influence behavior. In: *Greening School Grounds: Creating Habitats for Learning* (ed. T. Grant and G. Littlejohn). Toronto: New Society Publishers.

Chokor, B.A. (2004). Perception and response to the challenge of poverty and environmental resource degradation in rural Nigeria: case study from the Niger Delta. *Journal of Environmental Psychology* 24 (3): 305-318.

Christopher, A. and Schlenker, B. (2000). The impact of perceived material wealth and perceiver personality on first impressions. *Journal of Economic Psychology* 21: 1-19.

Chu, P.Y. and Chiu, P.F. (2003). Factors influencing household waste recycling behaviour: test of an integrated model. *Journal of Applied Social Psychology* 33: 604-626.

Cialdini, R.B. (2003). Crafting normative messages to protect the environment. *Current Directions in Psychological Science* 12: 105-109.

Cialdini, R.B. and Trost, M.R. (1998). Social influence: social norms, conformity, and compliance. In: *Handbook of Social Psychology*, 4e, vol. 2 (ed. D. Gilber, S. Fiske and G. Lindzey), 151-192. Boston: McGraw-Hill.

Cialdini, R.B., Reno, R.R., and Kallgren, C.A. (1990). A focus theory of normative conduct-recycling the concept of norms to reduce littering in public places. *Journal of Personalityand Social Psychology* 58: 1015-1026.

Cialdini, R.B., Kallgren, C.A., and Reno, R.R. (1991). A focus theory of normative conduct: a theoretical refinement and reevaluation of the role of norms in human behavior. In: *Advances in Experimental Social Psychology*, vol. 24 (ed. M.P. Zanna), 201-234. San Diego, CA: Academic Press.

Cialdini, R.B., Demaine, L.J., Sagarin, B.J. et al. (2006). Managing social norms for persuasive impact. *Social Influence* 1 (1): 3-15.

Clayton, S. (2000). Models of justice in the environmental debate. *Journal of Social Issues* 56: 459-474.

Clayton, S., Manning, C.M., and Hodge, C. (2014). *Beyond Storms & Droughts: The Psychological Impacts of Climate Change*. Washington, DC: American Psychological Association and ecoAmerica.

Clayton, S., Devine-Wright, P., Stern, P. et al. (2015). Psychological research and global climate change. *Nature Climate Change* 5: 640-646.

Cleary, A., Fielding, K.S., Bell, S.L. et al. (2017). Exploring potential mechanisms involved in the relationship between eudaimonic wellbeing and nature connection. *Landscape and Urban Planning* 158: 119-128.

Cohen, S. (1978). Environmental load and the allocation of attention. In: *Advances in Environmental Psychology*, The Urban Environment, vol. 1 (ed. A. Baum, J.E. Singer and S. Valins), 1-29. Hillsdale, NJ: Erlbaum.

Cohen, S. (1980). Aftereffects of stress on human performance and social behavior: a review of research and theory. *Psychological Bulletin* 88 (1): 82–108.

Coley, R.L., Kuo, F.E., and Sullivan, W.C. (1997). Where does community grow? The social context created by nature in urban public housing. *Environment and Behavior* 29 (4): 468–494.

Coley, R.L., Leventhal, T., Lynch, A.D., and Kull, M. (2013). Relations between housing characteristics and the well-being of low-income children and adolescents. *Developmental Psychology* 49 (9): 1775.

Collado, S. and Staats, H. (2016). Contact with nature and children's restorative experiences: an eye to the future. *Frontiers in Psychology* 7: 1885.

Collado, S., Staats, H., Corraliza, J.A., and Hartig, T. (2017). Restorative environments and health. In: *Handbook of Environmental Psychology and Quality of Life Research* (ed. G. Fleury-Bahi, E. Pol and O. Navarro), 127–148. Cham: Springer International.

Colvin, R.M., Witt, G.B., and Lacey, J. (2015a). The social identity approach to understanding socio-political conflict in environmental and natural resources management. *Global Environmental Change* 34: 237–246.

Colvin, R.M., Witt, G.B., and Lacey, J. (2015b). Strange bedfellows or an aligning of values? Exploration of stakeholder values in an alliance of concerned citizens against coal seam gas mining. *Land Use Policy* 42: 392–399.

Cone, J.D. and Hayes, S.C. (1980). *Environmental Problems/Behavioral Solutions*. Monterey, CA: Brooks/Cole.

Contzen, N. (2015). *Factors explaining the use of safe water kiosks in Kenya*. Poster presented at the 2015 Water and Health Conference, Chapel Hill, USA.

Contzen, N., Meili, I.H., and Mosler, H.J. (2015). Changing handwashing behaviour in southern Ethiopia: a longitudinal study on infrastructural and commitment interventions. *Social Science & Medicine* 124: 103–114.

Cook, A.J., Kerr, G.N., and Moore, K. (2002). Attitudes and intentions towards purchasing GM food. *Journal of Economic Psychology* 23: 557–572.

Cornelissen, G., Pandelaere, M., Warlop, L., and Dewitte, S. (2008). Positive cueing: promoting sustainable consumer behavior by cueing common environmental behaviors as environmental. *International Journal of Research in Marketing* 25 (1): 46–55.

Cornelius, R.R. (1996). *The Science of Emotion: Research and Tradition in the Psychology of Emotion*. Upper Saddle River: Simon and Schuster.

Corner, A., Whitmarsh, L., and Xenias, D. (2012). Uncertainty, scepticism and attitudes towards climate change: biased assimilation and attitude polarisation. *Climatic Change* 114: 463–478.

Corraliza, J. and Berenguer, J. (2000). Environmental values, beliefs, and actions: a situational approach. *Environment and Behavior* 32: 832–848.

Corraliza, J., Collado, S., and Bethelmy, L. (2012). Nature as a moderator of stress in urban children. *Procedia-Social and Behavioral Sciences* 38: 253–263.

Corral-Verdugo, V. (1997). Environmental psychology in Latin America: efforts in critical situations. *Environment and Behavior* 29: 163–168.

Corral-Verdugo, V. (2002). A structural model of pro-environmental competency. *Environment and Behavior* 34: 531–549.

Corral-Verdugo, V. (2010). *Psicologia de la sustentabilidad. [Psychology of Sustainability]*. Mexico City: Trillas.

Corral-Verdugo, V. and Pinheiro, J. (2009). Environmental psychology with a Latin American taste. *Journal of Environmental Psychology* 29: 366–374.

Corral-Verdugo, V., Bechtel, R.B., and Fraijo, S.B. (2002). Environmental beliefs and water conservation: an empirical study. *Journal of Environmental Psychology* 23: 247–257.

Corral-Verdugo, V. and Frias-Armenta, M. (2006). Personal normative beliefs, antisocial behaviour, and residential water conservation. *Environment and*

Behavior 38: 406-421.

Corral-Verdugo, V., Garcia, C., and Frias, M. (eds.) (2010). *Psychological Approaches to Sustainability*. New York, NY: Nova Science Publishers.

Costa-Font, J., Mossialos, E., and Rudisill, C. (2009). Optimism and the perceptions of new risks. *Journal of Risk Research* 12 (1): 27-41.

Council of Europe (2000). *Presentation of the European Landscape Convention*. Strasbourg: Council of Europe.

Covington, J. and Taylor, R.B. (1989). Gentrification and crime: robbery and larceny changes in appreciating Baltimore neighborhoods during the 1970s. *Urban Affairs Quarterly* 25: 142-172.

Craig, J.M., Logan, A.C., and Prescott, S.L. (2016). Natural environments, nature relatedness and the ecological theater: connecting satellites and sequencing to shinrin-yoku. *Journal of Physiological Anthropology* 35 (1): 1-10.

Craik, K.H. (1970). Environmental psychology. In: *New Directions in Psychology*, vol. 4 (ed. K.H. Craik, B. Kleinmuntz, R.L. Rosnow, et al.), 1-121. New York, NY: Holt, Rinehart, and Winston.

Craik, K.H. (1973). Environmental psychology. *Annual Review of Psychology* 24: 403-422.

Craik, K. and Feimer, N. (1987). Environmental assessment. In: *Handbook of Environmental Psychology*, vol. 2 (ed. D. Stokols and I. Altman), 891-918. New York, NY: Wiley.

Craik, K.H. and Mckechnie, G.H. (1974). *Perception on Environmental quality: Preferential judgments versus comparative appraisals*. Berkeley: CA, Institute of Personality Assessment and Research.

Craik, K.H. and Zube, F. (eds.) (1976). *Perceiving Environmental Quality: Research and Application*. New York, NY: Plenum Press.

CRED (2016). *Poverty & Death: Disaster Mortality 1996-2015*. Brussels, Belgium: CRED.

Cronon, W. (1996). The trouble with wilderness, or getting back to the wrong nature. *Environmental History* 1: 7-28.

Csikszentmihalyi, M. (1990). *Flow: the psychology of optimal experience*. New York: Harper Collins.

Daamen, D.D.L., Staats, H., Wilke, H.A.M., and Engelen, M. (2001). Improving environmental behavior in companies. The effectiveness of tailored versus non-tailored interventions. *Environment and Behavior* 33: 229-248.

Dake, K. (1991). Orienting dispositions in the perception of risk: an analysis of contemporary worldviews and cultural biases. *Journal of Cross-Cultural Psychology* 22: 61-82.

Damasio, A.R. (1999). *The Feeling of What Happens: Body and Emotion in the Making of Consciousness*. New York, NY: Harcourt Brace.

Daniel, T.C. (2001). Whither scenic beauty? Visual landscape quality assessment in the 21st century. *Landscape and Urban Planning* 54 (1-4): 267.

Daniel, T.C. and Boster, R.S. (1976). *Measuring Landscape Esthetics: The Scenic Beauty Estimation Method*. U.S. Department of Agriculture, Forest Service, Rocky Mountain Range and Experiment Station.

Daniel, T.C. and Meitner, M.M. (2001). Representational validity of landscape visualizations: the effects of graphical realism on perceived scenic beauty of forest vistas. *Journal of Environmental Psychology* 21 (1): 61-72.

Daniel, T.C. and Vining, J. (1983). Methodological issues in the assessment of landscape quality. In: *Behavior and the Natural Environment* (ed. I. Altman and J.F. Wohlwill), 39-84. New York, NY: Plenum Press.

Davidov, E. (2007). Explaining habits in a new context-the case of travel mode choice. *Rationality and Society* 19 (3): 315-334.

Davis, J. (2010). *Young Children and the Environment*. Melbourne: Cambridge University Press.

Dawes, R.M. (1980). Social Dilemmas. *Annual Review of Psychology* 32: 169-193.

Dawes, R.M., McTavish, J., and Shaklee, H. (1977). Behavior, communication, and assumptions about other people's behavior in commons dilemma situation. *Journal of Personality and Social Psychology* 35: 1-11.

De Campos, C.B. and Bonfim, Z.A.C. (2014). Psicologia ambiental: revisando, revisitando e ressignificando [Environmental psychology: reviewing, revisiting and resignifying]. *Psico* 45 (3): 290–291.

De Dominicis, S., Fornara, F., Cancellieri, U.G. et al. (2015). We are at risk, and so what? Place attachment, environmental risk perceptions and preventive coping behaviours. *Journal of Environmental Psychology* 43: 66–78.

De Groot, I. (1967). Trends in public attitudes toward air pollution. *Journal of the Air Pollution Control Association* 17: 679–681.

De Groot, M. (2010). *Humans and nature. Public visions on their interrelationship*. Dissertation. Nijmegen: Radboud University.

De Groot, M. and De Groot, W.T. (2009). 'Room for river' measures and public visions in the Netherlands: a survey on river perceptions among riverside residents. *Water Resources Research* 45 (7): W07403.

De Groot, J.I.M. and Schuitema, G. (2012). How to make the unpopular popular? Policy characteristics, social norms and the acceptability of environmental policies. *Environmental Science & Policy* 19–20: 100–107.

De Groot, J.I.M. and Steg, L. (2006). Impact of transport pricing on quality of life, acceptability, and intentions to reduce car use: an exploratory study in five European countries. *Journal of Transport Geography* 14: 463–470.

De Groot, J.I.M. and Steg, L. (2008). Value orientations to explain environmental attitudes and beliefs: how to measure egoistic, altruistic and biospheric value orientations. *Environment and Behavior* 40: 330–354.

De Groot, J.I.M. and Steg, L. (2009a). Mean or green? Values, morality and environmental significant behavior. *Conservation Letters* 2: 61–66.

De Groot, J.I.M. and Steg, L. (2009b). Morality and prosocial behavior: the role of awareness, responsibility, and norms in the norm activation model. *Journal of Social Psychology* 149 (4): 425–449.

De Groot, W.T. and Van den Born, R.J.G. (2003). Visions of nature and landscape type preferences: an exploration in the Netherlands. *Landscape and Urban Planning* 63 (3): 127–138.

De Groot, J.I.M., Steg, L., and Poortinga, W. (2013). Values, perceived risks and benefits, and acceptability of nuclear energy. *Risk Analysis* 33 (2): 307–317.

De Groot, J., Thøgersen, J., and Schubert, I. (2016). Morality and green consumer behaviour: a psychological perspective. In: *Ethics and Morality in Consumption* (ed. D. Shaw, M. Carrington and A. Chatzidakis), 57–74. London, UK: Routledge.

De Kort, Y.A.W., IJsselsteijn, W.A., Kooijman, J., and Schuurmans, Y. (2003). Virtual laboratories: comparability of real and virtual environments for environmental psychology. *Presence: Teleoperators and Virtual Environments* 12 (4): 360–373.

De Lucio, J.V., Mohamadian, M., Ruiz, J.P. et al. (1996). Visual landscape exploration as revealed by eye movement tracking. *Landscape and Urban Planning* 34 (2): 135–142.

De Ridder, D.T.D. and de Wit, J.B.F. (eds.) (2006). *Self-Regulation in Health Behavior*. London, UK: Wiley.

De Vries, S. (2010). Nearby nature and human health: looking at the mechanisms and their implications. In: *Open Space: People Space 2, Innovative Approaches to Researching Landscape and Health* (ed. C. Ward Thompson, P. Aspinall and S. Bell), 75–94. Abingdon: Routledge.

De Vries, S. (2016). Greener surroundings mean less ADHD. *Wageningen World* 1: 8.

De Vries, S. and Wilke, H. (1992). Constrained egoism and resource management under uncertainty. In: *Social Dilemmas: Theoretical Issues and Research Findings* (ed. W. Liebrand, D.M. Messick and H.A.M. Wilke), 81–99. Oxford: Pergamon.

De Vries, S., Verheij, R.A., Groenewegen, P.P., and Spreeuwenberg, P. (2003). Natural environmentshealthy environments? An exploratory analysis of the relationship between greenspace and health. *Environment and Planning A* 35 (10): 1717-1731.

De Vries, S., Van Dillen, S.M., Groenewegen, P.P., and Spreeuwenberg, P. (2013). Streetscape greenery and health: stress, social cohesion and physical activity as mediators. *Social Science and Medicine* 94: 26-33.

De Vries, S., Verheij, R., and Smeets, H. (2015). *Groen en gebruik ADHD-medicatie door kinderen: de relatie tussen de hoeveelheid groen in de woonomgeving en de prevalentie van AD (H) D-medicatiegebruik bij 5-tot 12-jarigen*. Alterra Wageningen UR.

De Young, R. (1990-1991). Some psychological aspects of living lightly: desired lifestyle patterns and conservation behavior. *Journal of Environmental Systems* 20 (3): 215-227.

De Young, R. (2000). Expanding and evaluating motives for environmentally responsible behavior. *Journal of Social Issues* 56: 509-526.

Dempsey, F. (1914). Nela Park: a novelty in the architectural grouping of industrial buildings. *Architectural Record* 35: 469-504.

Deutsch, M. (1975). Equity, equality, and need: what determines which value will be used as the basis of distributive justice? *Journal of Social Issues* 31: 137-149.

Deutsch, M. (1985). *Distributive Justice: A Social Psychological Perspective*. New Haven: Yale University Press.

Deutsch, M. and Gerard, H.B. (1955). A study of normative and informational social influences upon individual judgment. *Journal of Abnormal & Social Psychology* 51: 629-636.

Devine-Wright, P. (2009). Rethinking NIMBYism: the role of place attachment and place identity in explaining place-protective action. *Journal of Community & Applied Social Psychology* 19 (6): 426-441.

Devine-Wright, P. (2013). Explaining 'NIMBY' objections to a power line: The role of personal, place attachment and project-related factors. *Environment and Behavior* 45 (6): 761-781.

Devlin, K. (1990). An examination of architectural interpretation: architects versus non architects. *Journal of Architectural and Plannifng Research* 7: 235-244.

Di Masso, A., Dixon, J., and Durrheim, K. (2014). Place attachment as discursive practice. In: *Place Attachment: Advances in Theory, Methods and Applications* (ed. L. Manzo and P. Devine-Wright), 75-86. London: Routledge.

Diaz, E.M., Tapia, K.M., Estrada, C., and Leiva-Bianchi, M. (2012). Red semantica de terremotoy maremoto en personas expuestas directa y vicariamente [Semantic network of earthquake and seaquake concepts among people exposed directly and vicariously]. *Psicologia em Estudo* 17 (4): 557-565.

Diaz-Serrano, L. and Stoyanova, A.P. (2010). Mobility and housing satisfaction: an empirical analysis for 12 EU countries. *Journal of Economic Geography* 10 (5): 661-683.

Diener, E. (2000). Subjective well-being: the science of happiness and a proposal for a national index. *American Psychologist* 55 (1): 34-43.

Diener, E.F. (2011). Evaluaciones del progreso, la politica y las politicas. In: *Conferencia Latinoamericana para la Medicion del Bienestar y la Promocion del Progreso de las Sociedades, Ciudad de Mexico*, 11-13 Mayo 2011. Mexico: Organizacion para la Cooperacion y el Desarrollo Economicos.

Diener, E., Emmons, R.A., Larsen, R.J., and Griffin, S. (1985). The satisfaction with life scale. *Journal of Personality Assessment* 49: 71-75.

Diener, E., Lucas, R.E., Schimmack, U., and Helliwell, J.F. (2009a). *Well-Being for Public Policy*. Oxford: Oxford University Press.

Diener, E., Lucas, R.E., and Scollon, C.N. (2009b). Beyond the hedonic treadmill: revising the adaptation theory of well-being. *The Science of Well-Being: Social Indicators Research Series* 37: 103-118.

Dittmar, H. (1992) *The social psychology of material possessions: To have is to be*. Harvester Wheatsheaf, Hemel Hempstead, UK; St. Martin's Press, New York.

Dittmar, H. (2004). Are you what you have? *The Psychologist* 17 (4): 206–210.

Dittmar, H. and Pepper, L. (1994). To have is to be: materialism and person perception inworking-class and middle-class British adolescents. *Journal of Economic Psychology* 15 (2): 233–251.

Dixon, J. and Durrheim, K. (2004). Dislocating identity: desegregation and the transformation of place. *Journal of Environmental Psychology* 24 (4): 455–473.

Dolnicar, S. and Grun, B. (2009). Environmentally friendly behaviour. Can heterogeneity be improved among individuals and contexts/ environments be harvested for improved sustainable management? *Environment and Behavior* 41: 693–702.

Doran, B.J. and Lees, B.G. (2005). Investigating the spatiotemporal links between disorder, crime, and fear of crime. *The Professional Geographer* 57 (1): 1–12.

Dougherty, E.M., Fulton, D.C., and Anderson, D.H. (2003). The influence of gender on the relationship between wildlife value orientations, beliefs, and the acceptability of lethal deer control in Cuyahoga Valley National Park. *Society & Natural Resources* 16 (7): 603–623.

Dowdell, K., Gray, T., and Malone, K. (2011). Nature and its influence on children's outdoor play. *Journal of Outdoor and Environmental Education* 15 (2): 24.

Druckman, A. and Jackson, T. (2009). The carbon footprint of UK households 1990–2004: a socio-economically disaggregated, quasi-multi-regional input-output model. *Ecological Economics* 68 (7): 2066–2207.

Duffy, M., Bailey, S., Beck, B., and Barker, D.G. (1986). Preferences in nursing home design: a comparison of residents, administrators, and designers. *Environment and Behavior* 18: 246–257.

Dunlap, R.E. and Jones, R.E. (2002). Environmental attitudes and values. In: *Encyclopedia of Psychological Assessment*, vol. 1 (ed. R. Fernandez-Ballesteros), 364–369. London: Sage.

Dunlap, R.E., Van Liere, K.D., Mertig, A.G., and Jones, R.E. (2000). Measuring endorsement of the new ecological paradigm: a revised NEP scale. *Journal of Social Issues* 56: 425–442.

Dunn, M.J. and Searle, R. (2010). Effect of manipulated prestige car ownership on both sex attractiveness ratings. *British Journal of Psychology* 101: 69–80.

Dupont, L., Antrop, M., and Van Eetvelde, V. (2013). Eye-tracking analysis in landscape perception research: influence of photograph properties and landscape characteristics. *Landscape Research* 39: 417–432.

Dyment, J.E. and Bell, A.C. (2008). 'Our garden is colour blind, inclusive and warm': reflections on green school grounds and social inclusion. *International Journal of Inclusive Education* 12 (2): 169–183.

Dzhambov, A.M., Dimitrova, D.D., and Dimitrakova, E.D. (2014). Association between residential greenness and birth weight: systematic review and meta-analysis. *Urban Forestry & Urban Greening* 13 (4): 621–629.

Eagly, A. and Chaiken, S. (1993). *The Psychology of Attitudes*. NY: Harcourt, Brace Jovanovich.

Economic Commission for Latin America and the Caribbean (2010). *Statistical Year Book for Latin America and the Caribbean 2010*. Santiago de Chile: United Nations.

Ekkekakis, P. (2012). Affect, mood, and emotion. In: *Measurement in Sport and Exercise Psychology* (ed. G. Tenenbaum, R.C. Eklund and A. Kamata), 321–332. Champaign, IL: Human Kinetics.

Emery, K.F. (2007). Assessing the impact of ancient Maya animal use. *Journal of Nature Conservation* 15 (3): 184–195.

Eriksson, L., Garvill, J., and Nordlund, A. (2006). Acceptability of travel demand management measures: the importance of problem awareness, personal norm, freedom, and fairness. *Journal of Environmental Psychology* 26: 15–26.

Eriksson, L., Garvill, J., and Nordlund, A. (2008). Acceptability of single and combined transport policy measures: the importance of environmental and policy specific beliefs. *Transportation Research Part A: Policy and Practice* 42: 1117–1128.

Erman, T. (1996). Women and the housing environment: the experiences of Turkish migrant women in squatter and apartment housing. *Environment and Behavior* 28: 764–798.

Ernst, A., Schulz, C., Schwarz, N., and Janisch, S. (2008). Modelling of water use decisions in a large, spatially explicit, coupled simulation system. In: *Social Simulation: Technologies, Advances and New Discoveries* (ed. B. Edmonds, K.G. Troitzsch and C. Hernandez Iglesias), 138–149. New York, NY: Hershey.

Evans, G.W. (2001). Environmental stress and health. In: *Handbook of Health Psychology* (ed. A. Baum, T. Revenson and J.E. Singer), 365–385. Hillsdale, NJ: Erlbaum.

Evans, G.W. (2004). The environment of childhood poverty. *American Psychologist* 59: 77–92.

Evans, G.W. (2006). Child development and the physical environment. *Annual Review of Psychology* 57: 423–451.

Evans, G.W. and Cohen, S. (1987). Environmental stress. In: *Handbook of Environmental Psychology*, vol. 1 (ed. D. Stokols and I. Altman), 571–610. New York, NY: Wiley.

Evans, G.W. and Cohen, S. (2004). Environmental stress. In: *Encyclopedia of Applied Psychology* (ed. C. Spielberger), 815–824. Oxford: Elsevier.

Evans, G.W. and Hygge, S. (2007). Noise and performance in children and adults. In: *Noise and Its Effects* (ed. L. Luxon and D. Prasher), 549–566. London: Wiley.

Evans, G.W. and Marcynyszyn, L.A. (2004). Environmental justice, cumulative environmental risk, and health among low-and middle-income children in upstate New York. *American Journal of Public Health* 94: 1942–1944.

Evans, G.W. and Stecker, R. (2004). The motivational consequences of environmental stress. *Journal of Environmental Psychology* 24: 143–165.

Evans, G.W., Bullinger, M., and Hygge, S. (1998a). Chronic noise exposure and physiological response: a prospective, longitudinal study of children under environmental stress. *Psychological Science* 9: 75–77.

Evans, G.W., Lepore, S.J., Shejwal, B.R., and Palsane, M.N. (1998b). Chronic residential crowding and children's well-eing: an ecological perspective. *Child Development* 69: 1514–1523.

Ewert, A. (1986). Fear and anxiety in environmental education programs. *Journal of Environmental Education* 18: 33–39.

Ewert, A. and Galloway, G. (2009). Socially desirable responding in an environmental context: development of a domain specific scale. *Environmental Education Research* 15 (1): 55–70.

Ewert, A., Place, G., and Sibthorp, J. (2005). Early-life outdoor experiences and an individual's environmental attitudes. *Leisure Sciences* 27 (3): 225–239.

Faber Taylor, A. and Kuo, F.E. (2006). Is contact with nature important for healthy child development: state of the evidence. In: *Children and their Environments: Learning, Using, and Designing Spaces* (ed. C. Spencer and M. Blades), 124–158. New York, NY: Cambridge University Press.

Faber Taylor, A., Kuo, F.E., and Sullivan, W.C. (2002). Views of nature and self-discipline: evidence from inner city children. *Journal of Environmental Psychology* 22 (1–2): 49–63.

Fairclough, G., Lambrick, G., and McNab, A. (eds.) (1999). *Yesterday's World, Tomorrows Landscape. The English Heritage Historic Landscape Project 1992–1994*. London: English Heritage.

Farias, M.T. and Pinheiro, J.Q. (2013). Vivendo a vizinhanca: Interfaces pessoa-ambiente na producao de vizinhancas "vivas". *Psicologia em Estudo, Maringa* 18 (1): 27–36.

Farjon, H., De Blaeij, A., De Boer, T. et al. (2016). *Citizens' Images and Values of Nature in Europe: A Survey in nine EU Member States*. The Hague: PBL

Netherlands Environmental Assessment.

Fawcett, W., Ellingham, I., and Platt, S. (2008). Reconciling the architectural preferences of architects and the public: the ordered preference model. *Environment and Behavior* 40: 599–618.

Fehr, E. and Schmidt, K.M. (1999). A theory of fairness, competition, and cooperation. *Quarterly Journal of Economics* 114: 817–851.

Felippe, M.L. and Kuhnen, A. (2012). O apego ao lugar no contexto dos estudos pessoaambiente: Praticas de pesquisa. *Estudos de Psicologia, Campinas* 29 (4): 609–617.

Ferguson, M.A., Branscombe, N.R., and Reynolds, K.J. (2011). The effect of intergroup comparison on willingness to perform sustainable behavior. *Journal of Environmental Psychology* 31 (4): 275–281.

Festinger, L. (1957). *A Theory of Cognitive Dissonance*. Stanford, CA: Stanford University Press.

Field, C.B., Barros, V.R., Mastrandrea, M.D., et al. (2014). Summary for policymakers. In Climate change 2014: impacts, adaptation, and vulnerability. Part A: global and sectoral aspects. Contribution of Working Group II to the Fifth Assessment Report of the Intergovernmental Panel on Climate Change (pp. 1–32). Cambridge University Press.

Fielding, K.S. and Hornsey, M.J. (2016). A social identity analysis of climate change and environmental attitudes and behaviors: insights and opportunities. *Frontiers in Psychology* 7: 121.

Fielding, K.S., Terry, D.J., Masser, B.M., and Hogg, M.A. (2008). Integrating social identity theory and the theory of planned behaviour to explain decisions to engage in sustainable agricultural practices. *British Journal of Social Psychology* 47 (1): 23–48.

Fields, J.M. (1993). Effect of personal and situational variables on noise annoyance in residential areas. *Journal of the Acoustical Society of America* 93 (5): 2753–2763.

Finucane, M.L., Alhakami, A., Slovic, P., and Johnson, S.M. (2000). The affect heuristic in judgements of risks and benefits. *Journal of Behavioural Decision Making* 13: 1–17.

Fischhoff, B., Slovic, P., Lichtenstein, S. et al. (1978). How safe is safe enough? A psychometric study of attitudes towards technological risks and benefits. *Policy Sciences* 8: 127–152.

Fishbein, M. and Ajzen, I. (2010). *Predicting and Changing Behavior: The Reasoned Action Approach*. New York, NY: Psychology Press (Taylor & Francis).

Fjørtoft, I. (2004). Landscape as playscape: the effects of natural environments on children's play and motor development. *Children, Youth and Environments* 14 (2): 21–44.

Fleming, I., Baum, A., and Weiss, L. (1987). Social density and perceived control as mediators of crowding stress in high-density residential neighborhoods. *Journal of Personality and Social Psychology* 52 (5): 899–906.

Fleury-Bahi, G., Pol, E., and Navarro, O. (2017). *Handbook of Environmental Psychology and Quality of Life Research*. Cham: Springer.

Flint, C.G., Kunze, I., Muhar, A. et al. (2013). Exploring empirical typologies of human-nature relationships and linkages to the ecosystem services concept. *Landscape and Urban Planning* 120: 208–217.

Floriani, V. and Kennedy, C. (2008). Promotion of physical activity in children. *Current Opinion in Pediatrics* 20 (1): 90–95.

Fogg, B.J. (2003). *Persuasive Technology: Using Computers to Change What we Think and Do*. San Francisco: Morgan Kaufman.

Fornara, F., Bonaiuto, M., and Bonnes, M. (2010). Cross-validation of abbreviated perceived residential environment quality (PREQ) and neighbourhood attachment (NA) indicators. *Environment & Behavior* 42 (2): 171–196.

Forster, J. and Liberman, N. (2007). Knowledge activation. In: *Social Psychology: Handbook of Basic Principles*, 2e (ed. A.W. Kruglanski and E. Tory Higgins). New York, NY: Guilford Press.

Fraj, E. and Martinez, E. (2007). Ecological consumer

behaviour: an empirical analysis. *International Journal of Consumer Studies* 31 (1): 26-31.

Fransson, N. and Garling, T. (1999). Environmental concern: conceptual definitions, measurement methods, and research findings. *Journal of Environmental Psychology* 19: 369-382.

Frantz, C.M. and Mayer, F.S. (2009). The emergency of climate change: why are we failingto take action? *Analyses of Social Issues and Public Policy* 9 (1): 205-222.

Frewald, D.B. (1990). Preferences for older buildings: a psychological approach to architectural design. *Dissertation Abstracts International* 51 (1-B): 414-415.

Frey, B.S. and Jegen, R. (2001). Motivation crowding theory. *Journal of Economic Surveys* 15: 589-611.

Fried, M. (1963). Grieving for a lost home. In: *The Urban Condition* (ed. L.J. Duhl), 151-171. New York, NY: Basic Books.

Friedrichsmeier, T., Matthies, E., and Klockner, C.A. (2013). Explaining stability in travel mode choice: an empirical comparison of two concepts of habit. *Transportation Research Part F: Traffic Psychology and Behaviour* 16: 1-13.

Frijda, N.H. (2009). Mood. In: *The Oxford Companion to Emotion and the Affective Sciences* (ed. D. Sander and K.R. Scherer), 258-259. New York, NY: Oxford University Press.

Fujii, S. and Garling, T. (2003). Development of script-based travel mode choice after forced change. *Transportation Research Part F: Traffic Psychology and Behaviour* 6 (2): 117-124.

Fujii, S. and Kitamura, R. (2003). What does a one-month free bus ticket do to habitual drivers? An experimental analysis of habit and attitude change. *Transportation* 30: 81-95.

Fujii, S., Garling, T., and Kitamura, R. (2001). Changes in drivers' perceptions and use of public transport during freeway closure-effects of temporary structural change on cooperation in a real-life social dilemma. *Environment and Behavior* 33 (6): 796-808.

Fullilove, M.T. (2014). 'The frayed knot:' What happens to place attachments in the context of serial forced displacement? In: *Place Attachment: Advances in Theory, Methods and Applications* (ed. L.C. Manzo and P. Devine-Wright), 141-153. London: Routledge.

Fulton, D.C., Manfredo, M.J., and Lipscomb, J. (1996). Wildlife value orientations: a conceptual and measurement approach. *Human Dimensions of Wildlife* 1 (2): 24-47.

Fyhri, A., Hjorthol, R., Mackett, R.L. et al. (2011). Children's active travel and independent mobility in four countries: development, social contributing trends and measures. *Transport Policy* 18 (5): 703-710.

Gamborg, C. and Jensen, F.S. (2016). Wildlife value orientations: a quantitative study of the general public in Denmark. *Human Dimensions of Wildlife* 21 (1): 34-46.

Ganzel, B.L., Morris, P.A., and Wethington, E. (2010). Allostasis and the human brain: integrating models of stress from the social and life sciences. *Psychological Review* 117: 134-174.

Gardner, G.T. and Stern, P.C. (2002). *Environmental Problems and Human Behavior*. Boston: Allyn & Bacon.

Garling, T. and Schuitema, G. (2007). Travel demand management targeting reduced private car use: effectiveness, public acceptability and political feasibility. *Journal of Social Issues* 63: 139-153.

Garling, T., Jakobsson, C., Loukopoulos, P., and Fujii, S. (2008). Public acceptability of road pricing. In: *Pricing in Road Transport: A Multi-Disciplinary Perspective* (ed. E.T. Verhoef, M.C.J. Bliemer, L. Steg and B. Van Wee), 193-208. Cheltenham, UK and Northampton, MA, USA: Edward Elgar.

Gatersleben, B. (2000). *Sustainable Household Metabolism and Quality of Life: Examining the perceived social sustainability of environmentally sustainable household consumption patterns*. PhD Dissertation, University of Groningen, Groningen.

Gatersleben, B. (2007). Affective and symbolic aspects of

car use: a review. In: *Threats to the Quality of Urban Life from Car Traffic: Problems, Causes, and Solutions* (ed. T. Garling and L. Steg), 219-234. Amsterdam: Elsevier.

Gatersleben, B. (2010). The car as a material possession: exploring the link between materialism and car ownership and use. In: *Auto Motives: Understanding Car Use Behaviours* (ed. K. Lucas, E. Blumenberg and R. Weinberger), 137-150. Bradford: Emerald.

Gatersleben, B., Steg, L., and Vlek, C. (2002). Measurement and determinants of environmentally significant consumer behavior. *Environment and Behavior* 34: 335-365.

Gatersleben, B., Murtagh, N., and Abrahamse, W. (2012). Values, identity and pro-environmental behaviour. *Contemporary Social Science* 9 (4): 374-392.

Gattig, A. and Hendrickx, L. (2007). Judgmental discounting and environmental risk perception. *Journal of Social Issues* 63: 21-39.

Gawronski, B. and Payne, B.K. (2010). *Handbook of Implicit Social Cognition: Measurement, Theory, and Applications*. New York: Guilford Press.

GBD 2015 Risk Factors Collaborators (GBD-RFC) (2016). Global, regional, and national comparative risk assessment of 79 behavioural, environmental and occupational, and metabolic risks or clusters of risks in 188 countries, 1990-2013: a systematic analysis for the global burden of disease study 2013. *The Lancet* 380 (9859): 2224-2260.

Ge, Y., Xu, W., Gu, Z.H. et al. (2011). Risk perception and hazard mitigation in the Yangtze River Delta region, China. *Natural Hazards* 56 (3): 633-648.

Geiger, N. and Swim, J. K. (2018). Gendered impressions of issue publics as predictors of climate activism. Under review.

Geiger, N., Middlewood, B.L., and Swim, J.K. (2017). *Psychological, Social, and Cultural Barriers to Communicating about Climate Change*. Oxford Research Encyclopedia.

Geiger, N., Swim, J.K., Fraser, J., and Flinner, K. (2017). Catalyzing public engagement with climate change through informal science learning centers. *Science Communication* 39 (2): 221-249. doi: 10.1177/1075547017697980.

Geller, E.S. (2002). The challenge of increasing proenvironmental behavior. In: *Handbook of Environmental Psychology* (ed. R. Bechtel and A. Churchman), 541-553. New York, NY: Wiley.

Geller, E.S. (2016). Actively caring for mother earth. In: *Applied Psychology: Actively Caring for People* (ed. E.S. Geller), 594-623. New York, NY: Cambridge University Press.

Geller, E.S., Winett, R.A., and Everett, P.B. (1982). *Environmental Preservation: New Strategies for Behavior Change*. New York, NY: Pergamon Press.

Genereux, R.L., Ward, L.M., and Russell, J.A. (1983). The behavioral component of the meaning of places. *Journal of Environmental Psychology* 3: 43-55.

Ghassemi, R. and Becerik-Gerber, B. (2011). Transitioning to integrated project delivery: potential barriers and lessons learned. *Lean Construction Journal 2011* 32-52.

Gibson, J.J. (1979). *The Ecological Approach to Visual Perception*. Hughton Mifflin Company.

Gifford, R. (1980). Environmental dispositions and the evaluation of architectural interiors. *Journal of Research in Personality* 14: 386-399.

Gifford, R. (2007). *Environmental Psychology: Principles and Practice*, 4e. Colville WA: Optimal Books.

Gifford, R. (2008). Psychology's essential role in climate change. *Canadian Psychology* 49: 273-280.

Gifford, R. (2014). Environmental psychology matters. *Annual Review of Psychology* 65: 541-580.

Gifford, R. and Lacombe, C. (2006). Housing quality and children's socioemotional health. *Journal of Housing and the Built Environment* 21: 177-189.

Gifford, R. and Martin, M. (1991). A multiple sclerosis centre program and post-occupancy evaluation. In: *Design Innovation: The Challenge of Cultural Change* (ed. W.F.E. Preiser and J. Vischer). New York, NY:

Van Nostrand Reinhold.

Gifford, R., Hine, D.W., Muller-Clemm, W. et al. (2000). Decoding modern architecture: understanding the aesthetic differences of architects and laypersons. *Environment and Behavior* 32: 163-187.

Gifford, R., Hine, D.W., Muller-Clemm, W., and Shaw, K.T. (2002). Why architects and laypersons judge buildings differently: cognitive and physical bases. *Journal of Architectural and Planning Research* 19: 131-147.

Gilavand, A. and Jamshidnezhad, A. (2016). The effect of noise in educational institutions on learning and academic achievement of elementary students in Ahvaz, South-West of Iran. *International Journal of Pediatrics* 4 (3): 1453-1463.

Gilbert, D.T. and Wilson, T.D. (2000). Miswanting. In: *Thinking and Feeling: The Role of Affect in Social Cognition* (ed. J. Forgas), 178-197. Cambridge: Cambridge University Press.

Gillis, A.R. (1997). High rise housing and psychological strain. *Journal of Health and Social Behavior* 18: 418-431.

Giuliani, M.V. (2003). Theory of attachment and place attachment. In: *Psychological Theoriesfor Environmental Issues* (ed. M. Bonnes, T. Lee and M. Bonaiuto), 137-170. Aldershot: Ashgate.

Giuliani, M.V. (2004). Residential preferences and attachment across the lifespan. In: *Encyclopedia of Applied Psychology*, vol. 3 (ed. C. Spielberger), 259-266. San Diego: Elsevier/Academic Press.

Giuliani, M.V. and Scopelliti, M. (2009). Empirical research in environmental psychology: past, present, and future. *Journal of Environmental Psychology* 29 (3): 375-386.

Glass, D.C. and Singer, J.E. (1972). *Urban Stress: Experiments on Noise and Social Stressors*. New York, NY: Academic Press.

Gneezy, U. and Rustichini, A. (2000). A fine is a price. *Journal of Legal Studies* 29: 1-17.

Gobster, P.H. (1999). An ecological aesthetic for forest landscape management. *Landscape Journal* 18 (1): 54-64.

Gockeritz, S., Schultz, P.W., Rendon, T. et al. (2010). Descriptive normative beliefs and conservation behavior: the moderating role of personal involvement and injunctive normative beliefs. *European Journal of Social Psychology* 40: 514-523.

Goldenberg, J., Pyszczynski, T., Greenberg, J. et al. (2001). I am *not* an animal: mortality salience, disgust, and the denial of human creatureliness. *Journal of Experimental Psychology: General* 130: 427-435.

Goldstein, N.J. and Cialdini, R.B. (2007). Using social norms as a lever of social influence. In: *The Science of Social Influence* (ed. A.R. Pratkanis), 167-192. New York, NY: Psychology Press.

Goldstein, N.J., Cialdini, R.B., and Griskevicius, V. (2008). A room with a viewpoint: using social norms to motivate environmental conservation in hotels. *Journal of Consumer Research* 35: 472-482.

Gollwitzer, P.M. (1990). Action phases and mind-sets. In: *Handbook of Motivation and Cognition: Foundations of Social Behavior*, vol. 2 (ed. E.T. Higgins and R.M. Sorrentino), 53-92. New York, NY: Guilford.

Gollwitzer, P.M. (1999). Implementation intentions: strong effects of simple plans. *American Psychologist* 54: 493-503.

Golob, T.F., Recker, W.W., and Levine, D.W. (1990). Safety of freeway median high occupancy vehicle lanes: a comparison of aggregate and disaggregate analyses. *Accident Analysis & Prevention* 22: 19-34.

Gomez-Limon, J. and Lucio, J.V.d. (1999). Changes in use and landscape preferences on the agricultural-livestock landscapes of the central Iberian Peninsula (Madrid, Spain). *Landscape and Urban Planning* 44 (1): 165-175.

Gotts, N.M. (2007). Resilience, panarchy and world-systems analysis. *Ecology and Society* 12 (1): 24.

Graf, J., Meierhofer, R., Wegelin, M., and Mosler, H.-J. (2008). Water disinfection and hygiene behaviour in an urban slum in Kenya: impact on childhood diarrhoea and influence of beliefs. *International Journal of Environmental Health Research* 18 (5): 335-355.

Granada, H. (2002). *Psicologia y ambiente: Introduccion tematica. [Psychology and Environment: A Thematic Introduction]*. Barranquilla: Ediciones Uninorte.

Granada, H. and Molina Cortes, C. (2015). Conocimiento y valoracion de la calidad ambiental de la Reserva Forestal Bosque de Yotogo: perspectiva psicoambiental. *Psicologia desde El Caribe* 32 (3): 442-458.

Greenberg, J., Solomon, S., and Pyszczynski, T. (1997). Terror management theory of selfesteem and cultural worldviews: empirical assessments and conceptual refinements. In: *Advances in Experimental Social Psychology*, vol. 29 (ed. M. Zanna), 61-139. London: Academic Press.

Greenwald, A.G. and Banaji, M.R. (1995). Implicit social cognition: attitudes, self-esteem, and stereotypes. *Psychological Review* 102: 4-27.

Gregory, R., Lichtenstein, S., and MacGregor, D. (1993). The role of past states in determining reference points for policy decisions. *Organizational Behavior and Human Decision Processes* 55: 195-206.

Greif, M.J. and Dodoo, F.N.A. (2015). How community physical, structural, and social stressors relate to mental health in the urban slums of Accra, Ghana. *Health & Place* 33: 57-66.

Griffiths, I.D. and Langdon, F.J. (1968). Subjective response to road traffic noise. *Journal of Sound and Vibration* 8: 16-32.

Griskevicius, V., Tybur, J., and Van den Bergh, B. (2010). Going green to be seen: status, reputation, and conspicuous conservation. *Journal of Personality and Social Psychology* 98: 392-404.

Groat, L. (1982). Meaning in post-modern architecture: an examination using the multiple sorting task. *Journal of Environmental Psychology* 2: 3-22.

Groat, L. and Canter, D. (1979). Does post-modernism communicate? *Progressive Architecture* 12: 84-87.

Guevara, J. and Mercado, S. (2002). *Temas selectos de Psicologia Ambiental UNAM, GRECO*. Mexico: Fundacion Unilibre.

Gulwadi, G.B. (2006). Seeking restorative experiences: elementary school teacher's choices for places that enable coping with stress. *Environment and Behavior* 38 (4): 503-520.

Gunther, H. and Neto, I. (2015). Comportamento no transito: Uma perspectiva da psicologia ambiental. In: *Pesquisas sobre comportamento no transito* (ed. H. Gunther, F. de Cristo, I. Neto and Z. Oliveira Feitosa), 29-49. Laboratorio de Psicologia Ambiental Universidade de Brasilia, Casa do Psicologo.

Guski, R. (1999). Personal and social variables as co-determinants of noise annoyance. *Noise and Health* 1 (3): 45-56.

Hafer, C.L. and Olson, J.M. (2003). An analysis of empirical research on the scope of justice. *Personality and Social Psychology Review* 7: 311-323.

Hagerhall, C.M. (2001). Consensus in landscape preference judgments. *Journal of Environmental Psychology* 21: 83-92.

Hagerhall, C.M., Laike, T., Kuller, M. et al. (2015). Human physiological benefits of viewing nature: EEG response to exact and statistical fractal patterns. *Nonlinear Dynamics, Psychology, and Life Sciences* 19 (1): 1-12.

Haider, M., Kerr, K., and Badami, M. (2013). Does commuting cause stress? The public health implications of traffic congestion. *The Public Health Implications of Traffic Congestion* (August 2, 2013).

Hale, L., Hill, T.D., and Burdette, A.M. (2010). Does sleep quality mediate the association between neighborhood disorder and self-rated physical health? *Preventive Medicine* 51 (3): 275-278.

Hale, L., Hill, T.D., Friedman, E. et al. (2013). Perceived neighborhood quality, sleep quality, and health status: evidence from the survey of the health of Wisconsin. *Social Science & Medicine* 79: 16-22.

Ham, J. and Midden, C. (2010). Ambient persuasive technology needs little cognitive effort: The differential effects of cognitive load on lighting feedback versus factual feedback. *Conference proceedings of Persuasive 2010* (pp. 132-142). Heidelberg: Springer.

Ham, J., Midden, C., and Beute, F. (2009). Can ambient persuasive technology persuade unconsciously? Using subliminal feedback to influence energy consumption ratings of household appliances. *Conference proceedings of Persuasive 2009, Claremont, USA* (pp. article no. 29). Heidelberg: Springer.

Ham, J., van Esch, M., Limpens, Y. et al. (2012). The automaticity of social behavior towards robots: the influence of cognitive load on interpersonal distance to approachable versus less approachable robots. In: *Proceedings of the Social Robotics* (ed. S.S. Ge et al.), 15-25. Berlin: Springer.

Hammen, C. (2005). Stress and depression. *Annual Review of Clinical Psychology* 1: 293-319.

Hanselmann, M. and Tanner, C. (2008). Taboos and conflicts in decision making: sacred values, decision difficulty and emotions. *Judgment and Decision Making* 3: 51-63.

Hanyu, K. (2000). Visual properties and affective appraisals in residential areas in daylight. *Journal of Environmental Psychology* 20 (3): 273-284.

Haq, S.M.A. and Ahmed, K.J. (2017). Does the perception of climate change vary with the socio-demographic dimensions? A study on vulnerable populations in Bangladesh. *Natural Hazards* 85 (3): 1759-1785.

Haramoto, E., Moyano-Diaz, E., Riffo, M., and Sepulveda, O. (1994). *Evaluacion del programa de viviendas progresivas en areas rurales. [Evaluation of a Progressive Housing Program in Rural Areas]*. Santiago de Chile: Institute of Housing, Faculty of Architecture and Urbanism, University of Chile.

Hardin, G. (1968). The tragedy of the commons. *Science* 13: 1243-1248.

Hardisty, D.J., Johnson, E.J., and Weber, E.U. (2010). A dirty word or a dirty world?: Attribute framing, political affiliation, and query theory. *Psychological Science* 21: 86-92.

Harkins, S. and Szymanski, K. (1989). Social loafing and group evaluation. *Journal of Personality and Social Psychology* 56: 934-941.

Harland, P., Staats, H., and Wilke, H. (1999). Explaining proenvironmental behavior by personal norms and the theory of planned behavior. *Journal of Applied Social Psychology* 29: 2505-2528.

Hart, R. (1979). *Children's Experience of Place*. New York, NY: Irvington.

Harter, M., Mosch, S., and Mosler, H.-J. (2017). *How does community-led total sanitation affect latrine ownership? A quantitative case study from Mozambique*. Unpublished manuscript.

Hartig, T. (2007). Three steps to understanding restorative environments as health resources. In: *Open Space: People Space* (ed. C. Ward Thompson and P. Travlou), 163-179. London: Taylor & Francis.

Hartig, T., Korpela, K., Evans, G.W., and Garling, T. (1996). *Validation of a Measure of Perceived Environmental Restorativeness* Göteborg Psychological Reports, vol. 26/7. Goteborg, Sweden: Goteborg University.

Hartig, T., Korpela, K., Evans, G.W., and Garling, T. (1997). A measure of restorative quality in environments. *Scandinavian Housing and Planning Research* 14 (4): 175-194.

Hartig, T., Evans, G.W., Jamner, L.D. et al. (2003a). Tracking restoration in natural and urban field settings. *Journal of Environmental Psychology* 23 (2): 109-123.

Hartig, T., Johansson, G., and Kylin, C. (2003b). Residence in the social ecology of stress and restoration. *Journal of Social Issues* 59 (3): 611-636.

Hartig, T., Bringslimark, T., and Grindal Patil, C. (2008). Restorative environmental design: what, when, where, and for whom? In: *Biophilic Design* (ed. S.R. Kellert, J.H. Heerwagen and M.L. Mador), 131-151. Hoboken, NJ: Wiley.

Hartig, T., Mitchell, R., de Vries, S., and Frumkin, H. (2014). Nature and health. *Annual Review of Public*

Health 35: 207-228.

Haslam, S.A., Eggins, R.A., and Reynolds, K.J. (2003). The ASPIRe model: actualizing social and personal identity resources to enhance organizational outcomes. *Journal of Occupational and Organizational Psychology* 76 (1): 83-113.

Hauer, E., Ahlin, F.J., and Bowser, J.S. (1982). Speed enforcement and speed choice. *Accident Analysis & Prevention* 14: 267-278.

Hay, C. and Forrest, W. (2008). Self-control theory and the concept of opportunity: the case for a more systematic union. *Criminology* 47: 1039-1072.

Heatherton, T.F. and Wheatley, T. (2010). Social neuroscience. In: *Advanced Social Psychology* (ed. R.F. Baumeister and E. Finkel), 575-612. New York: Oxford University Press.

Hellpach, W. (1911). *Geopsyche*. Leipzig: Engelmann.

Hennessy, D.A. (2008). The impact of commuter stress on workplace aggression. *Journal of Applied Social Psychology* 38 (9): 2315-2335.

Hensher, D.A. and Li, Z. (2013). Referendum voting in road pricing reform: a review of the evidence. *Transport Policy* 25: 186-197.

Hermann, N., Voβ, C., and Menzel, S. (2013). Wildlife value orientations as predicting factors in support of reintroducing bison and of wolves migrating to Germany. *Journal for Nature Conservation* 21 (3): 125-132.

Hernandez, B., Hidalgo, M.C., Salazar-Laplace, M., and Hess, S. (2007). Place attachment and place identity in natives and non-natives. *Journal of Environmental Psychology* 27 (4): 310-319.

Herrmann, B., Thoni, B., and Gachter, S. (2008). Antisocial punishment across societies. *Science* 319: 1362-1367.

Herzog, H.A. and Burghardt, G.M. (1988). Attitudes towards animals: origins and diversity. *Anthrozoös* 1 (4): 214-222.

Herzog, T.R. and Stark, J.L. (2004). Typicality and preference for positively and negatively valued environmental settings. *Journal of Environmental Psychology* 24: 85-92.

Herzog, T.R., Maguire, C.P., and Nebel, M.B. (2003). Assessing the restorative components of environments. *Journal of Environmental Psychology* 23 (2): 159-170.

Herzog, T.R., Ouellette, P., Rolens, J.R., and Koenigs, A.M. (2010). Houses of worship as restorative environments. *Environment and Behavior* 42 (4): 395-419.

Hester, R. (2014). Do not detach! Instructions from and for community design. In: *Place Attachment: Advances in Theory, Methods and Applications* (ed. L. Manzo and P. Devine-Wright), 191-206. London: Routledge.

Heyman, J. and Ariely, D. (2004). Effort for payment. A tale of two markets. *Psychological Science* 15: 787-793.

Higgins, T. (1989). Self-discrepancy theory. What patterns of self beliefs cause people to suffer? *Advances in Experimental Social Psychology* 22: 93-136.

Hilbig, B.E., Zettler, I., Moshagen, M., and Heydasch, T. (2013). Tracing the path from personality-via cooperativeness-to conservation. *European Journal of Personality* 27: 319-327.

Hinkle, J..C. and Weisburd, D. (2008). The irony of broken windows policing: a micro-place study of the relationship between disorder, focused police crackdowns and fear of crime. *Journal of Criminal Justice* 36: 503-512.

Hipp, J.A., Gulwadi, G.B., Alves, S., and Sequeira, S. (2016). The relationship between perceived greenness and perceived restorativeness of university campuses and studentreported quality of life. *Environment and Behavior* 48 (10): 1292-1308.

Hiscock, R., Macintyr, S., Kearns, A., and Ellaway, A. (2003). Residents and residence. *Journal of Social Issues* 59: 527-546.

Hoffman, E. and Ortiz, F.A. (2009). Youthful peak experiences in cross-cultural perspective: implications for educators and counselors. In: *International Handbook of Education for Spirituality, Care and*

Wellbeing, 469–489. Springer.

Hogan, B.E., Linden, W., and Najarian, B. (2002). Social support interventions: do they work? *Clinical Psychology Review* 22: 381–440.

Hogg, M.A. (2003). Social identity. In: *Handbook of Self and Identity* (ed. M.R. Leary and J.P. Tangney), 462–479. New York, NY: The Guilford Press.

Holland, R.W., Aarts, H., and Langendam, D. (2006). Breaking and creating habits on the working floor: a field-experiment on the power of implementation intentions. *Journal of Experimental Social Psychology* 42 (6): 776–783.

Homer, P.M. and Kahle, L.R. (1988). A structural equation test of the value-attitudebehaviour hierarchy. *Journal of Personality and Social Psychology* 54 (4): 638–646.

Horne, C. (2001). Sociological perspectives on the emergence of norms. In: *Social Norms* (ed. M. Hechter and K.-D. Opp), 3–34. New York, NY: Russell Sage.

Hornsey, M.J., Harris, E.A., Bain, P.G., and Fielding, K.S. (2016). Meta-analyses of the determinants and outcomes of belief in climate change. *Nature Climate Change* 6: 622–626.

Howe, P.D. and Leiserowitz, A. (2013). Who remembers a hot summer or a cold winter? The asymmetric effect of beliefs about global warming on perceptions of local climate conditions in the U.S. *Global Environmental Change* 23 (6): 1488–1500.

Huber, M., Knottnerus, J.A., Green, L. et al. (2011). How should we define health? *British Medical Journal* 343: d4163.

Hull, R.B. and Harvey, A. (1989). Explaining the emotion people experience in suburban parks. *Environment & Behavior* 21 (3): 323–345.

Hunka, A.D., De Groot, W.T., and Biela, A. (2009). Visions of nature in Eastern Europe: a Polish example. *Environmental Values* 18: 429–452.

Hygge, S., Evans, G.W., and Bullinger, M. (2002). A prospective study of some effects of aircraft noise on cognitive performance in school children. *Psychological Science* 13: 469–474.

IJsselsteijn, W.A. (2004). Presence in depth. Unpublished PhD dissertation, Eindhoven University of Technology, Department of Technology Management.

Imamoglu, C. (2000). Complexity, liking and familiarity: architecture and non-architecture Turkish students' assessments of traditional and modern house facades. *Journal of Environmental Psychology* 20: 5–16.

Inauen, J. and Mosler, H.J. (2014). Developing and testing theory-based and evidence-based interventions to promote switching to arsenic-safe wells in Bangladesh. *Journal of Health Psychology* 19 (12): 1483–1498.

Inglehart, R. (1997). *Modernization and Postmodernization*. Princeton, NJ: Princeton University Press.

IPCC (2013). Climate change 2013: The physical science basis. *Contribution of working group I to the fifth assessment report of the Intergovernmental Panel on Climate Change*. Cambridge: Cambridge University Press.

IPCC (2014). Climate Change 2014: Mitigation of climate change. *Contribution of working group III to fifth assessment report of the Intergovernmental Panel on Climate Change* (Edenhofer, O. et al. (Eds.)). Cambridge: Cambridge University Press.

Isaksson, K. and Richardson, T. (2009). Building legitimacy for risky policies: the cost of avoiding conflict in Stockholm. *Transportation Research Part A: Policy and Practice* 43: 251–257.

Islam, M.Z., Moore, R., and Cosco, N. (2016). Child-friendly, active, healthy neighborhoods: physical characteristics and children's time outdoors. *Environment & Behavior* 48 (5): 711–736.

Jackson, T. (2005). *Motivating Sustainable Consumption: A Review of Evidence on Consumer Behavior and Behavioral Change*. London: SDRN.

Jacobs, M.H. (2009). Why do we like or dislike animals? *Human Dimensions of Wildlife* 14 (1): 1–11.

Jacobs, M.H., Vaske, J.J., and Roemer, J.M. (2012).

Toward a mental systems approach to human relationships with wildlife: the role of emotional dispositions. *Human Dimensions of Wildlife* 17 (1): 4-15.

Jacobs, M.H., Vaske, J.J., and Sijtsma, M.T. (2014). Predictive potential of wildlife value orientations for acceptability of management interventions. *Journal for Nature Conservation* 22 (4): 377-383.

Jager, W. and Edmonds, B. (2015). Policy making and modelling in a complex world. In: *Policy Practice and Digital Science: Integrating Complex Systems, Social Simulation and Public Administration in Policy Research* (ed. M. Janssen, M.A. Wimmer and A. Deljoo), 57-74. Cham: Springer.

Jager, W. and Ernst, A. (2017). Social simulation in environmental psychology. Introduction of the special issue. *Journal of Environmental Psychology* 52: 114-118.

Jager, W. and Van der Vegt, G. (2015). Management of complex systems: towards agent based gaming for policy. In: *Policy Practice and Digital Science: Integrating Complex Systems, Social Simulation and Public Administration in Policy Research* (ed. M. Janssen, M.A. Wimmer and A. Deljoo), 291-303. Cham: Springer.

Jager, W., Janssen, M.A., De Vries, H.J.M. et al. (2000). Behaviour in commons dilemmas: Homo economicus and Homo psychologicus in an ecological-economic model. *Ecological Economics* 35: 357-379.

Jakobsson, C., Fujii, S., and Gärling, T. (2000). Determinants of private car users' acceptance of road pricing. *Transport Policy* 7: 153-158.

Jakovcevic, A. and Steg, L. (2013). Sustainable transportation in Argentina: values, beliefs, norms and car use reduction. *Transportation Research Part F: Traffic Psychology and Behaviour* 20: 70-79.

Jakovcevic, A., Steg, L., Mazzeo, N. et al. (2014). Charges for plastic bags: motivational and behavioral effects. *Journal of Environmental Psychology* 40: 372-380.

James, W. (1890). *The Principles of Psychology*. New York, NY: Henry Holt and Company.

James, A.K., Hess, P., Perkins, M.E. et al. (2016). Prescribing outdoor play: outdoors Rx. *Clinical Pediatrics* 56 (6): 519-524.

Jans, L., Leach, C.W., Garcia, R., and Postmes, T. (2015). The development of group influence on in-group identification: a multi-level approach. *Group Processes and Intergroup Relations* 18 (2): 190-209.

Jansson, M., Fors, H., Lindgren, T., and Wiström, B. (2013). Perceived personal safety in relation to urban woodland vegetation-a review. *Urban Forestry & Urban Greening* 12 (2): 127-133.

Jenny, A., Hechavarria, F., and Mosler, H.-J. (2007). Psychological factors determining individual compliance with rules for common pool resource management: the case of a Cuban community sharing a solar energy system. *Human Ecology* 35 (2): 239-250.

Jensen, M. (1999). Passion and heart in transport-a sociological analysis on transport behaviour. *Transport Policy* 6: 19-33.

Joardar, S.D. (1989). Use and image of neighbourhood parks: a case of limited resources. *Environment and Behavior* 21: 734-762.

Johansson, M. and Karlsson, J. (2011). Subjective experience of fear and the cognitive interpretation of large carnivores. *Human Dimensions of Wildlife* 16 (1): 15-29.

Johansson, L.-O. and Svedsäter, H. (2009). Piece of cake? Allocating rewards to third parties when fairness is costly. *Organizational Behavior and Human Decision Processes* 109: 107-119.

Joireman, J.A., Lasane, T.P., Bennet, J. et al. (2001). Integrating social value orientation and the consideration of future consequences within the extended norm activation model of proenvironmental behaviour. *British Journal of Social Psychology* 40: 133-155.

Joireman, J.A., Van Lange, P.A.M., and Van Vugt, M. (2004). Who cares about the environmental impact of cars? Those with an eye toward the future. *Environment and Behavior* 36: 187-206.

Joireman, J., Truelove, H.B., and Duell, B. (2010). Effect of outdoor temperature, heat primes and anchoring on belief in global warming. *Journal of Environmental Psychology* 30: 358-367.

Jokela, M. (2015). Does neighbourhood deprivation cause poor health? Within-individual analysis of movers in a prospective cohort study. *Journal of Epidemiology and Community Health* 69: 899-904.

Jones-Rounds, M.L., Evans, G.W., and Braubach, M. (2014). The interactive effects of housing and neighbourhood quality on psychological well-being. *Journal of Epidemiology and Community Health* 68: 171-175.

Jongman, R.H.G. (2002). Homogenisation and fragmentation of the European landscape: ecological consequences. *Landscape and Urban Planning* 58: 211-221.

Jorgensen, B.S. and Stedman, R.C. (2006). A comparative analysis of predictors of sense of place dimensions: attachment to, dependence on, and identification with lakeshore properties. *Journal of Environmental Management* 79 (3): 316-327.

Jorgensen, A., Hitchmough, J., and Calvert, T. (2002). Woodland spaces and edges: their impact on perception of safety and preference. *Landscape and Urban Planning* 60 (3): 135-150.

Joye, Y. (2007). Architectural lessons from environmental psychology: the case of biophilic architecture. *Review of General Psychology* 11 (4): 305-328.

Joye, Y. and De Block, A. (2011). "Nature and I are two": a critical examination of the biophilia hypothesis. *Environmental Values* 20 (2): 189-215.

Joye, Y. and Van den Berg, A.E. (2011). Is love for green in our genes? A critical analysis of evolutionary assumptions in restorative environments research. *Urban Forestry & Urban Greening* 10: 261-268.

Joye, Y., Steg, L., Ünal, A.B., and Pals, R. (2016). When complex is easy on the mind: internal repetition of visual information in complex objects is a source of perceptual fluency. *Journal of Experimental Psychology: Human Perception and Performance* 42 (1): 103.

Joye, Y., Steg, L., Ünal, A.B., and Pals, R. (2016). When complex is easy on the mind: internal repetition of visual information in complex objects is a source of perceptual fluency. *Journal of Experimental Psychology: Human Perception and Performance* 42 (1): 103.

Joye, Y., Steg, L., Ünal, A.B., and Pals, R. (2016). When complex is easy on the mind: internal repetition of visual information in complex objects is a source of perceptual fluency. *Journal of Experimental Psychology: Human Perception and Performance* 42 (1): 103.

Kahan, D.M., Peters, E., Wittlin, M. et al. (2012). The polarizing impact of science literacy and numeracy on perceived climate change risks. *Nature Climate Change* 2: 732-735.

Kahn, I. Jr. and Kellert, P.H. (2002). *Children and Nature: Psychological, Sociocultural and Evolutionary Investigations*. Cambridge, MA: MIT press.

Kaiser, F.G. and Wilson, M. (2004). Goal-directed conservation behavior: the specific composition of a general performance. *Personality and Individual Differences* 36: 1531-1544.

Kaiser, F.G., Oerke, B., and Bogner, F.X. (2007). Behavior-based environmental attitude:development of an instrument for adolescents. *Journal of Environmental Psychology* 27: 242-251.

Kaiser, F.G., Byrka, K., and Hartig, T. (2010). Reviving Campbell's paradigm for attitude research. *Personality and Social Psychology Review* 14: 351-367.

Kallgren, C.A., Reno, R.R., and Cialdini, R.B. (2000). A focus theory of normative conduct: when norms do and do not affect behavior. *Personality and Social Psychology Bulletin* 26: 1002-1012.

Kals, E., Schumacher, D., and Montada, L. (1999). Emotional affinity toward nature as a motivational basis to protect nature. *Environment and Behavior* 31: 178-202.

Kamakura, W.A. and Mazzon, J.A. (1991). Value segmentation: a model for the measurement of values and value systems. *Journal of Consumer Research* 18: 208-218.

Kanagawa, M. and Nakata, T. (2007). Analysis of the energy access improvement and its socio-economic impacts in rural areas of developing countries. *Ecological Economics* 62 (2): 319-329.

Kantola, S.J., Syme, G.J., and Campbell, N.A. (1984). Cognitive dissonance and energy conservation. *Journal of Applied Psychology* 69: 416-421.

Kaplan, S. (1995). The restorative benefits of nature: towards an integrative framework. *Journal of Environmental Psychology* 15: 169-182.

Kaplan, R. (2001). The nature of the view from home-psychological benefits. *Environment and Behavior* 33 (4): 507-542.

Kaplan, S. and Berman, M.G. (2010). Directed attention as a common resource for executive functioning and self-regulation. *Perspectives on Psychological Science* 5 (1): 43-57.

Kaplan, R. and Kaplan, S. (1989). *The Experience of Nature: A Psychological Perspective*. New York, NY: Cambridge University Press.

Kaplan, R. and Talbot, J.F. (1983). Psychological benefits of a wilderness experience. In: *Human Behavior and Environment: Advances in Theory and Research*, vol. 6 (ed. I. Altman and J.F. Wohlwill), 163-203. New York, NY: Plenum Press.

Kaplan, R., Kaplan, S., and Brown, T. (1989). Environmental preference: a comparison of four domains of predictors. *Environment and Behavior* 21: 509-530.

Kaplan, S., Bardwell, L.V., and Slakter, D.B. (1993). The museum as restorative environment. *Environment and Behavior* 725-742.

Karau, S. and Williams, K. (1993). Social loafing: a meta-analytic review and theoretical integration. *Journal of Personality and Social Psychology* 65: 681-706.

Karlin, B., Zinger, J.F., and Ford, R. (2015). The effects of feedback on energy conservation: a meta-analysis. *Psychological Bulletin* 141 (6): 1205.

Karmanov, D. and Hamel, R. (2008). Assessing the restorative potential of contemporary urban environment(s): beyond the nature versus urban dichotomy. *Landscape and Urban Planning* 86 (2): 115-125.

Kashima, Y., Paladino, A., and Margetts, E.A. (2014). Environmentalist identity and environmental striving. *Journal of Environmental Psychology* 38: 64-75.

Kay, A.C. and Ross, L. (2003). The perceptual push: the interplay of implicit cues and explicit situational construals on behavioral intentions in the prisoner's dilemma. *Journal of Experimental Social Psychology* 39: 634-643.

Kay, A.C., Wheeler, S.C., Bargh, J.A., and Ross, L. (2004). Material priming: the influence of mundane physical objects on situational construal and competitive behavioral choice. *Organizational Behavior and Human Decision Processes* 95: 83-96.

Kaźmierczak, A. (2013). The contribution of local parks to neighbourhood social ties. *Landscape and Urban Planning* 109 (1): 31-44.

Keizer, K., Lindenberg, S., and Steg, L. (2008). The spreading of disorder. *Science* 322: 1681-1685.

Keizer, K., Lindenberg, S., and Steg, L. (2011). The reversal effect of prohibition signs. *Group Processes and Intergroup Relations* 14 (5): 681-688.

Keizer, K., Lindenberg, S., and Steg, L. (2013). The importance of demonstratively restoring order. *PLoS One* 8 (6): 6-12.

Keller, C., Bostrom, A., Kuttschreuter, M. et al. (2012). Bringing appraisal theory to environmental risk perception: a review of conceptual approaches of the past 40 years and suggestions for future research. *Journal of Risk Research* 15: 237-256.

Kellert, S.R. (1976). Perceptions of animals in American society. *Transactions of the North American Wildlife and Natural Resources Conference* 41: 533-546.

Kellert, S.R. (1978). Attitudes and characteristics of hunters and anti-hunters. *Transactions of North American Wildlife and Natural Resources Conference* 43: 412–423.

Kellert, S.R. (1985). Public perceptions of predators, particularly the wolf and coyote. *Biological Conservation* 31: 167–189.

Kellert, S.R. (1996). *The Value of Life: Biological Diversity and Human Society*. Washington, DC: Island Press.

Kellert, S.R. and Berry, J.K. (1987). Attitudes, knowledge and behaviours towards wildlife as affected by gender. *Wildlife Society Bulletin* 15 (3): 363–371.

Kellert, S.R., Heerwagen, J., and Mador, M. (2011). *Biophilic Design: The Theory, Science and Practice of Bringing Buildings to Life*. Hoboken, New Jersey: Wiley.

Kelley, H.H. (1973). The processes of causal attribution. *American Psychologist* 28 (2): 107–128.

Kelz, C., Evans, G.W., and Röderer, K. (2015). The restorative effects of redesigning the schoolyard: a multi-methodological, quasi-experimental study in rural Austrian middle schools. *Environment and Behavior* 47: 119–139.

Kempton, W. (1991). Lay perspectives on global climate change. *Global Environmental Change* 1 (3): 183–208.

Kerr, N.L. (1983). Motivation losses in small groups: a social dilemma analysis. *Journal of Personality and Social Psychology* 45: 819–828.

Kerr, N.L. (1989). Illusion of efficiency: the effects of group size on perceived efficacy in social dilemmas. *Journal of Experimental Social Psychology* 25: 287–313.

Kerr, N.L. (1995). Norms in social dilemmas. In: *Social Dilemmas: Social Psychological Perspectives* (ed. D. Schroeder), 31–47. New York, NY: Pergamon Press.

Keulartz, J., Van der Windt, H., and Swart, J. (2004). Concepts of nature as communicative devices: the case of Dutch nature policy. *Environmental Values* 13: 81–99.

Kjellgren, A. and Buhrkall, H. (2010). A comparison of the restorative effect of a natural environment with that of a simulated natural environment. *Journal of Environmental Psychology* 30 (4): 464–472.

Klatte, M., Spilski, J., Mayerl, J. et al. (2016). Effects of aircraft noise on reading and quality of life in primary school children in Germany: results from the NORAH study. *Environment and Behavior* 49 (4): 390–424. doi: 10.1177/0013916516642580.

Klöckner, C.A. (2004). *How single events change travel mode choice-a life span perspective*. Paper presented at the 3rd ICTTP conference, Nottingham, UK.

Klöckner, C.A. (2014). The dynamics of purchasing an electric vehicle-a prospective longitudinal study of the decision-making process. *Transportation Research Part F: Traffic Psychology and Behaviour* 24: 103–116.

Klöckner, C.A. (2015). *The Psychology of Pro-Environmental Communication: Beyond Standard Information Strategies*. Basingstoke: Palgrave Macmillan.

Klöckner, C.A. and Matthies, E. (2004). How habits interfere with norm-directed behaviour: a normative decision making model for travel mode choice. *Journal of Environmental Psychology* 24 (3): 319–327.

Kluger, A.N. and DeNisi, A. (1996). The effects of feedback interventions on performance: a historical review, a meta-analysis, and a preliminary feedback intervention theory. *Psychological Bulletin* 119: 254–284.

Kollmuss, A. and Agyeman, J. (2002). Mind the gap: why do people act environmentally and what are the barriers to pro-environmental behavior? *Environmental Education Research* 8 (3): 239–260.

Koole, S.L. and Van den Berg, A.E. (2004). Paradise lost and reclaimed: an existential motives analysis of human-nature relations. In: *Handbook of Experimental Existential Psychology* (ed. J. Greenberg, S.L. Koole and T. Pyszczinsky), 86–103. New York, NY: Guildford.

Koole, S.L. and Van den Berg, A.E. (2005). Lost in the wilderness: terror management, action orientation, and nature evaluation. *Journal of Personality and Social Psychology* 88 (6): 1014–1028.

Kormos, C. and Gifford, R. (2014). The validity of self-report measures of proenvironmental behavior: a meta-analytic review. *Journal of Environmental Psychology* 40: 359-371.

Kozlowsky, M., Kluger, A., and Reich, M. (1995). *Commuting Stress*. New York, NY: Plenum.

Kraemer, S. and Mosler, H.-J. (2010). Persuasion factors influencing the decision to use a sustainable household water treatment technique. *International Journal of Environmental Health Research* 20 (1): 61-79.

Kraft, P., Rise, J., Sutton, S., and Røysamb, E. (2005). Perceived difficulty in the theory of planned behaviour: perceived behavioural control or affective attitude? *British Journal of Social Psychology* 44: 479-496.

Kreuter, M.W., Farrell, D., Olevitch, L., and Brennan, L. (1999). *Tailored Health Messages: Customizing Communication with Computer Technology*. Mahwah, NJ: Erlbaum.

Kruglanski, A.W. and Köpetz, C. (2009). What is so special (and non-special) about goals? A view from the cognitive perspective. In: *The Psychology of Goals* (ed. G.B. Moskowitz and H. Grant), 25-55. New York, NY: Guilford Press.

Kuo, M. (2015). How might contact with nature promote human health? Promising mechanisms and a possible central pathway. *Frontiers in Psychology* 6: 1093.

Kuo, F. and Faber Taylor, A. (2004). A potential natural treatment for attention-deficit/hyperactivity disorder: evidence from a national study. *American Journal of Public Health* 94: 1580-1586.

Kuo, F.E. and Sullivan, W.C. (2001). Aggression and violence in the inner city: effects of environment via mental fatigue. *Environment and Behavior* 33 (4): 543-571.

Kuropatwa, D. (2008). Natural fractal mosaic [Photograph], Retrieved June 9, 2011, from http://www.flickr.com/photos/dkuropatwa/2912488625. Made available under Creative Commons Licence.

Landeros-Mugica, K., Urbina-Soria, J., and Alcantara-Ayala, I. (2015). The good, the bad and the ugly: on the interactions among experience, exposure and commitment with reference to landslide risk perception in Mexico. *Natural Hazards* 80 (3): 1-23.

Lansing, J.S. and Kremer, J.N. (1994). Emergent properties of Balinese water temple networks: coadaptation on a rugged fitness landscape. In: *Artificial Life III* (ed. C.G. Langton), 201-223. Reading, MA: Addison-Wesley.

Larsen, L., Adams, J., Deal, B. et al. (1998). Plants in the workplace: the effects of plant density on productivity, attitudes, and perceptions. *Environment and Behavior* 30: 261-281.

Latané, B. and Darley, J.M. (1970). *The Unresponsive Bystander: Why Doesn't He Help?* New York, NY: Appleton-Century-Crofts.

Laumann, K., Gärling, T., and Stormark, K.M. (2001). Rating scale measures of restorative components of environments. *Journal of Environmental Psychology* 21 (1): 31-44.

Lazarus, R.S. (1966). *Psychological Stress and the Coping Process*. New York, NY: McGraw-Hill.

Lazarus, R.S. and Alfert, E. (1964). Short-circuiting of threat by experimentally altering cognitive appraisal. *Journal of Abnormal and Social Psychology* 69: 195-205.

Lazarus, R.S. and Cohen, J.B. (1977). Environmental stress. In: *Human Behavior and the Environment: Current Theory and Research* (ed. I. Altman and J.F. Wohlwill), 89-127. New York, NY: Plenum Press.

Lazarus, R.S. and Folkman, S. (1987). Transactional theory and research on emotions and coping. *European Journal of Personality* 1: 141-170.

Lazo, J.K., Kinnell, J.C., and Fisher, A. (2000). Expert and layperson perceptions of ecosystem risks. *Risk Analysis* 20: 179-193.

LeDoux, J. (1998). *The Emotional Brain: The Mysterious Underpinnings of Emotional Life*. New York, NY: Touchstone.

Lee, J.A. and Holden, S.J.S. (1999). Understanding the determinants of environmentally conscious behavior. *Psychology and Marketing* 16: 373-392.

Lee, T.H., Jan, F.H., and Yang, C.C. (2013). Conceptualizing and measuring environmentally responsible behaviours form the perspective of community-based tourism. *Tourism Management* 36: 454-468.

Lee, S.M., Conway, T.L., Frank, L.D. et al. (2016). The relation of perceived and objective environment attributes to neighborhood satisfaction. *Environment and Behavior*, published online January 18, 2016.

Leiserowitz, A., Thaker, J., Feinberg, G., and Cooper, D. (2013). Global warming's six Indias. Retrieved February, 2017: http://environment.yale.edu/climate-communication/ article/Global-Warming-Six-Indias.

Lepore, S.J. and Evans, G.W. (1996). Coping with multiple stressors in the environment. In: *Handbook of Coping: Theory, Research, Applications* (ed. M. Zeidner and N.S. Endler), 350-377. Oxford: Wiley.

Lerner, J.S. and Keltner, D. (2001). Fear, anger, and risk. *Journal of Personality and Social Psychology* 81: 146-159.

Lerner, J.S. and Tiedens, L.Z. (2006). Portrait of the angry decision maker: how appraisal tendencies shape anger's influence on cognition. *Journal of Behavioral Decision Making* 19 (2): 115-137.

Levitt, L. and Leventhal, G. (1986). Litter reduction: how effective is the New York state bottle bill? *Environment and Behavior* 18: 467-479.

Lewandowsky, S., Gignac, G.E., and Vaughan, S. (2013). The pivotal role of perceived scientific consensus in acceptance of science. *Nature Climate Change* 3: 399-404.

Lewicka, M. (2011a). On the varieties of people's relationships with places: Hummon's typology revisited. *Environment and Behavior* 43 (5): 676-709.

Lewicka, M. (2011b). Place attachment: how far have we come in the last 40 years? *Journal of Environmental Psychology* 31 (2): 207-230.

Lewin, K. (1948). *Resolving Social Conflicts: Selected Papers on Group Dynamics*. New York, NY: Harper & Row.

Lewin, K. (1951). *Field theory in social science: selected theoretical papers* (ed. D. Cartwright). Oxford: Harpers.

Lewin, K. (1952). Group decision and social change. In: *Readings in Social Psychology* (ed. T.M. Newcomb and E.E. Hartley), 459-473. New York, NY: Holt.

Li, S. (2003). Recycling behaviour under China's social and economic transition: the case of metropolitan Wuhan. *Environment and Behavior* 35: 784-801.

Li, D. and Sullivan, W.C. (2016). Impact of views to school landscapes on recovery from stress and mental fatigue. *Landscape and Urban Planning* 148: 149-158.

Li, W., Moallem, I., Paller, K.A.P., and Gottfried, J.A. (2007). Subliminal smells can guide social preferences. *Psychological Science* 18: 1044-1049.

Li, Y., Johnson, E.J., and Zaval, L. (2011). Local warming daily temperature change influences belief in global warming. *Psychological Science* 22 (4): 454-459.

Liberman, V., Samuels, S.M., and Ross, L. (2004). The name of game: predictive power of reputations versus situational labels in determining prisoner's dilemma game moves. *Personality and Social Psychology Bulletin* 30: 1175-1185.

Lichtenstein, S., Slovic, P., Fischhoff, B. et al. (1978). Judged frequency of lethal events. *Journal of Experimental Psychology: Human Learning and Memory* 4: 551-578.

Liebrand, W.B.G. (1984). The effect of social motives, communication and group size on behaviour in an N-person multi-stage mixed-motive game. *European Journal of Social Psychology* 14: 239-264.

Lindenberg, S. (2008). Social rationality, semi-modularity and goal-framing: what is it all about? *Analyse & Kritik* 30: 669-687.

Lindenberg, S. and Steg, L. (2007). Normative, gain and hedonic goal frames guiding environmental behavior. *Journal of Social Issues* 65 (1): 117-137.

Lindenberg, S. and Steg, L. (2013). Goal-framing theory and norm-guided environmental behavior. In: *Encouraging Sustainable Behavior* (ed. H. van Trijp), 37-54. New York, NY: Psychology Press.

Lindvall, T. (1970). On sensory evaluation of odorous

air pollutant intensities. *Nordisk. Hygienisk Tidskrift* (Suppl. 2): 1-181.

Locke, E.A. and Latham, G.P. (1990). *A Theory of Goal Setting and Task Performance*. Englewood Cliffs, NJ: Prentice Hall.

Loewenstein, G.F. (1996). Out of control: visceral influences on behavior. *Organizational Behavior and Human Decision Processes* 65: 272-292.

Loewenstein, G.F., Thompson, L., and Bazerman, M.H. (1989). Social utility and decision making in interpersonal contexts. *Journal of Personality and Social Psychology* 57: 426-441.

Lohr, V.I. and Pearson-Mims, C.H. (2005). Children's active and passive interactions with plants influence their attitudes and actions toward trees and gardening as adults. *HortTechnology* 15 (3): 472-476.

Lothian, A. (1999). Landscape and the philosophy of aesthetics: is landscape quality inherent in the landscape or in the eye of the beholder? *Landscape and Urban Planning* 44 (4): 177-199.

Loukopoulos, P., Jakobsson, C., Gärling, T. et al. (2005). Public attitudes towards policy measures for reducing private car use. *Environmental Science and Policy* 8: 57-66.

Louv, R. (2005). *Last Child in the Woods: Saving Our Children from Nature Deficit Disorder*. Chapel Hill: Algonquin Press.

Lu, S., Ham, J., and Midden, C. (2015). Persuasive technology based on bodily comfort experiences: The effect of color temperature of room lighting on user motivation to change room temperature. In: *Persuasive Technology. PERSUASIVE 2015*, Lecture Notes in Computer Science, vol. 9072 (ed. T. MacTavish and S. Basapur). Cham: Springer.

Lu, S., Ham, J., and Midden, C. (2016). The influence of color association strength and consistency on ease of processing of ambient lighting feedback. *Journal of Environmental Psychology* 47: 204-212.

Ludwig, J., Duncan, G.J., Gennetian, L.A. et al. (2012). Neighborhood effects on the longterm well-being of low-income adults. *Science* 337 (6101): 1505-1510.

Lynch, K. (1977). *Growing Up in Cities*. Cambridge, MA: MIT Press.

Maas, J., Verheij, R.A., Spreeuwenberg, P., and Groenewegen, P.P. (2008). Physical activity as a possible mechanism behind the relationship between green space and health: a multilevel analysis. *BMC Public Health* 8: 206.

Maas, J., Spreeuwenberg, P., Van Winsum-Westra, M. et al. (2009a). Is green space in theliving environment associated with people's feelings of social safety? *Environment and Planning A* 41 (7): 1763-1777.

Maas, J., van Dillen, S.M.E., Verheij, R.A., and Groenewegen, P.P. (2009b). Social contact as a possible mechanism behind the relation between green space and health. *Health and Place* 15 (2): 586-595.

Maas, J., Verheij, R.A., de Vries, S. et al. (2009c). Morbidity is related to a green living environment. *Journal of Epidemiology and Community Health* 63 (12): 967-973.

Manetti, L., Pierro, A., and Livi, S. (2002). Explaining consumer conduct: from planned to self-expressive behavior. *Journal of Applied Social Psychology* 32 (7): 1431-1451.

Manetti, L., Pierro, A., and Livi, S. (2004). Recycling: planned and self-expressive behaviour. *Journal of Environmental Psychology* 24: 227-236.

Manfredo, M.J. (2008). *Who Cares About Wildlife? Social Science Concepts for Exploring Human-Wildlife Relationships and Conservation Issues*. New York, NY: Springer.

Manfredo, M.J., Teel, T.L., and Henry, K. (2009). Linking society and environment: a multilevel model of shifting wildlife value orientations in the Western United States. *Social Science Quarterly* 90 (2): 407-427.

Manfredo, M.J., Teel, T.L., and Dietsch, A.M. (2016). Implications of human value shift and persistence for biodiversity conservation. *Conservation Biology* 30 (2): 287-296.

Manzo, L.C. (2003). Beyond house and haven: toward

a revisioning of place attachment. *Journal of Environmental Psychology* 23 (1): 47–61.

Manzo, L.C. (2014). Exploring the shadow side: place attachments in the context of stigma, displacement and social housing. In: *Place Attachment: Advances in Theory, Methods and Applications* (ed. L. Manzo and P. Devine-Wright), 178–190. London: Routledge.

Manzo, L. and Devine-Wright, P. (2013). *Place Attachment: Advances in Theory, Methods and Applications*. Oxford, UK: Routledge.

Marcus, C.C. (2006). *House as a Mirror of Self: Exploring the Deeper Meaning of Home*. Lake Worth, FL: Nicolas-Hays.

Maréchal, K. (2010). Not irrational but habitual: the importance of "behavioural lock-n" in energy consumption. *Ecological Economics* 69 (5): 1104–1114.

Markowitz, F.E., Bellair, P.E., and Liu, J. (2001). Extending social disorganization theory: Modeling the relationships between cohesion, disorder, and fear. *Criminology* 39: 293–319.

Marlatt, G.A. and Donovan, D.M. (2005). *Relapse Prevention: Maintenance Strategies in the Treatment of Addictive Behaviors*. New York, NY: Guilford Publications.

Marzluff, J.M. and Angell, T. (2005). *In the Company of Crows and Ravens*. New Haven, CT: Yale University Press.

Maslow, A.H. (1970). *Personality and Motivation*, vol. 1, 987. Harlow, England: Longman.

Masson, T. and Fritsche, I. (2014). Adherence to climate change-related ingroup norms: do dimensions of group identification matter? *European Journal of Social Psychology* 44 (5): 455–465.

Matthies, E., Kuhn, S., and Klöckner, C. (2002). Travel mode choice of women: the result of limitation, ecological norm, or weak habit? *Environment and Behavior* 34: 163–177.

Matthies, E., Klöckner, C.A., and Preiβner, C.L. (2006). Applying a modified moral decision making model to change habitual car use: how can commitment be effective? *Applied Psychology: An International Review* 55: 91–106.

Mattos, T. and Pinheiro, J.Q. (2013). Vivendo a vizinhanca: Interfaces pessoa-ambiente na producao de vizinhancas 'vivas' [To dwell at a neigbourhood: The person-nvironment interfaces in the 'living' neighbourgood production]. *Psicologia em Estudio* 18 (1): 27–36.

Mayer, F.S. and Frantz, C.M. (2004). The connectedness to nature scale: a measure of individuals' feeling in community with nature. *Journal of Environmental Psychology* 24 (4): 503–515.

Mayer, F.S., Frantz, C.M., Bruehlman-Senecal, E., and Dolliver, K. (2009). Why is nature beneficial? *Environment and Behavior* 607–643.

Mayo, E. (1933). *The Human Problems of an Industrial Civilization*. New York, NY: Macmillan.

Mazur, A. (2006). Risk perception and news coverage across nations. *Risk Management* 8: 149–174.

McCalley, L.T. and Midden, C.J.H. (2002). Energy conservation through product-integratedfeedback: the roles of goal-setting and social orientation. *Journal of Economic Psychology* 23: 589–603.

McDaniels, T., Axelrod, L.J., and Slovic, P. (1995). Characterizing perception of ecological risk. *Risk Analysis* 15: 575–609.

McDonald, R.I. (2016). Perceived temporal and geographic distance and public opinion about climate change. *Climate Science Oxford Research Encyclopedias*. Retrieved February, 2017 from http://climatescience.oxfordre.com/view/10.1093/acrefore/9780190228620.001.0001/acrefore-9780190228620-e-308

McDonald, S., Oates, C.J., Thyne, M. et al. (2015). Flying in the face of environmental concern: why green consumers continue to fly. *Journal of Marketing Management* 31: 1503–1528.

McEwen, B.S. (1998). Stress, adaptation, and disease: Allostasis and allostatic load. In: *Annals of the New York Academy of Sciences*,

Neuroimmunomodulation: Molecular Aspects, Integrative Systems, and Clinical Advances, vol. 840 (ed. S.M. McCann, J.M. Lipton, E.M. Sternberg, et al.), 33-44. New York, NY: New York Academy of Sciences.

McEwen, B.S. (2002). *The End of Stress as we Know it*. Washington, DC: Joseph Henry Press.

McFarlane, B.L. (1994). Specialization and motivations of birdwatchers. *Wildlife Society Bulletin* 22: 361-370.

McGrath, J.J. (1970). *Social and Psychological Factors in Stress*. New York, NY: Holt.

McKenzie-Mohr, D. (2000). Fostering sustainable behavior through community-based social marketing. *American Psychologist* 55: 531-537.

Meijnders, A., Midden, C., and Wilke, H. (2001). Communications about environmental risks and risk reducing behaviour: the impact of fear on information processing. *Journal of Applied Social Psychology* 31: 754-777.

Meinig, D.W. (1979). The beholding eye: ten versions of the same scene. In: *The Interpretation of Ordinary Landscape: Geographical Essays* (ed. D.W. Meinig and J. Brinckerhoff Jackson), 33-48. New York, NY: Oxford University Press.

Mercado-Doménech, S., Ortega-Andeane, P., Luna-Lara, G., and Estrada-Rodríguez, C. (1994). *Factores psicologicos y ambientales de la habitabilidad de la vivienda. [Psychological and Environmental Factors of the Habitability of Housing]*. Mexico City: Faculty of Psychology, National University of Mexico.

Merziger, A. and Neumann, K. (2010). *Energy Neighbourhoods-Bet to win! The climate competition between municipalities and their citizens*. Summary Report for the Executive Agency for Competitiveness and Innovation (EACI), Berlin.

Messick, D.M. (1993). Equality as a decision heuristic. In: *Psychological Perspectives on Justice: Theory and Applications. Cambridge Series on Judgment and Decision Making* (ed. B.A. Mellers and J. Baron), 11-31. New York, NY, US: Cambridge University Press.

Messick, D.M. and Brewer, M.B. (1983). Solving social dilemmas: a review. In: *Review of Personality and Social Psychology*, vol. 4 (ed. L. Wheeler and P. Shaver), 11-44. Beverly Hills: Sage.

Messick, D.M. and McClelland, C.L. (1983). Social traps and temporal traps. *Personality and Social Psychology Bulletin* 9: 105-110.

Messick, D.M. and McClintock, C.G. (1968). Motivational basis of choice in experimental games. *Journal of Experimental Social Psychology* 4: 1-25.

Messick, D.M. and Schell, T. (1992). Evidence for an equality heuristic in social decision making. *Acta Psychologica* 80: 311-323.

Messick, D.M., Wilke, H., Brewer, M.B. et al. (1983). Individual adaptations and structural change as solutions to social dilemmas. *Journal of Personality and Social Psychology* 44: 292-309.

Metag, J., Füchslin, T., and Schäfer, M.S. (2015). Global warming's five Germanys: a typology of Germans' views on climate change and patterns of media use and information. *Public Understanding of Science* 23 (5): 1-18.

Midden, C. and Ham, J. (2009). Using negative and positive social feedback from a robotic agent to save energy. *Conference proceedings of Persuasive 2009, Claremont, USA* (pp. article no. 12). Heidelberg: Springer.

Midden, C., Kaiser, F., and Mccalley, L. (2007). Technology's four roles in understanding individuals' conservation of natural resources. *Journal of Social Issues* 63: 155-174.

Midden, C., Ham, J., Kleppe, M., et al. (2011). Persuasive power in groups: The influence of group feedback and individual comparison feedback on energy consumption behaviour. *Conference proceedings of Persuasive 2011*. Columbus, USA: OSU Press.

Midden, C.J.H., Ham, J., and Baten, J. (2015). Conforming to an artificial majority: Persuasive effects of a group of artificial agents. In: *Persuasive Technology* (ed. T. MacTavish and S. Basapur), 129-240. Heidelberg:

Springer.

Milfont, R.L. and Duckitt, J. (2004). The structure of environmental attitudes: first-and secondorder confirmatory factor analysis. *Journal of Environmental Psychology* 24: 289-303.

Milfont, T., Duckitt, J., and Cameron, L.D. (2006). A cross-cultural study of environmental motive concerns and their implications for pro-environmental behaviour. *Environment and Behavior* 38: 745-753.

Milgram, S. (1970). The experience of living in cities. *Science* 167 (3924): 1461-1468.

Milgram, S. (1974). *Obedience to Authority; an Experimental View*. New York, NY: Harper and Row.

Millennium Ecosystem Assessment (2005). *Ecosystems and Human Well-Being: Synthesis*. Washington, DC: Island Press.

Miller, G.E., Cohen, S., and Ritchey, A.K. (2002). Chronic psychological stress and regulation of pro-inflammatory cytokines: a glucocorticoid-resistance model. *Health Psychology* 21: 531-541.

Mitchell, R. and Popham, F. (2007). Greenspace, urbanity and health: relationships in England. *Journal of Epidemiology and Community Health* 61 (8): 681-683.

Mitchell, R. and Popham, F. (2008). Effect of exposure to natural environment on health inequalities: an observational population study. *Lancet* 372 (9650): 1655-1660.

Mo Jang, S. (2013). Framing responsibility in climate change discourse: ethnocentric attribution bias, perceived causes, and policy attitudes. *Journal of Environmental Psychology* 36: 27-36.

Mocelin Polli, G. and Vizeu Camargo, B. (2015). Representacoes Sociais do meio ambientee da agua. *Psicologia, Ciencia e Profissao* 35 (4): 1310-1326.

Mokhtarian, P.L. and Salomon, I. (2001). How derived is the demand for travel? Some conceptual and measurement considerations. *Transportation Research Part A: Policy and Practice* 35: 695-719.

Montero y López-Lena, M. (1997). Scientific productivity in environmental psychology in Mexico: a bibliometric analysis. *Environment and Behavior* 29: 169-197.

Moore, R.C. (1980). Collaborating with young people to assess their landscape values. *Ekistics* 47 (281): 128-135.

Moreno, R. and Urbina-Soria, J. (2008). *Impactos sociales del cambio climatico en Mexico. [Social Impacts of Climate Change In Mexico]*. Mexico City: National Institute of Ecology and the United Nations Program for Development.

Morrison, M., Duncan, R., Sherley, C., and Parton, K. (2013). A comparison between attitudes to climate change in Australia and the United States. *Australasian Journal of Environmental Management* 20 (2): 87-100.

Moscovici, S. (1985). Social influence and conformity. In: *Handbook of Social Psychology*, vol. 2 (ed. G. Lindzey and E. Aronson), 347-412. New York, NY: Random House.

Möser, G. and Bamberg, S. (2008). The effectiveness of soft transport policy measures: a critical assessment and meta-analysis of empirical evidence. *Journal of Environmental Psychology* 28: 10-26.

Moser, S. and Mosler, H.-J. (2008). Differences in influence patterns between groups predicting the adoption of a solar disinfection technology for drinking water in Bolivia. *Social Science & Medicine* 67: 497-504.

Mosler, H.-J. (2012). A systematic approach to behavior change interventions for the water and sanitation sector in developing countries: a conceptual model, a review, and a guideline. *International Journal of Environmental Health Research* 22 (5): 431-449.

Mosler, H.-J. and Martens, T. (2008). Designing environmental campaigns by using agentbased simulations: strategies for changing environmental attitudes. *Journal of Environmental Management* 88: 805-816.

Mosler, H.-J., Tamas, A., Tobias, R. et al. (2008). Deriving interventions on the basis of factors influencing behavioural intentions for waste recycling, composting, and reuse in Cuba. *Environment and Behavior* 40 (4): 522-544.

Moyano-Díaz, E. (2002). Theory of planned behavior and pedestrians' intentions to violate traffic regulations. *Transportation Research* 5: 169-175.

Moyano-Díaz, E., Juscksch Torquato, R., and Bianchi, A. (2014). Aportaciones a las ciencias de la salud: El comportamiento peatonal arriesgado de chilenos y brasileros. *Terapia Psicologica* 32 (3): 227-234.

Moyano-Díaz, E., Palomo-Vélez, G., and Moyano-Costa, P. (2015). Creencias ambientales e ideologia en población chilena. *Universum* 30 (2): 219-236.

Mukherjee, B.N. (1993). Public response to air pollution in Calcutta proper. *Journal of Environmental Psychology* 13 (3): 207-230.

Mulder, L.B. (2008). The difference between punishments and rewards in fostering moral concerns in social decision making. *Journal of Experimental Social Psychology* 44: 1436-1443.

Münzel, T., Gori, T., Babisch, W., and Basner, M. (2014). Cardiovascular effects of environmental noise exposure. *European Heart Journal* 35 (13): 829-836.

Murtagh, N., Gatersleben, B., and Uzzell, D. (2012a). Multiple identities and travel mode choice for regular journeys. *Transportation Research, Part F-Traffic Psychology and Behaviour* 15 (5): 514-524.

Murtagh, N., Gatersleben, B., and Uzzell, D. (2012b). Self-identity threat and resistance to change: evidence from regular travel behaviour. *Journal of Environmental Psychology* 32 (4): 318-326.

Naciones Unidas, Comisión Económica para America Latina y el Caribe & Oxford Committee for Famine Relief (2016). *Tributacion para un crecimiento inclusivo*. Santiago: Coediciones CEPAL.

Naivinit, W., Le Page, C., Trébuil, G., and Gajaseni, N. (2010). Participatory agent-based modeling and simulation of rice production and labor migrations in Northeast Thailand. *Environmental Modelling and Software* 25 (11): 1345-1358.

Nanistova, E. (1998). The dimensions of the attachment to birthplace and their verification after the 40 years following the forced relocation. *Sociologia* 30 (4): 377-394.

Nasar, J.L. (1981). Responses to different spatial configurations. *Human Factors* 23: 439-446.

Nasar, J.L. (1983). Adult viewers' preferences in residential scenes: a study of the relationship of environmental attributes to preference. *Environment and Behavior* 15: 589-614.

Nasar, J.L. (1989). Symbolic meanings of house styles. *Environment and Behavior* 21: 235-257.

Nasar, J.L. (1994). Urban design aesthetics: the evaluative qualities of building exteriors. *Environment and Behavior* 26: 277-401.

Nasar, J.L. and Fisher, B. (1993). 'Hot spots' of fear and crime: a multi-ethod investigation. *Journal of Environmental Psychology* 13 (3): 187-206.

Nasar, J.L. and Purcell, T. (1990). Beauty and the beast extended: knowledge structure and evaluations of houses by Australian architects and non-architects. In: *Culture, Space, History* (ed. H. Pamir, V. Imamoglu and N. Teymur), 107-110. Ankara, Turkey: Sevki Vanh Foundation for Architecture.

Nash, R. (1982). *Wilderness and the American Mind*, 3e. New Haven, CT: Yale University Press.

Nassauer, J.I. (1992). The appearance of ecological systems as a matter of policy. *Landscape Ecology* 6 (4): 239-250.

Nassauer, J.I. (1995). Messy ecosystems, orderly frames. *Landscape Journal* 14: 161-170.

Nassauer, J.I. (1997). Cultural sustainability: aligning aesthetics and ecology. In: *Placing Nature: Culture and Landscape Ecology* (ed. J.I. Nassauer), 67-83. Washington DC: Island Press.

Natural England (2009). *Childhood and Nature: A Survey on Changing Relationships with Nature across Generations*. Cambridgeshire: Natural England.

Nawab, B., Nyborg, I.L.P., Esser, K.B., and Jenssen, P.D. (2006). Cultural preferences in designing ecological sanitation systems in North West Frontier Province, Pakistan. *Journal of Environmental Psychology* 26 (3): 236-246.

Neal, D.T., Wood, W., and Quinn, J.M. (2006). Habits-a repeat performance. *Current Directions in Psychological Science* 15 (4): 198-202.

Newsome, D. and Rodger, K. (2013). Wildlife tourism. In: *The Routledge Handbook of Tourism and the Environment* (ed. A. Holden and D. Fennell), 345-358. New York, NY: Routledge.

Nielsen, A.B., Van den Bosch, M., Maruthaveeran, S., and Van den Bosch, C.K. (2014). Species richness in urban parks and its drivers: a review of empirical evidence. *Urban Ecosystems* 17 (1): 305-327.

Nigbur, D., Lyons, E., and Uzzell, D. (2010). Attitudes, norms, identity and environmental behaviour: using an expanded theory of planned behaviour to predict participation in a kerbside recycling programme. *British Journal of Social Psychology* 49 (2): 259-284.

Nilsson, M. and Kuller, R. (2000). Travel behaviour and environmental concern. *Transportation Research Part D: Transport and Environment* 5: 211-234.

Nilsson, A., Schuitema, G., Jakobsson Bergstad, C. et al. (2016). The road to acceptance: attitude change before and after the implementation of a congestion tax. *Journal of Environmental Psychology* 46: 1-9.

Nisbet, E.K. and Zelenski, J.M. (2011). Underestimating nearby nature: affective forecasting errors obscure the happy path to sustainability. *Psychological Science* 22 (9): 1101-1110.

Nolan, J., Schultz, P.W., Cialdini, R.B. et al. (2008). Normative social influence is underdetected. *Personality and Social Psychology Bulletin* 34: 913-923.

Norberg-Schulz, C. (1980). *Genius Loci: Toward a Phenomenology of Architecture*. New York, NY: Rizzoli.

Nordh, H. and Hagerhall, C. (2009). *Identifying restorative elements in small urban parks using eye movement tracking*. Paper presented at the 2nd International conference on landscape and urban horticulture, Bologna, Italy.

Nordlund, A.M. and Garvill, J. (2002). Value structures behind pro-environmental behavior. *Environment and Behavior* 34: 740-756.

Nordlund, A.M. and Garvill, J. (2003). Effects of values, problem awareness, and personal norm on willingness to reduce personal car use. *Journal of Environmental Psychology* 23: 339-347.

Norgaard, K.M. (2011). *Living in Denial: Climate Change, Emotions, and Everyday Life*. Boston, MA: MIT Press.

Novaco, R., Kliewer, W., and Broquet, A. (1991). Home environmental consequences of commute travel impedence. *American Journal of Community Psychology* 19: 881-909.

Nyborg, K., Anderies, J.M., Dannenberg, A. et al. (2016). Social norms as solutions: policies may influence large-scale behavioral tipping. *Science* 354 (6308): 42-43.

Oakes, P.J., Haslam, S.A., and Turner, J.C. (1994). *Stereotyping and Social Reality*. Oxford, UK: Blackwell.

Obregón-Salido, F. and Corral-Verdugo, V. (1997). Systems of belief and environmental conservation behavior in a Mexican community. *Environment and Behavior* 29: 213-235.

Ode Sang, Å. and Tveit, M.S. (2013). Perceptions of stewardship in Norwegian agricultural landscapes. *Land Use Policy* 31: 557-564.

Ode Sang, Å., Hägerhäll, C., Miller, D., and Donaldson-Selby, G. (2014). The use of visualised landscapes in order to challenge and develop theory in landscape preference research. In: *Digital Landscape Architecture* (ed. W. Hayek, Fricker and Buhmann), 362-369. Zurich: Wichmann.

Ode Sang, A., Tveit, M.S., Pihel, J., and Hägerhäll, C.M. (2016). Identifying cues for monitoring stewardship in Swedish pasture landscapes. *Land Use Policy* 53: 20-26.

Ode, Å., Tveit, M., and Fry, G. (2008). Capturing landscape visual character using indicators: touching base with landscape aesthetic theory. *Landscape Research* 33 (1): 89-118.

Ode, Å., Fry, G., Tveit, M.S. et al. (2009). Indicators of perceived naturalness as drivers of landscape preference. *Journal of Environmental Management* 90 (1): 375-383.

Ode, Å., Tveit, M.S., and Fry, G. (2010). Advantages of using different data sources in assessment of landscape change and its effect on visual scale. *Ecological Indicators* 10 (1): 24-31.

Öhman, A. and Mineka, S. (2003). The malicious serpent: snakes as a prototypical stimulus for an evolved module of fear. *Current Directions in Psychological Science* 12: 5-9.

Ohta, H. (2001). A phenomenological approach to natural landscape cognition. *Journal of Environmental Psychology* 21 (4): 387-404.

Olekszechen, N., Battiston, M., and Kuhnen, A. (2016). Uso da bicicleta como meio de transporte nos estudos pessoa-ambiente. *Desenvolvimento.e Meio Ambiente* 36: 355-369.

Olivos, P. and Clayton, S. (2017). Self, nature and well-being: sense of connectedness and environmental identity for quality of life. In: *Handbook of Environmental Psychology and Quality of Life Research* (ed. G. Fleury-Bahi, E. Pol and O. Navarro), 107-126. Cham: Springer.

O'Neill, S. and Nicholson-ole, S. (2009). 'Fear won't do it' promoting positive engagement with climate change through visual and iconic representations. *Science Communication* 30 (3): 355-379.

Onwezen, M.C., Antonides, G., and Bartels, J. (2013). The norm activation model: an exploration of the functions of anticipated pride and guilt in pro-environmental behaviour. *Journal of Economic Psychology* 39: 141-153.

Opotow, S. and Weiss, L. (2000). New ways of thinking about environmentalism: denial and the process of moral exclusion in environmental conflict. *Journal of Social Issues* 56 (3): 475-490.

Oreg, S. and Katz-Gerro, T. (2006). Behavior, and value-belief-norm theory. Predicting proenvironmental the theory of planned behavior cross-nationally: values. *Environment and Behavior* 38: 462-473.

Oregon Department of Environmental Quality (2004). *The Oregon Bottle Bill Fact Sheet*.

Oreskes, N. and Conway, E.M. (2010). *Merchants of Doubt: How a Handful of Scientists Obscured the Truth on Issues from Tobacco Smoke to Global Warming*. New York, NY: Bloomsbury Press.

Orians, G.H. (1980). Habitat selection: general theory and applications to human behavior. In: *The Evolution of Human Social Behavior* (ed. J.S. Lockard), 49-63. Amsterdam: Elsevier.

Orland, B., Budthimedhee, K., and Uusitalo, J. (2001). Considering virtual worlds as representations of landscape realities and as tools for landscape planning. *Landscape and Urban Planning* 54 (1-4): 139-148.

Ortega-Andeane, P. and Estrada-Rodríguez, C. (2010). Public health care center design and stress in female patients. *Australasian Medical Journal* 3: 598-603.

Ortega-Andeane, P., Mercado-Doménech, S., Reidl-Martínez, L., and Estrada-Rodríguez, C. (2005). *Estrés ambiental en instituciones de salud. [Environmental Stress in Health Institutions]*. Mexico City: UNAM.

Osbaldiston, R. and Schott, J.P. (2012). Environmental sustainability and behavioral science: meta-analysis of proenvironmental behavior experiments. *Environment and Behavior* 44 (2): 257-299.

Oskamp, S. (2000a). A sustainable future for humanity? How can psychology help? *American Psychologist* 55: 496-508.

Oskamp, S. (2000b). Psychology of promoting environmentalism: psychological contributions to achieving an ecologically sustainable future for humanity. *Journal of Social Issues* 56: 373-390.

Ostrom, E., Gardner, R., and Walker, J. (1994). *Rules, Games, and Common-Pool Resources*. Ann Arbor University of Michigan Press. ISBN: 13: 9780472065462.

Ouellette, J.A. and Wood, W. (1998). Habit and intention in everyday life: the multiple processes by which past behaviour predicts future behavior. *Psychological Bulletin* 124 (1): 54-74.

Özgüner, H. and Kendle, A.D. (2006). Public attitudes towards naturalistic versus designed landscapes in the city of Sheffield (UK). *Landscape and Urban Planning* 74 (2): 139-157.

Packer, J. (2008). Beyond learning: exploring visitors' perceptions of the value and benefits of museums experiences. *Curator* 51 (1): 33-54.

Page, R.A. (1977). Noise and helping behavior. *Environment and Behavior* 9 (1): 311-334.

Painter, J.E., Wansink, B., and Hieggelke, J. (2002). How visibility and convenience influence candy consumption. *Appetite* 38 (3): 237-238.

Pakpour, A.H., Zeidi, I.M., Emamjomeh, M.M. et al. (2014). Household waste behaviours among a community sample in Iran: an application of the theory of planned behaviour. *Waste Management* 34 (6): 980-986.

Palmer, J.F. and Hoffman, R.E. (2001). Rating reliability and representation validity in scenic landscape assessments. *Landscape and Urban Planning* 54 (1-4): 149-161.

Pals, R., Steg, L., Siero, F.W., and Van der Zee, K.I. (2009). Development of the PRCQ: a measure of perceived restorative characteristics of zoo attractions. *Journal of Environmental Psychology* 29 (4): 441-449.

Pampel, F.C. (2014). The varied influence of SES on environmental concern. *Social Science Quarterly* 95 (1): 57-75.

Pâquet, J. and Bélanger, L. (1997). Public acceptability thresholds of clearcutting to maintain visual quality of boreal balsam fir landscapes. *Forest Science* 43 (1): 46-55.

Páramo, P., Sandoval-Escobar, M., Jakovcevic, A. et al. (2015). Assessment of environmental quality, degree of optimism, and the assignment of responsibility regarding the state of the environment in Latin America. *Universitas Psychology* 14 (2): 605-613.

Park, S.H. (2006). *Randomized clinical trials evaluating therapeutic influences of ornamental indoor plants in hospital rooms on health outcomes of patients recovering from surgery*. Unpublished Dissertation, Kansas State University, Manhattan, Kansas. Retrieved from http://krex.k-state.edu/dspace/bitstream/2097/227/1/Seong-HyunPark2006.pdf

Parsons, R. (1991). The potential influences of environmental perception on human health. *Journal of Environmental Psychology* 11: 1-23.

Pasquali, C.T., Hernández, M.H., and Muñoz, C.C. (1997). Study of environmental factors associated with primary health care. *Environment and Behavior* 2: 665-696.

Pato, C., Ros, M., and Tamayo, A. (2005). Creencias y comportamiento ecológico: Un estudío empirico con estudiantes brasileños. [Beliefs and ecological behavior: an empirical study with Brazilian students]. *Medio Ambiente y Comportamiento Humano* 6: 5-22.

Patterson, M.E. and Williams, D.R. (2005). Maintaining research traditions on place: diversity of thought and scientific progress. *Journal of Environmental Psychology* 25: 361-380.

PBL (2014). *Trends in Global CO_2 Emissions: 2014 Report*. The Hague, Netherlands: PBL Netherlands Environmental Assessment Agency.

Perlaviciute, G. (2009). *Residential well-being*. Unpublished Master thesis, Faculty of Social and Behavioral Sciences, University of Groningen, Groningen.

Peters, K., Elands, B., and Buijs, A. (2010). Social interactions in urban parks: stimulating social cohesion? *Urban Forestry & Urban Greening* 9 (2): 93-100.

Petty, R.E. and Cacioppo, J.T. (1986). The elaboration likelihood model of persuasion. In: *Advances in Experimental Social Psychology* (ed. L. Berkowitz), 123-205. New York, NY: Academic Press.

Petty, R. and Wegener, D. (1998). Attitude change: multiple roles for persuasion variables. In: *The Handbook of Social Psychology*, vol. 4 (ed. D. Gilbert, S. Fiske and G. Lindzey), 323-390. New York, NY: McGraw-Hill.

Pfister, H.-R. and Böhm, G. (2001). Decision making in the context of environmental risks. In: *Decision Making: Social and Creative Dimensions* (ed. C.M. Allwood and M. Selart), 89-111. Dordrecht: Kluwer Academic.

Pfister, H.-R. and Böhm, G. (2008). The multiplicity of emotions: a framework of emotional functions in decision making. *Judgment and Decision Making* 3: 5-17.

Pihel, J., Ode-Sang, Å., Hägerhäll, C., et al. (2014). Assessments and eye movements compared between photographs and visualizations of logged forest vistas. For what kind of assessments are visualisations a good representation of photographs? Peer reviewed proceedings Digital Landscape Architecture.

Pihel, J., Ode Sang, Å., Hägerhäll, C., and Nyström, M. (2015). Expert and novice group differences in eye movements when assessing biodiversity of harvested forests. *Forest Policy and Economics* 56: 20-26.

Pinheiro, J.Q. (2003). Psicologia Ambiental brasileira no início do século XXI. Sustentável? [Brazilian environmental psychology in the beginning of 21st century. Sustainable?]. In: *Construindo a psicología Brasileira: Desafios da ciencia e da práctica psicológica [Building Brazilian Psychology: Scientific Challenges and Psychological Practice]* (ed. O.H. Yamamoto and V.V. Gouveia), 279-313. Sao Paulo: Casa do Psicólogo.

Pisano, I. and Lubell, M. (2017). Environmental behavior in cross-national perspective: a multilevel analysis of 30 countries. *Environment and Behavior* 49 (1): 31-58.

Pol, E. (2006). Blueprints for a history of environmental psychology (I): from first birth to American transition. *Medio Ambiente y Comportamiento Humano* 7 (2): 95-113.

Pol, E. (2007). Blueprints for a history of environmental psychology (II): from architectural psychology to the challenge of sustainability. *Medio Ambiente y Comportamiento Humano* 8 (1/2): 1-28.

Pol, E., Guardia, J., Valera, S. et al. (2001). Cohesión e identificacion en la construcción de la identidad social: La relación entre ciudad, identidad y sostenibilidad. [Cohesion and identification in the construction of social identity: relations between city, identity and sustainability]. *Revista Universidad de Guadalajara* 19: 40-48.

Poortinga, W., Steg, L., and Vlek, C. (2004). Values, environmental concern, and environmental behavior: a study into household energy use. *Environment and Behavior* 36: 70-93.

Poortinga, W., Whitmarsh, L., and Suffolk, C. (2013). The introduction of a single-use carrier bag charge in Wales: attitude change and behavioural spillover effects. *Journal of Environmental Psychology* 36: 240-247.

Poortinga, W., Calve, T., Jones, N. et al. (2016). Neighborhood quality and attachment: validation of the revised residential environment assessment tool. *Environment and Behavior*, published online March 2 2016 1-28.

Postmes, T., Haslam, S.A., and Swaab, R.I. (2005). Social influence in small groups: an interactive model of social identity formation. *European Review of Social Psychology* 16: 1-42.

Prochaska, J.O. and Velicer, W.F. (1997). The Transtheoretical model of health behavior change. *American Journal of Health Promotion* 12: 38-48.

Prochaska, J.O., Redding, C.A., and Evers, K.E. (2002). The Transtheoretical model and stages of change. In: *Health Behavior and Health Education: Theory, Research, and Practice* (ed. K. Glanz, C.E. Lewis and B.K. Rimer), 99-120. San Francisco: Jossey-Bass.

Proshansky, H.M. (1987). The field of environmental psychology: Securing its future. In: *Handbook of Environmental Psychology* (ed. D. Stokols and I. Altman), 1467-1488. New York: Wiley.

Proshansky, H.M., Ittelson, W.H., and Rivlin, L.G. (eds.) (1976). *Environmental Psychology: People and Their Physical Settings*, 2e. New York, NY: Holt, Rinehart & Winston.

Proshansky, H.M., Fabian, A.K., and Kaminoff, R. (1983).

Place-identity: physical world socialization of the self. *Journal of Environmental Psychology* 3 (1): 57–83.

Purcell, A.T. (1986). Environmental perception and affect: a schema discrepancy model. *Environment and Behavior* 18: 3–10.

Rabinovich, A., Morton, T.A., Postmes, T., and Verplanken, B. (2012). Collective self and individual choice: the effects of intergroup comparative context on environmental values and behaviour. *British Journal of Social Psychology* 51 (4): 551–569.

Rapaport, A., Budescu, D.V., Suleiman, R., and Weg, E. (1992). Social dilemmas with uniformly distributed resources. In: *Social Dilemmas: Theoretical Issues and Research Findings* (ed. W. Liebrand, D.M. Messick and H. Wilke), 43–57. Oxford: Pergamon.

Raux, C. and Souche, S. (2004). The acceptability of urban road pricing: a theoretical analysis applied to the experience in Lyon. *Journal of Transport Economics and Policy* 38: 191–216.

Raymond, C.M., Brown, G., and Weber, D. (2010). The measurement of place attachment: person, community and environmental connections. *Journal of Environmental Psychology* 30: 422–434.

Reeves, B. and Nass, C. (1996). *The Media Equation: How People Treat Computers, Television, and New Media like Real People and Places*. New York, NY: Cambridge University Press.

Regoeczi, W.C. (2003). When context matters: a multilevel analysis of household and neighbourhood crowding on aggression and withdrawal. *Journal of Environmental Psychology* 23 (4): 457–470.

Regoeczi, W.C. (2008). Crowding in context: an examination of the differential responses of men and women to high-density living environments. *Journal of Health and Social Behavior* 49 (3): 254–268.

Reno, R., Cialdini, R., and Kallgren, C. (1993). The transsituational influence of social norms. *Journal of Personality and Social Psychology* 64: 104–112.

Reser, J.P., Bradley, G.L., and Ellul, M.C. (2014). Encountering climate change: "seeing" is more than "believing". *WIREs: Climate Change* 5 (4): 521–537.

Reyes, L. I. (2010). *Etnopsychometry development and validation of culturally relevant measures*. Presentation at the ICAP, July 10, 2010.

Rhodes, E., Axsen, J., and Jaccard, M. (2014). Does effective climate policy require wellinformed citizen support? *Global Environmental Change* 29: 92–104.

Rishbeth, C. (2014). Articulating transnational attachments through on-site narratives. In: *Place Attachment: Advances in Theory, Methods and Applications* (ed. L. Manzo and P. Devine-Wright), 100–111. London: Routledge.

Riva, G., Vatalaro, F., Davide, F., and Alcañiz, M. (2004). *Ambient Intelligence: The Evolution of Technology, Communication and Cognition Towards the Future of Human-Computer Interaction*. Amsterdam: IOS Press.

Riva, M., Plusquellec, P., Juster, R.P. et al. (2014). Household crowding is associated with higher allostatic load among the Inuit. *Journal of Epidemiology and Community Health* 68 (4): 363–369.

Robinson, D.T., Brown, D.G., Parker, D.C. et al. (2007). Comparison of empirical methods for building agent-based models in land use science. *Journal of Land Use Science* 2 (1): 31–55.

Rogers, R.W. (1983). Cognitive and physiological processes in fear appeals and attitude change: a revised theory of protection motivation. In: *Social Psychophysiology: A Sourcebook* (ed. B.L. Cacioppo and R.E. Petty), 153–176. Guilford Press: London.

Roser-Renouf, C., Stenhouse, N., Rolfe-Redding, J. et al. (2015). Engaging diverse audiences with climate change: message strategies for global warming's six Americas. In: *Handbook of Environment and Communication* (ed. A. Hanson and R. Cox), 368–386. New York, NY: Routledge.

Roubroeks (2014). Smart humans, polite computer agents, and attentive objects: Processes underlying the automatic social behavior to non-human agents. Unpublished PhD thesis. Eindhoven University of Technology.

Roubroeks, M., Ham, J., and Midden, C. (2010). The dominant robot: Threatening robots cause psychological reactance, especially when they have incongruent goals. *Conference proceedings of Persuasive 2010* (pp. 174-184). Heidelberg: Springer.

Russell, J.A. and Feldman Barrett, L. (1999). Core affect, prototypical emotional episodes, and other things called emotion: dissecting the elephant. *Journal of Personality and Social Psychology* 76: 805-819.

Russell, J.A. and Pratt, G. (1980). A description of the affective quality attributed to environments. *Journal of Personality and Social Psychology* 38 (2): 311-322.

Rutkowski, G.K., Cruder, C.L., and Romer, D. (1983). Group cohesiveness, social norms, and bystander intervention. *Journal of Personality and Social Psychology* (3): 545-552.

Ryan, R.M., Weinstein, N., Bernstein, J. et al. (2010). Vitalizing effects of being outdoors and in nature. *Journal of Environmental Psychology* 30 (2): 159-168.

Sacchi, S., Riva, P., Brambilla, M., and Grasso, M. (2014). Moral reasoning and climate change mitigation: the deontological reaction toward the market-based approach. *Journal of Environmental Psychology* 38: 252-261.

Sachdeva, S. (2016). The influence of sacred beliefs in environmental risk perception and attitudes. *Environment and Behavior*, 1-18 doi: 10.1177/0013916516649413.

Sagerstrom, S.C. and Miller, G.E. (2004). Psychological stress and the human immune system: a meta-analytic study of 30 years of inquiry. *Psychological Bulletin* 130: 601-630.

Sahoo, K.C., Hulland, K.R., Caruso, B.A. et al. (2015). Sanitation-related psychosocial stress: a grounded theory study of women across the life-course in Odisha, India. *Social Science & Medicine* 139: 80-89.

Salingaros, N.A. (2004). *Anti-Architecture and Deconstruction*. Solingen, Germany: Umbau-Verlag.

Sally, D. (1995). Conversation and cooperation in social dilemmas. A meta-analysis of experiments from 1958 to 1992. *Rationality and Society* 7: 58-92.

Sánchez Miranda, M.P., De la Garza González, A., López Ramírez, E.O., and Morales Martínez, G.E. (2012). Escala de Preferencia Ambiental (EPA): Una propuesta para medir la relación entre individuos y su ambiente. *International Journal of Psychological Research* 5 (1): 66-76.

Sánchez, E., Wiesenfeld, E., and Cronick, K. (1987). Environmental psychology from a Latin American perspective. In: *Handbook of Environmental Psychology* (ed. D. Stokols and I. Altman), 1337-1357. New York, NY: Wiley.

Sang, N., Hägerhäll, C., and Ode, Å. (2015). The Euler character: a new type of visual landscape metric? *Environment and Planning B: Planning and Design* 42 (1): 110-132.

Saracci, R. (1997). The World Health Organisation needs to reconsider its definition of health. *British Medical Journal* 314 (7091): 1409-1410.

Scannell, L. and Gifford, R. (2010a). Defining place attachment: a tripartite organizing framework. *Journal of Environmental Psychology* 30: 1-10.

Scannell, L. and Gifford, R. (2010b). The relations between natural and civic place attachment and pro-environmental behavior. *Journal of Environmental Psychology* 30: 289-297.

Schaeffer, M., Street, S., Singer, J.E., and Baum, A. (1988). Effects of control on the stress reactions of commuters. *Journal of Applied Social Psychology* 18: 944-957.

Scheier, M.E. and Carver, C.S. (1985). Optimism, coping, and health: assessment and implications of generalized outcome expectancies. *Health Psychology* 4: 219-247.

Scheier, M.F., Fenigstein, A., and Buss, A.H. (1984). Self-awareness and physical aggression. *Journal of Experimental Social Psychology* 10: 264-273.

Schelling, T.C. (1971). Dynamic models of segregation. *Journal of Mathematical Sociology* 1: 143-186.

Scherbaum, C.A., Popovich, P.M., and Finlinson, S. (2008). Exploring individual-level factors related to employee energy-conservation behaviors at work. *Journal of Applied Social Psychology* 38 (3): 818–835.

Schlenker, B. and Leary, M. (1982). Social anxiety and self-presentation. A conceptualisation and model. *Psychological Bulletin* 92 (3): 641–669.

Schlüter, M., Baeza, A., Dressler, G. et al. (2017). A framework for mapping and comparing behavioural theories in models of social-ecological systems. *Ecological Economics* 131: 21–35.

Schuitema, G. and De Groot, J.I.M. (2015). Green consumerism: the influence of product attributes and values on purchasing intentions. *Journal of Consumer Behaviour* 14 (1): 57–69.

Schuitema, G., Steg, L., and Forward, S. (2010a). Explaining differences in acceptability before and acceptance after the implementation of a congestion charge in Stockholm. *Transportation Research Part A: Policy and Practice* 44: 99–109.

Schuitema, G., Steg, L., and Rothengatter, J.A. (2010b). The acceptability, personal outcome expectations and expected effects of transport pricing policies. *Journal of Environmental Psychology* 30: 587–593.

Schuitema, G., Steg, L., and Van Kruining, M. (2011). When are transport pricing policies fair and acceptable? *Social Justice Research* 24: 66–84.

Schultz, P.W. (1998). Changing behavior with normative feedback interventions: a field experiment on curbside recycling. *Basic and Applied Psychology* 21: 25–36.

Schultz, P.W. (2002). Knowledge, education, and household recycling: examining the knowledge-deficit model of behavior change. In: *New Tools for Environmental Protection* (ed. T. Dietz and P. Stern), 67–82. Washington DC: National Academy of Sciences.

Schultz, T. and Fielding, K. (2014). The common in-group identity model enhances communication about recycled water. *Journal of Environmental Psychology* 40: 296–305.

Schultz, P.W., Nolan, J.M., Cialdini, R.B. et al. (2007). The constructive, destructive, and reconstructive power of social norms. *Psychological Science* 18: 429–434.

Schultz, P.W., Shriver, C., Tabanico, J.J., and Khazian, A.M. (2004). Implicit connections with nature. *Journal of Environmental Psychology* 24 (1): 31–42.

Schultz, P.W., Khazian, A.M., and Zaleski, A.C. (2008). Using normative social influence to promote conservation among hotel guests. *Social Influence* 3: 4–23.

Schultz, P.W., Messina, A., Tronu, G. et al. (2016). Personalized normative feedback and the moderating role of personal norms: a field experiment to reduce residential water consumption. *Environment and Behavior* 48 (5): 686–710.

Schwartz, S.H. (1977). Normative influences on altruism. In: *Advances in Experimental Social Psychology*, vol. 10 (ed. L. Berkowitz), 222–280. New York, NY: Academic Press.

Schwartz, S.H. (1992). Universals in the content and structure of values: theoretical advances and empirical tests in 20 countries. In: *Advances in Experimental Social Psychology* (ed. M. Zanna), 1–65. Orlando: Academic Press.

Schwartz, S.H. (1994). Are there universal aspects in the structure and contents of human values? *Journal of Social Issues* 50: 19–45.

Schwartz, S.H. (2006). A theory of cultural value orientations: explication and applications. *Comparative Sociology* 5: 136–182.

Schwartz, S.H. and Howard, J.A. (1981). A normative decision-making model of altruism. In: *Altruism and Helping Behaviour: Social, Personality and Developmental Perspectives* (ed. J.P. Rushton), 189–211. Hillsdale NJ: Erlbaum.

Schwartz, D., Bruine de Bruin, W., Fischhoff, B., and Lave, L. (2015). Advertising energy saving programs: the potential environmental cost of emphasizing monetary savings. *Journal of Experimental Psychology: Applied* 21: 158–166.

Schwarz, N. (1999). Self-reports: how questions shape the answers. *American Psychologist* 54: 93–105.

Schwarz, N. and Ernst, A. (2009). Agent-based modeling of the diffusion of environmental innovations-an empirical approach. *Technological Forecasting and Social Change* 76: 497–511.

Schweiger Gallo, I. and Gollwitzer, P.M. (2007). Implementation intentions: a look back at fifteen years of progress. *Psicothema* 19: 37–42.

Seligman, M.E.P. (1971). Phobias and preparedness. *Behavioral Therapy* 2: 307–320.

Seligman, C. and Katz, A.N. (1996). The dynamics of value systems. In: *The Psychology of Values: The Ontario Symposium*, vol. 8 (ed. C. Seligman, J.M. Olson and M.P. Zanna), 53–75. Hillsdale, NJ: Erlbaum.

Selye, H. (1956). *The Stress of Life*. New York, NY: McGraw-Hill.

Sentse, M., Dijkstra, J.K., Lindenberg, S. et al. (2010). The delicate balance between parental protection, unsupervised wandering, and adolescents' autonomy and its relation with antisocial behavior. The TRAILS study. *International Journal of Behavioral Development* 34: 159–167.

Sevenant, M. and Antrop, M. (2010). The use of latent classes to identify individual differences in the importance of landscape dimensions for aesthetic preference. *Land Use Policy* 27 (3): 827–842.

Seyranian, V. (2014). Social identity framing communication strategies for mobilizing social change. *The Leadership Quarterly* 25: 468–486.

Shanahan, D.F., Bush, R., Gaston, K.J. et al. (2016). Health benefits from nature experiences depend on dose. *Scientific Reports* 6: 28551.

Shang, H. and Bishop, I. (2000). Visual thresholds for detection, recognition and visual impact in landscape settings. *Journal of Environmental Psychology* 20: 125–140.

Shenassa, E.D., Daskalakis, C., Liebhaber, A. et al. (2007). Dampness and mold in the home and depression: an examination of mold-related illnesses and perceived control of one's home as possible depression pathways. *American Journal of Public Health* 97: 1893–1899.

Sheppard, S. and Picard, P. (2006). Visual-quality impacts of forest pest activity at the landscape level: a synthesis of published knowledge and research needs. *Landscape and Urban Planning* 77 (4): 321–342.

Sherif, M. (1936). *The Psychology of Social Norms*. Oxford, England: Harper.

Sherif, M. (1965). *The Psychology of Social Norms*. New York, NY: Octagon Books, Inc.

Shiraishi, M., Washio, Y., Takayama, C., et al. (2009). Using individual, social and economic persuasion techniques to reduce CO_2 emissions in a family setting. *Conference proceedings of Persuasive 2009, Claremont, USA* (article no. 13). Heidelberg: Springer.

Shultz, W. and Tabanico, J. (2007). Self, identity, and the natural environment: exploring implicit connections with nature. *Journal of Applied Social Psychology* 37 (6): 1219–1247.

Shwartz, A., Turbé, A., Simon, L., and Julliard, R. (2014). Enhancing urban biodiversity and its influence on city-dwellers: an experiment. *Biological Conservation* 171: 82–90.

Siddiqui, R.N. and Pandey, J. (2003). Coping with environmental stressors by urban slum dwellers. *Environment and Behavior* 35: 589–604.

Sidman, M. (1989). *Coercion and its Fallout*. Boston, MA: Authors Cooperative.

Simion, F., Regolin, L., and Bulf, H. (2008). A predisposition for biological motion in the newborn baby. *Proceedings of the National Academy of Sciences of the USA* 105 (2): 809–813.

Sirgy, M.J. (1982). Self-concept in consumer behavior: a critical review. *Journal of Consumer Research* 9: 287–300.

Sirgy, M.J. and Johar, J.S. (1999). Toward an integrated model of self-congruity and functional congruity. *European Advances in Consumer Research* 4: 252–256.

Skinner, B.F. (1974). *About Behaviorism*. New York, NY: Appleton-Century-Crofts.

Sklenicka, P. and Molnarova, K. (2010). Visual perception of habitats adopted for postmining landscape rehabilitation. *Environmental Management* 46 (3): 424-435.

Sloot, D., Jans, L., and Steg, L. (2017a). The potential of environmental community initiatives-a social psychological perspective. In: *Outlooks on Applying Environmental Psychology Research* (ed. A. Römpke, G. Reese, I. Fritsche, et al.), 27-34. Bonn: BfN-Skripten.

Sloot, D., Jans, L., and Steg, L.(2017b). Community Energy Initiatives as Facilitators of Sustainable Energy Intentions: The Role of Initiative Involvement on Household and Community Intentions. Manuscript in progress.

Slovic, P. (1987). Perception of risk. *Science* 236: 280-285.

Slovic, P. (1999). Trust, emotion, sex, politics, and science: surveying the risk-assessment battle field. *Risk Analysis* 19: 689-701.

Smith, N. and Leiserowitz, A.A. (2012). The rise of global warming skepticism: exploring affective image associations in the United States over time. *Risk Analysis* 32 (6): 1021-1032.

Smith, N. and Leiserowitz, A. (2014). The role of emotion in global warming policy support and opposition. *Risk Analysis* 34 (5): 937-948.

Smith, J. and Louis, W. (2008). Do as we say and as we do: the interplay of descriptive and injunctive group norms in the attitude-behaviour relationship. *British Journal of Social Psychology* 47: 647-666.

Smith, L.G.E. and Postmes, T. (2009). Intra-group interaction and the development of norms which promote inter-group hostility. *European Journal of Social Psychology* 39 (1): 130-144.

Smith, S.M., Haugtvedt, C.P., and Petty, R.E. (1994). Attitudes and recycling: does the measurement of affect enhance behavioral prediction? *Psychology and Marketing* 11: 359-374.

Smith, J.R., Louis, W.R., Terry, D.J. et al. (2012). Congruent or conflicted? The impact of injunctive and descriptive norms on environmental intentions. *Journal of Environmental Psychology* 32 (4): 353-361.

Solari, C.D. and Mare, R.D. (2012). Housing crowding effects on children's wellbeing. *Social Science Research* 41 (2): 464-476.

Sommer, R. (1983). *Social Design: Creating Buildings with People in Mind*. Englewood Cliffs, NJ: Prentice-Hall.

Sonderskof, K.M. and Dinesen, P.T. (2016). Trusting the state, trusting each other? The effect of institutional trust on social trust. *Political Behavior* 38: 179-202.

Song, H. and Schwarz, N. (2009). If it's difficult to pronounce, it must be risky. *Psychological Science* 20 (2): 135-138.

Sreetheran, M. and van den Bosch, C.C.K. (2014). A socio-ecological exploration of fear of crime in urban green spaces-a systematic review. *Urban Forestry & Urban Greening* 13 (1): 1-18.

Staats, H.J., Wit, A.P., and Midden, C.Y.H. (1996). Communicating the greenhouse effect to the public: evaluation of a mass media campaign from a social dilemma perspective. *Journal of Environmental Management* 45: 189-203.

Staats, H., Harland, P., and Wilke, H.A.M. (2004). Effecting durable change. A team approach to improve environmental behavior in the household. *Environment and Behavior* 36: 341-367.

Stamps, A.E. (1996). People and places: Variance components of environmental preferences. *Perceptual and Motor Skills* 82,: 323-334.

Stamps, A.E. and Nasar, J.L. (1997). Design review and public preferences: effects of geographical location, public consensus, sensation seeking, and architectural styles. *Journal of Environmental Psychology* 17: 11-32.

Staufenbiel, S.M., Penninx, B.W., Spijker, A.T. et al. (2013). Hair cortisol, stress exposure, and mental health in humans: a systematic review. *Psychoneuroendocrinology* 38 (8): 1220-1235.

Steele, F. (1981). *The Sense of Place*. Boston: CBI Publishing Company.

Steg, L. (2003). Can public transport compete with the

private car? *IATSS Research* 27 (2): 27-35.

Steg, L. (2005). Car use: lust and must. Instrumental, symbolic and affective motives for car use. *Transportation Research Part A: Policy and Practice* 39: 147-162.

Steg, L. and De Groot, J.I.M. (2010). Explaining prosocial intentions: testing causal relationships in the norm activation model. *British Journal of Social Psychology* 49: 725-743.

Steg, L. and De Groot, J.I.M. (2012). Environmental values. In: *The Oxford Handbook of Environmental and Conservation Psychology* (ed. S. Clayton), 81-92. New York, NY: Oxford University Press.

Steg, L. and Gifford, R. (2005). Sustainable transportation and quality of life. *Journal of Transport Geography* 13: 59-69.

Steg, L., Dreijerink, L., and Abrahamse, W. (2005). Factors influencing the acceptability of energy policies: testing VBN theory. *Journal of Environmental Psychology* 25: 415-425.

Steg, L., De Groot, J., Forward, S. et al. (2007). Assessing life quality in transport planning and urban design. In: *Land use and transport: European research towards integrated policies* (ed. S. Marshall and D. Banister), 215-241. Amsterdam: Elsevier.

Steg, L., De Groot, J.I.M., Dreijerink, L. et al. (2011). General antecedents of environmental behavior: relationships between values, worldviews, environmental concern, and environmental behavior. *Society and Natural Resources* 24 (4): 349-367.

Steg, L., Bolderdijk, J.W., Keizer, K.E., and Perlaviciute, G. (2014a). An integrated framework for encouraging pro-environmental behaviour: the role of values, situational factors and goals. *Journal of Environmental Psychology* 38: 104-115.

Steg, L., Perlaviciute, G., Van der Werff, E., and Lurvink, J. (2014b). The significance of hedonic values for environmentally relevant attitudes, preferences, and actions. *Environment and Behavior* 46 (2): 163-192.

Steg, L., Lindenberg, S., and Keizer, K. (2016). Intrinsic motivation, norms and environmental behaviour: the dynamics of overarching goals. *International Review of Environmental and Resource Economics* 9 (1-2): 179-207.

Steg, L. and Vlek, C. (2009). Social science and environmental behaviour. In: *Principles of Environmental Sciences* (ed. J.J. Boersma and L. Reijnders), 97-142. New York, NY: Springer-Verlag.

Steg, L., Vlek, C., and Slotegraaf, G. (2001). Instrumental-reasoned and symbolic-affective motives for using a motor car. *Transportation Research Part F: Traffic Psychology and Behaviour* 4: 151-169.

Steptoe, A. and Kivimäki, M. (2013). Stress and cardiovascular disease: an update on current knowledge. *Annual Review of Public Health* 34: 337-354.

Stern, P.C. (2000). Toward a coherent theory of environmentally significant behavior. *Journal of Social Issues* 56 (3): 407-424.

Stern, P.C., Dietz, T., Abel, T. et al. (1999). A value-belief-norm theory of support for social movements: the case of environmentalism. *Human Ecology Review* 6: 81-97.

Stern, P.C., Dietz, T., and Guagnano, G.A. (1998). A brief inventory of values. *Educational and Psychological Measurement* 58: 984-1001.

Stern, P.C., Dietz, T., Kalof, L., and Guagnano, G.A. (1995). Values, beliefs, and proenvironmental action: attitude formation toward emergent attitude objects. *Journal of Applied Social Psychology* 25: 1611-1636.

Stern, P.C., Dietz, T., Ruttan, V.W. et al. (eds.) (1997). *Environmentally Significant Consumption*. Washington, DC: National Academy Press.

Stern, P.C. and Gardner, G.T. (1981). Psychological research and energy policy. *American Psychologist* 36: 329-342.

Stets, J.E. and Burke, P.J. (2000). Identity theory and social identity theory. *Social Psychology Quarterly* 63: 224-237.

Stokols, D. (1972). On the distinction between density and crowding. *Psychological Review* 79: 275-277.

Stokols, D. (ed.) (1977). *Perspectives on Environment and Behavior*. New York, NY: Plenum Press.

Stokols, D. (1978). Environmental psychology. *Annual Review of Psychology* 29: 253–295.

Strack, F. and Deutsch, R. (2004). Reflective and impulsive determinants of social behavior. *Personality and Social Psychology Review* 8: 220–247.

Stradling, S.G., Meadows, M.L., and Beatty, S. (1999). *Factors Affecting Car Use Choices*. Edinburgh: Transport Research Institute, Napier University.

Strife, S. and Downey, L. (2009). Childhood development and access to nature: a new direction for environmental inequality research. *Organization & Environment* 22 (1): 99–122.

Strumse, E. (1996). Demographic differences in the visual preferences for agrarian landscapes in Western Norway. *Journal of Environmental Psychology* 16: 17–31.

Stryker, S. and Burke, P.J. (2000). The past, present, and future of an identity theory. *Social Psychology Quarterly* 63: 284–297.

Su, M., Tan, Y.Y., Liu, Q.M. et al. (2014). Association between perceived urban built environment attributes and leisure-time physical activity among adults in Hangzhou, China. *Preventive Medicine* 66: 60–64.

Subbaraman, R., Nolan, L., Shitole, T. et al. (2014). The psychological toll of slum living in Mumbai, India: a mixed methods study. *Social Science & Medicine* 119: 155–169.

Suls, J. and Wheeler, L. (2000). A selective history of classic and neo-social compar-ison theory. In: *Handbook of Social Comparison: Theory and Research* (ed. J. Suls and L. Wheeler). New York, NY: Kluwer Academic.

Suls, J. and Wheeler, L. (2007). Psychological magnetism: a brief history of assimilation and contrast in psychology. In: *Assimilation and Contrast in Social Psychology* (ed. D.A. Stapel and J. Suls), 9–44. New York, NY: Psychology Press.

Sussman, R. and Gifford, R. (2012). Please turn off the lights: the effectiveness of visual prompts. *Applied Ergonomics* 43 (3): 596–603.

Sussman, R. and Gifford, R. (2013). Be the change you want to see. Modeling food composting in public places. *Environment and Behavior* 45 (3): 323–343.

Swim, J.K. and Bloodhart, B. (2018). The Intergroup foundations of climate justice. *Group Processes & Intergroup Relations* 21 (3): 472–496. doi: 10.1177/1368430217745366.

Swim, J.K. and Geiger, N. (2017). From alarmed to dismissive: self-categorization into the six Americas audience segments. *Environmental Communication*.

Swim, J.K. and Geiger, N. (2018). The gendered nature of stereotypes about climate change opinion groups. *Group Processes & Intergroup Relations* 21 (3): 438–456. doi: 10.1177/1368430217747406.

Tajfel, H. and Turner, J. (1979). An integrative theory of intergroup conflict. In: *The Social Psychology of Intergroup Relations* (ed. W.G. Austin and S. Worchel), 33–47. Monterey, CA: Brooks/Cole.

Talbot, J. and Frost, J.L. (1989). Magical playscapes. *Childhood Education* 66 (1): 11–19.

Tamas, A., Tobias, R., and Mosler, H.-J. (2009). Promotion of solar water disinfection: comparing the effectiveness of different strategies in a longitudinal field study in Bolivia. *Health Communication* 24 (8): 711–722.

Tanner, T. (1980). Significant life experiences: a new research area in environmental education. *The Journal of Environmental Education* 11 (4): 20–24.

Tanner, C. and Medin, D.L. (2004). Protected values: no omission bias and no framing effects. *Psychonomic Bulletin & Review* 11: 185–191.

Tanner, C., Medin, D.L., and Iliev, R. (2008). Influence of deontological vs. consequentialist orientations on act choices and framing effects: when principles are more important than consequences. *European Journal of Social Psychology* 38: 757–769.

Tapper, K., Jiga-Boy, G.M., Haddock, G. et al. (2012). Motivating health behaviour change: provision of cognitive support for health values. *The Lancet* 380: S71.

Taufik, D., Bolderdijk, J.W., and Steg, L. (2015). Acting green elicits a literal 'warm-low'. *Nature Climate Change* 5: 37-40.

Taufik, D., Bolderdijk, J.W., and Steg, L. (2016). Going green? The relative importance of feelings over calculation in driving environmental intent in the Netherlands and the United States. *Energy Research & Social Science* 2: 52-62.

Taylor, P.W. (1981). The ethics of respect for nature. *Environmental Ethics* 3: 197-218.

Taylor, R.P. and Spehar, B. (2016). Fractal fluency: an intimate relationship between the brain and processing of fractal stimuli. In: *The Fractal Geometry of the Brain* (ed. A. Di Ieva), 485-496. New York, NY: Springer.

Teasdale, B. and Silver, E. (2009). Neighborhoods and self-control: toward an expanded view of socialization. *Social Problems* 56: 205-222.

Teel, T.L. and Manfredo, M.J. (2010). Understanding the diversity of public interests in wildlife conservation. *Conservation Biology* 24 (1): 128-139.

Teel, T.L., Manfredo, M.J., Jensen, F.S. et al. (2010). Understanding the cognitive basis for human-wildlife relationships as a key to successful protected area management. *International Journal of Sociology* 40 (3): 104-123.

Tenbrunsel, A. and Messick, D. (1999). Sanctioning systems, decision frames, and cooperation. *Administrative Science Quarterly* 44: 684-707.

Tenngart Ivarsson, C. and Hagerhall, C.M. (2008). The perceived restorativeness of gardens: assessing the restorativeness of a mixed built and natural scene type. *Urban Forestry & Urban Greening* 7 (2): 107-118.

Tetlock, P.E., Kristel, O.V., Elson, S.B. et al. (2000). The psychology of the unthinkable: taboo trade-offs, forbidden base rates, and heretical counterfactuals. *Journal of Personality and Social Psychology* 78: 853-870.

Thøgersen, J. (2006). Norms for environmentally responsible behaviour: an extended taxonomy. *Journal of Environmental Psychology* 26: 247-336.

Thøgersen, J. and Møller, B. (2008). Breaking car use habits: the effectiveness of a free onemonth travelcard. *Transportation* 35: 329-345.

Thøgersen, J. and Ölander, F. (2002). Human values and the emergence of a sustainable consumption pattern: a panel study. *Journal of Economic Psychology* 23: 605-630.

Thøgersen, J. and Ölander, F. (2006). To what degree are environmentally beneficial choices reflective of a general conservation stance? *Environment and Behavior* 38: 550-569.

Thøgersen, J., Zhou, Y., and Huang, G. (2016). How stable is the value basis for organic food consumption in China? *Journal of Cleaner Production* 134: 214-224.

Thomas, E.F., McGarty, C., and Mavor, K. (2016). Group interaction as the crucible of social identity formation: a glimpse at the foundations of social identities for collective action. *Group Processes & Intergroup Relations* 19 (2): 137-151.

Thomson, H., Thomas, S., Sellstrom, E., and Petticrew, M. (2013). Housing improvements for health and associated socio-economic outcomes. *Cochrane Database of Systematic Reviews* 2: CD008657.

Thwaites, K. and Simkins, I. (2007). *Experiential Landscape*. London: Routledge.

Tjoelker, K. (2011). *Residential quality of life in the neighbourhoods of Friesland*. Unpublished Master thesis, Faculty of Social and Behavioral Sciences, University of Groningen, Groningen.

Tobias, R. (2009). Changing behaviour by memory aids: a social psychological model of prospective memory and habit development tested with dynamic field data. *Psychological Review* 116: 408-438.

Tomei, G., Fioravanti, M., Cerratti, D. et al. (2010). Occupational exposure to noise and the cardiovascular system: a meta-analysis. *Science of the Total Environment* 408: 681-689.

Triandis, H.C. (1977). *Interpersonal Behavior*. Monterey, CA: Brooks/Cole.

Trope, Y. and Liberman, N. (2010). Construal-level theory of psychological distance. *Psychological Review* 117: 440-463.

Truelove, H.B., Carrico, A.R., Weber, E.U. et al. (2014). Positive and negative spillover of pro-environmental behavior: an integrative review and theoretical framework. *Global Environmental Change* 29: 127-138.

Tuan, Y. (1974). *Topophilia*. Englewood Cliffs: Prentice-Hall.

Turner, J.C. (1985). Social categorization and the selfconcept: a social cognitive theory of group behaviour. In: *Advances in Group Processes: Theory and Research*, vol. 2 (ed. E.J. Lawler), 77-122. Greenwich, CT: JAI Press.

Turner, J.C. (1991). *Social Influence*. Belmont, CA: Thomson Brooks/Cole.

Turner, J.C., Hogg, M.A., Oakes, P.J. et al. (1987). *Rediscovering the Social Group: A Self Categorization Theory*. Oxford, UK: Basil Blackwell.

Tveit, M.S. (2009). Indicators of visual scale as predictors of landscape preference: a comparison between groups. *Journal of Environmental Management* 90 (9): 2882-2888.

Tveit, M., Ode, Å., and Fry, G. (2006). Key concepts in a framework for analysing visual landscape character. *Landscape Research* 31 (3): 229-256.

Tversky, A. and Kahneman, D. (1974). Judgment under uncertainty: heuristics and biases. *Science* 185: 1124-1131.

Tversky, A. and Kahneman, D. (1981). The framing of decisions and the psychology of choice. *Science* 211: 453-458.

Twigger-Ross, C. and Uzzell, D. (1996). Place and identity processes. *Journal of Environmental Psychology* 16: 205-220.

Tyler, T.R. (2000). Social justice: outcome and procedure. *International Journal of Psychology* 35: 117-125.

Tyler, T. and Dawes, R.M. (1993). Fairness in groups: comparing the self-interest and social identity perspectives. In: *Psychological Perspectives on Justice: Theory and Applications* (ed. J. Baron), 87-108. New York, NY: Cambridge University Press.

Tyler, T.R. and Degoey, P. (1995). Collective restraint in social dilemmas. Procedural justice and social identification effects on support for authorities. *Journal of Personality and Social Psychology* 69: 482-497.

Ulrich, R.S. (1983). Aesthetic and affective response to natural environment. In: *Human Behavior and Environment: Advances in Theory and Research*, vol. 6 (ed. I. Altman and J.F. Wohlwill), 85-125. New York, NY: Plenum Press.

Ulrich, R.S. (1984). View through a window may influence recovery from surgery. *Science* 224 (4647): 420-421.

Ulrich, R.S. (1986). Human responses to vegetation and landscapes. *Landscape and Urban Planning* 13: 29-44.

Ulrich, R.S. (1993a). Aesthetic and affective responses to natural environment. In: *Human Behavior and the Environment*, vol. 6 (ed. I. Altman and J.F. Wohlwill), 85-125. New York, NY: Plenum.

Ulrich, R.S. (1993b). Biophilia, biophobia and natural landscapes. In: *The Biophilia Hypothesis* (ed. S.R. Kellert and E.O. Wilson), 73-137. Washington, DC: Island Press.

Ulrich, R.S. (1999). Effects of gardens on health outcomes: theory and research. In: *Healing Gardens: Therapeutic Benefits and Design Recommendations* (ed. C. Cooper-Marcus and M. Barnes), 27-86. New York, NY: Wiley.

Ulrich, R., Quan, X., Zimring, C. et al. (2004). *The Role of the Physical Environment in the Hospital of the 21st Century*. Martinez, CA: The Center for Health Design.

Ulrich, R.S., Simons, R.F., Losito, B.D. et al. (1991). Stress recovery during exposure to natural and urban environments. *Journal of Environmental Psychology* 11 (3): 201-230.

Ulrich, R.S., Zimring, C., Zhu, X. et al. (2008). A review of the research literature on evidencebased healthcare design. *Health Environments Research and Design Journal* 1 (13): 61-125.

UNFPA (2013). *Population Dynamics in the Post-2015 Development Agenda*. New York, NY: UNFPA,

UNDESA, UN-HABITAT, IOM.

Unger, E., Diez-Roux, A.V., Lloyd-Jones, D.M. et al. (2014). Association of neighborhood characteristics with cardiovascular health in the multi-ethnic study of atherosclerosis. *Circulation: Cardiovascular Quality and Outcomes* 7 (4): 524-531.

UN-HABITAT. (2014). *October 6 World Habitat Day background paper*. Nairobi, Kenya.

United Nations Human Settlement Program (2001). *Urban environment–waste, thematic report of the general assembly*. Special session for an overall review & appraisal of the implementation of the Habitat Agenda, New York, 6-8 June, 2001. Retrieved from http://www.un.org/ga/Istanbul+5/70.pdf

Unsworth, K.L. and Fielding, K.S. (2014). It's political: how the salience of one's political identity changes climate change beliefs and policy support. *Global Environmental Change* 27: 131-137.

Urbina-Soria, J. and Flores-Cano, O. (2010). Movilidad en la zona metropolitana de la ciudad de Mexico: Preferencias y opiniones de los usuarios. [Mobility in the Metropolitan Area of Mexico City: Users' Preferences and Opinions]

Urbina-Soria, J. and Martínez, J. (eds.) (2006). *Más allá del cambio climático: Las dimensiones psicosociales del cambio ambiental global*. Mexico: Secretaría de Medio Ambiente-Instituto Nacional de Ecología, Universidad Nacional Autónoma de Mëxico-Facultad de Psicología.

Urbina-Soria, J. and Ortega-Andeane, P. (1991). El estudio de las interacciones ambientecomportamiento en México: Evolución y perspectiva [The study of environmental behaviour interactions in Mexico: evolution and perspective]. In: *La investigación del comportamiento en México [Behaviour Research in Mexico]* (ed. V. Colotla Espinoza), 371-378. Mexico City: National University of Mexico.

Urbina-Soria, J., Flores-Cano, O., and Andrade, R.J. (2010). Percepción de riesgos por el consumo y disposición de pilas primarias y secundarias en Mexico. [Perception of risks by the consumption and disposition of primary and secondary batteries in México]. In: *La psicologia social en México*, vol. XIII (ed. S. Rivera, R. Diaz-Loving, I. Reyes, et al.), (1295-1301). [Social psychology in Mexico]. Mexico City: AMEPSO.

Vaid, U. and Evans, G.W. (2016). Housing quality and health: an evaluation of slum rehabilitation in India. *Environment and Behavior*. Advance online publication.

Valadez, R.A. and Landa, D.P. (2007). Health, environment and development: brief reflections. *Romanian Journal of Applied Psychology* 1: 69-76.

Van de Kragt, A., Orbell, J., and Dawes, R.M. (1983). The minimal contributing set as a solution to public goods problems. *American Political Science Review* 77: 112-122.

Van den Berg, A.E. (2012). *Buiten is gezond. Onderzoeksrapport publieksenquête De Friesland Zorgverzekeraar. [The healthy outdoors. Report of public survey by De Friesland health insurance company]*. Retrieved from http://www.agnesvandenberg.nl/Buiten_is_gezond.pdf.

Van den Berg, A.E., Hartig, T., and Staats, H. (2007a). Preference for nature in urbanized societies: stress, restoration, and the pursuit of sustainability. *Journal of Social Issues* 63 (1): 79-96.

Van den Berg, A.E., Joye, Y., and Koole, S.L. (2016a). Why viewing nature is more fascinating and restorative than viewing buildings: a closer look at perceived complexity. *Urban Forestry & Urban Greening* 20: 397-401.

Van den Berg, A.E., Koenis, R., and Van den Berg, M.M.H.E. (2007b). *Spelen in het groen: Effecten van een bezoek aan een natuurspeeltuin op het speelgedrag, de lichamelijke activiteit, de concentratie en de stemming van kinderen [Playing in Nature: Effects of a Visit to a Natural Playground on Children's Play Behaviour, Physical Activity, Concentration and Mood]*. Rapport 1600. Wageningen: Alterra.

Van den Berg, A.E. and Koole, S.L. (2006). New

wilderness in the Netherlands: an investigation of visual preferences for nature development landscapes. *Landscape and Urban Planning* 78 (4): 362-372.

Van den Berg, A.E. and Ter Heijne, M. (2005). Fear versus fascination: an exploration of emotional responses to natural threats. *Journal of Environmental Psychology* 25 (3): 261-272.

Van den Berg, A. and Van den Berg, C. (2011). A comparison of children with ADHD in a natural and built setting. *Child: Care, Health and Development* 37 (3): 430-439.

Van den Berg, A.E., Vlek, C.A.J., and Coeterier, J.F. (1998). Group differences in the aesthetic evaluation of nature development plans: a multilevel approach. *Journal of Environmental Psychology* 18 (2): 141-157.

Van den Berg, A.E., Van Winsum-Westra, M., De Vries, S., and Van Dillen, S.M.E. (2010). Allotment gardening and health: a comparative survey among allotment gardeners and their neighbors without an allotment. *Environmental Health* 9: 74-86.

Van den Berg, M., Wendel-Vos, W., Van Poppel, M. et al. (2015). Health benefits of green spaces in the living environment: a systematic review of epidemiological studies. *Urban Forestry & Urban Greening* 14 (4): 806-816.

Van den Berg, A.E., Wesselius, J.E., Maas, J., and Tanja-Dijkstra, K. (2016b). Green walls for a restorative classroom environment: a controlled evaluation study. *Environment and Behavior* 49 (7): doi: 10.1177/0013916516667976.

Van den Bergh, B., Dewitte, S., and Warlop, L. (2008). Bikinis instigate generalized impatience in intertemporal choice. *Journal of Consumer Research* 35: 85-97.

Van den Born, R.J.G. (2008). Rethinking nature: public visions in the Netherlands. *Environmental Values* 17: 83-109.

Van der Linden, S.L., Leiserowitz, A.A., Feinberg, G.D., and Maibach, E.W. (2015). The scientific consensus on climate change as a gateway belief: experimental evidence. *PLoS One* 10 (2): e0118489.

Van der Werff, E., Steg, L., and Keizer, K. (2013a). It is a moral issue: the relationship between environmental self-identity, obligation-based intrinsic motivation and pro-environmental behaviour. *Global Environmental Change* 23 (5): 1258-1265.

Van der Werff, E., Steg, L., and Keizer, K. (2013b). The value of environmental self-identity: the relationship between biospheric values, environmental self-identity and environmental preferences, intentions and behaviour. *Journal of Environmental Psychology* 34: 55-63.

Van der Werff, E., Steg, L., and Keizer, K. (2014a). I am what I am, by looking past the present the influence of biospheric values and past behavior on environmental self-identity. *Environment and Behavior* 46 (5): 626-657.

Van der Werff, E., Steg, L., and Keizer, K. (2014b). Follow the signal: when past pro-environmental actions signal who you are. *Journal of Environmental Psychology* 40: 273-282.

Van Dillen, S.M.E., De Vries, S., Groenewegen, P.P., and Spreeuwenberg, P. (2011). Streetscape greenery and health: stress, social cohesion and physical activity as mediators. *Social Science and Medicine* 94: 26-33.

Van Doorn, J. and Verhoef, P.C. (2015). Drivers of and barriers to organic purchase behavior. *Journal of Retailing* 91 (3): 436-450.

Van Houwelingen, J.H. and Van Raaij, F.W. (1989). The effect of goal-setting and daily electronic feedback on in-home energy use. *Journal of Consumer Research* 16: 98-105.

Van Kempen, E. and Babisch, W. (2012). The quantitative relationship between road traffic noise and hypertension: a meta-analysis. *Journal of Hypertension* 30 (6): 1075-1086.

Van Kempen, E., Van Kamp, I., Fischer, P. et al. (2006). Noise exposure and children's blood pressure and heart rate: the RANCH project. *Occupational and Environmental Medicine* 63 (9): 632-639.

Van Kempen, E., Van Kamp, I., Lebret, E. et al. (2010).

Neurobehavioral effects of transportation noise in primary schoolchildren: a cross-sectional study. *Environmental Health* 9 (25): 2-13.

Van Lange, P.A.M., Liebrand, W.B.G., Messick, D.M., and Wilke, H.A.M. (1992). Social dilemmas: the state of art; introduction and literature review. In: *Social Dilemmas: Theoretical Issues and Research Findings* (ed. W.B.G. Liebrand, D.M. Messick and H.A.M. Wilke), 3-28. Oxford: Pergamon.

Van Vliet, W. (1987). Housing in the third world. *Environment and Behavior* 19: 267-285.

Van Vugt, M. (2001). Community identification moderating the impact of financial incentives in a natural social dilemma: water conservation. *Personality and Social Psychology Bulletin* 27 (11): 1440-1449.

Van Vugt, M., John, P., Dowding, K., and Van Dijk, E. (2003). The exit of residential mobility or the voice of political action? Strategies for problem solving in residential communities. *Journal of Applied Social Psychology* 33 (2): 321-338.

Vaske, J.J., Jacobs, M.H., and Sijtsma, M.T.J. (2011). Wildlife value orientations and demographics in the Netherlands. *European Journal of Wildlife Research* 57 (6): 1179-1187.

Veitch, J., Salmon, J., and Ball, K. (2010). Individual, social and physical environmental correlates of children's active free-lay: a cross-ectional study. *International Journal of Behavioral Nutrition and Physical Activity* 7 (1): 11.

Velarde, M.D., Fry, G., and Tveit, M. (2007). Health effects of viewing landscapes: landscape types in environmental psychology. *Urban Forestry & Urban Greening* 6 (4): 199-212.

Velicer, W.F., Prochaska, J.O., Fava, J.L. et al. (1998). Smoking cessation and stress management: applications of the Transtheoretical model of behavior change. *Homeostasis* 38: 216-233.

Venhoeven, L. (2016). *A look on the bright side of an environmentally-friendly life. Whether and why acting environmentally-friendly can contribute to well-being*. PhD thesis, University of Groningen, Faculty of Behavioural and Social Sciences.

Venhoeven, L.A., Bolderdijk, J.W., and Steg, L. (2013). Explaining the paradox: how pro-environmental behaviour can both thwart and foster well-being. *Sustainability* 5: 1372-1386.

Venhoeven, L.A., Bolderdijk, J.W., and Steg, L. (2016). Why acting environmentally friendly feels good: exploring the role of self-image. *Frontiers in Psychology* 7: 1846.

Verbeek, P. and Slob, A. (2006). Analyzing the relations between technologies and user behaviour: toward a conceptual framework. In: *User Behaviour and Technology Development* (ed. P. Verbeek and A. Slob), 385-399. Dordrecht: Springer.

Verberne, M.F., Ham, J., and Midden, J.H. (2015). Trusting a virtual driver that looks, acts, and thinks like you. *Human Factors* 57 (5): 895-909.

Verboom, J. and De Vries, S. (2006). *Topervaringen van kinderen met de natuur [Impressive Childhood Nature Experiences]*. Wageningen: Alterra.

Verderber, S. and Moore, G.T. (1977). Building imagery: a comparative study of environmental cognition. *Man-Environment Systems* 7: 332-341.

Verma, M., Rahul, T.M., Reddy, P.V., and Verma, A. (2016). The factors influencing bicycling in the Bangalore city. *Transportation Research Part A: Policy and Practice* 89: 29-40.

Verplanken, B. (2006). Beyond frequency: habit as mental construct. *British Journal of Social Psychology* 45: 639-656.

Verplanken, B. and Aarts, H. (1999). Habit, attitude, and planned behaviour: is habit an empty construct or an interesting case of automaticity? *European Review of Social Psychology* 10: 101-134.

Verplanken, B., Aarts, H., van Knippenberg, A., and van Knippenberg, C. (1994). Attitude versus general habit: antecedents of travel mode choice. *Journal of Applied Social Psychology* 24 (4): 285-300.

Verplanken, B., Aarts, H., and van Knippenberg, A. (1997). Habit, information acquisition, and the process of making travel mode choices. *European Journal of Social Psychology* 27: 539-560.

Verplanken, B., Aarts, H., van Knippenberg, A., and Moonen, A. (1998). Habit versus planned behaviour: a field experiment. *British Journal of Social Psychology* 37 (1): 111-128.

Verplanken, B. and Holland, R.W. (2002). Motivated decision making: effects of activation and self-centrality of values on choices and behaviour. *Journal of Personality and Social Psychology* 82: 434-447.

Verplanken, B. and Orbell, S. (2006). Reflections on past behaviour: a self-report index of habit strength. *Journal of Applied Social Psychology* 33: 1313-1330.

Verplanken, B. and Roy, D. (2016). Empowering interventions to promote sustainable lifestyles: testing the habit discontinuity hypothesis in a field experiment. *Journal of Environmental Psychology* 45: 127-134.

Verplanken, B. and Wood, W. (2006). Interventions to break and create consumer habits. *American Marketing Association* 25 (1): 90-103.

Vikan, A., Camino, C., Biaggio, A., and Nordvik, H. (2007). Endorsement of the new ecological paradigm: a comparison of two Brazilian samples and one Norwegian sample. *Environment and Behavior* 39: 217-228.

Vlek, C. (2000). Essential psychology for environmental policy making. *International Journal of Psychology* 35: 153-167.

Vohs, K.D. (2015). Money priming can change people's thoughts, feelings, motivations, and behaviors: an update on 10 years of experiments. *Journal of Experimental Psychology: General* 144 (4): 86-93.

Volpp, K.G., John, L.K., Troxel, A.B. et al. (2008). Financial incentive-based approaches for weight loss: a randomized trial. *JAMA: The Journal of The American Medical Association* 300: 2631-2637.

Vos, P.E., Maiheu, B., Vankerkom, J., and Janssen, S. (2013). Improving local air quality in cities: to tree or not to tree? *Environmental Pollution* 183: 113-122.

Vossen, S., Ham, J., and Midden, C. (2010). What makes social feedback from a robot work? Disentangling the effect of speech, physical appearance and evaluation. *Conference proceedings of Persuasive 2010* (pp. 52-57). Heidelberg: Springer.

Walbe-Ornstein, S. (1997). Post-occupancy evaluation performed in elementary and high schools of Greater São Paulo, Brazil: the occupants and the quality of the school environment. *Environment and Behavior* 2: 236-263.

Walker, I., Thomas, G.O., and Verplanken, B. (2015). Old habits die hard: travel habit formation and decay during an office relocation. *Environment and Behavior* 47 (10): 1089-1106.

Walzer, M. (1983). *Spheres of Justice: A Defence of Pluralism and Equality*. New York, NY: Basic Books.

Wang, Z., Zhang, B., Yin, J., and Zhang, Y. (2011). Determinants and policy implications for household electricity-saving behaviour: evidence from Beijing, China. *Energy Policy* 39 (6): 3550-3557.

Wang, Y., Chau, C.K., Ng, W.Y., and Leung, T.M. (2016). A review on the effects of physical built environment attributes on enhancing walking and cycling activity levels within residential neighborhoods. *Cities* 50: 1-15.

Wapner, S. (1995). Toward integration: environmental psychology in relation to other subfields of psychology. *Environment and Behavior* 27: 9-32.

Ward, L.M. (1977). Multidimensional scaling of the

molar physical environment. *Multivariate Behavioral Research* 12: 23-42.

Watson, D., Clark, L.A., and Tellegen, A. (1988). Development and validation of brief measures of positive and negative affect: the PANAS scales. *Journal of Personality and Social Psychology* 54: 1063-1070.

Weigel, R. and Weigel, J. (1978). Environmental concern. The development of a measure. *Environment and Behavior* 10: 3-14.

Weiner, B. (1995). *Judgments of Responsibility: A Foundation for a Theory of Social Conduct*. New York, NY: The Guilford Press.

Weinstein, N.D. (1980). Unrealistic optimism about future life events. *Journal of Personality and Social Psychology* 39: 806-820.

Verplanken, B. and Orbell, S. (2006). Reflections on past behaviour: a self-report index of habit strength. *Journal of Applied Social Psychology* 33: 1313-1330.

Verplanken, B. and Roy, D. (2016). Empowering interventions to promote sustainable lifestyles: testing the habit discontinuity hypothesis in a field experiment. *Journal of Environmental Psychology* 45: 127-134.

Verplanken, B. and Wood, W. (2006). Interventions to break and create consumer habits. *American Marketing Association* 25 (1): 90-103.

Vikan, A., Camino, C., Biaggio, A., and Nordvik, H. (2007). Endorsement of the new ecological paradigm: a comparison of two Brazilian samples and one Norwegian sample. *Environment and Behavior* 39: 217-228.

Vlek, C. (2000). Essential psychology for environmental policy making. *International Journal of Psychology* 35: 153-167.

Vohs, K.D. (2015). Money priming can change people's thoughts, feelings, motivations, and behaviors: an update on 10 years of experiments. *Journal of Experimental Psychology: General* 144 (4): 86-93.

Volpp, K.G., John, L.K., Troxel, A.B. et al. (2008). Financial incentive-based approaches for weight loss: a randomized trial. *JAMA: The Journal of The American Medical Association* 300: 2631-2637.

Vos, P.E., Maiheu, B., Vankerkom, J., and Janssen, S. (2013). Improving local air quality in cities: to tree or not to tree? *Environmental Pollution* 183: 113-122.

Vossen, S., Ham, J., and Midden, C. (2010). What makes social feedback from a robot work? Disentangling the effect of speech, physical appearance and evaluation. *Conference proceedings of Persuasive 2010* (pp. 52-57). Heidelberg: Springer.

Walbe-Ornstein, S. (1997). Post-occupancy evaluation performed in elementary and high schools of Greater São Paulo, Brazil: the occupants and the quality of the school environment. *Environment and Behavior* 2: 236-263.

Walker, I., Thomas, G.O., and Verplanken, B. (2015). Old habits die hard: travel habit formation and decay during an office relocation. *Environment and Behavior* 47 (10): 1089-1106.

Walzer, M. (1983). *Spheres of Justice: A Defence of Pluralism and Equality*. New York, NY: Basic Books.

Wang, Z., Zhang, B., Yin, J., and Zhang, Y. (2011). Determinants and policy implications for household electricity-saving behaviour: evidence from Beijing, China. *Energy Policy* 39 (6): 3550-3557.

Wang, Y., Chau, C.K., Ng, W.Y., and Leung, T.M. (2016). A review on the effects of physical built environment attributes on enhancing walking and cycling activity levels within residential neighborhoods. *Cities* 50: 1-15.

Wapner, S. (1995). Toward integration: environmental psychology in relation to other subfields of psychology. *Environment and Behavior* 27: 9-32.

Ward, L.M. (1977). Multidimensional scaling of the molar physical environment. *Multivariate Behavioral Research* 12: 23-42.

Watson, D., Clark, L.A., and Tellegen, A. (1988). Development and validation of brief measures of positive and negative affect: the PANAS scales. *Journal of Personality and Social Psychology* 54: 1063-1070.

Weigel, R. and Weigel, J. (1978). Environmental concern.

The development of a measure. *Environment and Behavior* 10: 3-14.

Weiner, B. (1995). *Judgments of Responsibility: A Foundation for a Theory of Social Conduct*. New York, NY: The Guilford Press.

Weinstein, N.D. (1980). Unrealistic optimism about future life events. *Journal of Personality and Social Psychology* 39: 806-820.

Weinstein, N.D., Rothman, A.J., and Sutton, S.R. (1998). Stages theories of health behavior. *Health Psychology* 17: 290-299.

Weinstein, N.D., Sandman, P.M., and Roberts, N.E. (1990). Determinants of self-protective behavior: home radon testing. *Journal of Applied Social Psychology* 20: 783-801.

Weisenfeld, E. (1994). *Contribuciones iberoamericanas a la psicologia ambiental. [Latin American Contributions to Environmental Psychology]*. Caracas: Central University of Venezuela.

Weisenfeld, E. (1997). Construction of the meaning of a barrio house: the case of a Caracas barrio. *Environment and Behavior* 29: 34-63.

Wells, N.M. (2000). At home with nature: effects of 'greenness' on children's cognitive functioning. *Environment and Behavior* 32 (6): 775-795.

Wells, N.M. and Evans, G.W. (2003). Nearby nature: a buffer of life stress among rural children. *Environment and Behavior* 35 (3): 311-330.

Wells, N.M. and Lekies, K.S. (2006). Nature and the life course: pathways from childhood nature experiences to adult environmentalism. *Children Youth and Environments* 16 (1): 1-24.

Welsh, B.C. and Farrington, D.P. (2007). Improved street lighting and crime prevention. Report for The Swedish National Council for Crime Prevention. Stockholm Swedish Council for Crime Prevention, Information and Publications

West, R. (2005). Time for a change: putting the transtheoretical (stages of change) model to rest. *Addiction* 100: 1036-1039.

Wheeler, G., Thumlert, C., Glaser, L. et al. (2007). *Environmental Education Report: Empirical Evidence, Exemplary Models, and Recommendations on the Impact of Environmental Education on K-12 Students*. Olympia, WA: Office of Superintendent of Public Instruction.

White, K.M., Smith, J.R., Terry, D.J. et al. (2009). Social influence in the theory of planned behaviour: the role of descriptive, injunctive, and ingroup norms. *British Journal of Social Psychology* 48 (1): 135-158.

Whitfield, S.C., Rosa, E.A., Dan, A., and Dietz, T. (2009). The future of nuclear power: value orientations and risk perception. *Risk Analysis* 29: 425-437.

Whitmarsh, L. (2011). Scepticism and uncertainty about climate change: dimensions, determinants and change over time. *Global Environmental Change* 21: 690-700.

Whitmarsh, L. and O'Neill, S. (2010). Green identity, green living? The role of pro-nvironmental self-identity in determining consistency across diverse pro-environmental behaviours. *Journal of Environmental Psychology* 30: 305-314.

Whittaker, D., Vaske, J.J., and Manfredo, M.J. (2006). Specificity and the cognitive hierarchy: value orientations and the acceptability of urban wildlife management actions. *Society & Natural Resources* 19 (6): 515-530.

Wilke, H.A.M. (1991). Greed, efficiency and fairness in resource management situations. In: *European Review of Social Psychology*, vol. 2 (ed. W. Stroebe and M. Hewstone), 165-187. New York, NY: Wiley.

Williams, D.R. and Vaske, J.J. (2003). The measurement of place attachment: validity and generalizability of a psychometric approach. *Forest Science* 49 (6): 830-840.

Willig, C. (2001). *Introducing Qualitative Research in Psychology: Adventures in Theory and Method*. Buckingham: Open University Press.

Wilson, E.O. (1984). *Biophilia*. Cambridge, MA: Harvard University Press.

Wilson, M.A. (1996). The socialization of architectural preference. *Journal of Environmental Psychology* 16:

33–44.

Wilson, R. (2012). *Nature and Young Children: Encouraging Creative Play and Learning in Natural Environments*. New York, NY: Routledge.

Wilson, T.D., Wheatley, T., Meyers, J.M. et al. (2000). Focalism: a source of durability bias in affective forecasting. *Journal of Personality and Social Psychology* 78: 821–836.

Winkel, G., Saegert, S., and Evans, G.W. (2009). An ecological perspective on theory, methods, and analysis in environmental psychology: advances and challenges. *Journal of Environmental Psychology* 29 (3): 318–328.

Wit, A. and Wilke, H. (1998). Public good provision under environmental and social uncertainty. *European Journal of Social Psychology* 28: 249–256.

Wohlwill, J.F. (1970). The emerging discipline of environmental psychology. *American Psychologist* 25: 303–312.

Wolch, J., Jerrett, M., Reynolds, K. et al. (2011). Childhood obesity and proximity to urban parks and recreational resources: a longitudinal cohort study. *Health & Place* 17 (1): 207–214.

Wolcott, H.F. (2001). *Writing up Qualitative Research*. Thousand Oaks, CA: Sage.

Wolsink, M. (2007). Wind power implementation: the nature of public attitudes: equity and fairness instead of 'backyard motives'. *Renewable and Sustainable Energy Reviews* 11: 1188–1207.

Wood, W., Quinn, J.M., and Kashy, D.A. (2002). Habits in everyday life: thought, emotion, and action. *Journal of Personality and Social Psychology* 83 (6): 1281–1297.

Wood, W., Tam, L., and Guerrero Witt, M. (2005). Changing circumstances, disrupting habits. *Journal of Personality and Social Psychology* 88: 918–933.

Wooller, J.-J., Barton, J., Gladwell, V.F., and Micklewright, D. (2016). Occlusion of sight, sound and smell during green exercise influences mood, perceived exertion and heart rate. *International Journal of Environmental Health Research* 26 (3): 267–280.

World Bank (2015). *World Development Report 2015: Mind, Society, and Behavior*. Washington, DC: World Bank.

World Commission on Environment and Development (1987). *Our Common Future*. Oxford: Oxford University Press.

Wu, C.D., McNeely, E., Cedeño-Laurent, J.G. et al. (2014). Linking student performance in Massachusetts elementary schools with the "greenness" of school surroundings using remote sensing. *PLoS One* 9 (10): e108548.

Xue, W., Hine, D.W., Loi, N.M. et al. (2014). Cultural worldviews and environmental risk perceptions: a meta-analysis. *Journal of Environmental Psychology* 40: 249–258.

Yazdanpanah, M., Hayati, D., Hochrainer-Stigler, S., and Zamani, G.H. (2014). Understanding farmers' intention and behavior regarding water conservation in the Middle-ast and North Africa: a case study in Iran. *Journal of Environmental Management* 135: 63–72.

Yerkes, R.M. and Dodson, J.D. (1908). The relation of strength of stimulus to rapidity of habit-formation. *Journal of Comparative Neurology and Psychology* 18: 459–482.

Yip, N.M., Leung, T.T.F., and Huang, R. (2013). Impact of community on personal wellbeing in urban China. *Journal of Social Service Research* 39 (5): 675–689.

Yu, K. (1995). Cultural variations in landscape preference: comparisons among Chinese subgroups and Western design experts. *Landscape and Urban Planning* 32 (2): 107–126.

Zaalberg, R. and Midden, C. (2010). Human responses to climate change: flooding experiences in the Netherlands. In: *The Social and Behavioural Aspects of Climate Change: Linking Vulnerability, Adaption and Mitigation* (ed. P. Martens and C.T. Chang), 157–176. Sheffield, UK: Greenleaf Publishing.

Zacharias, J. (2002, 2002). Choosing sustainability: the

persistence of non-motorized transport in Chinese cities. In: *Culture, Environmental Action and Sustainability* (ed. R. Garcia Mira, J.M. Sabucedo Cameselle and J.R. Martinez), 219-229. Göttingen: Hogrefe.

Zailani, S., Iranmanesh, M., Masron, T.A., and Chan, T.H. (2016). Is the intention to use public transport for different travel purposes determined by different factors? *Transportation Research Part D: Transport and Environment* 49: 18-24.

Zainal Abidin, Z.A. and Jacobs, M.H. (2016). The applicability of wildlife value orientations scales to a muslim student sample in Malaysia. *Human Dimensions of Wildlife* 21 (6): 555-566.

Zajonc, R.B. (1980). Feeling and thinking: preferences need no inferences. *American Psychologist* 35 (2): 151-175.

Zanoli, R. and Naspetti, S. (2002). Consumer motivations in the purchase of organic food: a means-end approach. *British Food Journal* 104 (8): 643-653.

Zeisel, J. (1975). *Sociology and Architectural Design*. New York, NY: Russell Sage Foundation.

Zelenski, J.M. and Nisbet, E.K. (2014). Happiness and feeling connected: the distinct role of nature relatedness. *Environment and Behavior* 46 (1): 3-23.

Zhang, H. and Lin, S.-H. (2011). Affective appraisal of residents and visual elements in the neighborhood: a case study in an established suburban community. *Landscape and Urban Planning* 101 (1): 11-21.

Zhang, L., He, G.Z., Mol, A.P., and Lu, Y.L. (2013). Public perceptions of environmental risk in China. *Journal of Risk Research* 16 (2): 195-209.

Zhang, Y., van Dijk, T., Tang, J., and Berg, A.E. (2015). Green space attachment and health: a comparative study in two urban neighborhoods. *International Journal of Environmental Research and Public Health* 12 (11): 14342-14363.

Zhu, Y. and Fu, Q. (2016). Deciphering the civic virtue of communal space: neighborhood attachment, social capital, and neighborhood participation in urban China. *Environment & Behavior* 49 (2): 16-191.

Zimmer, M., Cabral, J.C.R., Borges, C.F. et al. (2013). Alteraçoés psicológicas decorrentes da permanência na Antártica: Revisão sistemática. *Estudos de Psicologia Campinas* 30 (3): 415-423.

Zimring, C. and Bosch, S. (2008). Building the evidence base for evidence-based design: Editors' introduction. *Environment and Behavior* 40: 147-150.

Zube, E.H., Brush, R.O., and Fabos, J.G. (eds.) (1975). *Landscape Assessment: Values, Perceptions and Resources*. Stroudsburg, PA: Dowden, Hutchinson & Ross.

Zupancic, T., Westmacott, C., and Bulthuis, M. (2015). *The Impact of Green Space on Heat and Air Pollution in Urban Communities: A Meta-Narrative Systematic Review*. Vancouver, BC: David Suzuki Foundation.

Zweers, W. (2000). *Participating with Nature, Outline for an Ecologization of Our Worldview*. Utrecht: International Books.

찾아보기

ㄴ

ㅇ

저자 소개

Linda Steg

네덜란드 Environmental Psychology at the University of Groningen 교수이다. 환경행동에 영향을 미치는 요인, 환경정책의 효과 및 수용성, 환경 조건이 삶의 질에 미치는 영향에 관심을 가지고 있다.

Judith I. M. de Groot

네덜란드 Sustainable Consumer Behaviour at the University of Groningen 부교수이다. 친환경행동의 설명과 변화, 친환경행동에서 가치와 규범의 영향에 관심을 가지고 있다.

역자 소개

윤상연(Yoon, Sangyeon)

고려대학교 문화 및 사회심리학 박사

전 경찰대학 치안정책연구소 연구관

현 경상국립대학교 심리학과 조교수

〈주요 역서〉

법정 및 범죄 심리학 입문(원서 5판, 공역, 학지사, 2021)

이하연(Lee, Hayeon)

성균관대학교 사회심리학 박사

전 북한대학원대학교 심연북한연구소 연구교수

현 경상국립대학교 심리학과 조교수

류승아(Ryu, Seungah)

North Carolina State University 공동체심리학 박사

전 서울대학교 행복연구센터 선임연구원

현 경남대학교 심리학과 부교수

〈주요 역서〉

공동체심리학(공역, 학지사, 2022)

환경심리학 입문(원서 2판)
Environmental Psychology: An Introduction (2nd Edition)

2025년 6월 20일 1판 1쇄 인쇄
2025년 6월 30일 1판 1쇄 발행

지은이 • Linda Steg · Judith I. M. de Groot
옮긴이 • 윤상연 · 이하연 · 류승아
펴낸이 • 김진환
펴낸곳 • (주)학지사
04031 서울특별시 마포구 양화로 15길 20 마인드월드빌딩
대표전화 • 02-330-5114 팩스 • 02-324-2345
등록번호 • 제313-2006-000265호

홈페이지 • http://www.hakjisa.co.kr
인스타그램 • https://www.instagram.com/hakjisabook

ISBN 978-89-997-3441-0 93180

정가 28,000원